Der Franchisevertrag nach deutschem und argentinischem Recht

Europäische Hochschulschriften Recht

European University Studies in Law

Publications Universitaires Européennes de Droit

Band/Volume 6248

Tania von Schwanebach

Der Franchisevertrag nach deutschem und argentinischem Recht

PETER LANG

Bibliografische Information der Deutschen Nationalbibliothek
Die Deutsche Nationalbibliothek verzeichnet diese Publikation in der Deutschen Nationalbibliografie; detaillierte bibliografische Daten sind im Internet über http://dnb.d-nb.de abrufbar.

Zugl.: Bayreuth, Univ., Diss., 2020.

D 703
ISSN 0531-7312
ISBN 978-3-631-84698-8 (Print)
E-ISBN 978-3-631-85388-7 (E-PDF)
E-ISBN 978-3-631-85389-4 (EPUB)
E-ISBN 978-3-631-85390-0 (MOBI)
DOI 10.3726/b18369

Peter Lang – Berlin · Bern · Bruxelles · New York · Oxford · Warszawa · Wien

Diese Publikation wurde begutachtet.

www.peterlang.com

Meinen Eltern

Vorwort

Die vorliegende Arbeit wurde im Oktober 2020 von der Rechts- und Wirtschaftswissenschaftlichen Fakultät der Universität Bayreuth als Dissertation angenommen. Das Manuskript wurde im Juni 2019 abgeschlossen. Rechtsprechung und Literatur konnten noch bis Februar (Argentinien) bzw. Juni (Deutschland) 2019 berücksichtigt werden.

Mein Dank gebührt an erster Stelle meinem Doktorvater, Prof. Dr. Stefan Leible für die Betreuung und die wertvolle Unterstützung bei der Erstellung dieser Arbeit. Er gewährte mir hinsichtlich der inhaltlichen Ausrichtung stets die nötige wissenschaftliche Freiheit. Danken möchte ich ebenfalls Prof. Dr. Robert Magnus für die Übernahme und zügige Erstellung des Zweitgutachtens.

Ich möchte mich bei allen bedanken, die mir während der Bearbeitung in beiden Ländern mit Rat und Tat zur Seite gestanden haben und mich auch sonst unterstützt haben. Dem Instituto de Investigaciones Jurídicas y Sociales Ambrosio L. Gioja und der Universidad de Buenos Aires danke ich dafür, dass sie mich als Gastforscherin aufnahmen und mir Zugang zu ihren Bibliotheken gewährten. Bei der nicht immer einfachen Literaturrecherche in Argentinien waren mir vor allem Prof. Dr. Susy Bello Knoll, Prof. Dr. Raúl Etcheverry, Graciela Guthmann und Juan Dighero behilflich.

Besonderer Dank gilt meinem Ehemann, der mir während der Promotionszeit immer eine große Stütze war.

Mein größter Dank aber gilt meinen Eltern für ihre Unterstützung auf meinem gesamten Lebensweg. Sie haben mich stets unterstützt, gefördert und mir bedingungslosen Rückhalt gewährt. Ihnen widme ich diese Arbeit.

Stuttgart, im Februar 2021
Tania von Schwanebach

Inhaltsverzeichnis

Abkürzungsverzeichnis

a.A.	andere Ansicht
Abs.	Absatz
AcP	Archiv für civilistische Praxis
Act.	Actual
AEU	Revista Asociación de Escribanos del Uruguay (Zeitschrift)
AEUV	Vertrag über die Arbeitsweise der Europäischen Union
a.F.	alte Fassung
AGB	Allgemeine Geschäftsbedingungen
a.M.	am Main
Anm.	Anmerkung
Art.	Artikel
BB	Betriebs-Berater, Zeitschrift für Recht, Steuern und Wirtschaft (Zeitschrift)
Bd.	Band
BDSG	Bundesdatenschutzgesetz
BeckOK	Beck'scher Online-Kommentar
BeckRS	Beck online Rechtsprechung
Beschl.	Beschluss
BGB	Bürgerliches Gesetzbuch
BGBl.	Bundesgesetzblatt (Deutschland)
BGH	Bundesgerichtshof
BGHZ	Entscheidungen des Bundesgerichtshofs in Zivilsachen
bspw.	beispielsweise
BT	besonderer Teil
BVerfG	Bundesverfassungsgericht
bzw.	beziehungsweise
ca.	circa
CCCN	Código Civil y Comercial de la Nación
c.i.c.	culpa in contrahendo
CISG	Convention on Contracts for the International Sale of Goods
CNCiv	Cámara Nacional de Apelaciones en lo Civil
CNCom	Cámara Nacional de Apelaciones en lo Comercial
CSJN	Corte Suprema de Justicia de la Nación Argentina
DB	Der Betrieb (Zeitschrift)
DCCyE	Derecho Comercial del Consumidor y de la Empresa (Zeitschrift)

DCyO	Derecho Comercial y de las Obligaciones (Zeitschrift)
ders.	derselbe
DFV	Deutscher Franchiseverband
dies.	dieselbe/dieselben
DJ	Doctrina Judicial
DOC	Documento
DStR	Deutsches Steuerrecht – Wochenschrift für Steuerrecht, Wirtschaftsrecht und Betriebswirtschaft (Zeitschrift)
DZWir	Deutsche Zeitschrift für Wirtschafts- und Insolvenzrecht (Zeitschrift)
e.A.	eine Ansicht
EFF	European Franchise Federation
EG	Europäische Gemeinschaft
Einf.	Einführung
Einl.	Einleitung
Esp.	Especial
EU	Europäische Union
EuGH	Europäischer Gerichtshof
EuZW	Europäische Zeitschrift für Wirtschaftsrecht (Zeitschrift)
e.V.	eingetragener Verein
EWG	Europäische Wirtschaftsgemeinschaft
f.	folgende
ff.	fortfolgende
FS	Festschrift
GAEA	Sociedad Argentina de Estudios Geográficos
GeschGehG	Gesetz zum Schutz von Geschäftsgeheimnissen
GmbH	Gesellschaft mit beschränkter Haftung
GRUR	Gewerblicher Rechtsschutz und Urheberrecht (Zeitschrift)
GRUR Int.	Gewerblicher Rechtsschutz und Urheberrecht – Auslands- und Internationaler Teil (Zeitschrift)
GVO	Gruppenfreistellungsverordnung
GWB	Gesetz gegen Wettbewerbsbeschränkungen
HGB	Handelsgesetzbuch
h.L.	herrschende Lehre
h.M.	herrschende Meinung
Hrsg.	Herausgeber
i.d.R.	in der Regel
IHR	Internationales Handelsrecht (Zeitschrift)

IPrax	Praxis des internationalen Privat- und Verfahrensrechts (Zeitschrift)
i.H.v.	in Höhe von
i.S.d.	im Sinne des
i.S.v.	im Sinne von
i.V.m.	in Verbindung mit
JA	Juristische Arbeitsblätter (Zeitschrift)
Jura	Juristische Ausbildung (Zeitschrift)
JuS	Juristische Schulung (Zeitschrift)
JZ	Juristenzeitung (Zeitschrift)
Kap.	Kapitel
KG	Kammergericht
KMU	kleinere und mittlere Unternehmen
LABR	Latin American Business Review (Zeitschrift)
LAG	Landesarbeitsgericht
LG	Landgericht
LL	La Ley (Zeitschrift)
MDR	Monatsschrift für Deutsches Recht (Zeitschrift)
MERCOSUR	Mercado Común del Sur / Mercado Comum do Sul
MJ	Microjuris
MüKo	Münchener Kommentar
m.w.N.	mit weiteren Nachweisen
NJW	Neue Juristische Wochenschrift (Zeitschrift)
NJW-RR	Neue Juristische Wochenschrift Rechtsprechungs-Report (Zeitschrift)
NK	Nomos Kommentar
No.	number/número
Nr.	Nummer
OLG	Oberlandesgericht
p.	page
para.	Paragraph
PK	Praxiskommentar
ProdHaftG	Produkthaftungsgesetz
RADCyN	Revista Argentina de Derecho Comercial y de los Negocios (Zeitschrift)
RCACBA	Revista del Colegio de Abogados de la Ciudad de Buenos Aires (Zeitschrift)
RCALP	Revista del Colegio de Abogados de la Plata (Zeitschrift)
RCCyC	Revista Código Civil y Comercial (Zeitschrift)

RDL	Revista de Derecho Laboral (Zeitschrift)
RDPC	Revista de Derecho Privado y Comunitario (Zeitschrift)
REIIAG	Revista Electrónica del Instituto de Investigaciones Ambrosio L.Gioja (Zeitschrift)
RGZ	Entscheidungen des Reichsgerichts in Zivilsachen
RIDC	Revue Internacional de Droit Comparé (Zeitschrift)
RIW	Recht der Internationalen Wirtschaft (Zeitschrift)
RLDS	Revista Libro Dar Servicios (Zeitschrift)
Rn.	Randnummer
Rom-I-VO	Verordnung (EG) Nr. 593/2008 des Europäischen Parlaments und des Rates vom 17. Juni 2008 über das auf vertragliche Schuldverhältnisse anzuwendende Recht
RPED	Revista Pensar en Derecho (Zeitschrift)
Rs.	Rechtssache
Rz.	Randziffer
S.	Seite/Satz
S.A.	Sociedad Anónima
SAIJ	Sistema Argentino de Información Jurídica
SAM	Secretaría Administrativa del Mercosur
SE	Suplemento Especial
sog.	so genannte
Supl.	Suplemento
u.a.	unter anderem
UBA	Universidad de Buenos Aires
UCA	Pontificia Universidad Católica Argentina
UNIDROIT	Institut international pour l'unification du droit privé/International Institute for the Unification of Private Law
Urt.	Urteil
USA	United States of America
usw.	und so weiter
u.U.	unter Umständen
UWG	Gesetz gegen den unlauteren Wettbewerb
v.	versus/vom/vor
VersR	Zeitschrift für Versicherungsrecht, Haftungs- und Schadensrecht (Zeitschrift)
vgl.	vergleiche
Vol.	Volume/Volúmen
VersR	Versicherungsrecht (Zeitschrift)

WiB	Wirtschaftsrechtliche Beratung – Zeitschrift für Wirtschaftsanwälte und Unternehmensjuristen (Zeitschrift)
WIPO	World Intellectual Property Organization
WM	Wertpapiermitteilungen – Zeitschrift für Wirtschafts- und Bankrecht (Zeitschrift)
WRP	Wettbewerb in Recht und Praxis (Zeitschrift)
WuW	Wirtschaft und Wettbewerb (Zeitschrift)
z.B.	zum Beispiel
ZEuP	Zeitschrift für Europäisches Privatrecht (Zeitschrift)
ZfRV	Zeitschrift für Rechtsvergleichung, Internationales Privatrecht und Europarecht (Zeitschrift)
ZGB	Zivilgesetzbuch
ZHR	Zeitschrift für das gesamte Handels- und Wirtschaftsrecht (Zeitschrift)
Ziff.	Ziffer
ZInsO	Zeitschrift für das gesamte Insolvenz- und Sanierungsrecht
ZIP	Zeitschrift für Wirtschaftsrecht (Zeitschrift)
ZVertriebsR	Zeitschrift für Vertriebsrecht (Zeitschrift)

Kapitel 1 Einleitung

„Der Erfolg eines Unternehmens hängt im Wesentlichen von seinem Vertriebssystem ab."[1]

Viele prominente Franchisesysteme zeugen davon, dass Franchising eine weit verbreitete und profitable Vertriebsform ist. Die Ausbreitung dieses Vertriebssystems in großen Teilen der Welt innerhalb weniger Jahrzehnte kennzeichnet wie kaum andere Entwicklungen die Internationalisierung der Wirtschaft und des Rechts.[2] Mit der Globalisierung der Franchisemärkte stellt sich zunehmend die Frage nach den Rechtsgrundlagen des Franchisings in anderen Ländern. Dabei gewinnen auch die lateinamerikanischen Länder, insbesondere die des „Mercado Común del Sur" (Mercosur)[3], als wirtschaftlich wachsende und rohstoffreiche Region zunehmend an Bedeutung.[4] Ihre bisher nur wenig erforschten Franchiserechte stellen Franchisegeber vor neue Herausforderungen.

Gemessen an der Zahl der Franchiseunternehmen im Mercosur ist Argentinien, hinter Brasilien, das zweitwichtigste Land in der Region. Mit insgesamt 113 registrierten Franchisemarken in 56 Ländern ist es zugleich der führende Exporteur von Franchiseunternehmen in ganz Lateinamerika, gefolgt von Brasilien und Mexiko.[5] Ausweislich der Angaben des argentinischen Franchiseverbands, der „Asociación Argentina de Marcas y Franquicias", betrieben in

---

1 Molina Sandoval, Revista de Derecho de Daños 2001, 113 (114).

2 Schulze, in: Schulze (Hrsg.), Franchising im Europäischen Privatrecht, S. 11.

3 Vgl. Tratado de Asunción vom 26.04.1991, expediente 29-S-91, in: Informe de la Comisión Parlamentaria Conjunta del Mercosur, Buenos Aires 1992, Art. 1; Porrata-Doria, S. 4; Edler, S. 15. Mercado Común del Sur ist das südamerikanische Gegenstück zur nordamerikanischen Freihandelszone NAFTA. Mitgliedstaaten sind Argentinien, Brasilien, Paraguay, Uruguay, Venezuela und Bolivien. Chile ist assoziiertes Mitglied. In dieser Arbeit wird die spanische Abkürzung der offiziellen Bezeichnung „Mercado Común del Sur" (Gemeinsamer Markt des Südens) – Mercosur verwendet. Der portugiesische Ausdruck ist „Mercado Comum do Sul" – Mercosul.

4 Vgl. Festge, Brasilien-Spiel auf Zeit, Handelsblatt vom 04.08.2016, Nr. 149, S. 11.

5 So die Erhebungen der argentinischen Franchiseorganisation „Asociación Argentina de Marcas y Franquicias" – Estadística de Guía Argentina de Franquicias: https://www.gaf-franquicias.com/, zuletzt abgerufen am 30.06.2019; vgl. auch https://www.cronista.com/negocios/La-Argentina-lidera-exportacion-de-franquicias-a-la-region-20160901-0014.html, zuletzt abgerufen am 30.06.2019.

Argentinien im Jahr 2018 ca. 858 registrierte Franchisesysteme insgesamt 32.000 Franchisebetriebe.[6]

Nach Erhebungen des Deutschen Franchiseverbands e.V. operierten in Deutschland demgegenüber im Jahr 2017 etwa 972 Franchisesysteme mit über 162.000 Franchisebetrieben.[7] Angesichts der massiven Ausbreitung von Franchisesystemen in Deutschland und in Europa und ihres durchschlagenden Erfolgs vollzog sich die Rezeption des wirtschaftlichen Phänomens durch das Recht vergleichsweise langsam und begrenzt auf punktuellen Handlungsbedarf. Mangels eines speziellen Franchisegesetzes wird die rechtliche Behandlung des Franchisevertrages in Deutschland nach wie vor der Jurisprudenz und Rechtswissenschaft überlassen.

Anders gestaltet sich die Rechtslage in Argentinien. Zwar blickt das Franchising im Vergleich zu Deutschland dort nicht auf eine derart lange Historie zurück, da es erst vor ca. dreißig Jahren Eingang in die Vertriebsrechtspraxis fand. Im Zuge der Vereinheitlichung des „Código Civil" (Zivilgesetzbuch) und des „Código de Comercio" (Handelsgesetzbuch) fand jedoch auch das Franchising unter den Art. 1512 bis 1524 CCCN[8] erstmals Eingang in die Gesetzestexte. Mit dieser innovativen Kodifizierung des Franchiserechts in dem am 01.08.2015 in Kraft getretenen CCCN gilt Argentinien als Vorreiter in Lateinamerika.

Während in der deutschen Rechtswissenschaft der Franchisevertrag in den letzten Jahren ausführlich behandelt wurde, widmen sich in Argentinien nach wie vor nur einzelne Autoren der rechtlichen Behandlung des Franchisevertrages und seiner praktischen Durchführung. Auch zum Franchiserecht im Allgemeinen findet sich nur wenig Rechtsprechung Vor diesem Hintergrund verwundert umso mehr, dass Argentinien sich als eines der ersten Länder für eine Kodifizierung dieses Vertriebsmodells entschieden hat, um den in der Praxis aufkommenden Unklarheiten bei der Vertragseinordnung und -gestaltung ein Ende zu setzen.

---

6 „Asociación Argentina de Marcas y Franquicias" – Estadística de Guía Argentina de Franquicias: https://www.gaf-franquicias.com/, zuletzt abgerufen am 30.06.2019.

7 Statistik des Deutschen Franchiseverbandes, in: https://www.franchiseverband.com/aktuelles-erfahren/presse/detail/news/detail/News/neue-franchisezahlen-veroeffentlicht/, zuletzt abgerufen am 30.06.2019.

8 Código Civil y Comercial de la Nación, Ley 26.994 vom 07.10.2014, B.O. vom 08.10.2014 (in Kraft seit dem 01.08.2015). Der spanische Gesetzestext ist abrufbar über die Datenbank „Información Legislativa y Documental", www.infoleg.gob.ar, zuletzt abgerufen am 30.06.2019.

Die Frage nach der Notwendigkeit einer Kodifizierung des Franchiserechts ist jedoch nicht nur in Argentinien, sondern auch in Deutschland erneut in den Vordergrund der Diskussionen geraten. Dies wurde insbesondere dadurch beflügelt, dass das Bundesamt für Justiz im Jahr 2015 ein Forschungsvorhaben zum Thema „Gesetzliche Sonderregelungen über den Franchisevertrag im internationalen Vergleich" mit Schwerpunkt „Vorvertragliche Aufklärungspflichten" vergab.[9] Seither wird auch in der Literatur die Frage nach dem Erfordernis eines speziellen Gesetzes zum Franchising diskutiert.

Unabhängig von der Frage, ob man die in Deutschland und in Argentinien entwickelten Herangehensweisen zur Lösung von Problemen im Franchiserecht jeweils auch auf andere Rechtsprobleme übertragen kann, und ungeachtet einer Wertung, ob die Kodifikation sich grundsätzlich besser zur Rezeption wirtschaftlicher Neuheiten durch das Recht eignet, will sich die vorliegende Untersuchung ganz dem Franchisevertrag und seiner rechtlichen Behandlung durch das deutsche und argentinische Recht widmen. Unter Berücksichtigung der Besonderheiten des Vertriebsrechts in Argentinien sollen die neuen Franchiseregelungen mit dem deutschen Franchiserecht rechtsvergleichend untersucht werden. Dabei soll auch der Frage nach dem Bedürfnis einer gesetzlichen Regelung des Franchiserechts in Deutschland nachgegangen werden.

Das zweite Kapitel beinhaltet zunächst eine kurze Einführung in die Thematik unter Schilderung der wesentlichen Grundlagen des Franchiserechts als Vertriebssystem. In den darauffolgenden Kapiteln wird das Franchiserecht in Deutschland und in Argentinien zunächst getrennt dargestellt. Dabei werden im argentinischen Recht insbesondere die Unterschiede zwischen der bisherigen Rechtslage und dem nunmehr kodifizierten Franchiserecht aufgezeigt. Schwerpunktmäßig werden in beiden Rechtsordnungen der Vertragsinhalt und dabei speziell die vertraglichen Pflichten der Franchiseparteien sowie die Grenzen der Privatautonomie untersucht. Außerdem werden die Probleme bei der Vertragsdurchführung und -beendigung sowie deren Rechtsfolgen vertieft behandelt. Im letzten Kapitel werden Unterschiede und Gemeinsamkeiten beider Rechtsordnungen herausgearbeitet und bewertet. Wertungen, die in ausländischen Rechtsordnungen und in der Lehre zum Franchising besprochen werden, sollen auch für das deutsche und argentinische Recht analysiert werden. Weiterhin wird im Hinblick auf den unterschiedlichen Entwicklungsstand des deutschen und argentinischen Franchiserechts die Frage zu beantworten sein, ob das kodifizierte argentinische Franchiserecht möglicherweise auch Lösungsansätze für die

9 Vgl. Bundesanzeiger für Justiz AT 18.05.2015 A1.

deutsche Rechtspraxis beinhaltet und diese übertragen werden können. Außerdem wird vor dem Hintergrund der neuen Kodifikation des Franchiserechts in Argentinien der Frage nach dem Bedürfnis eines vergleichbaren Gesetzes in Deutschland nachgegangen. Die Untersuchung schließt mit einer Zusammenfassung der gefundenen Ergebnisse und einem Ausblick über künftige Entwicklungen des Franchiserechts.

Es lassen sich bisher kaum rechtsvergleichende Studien zum deutschen und argentinischen Handelsrecht finden. Mangels rechtsvergleichender Abhandlungen zum Franchiserecht in Deutschland und Argentinien – sowohl zur alten als auch zur neuen Gesetzeslage – verkörpert diese Arbeit somit die erste Untersuchung auf dem Gebiet der vertriebsrechtlichen Rechtsvergleichung beider Länder.

Kapitel 2 Grundlagen und Begriffsbestimmungen

A. Der Begriff des Franchisings

Das Wort „Franchise“ entstammt ursprünglich der französischen Sprache. Demnach stand Franchise einerseits für die Freiheit von Abgaben, andererseits aber auch für ein hoheitliches Privileg, aufgrund dessen Kaufleute und Handwerker gegen Zahlung von Gebühren gewisse Tätigkeiten ausüben durften.[10] Im Ursprungsland des Franchisings, den Vereinigten Staaten von Amerika, wurde der Begriff „Franchise“ später als Erlaubnis verstanden, die Rechte eines Dritten in kommerzieller Weise zu nutzen.[11]

Die unterschiedliche Ausgestaltung von Franchisesystemen und die Komplexität der anzuwendenden Regelungen machen es bis heute schwierig den Begriff „Franchising“ einheitlich zu definieren.[12]

I. Europa

Eine einheitliche normative Definition des Franchisings auf deutscher oder europäischer Ebene liegt nicht vor.[13] Die European Franchise Federation

10 Skaupy, DB 1982, 2446.

11 Vgl. Skaupy, DB 1982, 2446.

12 Vgl. Insúa, D&G Nov. 2002, 1075 (1081).

13 Vgl. Küstner/Thume-Schröder, Handbuch Vertriebsrecht Bd. 3, S. 419. Anders ist dies hingegen im Herkunftsland des Franchisings, den Vereinigten Staaten von Amerika. Dort wurde das Franchising erstmalig im Gesetz „California Franchise Investment Law“ von 1971 definiert. Gemäß Part I Art. 31005 lit. a) California Franchise Investment Law stellt Franchise ein Vertrag zwischen zwei oder mehreren Personen dar, indem (a) einem Franchisenehmer das Recht erteilt wird, nach einem Marketingkonzept oder -system, das zum wesentlichen Teil von einem Franchisegeber vorgeschrieben wird, Waren oder Dienste anzubieten, zu verkaufen oder zu verteilen, und (b) die Führung des gemäß einem solchen Marketingkonzept oder System betriebenen Unternehmens untrennbar mit dem Warenzeichen, der Marke, dem Handelsnamen oder dem Logo oder sonstigen geschäftlichen Symbol, das den Franchisegeber oder seine angeschlossenen Unternehmen kennzeichnet, verbunden ist und (c) der Franchisenehmer verpflichtet ist direkt oder mittelbar eine Franchisegebühr an den Franchisegeber zu entrichten.

(EFF)[14] definiert Franchising als „ein Vertriebssystem, durch das Waren und/oder Dienstleistungen und/oder Technologien vermarktet werden“[15]. Es gründet demnach auf einer engen und fortlaufenden Zusammenarbeit rechtlich und finanziell selbständiger Franchisegeber und Franchisenehmer. Für die Dauer des schriftlichen Franchisevertrages erhält der Franchisenehmer das Recht bei laufender Unterstützung durch den Franchisegeber, den Systemnamen und/oder das Warenzeichen und/oder die Dienstleistungsmarke und/oder andere gewerbliche Schutz- und Urheberrechte sowie das Know-how, die wirtschaftlichen und technischen Methoden und das Geschäftssystem des Franchisegebers gegen ein Entgelt zu nutzen.[16]

Der EuGH definierte bisher nur das Vertriebsfranchising. Gemäß der Pronuptia-Entscheidung von 1986[17] handelt es sich dabei um ein etabliertes Unternehmen mit einer entwickelten Geschäftskonzeption, bei dem unabhängigen Händlern gegen Entgelt die Möglichkeit eingeräumt wird, unter Benutzung einer Geschäftsbezeichnung und durch Übernahme erfolgreicher Geschäftsmethoden, auf anderen Märkten Fuß zu fassen.

II. Deutschland

An einem gesetzlichen Leitbild für das deutsche Franchising fehlt es bislang. Der DFV e.V.[18] definiert Franchising als ein „auf Partnerschaft basierendes Vertriebssystem, bei dem Neuunternehmer ein etabliertes Geschäftskonzept gegen eine Gebühr nutzen dürfen“.[19] Der Franchisegeber räumt den Franchisenehmern dabei auf Grundlage des Franchisevertrages das Recht ein, sein entwickeltes Geschäftskonzept nutzen zu dürfen. Es besteht aus einem Beschaffungs-, Absatz- und Organisationsmodell, dem Nutzungsrecht an Schutzrechten, der Ausbildung des Franchisenehmers und der Pflicht des Franchisegebers, den

---

14 Die EFF wurde im Jahr 1972 in Paris gegründet und hat ihren Sitz in Brüssel.

15 http://www.eff-franchise.com/101/franchising-definition-description.html, zuletzt abgerufen am 30.06.2019.

16 Vgl. http://www.eff-franchise.com/101/franchising-definition-description.html.

17 Vgl. EuGH, Urt. v. 28.01.1986 – C-161/84, Slg. 1986, 353 – Pronuptia, GRUR Int 1986, 193.

18 Der deutsche Franchise-Verband e.V. wurde am 14.4.1978 in Deutschland gegründet, um das Franchising in Deutschland zu fördern und die Interessen der Franchisewirtschaft nachdrücklich wahrzunehmen.

19 https://www.franchiseverband.com/wissen/franchising-definition/, zuletzt abgerufen am 30.06.2019.

Franchisenehmer aktiv und laufend zu unterstützen.[20] Da auch ein Franchisevertrag von einem wechselseitigen Leistungsaustausch während der Dauer der Vertragslaufzeit gekennzeichnet ist, sind Franchiseverträge als Dauerschuldverhältnisse einzuordnen.[21]

III. Mercosur

Wenngleich sich das Franchising im Mercosur seit Anfang des 21. Jahrhunderts auf Wachstumskurs befindet,[22] mangelt es bisher dennoch an einer einheitlichen Definition von Franchising.[23] Dies liegt nicht zuletzt an der fehlenden wirtschaftspolitischen Koordinierung zwischen den Mitgliedstaaten. Grund für den großen Unterschied zwischen angestrebter und tatsächlicher Integration – und damit mittelbar auch für die fehlende Bildung eines einheitlichen Franchisebegriffs – ist auch die unzureichende Umsetzung der Integrationsentscheidungen in den Mitgliedstaaten.[24]

IV. Argentinien

Gemäß Art. 1512 Abs. 1 CCCN liegt ein Franchisesystem vor, wenn eine Partei, die als Franchisegeber bezeichnet wird, der anderen Partei, die als Franchisenehmer bezeichnet wird, das Recht einräumt, ein bewährtes System zu nutzen, das zur Vermarktung bestimmter Güter oder Dienstleistungen unter dem Handelsnamen, dem Warenzeichen oder der Marke des Franchisegebers bestimmt ist, welcher einen Umfang an technischen Kenntnissen liefert und laufende technische oder kaufmännische Unterstützung gegen eine direkte oder indirekte Gegenleistung des Franchisenehmers bietet.

---

20 Vgl. Informationsschrift des DFV e.V. zum Thema Franchising, S. 2; Schmidt, Handelsrecht, § 28 Rn. 22; Canaris, Handelsrecht, § 18 Rn. 10.

21 BGH, Urt. v. 17.12.1998 – I ZR 106-96, NJW-RR 1999, 1178; Gitter, S. 462; Möller, AcP 2003, 319 (340); vgl. Flohr, Franchise-Vertrag, S. 258.

22 Falcón, Contribuciones científicas GAEA 2000, 177 (180).

23 Vgl. Kleinheisterkamp, in: Reimann/Zimmermann (Hrsg.), The Oxford handbook of comparative law, S. 292, wonach der heutige Stand rechtlicher Vereinheitlichung im Mercosur nicht mit dem der EU vergleichbar ist.

24 Vgl. Basedow, in: Basedow/Samtleben (Hrsg.), Wirtschaftsrecht des Mercosur, S. 25 f.; SAM, Primer Informe Semestral de la Secretaría del Mercosur, Juli 2004, S. 33 f.; Witthaus/Wierzba, RDPC 1997, 477 (489).

B. Vor- und Nachteile des Franchisings

Neben einer Begriffsbestimmung ist auch die Berücksichtigung der wirtschaftlichen Interessen der Parteien für das rechtliche Verständnis eines jeden Franchisevertrages unerlässlich. Im Folgenden sollen daher die Vor- und Nachteile des Franchisings skizziert werden, um ein besseres Verständnis für die einem Franchisevertrag zugrundeliegenden wirtschaftlichen Interessen und Ziele beider Parteien sowie die von ihnen freiwillig eingegangenen Risiken zu gewinnen. Wenngleich die Vor- und Nachteile in Deutschland und Argentinien unterschiedlich stark ausgeprägt sein können, so ist das jedoch auf die unterschiedlichen Marktentwicklungen und nicht auf unterschiedliche Rechtssysteme zurückzuführen, so dass sich eine einheitliche Schilderung der Vor- und Nachteile des Franchisings anbietet.

I. Die Vorteile des Franchisings

1. Aus gesamtwirtschaftlicher Perspektive

Auf gesamtwirtschaftlicher Ebene werden durch das Franchising mittelständische Unternehmen gestärkt, die von der Konzentration verschiedener Franchisenehmer unter einer einheitlichen Marke profitieren und damit wettbewerbsfähiger werden. Durch das verminderte Investitionsrisiko und die systembedingte Dezentralisierung können sich in strukturschwachen Regionen Gewerbebetriebe besser ansiedeln.[25] Zugleich erhöht die Förderung unternehmerischer Aktivität durch die Zunahme von Franchisebetrieben die Effizienz der Märkte, soweit wettbewerbsrechtliche Grundsätze beachtet werden.[26] Die jungen und in der Wachstumsphase befindlichen Franchisesysteme entfalten überdies große Innovationskräfte und tragen somit zu einer strukturellen Erneuerung des Marktes bei.[27]

Ein weiteres starkes Argument für die Wahl des Franchisings als Vertriebssystem aus gesamtwirtschaftlicher Sicht ist in der Schaffung von Arbeitsplätzen zu sehen. Franchisesysteme in neuen Bereichen sind in der Lage, eine deutlich größere Zahl an Arbeitsplätzen zu produzieren, als dies bei der Verbreitung zentralistischer Unternehmenssysteme der Fall ist.[28]

---

25 Vgl. Wagenseil, S. 27.
26 Giesler/Nauschütt-Lerchenmüller, Kap. 1 Rn. 348.
27 Giesler/Nauschütt-Lerchenmüller, Kap. 1 Rn. 348.
28 Vgl. Giesler/Nauschütt-Lerchenmüller, Kap. 1 Rn. 348.

2. *Aus Sicht des Franchisegebers*

Dem Franchisegeber bietet das Franchising eine gute Möglichkeit, sein Marketingkonzept großflächig umzusetzen. Er trägt dabei ein im Vergleich zu anderen Unternehmern deutlich geringeres Kapitalrisiko, da der Franchisenehmer bereits bei Eintritt in das Franchisesystem i.d.R. zur Zahlung einer Eintrittsgebühr verpflichtet wird, wodurch er zunächst Eigenkapital in das Franchisesystem einbringt.[29] Der Franchisegeber behält die weitreichende Kontrolle über die Ausgestaltung des Vertriebssystems, wobei er zugleich die Vertriebskosten und die -risiken auf den Franchisenehmer übertragen kann. Infolge des systemeinheitlichen Auftretens wächst dem Franchisegeber regelmäßig der vom Franchisenehmer erworbene Goodwill zu.[30] Die Synergieeffekte, die durch den schnellen Markteintritt auf verschiedenen Vertriebsgebieten zeitgleich entstehen, kapitalisieren und erhöhen den Markenwert.[31]

Einen weiteren Vorteil stellen für den Franchisegeber auch die geringeren Personalkosten dar. Da jeder Franchisenehmer seine Mitarbeiter selbst auswählt und anstellt, entfallen für den Franchisegeber diesbezügliche Verwaltungs- und Lohnkosten.[32] Er wird auch von der täglichen Betriebsführung wie etwa dem Verkauf und der Prüfung der Kassen- und Warenbestände entlastet.

Die rasche Expansion der Marke ermöglicht es zudem sich in kürzester Zeit gegenüber möglichen Wettbewerbern besser zu positionieren und etwaige potenzielle Neuwettbewerber von einem Markteintritt abzuhalten.[33]

3. *Aus Sicht des Franchisenehmers*

Das Franchising hat jedoch nicht nur Vorteile für den Franchisegeber, auch der Franchisenehmer profitiert in hohem Maße von dieser Vertriebsform. Insbesondere für Existenzgründer stellt die Teilnahme an einem Franchisesystem eine attraktive Möglichkeit dar, die insbesondere zu Beginn bestehenden Risiken einer Selbständigkeit zu verringern.[34] Sie profitieren i.d.R. von einem bereits etablierten Franchisesystem und einer häufig renommierten Marke. Wirtschaftliche Erfolge stellen sich somit schneller ein als bei herkömmlichen

29 Vgl. Peters, S. 25.

30 Vgl. Stober/Paschke, S. 110.

31 Insúa, D&G Nov. 2002, 1075 (1091).

32 Vgl. Insúa, D&G Nov. 2002, 1075 (1090).

33 Insúa, in: D&G Nov. 2002, 1075 (1091).

34 Peters, S. 25.

Unternehmensgründungen, da die Wahrscheinlichkeit, mit dem Franchisebetrieb und dem Leistungskonzept zu scheitern, deutlich geringer ist. Dem Franchisenehmer wird auch die Finanzierung erleichtert, da er den Kreditinstituten einen Businessplan vorlegen kann, welcher sich schon durch den Erfolg anderer Franchisebetriebe als gewinnbringend erwiesen hat.[35]

Neben der Starthilfe bei der Standortsuche und Errichtung des Franchisebetriebs stellt auch die Zuweisung eines exklusiven Vertriebsgebiets einen wesentlichen Vorteil dar. Der Schritt in die Selbständigkeit wird somit neben einem regen Austausch mit anderen Franchisenehmern und den Schulungs- und Betreuungsmaßnahmen des Franchisegebers auch durch einen von vornherein bestehenden Wettbewerbsvorteil gegenüber den Wettbewerbern am Markt erleichtert.[36]

Weiterhin handelt der Franchisenehmer im eigenen Namen, tritt jedoch als Unternehmensträger meist hinter der Marke und dem Gesamtmarketing des Franchisesystems zurück.[37] Er sucht seine Mitarbeiter eigenständig aus, profitiert aber zugleich davon, dass diese durch die regelmäßig vom Franchisegeber durchzuführende „Aktualisierung des Know-hows" sowie etwaige Schulungen und Fortbildungen langfristig besser ausgebildet werden.[38] Für die einzelnen Mitarbeiter steigt zudem der Anreiz bei einem Franchisebetrieb tätig zu werden, welches Teil eines größeren Netzwerks ist und dessen Marke möglicherweise sogar international bekannt ist.

Weitere Vorteile dieser Vertriebsform sind die garantierte Selbständigkeit des Franchisenehmers, der Erwerb eines geschützten Know-hows sowie mögliche Wareneinkaufsvorteile.[39] Die Tatsache, dass sich der Franchisegeber um die Optimierung, Aktualisierung, Wettbewerbsfähigkeit und die Werbung des Franchisesystems und der Marke kümmert, ermöglicht es dem Franchisenehmer somit sich ganz auf den Vertrieb der Waren oder die angebotenen Dienstleistungen und den Kundenerwerb zu konzentrieren.[40]

35 Insúa, in: D&G Nov. 2002, 1075 (1092).

36 Mack, S. 67 f.; Wagenseil, S. 27; Peters, S. 25.

37 Schmidt, Handelsrecht, § 28 Rn. 27; vgl. Unidroit, Guide to International Master Franchise Agreements, S. 252 f.

38 Insúa, D&G Nov. 2002, 1075 (1093).

39 Vgl. Röhricht/Graf von Westphalen/Haas-Giesler, S. 1939 f.; Insúa, D&G Nov. 2002, 1075 (1093).

40 Insúa, D&G Nov. 2002, 1075 (1093).

4. *Aus Sicht der Verbraucher*

Die Verbraucher verbinden mit Franchising vor allem eine ihnen bekannte Marke. Diese geht für sie mit bestimmten qualitativen und betrieblichen Standards einher. Zudem wird den Verbrauchern durch das stark ausgeprägte Vertriebsnetz eine bessere Marktversorgung geboten als bei zentralisierten Systemen.[41]

II. Die Nachteile des Franchisings

1. *Aus gesamtwirtschaftlicher Perspektive*

Der durch das Franchising erzielten Förderung, insbesondere der mittelständischen Wirtschaft und der Existenzgründer, wird häufig als nachteilig entgegengehalten, dass ein Anschluss an ein bestehendes Franchisesystem die Gründung innovativer Geschäftsmodelle behindern kann, weil potenzielle Existenzgründer es letztlich vorziehen würden sich einem etablierten Geschäftskonzept anzuschließen, als ein neues auf den Markt zu bringen.

Weiterhin wird von einigen Stimmen[42] angeführt, die durch die Nutzung der Synergieeffekte ermöglichte rasche Markterschließung von Franchisesystemen könne sich auf den Einzelhandel existenzvernichtend auswirken.

Ein weiteres Risiko des Franchisings als Vertriebsform liegt darin, dass es von unseriösen Anbietern missbraucht werden kann.[43] Eine Möglichkeit dieses Missbrauchs besteht darin, ein Geschäftskonzept, welches noch nicht erprobt ist und das sich noch nicht bewährt hat, für die Vergabe von Franchiselizenzen zu verwenden. Ein solcher Missbrauch setzt natürlich voraus, dass der Umstand der mangelnden Erprobung nicht transparent gemacht wurde.[44] Weiterhin birgt das Franchising als Vertriebsform für die Gesamtwirtschaft auch das Risiko dazu missbraucht zu werden, um abhängig beschäftigte Personen in „Selbständige“ umzudeklarieren.[45]

---

41 Vgl. Bodewig, in: Straus (Hrsg.), FS für Beier, S. 950.

42 Vgl. Duong Dinh/Gehrmann/Ahlert, S. 42 f. zu den Auswirkungen der Synergieeffekte eines Franchisesystems.

43 Giesler/Nauschütt-Giesler/Nauschütt, Einl. Rn. 7.

44 Giesler/Nauschütt-Giesler/Nauschütt, Einl. Rn. 7.

45 Vgl. Giesler/Nauschütt-Giesler/Nauschütt, Einl. Rn. 7.

2. Aus Sicht des Franchisegebers

Eine der größten Herausforderungen des Franchisegebers ist es zunächst, ein innovatives Know-how und somit ein erfolgreiches Franchisesystem unter Einsatz hoher Anfangsinvestitionen zu entwickeln. Ist ihm dies einmal gelungen, so stellen die Fortentwicklung und die Erhaltung des Franchisesystems eine fortlaufende Herausforderung dar. Weiterhin obliegt ihm die Auswahl geeigneter und loyaler Franchisenehmer, wobei seine Weisungsmacht im Vergleich zu der eines Filialleiters deutlich geringer ist. Ein weiteres Risiko liegt in der Gefahr einer zu großen Unabhängigkeit und Selbstüberschätzung des Franchisenehmers sowie in einem vertragswidrigen Verhalten desselben, das möglicherweise den Ruf des gesamten Franchisesystems langfristig schädigen kann.

3. Aus Sicht des Franchisenehmers

Auch für den Franchisenehmer sind der Abschluss eines Franchisevertrages und somit der Eintritt in ein Franchisesystem mit gewissen Risiken verbunden. Zu nennen sind dabei zunächst die starke Abhängigkeit seines Franchisebetriebs vom Erfolg des Franchisesystems und die Beschränkung seiner unternehmerischen Freiheit, während er zugleich das unternehmerische Risiko seines Betriebs alleine zu tragen hat. Steigt der Franchisenehmer in ein neues Franchisesystem ein, besteht für ihn stets das latente Risiko, dass er mangels entsprechender Unterstützung des Franchisegebers bzw. bei Fehlen eines tragfähigen Franchisekonzepts sein Kapital und seine Arbeitskraft einsetzt, ohne eine entsprechende Rendite erzielen zu können.[46] Außerdem kann er sich bestimmten von ihm selbst nicht beeinflussbaren Faktoren wie bspw. einem Imageverlust des Franchisesystems nicht entziehen und diesem auch nicht vorbeugen.

Neben dem hohen anfänglichen Investitionsrisiko ist der Franchisenehmer oftmals mit der Franchisegebühr und erheblichen Nebenkosten belastet, was ihn möglicherweise selbst im Falle von Vertragsbrüchen durch den Franchisegeber von einer Kündigung abhalten könnte. Dieses Auseinanderfallen des vom Franchisenehmer zu tragenden Investitionsrisikos und der lediglich vom Franchisegeber ausgeübten Kontrolle der Betriebsführung ist eine der größten Herausforderungen für den Franchisenehmer, zumal er i.d.R. bereits bei den Vertragsverhandlungen die schwächere Verhandlungsposition innehat. Diese rührt meist aus einer Unerfahrenheit mit dem Franchising als Vertriebsmodell, jedenfalls aber regelmäßig aus der fehlenden Erfahrung mit dem

46 Vgl. Lenzen, RIW 1984, 586; Groß/ Skaupy, S. 168, 176 f.; Kieser, S. 12 ff.

vertragsgegenständlichen Franchisesystem, dessen Wirkungsweise und den damit verbundenen Haftungsrisiken. Vor Vertragsschluss können sowohl die Marktverhältnisse als auch das genannte überlegene Wissen des Franchisegebers dessen stärkere Verhandlungsposition begründen und sich letztlich auf den Vertragsinhalt zulasten des Franchisenehmers auswirken.[47] Oftmals sieht sich der Franchisenehmer auch aufgrund des divergierenden wirtschaftlichen Potenzials durch unterschiedliche finanzielle Ressourcen in einer unvorteilhaften Ausgangslage.

4. Aus Sicht der Verbraucher

Die zunehmende Verbreitung von Franchisesystemen und die Erschließung immer neuer Tätigkeitsfelder für Franchisesysteme kann zu einer abnehmenden Individualisierung der Verbraucher führen. Anstelle individualisierter Lösungen für den Einzelnen rückt die mehrheitlich anwendbare Lösung in den Vordergrund. Ferner kann es langfristig aufgrund einer Konzentration des Angebots auf einzelne Franchisesysteme zu Veränderungen im Konsumverhalten kommen, wenn z.B. der Einzelhandel verdrängt wird.

III. Zwischenergebnis

Die Gegenüberstellung möglicher Vor- und Nachteile des Franchisings als Vertriebsform macht deutlich, dass der Erfolg dieses Systems entscheidend von einer funktionierenden Kooperation zwischen beiden Franchiseparteien abhängt. Das Franchising bringt zwar für beide Parteien erhebliche Vorteile, aber auch nicht zu unterschätzende Risiken mit sich. Neben der Übermittlung eines wettbewerbsfähigen und innovativen Know-hows ist daher auch die Bildung einer einheitlichen Unternehmenskultur und gegenseitigen Kooperation ein wichtiger Erfolgsbestandteil eines jeden Franchisesystems. Hervorzuheben ist somit, dass es sich bei jedem Franchisesystem um eine „Interessengemeinschaft“ handelt, deren Erfolg vom Funktionieren jedes einzelnen Mitglieds abhängig ist. Dabei darf der oftmals wirtschaftlich schwächere Franchisenehmer jedoch keinesfalls prima facie zum Opfer des Franchisegebers erklärt werden. Er erlangt im Gegenzug zu seinen Leistungen auch erhebliche Wettbewerbsvorteile.

Es ist folglich in erster Linie die Aufgabe des Vertragsrechts, beiden Parteien eine reibungslose Nutzung der Vorteile und eine gerechte Risikoverteilung sicherzustellen.

---

47 Vgl. Riesenhuber, in: Möslein (Hrsg.), Private Macht, S. 197.

C. Abgrenzung zu ähnlichen Vertriebsformen

Des Weiteren gilt es den Franchisevertrag mit seinen Besonderheiten von anderen Vertriebsformen abzugrenzen. Typisch für das Franchising ist zunächst, dass es sich um eine vertikale Absatzform handelt. Es geht also um einen Vertrieb von Waren oder Dienstleistungen, bei denen der Franchisenehmer dem Endabnehmer um eine Handelsstufe nähersteht als der Franchisegeber und zugleich diesem gegenüber in gewissem Umfang weisungsgebunden ist. Die Parallele zum Handelsvertreter, Kommissionär und Vertragshändler ist bei dieser Sichtweise offenkundig. Das Franchising soll daher gemäß den zu untersuchenden Rechtsordnungen von anderen Vertriebsformen abgegrenzt werden.

I. Die Abgrenzung nach deutschem Recht

1. Handelsvertreter, Vertragshändler und Kommissionär

Vom Handelsvertreter[48] grenzt sich der Franchisenehmer dadurch ab, dass er ständig mit der Absatzmittlung im eigenen Namen und auf eigene Rechnung betraut ist. Der Handelsvertreter hingegen handelt in fremdem Namen und im fremden Interesse, er trägt somit kein eigenes Warenabsatzrisiko.[49] Kommissionär ist hingegen, wer es gewerbsmäßig übernimmt, Waren für Rechnung eines anderen in eigenem Namen zu kaufen oder zu verkaufen, § 383 Abs. 1 HGB. Dadurch unterscheidet er sich in rechtlicher Hinsicht deutlich vom Franchisenehmer.

Ein weiterer Unterschied zu den gesetzlich vorgegebenen Formen der Absatzmittlung besteht darin, dass der Franchisenehmer Zahlungen an den Franchisegeber zu entrichten hat, wohingegen der Handelsvertreter und der Kommissionär ihre Provision vom Unternehmer erhalten und der Vertragshändler an der Differenz zwischen dem Preis, zu dem er die Waren bei diesem kauft, und dem Weiterverkaufspreis verdient.[50]

Die Abgrenzung zum Vertragshändler ist in der Praxis dennoch schwierig. Die beiden Vertriebsformen stehen sich besonders nahe.[51] Ein wesentlicher Unterschied liegt darin, dass sich das Franchising für den Vertrieb von

---

48 Dieser ist in Deutschland in den §§ 84 ff. HGB gesetzlich geregelt.

49 Vgl. Schreiber, JURA 2009, 115 (116).

50 Vgl. Stober/Paschke, S. 109; Canaris, Handelsrecht, § 18 Rn. 7; zum Vertragshändlervertrag Habersack/Ulmer, S. 87.

51 Weber, JA 1983, 347 (352); Skaupy, DB 1982, 2446 (2447); vgl. Ebenroth/Parche, in: BB 1988, Beilage 10, 6 f.; Giesler, Franchiseverträge, Rn. 10.

Dienstleistungen eignet.[52] Aber auch für das Warenfranchising lassen sich beide Vertriebsformen anhand der unterschiedlichen Bindungsintensität differenzieren.[53] Im Unterschied zum Vertragshändler, bei dem regelmäßig allein der Warenvertrieb im Vordergrund steht, liegt bei Franchiseverträgen das Augenmerk stärker auf der systemeinheitlichen Nutzung der gewerblichen Schutzrechte und des Know-hows durch den Franchisenehmer.[54] Der Vertragshändler ist außerdem nicht in ein so striktes System von Ausschließlichkeitsbindungen integriert wie der Franchisenehmer.[55]

2. *Lizenzvertrag*

Von einem Lizenz- und Know-how-Überlassungsvertrag unterscheidet sich der Franchisevertrag dadurch, dass Franchiseverträge i.d.R. Weisungs- und Kontrollrechte enthalten, die einem Lizenz- und Know-how-Überlassungsvertrag i.d.R. fremd sind.[56] Eine Franchisesysteme auszeichnende strukturierte Systemorganisation ist bei reinen Know-how-Überlassungsverträgen i.d.R. nicht vorhanden.

3. *Gesellschaftsvertrag*

Durch den Abschluss eines Franchisevertrages wird auch kein Gesellschaftsvertrag abgeschlossen, da sich der Franchisenehmer trotz Entrichtung einer Eintrittsgebühr nicht an der Gesellschaft des Franchisegebers beteiligt.[57]

4. *Filialsystem*

Das Franchisesystem ist darüber hinaus auch von einem Filialsystem abzugrenzen. Letzteres weist eine vertikale Organisationsstruktur mit straffer hierarchischer Führung und intensiver, arbeitsteiliger Zusammenarbeit auf. Derartig weitgehende Weisungs- und Kontrollrechte sind einem Franchisesystem fremd, sie sind ihm sogar abträglich, da der Franchisenehmer anderenfalls seine

52 Röhricht/Graf von Westphalen/Haas-Giesler, HGB, S. 1931.
53 Vgl. Hübner, Handelsrecht, § 5 Rn. 449; MüKo HGB-Ströbl, Vor § 84 Rn. 19 f.
54 Vgl. Metzlaff-Metzlaff, § 8 Rn. 126 ff.; Flohr/Wauschkuhn-Billing, Vor §§ 84 ff. HGB Rn. 15; Reif, S. 21; Haunhorst, S. 68.
55 Röhricht/Graf von Westphalen/Haas-Giesler, HGB, S. 1932; vgl. Weltrich, S. 109.
56 Flohr/Frauenhuber/Liebscher/Wildhaber-Flohr/Liebscher/Pohl/Stockinger/Wildhaber, S. 191.
57 Flohr/Frauenhuber/Liebscher/Wildhaber-Flohr/Liebscher/Pohl/Stockinger/Wildhaber, S. 192.

Selbständigkeit verlieren würde und insofern arbeitnehmerähnlich schutzbedürftig wäre.[58] Wenngleich der Franchisegeber somit zur Ausübung von Kontrolle und Weisungen teilweise vertraglich berechtigt ist, erfolgt dies im Vergleich zu einem reinen Filialsystem in geringerem Maße und stets unter Wahrung der rechtlichen Selbständigkeit des Franchisenehmers.

II. Die Abgrenzung nach argentinischem Recht

1. Handelsvertreter, Vertragshändler und Kommissionär

Auch das argentinische Vertriebsrecht unterscheidet zwischen dem Handelsvertretervertrag („contrato de agencia“), dem Vertragshändlervertrag („contrato de concesión“) und dem Kommissionsvertrag („contrato de comisión o consignación“).

Gemäß Art. 1479 Abs. 1 CCCN liegt ein Handelsvertretervertrag vor, wenn sich eine Partei, namentlich der Handelsvertreter, verpflichtet Geschäfte im Namen einer anderen Partei, namentlich des Prinzipals oder Unternehmers, auf eine langfristige, kontinuierliche und eigenständige Art und Weise zu vermitteln, ohne dass dadurch ein Arbeitsverhältnis begründet wird. Der Handelsvertreter erhält für seine Bemühungen eine Provision. Er agiert dabei stets als selbständiger Vertreter, insbesondere übernimmt er gemäß Art. 1479 Abs. 2 CCCN nicht das betriebliche Risiko. Der Handelsvertretervertrag unterliegt dem Schriftformerfordernis gemäß Art. 1479 Abs. 3 CCCN.

Im Gegensatz zum Franchisenehmer tätigt der Handelsvertreter seine Geschäfte im fremden Namen und für fremde Rechnung.[59] Der Franchisenehmer handelt demgegenüber im eigenen Namen und übernimmt das Risiko der von ihm erzielten Geschäfte.[60] Der Kommissionär ("comisionista") handelt nach argentinischem Rechtsverständnis in eigenem Namen aber auf fremde Rechnung.

Gemäß Art. 1502 CCCN liegt ein Vertragshändlervertrag vor, wenn sich eine Partei, namentlich der Vertragshändler, dazu verpflichtet im eigenen Namen und auf eigene Rechnung die vom Unternehmer hergestellte Ware zu vertreiben und zu vermarkten oder Dienstleistungen zu erbringen. Er hat gemäß

58 Flohr/Frauenhuber/Liebscher/Wildhaber-Flohr/Liebscher/Pohl/Stockinger/Wildhaber, S. 193.

59 Leiva Fernández-Tomo VI, § 332 Nr. 2404 lit. b).

60 Rubín, Contratos de comercialización, Tomo I, Prolog S. 1; vgl. Gregorini Clusellas/Gregorini, AP/DOC/852/2015, 1 (2).

Art. 1502 CCCN auch Ersatzteile und Zubehör anzubieten, sofern der Vertragszweck dies erfordert.[61] Der Vertragshändler erhält vom Unternehmer keine Vergütung, stattdessen begründet die Weiterverkaufsmarge seinen Umsatz.[62]

Der Vertragshändler wird im Gegensatz zum Franchisenehmer als „externer Helfer“ des Prinzipals und Herstellers verstanden, der diesem seine Leistung zum Zweck der Vermarktung und Verbreitung seiner Produkte bei den Kunden zur Verfügung stellt.[63]

Gemeinsam ist allen Vertragstypen, dass es sich dabei um Dauerschuldverhältnisse handelt.[64] Im Gegensatz zum Handelsvertreter-, Kommissions- und zum Vertragshändlervertrag, bei denen der Kern des Geschäfts darin besteht, einen Dritten dazu zu veranlassen die Produkte oder Dienstleistungen des Prinzipals oder Unternehmers zu erwerben, strebt der Franchisegeber nach argentinischem Rechtsverständnis vordergründig die Verbreitung seines Franchisesystems an. Es geht ihm demnach vorrangig darum, aus der Verbreitung seines Know-hows einen möglichst hohen wirtschaftlichen Nutzen zu ziehen.[65]

2. *Lizenzvertrag*

Unter einem Lizenzvertrag („contrato de licencia“) versteht man nach argentinischem Recht eine Vereinbarung, durch die der Lizenzgeber den Lizenznehmer ermächtigt, eine Marke kostenlos oder gegen Gebühr zu verwenden mit dem Zweck, seine Produkte oder Leistungen von anderen zu unterscheiden.[66] Er unterscheidet sich von einem Franchisevertrag durch die Kontrollrechte, die lediglich dem Franchisevertrag immanent sind.[67]

3. *Gesellschaftsvertrag*

Eine Gesellschaft liegt gemäß Art. 1 Ley de Sociedades Nr. 19.5550 vor, wenn eine oder mehrere Personen in organisierter Form gemäß einer der in diesem Gesetz vorgesehenen Formen verpflichtet sind, Beiträge zu leisten, um sie auf

61 Rubín, Contratos de comercialización, Tomo I, Kap. I Rn. 3.
62 Llobera, in: Laferriere (Hrsg.), Análisis del proyecto de nuevo CCC UCA, S. 441; vgl. CNCom, Sala B, Urt. v. 27.05.2019 – Automaq S.A. c/ CNH Industrial Argentina S.A. s/ ordinario, Expte. N° 32188/2010.
63 Vgl. Lozama, RADCyN 2017, 1.
64 Farina, Contratos comerciales modernos, S. 142.
65 Rubín, Contratos de comercialización, Tomo II, Kap. II Rn. 4.3.2.
66 Vgl. Marzorati, Sistemas de distribución comercial, S. 272 f.
67 Vgl. Marzorati, Sistemas de distribución comercial, S. 272 f.

die Produktion oder den Austausch von Waren oder Dienstleistungen anzuwenden, die Gewinne zu teilen und die Verluste zu tragen. Der Franchisenehmer ist hingegen nicht zur Beitragserbringung in die Gesellschaft des Franchisegebers verpflichtet und die Franchisenehmer eines Systems teilen weder Gewinne noch Verluste mit dem Franchisegeber und/oder untereinander.[68]

4. *Filialsystem*

Von einem Filialsystem unterscheidet sich der Franchisevertrag nach argentinischem Recht insofern, als Letzterer von einem gegenseitigen Kooperationsverhältnis gekennzeichnet ist, wohingegen der Betreiber einer Filiale einer strengen Kontrolle durch den Unternehmer unterliegt.

III. Zwischenergebnis

Zusammenfassend unterscheidet sich der Franchisenehmer nach beiden Rechtsordnungen von allen Absatzmittlern mehr oder weniger dadurch, dass er auf Basis des definierten Inhalts des Franchisevertrages in das Vertriebssystem des Franchisegebers gewissermaßen als dessen verlängerter Arm eingebunden ist. Vergleicht man das Franchising mit anderen gängigen Vertriebsformen, so zeigen das deutsche und das argentinische Recht gewisse Parallelen im Hinblick auf die Abgrenzung. So besteht in beiden Rechtsordnungen dahingehend Einigkeit, dass der Franchisenehmer zwar zum Teil seine Selbständigkeit aufgibt, dabei jedoch stets im eigenen Namen und auf eigene Rechnung handelt. Dies unterscheidet ihn deutlich vom Handelsvertreter oder Kommissionär. Im Gegensatz zum Vertragshändlervertrag stehen beim Franchising in beiden Rechtsordnungen die Übermittlung des Know-hows sowie die Verbreitung des Franchisesystems im Vordergrund.

Der Franchisenehmer erspart sich regelmäßig Kosten für die Entwicklung und Aufrechterhaltung eines Marketingkonzepts für das Franchisesystem. In keinem anderen Vertriebssystem ist der im Vertrag niedergelegte Anspruch des Franchisenehmers auf Ausbildung und fortlaufende Schulung so ausgeprägt wie im Franchisesystem. Hierfür entrichtet er auch eine Franchisegebühr. Dem steht das Überwachungs- und Weisungsrecht des Franchisegebers gegenüber. Dieses dient dem Franchisegeber dazu die Einhaltung systeminterner Regeln sicherzustellen. Diese Weisungs- und Kontrollrechte des Franchisegebers sind im Gegensatz zum Filialsystem jedoch niemals derart straff ausgeprägt, dass sie der

68 Vgl. Prono, RDCO 2016, 749, (750); Maddaloni, RDL 2005, 63 (87).

Selbständigkeit und unternehmerischen Freiheit des Franchisenehmers abträglich werden können.

Kapitel 3 Franchising in Deutschland

A. Die Entwicklung des Franchisings als Vertragsform in Deutschland

Das Franchising blickt in Deutschland auf eine langjährige Erfolgsgeschichte zurück. Es ist im Rahmen der Distribution von Waren und Dienstleistungen nicht mehr wegzudenken.[69] Der DFV e.V. meldete im Jahr 2017 einen ununterbrochenen Wachstumstrend i.H.v. 3,6 % im Vergleich zum Vorjahr.[70] Bemerkenswert ist dabei auch, dass sich 85 % der Franchisenehmer erneut für das von ihnen gewählte Franchisesystem entscheiden würden.[71]

Die größten Erfolge hat das Franchising dort zu verzeichnen, wo homogene Güter oder Leistungen in großen Mengen unter einem in das Verbraucherbewusstsein eindringenden Markennamen angeboten werden können, z.B. in der Getränkeabfüllbranche sowie bei Weinverkaufs-, Foto-, Drogerie-, Textilhandels-, Schuhverkaufs-, Bäckerei-, Heimwerker-, Reinigungs-, Reparatur-, Reisebüro-, Hotel- und Restaurantketten.[72]

Mangels bindender Regelungen kommt dem „Soft Law" im Rahmen der Gestaltung eines Franchisevertrages besondere Bedeutung zu. Hierzu zählt vor allem der von der EFF gemeinsam mit der EU-Kommission entwickelte „Europäische Verhaltenskodex für Franchising", welcher für die Beurteilung eines Franchisesystems durch potenzielle Franchisenehmer und Kreditgeber wertvolle Dienste leistet.[73]

---

69 Schmidt, Handelsrecht, § 28 Rn. 29.

70 Statistik des Deutschen Franchiseverbandes, in: https://www.franchiseverband.com/aktuelles-erfahren/presse/detail/news/detail/News/neue-franchisezahlen-veroeffentlicht/, zuletzt abgerufen am 30.06.2019.

71 https://www.franchiseverband.com/services-nutzen/studien-und-statistiken/, zuletzt abgerufen am 30.06.2019.

72 Schmidt, Handelsrecht, § 28 Rn. 29; vgl. Martinek, Moderne Vertragstypen II, S. 11 ff.; Skaupy, DB 1982, 2446 (2450); Weber, JA 1983, 347 (348).

73 Vgl. Martinek/Semler/Flohr-Flohr– Handbuch des Vertriebsrechts, § 29 Rn. 16.

B. Die Rechtsquellen

I. Keine rechtlich bindenden Franchiseregelungen

Ein gesondertes Franchisegesetz existiert in Deutschland bisher nicht. Allerdings kommt z.B. der Freistellungsverordnung VO (EU) Nr. 330/2010 große Bedeutung zu, da sich die Gestaltung von Franchiseverträgen an diesem Kartellrechtsrahmen orientiert.[74]

II. Der Europäische Verhaltenskodex für Franchising des EFF

Neben den vertraglich vereinbarten Pflichten kommt dem vom EFF in Zusammenarbeit mit der EU-Kommission ausgearbeiteten „European Code of Ethics for Franchising" von 1972[75] eine große Rolle zu, obgleich die nationalen Gerichte an diesen Verhaltenskodex nicht gebunden sind.[76] Dennoch leisten die darin niedergelegten Grundsätze für die Seriositätsbeurteilung eines Franchisesystems durch potenzielle Franchisenehmer und Kreditgeber wertvolle Dienste.[77]

Gemäß Ziff. 2.2 lit. iii) European Code of Ethics for Franchising ist der Franchisegeber bspw. dazu verpflichtet seine Franchisenehmer als selbständige Unternehmer anzuerkennen und diese weder direkt noch indirekt als Arbeitnehmer unterzuordnen. Ähnlich wie bereits oben unter den vertraglichen Hauptpflichten beschrieben, enthält auch der European Code of Ethics gemäß Ziff. 2.2 lit. iv) bis xi) die Pflicht des Franchisegebers, den Franchisegebern das notwendige Know-how zu übermitteln, sie zu schulen und während der gesamten Vertragsdauer zu unterstützen und zu betreuen sowie das Franchisesystem fortlaufend weiterzuentwickeln und für dieses zu werben. Auffallend ist dabei hingegen die Verpflichtung des Franchisegebers gemäß Ziff. 2.2 lit. x) und xi) European Code of Ethics for Franchising seine Franchisenehmer über seinen Onlinevertrieb und/oder seine Verkaufspolitiken zu unterrichten und bei der Entwicklung seines Onlinevertriebs die Interessen des Franchisesystems – und damit auch die der Franchisenehmer – zu wahren. Die

---

74 Vgl. Liebscher/Flohr/Petsche-Petsche, EU-Gruppenfreistellungsverordnungen, § 7 S. 163 ff.

75 Vgl. EG Kommission Kat./Cat.: CB-81-495-5A-C, gültig seit dem 01.01.1992, zuletzt geändert am 06.12.2016, abrufbar unter: http://www.eff-franchise.com/Data/EFF%20Code%20of%20Ethics%20for%20Franchising%20-%20FINAL%2007122016.pdf, zuletzt abgerufen am 30.06.2019.

76 Vgl. Peters, S. 83.

77 Vgl. Martinek/Semler/Flohr-Flohr, Handbuch des Vertriebsrechts, § 29 Rn. 18.

in Ziff. 2.3 lit. i) bis viii) European Code of Ethics for Franchising enthaltenen Pflichten des Franchisenehmers ähneln im Wesentlichen den oben beschriebenen vertragsüblichen Pflichten, wie z.B. die Verpflichtung, dem Franchisegeber Auskünfte zu erteilen, den Ruf des Franchisesystems zu schützen und das übermittelte Know-how nicht unberechtigterweise an Dritte weiterzugeben.

Gemäß Ziff. 5.1 European Code of Ethics for Franchising sollen bei der Gestaltung von Franchiseverträgen im Übrigen das nationale Recht, das Europarecht und der European Code of Ethics for Franchising beachtet werden.

III. Der Ethikkodex des DFV e.V.

Der European Code of Ethics wird durch Richtlinien ergänzt, die vom DFV e.V. erlassen worden sind. Wenngleich auch diese keinen Gesetzesrang besitzen, so haben sich zumindest die Mitglieder des DFV e.V. im Wege einer „self-regulation“ verpflichtet, diese Richtlinien bei der Vertragsgestaltung zu beachten.[78] Laut der Franchisestatistik des DFV e.V. für das Jahr 2017 sind 80 % der in Deutschland vertretenen Franchisebetriebe Mitglied im DFV e.V.[79]

Neben den Trainingsrichtlinien kommt auch dem Ethikkodex des DFV e.V. besondere Bedeutung zu.[80] Dieser Kodex legt für seine Mitglieder Verhaltensregeln und Geschäftsgrundsätze der Organisation und Administration von Franchisesystemen fest. Dem DFV e.V. gehört die Mehrheit der Franchisegeber in Deutschland an, so dass seinen Richtlinien quasi Bindungswirkung entfalten. Gemäß Ziff. 5.3 des Ethikkodex des DFV e.V. hat der Franchisevertrag die jeweiligen Pflichten der Parteien und alle wesentlichen Bedingungen des Vertragsverhältnisses eindeutig festzulegen. Ein unentbehrliches Minimum stellen dabei gemäß Ziff. 5.4 dieses Ethikkodexes u.a. die Rechte und Pflichten der Parteien, die dem Franchisenehmer zur Verfügung zu stellenden Waren und/ oder Dienstleistungen, die Zahlungsverpflichtungen des Franchisenehmers, die Vertragsdauer sowie die Regelungen zur Vertragsbeendigung dar. Im Fall von Meinungsverschiedenheiten greifen die Vertragsparteien in der Praxis immer

78 Siehe z.B. die Richtlinie des DFV e.V. zu vorvertraglichen Aufklärungspflichten, abrufbar unter: https://www.franchiseverband.com/blog/wp-content/uploads/2015/11/vorvertragliche-aufklaerungspflichten-richtlinie-dfv.pdf, zuletzt abgerufen am 30.06.2019.

79 https://www.franchiseverband.com/fileadmin/user_upload/pdf/Franchisestatistik_2017_final.pdf, zuletzt abgerufen am 30.06.2019.

80 https://www.franchiseverband.com/blog/wp-content/uploads/2017/07/DFV_Ethikcodex0706_2017.pdf, gültig seit dem 16.05.2008, zuletzt abgerufen am 30.06.2019.

häufiger auf die gemäß Ziff. 2.5 des Ethikkodex des DFV e.V. angebotene Mediation zurück.

Darüber hinaus verpflichten sich die Vertragsparteien gemäß Ziff. 2.4 des Ethikkodex des DFV e.V. in ihrem Umgang miteinander Fairness walten zu lassen und ein das Franchising insgesamt schädigendes Verhalten stets zu unterlassen. Unter einem schädigenden Verhalten versteht man dabei insbesondere die unberechtigte Infragestellung der wirtschaftlichen Grundlagen beider Vertragsparteien, unsachliche schädliche Verlautbarungen in der Öffentlichkeit, die Nutzung von Druckmitteln und die Bündelung von Franchisenehmer-Klagen.

IV. Bedeutung der Verhaltenskodexe in der Praxis

Die genannten Verhaltenskodexe stellen lediglich „Soft Law" dar, haben also nur richtunggebende Wirkung. Wenngleich der European Code of Ethics for Franchising von einigen Stimmen in der Literatur als lediglich ernstgemeinter Versuch, auf europäischem Niveau einen Ausgleich zwischen den Interessen des Franchisenehmers und jenen des Franchisegebers herzustellen, bewertet wird, so ist seine Intention, die Vereinheitlichung der Verhaltensregeln für die Parteien eines Franchisevertrages innerhalb der EU, jedenfalls zu befürworten. Es ist jedoch zu beachten, dass sich nur Mitglieder nationaler Franchiseverbände auf diesen Verhaltenskodex einigen.[81] Eine Pflicht für Franchisegeber diesen Franchiseverbänden beizutreten und den Regeln der Verhaltenskodexe somit zwingend Folge zu leisten besteht allerdings nicht. Ein weiterer Nachteil der Festlegung von allgemein gültigen Verhaltensregeln in Form eines bloßen Verhaltenskodexes liegt darin, dass den Mitgliedern der Franchiseverbände im Fall eines Verstoßes gegen den Verhaltenskodex nur ein Verbandsausschluss droht, der indes ein weiteres Agieren am Markt nicht verhindern kann. Darüberhinausgehende Sanktionen bestehen nicht.[82] Damit kann der europäische Verhaltenskodex allenfalls als Absichtserklärung verstanden werden, frei nach der Devise: „Einen Verhaltenskodex zu haben, bedeutet noch lange nicht, die ethischen Normen tatsächlich zu befolgen".[83] Es bleibt abzuwarten, ob die Reformabsichten zur Etablierung gesetzlicher Standards führen.

---

81 So die Kritik von Froehlich, S. 207.

82 Vgl. Froehlich, S. 207.

83 Freie Übersetzung: „Tener código deontológico no significa actuar con ética", Real Juan Carlos/ Sanz Borja, entnommen Diéz de Castro/Galán González, Práctica de la franquicia, S. 215; Übersetzung nach Froehlich, S. 207.

V. Zwischenergebnis

Mangels eines speziellen Franchisegesetzes kommt sowohl dem Europäischen Verhaltenskodex des EFF als auch dem Ethikkodex des DFV e.V. besondere Bedeutung zu. Wenngleich diese keine rechtsbindende Wirkung entfalten, dienen sie gleichwohl sowohl den vertragsgestaltenden Parteien als auch den über die Franchiseverträge entscheidenden Richtern als Anhaltspunkt für die Bewertung des jeweiligen Sachverhalts. Sie sind jedoch nur für die Mitglieder der jeweiligen Franchiseverbände bindend. Außerdem kann eine Missachtung der in den Verhaltenskodizes festgelegten Regeln allenfalls zum Verbandsausschluss führen.

C. Die Rechtsnatur des Franchisevertrages

Die Frage nach der Rechtsnatur des Franchisevertrages ist in der deutschen Rechtsprechung und Literatur seit langem streitig. Ihr kommt große praktische Bedeutung zu, da ihre Beantwortung bestimmt, welche Normen auf das Zustandekommen, den Inhalt, die Durchführung und Abwicklung des Vertrages direkt oder analog Anwendung finden können. Die rechtliche Einordnung des Franchisevertrages ist dabei wegen seiner Vielseitigkeit nicht leicht.

I. Lizenzrecht

Nach einem Teil der Literatur ist der Franchisevertrag lizenzrechtlich einzuordnen.[84] Dabei werden die Teilnahme des Franchisenehmers am Konzept und Organisationssystem des Franchisegebers und die damit verbundenen Befugnisse betont.[85] Der Franchisevertrag wird hier als „Lizenz am Unternehmen“ verstanden.[86]

---

84 So z.B. Forkel, ZHR 153 (1989), 511 (537); vgl. Finger, GRUR 1970, 3 ff. mit einem Schwerpunkt auf dem Know-how Vertrag; Emmerich, JuS 1995, 761 (763); Enghusen, S. 170f; Skaupy, in: NJW 1992, S. 1789.

85 Canaris, Handelsrecht, § 18 Rn. 17; Vgl. Stober/Paschke, S. 110; Finger, in: GRUR 1970, 3.

86 Küstner/Thume-Schröder, Handbuch Vertriebsrecht Bd. 3, S. 431; hierzu können auch die Vertreter gerechnet werden, die im Franchisevertrag in erster Linie eine Rechtspacht sehen, wie Palandt-Weidenkaff, Einf. v. § 581 Rn. 22; vgl. MüKoBGB-Harke, § 581 Rn. 9, 20; a.A.: Giesler, ZIP 2003, 1025 (1026).

II. Pachtvertrag

Nach *Canaris* bedarf es aber zur Erfassung des spezifischen Nutzungsrechts am Konzept und/oder Organisationssystem des Franchisegebers lediglich der Besinnung auf die gesetzliche Definition der Pacht in § 581 Abs. 1 BGB: Diese umfasst ganz allgemein die Befugnis zum Gebrauch eines „Gegenstandes". Unter diesen weiten Begriff lässt sich zwanglos auch das Konzept und/oder das Organisationssystem des Franchisegebers subsumieren.[87] Dem Franchising ist demgemäß auch ein pachtrechtliches Element i.S.v. § 581 Abs. 1 BGB immanent.[88]

III. Geschäftsbesorgungs- und dienstvertraglicher Charakter

Andere Stimmen befürworten die Einordnung als Geschäftsbesorgungsvertrag.[89] Demnach hat die Pflicht des Franchisenehmers zur Konzeptanwendung und Systemförderung bei dem vertikalen Absatzsystem geschäftsbesorgungs- und dienstvertraglichen Charakter i.S.d. §§ 675 Abs. 1, 611 BGB, da sie (auch) den Interessen des Franchisegebers zu dienen bestimmt ist und nicht die Herbeiführung eines Erfolgs, sondern die bloße Vornahme einer Tätigkeit zum Gegenstand hat.[90]

Damit korrespondiert eine Förderungspflicht des Franchisegebers, die ebenfalls auf eine Tätigkeit – z.B. auf Einarbeitung des Franchisenehmers in das Konzept, auf Hilfe bei der Organisation seines Betriebs, auf zentrale Steuerung des Absatzsystems, auf die Vornahme von Werbungsmaßnahmen usw. – gerichtet und demgemäß gleichfalls dienstvertraglicher Natur ist.[91] Es drängt sich auch hier die Parallele zur Unterstützungspflicht des Unternehmers gegenüber dem Handelsvertreter auf, doch ist die i.d.R. weitaus intensiver als diese und nicht lediglich als Konkretisierung der Treuepflicht, sondern als synallagmatische Hauptleistungspflicht anzusehen, da der Franchisenehmer u.a. für ihre Erfüllung sein Entgelt entrichtet.[92]

Die Vorschriften aus dem Auftragsrecht – auf die § 675 BGB Bezug nimmt – sind jedoch nur eingeschränkt auf den Franchisevertrag anwendbar, da das

---

87 Canaris, Handelsrecht, § 18 Rn. 17.

88 Vgl. Medicus/Lorenz, Schuldrecht II, Rn. 1100.

89 Ahlert-Ahlert, S. 87 f. Giesler, Franchiseverträge, Rn. 50; vgl. Plaßmeier, DZWir 1996, 1439.

90 Canaris, Handelsrecht, § 18 Rn. 15.

91 Canaris, Handelsrecht, § 18 Rn. 16.

92 Canaris, Handelsrecht, § 18 Rn. 16.

Auftragsrecht von der Besorgung eines konkreten Einzelgeschäfts ausgeht. Der Franchisevertrag aber begründet als Rahmenvertrag ein Dauerschuldverhältnis.[93] Außerdem sind die Vorschriften des Auftragsrechts auf ein Handeln des Beauftragten für fremde Rechnung zugeschnitten, der Franchisenehmer aber wird für eigene Rechnung tätig.[94] Dies führt bspw. dazu, dass § 663 BGB über die Anzeigepflicht bei Ablehnung „eines" Auftrages offensichtlich unanwendbar ist.[95]

IV. Gesellschaftsvertrag

Vereinzelt wurde versucht, das Franchiseverhältnis als BGB-Gesellschaft zu verstehen.[96] Nach richtiger Ansicht[97] sind Franchising und Gesellschaftsrecht jedoch wesensverschieden. Das Ziel, Umsatz und Gewinn zu generieren, verfolgt jeder Vertragspartner für sich selbst und ausschließlich im eigenen Interesse, weshalb nicht von der Erreichung eines „gemeinsamen Zwecks" i.S.v. § 705 BGB gesprochen werden kann.[98] Vor allem gilt, dass Franchisegeber und Franchisenehmer dieses Ziel auf unterschiedliche Art und Weise zu erreichen versuchen.[99] Der Franchisenehmer erzielt den Umsatz und Gewinn durch Waren- oder Dienstleistungsabsatz an Endkunden, während der Franchisegeber seine Einnahmen und Erträge durch die Erhebung von Gebühren erwirtschaftet, die von dem Franchisenehmer zu bezahlen sind.[100] Der Franchisegeber lässt sich also seine Leistungen vergüten.[101] Der Franchisegeber ist insoweit Dienstleister für den Franchisenehmer, während der Franchisenehmer aus Sicht des

---

93 Vgl. Martinek/Semler/Flohr-Flohr– Handbuch des Vertriebsrechts, § 30 Rn. 330.

94 Martinek/Semler/Flohr-Flohr– Handbuch des Vertriebsrechts, § 30 Rn. 330.

95 Martinek/Semler/Flohr-Flohr– Handbuch des Vertriebsrechts, § 30 Rn. 330; vgl. Schäfer, S. 45.

96 So bspw. Baumgarten, S. 136, nachdem das Franchising die unverzichtbaren Momente einer gesellschaftsrechtlichen Zweckgemeinschaft erfüllt da von Franchisegeber und -nehmer beitragstaugliche schuldrechtliche Leistungen erbracht werden zur Erreichung eines gemeinsamen Zwecks; vgl. Zwecker, JA 1999, 159 (163 f.); Ekkenga, S. 68 ff.

97 Giesler/Nauschütt-Giesler, Kap. 8 Rn. 5.

98 Vgl. Schacherreiter, S. 81 ff., 102; Liesegang, Franchising, NJW 1990, 1525 f.

99 Giesler/Nauschütt-Giesler, Kap. 8 Rn. 14; Vgl. Schimansky, S. 93.

100 Vgl. Schimansky, S. 97; Giesler/Nauschütt-Giesler, Kap. 5 Rn. 184.

101 So Giesler/Nauschütt-Giesler, Kap. 5 Rn. 84; a.A. hierzu hingegen Ekkenga, S. 81 f. wonach die Franchisegebühren aus den laufenden Einnahmen des Betriebes gezahlt werden, weshalb der vom Franchisegeber beanspruchte Beteiligungswert vielmehr zum Ergebnis des betrieblichen Leistungsprozesses zählt.

Franchisegebers ein Kunde ist.[102] Mit den Vorstellungen des Gesellschaftsrechts ist dies nicht in Einklang zu bringen.[103]

V. Typengemischter Vertrag

Nach mittlerweile herrschender Auffassung ist der Franchisevertrag als typengemischter Vertrag einzuordnen, der grundsätzlich aus einer Kombination von geschäftsbesorgungs-, dienst- und pachtrechtlichen Elementen besteht.[104] Im Einzelfall können dabei weitere Elemente hinzutreten. So weist z.B. das Vertriebsfranchising regelmäßig zusätzliche kauf- und werkrechtliche Elemente auf. Oftmals liegt auch eine mietrechtliche Komponente vor, wenn die Räumlichkeiten, in denen der Franchisenehmer sein Unternehmen betreibt, dem Franchisegeber gehören. Zudem spielt in der Typenmischung auch der Handelsvertretervertrag als spezialgesetzlich geregelter Absatzmittlungsvertrag eine Rolle.[105] Beim Franchisevertrag verschmelzen somit gleichrangige Leistungselemente aus verschiedenen Typen schuldrechtlicher Verträge.[106]

VI. Stellungnahme

Der Lizenzvertragstheorie ist nicht zu folgen. Der Gegenstand eines Franchisekonzepts ist in weiten Teilen nicht lizenzfähig, da es von den lizenzvertraglichen Elementen abgesehen, namentlich von der Marke und den Urheberrechten, an einem dinglichen Recht fehlt.[107] Eine „Geschäftsidee" oder ein „Geschäftskonzept" stellt kein lizenzfähiges Gut dar.[108] Dagegen, das Franchising als Lizenz am Unternehmen oder am Know-how des Franchisegebers zu qualifizieren, spricht vor allem, dass die Verpflichtung des Franchisegebers nicht primär dahin geht, dem Franchisenehmer lediglich die Partizipation an dem System zu

102 Giesler/Nauschütt-Giesler, Kap. 5 Rn. 184.

103 Giesler/Nauschütt-Giesler, Kap. 5 Rn. 184.

104 Vgl. OLG Hamm, Urt. v. 13.3.2000 – 8 U 113/99, OLGR Hamm 2001, 50 f.; Mack, S. 106; Giesler, Franchiseverträge, Rn. 49; Herrfeld, S. 183; Weber, JA 1983, 347 (351); Giesler/Nauschütt-Giesler, Kap. 5 Rn. 72.

105 Vgl. Schmidt, Handelsrecht, § 28 Rn. 33; Giesler/Nauschütt-Giesler, Kap. 5 Rn. 72; Waldzus, BB 2016, 515.

106 Giesler, Franchiseverträge Rn. 49; Mack, S. 106; Enghusen, S. 169; Skaupy, Franchising, S. 11 f.

107 Giesler/Nauschütt-Giesler, Kap. 5 Rn. 178; vgl. Martinek, Moderne Vertragstypen Bd. II, S. 46 f.

108 Giesler/Nauschütt-Giesler, Kap. 5 Rn. 178.

ermöglichen, sondern dessen Geschäftstätigkeit aktiv zu unterstützen.[109] Das gilt jedenfalls dann, wenn der Franchisenehmer absolute Rechte des Franchisegebers wie Urheber- und Patentrechte nutzen darf. Es gilt aber auch für die Verwendung der Bezeichnung des Franchisesystems und die Nutzung des Konzepts. Hinsichtlich der Bezeichnung ergibt sich der Schutz meistens schon aus den §§ 12 BGB, 14 f. MarkenG.[110]

Es geht beim Franchising ohnehin nicht primär um eine statische Gebrauchsüberlassung, sondern um eine Zusammenarbeit zwischen den Systempartnern.[111] Franchiseverträge werden eingesetzt, um den Vertrieb von Waren und Dienstleistungen zu organisieren, ein Umstand, den die Lizenzvertragstheorie nicht erklären kann.[112] Gegen eine Lizenzvereinbarung spricht auch, dass es durchaus Franchiseverträge geben kann, die kein lizenzvertragliches Element enthalten. Diese sind nämlich kein zwingender Bestandteil von Franchiseverträgen; ihre Verzichtbarkeit wäre beim Warenfranchising durchaus vorstellbar.[113]

Auch der Ansicht, im Rahmen des Franchiseverhältnisses sei vorrangig Pachtrecht anwendbar, kann in ihrer Rigidität nicht zugestimmt werden.[114] Zwar ist allgemein anerkannt, dass der Begriff des Pachtgegenstands weit zu verstehen ist und insbesondere auch Rechte sowie Sach- und Rechtsgesamtheiten oder gewerbliche Unternehmen umfassen kann.[115] Das Pachtrecht vermag jedoch nicht die über die bloße Gebrauchsüberlassung hinausgehenden, wesentlichen Verpflichtungen des Franchisegebers zu laufender Unterstützung, Systemförderung und -überwachung, denen dienstvertraglicher Charakter zukommt, zu erklären.[116] Im Gegensatz zum Verpächter ist der Franchisegeber verpflichtet, dem Franchisenehmer über die bloße Rechtspacht hinaus aktiv den notwendigen Wissensschatz zu vermitteln.[117]

109 Vgl. Canaris, Handelsrecht, § 18 Rn. 18.

110 Vgl. Canaris, Handelsrecht, § 18 Rn. 18.

111 Giesler/Nauschütt-Giesler, Kap. 5 Rn. 179 f.; Stein-Wigger, S. 126 ff.

112 Giesler/Nauschütt-Giesler, Kap. 5 Rn. 180.

113 Giesler/Nauschütt-Giesler, Kap. 5 Rn. 179.

114 Kroll, Informationspflichten, S. 90 befürwortet die Anwendung pachtrechtlichen Gewährleistungsrechts; Ekkenga, S. 72 ff. hebt Pachtrecht für bestimmte Fälle hervor; vgl. auch Möller, in: AcP 2003, S. 334, die den Franchisevertrag als „Systempachtvertrag" mit „Vertragskern im Pachtrecht" ansieht, wobei „auch Elemente anderer Vertragstypen Verwendung" finden sollen; Soergel-Heintzmann, Vor § 581 Rn. 7.

115 Vgl. BGH, Urt. v. 04.06.1986 – VIII ZR 160/85, NJW-RR 1986, 1243; Palandt-Weidenkaff, § 581 Rn. 3; Schäfer, S. 43.

116 Schäfer, S. 44; vgl. Martinek, ZIP 1988, 1362 (1374).

117 Schäfer, S. 44; Kübler, S. 47 f., Marsch, S. 58.

Während zahlreiche Franchisenehmer das zur Verfügung gestellte Franchisekonzept nutzen, wird regelmäßig nur ein bestimmtes, bereits aktives Unternehmen verpachtet, dessen vom Pächter genutzte Unternehmensteile der Verfügungsgewalt des Verpächters unterstehen.[118] Weiterhin ist die im Pachtrecht vorgesehene Rückgabe des verpachteten Gegenstands bei Vertragsbeendigung nach §§ 581 Abs. 2, 546 BGB hinsichtlich überlassener Betriebs- und Geschäftsgeheimnisse durch den Franchisenehmer nicht möglich.[119]

Überzeugender erscheint daher die von der h.M. befürwortete Einordnung des Franchisevertrages als Typenkombinationsvertrag. Der Vorteil dieser Ansicht liegt in ihrer hohen Erklärungsflexibilität, die notwendig ist, weil in der Praxis des Franchisings das Mischverhältnis der einzelnen Typenelemente unterschiedlich ausfallen kann. Durch die Kombination verschiedener schuldrechtlicher Vertragsformen kann jede denkbare Fallkonstellation gelöst werden.

Dies ist sicherlich auch der Grund, weshalb die Rechtsprechung dieser Theorie gefolgt ist.[120] Dabei gelangen einzelne Gerichte hinsichtlich der gleichen Franchiseverträge zu unterschiedlichen Ergebnissen.[121] Deutlich ist dies vor allem in der Instanzrechtsprechung betreffend das „Apollo-Optik“-Franchisesystem geworden.[122] Während die OLG in Bremen,[123] Frankfurt a.M.[124] und Karlsruhe[125] das geschäftsbesorgungsdienstvertragliche Element des Franchisevertrages in den Vordergrund stellten, um einen Weiterleitungsanspruch hinsichtlich der Einkaufsvorteile zu bejahen, haben für die OLG in Düsseldorf,[126] München[127] und Koblenz[128] die kaufvertraglichen Elemente eine größere Bedeutung gehabt.[129]

Dies ist jedoch kein grundlegender Mangel der Typenkombinationstheorie, sondern ein Indiz dafür, dass es für viele Fragen des Franchisings noch immer keine gefestigte Rechtsprechung gibt, und dafür, dass das Franchiserecht

118 Schäfer, S. 44.
119 Vgl. Baumgarten, S. 112; Mack, S. 88.
120 Giesler/Nauschütt-Giesler, Kap. 5 Rn. 175.
121 Giesler/Nauschütt-Giesler, Kap. 5 Rn. 175.
122 Vgl. BGH, Urt. v. 20.5.2003 – KZR 19/02, BB 2003, 2254 ff.
123 OLG Bremen, Urt. v. 6.12.2001 – Kart 2/2001, WRP 2002, 231.
124 OLG Frankfurt a.M., Urt. v. 23.7.2002 – 11 U (Kart.) 55/00 (nicht veröffentlicht).
125 OLG Karlsruhe, Urt. v. 12.2.2003 – 6 U 129/01 und 6 U 130/01 (nicht veröffentlicht).
126 OLG Düsseldorf, Urt. v. 14.11.2001 – U (Kart) 11/01, WRP 2002, 239 ff.
127 OLG München, Urt. v. 6.6.2002 – U (K) 2545/01 (nicht veröffentlicht).
128 OLG Koblenz, Urt. v. 13.6.2002 – U 422/01 (nicht veröffentlicht).
129 Giesler/Nauschütt-Giesler, Kap. 5 Rn. 176.

systematisch nicht durchdrungen ist.[130] Die individuelle Beurteilung eines jeden Franchisevertrages nach seinen Inhalten ist aber unverzichtbar, um zuverlässig interessengerechte Lösungen zu erzielen.[131]

D. Erscheinungsformen

Die große vertragliche Gestaltungsfreiheit bei Franchisesystemen erlaubt es, das Franchisesystem an die jeweiligen wirtschaftlichen Zielsetzungen der Beteiligten flexibel anzupassen.[132] Den Vertragsparteien stehen dabei verschiedene Formen des Franchisings zur Auswahl. Als Ausgangspunkt wird hier insbesondere nach der Art der vermarkteten Produkte, der Art des Franchisesystems oder auch nach den Machtverhältnissen innerhalb des Franchisesystems unterschieden.

I. Die Differenzierung nach dem Pronuptia-Urteil

Der EuGH hat in seinem Pronuptia-Urteil[133] erstmalig die inzwischen gebräuchliche Unterscheidung in drei Franchisetypen vorgenommen: das Vertriebsfranchising, das Dienstleistungsfranchising und das Produktionsfranchising.

Vom Vertriebsfranchising spricht man, wenn der Gegenstand des franchisierten Systems der Vertrieb eines Erzeugnisses oder eines Inbegriffs von Gütern ist.[134] Verträge, die ein Vertriebsfranchise zum Gegenstand haben, beziehen sich nicht mehr nur allein auf ein einzelnes Produkt, sondern erfassen i.d.R. den gesamten Betrieb des Franchisenehmers.[135] Diese Franchise stellen die Mehrzahl der in Deutschland vorhandenen Franchisesysteme dar.[136]

Beim Dienstleistungsfranchising ist der Gegenstand des Franchisesystems die Leistung von Diensten. Hier ist der Erfolg der geschäftlichen Tätigkeit des

130 Giesler/Nauschütt-Giesler, Kap. 5 Rn. 176.

131 Vgl. Giesler/Nauschütt-Giesler, Kap. 5 Rn. 176.

132 Vgl. Wagenseil, S. 37; Tietz, S. 26 f.

133 EuGH, Urt. v. 28.01.1986 – C-161/84, Slg. 1986, 353 – Pronuptia, GRUR Int 1986, 193; kritisch dazu: Kekevordes, BB 1987, 74, der bezweifelt, dass die mit dieser Unterscheidung verfolgten Bestrebungen des EuGHs, eine flexiblere Handhabung des damals geltenden Art. 85 Abs. 1 EWGVtr zu mehr Rechtssicherheit führen würden. Diese Auffassung gilt mittlerweile einheitlich als überholt.

134 EuGH, Urt. v. 28.01.1986 – C-161/84, Slg. 1986, 353 – Pronuptia, GRUR Int 1986, 193 ff., Skaupy, Franchising, S. 31

135 Peters, S. 10.

136 Vgl. Skaupy, Franchising, S. 31.

Franchisenehmers mehr als sonst die unmittelbare Folge des dem Franchisenehmer vom Franchisegeber übermittelten Know-hows.[137]

Gegenstand des Produkt- oder Produktionsfranchise ist hingegen die Herstellung und der Verkauf eines Produkts.[138] Die Besonderheit liegt hier darin, dass der Franchisenehmer selbst, aufgrund des ihm vom Franchisegeber vermittelten Know-hows, das Erzeugnis herstellt, bearbeitet, verarbeitet, veredelt und vertreibt.[139]

Die obige Systematisierung zeigt, dass die beim Franchising wesenstypische Überlassung eines ganzheitlichen Systems zur Betriebsführung auf unterschiedliche Art und Weise gestaltet werden kann. Zum einen wird nach dem Absatzprodukt zwischen Dienstleistungs-, Vertriebs- und Produktionsfranchising unterschieden. Die grundsätzliche Trennung in der rechtlichen Einordnung von Waren- und Dienstleistungsfranchising wurde in den letzten Jahren jedoch zunehmend zugunsten einer rechtlichen Gleichstellung aufgegeben. Dies wird damit begründet, dass auch beim Warenfranchising der Service immer mehr in den Vordergrund tritt, wohingegen die Dienstleistungen ihre Personengebundenheit verlieren, zunehmend standardisiert werden und somit faktisch den Waren immer ähnlicher werden.[140] Das Produktionsfranchising findet in der deutschen Literatur hingegen kaum Beachtung und wird von einschlägigen Ausführungen sogar ausdrücklich ausgenommen.[141]

II. Die Systematisierung nach Martinek

Neben der oben beschriebenen vorherrschenden Unterscheidung nach der Art der vertriebenen Produkte erlangte in der deutschen Rechtsliteratur auch die Systematisierung von *Martinek*[142] große Bekanntheit. Demnach sind Franchisesysteme entsprechend der Machtstruktur und der Bindungsintensität innerhalb des Franchisesystems als Subordinations- und Partnerschaftsfranchising

---

137 Skaupy, Franchising, S. 32; vgl. Pfeifer, S. 39. Hierzu zählen insbesondere die Franchise in der Gastronomie und Hotellerie, sowie bei Reparaturdiensten oder Reinigungsfranchisen.

138 EuGH, Urt. v. 28.01.1986 – C-161/84, Slg. 1986, 353 – Pronuptia, GRUR Int 1986, 193 ff. Beispiele für diese älteste Form des Franchisings sind die Singer Sewing Maschine Company, General Motors und Coca-Cola Company.

139 Skaupy, Franchising, S. 32 f.

140 Vgl. Gross/Skaupy, S. 269; Martinek, Moderne Vertragstypen Bd. II, S. 60 f.

141 Skaupy, NJW 1992, 1785 (1788).

142 Martinek/Semler/Flohr-Flohr– Handbuch des Vertriebsrechts, § 29 Rn. 21 ff.

einzuordnen. Bei Letzterem werden die Erscheinungsformen des Koordinations- sowie Koalitions- oder Konföderationsfranchisings differenziert.

1. Subordinationsfranchising

Das Subordinationsfranchising kennzeichnet sich durch eine weisungsabhängige Stellung des Franchisenehmers auf der Grundlage eines Geschäftsbesorgungsvertrages mit zahlreichen Elementen des Handelsvertreterrechts. Es ordnet sich am ehesten in das klassische Vertriebsrecht im Sinne eines auf den §§ 84 ff. HGB fußenden Rechtsgebiets ein. Der Franchisenehmer hat sein Unternehmen somit nach den vertriebspolitischen Weisungen und Vorgaben des zur Kontrolle befugten Franchisegebers zu führen, bleibt aber – wie der Handelsvertreter – selbständig.[143]

2. Partnerschaftsfranchising

Im Gegensatz zum Subordinationsfranchising zeichnet sich das Partnerschaftsfranchising dadurch aus, dass ein von einer Weisungsgebundenheit geprägtes Unterordnungsverhältnis fehlt. Im Vordergrund des Partnerschaftsfranchisings steht stattdessen eine partnerschaftliche Zusammenarbeit auf der Grundlage von Austauschverträgen. An die Stelle von Weisungen treten Abstimmung und Mitbestimmung betreffend den Absatz der angebotenen Waren oder Dienstleistungen. Der Franchisegeber stellt auch hier das Know-how zur Verfügung, für welches der Franchisenehmer die Franchisegebühren zahlt. Es fehlt jedoch die Vertriebspflicht des Franchisenehmers.[144] Wichtige Entscheidungen werden im Partnerschaftsfranchising von der Gesamtheit der Kooperationspartner beschlossen und dann von der Kooperationszentrale lediglich umgesetzt.[145]

a) Koordinationsfranchising

Beim Koordinationsfranchising fehlt das geschäftsbesorgungsvertragliche Element. Diese Vertragsform begründet ein normales austauschvertragliches Dauerschuldverhältnis, das von einer partnerschaftlichen Gleichberechtigung und Gleichrangigkeit der Vertragspartner getragen ist.[146] Grundsätzlich ist beim Koordinationsfranchising jeder Vertragspartner sein eigener Interessenwahrer, den Franchisegeber trifft

---

143 Emde, Vertriebsrecht, Vor § 84 Rn. 425.

144 Vgl. Emde, Vertriebsrecht, Vor § 84 Rn. 425.

145 Heintze, NJW 2003, 2888 (2889).

146 Martinek/Semler/Flohr-Flohr– Handbuch des Vertriebsrechts, § 30 Rn. 377.

aber gleichwohl aus § 242 BGB die Nebenleistungspflicht, für die Belieferung und Ausstattung des Franchisenehmers Sorge zu tragen.[147] Anderenfalls macht er sich schadensersatzpflichtig.

b) Koalitionsfranchising

Vom Koordinationsfranchising zu unterscheiden ist darüber hinaus das Koalitionsfranchising. Bei dieser Vertragsform bilden der Franchisenehmer und der Franchisegeber eine atypische zweigliedrige Innengesellschaft. Diese unterscheidet sich jedoch vom gesetzlichen Normaltyp der BGB-Außengesellschaft nach §§ 705 ff. BGB, zum einen durch die Nichtteilnahme der Gesellschaft am Rechtsverkehr, zum anderen durch den Verzicht auf die Bildung eines Gesellschaftsvermögens.[148] Die Vertragspartner haben den vereinbarten Gesellschaftszweck zu fördern, um den Vertrieb nach Maßgabe des gemeinsamen Franchisekonzepts aufzubauen oder weiterzuentwickeln. Durch die Parallelität der Innengesellschaftsverträge wird der Franchiseeffekt erreicht.[149]

Geht man nach dieser Vertragsform einmal von der gesellschaftsrechtlichen Rechtsnatur des Koalitionsfranchisings aus, so ist die wichtigste Rechtsfolge der Wahl dieser Franchiseform die generelle Intensivierung der vertraglichen Treuepflichtbeziehung zwischen den im Zweckgemeinschaftsverhältnis zueinanderstehenden Parteien der vertikalen Linie.[150]

Eine stille Gesellschaft des Handelsrechts nach §§ 230 ff. HGB liegt beim Koalitionsfranchising aber nicht vor, auch wenn der Franchisenehmer in aller Regel ein Handelsgewerbe i.S.d. § 230 Abs. 1 i.V.m. §§ 1 ff. HGB betreibt.[151] Die Annahme einer stillen Gesellschaft scheitert daran, dass der vom Franchisegeber und Franchisenehmer verfolgte gemeinsame Zweck nicht auf den Betrieb eines Handelsgewerbes schlechthin, sondern allein auf die Absatzoptimierung bezüglich der systemspezifischen Waren und/oder Dienstleistungen nach Maßgabe der gemeinsamen Marketingkonzeption gerichtet ist.[152]

---

147 Vgl. Martinek/Semler/Flohr-Flohr– Handbuch des Vertriebsrechts, § 30 Rn. 378.

148 Vgl. Ballerstedt, JuS 1963, 253 (255).

149 Emde, Vertriebsrecht, Vor § 84 Rn. 426.

150 Martinek/Semler/Flohr-Flohr– Handbuch des Vertriebsrechts, § 30 Rn. 380.

151 Martinek/Semler/Flohr-Flohr– Handbuch des Vertriebsrechts, § 30 Rn. 384.

152 Martinek/Semler/Flohr-Flohr– Handbuch des Vertriebsrechts, § 30 Rn. 384.

3. *Zwischenergebnis*

Während in subordinativen Franchisesystemen der Franchisenehmer engen Bindungen unterworfen ist und ihm dadurch weniger unternehmerischer Entscheidungsspielraum verbleibt, ist das Partnerschaftsfranchising von einer stärkeren Kooperation und Gegenseitigkeit geprägt.

III. Die Systematisierung bei bestimmten Machtverhältnissen

Untersucht man einmal die privaten Machtverhältnisse einzelner Franchisesysteme, so lassen sich auch hier verschiedene Konstellationen unterscheiden. Unter dem Begriff der privaten Machtverhältnisse lässt sich dabei eine „ergebnisbezogene Einwirkung im Privatrechtsverhältnis“[153] verstehen. Private Machtverhältnisse ergeben sich regelmäßig infolge einer ergebnisbezogenen Einwirkung einer Vertragspartei (i.d.R. des Franchisegebers), die (auch) besondere objektive Umstände ausnutzt, wie z.B. die mangelnde Erfahrung des Geschäftspartners oder die eigene wirtschaftliche Überlegenheit infolge einer gefestigten Marktposition oder besserer finanzieller Ressourcen.[154] Die Erreichung und/oder Verteidigung einer Position der wirtschaftlichen Stärke in einer wettbewerbsverfassten Marktwirtschaft ist gerade erwünscht.[155] Ebenso sind unterschiedlich starke Verhandlungspositionen der Regelfall und keine Ausnahme. Jedenfalls ist eine Kombination einer (behaupteten) Übervorteilungssituation mit einem einseitig zulasten einer Seite ausgestalteten Vertragsinhalt erforderlich und kann aus Ersterer keine Korrektur abgeleitet werden.[156]

Kategorisiert man die unterschiedlichen Franchisesysteme anschließend im Hinblick auf die hier beschriebenen Machtverhältnisse, so ist zunächst die klassische und in der Praxis häufigste Form des Franchisings zu nennen, bei der das Franchisesystem lediglich aus einem Franchisegeber und einem oder mehreren einzelnen Franchisenehmern besteht, so dass ein zweiseitiges Machtverhältnis besteht. Daneben gibt es auch die Möglichkeit, dass Unternehmen als Franchisegeber auftreten, die die Leitung des einzelnen Franchisebetriebs wiederum angestellten Geschäftsführern überlassen und sich lediglich auf die Koordination der Franchisebetriebe beschränken. Bei dieser Systemstruktur treten seitens des

153 Herresthal, in: Möslein (Hrsg.), Private Macht, S. 185.
154 Vgl. Herresthal, in: Möslein (Hrsg.), Private Macht, S. 180.
155 Herresthal, in: Möslein (Hrsg.), Private Macht, S. 180.
156 Herresthal, in: Möslein (Hrsg.), Private Macht, S. 181.

Franchisegebers zwei Akteure auf. Diese Form des Franchisings ist als Groß- oder Investitionsfranchising bekannt.[157]

Weiterhin sind auch mehrstufige Franchisesysteme, sog. Master-Franchisesysteme, häufig. Ein Master-Franchisenehmer erhält dabei das Recht, ein bestimmtes Gebiet durch Vergabe von Unter-Franchiseverträgen zu erschließen.[158]

E. Der Vertragsschluss

I. Die Vertragsparteien, Angebot und Annahme

Vertragsparteien sind regelmäßig der Franchisegeber und der Franchisenehmer. Beim Zustandekommen des Vertrages, insbesondere bei Willensmängeln, ergeben sich dabei nach deutschem Recht keine Besonderheiten. Es bedarf für den Abschluss eines Franchisevertrages zweier übereinstimmender Willenserklärungen der Parteien. Die Vertragsunterzeichnung kann dabei zeitlich und räumlich getrennt erfolgen.[159]

II. Vorvertragliche Aufklärungspflichten

Im Vorfeld eines jeden Franchisevertrages treffen den Franchisegeber besondere Aufklärungspflichten, deren Verstoß ein erhebliches Haftungsrisiko birgt. Solche Aufklärungspflichten existieren, wenn ein Wissens- oder Informationsgefälle zwischen den Vertragsparteien besteht.[160] Beim Franchisevertrag ist eine solche Wissensdisparität darauf zurückzuführen, dass der Franchisegeber die Chancen und Risiken, die sich aus seinem Geschäftskonzept ergeben, viel besser kennt und beurteilen kann als der Franchisenehmer.[161] Die aus § 241 Abs. 2 BGB abzuleitenden Rücksichtspflichten bedingen somit, dass diese Wissens- und Informationsasymmetrie vor Abschluss des Franchisevertrages beseitigt wird, wobei der Franchisenehmer auf eine wahrheitsgemäße Aufklärung durch den Franchisegeber angewiesen ist.[162] Dabei ist *Canaris* beizupflichten, wonach sich aus dem

---

157 Vgl. Skaupy, DB 1982, 2446 (2450).

158 Emde, Vertriebsrecht, § 84 Rn. 426.

159 Vgl. Medicus/Petersen, Allgemeiner Teil des BGB, S. 154 f.

160 Vgl. Hk-BGB-Schulze, § 241, Rn. 7.

161 Vgl. Röhricht/Graf von Westphalen/Haas-Giesler, HGB, S. 1946; Küstner/Thume-Schröder, Handbuch Vertriebsrecht Bd. 3, S. 437.

162 Flohr, ZVertriebsR 2013, 71 f.; Martinek/Semler/Flohr-Flohr – Handbuch des Vertriebsrechts, § 30 Rn. 11.

vorvertraglichen Schuldverhältnis mittlerweile das wichtigste Schutzinstrument für den Franchisenehmer ergibt.[163]

Zwar muss der Franchisegeber den Franchisenehmer nicht über jeden einzelnen denkbaren Punkt aufklären, da das Vertragsrisiko grundsätzlich beim Franchisenehmer liegt. Die Aufklärungspflicht hat jedoch die Funktion, dem Franchisenehmer das einzugehende Risiko besser aufzuzeigen. Wegen des Informationsgefälles unterliegt das vorvertragliche Schuldverhältnis beim Franchising somit besonderen Regeln. Neben der Rechtsprechung[164] und der Literatur ergibt sich die Aufklärungspflicht des Franchisegebers ferner aus den Regelwerken der einzelnen Franchiseverbände.[165]

1. *Differenzierung zwischen unterlassener Aufklärung und aktiver Falschinformation*

Bei der Haftung für vorvertragliche Pflichtverletzungen des Franchisegebers sind zwei Fallgruppen zu unterscheiden: die Haftung für aktive Falschinformation und die Haftung für eine gebotene, aber unterlassene Aufklärung.[166] Von rechtlichem Interesse ist dabei vor allem die zweite Gruppe, da bei ersterer eine Haftung selbstverständlich ist, denn ein Vertragspartner darf nicht durch wahrheitswidrige Informationen arglistig zum Abschluss des Vertrages gebracht

163 Canaris, Handelsrecht, § 18 Rn. 62; Röhricht/Graf von Westphalen/Haas-Giesler, HGB, S. 1946.

164 Vgl. OLG Düsseldorf, Urt. v. 25.10.2013 – I-22 U 62/13, ZVertriebsR 2014, 46; OLG München, Urt. v. 13.11.1987, BB 1998, 865; OLG Düsseldorf, Urt. v. 25.10.2013 – I-22 U 62/13, 22 U 6, juris Rz. 78.

165 Vgl. Art. 3.3. des Code of Ethics der EFF oder die Richtlinien des DFV e.V. zur vorvertraglichen Aufklärung. Ausweislich der Richtlinien des Deutschen Franchise-Verbandes, soll die Werbung für potenzielle Franchisenehmer bspw. unzweideutig und ohne irreführende Angaben sein. Vor Vertragsunterzeichnung soll dem künftigen Franchisenehmer der Entwurf des Franchisevertrages sowie eine vollständige und genaue Offenlegungsschrift mit allen für das Franchiseverhältnis wichtigen Informationen übergeben werden; Richtlinien des DFV e.V., abgedruckt in Jahrbuch des Franchisings 2013, S. 251.
Auf diese Regelwerke wird im weiteren Verlauf der Arbeit näher eingegangen, weshalb deren ausführliche Behandlung hier unterbleibt.

166 Giesler/Güntzel, NJW 2007, 3099; ebenso Emde, BB 2017, 2947 (2951); Giesler/Nauschütt, in: BB 2003, 435 (436).

werden.[167] Bei der zweiten Fallgruppe handelt es sich hingegen um eine Haftung für unterlassene Informationen, die der Franchisenehmer für den Abschluss eines Franchisevertrages zwingend benötigt.

2. *Aktive Falschinformation*

Zu den aktiven, arglistigen Falschinformationen des Franchisegebers zählen falsche Angaben über die Zahl der erfolgreichen Franchisenehmer, über Kooperationspartner des Franchisesystems, über die Position des Franchisesystems am Markt oder falsche Angaben zum voraussichtlichen oder durchschnittlich erforderlichen Eigenkapital des Franchisenehmers.[168] In derartigen Fällen besteht neben einer Haftung des Franchisegebers wegen Verletzung vorvertraglicher Aufklärungspflichten gemäß §§ 280 Abs. 1, 311 BGB auch eine deliktische Haftung des Franchisegebers gemäß § 823 Abs. 2 BGB i.V.m. § 263 StGB sowie aus § 826 BGB.[169]

3. *Unterlassene Aufklärung*

Vor dem Abschluss des Franchisevertrages interessiert den Franchisenehmer insbesondere die genaue Darstellung und voraussichtliche Rentabilität des Systems.[170] Der Franchisegeber hat den Franchisenehmer über die Erfolgschancen[171], die Wirkungsweise[172], die Leistungen, die Vorteile und die Entwicklung des Franchisesystems sowie die Zahl der Franchisebetriebe[173], die Anforderungen an den Franchisenehmer, die Konkurrenz- und Marktsituation[174], den Intrabrand-Wettbewerb[175], die durchschnittlich erforderlichen Finanzmittel, die durchschnittliche Umsatz- und Ertragserwartung, über vergleichbare Betriebe[176] und über die Kosten eines Franchisebetriebs zu unterrichten.[177] Von

167 Vgl. Erman BGB-Kindl, § 311 Rn. 36f; BGH, Urt. v. 28.09.2000 – III ZR 43/99, NJW 2000, 3642; Giesler/Güntzel, NJW 2007, 3099.

168 Vgl. Martinek/Semler/Flohr-Flohr – Handbuch des Vertriebsrechts, § 30 Rn. 28; Metzlaff-Metzlaff, § 7 Rn. 18 f.; Emde, BB 2008, 2755 (2756).

169 Flohr, ZVertriebsR 2013, 71 (79).

170 Martinek/Semler/Flohr-Flohr – Handbuch des Vertriebsrechts, § 30 Rn. 2.

171 Vgl. OLG München, Urt. v. 24.04.2001 – 5 U 2180/00, BB 2001, 1760; Böhner, BB 2011, 2248 (2249 f.).

172 Vgl. OLG München, Urt. v. 24.04.2001 – 5 U 2180/00, BB 2001, 1760.

173 Vgl. Giesler/Güntzel, NJW 2007, 3099 (3100).

174 Martinek/Semler/Flohr-Flohr – Handbuch des Vertriebsrechts, § 30 Rn. 101.

175 Vgl. Liesegang, BB 1999, 857 (859).

176 Vgl. Giesler/Güntzel, NJW 2007, 3099 (3100).

177 Emde, Vertriebsrecht, Vor § 84 Rn. 435.

einer umfangreichen Aufklärungspflicht des Franchisegebers und somit einem verstärkten Franchisenehmerschutz zeugt auch die Rechtsprechung der letzten Jahre.[178] In der Praxis erfüllt der Franchisegeber diese Pflichten meist dadurch, dass er dem Franchisenehmer einen Franchiseprospekt aushändigt, der die wesentlichen Eckdaten des Franchisesystems enthält.

Der Franchisegeber muss jedoch nur über ihm bekannte Tatsachen informieren. Ihm obliegt keine Verpflichtung zur kostspieligen Ermittlung von ihm nicht bekannten Informationen.[179] Die Aufklärungspflicht orientiert sich ferner grundsätzlich an der Vorkenntnis und geschäftlichen Erfahrenheit des Franchisenehmers.[180]

a) Standortanalyse

Die Frage, ob eine vom Franchisegeber durchzuführende Standortanalyse Bestandteil der vorvertraglichen Aufklärung ist, wird nach wie vor kontrovers diskutiert.[181] Vereinzelt wird vom Franchisegeber die Erstellung und Übergabe einer auf eigene Kosten angefertigten Analyse über den anvisierten Standort des Franchisebetriebs mit der Begründung gefordert, der Franchisegeber sei wegen seines Wissens- und Erfahrungsvorsprungs zur Erstellung eines Standortprofils verpflichtet, dem zumindest die maßgeblichen Kriterien für eine ideale Standortauswahl zu entnehmen sind.[182] Demnach gebiete die vorvertragliche Unterstützungspflicht auch, bei entsprechender Kenntnis, den Franchisenehmer vor

---

178 LG Hamburg, Urt. v. 17.01.2014 – 332 O 249/12, ZVertriebsR 2014, 112; OLG Hamm, Urt. v. 22.12.2011 – I-19 U 35/10, ZVertriebsR 2012, 177; OLG Düsseldorf, Urt. v. 25.10.2013 – I-22 U 62/13, ZVertriebsR 2014, 46.

179 Giesler/Güntzel, NJW 2007, 3099.

180 Küstner/Thume-Schröder, Handbuch Vertriebsrecht Bd. 3, S. 438. Dies ist zuletzt zum Anlegerschutz in BGH, Urt. v. 20.01.2015 – XI ZR 316/13, juris Rz. 10, betont worden. Danach müssen Banken geschäftserfahrene Anleger bei der Beratung zu riskanten Finanzwetten nicht in jedem Fall über ihre eigenen Interessen an diesem Geschäft informieren. Auch, wenn die Grundsätze dieser Entscheidung nicht ohne weiteres auf die vorvertragliche Aufklärung von Franchisenehmern übertragen werden kann, so zeigt sie jedoch, dass der Umfang einer jeglichen vorvertraglichen Aufklärung von der geschäftlichen Erfahrenheit bzw. Unerfahrenheit des Vertragspartners bestimmt wird.

181 Martinek/Semler/Flohr-Flohr – Handbuch des Vertriebsrechts, § 30 Rn. 59.

182 Martinek, in: Flohr (Hrsg.), Franchising im Wandel, S. 248; Metzlaff-Metzlaff, § 7 Rn. 12; Braun, NJW 1995, 504 (505); vgl. Feuerriegel, S. 109 f.; dazu auch Flohr, WiB 1996, 1137 (1140 f.) unter Hinweis auf ein unveröffentlichtes Urt. des OLG Köln vom 16.05.1994; so auch Giesler, ZIP 1999, 2131 (2136).

der Eröffnung des Systembetriebs an einem nicht erfolgversprechenden Standort zu bewahren.[183] Diese Ansicht wurde zum Teil auch in der Rechtsprechung befürwortet.[184]

Mittlerweile tendiert die Rechtsprechung jedoch immer mehr dazu, im Rahmen der vorvertraglichen Aufklärung keine Verpflichtung des Franchisegebers zur Vorlage einer Standortanalyse anzunehmen und stattdessen das unternehmerische Risiko des Franchisenehmers hervorzuheben.[185] Für eine solche Informationsbeschaffungspflicht des Franchisegebers gibt es keine Rechtsgrundlage.[186] Es ist Aufgabe des Franchisenehmers die Marktsituation zu eruieren. Würde man den Franchisegeber alleine mit den Kosten der Standortanalyse belasten, käme dies einem Verstoß gegen den Grundsatz der Eigenverantwortlichkeit gleich.[187] Soweit der Franchisegeber keine besonderen, standortbezogenen Kenntnisse besitzt, die er offenbaren müsste, ist somit nicht ersichtlich, weshalb er zur Standortanalyse verpflichtet sein sollte.[188]

b) Umsatz- und Rentabilitätsanalyse

Bei der Bestimmung der Aufklärungspflichten des Franchisegebers ist im Übrigen auch die Obliegenheit zur Erstellung einer Umsatz- und Rentabilitätsanalyse zu beachten. Die Rechtsprechung[189] stellt dabei nicht unerhebliche Anforderungen an die Werbung potenzieller Franchisenehmer mit den zu erwartenden Umsätzen und der Marktreife des Franchisesystems. Der Franchisegeber muss dem Franchisenehmer Umsatz- und Rentabilitätsprognosen zur Verfügung stellen.[190] Diese müssen auf

---

183 Klein, S. 52; Metzlaff-Becker, § 11 Rn. 244.

184 Vgl. OLG Brandenburg, Urt. v. 28.09.2005 – 4 U 37/05, OLGR Brandenburg, 166; OLG Düsseldorf, Urt. v. 30.06.2004 – VI U Kart. 40/02.

185 OLG Schleswig-Holstein, Beschl. v. 22.01.2008 – 1 W 27/07, juris Rz. 12; Martinek/Semler/Flohr-Flohr – Handbuch des Vertriebsrechts, § 30 Rn. 60; vgl. Erdmann, in: Flohr (Hrsg.), Franchising im Wandel, S. 65.

186 Vgl. OLG München, Urt. v. 24.04.2001 – 5 U 2180/00, BB 2001, 1760.

187 Ebenso Klein, S. 51.

188 Giesler/Güntzel, in: NJW 2007, 3099 (3101); Metzlaff-Metzlaff, § 7 Rn. 12; OLG Brandenburg, Urt. v. 28.9.2005 – 4 U 37/05, juris Rz. 25 f.

189 Vgl. LG Hamburg, Urt. v. 17.05.2018 – 334 O 14/18, juris Rz. 42; OLG München, Urt. v. 16.09.1993 – 6 U 5495/92, juris Leitsatz Rz. 1; OLG München, Urt. v. 24.4.2001 – 5 U 2180/00, BB 2001, 1760; Braun, NJW 1995, 504.

190 Vgl. OLG München, Urt. v. 13.11.1987 – 8 U 2207/87, BB 1988, 865; OLG München, Urt. v. 16.9.1993 – 6 U 5495/92, NJW 1994, 667; OLG Rostock, Urt. v. 29.6.1995 – 1

nachvollziehbaren Grundlagen beruhen und sind auch als Prognosen zu kennzeichnen.[191]

Die Aufklärungspflicht des Franchisegebers wird z.B. verletzt, wenn er zwar ein rentables Zahlenwerk vorweisen kann, es jedoch keinem einzigen Franchisenehmer des Systems gelungen ist, derartige Umsätze zu erreichen und der Franchisegeber dies verschweigt.[192] Sie erstreckt sich auch auf vakante Umstände, die den Erfolg des Franchisesystems gefährden, beeinträchtigen oder vereiteln könnten.[193] Zudem muss der Franchisegeber den Franchisenehmer befähigen, den Umfang der über das Startkapital hinaus anfallenden Aufwendungen sowie den Zeitraum der Anfangsverluste abzuschätzen.[194] Unterlässt er dies, so kann der Franchisenehmer die Rückgängigmachung des Franchisevertrages und den ihm entstandenen Vermögensschaden, vor allem die bereits geleistete Eintrittsgebühr, ersetzt verlangen.[195]

Zu beachten ist jedoch, dass der Umsatz- und Rentabilitätsanalyse des Franchisegebers bereits gebührend Rechnung getragen wird, wenn der Franchisegeber richtiges und vollständiges Datenmaterial zur eigenen Wirtschaftlichkeitsprüfung bereitstellt. Er muss keine ins Einzelne gehende Rentabilitätsuntersuchung durchführen, sondern dem Franchisenehmer lediglich eine eigene Wirtschaftlichkeitsprüfung auf Grundlage richtiger Unterlagen ermöglichen.[196] Der Franchisegeber ist kein

---

U 293/94 , BeckRS 1995, 31131130 zur Nichtaufklärung über die Bedeutung einer Standortanalyse; OLG Hamm, Urt. v. 22.12.2011 - 19 U 35/10, IHR 2012, 209; OLG Frankfurt, Urt. v. 6.1.2012 - 3 U 222/10, juris Rz. 40.

191 Vgl. OLG Frankfurt a.M., Urt. v. 12.05.2011 – 22 U 181/08, ZVertriebsR 2012, 51; OLG München, Urt. v. 24.04.2001 – 5 U 2180/00, BB 2001, 1761 f; Siehe OLG München, Urt. v. 17.11.1996 – 24 U 63/95, NJW-RR 1997, 814; Küstner/Thume-Schröder, Handbuch Vertriebsrecht Bd. 3, S. 441.

192 Flohr, Franchise-Vertrag, S. 36 ff.; Giesler, ZIP 1999, 2131 (2135); Küstner/Thume-Schröder, Handbuch Vertriebsrecht Bd. 3, S. 441; vgl. OLG München, Urt. v. 24.04.2001 – 5 U 2180/00, BB 2001, 1760.

193 Vgl. BGH, Urt. v. 10.04.1978 – II ZR 103/76, juris Rz. 15 ff.

194 Vgl. OLG Düsseldorf, Urt. v. 25.10.2013 – I-22 U 62/13, juris Rz. 80; Emde, Vertriebsrecht, Vor § 84 Rn. 435.

195 OLG Dresden, Urt. v. 18.08.2016 – 10 U 113/15, juris Rz. 28.

196 Vgl. OLG Düsseldorf, Urt. v. 18.02.2004 – VI-U (Kart) 42/02, juris Rz. 33 f.; Emde, Vertriebsrecht, Vor § 84 Rn. 436; zur Haftung des Sachwalters bei der Erstellung einer Standortanalyse vor Abschluss eines Franchisevertrages siehe auch BGH, Urt. v. 12.11.2003 VIII ZR 268/02, MDR 2004, 448. Differenzierend Giesler/Güntzel, ZIP 2013, 1264 (1267), wonach sich derjenige, der um den Verhandlungspartner die Vorteile des Franchisesystems zu verdeutlichen, die Auswertung des Datenmaterials

Existenzgründungsberater.[197]

4. Die Verletzung der Aufklärungspflichten durch den Franchisegeber

a) Fristlose Kündigung des Franchisevertrages

Verletzt der Franchisegeber seine vorvertraglichen Aufklärungspflichten schuldhaft, so steht dem Franchisenehmer ein Kündigungsrecht nach § 314 Abs. 1, 2 S. 2, S. 3 i.V.m. § 323 Abs. 2 BGB zu.[198] Unter Berücksichtigung der widerstreitenden Interessen beider Parteien ist die Verletzung der Aufklärungspflicht derart schwerwiegend, dass das Vertrauensverhältnis zwischen den Vertragsparteien nachhaltig zerstört ist und man dem Franchisenehmer nicht zumuten kann, den Franchisevertrag bis zum Ablauf der vereinbarten Festlaufzeit oder bis zu einem Zeitpunkt der ordentlichen Kündigung fortzusetzen.[199] Ein wichtiger Kündigungsgrund i.S.d. § 314 Abs. 1 BGB liegt dann vor.[200]

b) Schadensersatzansprüche

Verstößt der Franchisegeber schuldhaft gegen seine vorvertraglichen Aufklärungspflichten, so läuft er unter dem Gesichtspunkt der c.i.c. gemäß §§ 280 Abs. 1, 241 Abs. 2, 311 Abs. 2 BGB in ein nicht unerhebliches Schadensersatzrisiko.[201]

Die Verletzung der Aufklärungspflicht muss ursächlich für den Schaden sein, den der Franchisenehmer liquidieren möchte.[202] Regelmäßig besteht die Vermutung dafür, dass ein Franchisenehmer den Franchisevertrag bei ordnungsgemäßer Aufklärung nicht oder zumindest mit einem abweichenden Inhalt geschlossen hätte, schließlich sind die Angaben des Franchisegebers meistens das entscheidende Motiv des Franchisenehmers in ein Franchisesystem einzusteigen.[203] Verbleiben Unsicherheiten, ob es – eine pflichtgemäße Aufklärung durch den Franchisegeber unterstellt – zu einem Vertragsschluss gekommen

---

eigenhändig vornimmt und Werturteile oder Rückschlüsse daraus zieht, sich bei deren Unrichtigkeit auch daran festhalten lassen muss.

197 OLG Schleswig, Beschl. v. 22.01.2008 – 1 W 27/07, MDR 2008, 791.

198 Vgl. Martinek/Semler/Flohr-Flohr – Handbuch des Vertriebsrechts, § 30 Rn. 95.

199 Martinek/Semler/Flohr-Flohr – Handbuch des Vertriebsrechts, § 30 Rn. 93.

200 Martinek/Semler/Flohr-Flohr – Handbuch des Vertriebsrechts, § 30 Rn. 93; Vgl. BGH, Urt. v. 29.06.2011 – VIII ZR 212/08, ZVertriebsR 2012, 50 f.

201 Küstner/Thume-Schröder, Handbuch Vertriebsrecht Bd. 3, S. 437; vgl. Canaris, Handelsrecht, § 18 Rn. 61; Böhner, NJW 1994, 635 (636).

202 Vgl. Schulz, S. 252 ff.; Martinek, in: Flohr (Hrsg.), Franchising im Wandel, S. 252.

203 Vgl. Nebel/Schulz/Flohr-Schulz, S. 407.

wäre, so gehen diese zulasten des Franchisegebers, der pflichtwidrig nur unzutreffend bzw. unvollständig aufgeklärt hat.[204]

Der Einwand, dass der Schaden auch aus einem möglichen Fehlverhalten des Franchisenehmers wie einer unzureichenden Betriebsführung resultiere, unterbricht die Kausalbeziehung nicht, sondern führt allenfalls zur Anspruchsminderung wegen Mitverschuldens.[205] Nach der Rechtsprechung hat der Franchisenehmer als Geschäfts- und Existenzgründer vorsichtig, kritisch und zurückhaltend zu agieren.[206] Ein Mitverschulden wird allerdings verneint, wenn besondere Umstände gegen eine derartige Anrechnung sprechen, wie z.B. arglistige Angaben des Franchisegebers.[207] Den Angaben in den zur Geschäftsanbahnung verwendeten Kurzinformationen darf der umworbene Franchisenehmer Glauben schenken, selbst wenn ein umsichtiger Gewerbetreibender möglicherweise weitere Informationen hinzuziehen würde.[208]

Der Franchisegeber hat dem Franchisenehmer in diesen Fällen somit – unter Anrechnung etwaig erzielter Einnahmen – regelmäßig alle Aufwendungen zu ersetzen, die er im Vertrauen auf die Richtigkeit der Aufklärung über das Franchisesystem getätigt hat.[209] Er hat den Franchisegeber so zu stellen, wie der Franchisenehmer ohne Abschluss des Franchisevertrages stünde.[210]

Daneben kann – insbesondere bei arglistigem Verschweigen – auch eine Haftung gemäß § 823 Abs. 2 BGB i.V.m. § 263 StGB sowie § 826 BGB in Betracht kommen.

Ein Anspruch aus § 823 Abs. 1 BGB wegen eines Eingriffs in das Recht des eingerichteten und ausgeübten Gewerbebetriebs[211] scheitert hingegen daran, dass der Gewerbebetrieb des Franchisenehmers zum Zeitpunkt der Vertragsverhandlungen noch nicht errichtet ist und es an der Unmittelbarkeit und Betriebsbezogenheit des Eingriffs mangelt.[212]

---

204 OLG Dresden, Urt. v. 18.06.2016 – 10 U 1137/15, ZVertriebsR 2016, 325.

205 Martinek, in: Flohr (Hrsg.), Franchising im Wandel, S. 252.

206 OLG München, Urt. v. 16.09.1993 – 6 U 5495/92, NJW 1994, 667; Martinek, in: Flohr (Hrsg.), Franchising im Wandel, S. 253.

207 Vgl. Martinek, in: Flohr (Hrsg.), Franchising im Wandel, S. 253 f.

208 In diesem Sinne bereits OLG München, Urt. v. 16.09.1993 – 6 U 5495/92, NJW 1994, 667 f.

209 Nebel/Schulz/Flohr-Schulz, S. 407.

210 Vgl. OLG Düsseldorf, Urt. v. 03.05.2013 – I-16 U 36/12, ZVertriebsR 2014, 46 ff.

211 Vgl. BeckOK BGB-Förster, § 823 Rn 177; NK-BGB-Katzenmeier, § 823 Rn. 254

212 Martinek/Semler/Flohr-Flohr – Handbuch des Vertriebsrechts, § 30 Rn. 92.

c) *Beweislast*

Bei Verletzung verhaltensbezogener Pflichten, zu denen auch die Aufklärungspflicht zählt, muss auch pflichtwidriges Verhalten des Schuldners und damit des Franchisegebers bewiesen werden.[213] Allerdings muss der zur Aufklärung verpflichtete Franchisegeber, der anders als der Franchisenehmer und Geschädigte die wesentlichen Tatsachen kennt, zunächst im Rahmen einer sekundären Darlegungslast die behauptete Fehlberatung substantiiert bestreiten und darlegen, in welcher Weise er seinen Aufklärungspflichten nachgekommen ist.[214] Dem anspruchstellenden Franchisenehmer obliegt dann der Nachweis, dass diese Gegendarstellung nicht zutrifft.[215]

Bei einer substantiiert vorgetragenen Verletzung der Aufklärungspflicht durch den Franchisenehmer ist der Franchisegeber auch im Hinblick auf die Kausalität zwischen der Pflichtverletzung und dem entstandenen Schaden beweispflichtig. Es wird vermutet, dass sich der geschädigte Franchisenehmer pflichtgemäß verhalten hätte. Derjenige, der Aufklärungspflichten verletzt, muss somit beweisen, dass der Schaden auch bei einem pflichtgemäßen Verhalten eingetreten wäre, weil sich der geschädigte Franchisenehmer über jeden Rat oder Hinweis hinweggesetzt hätte.[216] Diese Beweislastumkehr ist dem Franchisegeber zumutbar, da nur er in der Lage ist, den für die Beurteilung der Richtigkeit seiner Angaben relevanten Sachvortrag darzulegen.[217]

Soweit eine Verletzung der Aufklärungspflicht und deren Kausalität festgestellt worden sind, wird das Vertretenmüssen gemäß § 280 Abs. 1 S. 2 BGB vermutet. Der Entlastungsbeweis obliegt dem Franchisegeber.

Dem Franchisegeber wird regelmäßig daran gelegen sein, die vorvertragliche Aufklärung dokumentieren zu lassen, um seiner Beweisobliegenheit im Streitfall genügen zu können.[218]

---

213 Vgl. BGH, Urt. v. 25.03.1999 – IX ZR 283/97, NJW 1999, 2437; BGH, Urt. v. 11.10.2007 – IX ZR 105/06, NJW 2008, 372.

214 Vgl. Martinek, in: Flohr (Hrsg.), Franchising im Wandel, S. 252; Baumgärtel/Laumen/Prütting, S. 492 ff.; Giesler/Nauschütt, BB 2003, 435.

215 Vgl. BGH, Urt. v. 05.02.1987 – IX ZR 65/86, NJW 1987, 1323; BGH, Urt. v. 14.07.2016 – IX ZR 291/14, NJW 2016, 3430.

216 Vgl. BGH, Urt. v. 05.07.1973 – VII ZR 12/73, NJW 1973, 1688; BGH, Urt. v. 08.05.2012 – XI ZR 262/10, NJW 2012, 2428.

217 Martinek/Semler/Flohr-Flohr – Handbuch des Vertriebsrechts, § 30 Rn. 41.

218 Vgl. Flohr, ZVertriebsR 2013, 71 (74).

d) *Auswirkungen auf das Franchisesystem*

Ein wichtiger Umstand ist zudem, wie sich die Verletzung der vorvertraglichen Aufklärungspflichten durch den Franchisegeber für das gesamte Franchisesystem auswirkt.[219] Wird der Franchisegeber z.B. von einem Franchisenehmer wegen der Verletzung seiner vorvertraglichen Aufklärungspflichten verklagt, kann dies eine Welle von Auseinandersetzungen innerhalb des Franchisesystems mit erheblichen Haftungsfolgen für das ganze Franchisesystem auslösen.[220]

5. *Die Aufklärungspflichtverletzung durch den Franchisenehmer*

Neben dem Franchisegeber ist auch der Franchisenehmer zur vollständigen Aufklärung, z.B. über seine beruflichen Fähigkeiten, verpflichtet. Er haftet dem Franchisegeber gegenüber bei Verstoß ebenso wie der Franchisegeber gegenüber dem Franchisenehmer, so dass diesbezüglich auf die obige Schilderung der Rechtsfolgen bei Verstoß gegen die Aufklärungspflicht durch den Franchisegeber Bezug genommen werden kann.

6. *Zwischenergebnis*

In der Rechtsprechung ist als Tendenz bei der vorvertraglichen Aufklärung nach wie vor ein verstärkter Schutz des Franchisenehmers zu erkennen. Insofern ist auch künftig zu erwarten, dass die Gerichte den Schutz des Franchisenehmers weiterhin betonen werden. Andererseits darf aber nicht übersehen werden, dass auch das subjektive Element, d.h. die Geschäftserfahrung des potenziellen Franchisenehmers, den Umfang der erforderlichen vorvertraglichen Aufklärung nach Auffassung der Rechtsprechung zunehmend mitbestimmt. Der Pflicht des Franchisenehmers sich selbst über das Franchisesystem sachkundig zu machen, etwa durch Informationsmöglichkeiten bei bestehenden Franchisebetrieben oder aber durch Darstellungen des Franchisesystems im Internet oder durch Kontaktgespräche mit den jeweiligen Franchiseverbänden, kommt zunehmend Bedeutung zu. Der Umfang der vorvertraglichen Aufklärung durch den Franchisegeber kann daher bei einem geschäftserfahrenen Unternehmer geringer sein als bei einem Existenzgründungs-Franchisenehmer.

Verletzt eine Vertragspartei des Franchisevertrages ihre vorvertraglichen Aufklärungspflichten schuldhaft, so kann die andere Vertragspartei den Franchisevertrag nach § 314 Abs. 1, 2 S. 2, S. 3 i.V.m. § 323 Abs. 2 BGB kündigen.

---

219 Martinek/Semler/Flohr-Flohr – Handbuch des Vertriebsrechts, § 30 Rn. 100.
220 Martinek/Semler/Flohr-Flohr – Handbuch des Vertriebsrechts, § 30 Rn. 100.

Weiterhin steht ihr gemäß § 280 Abs. 1, 241 Abs. 2, 311 Abs. 2 BGB ein Anspruch auf Schadensersatz zu. Daneben kann – insbesondere bei arglistigem Verschweigen – auch eine Haftung gemäß § 823 Abs. 2 BGB i.V.m. § 263 StGB sowie § 826 BGB einschlägig sein.

III. Die Form

1. Formfreiheit und analoge Anwendung des § 85 HGB

Der Franchisevertrag kann grundsätzlich formfrei geschlossen werden.[221] Allerdings ist zu beachten, dass § 85 HGB analoge Anwendung auf den Franchisevertrag findet.[222] Analog § 85 S. 1 HGB kann jeder Teil verlangen, dass der Inhalt des Vertrages sowie spätere Vereinbarungen zu dem Vertrag in eine vom anderen Teil unterzeichnete Urkunde aufgenommen werden. Dieser Anspruch kann analog § 85 S. 2 HGB nicht ausgeschlossen werden. Daher werden Franchiseverträge i.d.R. dennoch schriftlich abgeschlossen. Es entspricht nicht zuletzt dem Interesse der Vertragsparteien einheitliche Franchiseverträge innerhalb des gleichen Franchisesystems zu haben und somit für Rechtssicherheit zu sorgen.[223]

2. Franchisevertrag mit einem Existenzgründer

Franchiseverträge mit einem Existenzgründer bedürfen gemäß § 512 i.V.m. § 510 Abs. 1 Nr. 3, Abs. 2 BGB der Schriftform, wenn sich der Abschluss des Franchisevertrages auf ein Warenfranchisesystem bezieht und der Vertrag eine Bezugspflicht enthält, die die Anforderungen an einen Ratenlieferungsvertrag nach § 510 BGB erfüllt.[224] Die Schriftform ist in einem solchen Fall gewahrt, wenn alle im Gegenseitigkeitsverhältnis stehenden Absprachen in den Franchisevertrag aufgenommen werden.[225]

3. Kombination mehrerer Verträge

Zu beachten ist ferner, dass in der Praxis neben dem Franchisevertrag zahlreiche weitere Verträge geschlossen werden, wie z.B. ein Mietvertrag für das

---

221 Emde, Vertriebsrecht, Vor § 84 Rn. 43, wonach dies aus einem Rückschluss aus § 85 HGB folgt.

222 Küstner/Thume-Schröder, Handbuch Vertriebsrecht Bd. 3, S. 444.

223 Vgl. Martinek/Semler/Flohr-Flohr– Handbuch des Vertriebsrechts, § 30 Rn. 169.

224 Flohr/Wauschkuhn-Feldmann, § 125 BGB Rn 26; vgl. Emde, Vertriebsrecht, Vor § 84 Rn. 431; Böhner, NJW 1992, 3135 (3137).

225 LG Berlin, Urt. v. 26.01.1996 – 2 O 458/95, NJWE-WettbR 1996, 191.

Franchise-Outlet, ein Lizenzvertrag über die Nutzung des Warenwirtschaftssystems oder gesonderte Mietverträge über Auslieferungsfahrzeuge des Franchisenehmers, die ihm vom Franchisegeber überlassen worden sind.[226] Franchiseverträge enthalten regelmäßig eine die Miete von Geschäftsräumen betreffende Klausel. Üblich ist außerdem die Vereinbarung von Franchise- und Mietvertrag in einer zusammengesetzten Urkunde.

Diese Kombination eines Franchisevertrages mit einem Mietvertrag kann in den praktisch seltenen Fällen mündlich abgeschlossener Franchiseverträge problematisch sein, sich insbesondere auf das Schriftformerfordernis auswirken. Nach § 550 S. 1 BGB gilt ein Mietvertrag, der für längere Zeit als ein Jahr nicht in schriftlicher Form geschlossen wird, für unbestimmte Zeit. Er kann jedoch nach § 550 S. 2 BGB frühestes zum Ablauf eines Jahres nach Überlassung des Wohnraums gekündigt werden. Gemäß § 578 Abs. 1 BGB gilt § 550 BGB auch für Mietverhältnisse über Grundstücke und Geschäftsräume. Problematisch ist somit, wie in solchen Fällen die Laufzeit des gesamten Vertrages zu beurteilen ist.

a) Anwendbarkeit des § 550 BGB

Zunächst stellt sich die Frage, ob § 550 BGB auf derartige typengemischte Verträge zwingend anzuwenden ist oder das Franchiserecht, namentlich dessen Regelungen zur Formfreiheit, in solchen Fällen nicht etwa vorrangige Geltung beansprucht.

Grundsätzlich können andere Formvorschriften gegenüber § 550 BGB vorgehen, wenn die Miete Teil eines gemischten Vertrages ist, auf den zugleich andere Formerfordernisse Anwendung finden.[227] Das gilt insbesondere für § 311b Abs. 1 BGB, wenn mit dem Mietvertrag ein Kaufvertrag über ein Grundstück verbunden ist.[228] In solchen Fällen führt der Verstoß gegen § 311b Abs. 1 BGB über § 550 S. 2 BGB hinaus grundsätzlich zur Nichtigkeit der gesamten Abreden der Parteien einschließlich des Mietvertrages, § 125 S. 1 BGB.

Denkbar ist an dieser Stelle zunächst eine entsprechende Heranziehung der vom BGH für die Unterscheidung zwischen Wohnraum- und Gewerberaummietrecht entwickelten Schwergewichts- oder Übergewichtstheorie.[229] Bildet der Mietvertrag über Wohn- und Geschäftsräume eine Einheit, so kommt es demnach, da nur einheitlich gekündigt werden kann, für die Rechtsanwendung

226 Martinek/Semler/Flohr-Flohr– Handbuch des Vertriebsrechts, § 30 Rn. 174.
227 Vgl. Staudinger BGB-Emmerich, § 550 Rn. 5; MüKo BGB-Bieber, § 550 Rn. 4.
228 Staudinger BGB-Emmerich, § 550 Rn. 5.
229 BGH, Urt. v. 15.11.1978 – VIII ZR 14/78, BeckRS 1978, 31119706.

allein auf den Teil des Mietvertrages an, auf dem der Schwerpunkt liegt. Es sind also die Kündigungsvorschriften anzuwenden, die für den Teil der vermieteten Sache gelten, auf den sich der vorherrschende, wahre Vertragszweck bezieht.[230] Wendet man die Schwergewichtstheorie einmal auf den in Rede stehenden gemischten Franchise-Mietvertrag an, so lässt sich argumentieren, dass die das Franchise betreffenden Abreden den Schwerpunkt des typengemischten Vertrages bilden, da ohne Franchise auch der Bedarf des Franchisenehmers für die Anmietung eines Geschäftsraums entfällt. Dies hätte zur Folge, dass § 550 BGB von Formvorschriften des Franchiserechts verdrängt werden könnte und der gesamte Mischvertrag nach wie vor von bestimmter Dauer und damit nur außerordentlich kündbar wäre.

Dem ist jedoch entgegenzuhalten, dass das Franchiserecht im Gegensatz zu den oben genannten Vorschriften des Grundstückskaufs keine eigenen Formvorschriften vorsieht. Es finden somit keine die Voraussetzungen des § 550 BGB überlagernden Formerfordernisse des Franchisevertrages zwingende Anwendung. Im Übrigen scheitert eine entsprechende Heranziehung der sich auf die Kündigungsnormen beziehenden Schwergewichtstheorie daran, dass § 550 nicht nur für Wohnraummietverträge, sondern gemäß § 578 Abs. 1, 2 BGB auch für langfristige Gewerbemietverträge die Schriftform des § 126 BGB anordnet.[231] Im Hinblick auf die Geltung des Schriftformerfordernisses kommt es somit nicht zur Schwerpunktbildung. Auch im Übrigen ist das Schriftformerfordernis des § 550 BGB zwingend, d.h. es kann nicht durch Parteiabreden abbedungen werden.[232] Dies wurde erst durch die jüngere Entscheidung des BGH[233], wonach § 550 BGB als zwingendes Recht nicht abdingbar ist und weshalb selbst die für Gewerberaummietvertrags-AGB typischen Schriftformheilungsklauseln insgesamt unwirksam sind, höchstrichterlich bestätigt.

Im Ergebnis ist das Schriftformerfordernis des § 550 BGB zwingend anwendbar.

---

230 Vgl. BGH, Urt. v. 09.07.2014 – VIII ZR 376/13, NJW 2014, 2864.

231 Vgl. BeckOK Mietrecht-Leo, § 550 Rn. 13.

232 BGH, Urt. v. 22.01.2014 – XII ZR 68/10, NZM 2014, 241; BGH, Urt. v. 27.09.2017 – XII ZR 114/16, NJW 2017, 3775; Vgl. BT-Drs. 14/4553, 47.

233 BGH, Urt. v. 27.09.2017 – XII ZR 114/16, NZM 2018, 36; vgl. auch BGH, Urt. v. 11.04.2018 – XII ZR 43/17, NJW-RR 2018, 1101.

b) Wirkung der fehlenden Schriftform auf den einheitlichen Franchise-Mietvertrag

Fraglich ist weiterhin, ob sich die zwingende Anwendung des Schriftformerfordernisses gemäß § 550 BGB bei einem gemischten Franchise- und Mietvertrag auch auf die übrigen Vertragsbestandteile auswirkt. Bei Kombinationen von Franchiseverträgen und Mietverträgen kann sich die Schriftform des § 550 S. 1 BGB auch auf alle Verträge auswirken.[234] Das Schriftformerfordernis erfasst nach § 550 S. 1 BGB sämtliche Abreden, auf die sich die Parteien als Bestandteil ihres Miet-Franchisevertrages geeinigt haben. Ausgenommen werden nur solche Abreden, die sich mittlerweile erledigt haben oder die für den Inhalt des Vertrages nur von nebensächlicher Bedeutung sind, weil sie lediglich unwesentliche Punkte betreffen, da sie sich z.B. aus dem Gesetz ergeben oder lediglich die Vertragsabreden präzisieren.[235]

Findet das Schriftformerfordernis des § 550 S. 1 BGB auf den Franchise-Mietvertrag in seiner Gesamtheit Anwendung, hat dies dessen unbefristete Laufzeit nach § 550 S. 1 BGB zur Folge. Dies führt für die Parteien eines Franchisevertrages dazu, dass der nunmehr unbefristete Vertrag ordentlich und damit vorzeitig kündbar ist.

Die Möglichkeit der ordentlichen Kündigung begründet für den Franchisenehmer zugleich eine Gefährdung der von ihm beabsichtigten Amortisation langfristiger Investitionen.

c) Rechtsfolgen im Fall einer unbefristeten Laufzeit

Wird ein gegen das Schriftformerfordernis verstoßender befristeter Franchisevertrag seitens des Franchisegebers unter Berufung auf § 550 BGB ordentlich gekündigt, so ist fraglich, ob dem Franchisenehmer aufgrund der fehlenden Amortisationsmöglichkeit (Investitionsschutz-) Ansprüche gegen den Franchisegeber zustehen können. Auf die Rechtsfolgen einer ordentlichen Vertragsbeendigung sowie auf die nachvertragliche Abwicklung des Franchisevertrages wird gesondert eingegangen, so dass an dieser Stelle auf die späteren Ausführungen verwiesen werden kann.

---

234 Vgl. BGH, Urt. v. 24.09.1997 – XII ZR 234/95, NJW 1998, 59 f.; Metzlaff-Metzlaff, § 8 Rn. 484.

235 Vgl. Staudinger BGB-Emmerich, § 550 Rn. 25 f.

d) Zwischenergebnis

Zusammenfassend ist festzuhalten, dass das für Mietverträge anwendbare Schriftformerfordernis des § 550 S. 1 BGB auch auf typengemischte Verträge in Form von Franchise- und Mietverträgen Anwendung findet. Dies gilt unabhängig davon, ob der Franchisevertrag lediglich eine einzelne Klausel über die Vermietung einzelner Geschäftsräume enthält oder der Franchisevertrag und der Mietvertrag eine zusammengesetzte Urkunde bilden. § 550 BGB ist in Übereinstimmung mit der höchstrichterlichen Rechtsprechung nicht abdingbar und erstreckt sich auch auf die übrigen (das Franchising betreffende) Vorschriften des Vertrages. Wird die Schriftform eines solchen typengemischten Vertrages nicht gewahrt, gilt der Vertrag als auf unbestimmte Zeit abgeschlossen und ist folglich ordentlich kündbar. Angesichts der hohen Bedeutung rechtssicher bestehender langfristiger Franchiseverträge für die Werthaltigkeit des Franchisebetriebs und für die Sicherheit von Investitionen des Franchisenehmers in den Franchisebetrieb ist das Vorhandensein von Schriftformmängeln von enormer Relevanz. Beabsichtigen die Vertragsparteien daher den gemeinsamen Abschluss eines Franchise- und Mietvertrages, ist die Einhaltung der Schriftform stets fundamental.

F. Der Vertragsinhalt

I. Die vertraglichen Pflichten der Parteien

In jedem Franchisevertrag verpflichten sich beide Vertragsparteien üblicherweise zur Erfüllung bestimmter vertraglicher Pflichten.

1. Die Pflichten des Franchisegebers

Der Franchisegeber ist der Initiator des Franchisesystems, das aus ihm selbst und den von ihm unter Berücksichtigung der verkehrsüblichen Sorgfalt ausgewählten Franchisenehmern besteht und deren Betreuer er für die Dauer des jeweiligen Franchisevertrages ist. Neben der Gründung seines Franchisesystems obliegen ihm daher bestimmte Pflichten, die in nahezu jedem Franchisevertrag enthalten sind.

a) Eingliederung des Franchisenehmers in das Franchisesystem und Weitergabe des Know-hows

Die elementarste Pflicht des Franchisegebers besteht zunächst darin, dem Franchisenehmer den Gebrauch des Vertragsgegenstandes zu gewähren und ihn in das Franchisesystem einzugliedern.[236] Dem Franchisegeber obliegt demnach die Pflicht zur Ermöglichung der Partizipation des Franchisenehmers am Franchisesystem. Dazu gehören vor allem dessen Eingliederung in das Organisationssystem, die Überlassung der Marke, des Logos und dergleichen sowie die Übertragung des Know-hows und die Übergabe des Franchisehandbuchs. Die Pflicht zur Gewährung des Gebrauchs hat pachtrechtlichen Charakter i.S.v. § 581 Abs. 1 BGB, wobei es sich nicht um die Pacht eines Rechts, sondern um die Pacht eines Gegenstandes handelt.[237]

Der Franchisegeber muss das dem Franchisenehmer zur Verfügung gestellte Know-how nachweisen. Dies ist für die Angemessenheit der Franchisegebühren wichtig.[238] Das Know-how wird i.d.R. mittels Schulungen oder in Form eines Systemhandbuchs an den Franchisenehmer weitergegeben.[239] Es muss unterscheidungskräftig und abgrenzbar sein. Sofern es werthaltig ist, braucht es hingegen nicht zwingend geheim zu sein.

b) Beratungs- und Unterstützungspflichten

Zu den Hauptpflichten des Franchisegebers zählt weiterhin auch die Pflicht den Franchisenehmer während der Durchführung des Franchisevertrages zu beraten und zu unterstützen. Der Franchisegeber schuldet neben der Übertragung von Know-how auch eine laufende Betreuung und eine Verbesserung der Wettbewerbsstellung des Franchisenehmers zur Steigerung dessen Leistungsfähigkeit am Markt.[240] Die Beratungs- und Unterstützungspflicht hat dienstvertraglichen Charakter. Sie ist z.B. auf die zentrale Steuerung des Einkaufs, auf Werbemaßnahmen, auf die Durchsetzung der Systemstandards gegenüber anderen Franchisenehmern, auf eine Schulung des Franchisenehmers, soweit sie über das zur Übertragung des Know-how erforderliche Maß hinausgeht[241], oder auf Unterstützung bei der Organisation seines Betriebs gerichtet.[242] Zu den Beratungs- und Unterstützungspflichten des Franchisegebers zählt auch die Unterstützung bei Bankgesprächen, öffentlich-rechtlichen Genehmigungen oder bei der Erstellung eines Muster-Businessplans.[243]

236 Giesler/Nauschütt-Giesler, Kap. 5 Rn. 251.
237 Canaris, Handelsrecht, § 18 Rn. 48.
238 Emde, Vertriebsrecht, Vor § 84 Rn. 424.
239 Vgl. Kroll, ZVertriebsR 2016, 284 (286); Waldzus, BB 2016, 515 (519).
240 Liesegang, BB 1999, 857 (858).
241 Anderenfalls ist die Schulung der pachtrechtlichen Komponente zuzuordnen.
242 Canaris, Handelsrecht, § 18 Rn. 44.
243 Emde, Vertriebsrecht, Vor § 84 Rn. 448.

c) Treue- und Gleichbehandlungspflicht

Der Franchisegeber unterliegt darüber hinaus einer Treue- und Gleichbehandlungspflicht gegenüber allen Franchisenehmern eines Franchisesystems.

aa) Treuepflicht

Aus dem Franchisevertrag selbst i.V.m. analog § 86a Abs. 1 und Abs. 2 HGB sowie § 242 BGB folgt eine gesteigerte Treuepflicht des Franchisegebers gegenüber dem Franchisenehmer.[244] Im Zusammenhang mit den vertraglichen Abreden und unter Berücksichtigung der Selbständigkeit des Franchisenehmers, die ihn auch hinsichtlich der Unterstützungs- und Förderungspflichten des Franchisegebers gerade von einem Arbeitnehmer unterscheiden, hat der Franchisegeber die allgemeine Pflicht, den Franchisenehmer weder durch Tun noch durch Unterlassen in dessen wirtschaftlicher Betätigung im Rahmen seines Franchisegeschäftsbetriebs zu beeinträchtigen.[245] Ihm obliegt das Gebot der Rücksichtnahme auf die Interessen des Franchisenehmers.[246] Die Treuepflicht gewährleistet die Fremdnützigkeit des Franchisegeberhandelns. Der Franchisegeber darf bei seinen Entscheidungen also die Interessen des Franchisenehmers nicht willkürlich oder rücksichtslos unberücksichtigt lassen. Gegenstand der Treuepflicht des Franchisegebers ist es, Interessenkonflikte und insbesondere Loyalitätsbrüche gegenüber dem Franchisesystem und dem Franchisenehmer zu vermeiden oder wenigstens abzumildern. Dies kann bspw. durch Anpassungen an die Marktgegebenheiten, (Weiter-) Entwicklung der Produkte oder durch die Koordinierung von Marketing- und Werbemaßnahmen geschehen.[247]

bb) Gleichbehandlungspflicht

Weiterhin obliegt dem Franchisegeber aus dem Grundsatz von Treu und Glauben gemäß § 242 BGB die Gleichbehandlung der Franchisenehmer. Es handelt sich dabei um eine schuldrechtliche Pflicht, die sich aus der Sonderverbindung ergibt.[248]

Die Gleichbehandlungspflicht rechtfertigt sich – anders als beim Handelsvertreterrecht, wo diese abgelehnt wird – aus der systembedingt engeren Einbindung des Franchisenehmers in das Vertriebssystem des Franchisegebers.

244 Vgl. Metzlaff-Rauser, § 16 Rn. 79.
245 Metzlaff-Rauser, § 16 Rn. 79.
246 Vgl. EBJS HGB-Löwisch, § 84 Rn. 228; Waldzus, BB 2016, 515 (519).
247 Vgl. Metzlaff-Rauser, § 16 Rn. 79.
248 Giesler/Nauschütt-Giesler, Kap. 5 Rn. 356.

Zum einen besteht wegen der typischerweise straffen Organisationsstruktur des Franchisesystems und des damit verbundenen Weisungsrechts des Franchisegebers ein privatrechtliches Über- und Unterordnungsverhältnis, so dass dem Franchisegeber „Verteilungsmacht" i.S.d. iustitia distributiva zukommt.[249] Zum anderen bilden die Franchisenehmer eine „Gemeinschaft", denn der Erfolg des Franchisesystems gründet auf dem Zusammenwirken aller Franchisenehmer, die zu einem solchen gegenüber dem Franchisegeber verpflichtet sind und daher in dieser Hinsicht durchaus mit Arbeitnehmern eines Betriebs verglichen werden können.[250] Die Voraussetzungen für die Geltung des Gleichbehandlungsgrundsatzes gemäß § 242 BGB sind erfüllt.[251]

Das Gleichbehandlungsgebot bezieht sich allerdings nur auf einseitige Maßnahmen des Franchisegebers. Es schützt nur vor willkürlicher Ungleichbehandlung durch den Franchisegeber. Dieser ist somit in seiner Entscheidung, ob er für sein Verhalten eine für alle Franchisenehmer anwendbare Regel setzt, grundsätzlich frei. Tut er das, darf er aber keine willkürlichen Ausnahmen machen und keine sachfremden Differenzierungen in die Regel aufnehmen.[252] Das Handeln des Franchisegebers muss daher zunächst einen kollektiven Bezug aufweisen. Dies ist bspw. zu verneinen für die Ausübung des Kündigungsrechts, da diese stets einzelfallbezogen und daher einer Regelbindung unzugänglich ist.[253]

Eine unterschiedliche Behandlung von Franchisenehmern ist nicht zu beanstanden, wenn sie auf sachgerechten betriebswirtschaftlichen und kaufmännischen Erwägungen fußt.[254] Keine Willkür liegt damit z.B. vor, wenn entsprechend dem Grundsatz der Privatautonomie mit einzelnen Franchisenehmern individuell abweichende Vereinbarungen getroffen werden. Ungleichbehandlung setzt immer eine „Behandlung" von Franchisenehmern voraus, also ein einseitiges Verhalten des Franchisegebers gegenüber den Franchisenehmern, das nicht auf individuell vereinbarten Abreden oder Sonderkonditionen beruht.[255]

---

249 Vgl. Canaris, Die Bedeutung der iustitia distributiva im deutschen Vertragsrecht, in: Bayerische Akademie der Wissenschaften 1997, Heft 7, S. 37.

250 Canaris, Handelsrecht, § 18 Rn. 65; vgl. zum Vertragshändler Habersack/Ulmer, S. 86 f.

251 Vgl. Hueck, S. 127 ff.,169 ff.; Canaris, Die Bedeutung der iustitia distributiva im deutschen Vertragsrecht, Bayerische Akademie der Wissenschaften 1997, Heft 7, 7 (37).

252 Canaris, Handelsrecht, § 18 Rn. 66.

253 Canaris, Handelsrecht, § 18 Rn. 66.

254 LG Hamburg, Urt. v. 21.10.2011 – 408 HKO 87/10, juris Rz. 70.

255 Giesler/Nauschütt-Giesler, Kap. 5 Rn. 358.

Ein Beispiel für eine kollektive Maßnahme des Franchisegebers i.S.d. Gleichbehandlungspflicht gemäß § 242 BGB stellt aber die Gewährung von Werbekostenzuschüssen oder die Belieferung von Franchisenehmern mit Produkten dar. Der Franchisegeber darf einzelne Franchisenehmer nicht durch die Gewährung von Sonderkonditionen begünstigen. Er darf bei der Gestaltung der Lieferbedingungen keine sachfremden Differenzierungen vornehmen. Nicht zu beanstanden ist es hingegen, wenn von vornherein lediglich einzelne nach bestimmten objektiven Kriterien ausgewählte Franchisenehmer beliefert werden, weil dem Handeln dann bereits der kollektive Bezug fehlt.[256]

Eine Pflicht zur Gleichbehandlung kann sich für den Franchisegeber überdies auch aus dem Diskriminierungsverbot des § 20 Abs. 2 GWB oder aus Art. 102 AEUV ergeben, wenn dessen Voraussetzungen, insbesondere die Marktstärke aufseiten des Franchisegebers, gegeben sind.[257]

d) Erweiterungspflicht

Den Franchisegeber trifft keine Pflicht, das Franchisesystem beliebig zu erweitern. Er darf das System jedoch nicht bewusst lückenhaft lassen, wenn er zuvor andere Erwartungen geweckt hat.[258]

e) Konkurrenzschutzpflicht

Besondere Bedeutung für den wirtschaftlichen Erfolg seines Franchisebetriebs hat für den Franchisenehmer die Frage, ob er neben bracheninterner auch systeminterne Konkurrenz fürchten muss. Zwar können die Vertragsparteien dieser Befürchtung durch die Vereinbarung Gebiets- oder Konkurrenzschutzklauseln[259] begegnen, wonach der Franchisegeber nicht derart in Konkurrenz zum Franchisenehmer treten darf, dass diesem die Anwendung und Durchsetzung des übertragenen Know-hows am Markt unmöglich wird.[260] Streitig ist jedoch, ob eine Konkurrenzschutzpflicht des Franchisegebers auch ohne vertragliche Vereinbarung besteht, also eine vertragsimmanente Pflicht darstellt.[261]

---

256 Vgl. Canaris, Handelsrecht, § 18 Rn. 66.

257 Metzlaff-Rauser, § 16 Rn. 88.

258 Emde, Vertriebsrecht, Vor § 84 Rn. 448.

259 Solche Vereinbarungen sind meistens als Hauptleistungspflichten des Franchisegebers ausgestaltet. Sie sind zivilrechtlich grds. zulässig.

260 Vgl. OLG Düsseldorf, Urt. v. 10.02.2012 – I-16 W 62/11, juris Rz. 38 f.; Flohr, ZVertriebsR 2012, 174 (176).

261 Emde, Vertriebsrecht, Vor § 84 Rn. 448; OLG Düsseldorf, Urt. v. 10.2.2012 – I-16 W 62/11, juris Rz. 30.

aa) Meinungsstand

Für eine vertragsimmanente Konkurrenzschutzpflicht wird vorgetragen, sie sei das Spiegelbild der Pflicht des Franchisegebers zur Überlassung des Know-hows. Sie existiere, jedenfalls hergeleitet aus der oben beschriebenen Treuepflicht sowie aus § 3 UWG, in ihrem Kern – begrenzt auf einen im Einzelfall zu bestimmenden Nahbereich – unabhängig von einer Gebietsschutzklausel zumindest in Form eines Schutzes vor existenzbedrohendem Wettbewerb.[262] Das gelte umso mehr, je stärker sich der Franchisenehmer in die Betriebsorganisation des Franchisenehmers eingegliedert und seine wirtschaftlichen Dispositionen durch Einsatz von Kapital, Arbeitskraft und Personal ausgerichtet habe.[263] Auch die Rechtsprechung erkennt eine solche vertragsimmanente Konkurrenzschutzpflicht des Franchisegebers an, sofern durch die konkurrierende Tätigkeit des Franchisegebers oder Dritte die wirtschaftliche Existenz des Franchisenehmers nachhaltig gefährdet ist.[264]

Demgegenüber lehnen andere Stimmen im Schrifttum eine solche vertragsimmanente Konkurrenzschutzpflicht des Franchisegebers ab. Demnach stellt ein möglicher Wettbewerb durch den Franchisegeber oder andere Mitglieder des Franchisesystems die Know-how-Nutzung des Franchisenehmers an sich nicht in Frage.[265] Der Franchisenehmer ist jedoch im Einzelfall durch die §§ 138, 242 BGB vor unlauterem Verhalten des Franchisegebers geschützt. Eine solche Kontrolle der Franchiseverträge ist demnach sinnvoller, weil es keinen allgemeinen Inhalt für Franchiseverträge gibt, sondern jeder Franchisevertrag gemäß den Anforderungen der einzelnen Branche an ein spezielles Vertriebssystem ausgestaltet würde.[266]

Im Ergebnis ist das Bestehen einer vertragsimmanenten Konkurrenzschutzpflicht im Grundsatz zu bejahen. Franchisesysteme zeichnen sich durch die überbetriebliche Aufteilung von Verantwortungsbereichen zwischen dem Franchisegeber und dem Franchisenehmer aus. Während der Franchisegeber für den strategischen Auftritt am Markt verantwortlich ist, ist der Franchisenehmer an

---

262 Liesegang, BB 1999, 857 ff; vgl. auch OLG Düsseldorf, Urt. v. 15.10.2014 – VI-U (Kart) 4/14, juris Rz. 41.

263 BGH, Urt. v. 23.07.1997 – VIII ZR 130/96, juris Rz. 34.

264 Vgl. OLG Düsseldorf, Urt. v. 10.02.2012 – I-16 W 62/11, juris Rz. 38 f.; OLG Celle, Beschl. v. 28.08.2008 – 13 U 178/08, juris Rz. 15.

265 Fritzemeyer, BB 2000, 472 (473 ff.); Billing/Metzlaff, BB 2015, 1347 (1350).

266 Fritzemeyer, BB 2000, 472 (475).

seinem Standort verantwortlich für die möglichst erfolgreiche Umsetzung des Franchisekonzepts.[267]

Den Franchisegeber trifft eine dem Vertrag innewohnende Unterlassungspflicht, deren inhaltliche und räumliche Schranken jedoch einzelfallabhängig zu beurteilen sind.[268] Dieser Ansicht hat sich die h.M. in der Literatur[269] mittlerweile zu Recht angeschlossen. Auch ohne vertragliche Gebietsschutzabrede ist dem Franchisegeber die Eröffnung eines Systembetriebs in dem inneren räumlichen Schutzbereich des Franchisenehmers bzw. die dortige Vergabe eines weiteren Franchise jedenfalls dann verwehrt, wenn durch die konkurrierende Tätigkeit des Franchisegebers die wirtschaftliche Existenz des Franchisenehmers nachhaltig gefährdet wird.[270]

Es ist daher sachgerecht, nach den Umständen des Einzelfalles abzuwägen, inwieweit unter Berücksichtigung der Belange des Netzwerks und der Parteien ein Konkurrenzschutz geboten ist.[271] Dabei wird dem Netzwerkinteresse der Vorrang eingeräumt werden müssen, denn dazu haben sich nicht nur beide Parteien, sondern auch alle weiteren Netzwerkpartner gleichermaßen mit dem Vertragsschluss verpflichtet.[272]

bb) Rechtscharakter der Konkurrenzschutzpflicht

Unterstellt man einmal das Bestehen einer vertragsimmanenten Konkurrenzschutzpflicht des Franchisegebers, so schließt sich die Frage nach deren Rechtscharakter an. Dieser wird bisher unterschiedlich beurteilt.

Während *Liesegang*[273] die Erfüllung der Konkurrenzschutzpflicht zugleich als unabdingbare Voraussetzung für die Know-how-Überlassung und die weiterführende Betriebseingliederung begreift, weil es anderenfalls an der notwendigen Nutzungsfähigkeit des Know-hows fehlen würde, und somit stets eine leistungsbezogene Pflicht annimmt, sehen andere Autoren[274] in der Konkurrenzschutzpflicht eine leistungsbegleitende Schutzpflicht gemäß § 241 Abs. 2 BGB. Dies

---

267 Böhner, in: Flohr (Hrsg.), Franchising im Wandel, S. 25.

268 Klein, S. 95; vgl. OLG Düsseldorf, Urt. v. 10.02.2013 – 16 W 62/11, juris Rz. 38 f.

269 Vgl. Flohr, Franchise-Vertrag, S. 120 f.; vgl. Giesler/Nauschütt-Giesler, Kap. 5 Rn. 343 ff.; Giesler-Giesler/Güntzel, Praxis des Vertriebsrechts, § 4 Rn. 161.

270 Klein, S. 96; Giesler-Giesler/Günzel, Praxis des Vertriebsrechts, § 4 Rn. 161.

271 Böhner, in: Flohr (Hrsg.), Franchising im Wandel, S. 28; vgl. Flohr, BB 2006, 389 (398).

272 Böhner, in: Flohr (Hrsg.), Franchising im Wandel, S. 28.

273 Vgl. Liesegang, BB 1999, 857 (858).

274 Klein, S. 96; vgl. Giesler/Nauschütt-Giesler, Kap. 5 Rn. 343.

wird damit begründet, dass die Pflicht zum Unterlassen der Vereitelung des Vertragszwecks jedem Schuldverhältnis immanent sei.

cc) Stellungnahme

Betreffend die Frage nach dem Rechtscharakter der Konkurrenzschutzpflicht ist der Auffassung von *Liesegang* im Ergebnis zuzustimmen. § 241 Abs. 2 BGB schützt das Integritätsinteresse bereits vorhandener Rechtsgüter und somit den Status quo.[275] Das Interesse des Franchisenehmers an einem Schutz vor systeminterner Konkurrenz wird jedoch erst als Folge der Know-how-Übertragung begründet, da erst dann ein bestimmtes Vertriebsgebiet und ein bestimmter Standort für den Franchisebetrieb des Franchisenehmers endgültig festgelegt werden.[276] Bei Abschluss eines Franchisevertrages kann sich das vom Schutzzweck des § 241 Abs. 2 BGB erfasste Interesse an einer Erhaltung bestehender Rechte, Rechtsgüter und Interessen mangels Entstehung solcher Rechte daher noch nicht manifestiert haben.[277]

Darüber hinaus besteht bei der Abgrenzung ein Stufenverhältnis zwischen den jeweiligen Pflichttypen hinsichtlich deren Bedeutung für das Schuldverhältnis.[278] So sind das Know-how und die Systemzugehörigkeit für den Franchisenehmer wertlos, wenn er dennoch den Wettbewerb durch andere Systemmitglieder befürchten muss.[279] Ein rentables Wirtschaften wäre in diesem Fall deutlich eingeschränkt und der Status ad quem würde nicht gefördert, so dass eben nicht das von § 241 Abs. 2 BGB erfasste Erhaltungs-, sondern das Äquivalenzinteresse betroffen wäre.[280]

Wenngleich der Gegenmeinung zuzugeben ist, dass die Pflicht zum Unterlassen der Vereitelung des Vertragszwecks als grundsätzliche Schutzpflicht jedem Schuldverhältnis innewohnt, führt dies vorliegend zu keinem abweichenden Ergebnis.[281] Denn selbst wenn man unterstellt, dass die Konkurrenzschutzpflicht im weiteren Sinne auch das Integritätsinteresse des Franchisenehmers schützt, so begründet dies lediglich einen Doppelcharakter dieser Pflicht.[282]

---

275 Staudinger BGB-Olzen, § 241 Rn. 153, 156; Jauernig BGB-Mansel, § 241 Rn. 10; Herberger/Martinek/Rüßmann/Weth/Würdiger-Toussaint, jurisPK-BGB, § 241 Rn. 39.

276 Klein, S. 96.

277 Vgl. Klein, S. 96.

278 NK-BGB-Krebs, § 241 Rn. 48.

279 Klein, S. 97.

280 Klein, S. 97.

281 Klein, S. 98.

282 Klein, S. 97; Vgl. Staudinger BGB-Olzen, § 241 Rn. 161.

Dem Schwerpunkt dieser Konkurrenzschutzpflicht kann man jedoch nur dann gebührend Rechnung tragen, wenn man sie als leistungsbezogene Pflicht versteht.

dd) Rechtsfolgen einer Verletzung der Konkurrenzschutzpflicht

Verletzt der Franchisegeber seine Konkurrenzschutzpflicht, so bedingt dies, da es sich um eine Vertragsverletzung handelt, nicht nur einen Schadensersatzanspruch des Franchisenehmers nach den Grundsätzen der positiven Vertragsverletzung gemäß § 280 Abs. 1 BGB, sondern gibt diesem auch das Recht, die fristlose Kündigung des Franchisevertrages gemäß § 314 Abs. 1 BGB zu erklären.[283]

f) Weitergabe von Einkaufsvorteilen an den Franchisenehmer

Fraglich ist, inwieweit Franchisenehmern Einkaufsvorteile, die dem Franchisesystem von Systemlieferanten aufgrund der von Franchisenehmern weitergeleiteten generierten Umsätzen zufließen („Kick-backs"), weiterzuleiten sind. Franchisegeber, die den Waren- oder Betriebsmitteleinkauf für die Franchisenehmer ihres Systems organisieren und dabei Einkaufsbedingungen mit Lieferanten vereinbaren, die der einzelne Franchisenehmer zur Grundlage seiner Bezugsgeschäfte macht, vereinbaren oftmals Provisionen, Rückvergütungen („Kick-backs"), Mengenrabatte oder Werbekostenzuschüsse mit den Lieferanten, die sie nicht oder jedenfalls nicht in voller Höhe an die Franchisenehmer weitergeben.[284]

In den Vereinigten Staaten von Amerika ist der Empfang solcher Kick-backs durch den Franchisegeber gemäß dem Robinson-Patman Act[285] verboten.

aa) Meinungsstand

In Deutschland gibt es keine spezialgesetzlichen Regelungen, die Franchisegebern den Empfang solcher Kick-backs verbieten. Somit besteht ein Anspruch des Franchisenehmers zunächst dann, wenn der Franchisegeber sich ausdrücklich vertraglich zur Weitergabe verpflichtet hat. Streitig ist aber, ob dem

---

283 Vgl. Martinek/Semler/Flohr-Flohr/d'Arvis – Formularsammlung Vertriebsrecht, § 12 Rn. 13.

284 Pfeifer, S. 281; vgl. Flohr, ZVertriebsR 2013, 71 (74).

285 Vgl. Robinson-Patman Act von 1936, Pub. L. No. 74-692, 49 Stat. 1526, codified at 15 U.S.C. § 13. Dieses Bundesgesetz verbietet unlautere Maßnahmen u.a. durch Franchisegeber, insbesondere eine Diskriminierung im Hinblick auf unterschiedliche Preise.

Franchisenehmer gegen den Franchisegeber mangels Vertragsabrede auch ein gesetzlicher Anspruch auf Weitergabe der von diesem zentral vereinnahmten Einkaufsvorteile zusteht.

Einerseits wird argumentiert, es existiere eine gesetzliche Grundlage für einen entsprechenden Auskunfts- bzw. Herausgabeanspruch gemäß §§ 675 Abs. 1, 666, 667, 242 BGB.[286] Andererseits wird losgelöst von jeglicher normativen und vertraglichen Ebene vertreten, eine Auskehr- oder auch Weitergabepflicht des Franchisegebers sei eine netzwerktypische, systemimmanente Pflicht des Franchisegebers.[287]

Diesen beiden Ansichten ist jedoch in Übereinstimmung mit der höchstrichterlichen Rechtsprechung[288] entgegenzuhalten, dass für eine solche Pflicht zur Auskehrung von Einkaufsvorteilen allenfalls die individualvertraglichen Regelungen herangezogen werden können.[289] So hat der BGH bereits in der Sixt-Entscheidung vom 03.02.1999 festgestellt, dass es nach deutschem Recht keine Verpflichtung des Franchisegebers gibt, ihm vom Systemlieferanten gewährte Einkaufsvorteile für die von Franchisenehmern generierten Umsätze an diese weiterzugeben, es sei denn, aus dem Franchisevertrag ergibt sich insoweit die Verpflichtung zur Auskehrung solcher Einkaufsvorteile[290]. Ein gegenteiliges Ergebnis im Hinblick auf das Bestehen eines gesetzlichen Auskunfts- und Zahlungsanspruchs des Franchisenehmers betreffend die Einkaufsvorteile ergibt sich ferner auch nicht aus den sog. Apollo-Urteilen des BGH aus dem Jahr 2003.[291] In diesen Entscheidungen befürwortete der Kartellsenat derartige Auskunfts- und Zahlungsansprüche nämlich allein aufgrund ausdrücklicher individualvertraglicher Regelungen. Weiterhin hat der BGH auch in dem Hertz-Urteil aus dem Jahr 2006 keinen gesetzlichen Anspruch auf Auskunft und Weitergabe von Einkaufsvorteilen anerkannt.[292] Zwar ist der Gegenseite

---

286 Vgl. Emde, EWiR 2004, (67) 68; Böhner, WRP 2006, 1089 (1092); Canaris, Handelsrecht, § 18 Rn. 64.

287 Klein, S. 90; Teubner, ZHR 168 (2004), 78 (80 ff.); Böhner, BB 2004, 119 ff.

288 Vgl. BGH, Urt. v. 03.02.1999 – KZR 11/97, BB 1999, 860; BGH, Beschl. v. 11.11.2008 – KVR 17/08, juris Rz. 19; OLG Düsseldorf, Urt. v. 13.12.2006 – VI-U (Kart) 36/05, BB 2007, 738 f. mit Anm. Flohr, S. 6 ff.; BGH, Urt. v. 22.2.2006 – VIII ZR 40/04, NJW-RR 2006, 778.

289 Emde, Vertriebsrecht, Vor § 84 Rn. 458; Flohr, BB 2009, 2159 (2162); Prasse, MDR 2004, 256 (258); vgl. Haager, NJW 2002, 1463 (1466 f.).

290 BGH, Urt. v. 02.02.1999 – KZR 11/07, juris Rz.40 f.; Flohr, BB 2006, 389 (393).

291 Vgl. BGH, Urt. v. 20.05.2003 – KZR 27/02, juris Rz. 24 f.; BGH, Urt. v. 25.05.2003 – KZR 29/02, juris Rz. 15 ff.

292 Vgl. BGH, Urt. v. 22.02.2006 – VIII ZR 40/04, juris Rz. 12 ff.

zuzugeben, dass der BGH einen gesetzlichen Anspruch auf Auskunft und Zahlung nicht ausdrücklich abgelehnt hat,[293] allerdings kann die fehlende Stellungnahme des BGH zum Bestehen eines solchen Anspruchs keineswegs im Umkehrschluss für sich allein für die Bejahung eines gesetzlichen Anspruchs genügen.

Im Übrigen ergibt sich ein Auskunftsverlangen auch nicht analog § 384 Abs. 2 HGB, da der Franchisegeber beim Aushandeln der Einkaufskonditionen weder als Einkaufskommissionär des Franchisenehmers noch in vergleichbarer Situation tätig wird. Er verhandelt die Lieferkonditionen vielmehr im eigenen Interesse und mit dem Ziel, eine preisgünstige Belieferung der eigenen Franchisebetriebe sicherzustellen und sein Franchisesystem attraktiv zu gestalten.[294]

bb) Stellungnahme

Zusammenfassend dürfte ein gesetzlicher Anspruch auf Auskunft und Weitergabe der Einkaufsvorteile grundsätzlich abzulehnen sein.

Gegen die Anwendung der §§ 666, 667 BGB spricht zunächst, dass der Franchisenehmer mit dem Aushandeln der Einkaufspreise bzw. dem Einziehen der Einkaufsvorteile ein Geschäft für den Franchisenehmer besorgen und damit zugleich eine gegenüber dem Franchisenehmer übernommene vertragliche Pflicht erfüllen müsste.[295] Dies entspricht jedoch nicht der meist gelebten Vertragspraxis. Auch wenn der Genuss von günstigen Einkaufskonditionen stets ein mitbestimmender Faktor für den Franchisenehmer ist, schweigt der Franchisevertrag im Allgemeinen doch in Bezug auf dessen Aushandeln.[296] Stattdessen nimmt der Franchisevertrag üblicherweise auf die im Anhang beigefügten Preislisten Bezug, so dass der Franchisegeber bereits zeitlich betrachtet keine nachgelagerte Verhandlungspflicht ausführt.[297] Der Franchisegeber besorgt somit ein eigenes Geschäft. Eine vertragliche Abrede gemäß § 667 BGB liegt nicht vor.

Selbst wenn der Franchisegeber aber einmal vertraglich zum Aushandeln der (Preis-) Konditionen verpflichtet sein sollte, so läge darin lediglich ein sog. auch-fremdes Geschäft, da der Franchisegeber dabei stets zugleich der ihm

---

293 So die Argumentation der einen Anspruch auf Weitergabe bejahenden Meinungsgruppe: vgl. Böhner, WRP 2006, 1089 (1092); Giesler/Güntzel, Anm. zu BKA, Beschl. v. 08.05.2006 – B 9 – 149/04, ZIP 2006, 1794; Giesler, ZIP 2004, 744.

294 OLG Düsseldorf, Urt. v. 14.11.2001 – U (Kart) 11/01, WRP 2002, 240.

295 Klein, S. 91.

296 Klein, S. 91.

297 OLG Düsseldorf, Urt. v. 14.11.2001 – U (Kart) 11/01, juris Rz. 41.

obliegenden Beratungs- und Unterstützungspflicht Rechnung tragen würde und dies auch nicht unentgeltlich verrichten würde. Ein Aushandeln würde dabei stets zugleich der Aufrechterhaltung und Wettbewerbssteigerung des gesamten Franchisesystems dienen, so dass der Franchisegeber auch im eigenen Interesse handeln würde und nicht als Beauftragter.[298]

Eine Pflicht zur Auskehrung von Einkaufsvorteilen resultiert auch nicht aus der Unterstützungs- und Beratungspflicht des Franchisegebers selbst.[299] Diese dient im Kern der Risikominimierung durch Rat und Beistand zur Verschaffung einer Existenzgrundlage. Liegt eine konkrete vertragliche Regelung nicht vor, würde man die Unterstützungs- und Beratungspflicht des Franchisegebers jedoch unsachgemäß ausdehnen, wenn der Franchisegeber sämtliche finanziellen Vorteile an den Franchisenehmer auskehren müsste.[300]

Da der Franchisegeber – wie oben geschildert – dem Franchisenehmer gegenüber zur ordnungsgemäßen vorvertraglichen Aufklärung über alle Umstände verpflichtet ist, die erkennbar für dessen Entscheidung, den Franchisevertrag abzuschließen, von Bedeutung sind, ist der Franchisenehmer auch über jegliche Form von Einkaufsvorteilen wie z.B. Boni, Skonti, Werbekostenzuschüsse oder sonstige Kick-backs aufzuklären.[301] Kommt er dieser Pflicht nicht nach, so kommen eine Haftung gemäß §§ 311, 280 BGB sowie gegebenenfalls aus § 823 Abs. 2 BGB i.V.m. § 263 StGB und ein Recht zur außerordentlichen Kündigung in Betracht.[302]

2. *Die Rechte des Franchisegebers*

Neben den geschilderten Pflichten des Franchisegebers hat dieser auch das Recht gemäß § 233 Abs. 1 und 3 HGB den Jahresabschluss und eine Bilanz zu erhalten sowie in die Bücher und Papiere des Franchisenehmers Einsicht zu nehmen. Dies folgt aus der Tatsache, dass der kommerzielle Erfolg eines jeden Franchisesystems entscheidend auf der Gewährung einer einheitlichen Qualität der Leistungen aller Franchisenehmer beruht. Diese kann nur durch entsprechende

298 Klein, S. 91; Dies verkennt Böhner, NJW 1998, 109 (111), wenn er das Aushandeln als Obliegenheit des Franchisenehmers als selbständiger Geschäftsmann einordnet; a.A. auch OLG Bremen, Urt. v. 06.12.2001 – Kart 2/2001, WRP 2002, 231.

299 Klein, S. 93.

300 Prasse, MDR 2004, 256 (257); ebenso Metzlaff-Metzlaff, § 8 Rn. 173 ff.

301 Flohr, BB 2009, 2159 (2163).

302 Vgl. Emde, VersR 2004, 1499 (1504).

Kontroll- und Überwachungsrechte des Franchisegebers gesichert werden.[303] Da die Zusammenarbeit zwischen den Vertragsparteien indessen wesentlich enger ist als zwischen einem stillen Gesellschafter und einem Unternehmer, kann über das „Leitbild" von § 233 HGB grundsätzlich noch hinausgegangen werden, ohne dass sogleich ein Verstoß gegen § 307 Abs. 2 BGB anzunehmen ist.[304] Zusätzlich hat der Franchisegeber jedenfalls Auskunftsansprüche analog § 86 Abs. 2 HGB und gemäß § 675 Abs. 1, 666 BGB.[305]

3. *Die Pflichten des Franchisenehmers*

Neben den vertraglichen Pflichten des Franchisegebers sieht jeder Franchisevertrag typischerweise auch bestimmte Pflichten des Franchisenehmers vor. Diese sollen nachfolgend dargestellt werden.

a) Die Pflicht zur Entrichtung der Franchisegebühren

Die Entrichtung der Franchisegebühr an den Franchisegeber als Gegenleistung für die Nutzung des Geschäftskonzepts ist die wichtigste Hauptpflicht des Franchisenehmers.

Das Franchising weist eine eigenständige Entgeltstruktur auf, die es von den übrigen Vertriebsformen deutlich unterscheidet.[306] In der Regel lassen sich die Franchisegebühren in eine einmalige Eintrittsgebühr, laufende Gebühren sowie Marketing- und Werbegebühren einteilen. Mit der Eintrittsgebühr (auch als „entry fee" bezeichnet) sollen die Teilhabe an dem Franchisesystem sowie die im Zusammenhang mit der Betriebseröffnung erbrachte Ausstattungs- und Systemeingliederungsleistung abgegolten werden. Es handelt sich dabei meist um einen festen Betrag, der vor oder bei Vertragsbeginn an den Franchisegeber zu entrichten ist. Davon zu unterscheiden sind die wiederkehrenden Franchisegebühren (auch „franchise fee" oder „royalties"),[307] die meist nach einem bestimmten Prozentsatz vom Umsatz des Franchisenehmers bestimmt werden. Sie werden als Gegenleistung für laufende Werbungs- , Organisations- und

303 Kroll, ZVertriebsR 2014, 290 (292) unter Verweis auf die nicht veröffentliche Entscheidung des OLG Düsseldorf, Urt. v. 19.04.2007 – I-5 U 1/06, S. 15 der amtlichen Entscheidungsgründe.

304 Canaris, Handelsrecht, § 18 Rn. 37; Vgl. dazu wenngleich ohne Rückgriff auf § 233 HGB, Ekkenga, S. 154 ff.

305 Canaris, Handelsrecht, § 18 Rn. 37.

306 Canaris, Handelsrecht, § 18 Rn. 36.

307 Vgl. Staudinger BGB-Martinek/Omlor, § 675 Rn. B-240.

Unterstützungsmaßnahmen des Franchisegebers erbracht.[308] Im Gegensatz zur Eintrittsgebühr, die oftmals schon vor Vertragsabschluss der Höhe nach eindeutig bestimmt ist, lässt sich eine klare Zuordnung der wiederkehrenden Gebühren zu einer bestimmten Pflicht des Franchisegebers i.d.R. nicht vornehmen, weshalb diese Gebühren juristisch als einheitliches Entgelt betrachtet werden.[309]

b) Die Absatzförderungspflicht

Fraglich ist weiterhin, ob der Franchisenehmer einer dem Handelsvertreter vergleichbaren Absatzförderungspflicht unterliegt. Gemäß § 86 Abs. 1 HGB hat sich der Handelsvertreter um die Vermittlung und den Abschluss von Geschäften zu bemühen und dabei das Interesse des Unternehmers zu wahren. Die Anwendbarkeit des § 86 HGB auf das Franchiserecht ist dabei umstritten.

Zum Teil wird die analoge Anwendung des § 86 Abs. 1 HGB angenommen, wohingegen § 86 Abs. 2 HGB von der analogen Anwendung ausgenommen wird.[310] Demnach unterliegt auch der Franchisenehmer einem Wettbewerbsverbot.[311]

Nach anderer Ansicht in der Literatur[312] ähnelt die Pflicht des Franchisenehmers, das Konzept des Franchisegebers anzuwenden und das System zu fördern, zwar der Absatzförderungspflicht des Handelsvertreters, ist jedoch i.d.R. wesentlich umfassender und strenger als diese. Demnach ist eine analoge Anwendung des § 86 Abs. 1 HGB abzulehnen. Das beruhe vor allem darauf, dass die Funktionsfähigkeit und der Unternehmenswert des Systems meist gerade durch die Gleichartigkeit der Tätigkeit einer Vielzahl von Franchisenehmern gewährleistet und gestärkt werden sollen.[313]

Aus dem Wesen des Franchisevertrages als Absatzmittlungsverhältnis und der dem System zugrundeliegenden Zweckbestimmung ergibt sich die vollständige Ausrichtung des Betriebs des Franchisenehmers auf den Absatz des jeweiligen Systemprodukts.[314]

---

308 Emde, Vertriebsrecht, Vor § 84 Rn. 447; vgl. Flohr, IHR 2005, 45 (54).

309 Vgl. Canaris, Handelsrecht, § 18 Rn. 34; auf den Einzelfall abstellend siehe auch OLG Hamburg, Urt. v. 30.12.2002 – 5 U 220/01, DB 2003, 1054.

310 Emde, Vertriebsrecht, Vor § 84 Rn. 445.

311 Vgl. OLG München, Urt.v. 15.05.1999 – 29 U 4446/98, EWiR 1999, 595.

312 Canaris, Handelsrecht, § 18 Rn. 33.

313 Canaris, Handelsrecht, § 18 Rn. 33.

314 Schütze/Weipert/Rieder-Heil/Wagner, Kap. 15 Rn 4 d).

c) Die Betriebsführungs- und Systemanwendungspflicht

Der Franchisenehmer unterliegt regelmäßig einer Betriebsführungspflicht. Er muss den Franchisebetrieb aufbauen, eröffnen und unterhalten. Er hat sich zudem nachhaltig um das Wachstum seines Franchisebetriebs und die Wahrung der gemeinsamen Identität des Franchisesystems zu bemühen. Ihm obliegt dabei bspw. die einheitliche Gestaltung der Geschäftsräume, der Gebrauch der typischen Kennzeichnungen des Franchisesystems, das Tragen bestimmter Berufskleidung oder die Zubereitung von Speisen nach präzisen Vorgaben (Konzeptförderungs- und Anwendungspflicht).[315]

Die Gewährleistung einheitlicher Standards in allen Franchisebetrieben ist für das Funktionieren und die Werbewirksamkeit des gesamten Franchisesystems unverzichtbar.[316] Die Bedeutung der Systemanwendungspflicht kann allerdings in einzelnen Fällen, insbesondere beim Vertriebsfranchising, wo sie über eine reglementierte Absatzförderungspflicht herkömmlicher Art oft kaum nennenswert hinausgehen dürfte, auch wesentlich geringer sein.[317]

Der Franchisenehmer ist folglich verpflichtet, das Vertriebs- bzw. Geschäftskonzept des Franchisegebers zu übernehmen und anzuwenden. Er ist insoweit den Weisungen des Franchisegebers unterworfen. Dieses Weisungsrecht ist auch zwingend, da der Schutz der Identität und Integrität des Franchisesystems es erfordert, dass das Systemprodukt in einer bestimmten, systemspezifischen Art und Weise abzusetzen ist.[318] Die Systemanwendungspflicht wird im Franchisehandbuch konkretisiert.[319]

d) Bezugsbindungen und Mindestabnahmepflichten

Dem Franchisenehmer obliegt die Pflicht, seine Arbeitskraft zum Absatz des Franchiseprodukts einzusetzen und die Produkte regelmäßig entsprechend den getroffenen Vereinbarungen abzunehmen.[320]

Selbstverständlich sind Bezugsbindungsklauseln, wenn ein Hersteller oder Importeur seinen Warenvertrieb mittels Franchising organisiert. Aber auch beim

---

315 Hübner, Handelsrecht, § 5 Rn. 446. Vgl. dazu auch die sog. „McDonald's-Entscheidung“: BGH, Urt. v. 03.10.1984 – VIII ZR 118/83, juris Rz. 22 f.; Küstner/Thume-Schröder, Handbuch Vertriebsrecht Bd. 3, S. 424.

316 Stober/Paschke, S. 109; Vgl. Niebling, S. 59.

317 Vgl. Canaris, Handelsrecht, § 18 Rn. 33.

318 Schütze/Weipert/Rieder-Heil/Wagner, Kap. 15 Rn 4 d).

319 Kroll, ZVertriebsR 2016, 284 (286).

320 Vgl. Küstner/Thume-Schröder, Handbuch Vertriebsrecht Bd. 3, S. 424.

Dienstleistungsfranchising entspricht es dem Interesse des Franchisegebers, die Beschaffung von Grund- und Hilfsstoffen zu vereinheitlichen.[321] Bezugsbindungsklauseln sind daher rechtlich wirksam, wenn und soweit sie zur Erreichung des einheitlichen Erscheinungsbilds, zum Schutz der Marke, des Image oder zur Erreichung der dem Franchisekonzept zugrundeliegenden Qualitätsanforderungen notwendig sind.[322] Mit der Vereinbarung einer Bezugsbindung geht schuldrechtlich die Pflicht des Franchisegebers einher, den Franchisenehmer zu beliefern und seine Lieferfähigkeit zu gewährleisten.[323]

Im Zusammenhang mit Bezugsbindungen wird dem Franchisenehmer oftmals die Pflicht auferlegt eine Mindestmenge an Produkten ausschließlich vom Franchisegeber oder seinen Systemlieferanten ohne Rückgabemöglichkeit abzunehmen. Dies ist rechtlich zulässig und ein wichtiger Bestandteil der meisten Franchiseverträge.[324]

Die Vereinbarung von Mindestabnahmepflichten ist zulässig, sofern die festgelegte Mindestabnahmemenge angemessen und zumutbar ist.[325]

e) Die Pflicht der persönlichen Dienstleistungserbringung

Der Franchisenehmer ist weiterhin zur persönlichen Dienstleistung verpflichtet gemäß §§ 613, 664 BGB. Er darf seine Tätigkeit nur mit Zustimmung des Franchisegebers auf einen Dritten, auch eine von ihm gegründete Gesellschaft, übertragen.[326] Dem Franchisenehmer ist es auch nicht gestattet das ihm übermittelte Know-how ohne Zustimmung des Franchisegebers an Dritte weiterzugeben.

f) Die Auskunftserteilungspflicht

Zu den wesentlichen Pflichten des Franchisenehmers zählen auch die Erteilung von Auskünften gegenüber dem Franchisegeber oder den von ihm beauftragten Personen, die Gewährung von Einsicht in seine Geschäftsunterlagen, die Befolgung von Anweisungen zur systemkonformen Betriebsführung und die Durchführung der von der Systemspitze empfohlenen Maßnahmen.[327] Ebenso hat er

---

321 Ähnlich Erdmann in Metzlaff, § 17 Rn. 54; Röhricht/Graf von Westphalen/Haas-Giesler, HGB, S. 1963f.

322 Herrfeld, S. 220 f.; Röhricht/Graf von Westphalen/Haas-Giesler, HGB, S. 1963; vgl. Liesegang, BB 1991, 2381 (2382 f.).

323 Vgl. Röhricht/Graf von Westphalen/Haas-Giesler, HGB, S. 1964.

324 Vgl. Röhricht/Graf von Westphalen/Haas-Giesler, HGB, S. 1964.

325 Röhricht/Graf von Westphalen/Haas-Giesler, HGB, S. 1965f.

326 Emde, Vertriebsrecht, Vor § 84 Rn. 446.

327 Küstner/Thume-Schröder, Handbuch Vertriebsrecht Bd. 3, S. 424; vgl. Eßer, S. 74.

alle Maßnahmen mit dem Franchisegeber abzustimmen und das Systemimage stets zu wahren.[328]

g) Die Gewerbeanmeldung

Die Pflicht den Franchisebetrieb bei einer örtlichen Behörde ordnungsgemäß anzumelden gemäß § 14 Abs. 1 GewO zählt ebenfalls zu den Pflichten des Franchisenehmers, die sich typischerweise in Franchiseverträgen wiederfinden. Dies gilt nur dann nicht, wenn er bereits als selbständiger Betriebsinhaber tätig war.

h) Die Pflicht zur Teilnahme an Weiterbildungsveranstaltungen

Der Franchisegeber oder seine Mitarbeiter können gemäß dem Franchisevertrag auch dazu verpflichtet werden, an Ausbildungs- oder Schulungsveranstaltungen des Franchisegebers teilzunehmen.[329]

4. Zwischenergebnis

Zusammenfassend lässt sich feststellen, dass dem Franchisegeber und dem Franchisenehmer eine Reihe von wechselseitigen Pflichten obliegt. Die hier lediglich beispielhaft aufgelisteten Pflichten und Rechte der Vertragsparteien sind dabei nicht abschließend und können individualvertraglich ergänzt und im Rahmen des rechtlich Zulässigen auch erweitert werden. Die Pflichten der Vertragsparteien sind dabei Ausdruck der typengemischten Vertragsnatur des Franchisevertrages, da auf sie jeweils unterschiedliche gesetzliche Normen Anwendung finden. Ebenfalls bringt die Auflistung der Pflichten zum Ausdruck, dass das Vertragsverhältnis von einer gegenseitigen Rücksichtnahme und Kooperation geprägt ist, bei der sich jede Vertragspartei zur Leistungserbringung gegenüber der anderen verpflichtet.

II. Die Grenzen der Privatautonomie

Jeder Franchisevertrag unterliegt einer zivilrechtlichen Kontrolle, bei der der Schutz des Franchisenehmers vor einseitigen Beschränkungen seiner wirtschaftlichen Handlungsfreiheit im Vordergrund steht. Wirksamkeitsschranken ergeben sich dabei einerseits aus den allgemeinen Rechtsnormen, wie etwa §§ 105, 134 BGB oder § 138 BGB, vor allem aber durch die Vorschriften der AGB gemäß §§ 305 ff. BGB. Andererseits sind für die Gestaltung, den Abschluss

328 Küstner/Thume-Schröder, Handbuch Vertriebsrecht Bd. 3, S. 425.
329 Vgl. Flohr/Frauenhuber/Liebscher/Wildhaber-Bellone, S. 65.

und die Durchführung von einzelnen Franchiseverträgen auch kartellrechtliche Schranken zu beachten. Auf diese privatrechtlichen und kartellrechtlichen Wirksamkeitsschranken soll nachfolgend näher eingegangen werden. Da es sich bei der überwiegenden Mehrzahl von Franchiseverträgen um Verträge zwischen Unternehmern i.S.d. § 14 BGB handelt,[330] sollen Verbraucherverträge von dieser Betrachtung ausgenommen werden.

1. Kartellrechtliche Grenzen

a) Allgemeines

Das Kartellrecht schränkt die Gestaltung von Franchiseverträgen ein, da Verstöße gegen das Kartellrecht nicht nur nach § 134 BGB zur zivilrechtlichen Nichtigkeit der betreffenden Regelung und zu Schadensersatz führen, sondern auch Beseitigungs- und Unterlassungsmaßnahmen sowie Geldbußen, Zwangsgelder und sonstige behördliche Maßnahmen der Kartellbehörden auslösen können.

Ein System von Franchiseverträgen stellt sich typischerweise als ein rein vertikales Vertriebsvertragssystem dar, das durch Vertikalbindungen zwischen dem Franchisenehmer und dem auf höherer Stufe angesiedelten Franchisegeber gekennzeichnet ist.[331] Hierunter sind wettbewerbsbeschränkende Vereinbarungen in Form von Vertragsklauseln zu verstehen, die vor allem den Franchisenehmer, teilweise aber auch den Franchisegeber in seinem Wettbewerbsverhalten binden.[332]

Die kartellrechtliche Zulässigkeit von wettbewerbsbeschränkenden Klauseln in Franchiseverträgen ist dabei bei rein nationalen Sachverhalten nach § 1 GWB (und gegebenenfalls auch nach Art. 101 AEUV bei spürbarer Beeinträchtigung des zwischenstaatlichen Handelns) zu prüfen. Das europäische Kartellrecht gilt aber über § 2 Abs. 2 GWB auch für rein nationale Sachverhalte. Kommt es bei gleichzeitiger Anwendung deutschen und europäischen Kartellrechts zu Konflikten, ist das europäische Kartellrecht vorrangig anzuwenden.[333] Unterschiede in der kartellrechtlichen Beurteilung einzelner Klauseln in Franchiseverträgen kommen seit dem Inkrafttreten der VO Nr. 1/2003 sowie der 7. GWB-Novelle nicht mehr zum Tragen. Deutsches und europäisches Recht sind jetzt – jedenfalls in den für Franchiseverträge maßgeblichen Fragen – harmonisiert.[334]

---

330 Vgl. BGH, Urt. v. 03.10.1984 – VIII ZR 118/83, juris Rz. 23 ff.

331 Martinek/Semler/Flohr-Martinek– Handbuch des Vertriebsrechts, § 31 Rn. 2.

332 Martinek/Semler/Flohr-Martinek– Handbuch des Vertriebsrechts, § 31 Rn. 2.

333 Flohr/Wauschkuhn-Metzlaff, § 1 GWB Rn. 2 f.; Emmerich/Lange, § 3 Rn. 22.

334 Schütze/Weipert/Rieder-Heil/Wagner, Kap. 15 Rn. 6.

Beschränkungen in Franchiseverträgen sind nach der Pronuptia-Entscheidung des EuGH[335] vom Kartellverbot ausgenommen, wenn sie unerlässlich für das Funktionieren des Systems sind.[336] Zu den bedeutsamsten Beschränkungen in Franchiseverträgen zählen dabei Gebietsschutzklauseln (Exklusivität) und Wettbewerbsverbote.

b) Exklusivitätsregelungen

Franchiseverträge enthalten häufig Exklusivitätsvereinbarungen, wonach dem Franchisenehmer ein bestimmtes Vertragsgebiet zur alleinigen Nutzung überlassen wird. Der Gebietsschutz dient dazu, den Franchisenehmer vor der Konkurrenz des eigenen Systems zu schützen und ihm so den Aufbau seines Geschäfts zu ermöglichen.[337] Der dem Franchisenehmer überlassene Gebietsschutz (Exklusivität) erlegt ihm gleichzeitig eine bestimmte geographische Beschränkung seines Absatzgebiets auf, so dass er die Waren oder Dienstleistungen nur innerhalb eines ihm zugewiesenen Vertragsgebiets absetzen darf.[338] Ein mehr oder weniger abgesicherter Gebietsschutz zählt in den meisten Branchen praktisch zu den Funktionsbedingungen des Franchisings, da sich der Franchisenehmer meist nur dann vorbehaltlos für die Systemmarke einsetzt, wenn ihm die Vorteile seiner Bemühungen in dem ihm zugewiesenen Marktverantwortungsbereich ungeteilt zugutekommen.[339]

aa) Bestimmung der Exklusivität

Bei der Bestimmung der Exklusivität ist grundsätzlich zwischen Exklusivität im engeren Sinne und der Exklusivität im weiteren Sinne zu unterscheiden. Erstere umfasst die Pflicht des Franchisegebers, das Franchise nicht selbst zu nutzen (z.B. das Verbot von eigenen Filialen des Franchisegebers), und die Pflicht, die Waren oder Dienstleistungen des Franchisesystems nicht selbst an Endkunden zu liefern bzw. gegenüber diesen zu erbringen (Verbot des Direktvertriebs).[340] Demgegenüber umfasst die Exklusivität im weiteren Sinne, neben den bereits

---

335 EuGH, Urt. v. 28.01.1986 – C-161/84, Slg. 1986, 353 – Pronuptia, GRUR Int 1986, 193.

336 Vgl. LG München I, Teilurteil v. 26.10.2018 – 37 O 10335/15, ZVertriebsR 2019, 41.

337 Metzlaff-Metzlaff, § 8 Rn. 33.

338 Vgl. Küstner/Thume-Schröder, Handbuch Vertriebsrecht Bd. 3, S. 469; Ahlert-Ahlert, S. 78 f.

339 Martinek/Semler/Flohr-Martinek – Handbuch des Vertriebsrechts, § 31 Rn. 4; vgl. Skaupy, DB 1982, 2446 (2247).

340 Metzlaff-Metzlaff, § 8 Rn. 29.

genannten Pflichten, auch die Pflicht des Franchisegebers, dritten Unternehmen im Vertragsgebiet keine Franchiselizenz zu erteilen, die Pflicht, allen Franchisenehmern zu verbieten, aktiv im Vertragsgebiet eines anderen Franchisenehmers tätig zu werden (Verbot des aktiven Vertriebs), und die Pflicht, allen Franchisenehmern zu verbieten, auf Anfragen von Kunden aus dem Vertragsgebiet eines anderen Franchisenehmers zu reagieren (Verbot des passiven Vertriebs).[341]

bb) Kartellrechtliche Wirksamkeit von Exklusivitätsklauseln

Klauseln, die zu einer Aufteilung des Marktes führen, sieht der EuGH nicht als unerlässlich an. Nach Art. 4 lit. b) i) Vertikal-GVO, der über § 2 Abs. 2 GWB auch bei rein nationalen Sachverhalten Anwendung findet, muss eine territoriale Beschränkung des Vertriebs zwischen aktivem und passivem Vertrieb unterscheiden.[342] Gebietsschutz- oder Exklusivitätsklauseln sind jedoch freistellungsfähig, sofern sie i.S.d. Art. 4 lit. b) i) Vertikal-GVO Nr. 330/2010 nur den aktiven Verkauf in Gebiete, die der Franchisenehmer sich selbst oder einem anderen Franchisenehmer vorbehalten hat, betreffen und die Kunden des Franchisenehmers nicht beschränkt werden.[343]

Eine Untersagung des passiven Verkaufs ist hingegen nicht freistellungsfähig und muss zugelassen werden. Es kommt auch keine geltungserhaltende Reduktion auf die Beschränkung des aktiven Verkaufs in Betracht[344], so dass keine Besonderheiten deutschen Rechts Anwendung finden.[345]

cc) Gestaltung von Exklusivitätsklauseln

Strikte Gebietsbindungen sind heute wegen der nationalen und europäischen Vorgaben des Kartellrechts in Vertriebsverträgen allerdings selten.[346] Da ein absoluter Gebietsschutz in der Praxis ohnehin kaum zu bewerkstelligen ist, ist in Franchiseverträgen die Zuweisung sog. „Marktverantwortungsbereiche“, bei denen die Franchisenehmer ihre Absatztätigkeit auf einen bestimmten Verantwortungsbereich konzentrieren sollen, üblicher.[347]

---

341 Metzlaff-Metzlaff, § 8 Rn. 30.

342 Rafsendjani/Leupold, in: Hoffmann/Leible/Sosnitza (Hrsg.), Vertrag und Haftung in E-Commerce, S. 135 ff.

343 Martinek/Semler/Flohr-Martinek – Handbuch des Vertriebsrechts, § 31 Rn. 25; Flohr/Wauschkuhn-Metzlaff, § 1 GWB Rn. 79.

344 Vgl. OLG Frankfurt a.M., Urt. v. 11.12.2007 – 11 U 44/07, BeckRS 2008, 01741, Rz. 34.

345 Flohr/Wauschkuhn-Metzlaff, § 1 GWB Rn. 79.

346 Martinek/Semler/Flohr-Martinek – Handbuch des Vertriebsrechts, § 2 Rn. 118.

347 Martinek/Semler/Flohr-Martinek – Handbuch des Vertriebsrechts, § 2 Rn. 118.

Der Franchisegeber ist jedoch nicht zur Einräumung eines solchen Gebietsschutzes bzw. einer Exklusivität verpflichtet.[348] Mitunter beschränkt sich der Gebietsschutz in der Praxis auf die Verpflichtung des Franchisegebers, vor der Eröffnung eines weiteren Standorts im Vertragsgebiet mit dem dort ansässigen Franchisenehmer Kontakt aufzunehmen und ihn über dieses Vorhaben zu informieren oder ihm das Recht einzuräumen, diesen Standort selbst zu eröffnen.[349]

dd) Die Verletzung der Exklusivität

Wird in einem Franchisevertrag eine Exklusivitätsklausel vereinbart, so steht dem Franchisenehmer jedenfalls nach den Grundsätzen von Treu und Glauben (§ 242 BGB) ein Auskunftsanspruch bei Gebietsverletzungen durch den Franchisegeber zu.[350] Die Verletzung der Exklusivität kann aber auch zu Schadensersatzansprüchen des Franchisenehmers wegen positiver Vertragsverletzung führen.[351]

c) Wettbewerbsverbote

Weiterhin vereinbaren Vertragsparteien eines Franchisevertrages häufig, dass ein Vertragspartner während der Vertragslaufzeit und innerhalb eines bestimmten Zeitraums nach Beendigung des Vertragsverhältnisses weder unmittelbar noch mittelbar in Konkurrenz zur anderen Vertragspartei treten darf. Nach Art. 1 Abs. 1 lit. d) Vertikal-GVO Nr. 330/2010, die nach § 2 Abs. 2 GWB auch unmittelbar Anwendung im deutschen Recht findet, ist ein Wettbewerbsverbot jede „unmittelbare oder mittelbare Verpflichtung, die den Abnehmer veranlasst, keine Waren oder Dienstleistungen herzustellen, zu beziehen, zu verkaufen oder weiterzuverkaufen, die mit den Vertragswaren oder -dienstleistungen im Wettbewerb stehen" sowie jede „unmittelbare oder mittelbare Verpflichtung des Abnehmers, auf dem relevanten Markt mehr als 80 % seines Gesamtbezugs an Vertragswaren oder - dienstleistungen […] vom Anbieter oder von einem anderen vom Anbieter benannten Unternehmen zu beziehen".

---

348 Vgl. BGH, Urt. v. 26.11.1984 – III ZR 214/83, BGHZ 93, 52 ff.; Metzlaff-Erdmann, § 8 Rn. 29 ff.

349 Billing/Metzlaff, in: BB 2015, S. 1348; OLG Düsseldorf, Urt. v. 15.10.2014 – VI-U (Kart) 4/14, U (Kart) 4/14, juris Rz. 32 ff.

350 Flohr, BB 2006, 389 (398).

351 Vgl. BGH, Urt. v. 22.11.2000 – VIII ZR 360/86, NJW 2001, 821 für KfZ-Vertragshändler; Metzlaff-Metzlaff, § 8 Rn. 32.

aa) Vertragliche Wettbewerbsverbote

(1) Nach europäischem Kartellrecht

Franchiseverträge sind gemäß Art. 5 lit. a) Vertikal-GVO Nr. 330/2010 nicht vom Verbot des Art. 101 AEUV freigestellt, wenn sie unmittelbare oder mittelbare Wettbewerbsverbote enthalten, die für eine unbestimmte Dauer oder für mehr als fünf Jahre vereinbart sind.

Vertragliche Wettbewerbsverbote zulasten des Franchisenehmers dürfen den Zeitraum von fünf Jahren somit nicht überschreiten gemäß Art. 5 lit. a) Vertikal-GVO Nr. 330/2010, es sei denn sie sind notwendig, „um die Einheitlichkeit und den Ruf des Franchisesystems zu erhalten“[352], oder wenn dies dem Schutz des Know-hows dient.[353] Die Voraussetzungen hierfür sind jedoch hoch.

Eine spätere Verlängerung des Wettbewerbsverbots sowie eine neue, sich anschließende Wettbewerbsvereinbarung sind zulässig.[354]

(2) Nach deutschem Kartellrecht

Wettbewerbsbeschränkungen in Franchiseverträgen fallen potenziell unter § 1 GWB. Allerdings kann eine Vielzahl von Bindungen dem Kartellverbot unter dem Gesichtspunkt der notwendigen Nebenabrede entzogen sein, insbesondere bei Bestimmungen, die unerlässlich sind, damit das vermittelte Know-how und die vom Franchisegeber gewährte Unterstützung nicht dem Konkurrenten des Franchisegebers zugutekommen.[355] Über die dynamische Verweisung des § 2 Abs. 2 GWB wirkt die Vertikal-GVO Nr. 330/2010 für das deutsche Recht, auch wenn keine Zwischenstaatlichkeit vorliegt. In jedem Fall muss jedoch der Anwendungsbereich des Art. 2 Vertikal-GVO Nr. 330/2010 vorliegen und darf der Schwellenwert des Art. 3 Abs. 1 Vertikal-GVO Nr. 330/2010 von 30 % Marktanteil nicht überschritten sein.[356]

Im Hinblick auf Wettbewerbsverbote findet somit auch bei rein innerstaatlichen Sachverhalten das oben Gesagte Anwendung.

---

352 Vertikalleitlinien, Anhang B 6, Rn. 190.

353 Giesler/Nauschütt-Gerstner, Kap. 2 Rn. 95.

354 Vgl. Bechthold/Bosch/Brinker, EU-Kartellrecht, VO 330/2010, Art. 5 Rn. 6 f.; Küstner/Thume-Schröder, Handbuch Vertriebsrecht Bd. 3, S. 469.

355 Langen/Bunte-Bahr, Nach § 2 GWB Rn. 256.

356 Küstner/Thume-Schröder, Handbuch Vertriebsrecht Bd. 3, S. 484.

(3) Sonderproblem: E-Commerce

Im Zusammenhang mit der Vereinbarung vertraglicher Wettbewerbsverbote in Franchiseverträgen wird in jüngerer Zeit die Frage problematisiert, ob der Franchisegeber gegen ein vertragliches Wettbewerbsverbot verstößt, wenn er in den Onlinehandel (E-Commerce) einsteigt. Der stationär agierende Franchisenehmer befürchtet in diesen Fällen oftmals Umsatz- und Ertragseinbußen, wohingegen der Franchisegeber bzw. die Systemzentrale sich im Wettbewerb mit anderen (längst) online agierenden Unternehmen geradezu gezwungen sieht, mit der Zeit zu gehen und den E-Commerce als Vertriebskanal zu etablieren.[357]

Dem E-Commerce des Franchisegebers können zunächst ausdrückliche Regelungen des Franchisevertrages entgegenstehen. Ist dies nicht der Fall, können sich Ansprüche der Franchisenehmer im Wege einer ergänzenden Vertragsauslegung ergeben. Darüber hinaus kann man in der Aufnahme des E-Commerce auch eine Verletzung der dem Franchisegeber obliegenden Treuepflicht sehen. Zusätzlich kann der Franchisenehmer kartellrechtliche Einwendungen nach §§ 19, 20 GWB sowie nach § 1 GWB gegen den E-Commerce des Franchisegebers geltend machen.[358]

bb) Nachvertragliche Wettbewerbsverbote

Ob ein nachvertragliches Wettbewerbsverbot vorliegt, ist anhand des konkreten Einzelfalls zu prüfen.[359] Ein solches wird angenommen, wenn dem Franchisenehmer nach Vertragsbeendigung untersagt wird, Vertragsprodukte zu vertreiben oder generell die Methoden des Franchisegebers weiter zu nutzen.[360]

(1) Nach europäischem Recht

Demgegenüber sind nachvertragliche Wettbewerbsverbote gemäß Art. 5 lit. b) Vertikal-GVO Nr. 330/2010 grundsätzlich nicht zulässig. Gemäß Art. 5 lit. b) Abs. 3 Vertikal-GVO Nr. 330/2010 gilt dieses nachvertragliche

357 Vgl. Billing/Metzlaff, BB 2015, 1347, wonach ein solches Spannungsfeld unabhängig davon besteht, inwieweit es durch den E-Commerce überhaupt zu Umsatzeinbußen im stationären Vertrieb kommt oder ob nicht der von der Systemzentrale bzw. dem Franchisegeber betriebene E-Commerce den stationären Vertrieb des Franchisenehmers in solchem Maß fördert, dass etwaiger an den E-Commerce abwandernder Umsatz zumindest kompensiert wird.

358 Vgl. Billing/Metzlaff, BB 2015, 1347 (1348).

359 Küstner/Thume-Schröder, Handbuch Vertriebsrecht Bd. 3, S. 481.

360 Küstner/Thume-Schröder, Handbuch Vertriebsrecht Bd. 3, S. 481.

Wettbewerbsverbot aber dann nicht, wenn es sich auf den Bezug oder den Vertrieb von Waren oder Dienstleistungen bezieht, die mit den Vertragswaren oder -dienstleistungen im Wettbewerb stehen, die Verpflichtungen sich auf Räumlichkeiten und Grundstücke beschränken, von denen aus der Franchisenehmer während der Vertragslaufzeit seine Geschäfte betrieben hat, oder wenn die Verpflichtungen zum Schutz des übertragenen Know-how unerlässlich sind. In jedem dieser Fälle darf die Dauer des nachvertraglichen Wettbewerbsverbots ein Jahr nicht überschreiten.

(2) Nach deutschem Recht

Gemäß § 90a Abs. 1 HGB kann ein nachvertragliches Wettbewerbsverbot nur für längstens zwei Jahre nach Vertragsbeendigung schriftlich vereinbart werden. Der BGH hat die analoge Anwendung des § 90a HGB auf ein in einem Franchisevertrag vereinbartes Wettbewerbsverbot bejaht, wenn die Interessenlage des Franchisenehmers mit der des Handelsvertreters vergleichbar ist.[361] Dies setzt neben einer vergleichbaren Interessenwahrungspflicht eine vergleichbare Eingliederung in die Absatzorganisation und ein vergleichbares Schutzbedürfnis voraus. Es darf sich außerdem nur auf das Vertriebsgebiet des Franchisenehmers beziehen, analog § 90a Abs. 1 S. 2 2. Hs. HGB. Das Wettbewerbsverbot muss zudem auf das spezifische Franchisesystem beschränkt sein, dem Franchisenehmer also lediglich die Nutzung des während der Vertragsdauer Erlernten und die Verwendung des entsprechenden Know-hows verbieten.[362]

Nach dem BGH setzt die Wirksamkeit eines nachvertraglichen Wettbewerbsverbots außerdem stets voraus, dass der Franchisegeber dem Franchisenehmer im Gegenzug eine Karenzentschädigung zahlt.[363] Verstößt der Franchisenehmer allerdings gegen das nachvertragliche Wettbewerbsverbot, so steht ihm nach der Rechtsprechung[364] auch keine Karenzentschädigung mehr zu.

§ 90a HGB ist nicht analog anwendbar, wenn die Wettbewerbsabrede erst nach Vertragsbeendigung getroffen wurde. Dies ergibt sich aus § 90a Abs. 2 S. 1 HGB.[365] Nach Beendigung des Franchisevertragsverhältnisses können Wettbewerbsverbote zwischen den Parteien ohne die Restriktiven des

361 BGH, Urt. v. 12.11.1986 – I ZR 209/84, juris Rz. 18 ff.
362 BGH, Urt. v. 18.07.2005 – II ZR 159/03, NJW 2005, 3062.
363 BGH, Urt. v. 12.11.1986 – I ZR 209/84, juris Rz. 17; vgl. Enghusen, S. 178 f.
364 LG München, Urt. v. 24.03.2016 – 5 O 16652/15, juris Rz. 84.
365 Martinek/Semler/Flohr-Flohr– Handbuch des Vertriebsrechts, § 32 Rn. 140.

§ 90a HGB frei und formlos – inhaltlich begrenzt durch § 138 BGB – ausgehandelt werden.[366]

In jedem Fall ist aber zu beachten, dass der Franchisenehmer – im Gegensatz zum Handelsvertreter – regelmäßig im eigenen Namen und auf eigene Rechnung verkauft und somit als selbständiger Wirtschaftsteilnehmer tätig wird, so dass die kartellrechtlichen Normen zu beachten sind. Die oben geschilderten Anforderungen an ein nachvertragliches Wettbewerbsverbot nach europäischem Recht gehen dem § 90a HGB vor.[367] Es empfiehlt sich daher nachvertragliche Wettbewerbsverbote auf das vom Franchisenehmer abgedeckte Vertriebsgebiet sowie auf eine Dauer von einem Jahr zu beschränken.

cc) Rechtsfolgen bei Verstoß gegen die gesetzlichen Anforderungen

Verstößt ein zwischen den Franchiseparteien vereinbartes Wettbewerbsverbot gegen die kartellrechtlichen Vorschriften, ist das Wettbewerbsverbot von Anfang an nichtig. Außerdem können die Kartellbehörden Bußgelder verhängen und Dritte möglicherweise Schadensersatzansprüche geltend machen.[368]

d) Zwischenergebnis

Zusammenfassend lässt sich feststellen, dass dem Kartellrecht bei der Gestaltung eines Franchisevertrages besondere Bedeutung zukommt. Mittels Exklusivitätsregelungen und Wettbewerbsverboten wird vor allem der Franchisenehmer in seinem Wettbewerbsverhalten beeinflusst.

Im Hinblick auf die rechtliche Wirksamkeit von Exklusivitätsregelungen ist zunächst zu beachten, dass diese lediglich freistellungsfähig sind, sofern sie gemäß Art. 4 lit. b) i) Vertikal-GVO Nr. 330/2010 nur den aktiven Verkauf in Gebiete betreffen, die sich der Franchisenehmer selbst oder einem anderen Franchisenehmer vorbehalten hat, und die Kunden nicht beschränkt werden. Eine Einschränkung des passiven Verkaufs ist demgegenüber nicht zulässig.

Die Vereinbarung vertraglicher Wettbewerbsverbote ist hingegen regelmäßig nur dann wirksam, wenn sie bestimmt genug sind und einen Zeitraum von fünf Jahren nicht überschreiten. Hiervon wird lediglich dann abgesehen, wenn das längere Wettbewerbsverbot dem Know-how-Schutz oder der Erhaltung der Einheitlichkeit und des Rufes des Franchisesystems dient. Anders verhält es sich

366 Küstner/Thume-Schröder, Handbuch Vertriebsrecht Bd. 3, S. 483.
367 Flohr/Wauschkuhn-Spenner, § 90a HGB Rn. 67.
368 Flohr/Wauschkuhn-Spenner, § 90a HGB Rn. 73.

hingegen im Hinblick auf nachvertragliche Wettbewerbsverbote. Diese dürfen nach europäischem Recht ein Jahr nicht überschreiten.

2. Der Franchisevertrag und das AGB-Recht

Aus Gründen der Systemeinheitlichkeit und zwecks Wahrung des Grundsatzes der Gleichbehandlung aller Franchisenehmer gemäß § 242 BGB werden Franchiseverträge regelmäßig vorformuliert und vom Franchisegeber vorgegeben.[369] Sie stellen daher regelmäßig Formularverträge i.S.d. § 305 Abs. 1 S. 1 BGB dar.[370] Das gilt auch für den Fall, dass im Franchisevertrag ausdrücklich normiert wird, er sei individuell ausgehandelt worden, um diesen als Individualvertrag bezeichnen zu können, obwohl dem Franchisenehmer keine Möglichkeit zur Vertragsanpassung gewährt wurde.[371] Wichtig ist, dass die Vertragsbestimmungen im Einzelnen tatsächlich ausgehandelt wurden, vgl. § 305b BGB. Ein Franchisevertrag verliert seinen Charakter als Formularvertrag auch dann nicht, wenn im Nachhinein Regelungen modifiziert werden, es sei denn, die nachträgliche Änderung erfolgt in einer Weise, die es rechtfertigt, den Vertrag von vornherein wie einen Individualvertrag zu behandeln.[372]

Die vorformulierten Vertragsbedingungen unterliegen somit der Inhaltskontrolle gemäß §§ 307 ff. BGB.[373] Der Franchisenehmer ist Unternehmer i.S.d. § 14 BGB, soweit er bei Abschluss des Franchisevertrages in Ausübung seiner gewerblichen oder selbständigen beruflichen Tätigkeit handelt. Demgemäß finden nach § 310 Abs. 1 S. 1 BGB die §§ 305 Abs. 2 und 3, 308, 309 BGB keine Anwendung. Dies gilt auch dann, wenn die Unternehmereigenschaft des Franchisenehmers erst durch den Franchisevertrag begründet wird.[374]

---

369 Vgl. Küstner/Thume-Schröder, Handbuch Vertriebsrecht Bd. 3, S. 447; Martinek/Semler/Flohr-Flohr– Handbuch des Vertriebsrechts, § 30 Rn. 191; Ekkenga, S. 110 ff.

370 Liesegang, BB 1991, 2381; Ulmer/Brandner/Hensen-Schmidt, AGB-Recht, Kap. 19 Rn. 7.

371 BGH, Urt. v. 22.11.2012 – VII ZR 222/12, NJW 2013, 857; vgl. BGH, Urt. v. 07.03.2013 – VII ZR 162/12, MDR 2013, 508.

372 Martinek/Semler/Flohr-Flohr– Handbuch des Vertriebsrechts, § 30 Rn. 195.

373 BGH, Urt. v. 03.10.1984 – VIII ZR 118/83, juris Rz. 21; KG Berlin, Urt. v. 21.11.1997 – 5 U 5398/97, BB 1998, 608.

374 BGH, Urt. v. 15.11.2007 – III ZR 295/06, NJW 2008, 435; BGH, Beschl. v. 24.02.2005 – III ZB 36/04, juris Rz. 10; OLG Oldenburg, Urt. v. 27.041989 – 1 U 256/88, juris Rz. 9; vgl. auch EuGH, Vorabentscheid v. 03.07.1997, Rs. C-269/95, Slg. 1997 I, S. 3767; MüKo BGB-Basedow, § 310 Rn. 46 f.; Ekkenga, S. 35 ff.

a) Das Benachteiligungsverbot

Gemäß § 307 Abs. 1 S. 1 BGB sind Bestimmungen des Franchisevertrages dann unwirksam, wenn diese den Franchisenehmer entgegen dem Gebot von Treu und Glauben unangemessen benachteiligen. Ob eine solche unangemessene Benachteiligung vorliegt, ist nach der ständigen Rechtsprechung durch Interessenabwägung festzustellen.[375] Dabei ist einerseits das Interesse des Franchisegebers an einer straffen Organisation seines Franchisesystems mit umfassenden Kontroll-, Weisungs- und Informationsmöglichkeiten zu berücksichtigen, andererseits das Interesse des Franchisenehmers an Selbständigkeit und wirtschaftlicher Betätigungsfreiheit.[376] Die Frage nach der Benachteiligung einer Regelung des Franchisevertrages ist somit stets eine Einzelfallentscheidung.

aa) Regelungen zur Mindestvertragslaufzeit und zur Kündigung

Zu den Vertragsbestimmungen, die einer Inhaltskontrolle in der Praxis am häufigsten unterliegen, zählt die Regelung der Mindestvertragslaufzeit. Eine zu lange Mindestlaufzeit kann den Franchisenehmer unangemessen benachteiligen und somit gegen § 307 Abs. 1 i.V.m. Abs. 2 BGB verstoßen.[377]

Bei der hier vorzunehmenden Interessenabwägung gilt der Grundsatz, umso höher die Investitionen eines Franchisenehmers sind, je länger kann zivilrechtlich die Erstlaufzeit eines Franchisevertrages vereinbart werden.[378] So sind z.B. vertragliche Bindungen von zehn Jahren in AGB grundsätzlich zulässig. Es kommt dabei nach Ansicht der Literatur aber entscheidend auf die Fristenparität an.[379] Der BGH hat diese Frage im Hinblick auf Laufzeiten von mehr als zehn Jahren bislang offengelassen.[380]

---

375 Vgl. OLG Hamm, Beschl. v. 27.02.1981 – 4 Re Miet 4/80, NJW 1981, 1050; BGH, Urt. v. 17.02.2010 – VIII ZR 67/09, BB 2010, 917; OLG München, Urt. v. 17.12.2008 – 7 U 4025/08, MDR 2009, 704; BGH, Urt. v. 04.03.2010 – III ZR 79/09, BB 2010, 1048.

376 Vgl. BGH, Urt. v. 03.10.1984 – VIII ZR 118/83, juris Rz. 23; Martinek/Semler/Flohr-Flohr– Handbuch des Vertriebsrechts, § 30 Rn. 199; Metzlaff-Erdmann, § 17 Rn. 34; Böhner, NJW 1985, 2811 (2812).

377 Vgl. Ulmer/Brandner/Hensen-Schmidt, AGB-Recht, Kap. 19 Rn. 9.

378 Vgl. BGH, Urt. v. 17.12.2002 – AX ZR 220/01, NJW 2003, 888; Stoffels, DB 2004, 1871 (1873); Küstner/Thume-Schröder, Handbuch Vertriebsrecht Bd. 3, S. 450; Flohr, BB 2006, 389 (399); auch BGH, Urt. v. 13.03.1997 – I ZR 215/94, juris Rz. 47 zur Frage der Wirksamkeit der Laufzeit eines Tankstellenbelieferungsvertrages von 15 Jahren.

379 Vgl. Emde, BB 2011, 2755 (2762).

380 Vgl. BGH, Urt. v. 3.11.1999 – VIII ZR 269/98, WM 2000, 633.

Allerdings ist bei der zivilrechtlichen und damit auch der AGB-rechtlichen Überprüfung der Laufzeitregelung eines Franchisevertrages immer die „Schnittstelle" zum europäischen Kartellrecht zu sehen.[381] Beträgt die Bezugsbindung des Franchisenehmers 100 %, so kann grundsätzlich nur eine fünfjährige Erstlaufzeit des Franchisevertrages vereinbart werden, es sei denn sie ist zur Sicherung der Einheitlichkeit und/oder des Rufes des Franchisesystems notwendig.[382]

Im Zusammenhang mit der zulässigen Mindestvertragslaufzeit ist oftmals auch die Wirksamkeit von Kündigungsklauseln zu prüfen. Hierzu gibt es eine Vielzahl einschlägiger Entscheidungen. So ist z.B. ein außerordentliches Kündigungsrecht bei einem Zahlungsrückstand von nur zehn Tagen unzulässig, wenn die Gesamtlaufzeit des Vertrages zwanzig Jahre beträgt.[383] Die Rechtsprechung hat insoweit auch eine Klausel, wonach jede Partei den Franchisevertrag mit einer Frist von drei Monaten zum Monatsende ohne Vorliegen eines wichtigen Grundes kündigen kann, wenn das Vertrauensverhältnis ernsthaft gestört ist, als unangemessen und unwirksam betrachtet.[384] Demnach besteht für die Abweichung von der gesetzlichen Kündigungsregelung gemäß § 314 BGB kein anerkennenswertes Interesse.

Außerdem hat das OLG Frankfurt a.M. im Jahr 2014 die in der Praxis weit verbreitete Laufzeitregelung von fünf Jahren mit einer Kündigungsfrist von zwölf Monaten zum Laufzeitende als zulässig bestätigt.[385] Die Frist für eine ordentliche Kündigung von einem Jahr wird auch nach der h.M. im Schrifttum[386] für angemessen erachtet.

bb) Mindestabsatzklauseln, Warenbezugsregelungen und Übernahmeverpflichtungen

Fraglich ist zunächst die rechtliche Wirksamkeit von formularmäßigen Mindestabsatzklauseln. Derartige Vereinbarungen sind Ausdruck der Absatzförderungspflicht des Franchisenehmers und daher grundsätzlich nicht zu beanstanden, sofern es sich um eine angemessene Menge handelt. Zu unterscheiden ist jedoch

---

381 Martinek/Semler/Flohr-Flohr– Handbuch des Vertriebsrechts, § 30 Rn. 215; vgl. Stoffels, DB 2004, 1871 (1874).

382 Martinek/Semler/Flohr-Flohr– Handbuch des Vertriebsrechts, § 30 Rn. 215.

383 KG Berlin, Urt. v. 21.11.1997 – 5 U 5398/97, BB 1998, 608.

384 BGH, Urt. v. 20.05.2003 – KZR 19/02, BB 2003, 2254; Küstner/Thume-Schröder, Handbuch Vertriebsrecht Bd. 3, S. 450.

385 OLG Frankfurt a.M., Urt. v. 8.10.2014 – 4 U 41/14, juris Rz. 17; Vgl. Billing/Röschenkemper, ZVertriebsR 2015, 139.

386 Küstner/Thume-Schröder, Handbuch Vertriebsrecht Bd. 3, S. 450.

zunächst zwischen Klauseltypen, welche eine bestimmte Menge zahlen- oder formelmäßig regeln oder eine turnusmäßige, einvernehmliche Festlegung durch die Vertragspartner vorsehen, und solchen, die zugunsten des Franchisegebers einseitige Bestimmungsrechte für Mindestabsatzmengen vorsehen. Eine einvernehmliche Festlegung begegnet aufgrund der Beteiligung beider Vertragsparteien keinen rechtlichen Bedenken.[387]

Unangemessen i.S.v. § 307 Abs. 1 S. 1 i.V.m. Abs. 2 Nr. 2 BGB kann jedoch das einseitige Bestimmungsrecht eines Franchisegebers in Bezug auf die Mindestabsatzmenge des Franchisenehmers sein, weil eine solche Klausel das Interesse des Franchisenehmers, das Absatzrisiko durch Steuerung der Bestellmenge zu begrenzen, nicht berücksichtigt.[388] Alle gleichermaßen geltenden und nicht auf die Umsatzstärke des einzelnen Franchisenehmers abgestimmten Absatzvorgaben führen zur missbräuchlichen Durchsetzung der einseitigen Interessen des Franchisegebers. Eine Ausnahme hiervon wird von der Rechtsprechung nur dann anerkannt, wenn schwerwiegende Gründe für die Einräumung des einseitigen Bestimmungsrechts bestehen, diese Gründe in der AGB-Klausel genannt sind und dem Vertragspartner ein angemessener Ausgleich gewährt wird.[389] Dies überzeugt auch insofern, als der Franchisenehmer durch die einseitige Erhöhung der Mindestabsatzmenge faktisch zur Gewährung zusätzlicher Rabatte gezwungen werden kann, die nötig werden, um die vorgegebenen Absatzzahlen zu erreichen.[390] Dementsprechend ist die Mindestabsatzmenge von so wesentlicher Bedeutung, dass ein einseitiges Bestimmungsrecht nur ganz ausnahmsweise rechtswirksam sein kann.[391]

Weiterhin enthalten Franchiseverträge regelmäßig Verpflichtungen des Franchisenehmers zum Warenbezug beim Franchisegeber selbst oder bei bestimmten Systemlieferanten. Derartige Bezugsbindungen sind nach der Rechtsprechung ein notwendiger Bestandteil der meisten Franchiseverträge und grundsätzlich wirksam.[392] Demnach verstößt auch eine Bezugsbindung von nahezu

387 Vgl. Giesler-Giesler/Güntzel, Praxis des Vertriebsrechts, § 4 Rn. 373; BGH, Urt. v. 13.07.2004 – KZR 10/03, GRUR 2005, 65.

388 Röhricht/Graf von Westphalen/Haas-Giesler, HGB, S. 1966f; Flohr, BB 2006, 389 (395). Hervorzuheben ist in diesem Zusammenhang auch, dass Kündigungsklauseln, die dem Franchisegeber ein Kündigungsrecht im Fall des Nichterreichens bestimmter Mindestumsätze zusprechen, unwirksam sind, vgl. LG Karlsruhe, Urt. v. 16.09.1988 – 4 O 214/88, NJW-RR 1989, 822;. Pfeifer, S. 224 f.

389 BGH, Urt. v. 13.07.2004 – KZR 10/03, GRUR 2005, 66.

390 Vgl. Wolf/Lindacher/Pfeiffer-Dammann, Klausel (F) Rn. F91.

391 Wolf/Lindacher/Pfeiffer-Dammann, Klausel (F) Rn. F91f.

392 BGH, Urt. v. 11.11.2008 – KVR 17/08, NJW 2009, 1755.

100 % zur Sicherung der Einheit des Franchisesystems regelmäßig nicht gegen § 307 Abs. 1 S. 1 BGB, da es „dem Wesen des Franchisegeschäfts entspricht, dass überall identische Produkte angeboten werden".[393] Von diesem Grundsatz kann es jedoch bestimmte Ausnahmen geben. So kann eine Bezugsbindung bspw. dann unangemessen sein, wenn selbst unter Berücksichtigung der Interessen des Franchisegebers an einem einheitlichen Franchisesystem zentrale Leistungserwartungen des Franchisenehmers in besonders starkem Maße verletzt werden.[394] Bezugsbindungen müssen zudem auch den kartellrechtlichen Anforderungen der Vertikal-GVO Nr. 330/2010 entsprechen. Aufgrund der Leitbildfunktion der Vertikal-GVO i.S.d. § 307 Abs. 1 BGB ist eine Formularklausel, die nicht freistellungsfähig ist, nach AGB-Recht unwirksam.[395]

Im Rahmen der Beendigung des Vertrages ist die fehlende Übernahmeverpflichtung eines Warenlagers durch den Franchisegeber unwirksam, wenn der Franchisenehmer nach Vertragsende nicht berechtigt ist, die vom Franchisegeber hergestellten oder gehandelten Produkte zu vertreiben, und das Warenlager, zu dessen Unterhalt der Franchisenehmer verpflichtet war, nunmehr wertlos ist.[396]

cc) Zulässigkeit von Vertragsstrafen

Problematisch sind in der Praxis oftmals auch Vertragsstrafenklauseln. Diese sollen den Franchisenehmer dazu zwingen, die Weisungen des Franchisegebers und die Systemvorgaben einzuhalten.[397] Bedenklich sind insbesondere Regelungen, wonach jeder Verstoß des Franchisenehmers gegen die Systemvorgaben eine Vertragsstrafe nach sich zieht, oder starre Vertragsstrafen, die keine Unterscheidung hinsichtlich der Schwere des Verstoßes vornehmen.[398] Die Höhe einer als nichtig anzusehenden starren Vertragsstrafe wird allerdings in der Rechtsprechung und Literatur nicht einheitlich beurteilt.[399]

---

393 Vgl. OLG Düsseldorf, Beschl. v. 07.09.2009 – I-16 U 62/08, juris Rz. 9; Giesler-Giesler/Güntzel, Praxis des Vertriebsrechts, § 4 Rn. 365.

394 Giesler-Giesler/Güntzel, Praxis des Vertriebsrechts, § 4 Rn. 366.

395 Vgl. BGH, Urt. v. 13.07.2004 – KZR 10/03, WRP 2004, 1380.

396 Küstner/Thume-Schröder, Handbuch Vertriebsrecht Bd. 3, S. 450.

397 Küstner/Thume-Schröder, Handbuch Vertriebsrecht Bd. 3, S. 451.

398 Küstner/Thume-Schröder, Handbuch Vertriebsrecht Bd. 3, S. 451.

399 Küstner/Thume-Schröder, Handbuch Vertriebsrecht Bd. 3, S. 451.

dd) Preisanpassungsklauseln

Fraglich ist auch immer wieder die Zulässigkeit sog. Preisanpassungsklauseln, bei denen dem Franchisegeber auf Grundlage eines Anpassungsvorbehalts das Recht eingeräumt wird, eine einseitige Erhöhung der vom Franchisenehmer zu leistenden laufenden Franchisegebühren vorzunehmen.[400] Eine AGB-rechtliche Kontrolle des Änderungsvorbehalts zur Anpassung der laufenden Franchisegebühren kann aber dann nicht erfolgen, wenn es sich um Preisvereinbarungen handelt, d.h. vertragliche Regelungen, die Art und Umfang der vom Franchisenehmer geschuldeten monatlichen laufenden Franchisegebühren unmittelbar regeln.[401] Bei Preiserhöhungsklauseln hat der BGH bereits frühzeitig im Verkehr unter Kaufleuten das Preisbestimmungsrecht eines Unternehmers unbeanstandet gelassen.[402]

Im Übrigen werden in Verträgen mit Unternehmen Preiserhöhungsklauseln selbst dann für zulässig erachtet, wenn die Erhöhungskriterien nicht angegeben sind.[403] Insofern hat das OLG Düsseldorf[404] im Jahr 2009 festgestellt, dass Preisänderungsvorbehalte in einem Franchisevertrag wirksam sind. Das wurde damit begründet, dass der Franchisegeber stets im Interesse des wirtschaftlichen Erfolgs des Franchisesystems handelt und daher keine willkürlichen und unangemessenen Preiserhöhungen zu befürchten seien. Weiterhin sei eine Anpassungsklausel aus der Natur der Sache bei Franchiseverträgen als Dauerschuldverhältnissen notwendig, so dass ein Preisanpassungsvorbehalt nicht zu beanstanden sei, soweit die Klausel einen dynamischen Bezug auf die jeweils geltende Preisliste beinhalte.[405] Die Rechtsprechung geht also bei Franchiseverträgen von der grundsätzlichen Zulässigkeit des Änderungsvorbehalts aus. Ein Verstoß gegen § 307 Abs. 1 i.V.m. Abs. 2 BGB liegt somit nicht vor.

Nach der BGH-Entscheidung vom 08.04.2003[406] darf ein Franchisesystem Preise im Rahmen von Verkaufsförderungsaktionen vorgeben, soweit die Preisgestaltungsfreiheit der Franchisenehmer nur für eine kurze Zeitspanne und

---

400 Martinek/Semler/Flohr-Flohr– Handbuch des Vertriebsrechts, § 30 Rn. 217.

401 BGH, Urt. v. 08.10.2009 – III ZR 93/09, NJW 2010, 152; BGH, Urt. v. 24.03.2010 – VIII ZR 178/08, NJW 2010, 2790.

402 BGH, Urt. v. 27.09.1984 – X ZR 12/84, NJW 1985, 426 f.

403 Martinek/Semler/Flohr-Flohr– Handbuch des Vertriebsrechts, § 30 Rn. 222.

404 Vgl. OLG Düsseldorf, Beschl. v. 07.09.2009 – 16 U 62/08, BeckRS 2009, 89466.

405 Vgl. OLG Düsseldorf, Beschl. v. 07.09.2009 – 16 U 62/08, BeckRS 2009, 89466.

406 BGH, Urt. v. 08.04.2003 – KZR 3/02, GRUR 2003, 637- „1 Ein Riegel extra“; unter Abgrenzung zu BGH, Urt. v. 21.02.1978 – KZR 7/76, GRUR 1978, 445 f. – „Vier zum Preis von drei“; Flohr, BB 2006, 389 (396).

praktisch nicht spürbar eingeschränkt wird.[407] Insofern ist es zulässig, dass die vorgegebenen Lieferanten Waren im Rahmen einer Verkaufsförderungsaktion bereits an den Franchisenehmer mit einem preisbezogenen Packungsaufdruck und entsprechenden begleitenden Werbemaßnahmen liefern, auch wenn darin faktisch eine Festlegung der Wiederverkaufspreise des Franchisenehmers liegt.[408]

Bei der Gestaltung von Preisanpassungsklauseln ist das Transparenzgebot gemäß § 307 Abs. 1 S. 2 BGB zu beachten. Dieses verpflichtet den Franchisegeber, Preis- bzw. Gebührenanpassungsklauseln klar, einfach und präzise darzustellen.[409] Die Klausel muss dabei wirtschaftliche Nachteile und Belastungen für den Franchisenehmer so weit erkennen lassen, wie dies nach den Umständen gefordert werden kann.[410] Dabei dürfen die Anforderungen an die Transparenz der Klausel zur Anpassung der laufenden Franchisegebühren aber auch nicht überspannt werden. Die Verpflichtung besteht vielmehr nur im Rahmen des Möglichen, so dass es stets auf den Einzelfall ankommt und es keinen allgemeinen Beurteilungsspielraum für die Beurteilung der Intransparenz einer Gebührenanpassungsklausel nach § 307 Abs. 1 S. 2 BGB gibt.[411]

ee) Kundenbindungen

Soweit durch Franchiseverträge Kundenbindungsprogramme ausgearbeitet werden, sind die Grundsätze der Entscheidung des BGH vom 11.11.2009[412] zu berücksichtigen, wonach solche Klauseln § 307 BGB nicht entgegenstehen, solange sie die Regelungen des BDSG beachten. Dies gilt vor allem dann, wenn die Kundenbindungsprogramme oder Rabattsysteme darauf angelegt sind, Daten für die Marktforschung sowie das Marketing des Franchisesystems insgesamt zu sammeln.[413]

---

407 Flohr, BB 2006, 389 (396).
408 Flohr, BB 2006, 389 (396).
409 BGH, Urt. v. 05.03.2008 – VIII ZR 95/07, NJW 2008, 1438.
410 BGH, Urt. v. 07.12.2010 – XI ZR 3/10, NJW 2011, 1802; BGH, Urt. v. 23.02.2011 – XII ZR 101/09, NJW-RR 2011, 1145.
411 Vgl. Martinek/Semler/Flohr-Flohr– Handbuch des Vertriebsrechts, § 30 Rn. 226 ff.
412 BGH, Urt. v. 11.11.2009 – VIII ZR 12/08, VersR 2010, 1498.
413 Martinek/Semler/Flohr-Flohr– Handbuch des Vertriebsrechts, § 30 Rn. 214.

ff) Gebietsschutzklauseln und Selbstbelieferungsvorbehalte

Behält sich der Franchisegeber in einer Gebietsschutzklausel die einseitige grundlose Veränderung des vertraglich zugesicherten Vertriebsgebiets vor, kann dies ebenfalls einen Verstoß gegen das Benachteiligungsverbot gemäß § 307 Abs. 1 S. 1 BGB begründen.[414]

Selbstbelieferungsvorbehalte des Franchisegebers, die den Direktvertrieb in das Vertriebsgebiet des Franchisenehmers ermöglichen, sind demgegenüber nicht zu beanstanden, da die Exklusivität dem Franchisenehmer in solchen Fällen von vornherein nur eingeschränkt gewährt und ein Alleinvertriebsrecht ausgeschlossen wurde.[415]

Der Grund, warum solche anfänglichen Selbstbelieferungsvorbehalte im Gegensatz zur einseitigen Anpassung, Einschränkung oder zum Wegfall eines vorher gewährten Gebietsschutzes rechtlich zulässig sein können, ist, dass dem Franchisenehmer durch den Franchisevertrag in Form eines Formularvertrages keine wesentlichen Rechtspositionen weggenommen werden, die ihm der Vertrag nach seinem bisherigen Inhalt gewährt hatte.[416] Daraus folgt jedoch nicht, dass der Franchisegeber niemals das Recht hat, das Vertriebsgebiet nach Vertragsschluss einseitig zu ändern. Im Rahmen der Interessenabwägung nach § 307 BGB kann das wirtschaftliche Interesse an einer Gewinnoptimierung und Stärkung der Marktstellung den Interessen des Franchisegebers an seinem Gebietsschutz bspw. dann überwiegen, wenn der Franchisenehmer das Marktpotenzial schuldhaft nicht ausschöpft oder Mindestabnahme- und Mindestumsatzziele deutlich verfehlt.[417]

gg) Rechtsfolge

Grundsätzlich findet § 306 Abs. 1 Anwendung mit der Folge, dass der Vertrag mit Ausnahme der nicht Vertragsbestandteil gewordenen unwirksamen Klausel wirksam bleibt. Hält ein Franchisevertrag der Inhaltskontrolle gemäß § 307 BGB jedoch in wesentlichen Teilen nicht stand und ist daher gemäß § 306 Abs. 3 BGB insgesamt unwirksam, so darf ein Franchisenehmer nach § 812 Abs. 1 S. 1 BGB Rückzahlung geleisteter Franchisegebühren fordern.[418]

---

414 Küstner/Thume-Schröder, Handbuch Vertriebsrecht Bd. 3, S. 451.

415 Vgl. Röhricht/Graf von Westphalen/Haas-Giesler, HGB, S. 1968.

416 Vgl. BGH, Urt. v. 20.06.1984 – VIII ZR 137/83, NJW 1985, 916 betreffend ein „Tankschecksystem"; Röhricht/Graf von Westphalen/Haas, HGB, S. 1968.

417 Vgl. Röhricht/Graf von Westphalen/Haas, HGB, S. 1967 ff.

418 Vgl. Emde, Vertriebsrecht, Vor § 84 Rn. 455; OLG München, Urt. v. 26.06.2002 – 7 U 5730/01, BB 2002, 2523.

Eine Gesamtunwirksamkeit und keine geltungserhaltende Reduktion ist anzunehmen, falls die Unwirksamkeit zahlreiche, die unternehmerische Betätigung des Franchisenehmers regelnde Klauseln, aber auch die vereinbarte Vergütungsregelung betrifft, so dass ein der Ausfüllung durch dispositives Recht und ergänzende Vertragsauslegung zugänglicher Rest nicht mehr verbleibt.[419]

hh) Zwischenergebnis

Zusammenfassend lässt sich feststellen, dass das jeweilige Franchisesystem Beurteilungsmaßstab für die Angemessenheit einzelner Vertragsklauseln ist. In den Bedingungen liegende Restriktiven zulasten des Franchisenehmers können nur so weit zulässig sein, wie es die Identität des Franchisesystems für die Marktverwirklichung erfordert. Dabei ist stets eine Interessenabwägung im Einzelfall vorzunehmen, so dass sich eine pauschalisierte Aussage zur rechtlichen Wirksamkeit einzelner vorformulierter Vertragsklauseln kaum treffen lässt.

b) Das Gebot transparenter Vertragsgestaltung

Gemäß § 307 Abs. 1 S. 2 BGB können Bedingungen eines Franchisevertrages unwirksam sein, wenn sie nicht klar und verständlich sind. Durch dieses Transparenzgebot wird jeder Franchisegeber verpflichtet, den Franchisevertrag systematisch und sprachlich so abzufassen, dass der rechtsunkundige Franchisenehmer in der Lage ist, die ihn benachteiligenden Klauseln ohne Einholung von Rechtsrat zu erkennen.[420] Unklarheiten, die zu einem Verstoß gegen das Transparenzgebot i.S.d. § 307 Abs. 1 S. 2 BGB führen, können sich bspw. aus einer unklaren Struktur, einer „verstreuten" Darstellung der einzelnen Zahlungspflichten des Franchisenehmers an unterschiedlichen Stellen des Vertrages oder einer fehlenden Bestimmtheit der Berechnungsgrundlage zur Ermittlung der monatlichen Franchisegebühr ergeben.[421]

Im Hinblick auf die Einhaltung des Transparenzgebots problematisch sind auch die sog. Garantieklauseln. Demnach haben die Gesellschafter des Franchisenehmers (z.B. einer GmbH) für die vollständige und rechtzeitige Erfüllung aller aus dem Franchisevertrag und seiner Beendigung resultierenden Zahlungsverpflichtungen des Franchisenehmers garantiemäßig einzustehen. Obwohl der Sinn der Klausel klar ist, beschreibt diese die Art und den Umfang der Haftung

---

419 Vgl. OLG München, Urt. v. 26.06.2002 – 7 U 5730/01, BB 2002, 2521.
420 Flohr, BB 2006, 389 (394); vgl. BGH, Urt. v. 19.10.1999 – XI ZR 8/99, NJW 2000, 651.
421 Martinek/Semler/Flohr-Flohr– Handbuch des Vertriebsrechts, § 30 Rn. 206.

nicht hinreichend, so dass der BGH die Klausel wegen Verstoßes gegen das Transparenzgebot des § 307 Abs. 1 S. 2 BGB für unwirksam erachtet hat.[422]

Zusammenfassend ist festzustellen, dass aus der einseitigen Formulierungsgewalt des Franchisegebers neben dem Verbot der Benachteiligung des Vertragspartners auch die Verantwortung zur Klarheit resultiert.

3. Gesetzes- und Sittenwidrigkeit

Ein Franchisevertrag kann gemäß §§ 134, 138 BGB nichtig sein. Hier kommen Vereinbarungen in Betracht, die einen Machtmissbrauch des Franchisegebers darstellen. Gemäß § 138 Abs. 1 BGB ist ein Rechtsgeschäft, das gegen die guten Sitten verstößt, nichtig. Im Zusammenhang mit Franchiseverträgen wird eine Sittenwidrigkeit nur sehr selten angenommen. Allenfalls eine sittenwidrige Knebelung kann in Betracht kommen, wenn der Franchisenehmer fast vollkommen dem Willen des Franchisegebers unterworfen und faktisch zum Angestellten im eigenen Betrieb wird.[423] Die wirtschaftliche Entfaltung des Franchisenehmers muss dazu in einem solchen Maß beschnitten werden, dass er seine Selbständigkeit im Ganzen oder zumindest in einem wesentlichen Teil einbüßt.[424]

§ 138 BGB ist stets neben §§ 305 ff. BGB anwendbar,[425] auch wenn in der Praxis vorrangig eine Kontrolle nach AGB-Recht stattfindet.[426] Außerdem wird die dem Franchisenehmer verbleibende unternehmerische Freiheit i.d.R. groß genug sein, weil der Franchisenehmer sonst sein eigenes kreatives akquisitorisches Potenzial gar nicht zugunsten des Franchisegebers freisetzen könnte.[427]

---

422 Küstner/Thume-Schröder, Handbuch Vertriebsrecht Bd. 3, S. 452.

423 Vgl. Emde, Vertriebsrecht, Vor § 84 Rn. 454; Herrfeld, S. 174 f.

424 Vgl. OLG Hamm, Urt. v. 13.03.2000 – 8 U 113/99, juris Rz. 45 ff.; Palandt-Ellenberger, § 138 Rn 39; Giesler/Nauschütt-Nauschütt, Kap. 4 Rn. 52; Allerdings kann selbst bei nahezu 100%-iger Kooperation mit dem Franchisegeber nicht ohne weitere Anhaltspunkte von einer Sittenwidrigkeit ausgegangen werden, solange unternehmerische Gestaltungsspielräume verbleiben, OLG Naumburg, Urt. v. 28.04.2006 – 10 U 45/05, juris Rz. 68 ff; Küstner/Thume-Schröder, Handbuch Vertriebsrecht Bd. 3, S. 454.

425 Vgl. BGH, Urt. v. 18.9.1997 – IX ZR 283/96, juris Rz. 24 f.

426 Küstner/Thume-Schröder, Handbuch Vertriebsrecht Bd. 3, S. 453.

427 Martinek/Semler/Flohr-Flohr– Handbuch des Vertriebsrechts, § 30 Rn. 180.

G. Probleme bei der Vertragsdurchführung und ihre rechtliche Beurteilung

Bei der Vertragsdurchführung können die Parteien einer Reihe von Problemen begegnen, deren rechtlicher Beurteilung sich dieser Abschnitt widmet.

I. Die Vertretung

Jedes Franchisesystem ist von einem Widerspruch zwischen beabsichtigter Außendarstellung als einheitliches System und der rechtlichen Selbständigkeit der einzelnen Franchisenehmer gekennzeichnet.[428] Problematisch ist dabei insbesondere, wer bei Geschäften mit Dritten, insbesondere mit Kunden, Vertragspartei wird.

1. Meinungsstand

Der Franchisenehmer tritt gegenüber den Kunden meist nicht selbst auf, sondern über seine Angestellten. Deren Wille, im Namen des Franchisenehmers zu handeln, tritt für Kunden erkennbar hervor, so dass § 164 Abs. 2 BGB nicht einschlägig ist. Interessanter ist jedoch die Frage, ob der handelnde Angestellte bei Vertragsabschluss im Namen des Franchisenehmers oder des Franchisegebers handelt.[429]

Dabei ist zunächst anzumerken, dass der Kunde, der Waren beim Franchisenehmer erwirbt, zunächst unweigerlich mit der oftmals dominierenden Marke und der veranlassten, homogenen Werbung des Franchisegebers konfrontiert wird.[430] Denkbar wäre es daher anzunehmen, es läge ein Vertrag des Kunden mit dem Franchisesystem bzw. letztlich dem Franchisenehmer als Stellvertreter des Franchisegebers vor.

Voraussetzung für eine wirksame Stellvertretung des Franchisegebers wäre zunächst, dass der Franchisenehmer bzw. dessen Angestellter sich ausdrücklich für den Franchisegeber gegenüber dem Kunden erklärt, oder sich diese Fremdwirkung zumindest aus den äußeren Umständen im Wege der Auslegung ergibt.[431] An einer solchen ausdrücklichen Erklärung wird es i.d.R. jedoch mangeln, da der Franchisenehmer selbst Vertragspartner werden und nicht den Franchisegeber verpflichten will.[432] Somit wird man die notwendige Fremdwirkung

428 Vgl. Buck-Heeb/Dieckmann, JuS 2008, 583.

429 Vgl. dazu ausführlich Buck-Heeb/Dieckmann, JuS 2008, 583 (584).

430 Küstner/Thume-Schröder, Handbuch Vertriebsrecht Bd. 3, S. 455.

431 Medicus/Petersen, Bürgerliches Recht, Rn. 86.

432 Klein, S. 264.

nur ausgehend vom Empfängerhorizont aufgrund der für den Kunden erkennbaren äußeren Umstände annehmen können.[433]

a) Vertretungsmacht analog § 56 HGB

Denkbar wäre – zumindest für das Produktions- und das Vertriebsfranchising – von einer analogen Anwendung des § 56 HGB auszugehen. Demnach gilt derjenige, der in einem Laden angestellt ist, als zu Verkäufen und Empfangnahmen ermächtigt, die in einem derartigen Laden oder Warenlager gewöhnlich geschehen. Nach dieser Auffassung ist § 56 HGB weit auszulegen und auch auf den Franchisenehmer als sog. Scheinunternehmer anzuwenden. Vor dem Hintergrund des Rechtsschutzcharakters des § 56 HGB müsse auch der Franchisegeber als Vertretener angesehen werden, da er zurechenbar den Anschein erwecke Filialen zu betreiben und die Franchisenehmer wissentlich als Absatzmittler einsetze.[434]

b) Die Theorie der Rechtsscheinhaftung des Franchisegebers

In der Literatur wird teilweise vertreten der Erklärungswert des Handelns des Franchisenehmers solle sich angesichts des einheitlichen Marktauftritts als ein Handeln des Rechtsträgers darstellen, der den Handelsnamen als Firmenbezeichnung verwendet. Demnach verpflichte der Franchisenehmer den Franchisegeber aufgrund der dominierenden Kennzeichen, Symbole und des Marketingsystems. Seine Erklärungen seien als im Namen des Franchisegebers abgegeben anzusehen.[435] Diese Sichtweise hat jedoch die missliche Konsequenz, dass der Franchisenehmer selbst nicht Vertragspartei der mit seinen Kunden geschlossenen Verträge werden würde.

c) Die Theorie des Fremdgeschäftsführungswillens

Dem Argument, das vornehmlich auf eine Rechtsscheinhaftung abstellt, ist jedoch mit der überwiegenden Meinung entgegenzuhalten, dass die Selbständigkeit des Franchisenehmers gerade ein wesensbegründendes Merkmal des Franchisings ist. Eine Haftung des Systemgebers soll vermieden werden.[436] Nach

---

433 Klein, S. 264 f.

434 Giesler/Nauschütt-Zumbroich, Kap. 6 Rn. 29.

435 So Wolf/Ungeheuer, BB 1994, 1027 (1031); Giesler/Nauschütt-Zumbroich, 6. Kap. Rn. 20; Küstner/Thume-Schröder, Handbuch Vertriebsrecht Bd. 3, S. 455.

436 Küstner/Thume-Schröder, Handbuch Vertriebsrecht Bd. 3, S. 456; Vgl. Billing, Jahrbuch Franchising 2009, S. 178 f.

dieser Ansicht ist vielmehr auf den Fremdgeschäftsführungswillen abzustellen.[437] Die Individualisierung des Vertragspartners erfolge demnach nicht über Marken und Symbole, sondern nach der „räumlich-sachlichen Einheit" des handelnden Betriebs.[438] Der Kunde wolle mit dem kontrahieren, dessen Geschäft er betrete.[439] Hierbei kommt es auf die objektive Sicht des Erklärungsempfängers an, wobei die Auslegungsgrundsätze der §§ 133, 157 BGB heranzuziehen sind.[440] Demnach gewinnen die Umstände des Einzelfalls wieder an Bedeutung, insbesondere ob der Vertragspartner des Franchisenehmers bei Vertragsabschluss Kenntnis der geschäftlichen Verhältnisse hatte.[441]

d) Die Ansicht der Rechtsprechung

Der BGH wendet auf die Frage der Stellvertretung bei Franchiseverträgen hingegen die Grundsätze über unternehmensbezogene Geschäfte an.[442] Bei unternehmensbezogenen Geschäften geht der Parteiwille demnach im Zweifel dahin, dass der Inhaber des Unternehmens Vertragspartner werden soll, wobei der Wille, im Namen des Unternehmens zu handeln, hinreichend zum Ausdruck kommen und für den anderen Teil erkennbar sein muss.[443] Wenn verschiedene, jeweils selbständige Unternehmen unter lediglich ähnlichen Bezeichnungen im Rahmen eines Franchisesystems am Rechtsverkehr teilnehmen, wird nach diesem Grundsatz regelmäßig der Inhaber desjenigen Unternehmens – und somit allein der Franchisenehmer –verpflichtet, in dessen Tätigkeitsbereich das rechtsgeschäftliche Handeln vorgenommen wird.[444] Allein der Umstand, dass mehrere Franchisenehmer einheitliche Marken oder Kennzeichnen verwenden, begründe demnach keinen Rechtsschein mit der Folge, dass der Franchisegeber nicht verpflichtet werde.[445]

---

437 Küstner/Thume-Schröder, Handbuch Vertriebsrecht Bd. 3, S. 456.

438 Vgl. Metzlaff-Bräutigam, § 13 Rn. 4.

439 Metzlaff-Bräutigam, § 13 Rn. 4.

440 Vgl. Larenz/Wolf, § 46 Rn. 54 f.; Küstner/Thume-Schröder, Handbuch Vertriebsrecht Bd. 3, S. 456.

441 Küstner/Thume-Schröder, Handbuch Vertriebsrecht Bd. 3, S. 456.

442 BGH, Urt. v. 18.12.2007 – X ZR 137/04, IHR 2008, 63; OLG Thüringen, Urt. v. 16.09.1998 – 4 U 953/97, juris Rz. 13.

443 Vgl. BGH, Urt. v. 13.10.1994 – IX ZR 25/94, NJW 1995, 44; Palandt-Ellenberger, § 164, Rn. 2.

444 Küstner/Thume-Schröder, Handbuch Vertriebsrecht Bd. 3, S. 456; vgl. Martinek/Semler/Flohr-Flohr– Handbuch des Vertriebsrechts, § 30 Rn. 349.

445 Vgl. BGH, Urt. v. 18.12.2007 – X ZR 137/04, IHR 2008, 64; Ullmann, NJW 1994, 1255 (1256).

2. *Stellungnahme*

Die Auffassung, § 56 HGB sei auf die Vertretungsverhältnisse der Parteien eines Franchisevertrages analog anzuwenden, ist abzulehnen. Neben dessen fehlender Anwendbarkeit auf das Dienstleistungsfranchising ist zu kritisieren, dass der Franchisenehmer gerade kein Angestellter im arbeitsrechtlichen Sinne, sondern Selbständiger ist. Inhaber des einzelnen Franchisebetriebs ist somit der Franchisenehmer und nicht der Franchisegeber. Ferner liegt bereits keine vergleichbare Interessenlage vor. § 56 HGB dient dem Zweck, den Rechtsverkehr vor dem Risiko der Vollmachtlosigkeit von Angestellten im Laden zu schützen. Hier ist der Kunde jedoch nicht dem Risiko eines vollmachtlosen Handelns ausgesetzt, sondern allenfalls dem einer Fehleinschätzung des Franchisenehmers als Stellvertreter des Franchisegebers anstelle eines selbständig im eigenen Namen Handelnden.

Der Franchisenehmer bedient sich bei seiner Vertriebstätigkeit schlichtweg eines „fremden" Namens, nämlich desjenigen des Franchisesystems bzw. des Franchisegebers, für den Absatz des Systemprodukts.[446] Demzufolge liegt in den meisten Fällen – wenn der Erklärungsempfänger die eigenständige Rechtssubjektqualität des Franchisenehmers nicht erkennt – kein Handeln im fremden Namen, sondern ein Handeln unter fremdem Namen vor.[447] Das hat zur Folge, dass regelmäßig ein Eigengeschäft des Franchisenehmers gegeben ist, da der Kunde auch nur mit dem tatsächlich Handelnden bzw. dem Träger des einzelnen Franchisebetriebs, der dabei wiederum von seinem Angestellten vertreten wird, kontrahieren möchte und dieser eben gerade keinem Identitätsirrtum in Bezug auf Letzteren unterlegen ist.[448] Es liegt damit regelmäßig weder eine Rechtsscheinhaftung noch ein Fremdgeschäft vor. Vielmehr ist i.d.R. nach dem objektiven Empfängerhorizont davon auszugehen, dass der Kunde ein unmittelbares Vertragsverhältnis mit dem Franchisenehmer eingeht.

3. *Vertragliche Gestaltungsmöglichkeiten*

Das Problem der möglicherweise bestehenden Stellvertretung wird in der Praxis im Übrigen dadurch vermieden, dass Franchiseverträge üblicherweise Klauseln

---

446 Klein, S. 268.

447 Vgl. Canaris, Handelsrecht, § 18 Rn. 71; a.A.: Buck-Heeb/Dieckmann, JuS 2008, 583 (584).

448 Klein, S. 268; vgl. Neuner§ 49 Rn. 53; vgl. BGH, Urt. v. 08.12.2005 – III ZR 99/05, juris Rz. 11 ff.

enthalten, wonach der Franchisenehmer nur im eigenen Namen handeln darf.[449] Eine solche Klausel verhindert aber nicht, dass der Kunde die Eigenständigkeit des Franchisenehmers im Einzelfall nicht erkennt. So kann nach dem objektiven Empfängerhorizont ausnahmsweise der Eindruck entstehen der Kunde betrete das Geschäft des Franchisegebers und kontrahiere somit mit diesem.

Die bloße Verwendung des einheitlichen Geschäftszeichens oder des Franchiselogos durch den Franchisenehmer ist allerdings per se nicht ausreichend einen solchen Eindruck zu erwecken, da der objektive Erklärungsempfänger erfahrungsgemäß weiß, dass bei Franchisesystemen ein einheitliches Erscheinungsbild gepflegt wird.[450] Vielmehr muss der Franchisegeber z.B. durch sein Hinwirken auf ein einheitliches Auftreten innerhalb des Franchisesystems in zurechenbarer Weise einen solchen Eindruck beim Kunden erwecken, insbesondere nicht auf die Herausstellung der Selbständigkeit der Franchisenehmer hingewirkt haben.[451] In einem solchen Fall ist ausnahmsweise die Annahme der Anscheins- oder Duldungsvollmacht denkbar.

Es ist somit Sache des Franchisegebers durch Kontrolle und entsprechende vertragliche Regelungen sicherzustellen, dass die jeweiligen Franchisenehmer ihre rechtliche Selbständigkeit gegenüber dem Rechtsverkehr deutlich kenntlich machen.[452]

Zur Vermeidung einer solchen Anscheins- oder Duldungsvollmacht wird der Franchisenehmer daher häufig zusätzlich verpflichtet gegenüber Dritten deutlich zu machen, dass er selbständiger Gewerbetreibender ist und ausschließlich im eigenen Namen und auf eigene Rechnung handelt, so dass es an der für eine Stellvertretung erforderlichen Vertretungsmacht fehlt und eine Irreführung der Kunden vermieden werden kann.[453] Dies kann in dem vertraglich bezeichneten Geschäftslokal durch einen gut sichtbaren Hinweis erfolgen, sowie durch Angabe des Namens, der Anschrift und der Rufnummer auf den verkauften Waren, auf den Rechnungen bzw. den anderen Geschäftspapieren.[454] Der Franchisenehmer darf somit keinen Zweifel an seiner Identität aufkommen lassen. Beabsichtigt man das bestehende Restrisiko einer gleichwohl anzunehmenden Anscheins- oder Duldungsvollmacht weitestgehend zu minimieren, so

449 Küstner/Thume-Schröder, Handbuch Vertriebsrecht Bd. 3, S. 455.
450 Vgl. Ullmann, NJW 1994, 1255 (1257).
451 Vgl. BGH, Teilurteil v. 18.12.2007 – X ZR 137/04, NJW 2008, 1216.
452 AG Wuppertal, Urt. v. 27.04.2012 – 94 C 28/11, juris Rn. 12.
453 Vgl. Buck-Heeb/Dieckmann, JuS 2008, 583 (586).
454 Metzlaff-Metzlaff, § 8 Rn. 100.

kann der Franchisenehmer dazu bei der Verwendung des Logos auf Geschäftspapieren zusätzlich einen klarstellenden Hinweis (Selbständigkeitsvermerk) aufnehmen.[455]

4. *Zwischenergebnis*

Zusammenfassend ist festzuhalten, dass der Kunde unter Berücksichtigung des objektiven Empfängerhorizonts nach §§ 133, 157 BGB regelmäßig ein Vertragsverhältnis mit dem Franchisenehmer eingeht. Es liegt weder eine Rechtsscheinhaftung noch ein Fremdgeschäft vor. Erkennt der objektive Erklärungsempfänger die rechtliche Selbständigkeit des Franchisenehmers im Einzelfall nicht und haben die Vertragsparteien hierzu keinen Anlass gegeben, so liegt regelmäßig ein Handeln unter fremdem Namen und somit ein Eigengeschäft des Franchisenehmers vor. Lediglich in Fällen, in denen der Franchisegeber durch sein Hinwirken in zurechenbarer Weise beim Kunden den Eindruck entstehen lässt, es handele sich um ein Geschäft des Franchisegebers, ist ausnahmsweise an eine Rechtsscheinhaftung zu denken. Eine solche kann jedenfalls dadurch vermieden werden, dass der Franchisenehmer verpflichtet wird, seine Rechtsstellung als selbständiger Gewerbetreibender gegenüber Dritten unmissverständlich kundzutun.

II. Ansprüche gegen den Franchisegeber

1. *Leistungsstörungen aufseiten des Franchisegebers*

Die Leistungsstörungen beim Franchising und das Bestehen von Gewährleistungsrechten in Franchiseverträgen sind in der Literatur und Rechtsprechung nur wenig thematisiert worden.[456] Dies erscheint auf den ersten Blick erstaunlich, vor allem wenn man bedenkt, dass es oftmals an einer vertraglichen Regelung fehlt.[457] In der Praxis spielen die Leistungsstörungen, insbesondere die aufseiten des Franchisegebers, jedoch eine besondere Rolle.

Die größte Schwierigkeit bei der Behandlung der Leistungsstörungen im Franchising liegt dabei zunächst darin die Rechtsfolgen zu ermitteln.

---

455 Metzlaff-Metzlaff, § 8 Rn. 104 f.

456 Giesler/Nauschütt-Giesler, Kap. 5 Rn. 434.

457 Vgl. Nebel/Schulz/Flohr-Schulz, S. 402 ff.; Giesler/Nauschütt-Giesler, Kap. 5 Rn. 434.

a) Nicht- oder Schlechtleistung

aa) Die Vier-Stufen-Methode zur Rechtsfolgenermittlung

Die Rechtsfolgen einer Schlechterfüllung des Franchisevertrages bestimmen sich danach, welche Pflicht verletzt ist, wobei die sog. Vier-Stufen-Methode anzuwenden ist.[458] Demnach sind die Regeln der im Franchisevertrag vertretenen Vertragstypen auf den jeweils entsprechenden Teil der zu beurteilenden Abrede anzuwenden.[459] Bei einer Leistungsstörung ist somit – je nach Charakter der betroffenen Leistung – auf die Regelungen des Dienstvertrags-, Lizenzvertrags-, Geschäftsbesorgungsvertrags-, Miet-, Pacht- oder Kaufrechts zurückzugreifen.[460] Außerdem ist zu beachten, dass die jeweils einschlägigen Normen teilweise nur analog anzuwenden sind. Hiervon ausgehend ergeben sich für die Ermittlung der Rechtsfolgen folgende vier Stufen:

- Zunächst ist die Rechtsnatur des jeweils von der Nicht- oder Schlechtleistung betroffenen Elements zu ermitteln.
- Auf der zweiten Stufe ist festzustellen, welche Sanktion das BGB für eine Nicht- oder Schlechtleistung bei diesem Vertragstyp vorsieht.
- Auf der dritten Stufe ist dann zu ermitteln, welche Gegenleistung des Franchisenehmers mit der von der Nicht- oder Schlechterfüllung betroffenen Leistung des Franchisegebers in einem vertraglichen Synallagma steht und von dem Gewährleistungsrecht erfasst ist.
- Auf der vierten Stufe ist schließlich festzustellen, ob die Nicht- oder Schlechterfüllung weitere Elemente des Typenkombinationsvertrages betrifft. Sofern dies nicht der Fall ist, ist die jeweils ermittelte Norm anzuwenden und sind ihre Tatbestandsmerkmale zu prüfen. Sind hingegen weitere Elemente des Franchisevertrages von der Leistungsstörung betroffen, muss zusätzlich geprüft werden, ob den Gegebenheiten nur mittels einer Gesamtsanktion Rechnung getragen werden kann. Welche Gesamtsanktion dann angemessen ist, ist unter Abwägung des Vertragszwecks, der Art und Weise sowie der Dauer der Durchführung des Franchisevertrages zu ermitteln.[461]

---

458 Giesler, ZIP 2000, 2098 (2099); Dombrowski, S. 100 f.; Giesler/Nauschütt-Giesler, Kap. 5 Rn. 438.

459 Vgl. OLG Hamburg, Urt. v. 12.08.1976 – 6 U 58/76, VersR 1977, 567; OLG Düsseldorf, Urt. v. 28.02.2007 – VI-U (Kart) 27/06, juris Rz. 97; Larenz/Canaris, § 63 II 2 a.

460 OLG Frankfurt a.M., Urt. v. 27.09.1994 – 11 U (Kart) 30/94, juris Leitsatz; Larenz/Canaris, § 63 II 2 a; Giesler/Nauschütt-Giesler, Kap. 5 Rn. 439

461 Ausführlich zu dieser Vier-Stufen-Methode und deren Anwendung auf den Franchisevertrag siehe Giesler/Nauschütt-Giesler, Kap. 5 Rn. 439 ff.

bb) Nicht- und Schlechtleistung im Einzelfall

Nachdem man die Leistungsstörung dem einschlägigen Schuldvertragstyp zugeordnet hat, ergeben sich die Rechtsfolgen einer Leistungsstörung für einzelne Typenelemente wie folgt:

(1) Vertriebsrechtliche Pflichten

Bei vertriebsrechtlichen Pflichten kommt in erster Linie die analoge Anwendung des § 89a Abs. 2 HGB (infolge fristloser Kündigung) sowie § 280 BGB in Frage. Die Maßstäbe des Handelsvertreterrechts gelten auch hier.[462] Dienstvertragliche Rechtsfolgen treten dahinter zurück, da eine Verletzung einer dienstvertraglichen Pflicht aus dem Franchisevertrag i.d.R. auch eine Verletzung der vertriebsrechtlichen Absatzförderungspflicht bilden wird.[463]

(2) Dienst- und Geschäftsbesorgungsdienstvertrag

Einzelne Leistungen des Franchisegebers können auch schwerpunktmäßig dem Dienst- oder Geschäftsbesorgungsvertrag zuzuordnen sein. Als Beispiel für Leistungen, die schwerpunktmäßig dem Dienstvertrag zuzuordnen sind, sind die in Franchiseverträgen übernommenen Beratungs- oder Werbungspflichten des Franchisegebers zu nennen,[464] sowie die Weiterentwicklung des Franchisekonzepts oder die Durchführung von Schulungs- und Trainingsmaßnahmen.[465]

Schwerpunktmäßig einem Geschäftsbesorgungsvertrag mit Dienstvertragsvorschriften zuzuordnen sind bspw. Leistungspflichten, die in der Verhandlungsführung mit Systemlieferanten, Mittelverwaltung und Mittelbeschaffung für den anderen Vertragspartner bestehen.[466]

Diesbezüglich verspricht der Franchisegeber meistens keine bestimmten Erfolge – etwa eine bestimmte Anzahl von Werbeaktionen zu bestimmten Zeiten oder sogar einen bestimmten wirtschaftlichen Erfolg –, so dass die §§ 675, 611 ff. BGB Anwendung finden.[467]

---

462 Vgl. MüKo HGB-Ströbl, § 89a Rn. 10; Flohr/Wauschkuhn-Billing, Vor § 84 HGB Rn. 59.

463 Emde, Vertriebsrecht, § 84 Rn. 451.

464 Flohr/Wauschkuhn-Feldmann, § 242 Rn. 143; vgl. BGH, Urt. v. 04.03.1982 – I ZR 107/80, NJW 1983, 1188 zur Haftung aus positiver Vertragsverletzung.

465 Giesler/Nauschütt-Giesler, Kap. 5 Rn. 217.

466 Giesler/Nauschütt-Giesler, Kap. 5 Rn. 218.

467 OLG Naumburg, Urt. v. 07.05.1999 – 6 U 99/98, OLG-NL 2003, 29.

Soweit die Leistung des Franchisegebers dem Dienstleistungs- oder Geschäftsbesorgungsdienstvertrag zuzuordnen ist, sieht das BGB kein spezielles Gewährleistungsrecht vor, so dass für Leistungsstörungen das allgemeine Leistungsstörungsrecht heranzuziehen ist.[468]

Problematisch ist in diesem Zusammenhang zunächst die Abgrenzung der Schlechtleistung zur Nichtleistung. Unter einer Nichtleistung versteht man dabei solche Konstellationen, in denen der Franchisegeber keine Leistung erbringt oder der Franchisenehmer die von ihm angebotene Leistung berechtigterweise ablehnt.[469] Leistet der Dienstverpflichtete zum maßgeblichen Zeitpunkt nicht, besteht seine Leistungspflicht aus dem Dienstvertrag grundsätzlich unverändert fort, es sei denn es handelt sich um ein absolutes Fixgeschäft, weil dann die Nichteinhaltung der Leistungszeit zur Unmöglichkeit der Leistung führt. Die Qualifikation eines Rechtsgeschäfts als absolutes Fixgeschäft erfordert, dass der Leistungszeitpunkt nach dem Sinn und Zweck des Vertrages und nach der Interessenlage der Parteien so wesentlich ist, dass eine verspätete Leistung keine Erfüllung mehr darstellt.[470] Die dienstvertraglichen Elemente eines Franchisevertrages sind regelmäßig als absolutes Fixgeschäft zu qualifizieren, weil die vom Franchisegeber geschuldete Tätigkeit nur termingerecht erbracht werden kann und eine nachträgliche Leistung für den Franchisenehmer nicht mehr von Interesse ist.[471] Kein absolutes Fixgeschäft liegt hingegen vor, wenn ein Nachholen der geschuldeten Leistung durch den Franchisegeber weiterhin möglich ist und der Franchisenehmer daran interessiert ist.[472]

Liegt eine Nichtleistung des Franchisegebers vor, so steht dem Franchisenehmer ein Schadensersatz statt der Leistung unter den Voraussetzungen der §§ 280 Abs. 1, Abs. 3, 281 BGB zu, sofern nicht ein Fall der Unmöglichkeit besteht. Voraussetzung eines solchen Schadensersatzanspruchs sind die Nachholbarkeit der Leistung sowie die erfolglose bzw. entbehrliche Fristsetzung zur Leistung. Im Falle einer zu vertretenden Unmöglichkeit richtet sich ein Schadensersatzanspruch nach §§ 280 Abs. 1, Abs. 3, 283 BGB. Weiterhin kommt in derartigen Fällen möglicherweise auch eine Kündigung nach § 314 BGB in

468 Vgl. Peukert, AcP 205 (2005), 430 (462); BeckOK BGB- Baumgärtner, § 611 Rn. 53.
469 Schwarze, § 20 Rn. 2 f.
470 Vgl. BGH, Urt. v. 28.05.2009 – Xa ZR 113/08, NJW 2009, 2743; Palandt-Grüneberg, § 271 Rn. 17.
471 Vgl. Heussen/Hamm-Giesler, § 43 Rn. 70.
472 Vgl. BeckOK BGB-Lorenz, § 275 Rn. 37.

Betracht, auf deren Voraussetzungen später näher eingegangen wird und die den Schadensersatzanspruch gemäß § 314 Abs. 4 BGB unberührt lässt.

Fraglich ist aber, wann bei einem dienstvertraglichen Leistungselement eines Franchisevertrages von einer Schlechtleistung ausgegangen werden kann. Eine Schlechtleistung ist die negative Abweichung der tatsächlich erbrachten Ist-Leistung von der vertraglich geschuldeten Soll- Leistung.[473] Dies bestimmt sich grundsätzlich nach dem Inhalt des Schuldverhältnisses, i.d.R. also nach den vertraglichen Vereinbarungen und nach den gesetzlichen Regelungen für die einzelnen Schuldverhältnisse.[474] Eine Schlechtleistung des Franchisegebers setzt stets voraus, dass die vertragliche Dienstleistung derart präzise gefasst ist, dass ein Abweichen der tatsächlich erbrachten Dienstleistung vom geschuldeten Leistungsstandard festgestellt werden kann.[475] Selbst wenn der dienstverpflichtete Franchisegeber keinen Erfolg schuldet, muss die nach dem Vertrag zu leistende Tätigkeit in aller Regel sowohl hinsichtlich der Qualität als auch der Intensität einem anerkannten Standard genügen.[476]Maßstab für die geschuldete Qualität ist dabei zunächst der jeweilige Franchisevertrag. Ist die Leistungspflicht nicht hinreichend bestimmt, so ist über §§ 133, 157 BGB der Maßstab zu bestimmen.[477]

Eine Schlechtleistung des Franchisegebers im Hinblick auf dienstvertragliche Leistungen ist in Fällen gegeben, in denen dieser seine Leistung zwar erbringt, diese jedoch unbrauchbar ist, so dass sie im Ergebnis einem faktischen Ausbleiben der Leistung gleichkommt.[478] Gemeint sind Fälle eines Qualitätsdefizits der Leistung. [479] Denkbar sind z.B. für den Franchisenehmer untaugliche Schulungen oder eine im Einzelfall unzureichende Beratung.[480] In diesen Fällen stehen dem Franchisenehmer grundsätzlich Schadensersatzansprüche nach den Grundsätzen der positiven Vertragsverletzung zu.[481] Dem Franchisenehmer wird bei der Schlechtleistung die Abkehr von der gesamten Leistungspflicht erleichtert, da er den Fortfall des Interesses an der Leistung nicht nachweisen muss.[482] Praktisch sind diese Fälle sehr selten. So können die bereits erwähnten

---

473 BeckOGK-Maties, § 611 Rn. 328.
474 MüKo BGB-Ernst, § 281 Rn. 154.
475 Vgl. BeckOK-Fuchs/Baumgärtner, § 611 Rn. 54.
476 Vgl. Alexander, JA 2015, 321 (322); Peukert, AcP 205 (2005), 430 (459).
477 BeckOGK-Maties, § 611 Rn. 328.
478 Vgl. BeckOGK-Maties, § 611 Rn. 328 f.
479 Schwarze, § 1 Rn. 12.
480 Vgl. Giesler/Nauschütt-Giesler, Kap. 5 Rn. 223.
481 OLG Naumburg, Urt. v. 07.05.1999 – 6 U 99/98, OLG-NL 2003, 29.
482 Schwarze, § 20 Rn. 1;

Werbe- und Beratungsleistungen für einen in der Vergangenheit liegenden Zeitraum nicht nachgeholt werden.[483]

Aus der Anwendung des allgemeinen Leistungsstörungsrechts auf dienstvertragliche und geschäftsbesorgungsvertragliche Elemente des Franchisevertrages ergibt sich nach h.M. [484] eine Art „Minderungsrecht" gemäß §§ 275 Abs. 1, 326 Abs. 1 2. Hs., 441 Abs. 3 BGB. Ein solches ist jedenfalls für die Nicht- und Teilnichtleistung unstreitig, da solche regelmäßig aufgrund ihres Charakters eines absoluten Fixgeschäftes nicht mehr nachgeholt werden können.[485]

Umstritten ist hingegen die Frage, ob die Möglichkeit, die Gegenleistung des Franchisenehmers, namentlich die zu entrichtende Franchisegebühr, teilweise herabzusetzen bzw. zu mindern, auch bei einer Schlechtleistung gilt. Der Fall der „nicht vertragsgemäßen Leistung" wird gemäß §§ 326, 275 BGB als eine qualitative Unmöglichkeit oder qualitative Teilunmöglichkeit verstanden.[486] Streitig ist deren Behandlung im Franchising. Hierzu mangelt es bisher an einschlägiger Rechtsprechung. Während eine Mindermeinung im Schrifttum[487] eine Minderung wegen Teilunmöglichkeit beim Franchising bejaht, lehnt die h.M. [488] dies mit der Begründung ab, der Gesetzgeber habe in § 326 Abs. 1 S. 2 BGB klargestellt, dass es sich nicht um eine Teilunmöglichkeit handele. § 326 Abs. 1 S. 2 BGB dient dem Zweck zu verhindern, dass die Möglichkeit der Minderung wegen Schlechtleistung bei Verträgen aller Art, insbesondere bei dienstvertraglichen Elementen, eröffnet wird.[489] Der Ausschluss der Minderungsmöglichkeit wegen Schlechtleistung des Franchisegebers ist auch interessengerecht, denn die in Betracht kommenden Dienstleistungen sind meist von so komplexer und/oder diffuser Art, dass eine vom Vertretenmüssen unabhängige erfolgsbezogene

483 OLG Naumburg, Urt. v. 07.05.1999 – 6 U 99/98, OLG-NL 2003, 29.

484 Canaris, Handelsrecht, § 18 Rn. 45; Giesler, ZIP 2002, 420 (425); vgl. Palandt-Weidenkaff, Einf. v. § 581 Rn. 25; Dombrowski, S. 112.

485 Giesler/Nauschütt-Giesler, Kap. 5 Rn. 447. Anders wohl nur Klapperich, in: Flohr/Klapperich, S. 45.

486 Lorenz, JZ 2001, 742 (743); NK-BGB-Dauner-Lieb, § 326 Rn. 11; Giesler/Nauschütt-Giesler, Kap. 5 Rn. 448.

487 Vgl. Dombrowski, S. 112 f; Heidel/Schall HGB-Prasse, Anh Franchisevertrag A. XVIII Rn. 33.

488 NK-BGB-Dauner-Lieb, § 326 Rn. 11, Canaris, Handelsrecht, § 18 Rn. 45; vgl. MüKo BGB- Ernst, § 326 Rn. 37.

489 Canaris, Handelsrecht, § 18 Rn. 45; Peukert, AcP 205 (2005), 430 (451 f.).

Einstandspflicht den Franchisegeber ebenso überfordern würde wie bei anderen selbständigen Dienstleistungen.[490]

(3) Kaufvertrag

Soweit die Erstausstattung oder die Belieferung der Vertragswaren zwischen den Vertragspartnern in Frage steht, kann Kaufrecht Anwendung finden, insbesondere die §§ 434, 437 ff. BGB. Der Rücktritt nach Kaufvertragsrecht erfasst möglicherweise analog § 139 BGB den gesamten Franchisevertrag, wenn nach Sinn und Zweck und nach dem Interesse der Vertragspartner anzunehmen ist, dass die übrigen Vertragsbestandteile keine Geltung behalten sollen.[491] Für die Kaufverträge über die Belieferung mit Vertragswaren gelten unzweifelhaft die §§ 434, 437 ff. BGB.

(4) Werkvertrag und Geschäftsbesorgungswerkvertrag

Franchiseverträge können auch werk- oder geschäftsbesorgungsvertragliche Leistungselemente enthalten, z.B. wenn der Franchisegeber den Umbau der Geschäftsräume oder die Erstellung von Einrichtungsplänen schuldet. Er muss dazu stets einen bestimmten Erfolg schulden. Bei diesbezüglichen Leistungsstörungen finden die §§ 675, 633 ff. BGB Anwendung. Allerdings ist auch hier die Besonderheit des Franchisevertrages als Dauerschuldverhältnis zu berücksichtigen, so dass auch hier ein Rücktrittsrecht ausscheidet.[492]

(5) Entgeltliche Nutzungsüberlassung, Miete, Pacht und Lizenzvertrag

Die Regelungen über das Miet- und Pachtrecht treten oft zurück. Die §§ 137 ff., 581 Abs. 2 BGB sind daher im Regelfall nicht anwendbar. Das gilt auch hinsichtlich der Überlassung von Franchise- und Betriebshandbüchern, weil dieser Fall durch analoge Anwendung des § 86a HGB gelöst werden kann. Nur auf gegebenenfalls separat geschlossene Miet- und Pachtverträge, etwa über die

490 Canaris, Handelsrecht, § 18 Rn. 45; vgl. Peukert, AcP 205 (2005), 430 (475 f.), stellt hingegen darauf ab, ob der Franchisegeber „den ausgebliebenen Erfolg nicht garantieren, sondern nur eine fehlerfreie, sorgfältige Tätigkeit versprechen will". Dagegen ist aber einzuwenden, dass der dann zu ermittelnde mutmaßliche Parteiwille kaum anders zu ermitteln ist als durch eine Interessenabwägung, die deshalb offen vorgenommen werden und sich möglichst generell an dem betreffenden Vertragstypus – hier also dem Dienstvertrag – orientieren sollte.

491 Vgl. Emde, Vertriebsrecht, Vor § 84 Rn. 451.

492 Giesler/Nauschütt-Giesler, Kap. 5 Rn. 463; Vgl. NK-BGB-Edenfeld, § 314 Rn. 24.

Betriebsräume, ist Miet- oder Pachtrecht anwendbar.[493] Bei einem Mangel der Mietsache gelten die §§ 536 ff. BGB. Diese Fälle sind meistens unproblematisch, weil die Gegenleistung typischerweise nicht in einem Gegenseitigkeitsverhältnis zu anderen Leistungen des Franchisegebers steht, sondern separat in einem Mietvertrag (als Anhang zum Franchisevertrag) geregelt ist.[494]

Auch bei lizenzvertraglichen Elementen wie z.B. dem Nutzungsrecht an der Marke, Urheberrechten oder sonstigen Immaterialgüterrechten gelten nach herrschender Meinung die §§ 536 ff., 581 Abs. 2 BGB.[495] Somit ist die Gegenleistung des Franchisenehmers gemindert, soweit ein Sach- oder Rechtsmangel an dem Lizenzgegenstand vorliegt, deren Ist-Beschaffenheit also mehr als nur unerheblich nachteilig vom Soll-Zustand abweicht. Dabei ist jedoch zu berücksichtigen, dass der Franchisegeber als Lizenzgeber grundsätzlich nur für die technische Nutzbarkeit des lizenzierten Gegenstandes, nicht aber für dessen kommerzielle Verwertbarkeit einzustehen hat. Ob der Franchisenehmer in der Lage ist damit Gewinn zu erwirtschaften, hängt weitestgehend von ihm selbst sowie von Unwägbarkeiten der Marktgegebenheiten und -entwicklungen ab.[496]

Weiterhin ist ein Franchisesystem auch nicht bereits mangelhaft, weil der Franchisegeber seine Funktionsfähigkeit nicht mit Hilfe eines Pilotbetriebs erprobt hat. Dabei liegt kein Mangel, sondern allenfalls ein Verstoß gegen die Aufklärungspflicht vor.[497]

Im Übrigen haftet der Franchisegeber nur bei Vorliegen einer Garantie i.S.v. § 276 Abs. 1 BGB verschuldensunabhängig für die Mangelfreiheit.[498] Die Beweislast für das Vorliegen eines Mangels an den Immaterialgüterrechten trägt der Franchisenehmer.[499]

(6) Mängel im Zusammenhang mit dem Know-how als Sonderfall

Die in der Praxis am häufigsten vorkommende Pflichtverletzung des Franchisegebers ist die fehlende oder mangelhafte Übertragung von Know-how. Dabei sind vier verschiedene Konstellationen zu unterscheiden:

---

493 Emde, Vertriebsrecht, Vor § 84 Rn. 451; vgl. Emmerich, JuS 1995, 761 (763).

494 Giesler/Nauschütt-Giesler, Kap. 5 Rn. 455.

495 Vgl. Palandt-Weidenkaff, Einf. v 581 Rn. 25; Giesler-Giesler-Güntzel, Praxis des Vertriebsrechts, § 4 Rn. 263; BGH, Urt. v. 11.06.1970 – X ZR 23/68, NJW 1970, 1503 f. zur Anwendung der Gebrauchsüberlassungsvorschriften auf Lizenzverträge.

496 Canaris, Handelsrecht, § 18 Rn. 53; ebenso Langenbucher, JuS 2003, 572 (576).

497 Canaris, Handelsrecht, § 18 Rn. 53.

498 Vgl. Canaris, Handelsrecht, § 18 Rn. 58.

499 Giesler/Nauschütt-Giesler, Kap. 5 Rn. 456.

Zunächst sind die Fälle zu nennen, in denen die Übertragung von Know-how nicht ausdrücklich vereinbart wurde oder nur öffentliches Know-how übertragen werden sollte und die Gegenleistung des Franchisenehmers gemessen an dieser Leistung unangemessen hoch erscheint.[500]

Andererseits sind Fälle einer Leistungsstörung denkbar, wenn ein vertraglich zugesichertes Know-how fehlt oder es den vereinbarten Anforderungen nicht entspricht.[501] Dann liegt ein Fall der Nichterbringung einer Hauptleistungspflicht vor, so dass der Franchisenehmer die Rechte aus §§ 320 Abs. 1, 326 BGB geltend machen kann.[502]

Als dritte Fallgruppe sind die das Franchisehandbuch betreffenden Konstellationen zu nennen. Darunter versteht man z.B., wenn das das Know-how wiedergebende Handbuch von vornherein nicht existiert. Dann liegt ein Fall anfänglicher Unmöglichkeit vor, auf den § 311a BGB Anwendung findet.[503] Die Gegenleistungspflicht des Franchisenehmers entfällt gemäß §§ 275 Abs. 1, 326 Abs. 1 S. 1 1. Hs. BGB. Für den Fall der anfänglich fehlenden Brauchbarkeit des Know-hows, also der anfänglichen subjektiven Unmöglichkeit, gilt der Grundsatz der Anwendbarkeit der §§ 581 Abs. 2, 536 ff. BGB.[504]

Ist der Know-how-Transfer hingegen an sich erfolgt, aber das entsprechende Handbuch mangelhaft, so dass die Gebrauchstauglichkeit des Know-hows negativ beeinträchtigt ist, so gelten die §§ 536 ff., 581 Abs. 2 BGB.[505] Auch hier trägt der Franchisenehmer die Beweislast.

Als letzte Fallgruppe sind die Schulungsleistungen zu nennen. Diese Gruppe ist in der Praxis deshalb von besonderer Bedeutung, weil es i.d.R. schwierig ist die Mangelhaftigkeit eines Know-how-Handbuchs zu beweisen, da dem Franchisegeber diesbezüglich ein weiter Ermessensspielraum zusteht und er das vertraglich geschuldete Know-how ohnehin in Schulungen oder Richtlinien jederzeit ergänzen kann, ja sogar vertraglich i.d.R. dazu verpflichtet ist.[506] Auf die Schulungsleistungen findet Dienstvertragsrecht Anwendung. Es gelten somit für die Gewährleistungsrechte die §§ 275 Abs. 1, 326 Abs. 1 2. Hs., 441 Abs. 3 BGB.[507]

---

500 Giesler, ZIP 2003, 1025 (1031).

501 Emde, Vertriebsrecht, Vor § 84 Rn. 448; Giesler, ZIP 2003, 1025 (1032).

502 Vgl. Flohr, Franchise-Vertrag, S. 95; vgl. Baumbach/Hopt-Hopt, § 86a Rn. 13 ff.

503 Vgl. Canaris, Handelsrecht, § 18 Rn. 57; Giesler/Nauschütt-Giesler, Kap. 5 Rn. 457.

504 Giesler/Nauschütt-Giesler, Kap. 5 Rn. 457.

505 Canaris, Handelsrecht, § 18 Rn. 54; Giesler, ZIP 2003, 1025 (1032); Giesler-Giesler/Güntzel, Praxishandbuch des Vertriebsrechts, § 4 Rn. 263.

506 Vgl. Giesler/Nauschütt-Giesler, Kap. 5 Rn. 457.

507 Giesler/Nauschütt-Giesler, Kap. 5 Rn. 457; vgl. Giesler, ZIP 2003, 1025 (1032).

Entscheidend ist bei diesen Fällen zu prüfen, in welchem Umfang Know-how vertraglich geschuldet war oder im Wege der ergänzenden Vertragsauslegung nach Treu und Glauben im Hinblick auf den Vertragszweck zu erwarten war.[508]

b) Spätleistung

Der Franchisegeber eines Vertriebsfranchisingsystems wird sich regelmäßig vertraglich verpflichten, dass er Vertragsprodukte jederzeit, mit Ausnahme des Vorliegens höherer Gewalt, liefern kann.[509] Nicht zuletzt wegen der starken Abhängigkeit des Franchisenehmers, z.B. aufgrund bestehender vertraglicher Bezugsbindungen, kommt es bei verspäteten Lieferungen des Franchisegebers zu einer erheblichen Belastung des Vertragsverhältnisses. Fraglich ist somit die rechtliche Einordnung derartiger Lieferverzugsfälle.

Soweit nicht ohnehin ein Fall der Unmöglichkeit vorliegt, sind auf den Verzug der Systempartner die §§ 280 Abs. 2, 286 BGB anzuwenden. Dem Franchisenehmer kann ein Anspruch auf Ersatz des Verzögerungsschadens zustehen. Daneben kann der Franchisenehmer die Einrede des nicht erfüllten Vertrages gemäß § 320 Abs. 1 BGB geltend machen.[510]

Verzug ist dabei stets als Nichtleistung trotz Fälligkeit und Mahnung zu verstehen, vgl. § 286 Abs. 1 BGB.[511] Regelmäßig werden für bestimmte Leistungen feste Liefertermine vereinbart, so dass eine Mahnung durch den Franchisenehmer entbehrlich ist gemäß § 286 Abs. 2 Nr. 1 BGB. Voraussetzung ist weiter, dass der Franchisegeber den Lieferverzug zu vertreten hat, vgl. § 286 Abs. 4 BGB, wobei die Beweislast den Franchisegeber trifft, der sein Nichtvertretenmüssen darlegen muss.

Problematisch ist, inwieweit der Lieferverzug mit Vertragsprodukten nicht nur den Einzelkaufvertrag betrifft, sondern auf den Franchisevertrag als Rahmenvertrag durchschlägt. In solchen Fällen wird die Belieferungspflicht des Franchisegebers als Hauptleistungspflicht zu verstehen sein.[512] Sie steht im Synallagma mit der Gebührenpflicht des Franchisenehmers.[513] Sofern der Franchisegeber die Nichterfüllung der Belieferungspflicht nicht zu vertreten hat, wird

508 Giesler/Nauschütt-Giesler, Kap. 5 Rn. 457.

509 Metzlaff-Metzlaff, § 8 Rn. 157.

510 Giesler/Nauschütt-Giesler, Kap. 5 Rn. 471.

511 Erman BGB-Westermann, Vor §§ 275-292 Rn. 18f; vgl. MüKo BGB-Ernst, Vor § 275 Rn. 13.

512 Vgl. Skaupy, Franchising, S. 134; Metzlaff-Metzlaff, § 8 Rn. 158.

513 Metzlaff-Metzlaff, § 8 Rn. 158.

auch der Franchisenehmer von der Pflicht zur Gebührenentrichtung befreit. Hält der Lieferverzug über einen längeren Zeitraum an oder tritt er vermehrt auf, so kann der Franchisenehmer den Franchisevertrag gemäß § 314 BGB kündigen.

2. Kein Anspruch des Franchisenehmers auf Aufwendungsersatz

Zu beachten ist weiterhin, dass § 87d HGB, wonach der Handelsvertreter den Ersatz seiner im regelmäßigen Geschäftsbetrieb entstandenen Aufwendungen nur verlangen kann, wenn dies handelsüblich ist, nicht analog auf den Franchisenehmer anzuwenden ist. Da der Franchisenehmer auf eigene Rechnung handelt, muss er seine Aufwendungen i.d.R. aus seinen Einkünften selbst decken.[514]

Es scheitert insoweit auch ein Aufwendungsersatzanspruch gemäß §§ 675, 670 BGB.[515]

3. Haftung des Franchisegebers aus Delikt

a) Haftung des Franchisegebers gemäß § 823 BGB

Gemäß § 823 Abs. 1 BGB haftet derjenige, der vorsätzlich oder fahrlässig, widerrechtlich und schuldhaft eine Rechtsgutsverletzung verursacht hat, die zu einem ersatzfähigen Schaden bei einem anderen führt. Hinsichtlich der Deliktshaftung weist das Franchising grundsätzlich keine Besonderheiten auf. Zwischen Franchisegeber und Verbraucher ist der Franchisenehmer als Absatzmittler zwischengeschaltet, so dass regelmäßig keine unmittelbare Schädigungshandlung des Franchisegebers vorliegen wird, sondern eine des Franchisenehmers.[516]

Interessanter ist jedoch die Haftung des Franchisegebers gegenüber Dritten. Darunter verstehen sich vor allem Konstellationen, bei denen der Kunde haftungsrechtlich auf den Franchisegeber durchgreifen will. Diese Fälle sind besonders relevant, wenn der Franchisenehmer wirtschaftlich schwach oder insolvent ist.[517]

Bedeutsam sind insbesondere solche Schäden, die ursächlich auf das Produkt zurückzuführen sind, das im Franchisesystem vertrieben wird. Hier ist zu prüfen, ob eine Verkehrssicherungspflichtverletzung vorliegt und für wen diese besteht. Dies hängt zunächst vom jeweiligen Franchisesystem und von der vertragsspezifischen Aufgabenteilung ab.[518] Bei der Feststellung von

514 Vgl. Canaris, Handelsrecht, § 18 Rn. 25; MüKo HGB-Ströbl, § 87d Rn. 4.
515 Flohr/Wauschkuhn-Fröhlich, § 87d Rn. 28.
516 Giesler/Nauschütt-Zumbroich, Kap. 6 Rn. 33 f.
517 Nebel/Schulz/Flohr-Schulz, S. 403.
518 Vgl. Metzlaff-Bräutigam, § 13 Rn. 5.

Verkehrssicherungspflichten kommt dem Franchisegeber im Regelfall eine bedeutende Rolle zu, da er das Franchisekonzept i.d.R. entwickelt und verbreitet hat und er die davon ausgehenden Gefahren am besten kennt. Ihn trifft somit eine Konzeptbeobachtungspflicht.[519] Damit gelten für den Franchisegeber im Bereich der Sachgutherstellung auch die Regelungen zur Produktbeobachtungspflicht bei der Produzentenhaftung.[520]

b) Organisationshaftung des Franchisegebers

Zu den Verkehrssicherungspflichten des Franchisegebers zählen insbesondere die, die mit einer Organisationshaftung zusammenhängen. Im haftungsrechtlichen Sinne verstanden bilden Franchisesysteme eine Organisation.[521] Dem steht nicht entgegen, dass der Franchisenehmer selbständiger Unternehmer und kein Arbeitnehmer ist und dass der Franchisebetrieb formaljuristisch betrachtet keine betriebliche Organisationseinheit des Franchisegebers ist, sondern eine des Franchisenehmers.[522]

Den Franchisegeber trifft die Verantwortung hinsichtlich des Aufbaus des Franchisesystems und des damit verbundenen Einsatzes der sorgfältig auszuwählenden Franchisenehmer als Absatzmittler. Diese aufbauorientierte Organisationsverantwortung betrifft alle Franchisesysteme gleichermaßen, unabhängig davon, ob es sich um Dienstleistungs-, Vertriebs- oder Produktionsfranchisesysteme handelt.[523]

Der Franchisegeber ist auch für die Modernisierung des Franchisesystems sowie für die von ihm vorgeschriebene Ausstattung und die technischen Apparate verantwortlich.

Darüber hinaus greifen auch die Grundsätze der Produzentenhaftung als Spezialfall des fehlerhaften Organisierens zulasten des Franchisegebers.[524] Dabei ergeben sich keine franchisespezifischen Verkehrspflichten.[525] Zu beachten ist aber, dass – obwohl sich der betriebswirtschaftliche Produktbegriff auch auf Dienstleistungen bezieht – von der Produzentenhaftung nur Pflichten eines Produktherstellers erfasst werden. Auf Verkehrssicherungspflichten im Rahmen des

519 Vgl. Nebel/Schulz/Flohr-Schulz, S. 409 f.
520 Küstner/Thume-Schröder, Handbuch Vertriebsrecht Bd. 3, S. 458.
521 Giesler/Nauschütt-Zumbroich, Kap. 6 Rn. 42.
522 Giesler/Nauschütt-Zumbroich, Kap. 6 Rn. 42.
523 Giesler/Nauschütt-Zumbroich, Kap. 6 Rn. 39.
524 Vgl. Nebel/Schulz/Flohr-Schulz, S. 413 f.
525 Giesler/Nauschütt-Zumbroich, Kap. 6 Rn. 48.

Dienstleistungsfranchisings können daher nur die allgemeinen Grundsätze fehlerhaften Organisierens angewandt werden.[526]

Beim Vertriebsfranchising, bei dem der Franchisegeber die Produkte selbst herstellt, trifft den Franchisegeber somit als Produzenten eine Beweislastumkehr hinsichtlich des Verschuldens. Ihn treffen Konstruktions-, Fabrikations-, Instruktions- und Produktbeobachtungspflichten.[527] Im Gegensatz dazu hat der Franchisegeber beim Dienstleistungsfranchising dafür Sorge zu tragen, dass die Dienstleistung selbst bzw. der Handlungsrahmen, innerhalb dessen die Dienstleistung erbracht wird, gefahrlos konzipiert ist.[528] Genau wie bei der Produzentenhaftung hat der Franchisegeber als Planer der Dienstleistung folglich darauf zu achten, dass die Einsatzbedingungen der Dienstleistung gefahrlos sind, genauso wenig wie sich aus den Techniken und verwandten Materialien Gefahren für den Verbraucher ergeben dürfen.[529]

Damit lässt sich feststellen, dass auch beim Dienstleistungsfranchising Verkehrssicherungspflichten Anwendung finden.

Fraglich ist somit, wie das Produktfranchising in diesem Zusammenhang einzuordnen ist. Hier wird das Produkt vom Franchisenehmer selbst, aufgrund des ihm vom Franchisegeber vermittelten Know-hows hergestellt, verarbeitet und vertrieben.[530] Die Frage, ob der Franchisegeber in diesem Fall ebenfalls den Grundsätzen der Produzentenhaftung unterliegt, lässt sich auf die Frage reduzieren, ob ein Lizenzgeber der Produzentenhaftung unterliegt.[531] Die Einbeziehung des Lizenzgebers in die Produzentenhaftung ist dann möglich, wenn deren Grundsätze sich auf einen Lizenzgeber übertragen ließen oder wenn durch Übertragung anderer haftungsrechtlicher Rechtsprinzipien eine Erweiterung gerechtfertigt wäre.[532] Der Franchisegeber kann dabei direkten oder indirekten Einfluss auf die Produktion haben, sei es in Form einer Beherrschung, einer Mittäterschaft oder Teilnahme gemäß § 830 BGB. Bei der Mittäterschaft bzw. Teilnahme handelt es sich um ein allgemeines Rechtsprinzip, wonach jeder, der einen Tatbeitrag erbringt, auch hierfür die Verantwortung zu tragen hat. Dies ergibt sich insbesondere aus § 830 BGB, §§ 25 Abs. 2, 26, 27 StGB. Ein weiterer

526 Giesler/Nauschütt-Zumbroich, Kap. 6 Rn. 40.
527 Vgl. Nebel/Schulz/Flohr-Schulz, S. 413.
528 Giesler/Nauschütt-Zumbroich, Kap. 6 Rn. 57.
529 Giesler/Nauschütt-Zumbroich, Kap. 6 Rn. 57; Vgl. Bräutigam, WM 1994, 1189 (1192 ff.).
530 Skaupy, Franchising, S. 32 f.
531 Giesler/Nauschütt-Zumbroich, Kap. 6 Rn. 63.
532 Vgl. Körner, NJW 1985, 3047 (3051 f.).

haftungsrechtlich relevanter Bereich ist die Identifikation des Lizenzgebers mit dem Produkt.[533]

c) Haftung nach § 831 BGB

Von besonderer Bedeutung ist im Übrigen die Haftung des Franchisegebers nach § 831 Abs. 1 BGB. Eine solche setzt zunächst voraus, dass der Franchisenehmer Verrichtungsgehilfe des Franchisegebers ist. Als Verrichtungsgehilfen qualifiziert die Rechtsprechung denjenigen, dem von einem anderen, in dessen Einflussbereich er allgemein oder im konkreten Fall steht und zu dem eine gewisse Abhängigkeit besteht, eine Tätigkeit übertragen worden ist.[534] Geht man einmal von einem Subordinationsfranchising aus, so ist der Franchisenehmer i.d.R. Verrichtungsgehilfe des Franchisegebers i.S.v. § 831 BGB.[535] Zwar ist der Franchisenehmer aufgrund seiner Stellung als selbständiger Gewerbetreibender nicht von diesem abhängig, doch fällt er im Hinblick auf seine weitgehende Weisungsgebundenheit und seine Einbindung in das Absatzsystem gleichwohl unter den Begriff des Verrichtungsgehilfen.[536] Die Tatsache, dass der Franchisegeber die Franchisenehmer zur Förderung seines Absatzes instrumentalisiert, genügt für die Heranziehung des § 831 Abs. 1 BGB.[537]

Bei einem Partnerschaftsfranchising wird es hingegen i.d.R. an der notwendigen Weisungsgebundenheit fehlen.

Für das Subordinationsfranchising wird eine Haftung des Franchisegebers nach § 831 BGB bejaht.[538] Diese Auffassung wird auch durch die Rechtsprechung für den Bereich des Handelsvertreters gestützt. So hat der BGH den Handelsvertreter mehrfach als Verrichtungsgehilfen eingeordnet.[539]

Zu einer Haftung des Franchisegebers kommt es jedoch nur, wenn er die zur Schadensverursachung führende Tätigkeit konkret dem Franchisenehmer

---

533 Vgl. Körner, NJW 1985, 3047 (3048); Giesler/Nauschütt-Zumbroich, Kap. 6 Rn. 64.

534 Vgl. BGH, Urt. v. 8.1.1981 – III ZR 157/79, juris Rz. 8 f.; BeckOK BGB-Förster, § 831 Rn. 15 f.; Hk-BGB-Staudinger, § 831 Rn. 7.

535 Vgl. Teubner, ZHR 154 (1990), 295 (311 f.); Bräutigam, S. 138.

536 Küstner/Thume, Handbuch Vertriebsrecht Bd. 1, § 18 Rn. 84.

537 Bräutigam, S. 139; a.A. hingegen Nebel/Schulz/Flohr-Schulz, S. 416, wonach das vom Franchisegeber zu verantwortende Betriebsrisiko mit der Beobachtung und Überwachung des Franchisesystems endet, aber nicht dazu führt, dass er auch für das Handeln der als selbständigen Unternehmer tätigen Franchisenehmer einzustehen hat.

538 Vgl. Metzlaff-Bräutigam, § 13 Rn. 18.

539 BGH, Urt. v. 29.06.1956 – I ZR 129/54, juris Leitsatz; BGH, Urt. v. 05.10.1979 – I ZR 140/77, VersR 1980, 68.

übertragen hat.[540] Dies ist dann der Fall, wenn ein unmittelbarer Zusammenhang zwischen der angewiesenen Tätigkeit und der schädigenden Handlung besteht.[541] Darüber hinaus fordert die Rechtsprechung, dass das Verhalten nicht aus dem Kreis der übertragenen Aufgaben herausfallen darf.[542] Diese Fragen können nur im konkreten Einzelfall beantwortet werden.[543]

Prozessual betrachtet erweist sich die Durchsetzung solcher Ansprüche aus § 831 BGB i.d.R. als schwierig, da dem darlegungspflichtigen Geschädigten i.d.R. die notwendigen Informationen über den Inhalt des Franchisevertrages und das Abhängigkeitsverhältnis des Franchisenehmers zum Franchisegeber im konkreten Fall fehlen.[544]

4. Haftung nach UWG

Ein spezifisches, für das Franchisesystem wettbewerbsrechtlich relevantes Problem ist die Zurechnung unlauterer Wettbewerbshandlungen.[545] Das UWG ist auch auf Franchisesysteme anwendbar, wenn deren Mitglieder gegen die Grundsätze des unlauteren und fairen Wettbewerbs verstoßen.[546] Die Tätigkeiten aller Stufen innerhalb eines Franchisesystems genügen der in § 3 UWG geforderten Voraussetzung des Vorliegens einer Wettbewerbshandlung mit Ausnahme solcher Handlungen, die rein privaten oder öffentlich-rechtlichen Bezug haben.[547]

Grundsätzliche Bedeutung hat die Frage, ob der Franchisegeber für eine wettbewerbswidrige Handlung seines Franchisenehmers verantwortlich gemacht werden kann. Gemäß § 8 Abs. 2 UWG sind Unterlassungsansprüche auch gegen den Inhaber des Unternehmens begründet, wenn Zuwiderhandlungen gemäß § 3 UWG im Unternehmen von einem Beauftragten begangen worden sind. Eine wettbewerbsrechtliche Zuwiderhandlung des Franchisenehmers kann dem Franchisegeber somit zugerechnet werden, ist doch der Franchisegeber i.d.R. in

540 Vgl. BGH, Urt. v. 12.12.1957 – II ZR 88/57, juris Rz. 13.
541 Vgl. BGH, Urt. v. 06.10.1970 – IV ZR 56/69, juris Rz. 15; BGH, Urt. v. 14.02.1989 – IV ZR 121/88, VersR 1989, 522.
542 Vgl. BGH, Urt. v. 13.07.1977 – VIII ZR 243/75, juris Rz. 25; Giesler/Nauschütt-Zumbroich, Kap. 6 Rn. 85.
543 Giesler/Nauschütt-Zumbroich, Kap. 6 Rn. 85.
544 Küstner/Thume-Schröder, Handbuch Vertriebsrecht Bd. 3, S. 459.
545 Küstner/Thume-Schröder, Handbuch Vertriebsrecht Bd. 3, S. 460.
546 Giesler/Nauschütt-Güntzel, Kap. 3 Rn. 102.
547 Giesler/Nauschütt-Güntzel, Kap. 3 Rn. 105.

die Betriebsorganisation des Franchisegebers eingebunden.[548] In einem solchen Fall hat der BGH den Franchisenehmer als Beauftragten angesehen,[549] auch wenn er selbständiger Unternehmer ist.[550] Daraus folgt, dass der Franchisegeber Schuldner eines Unterlassungsanspruchs gemäß § 8 Abs. 1 UWG sein kann, auch wenn die Zuwiderhandlung vom Franchisenehmer begangen wurde.[551]

Fraglich ist, ob gegen den Franchisegeber auch ein Schadensersatzanspruch nach § 8 Abs. 1 UWG geltend gemacht werden kann. Die Zurechnungsnorm des § 8 Abs. 2 UWG betrifft ausdrücklich nur Unterlassungs- und Beseitigungsansprüche.[552] Wenn Schadensersatzansprüche gegen den Franchisegeber geltend gemacht werden, kann nach der Rechtsprechung des BGH[553] lediglich auf § 8 Abs. 1 UWG zurückgegriffen werden. Soweit nicht ein schuldhaftes aktives Tun des Franchisegebers vorliegt, kommt nur Handeln durch Unterlassen in Betracht.[554] Dem Franchisegeber kann lediglich die wettbewerbswidrige Handlung, nicht aber auch ein Auskunfts- und Schadensersatzanspruch zugerechnet werden.[555] § 8 Abs. 2 UWG bietet für eine solche Zuordnung keine Rechtsgrundlage.[556] Es besteht keine Rechtspflicht des Franchisegebers, ein wettbewerbswidriges Verhalten eines Vertragspartners abzuwenden.[557]

5. *Bereicherungsrechtliche Ansprüche*

Bereicherungsrechtliche Ansprüche des Franchisenehmers gegen den Franchisegeber sind denkbar, wenn die vertragliche Grundlage durch eine vom Franchisenehmer erklärte Anfechtung gemäß §§ 123 Abs. 1, 142 Abs. 1 BGB

548 Vgl. Nebel/Schulz/Flohr-Schulz, S. 412.

549 BGH, Urt. v. 05.04.1995 – I ZR 133/93, BB 1995, 1436; OLG Zweibrücken, Urt. v. 19.07.1996 – 2 U 15/96, juris Rz. 25; vgl. Schütze/ Weipert/Rieder-Heil/Wagner, Kap. 15 Rn. 7.

550 Insoweit ist die Rechtsprechung des BGH auch konsequent, nachdem auch ältere höchstrichterliche Entscheidungen selbständige Unternehmer als Beauftragte angesehen haben, soweit eine organisatorische Verflechtung vorliegt, siehe BGH, Urt. v. 25.09.1970 – I ZR 47/69, GRUR 1971, 120.

551 Küstner/Thume-Schröder, Handbuch Vertriebsrecht Bd. 3, S. 461.

552 Vgl. Emde, Vertriebsrecht, Vor § 84 Rn. 342.

553 BGH, Urt. v. 06.04.2000 – I ZR 67/98, GRUR 2001, 82.

554 Küstner/Thume-Schröder, Handbuch Vertriebsrecht Bd. 3, S. 461.

555 Flohr/Wauschkuhn-Flohr, § 8 UWG Rn. 2.

556 BGH, Urt. v. 06.04.2000 – I ZR 67/98, GRUR 2001, 83.

557 BGH, Urt. v. 06.04.2000 – I ZR 67/98, GRUR 2001, 83; Schütze/Weipert/Rieder-Heil/Wagner, Kap. 15 Rn. 7.

rückwirkend entfällt. Der Franchisenehmer kann dann die Rückerstattung der von ihm erbrachten Zahlungen gemäß § 812 Abs. 1 S. 1 1. Alt. BGB verlangen.[558]

Da es sich beim Franchisevertrag um ein Dauerschuldverhältnis handelt, ist fraglich, ob das Vorliegen eines faktischen oder fehlerhaften Franchiseverhältnisses bejaht werden kann, wenn der Franchisevertrag unwirksam ist. Dies würde dazu führen, dass die Nichtigkeit des Franchisevertrages nicht ex tunc, sondern ex nunc eintritt,[559] die erbrachten Leistungen also nicht zu gewähren wären. Zwar hätte die Anwendung der Grundsätze der fehlerhaften Gesellschaft den Vorteil, dass die schwierige Bewertung der ausgetauschten Leistungen entbehrlich würde.[560] Allerdings ist ihre Anwendung auf den Franchisevertrag als Rahmenvertrag abzulehnen, weil die Lösung über die Grundsätze der fehlerhaften Gesellschaft dem Gesetz widerspricht und deshalb als Rechtsfortbildung nur mit besonderem Begründungsaufwand zu rechtfertigen ist. Andererseits würde dadurch der Franchisegeber begünstigt, obwohl dieser die unwirksamen Regelungen zu seinen Gunsten verwendet hat und z.B. etwaig eingenommene überhöhte Franchisegebühren nicht zurückgezahlt werden müssten.[561] Eine Anwendung der Grundsätze der fehlerhaften Gesellschaft scheidet somit aus. Ist der Franchisevertrag von Anfang an nichtig oder durch Anfechtung einer Willenserklärung mit Wirkung ex tunc beseitigt, findet folglich eine vollständige Rückabwicklung gemäß §§ 812 ff. BGB statt.[562] Von einem faktischen Franchiseverhältnis kann jedoch gesprochen werden, soweit es um die im Rahmen des Franchiseverhältnisses geschlossenen Einzelkaufverträge geht.[563]

Die Nichtigkeit des Franchisevertrages berührt allerdings nach h.M. [564] nicht die Wirksamkeit der im Rahmen des Warenbezugs zwischen den Vertragspartnern abgeschlossenen Folge-Einzelkaufverträge. Folgeverträge stellen trotz des wirtschaftlichen Zusammenhangs kein einheitliches Rechtsgeschäft zu dem Franchise-Rahmenvertrag im rechtlichen Sinne dar.[565] Bei Abschluss des Franchisevertrages wissen die Parteien meist nicht, welche Produkte und welche Mengen wann bestellt werden. Es ist aber dennoch möglich, dass der Grund

---

558 Vgl. LG Düsseldorf, Urt. v. 13.1.2012 – 35 O 38/08, BeckRS 2014, 16696.

559 Vgl. MüKo BGB-Armbrüster, § 119 Rn. 15.

560 Giesler/Nauschütt-Giesler/Güntzel, Kap. 4 Rn. 101.

561 Vgl. OLG Hamm, Urt. v. 13.03.2000 – 8 U 113/99, NZG 2000, 1170.

562 Vgl. BGH, Urt. v. 29.05.1990 – XI ZR 231/89, BGHZ 111, 288.

563 Giesler/Nauschütt-Jesse, Kap. 13 Rn. 54.

564 Vgl. Brandenburgisches OLG, Urt. v. 28.09.2005 – 4 U 37/05, juris Rz. 37 f.; BGH, Urt. v. 23.07.1997 – VIII ZR 130/96, juris Rz. 24.

565 Giesler/Nauschütt-Jesse, Kap. 13 Rn. 55.

für die anfängliche Beseitigung des Franchisevertrages auch einen Grund für die anfängliche Beseitigung der Einzelkaufverträge bildet, wie z.B. wenn der Franchisevertrag wegen einer sittenwidrigen Franchisegebühr nichtig ist. Dann erfasst dieser Grund auch die Einzelkaufverträge.[566]

Sind die Einzelkaufverträge hingegen wirksam, so fallen diejenigen Waren, die der Franchisenehmer bestimmungsgemäß an die Endkunden weiterveräußert hat, wegen subjektiven Unvermögens aus einer etwaigen Rückgabepflicht heraus.[567] Die noch nicht veräußerten Waren muss der Franchisegeber hingegen zurücknehmen und den Kaufpreis zurückgewähren.

Weiterhin steht dem Franchisenehmer gegenüber dem Franchisegeber, sofern eine Mindestvertragslaufzeit vereinbart wurde, bei vorzeitiger Beendigung des Franchisevertrages durch diesen auch ein Anspruch auf Herausgabe des entsprechenden Anteils der Eintrittsgebühr gemäß § 812 Abs. 1 S. 2 Alt. 1 BGB zu.[568]

Sofern die wechselseitigen Leistungen beider Vertragsparteien gemäß §§ 812 ff. BGB vollständig zurückzuerstatten sind, kommt grundsätzlich die Saldotheorie zur Anwendung.[569] Demnach muss sich der Franchisenehmer von seinen Rückzahlungsansprüchen den Wert der Leistungen des Franchisegebers abziehen lassen. Aufseiten des Franchisenehmers sind bei der Bildung des Saldos dessen Gebührenzahlungen zu berücksichtigen.[570] Der Franchisegeber kann seine finanziellen Aufwendungen für Sachleistungen, Dienstleistungen und sonstige Leistungen hiervon in Abzug bringen, soweit dem Franchisegeber sonst ein vermögenswerter Vorteil verbliebe.[571] Leistungen des Franchisegebers, die dem gesamten Franchisesystem zugutekommen, wie z.B. Imagewerbung oder die Weiterentwicklung des Systems, sind nicht bereicherungsmindernd zu berücksichtigen.[572]

Die Saldotheorie ist allerdings nicht anwendbar, wenn eine arglistige Täuschung vorliegt oder wenn der Franchisegeber die Rechtsgrundlosigkeit der an ihn geleisteten Zahlung kannte oder sonst bösgläubig ist oder wenn ein Fall der Beendigung ex tunc vorliegt, wie z.B. bei einer außerordentlichen Kündigung.[573]

566 Giesler/Nauschütt-Jesse, Kap. 13 Rn. 55.

567 Giesler/Nauschütt-Jesse, Kap. 13 Rn. 57.

568 OLG Frankfurt, Urt. v. 02.11.1994 – 13 U 168/93, juris Leitsatz; vgl. Hanseatisches OLG Hamburg, Urt. v. 30.12.2002 – 5 U 220/01, juris Rz. 28 ff.

569 Vgl. OLG Düsseldorf, Urt. v. 03.05.2013 – I-22 U 62/13, ZVertriebsR 2014, 52; OLG Dresden Urt. v. 28.09.1995 – 4 U 628/95, NJW-RR 1996, 1013.

570 Giesler/Nauschütt-Jesse, Kap. 13 Rn. 58.

571 Giesler/Nauschütt-Jesse, Kap. 13 Rn. 58.

572 Vgl. BGH, Urt. v. 14.12.1994 – VIII ZR 46/94, juris Rz. 33.

573 Vgl. Giesler/Nauschütt-Jesse, Kap. 13 Rn. 59.

III. Ansprüche gegen den Franchisenehmer

1. Leistungsstörungen aufseiten des Franchisenehmers

a) Nicht- oder Schlechtleistung

Im Hinblick auf etwaige Gewährleistungsrechte des Franchisegebers gilt das vorstehend zu den Gewährleistungsrechten des Franchisenehmers Gesagte entsprechend. Auch die Leistungen des Franchisenehmers sind überwiegend dem Dienstvertrags- und Geschäftsbesorgungsdienstvertragsrecht zuzuordnen, soweit sie nicht „unselbständige" Gegenleistungen zu Pflichten des Franchisegebers sind, die anderen Schuldvertragstypen zuzuordnen sind.[574] Somit findet grundsätzlich das allgemeine Leistungsstörungsrecht Anwendung.

Die Absatzförderungspflicht und die Systemanwendungspflicht des Franchisenehmers gehören z.B. zu den geschäftsbesorgungsvertraglichen Typenelementen mit dienstvertraglichem Einschlag.[575] Soweit es sich bei Berichts- und Informationspflichten des Franchisenehmers um echte Nebenleistungspflichten handelt, z.B. bei der Pflicht zur Beobachtung und Meldung von Wettbewerbsaktivitäten im Vertragsgebiet, wird das Dienstvertragsrecht anwendbar sein.[576]

Im Gegensatz zu der Beurteilung der Gewährleistungsrechte des Franchisenehmers, sehen die Gewährleistungsrechte des Franchisegebers keine Möglichkeit eines „Rechts zur Minderung" nach §§ 275 Abs. 1, 326 Abs. 1 S. 1 2. Hs., 441 Abs. 3 BGB vor, da die Pflichten des Franchisenehmers oftmals lediglich Nebenpflichten darstellen und daher nicht im Synallagma stehen. Selbst wenn diese jedoch vertraglich als Hauptleistungspflichten vereinbart wurden, wie dies z.B. bei der Absatzförderungs- und Betriebsführungspflicht häufig der Fall ist, würde eine „Minderung" in Form der teilweisen Einbehaltung der Gegenleistung voraussetzen, dass die Gegenleistung teilbar ist.[577] Die Gegenleistung des Franchisegebers zu solchen Pflichten des Franchisenehmers wird aber meist in seiner Betriebsförderung oder sonstigen Unterstützung liegen, welche nicht in Geld bestehen und somit nicht teilbar sind.[578] Da dies unbefriedigend scheint, ist dem Franchisegeber nach zutreffender und herrschender Ansicht[579] in diesen Fällen ein Ersatzanspruch in Geld einzuräumen.

---

574 Vgl. Giesler/Nauschütt-Giesler, Kap. 5 Rn. 474.

575 Giesler/Nauschütt-Giesler, Kap. 5 Rn. 218.

576 Giesler/Nauschütt-Giesler, Kap. 5 Rn. 224.

577 Erman-Westermann, § 326 Rn. 6; NK-BGB-Dauner-Lieb, § 326 Rn. 10.

578 Giesler/Nauschütt-Giesler, Kap. 5 Rn. 475.

579 Erman-Westermann, § 326 Rn. 6; BeckOK BGB-Schmidt, § 326 Rn. 32. So nimmt es die h.M. auch im Allgemeinen für den Fall einer unteilbaren Gegenleistung an.

b) Spätleistung

Zu klären ist ferner die Frage, welche Rechtsfolge ein Verzug des Franchisenehmers mit der Entrichtung der Franchisegebühren hat. Eine Spätleistung des Franchisenehmers verpflichtet diesen zu Schadensersatz neben der Leistung gemäß §§ 280 Abs. 2, 286 BGB, sofern die Verzugsvoraussetzungen vorliegen.[580] Auch hier ist eine Mahnung oder ein Mahnungssurrogat erforderlich, § 286 Abs. 1, Abs. 2 BGB. Der Franchisegeber ist dann gemäß §§ 249 ff. BGB so zu stellen, als hätte der Franchisenehmer seine Zahlungspflicht fristgemäß erfüllt. Zu beachten ist in diesem Zusammenhang auch, dass die einmalig schuldhafte Zahlungsverzögerung den Franchisegeber mangels Unzumutbarkeit nicht zur außerordentlichen Kündigung des gesamten Franchisevertrages berechtigt.[581]

2. Haftung des Franchisenehmers aus Delikt

Auch der Franchisenehmer haftet gemäß dem oben zu § 823 Abs. 1 BGB Gesagten, sofern er rechtswidrig und schuldhaft ein von dieser Norm geschütztes Rechtsgut verletzt. Die Grundsätze der Produzentenhaftung finden auf ihn hingegen denknotwendig nur dann Anwendung, wenn er die von ihm vertriebenen Produkte auch selbst – zumindest teilweise – produziert.

Darüber hinaus haftet der Franchisenehmer beim Produktfranchising als Hersteller i.S.d. § 4 Abs. 1 S. 1 ProdHaftG. Im Rahmen des Vertriebsfranchisings muss auch der Franchisenehmer § 4 Abs. 3 ProdHaftG beachten. Soweit der Hersteller des Produkts nicht feststellbar ist, gilt demnach jeder Lieferant, mithin also auch der Franchisenehmer, als Hersteller des Produkts.[582] Wichtig ist dabei, dass der Franchisenehmer den Geschädigten innerhalb eines Monats nach Zugang der Aufforderung, den Hersteller oder diejenige Person benennt, die ihm das Produkt geliefert hat, um sich zu entlasten.[583]

3. Ansprüche im Zusammenhang mit einem wettbewerbswidrigen Verhalten des Franchisenehmers

Die erläuterten Unterlassungsansprüche nach UWG stehen auch dem Franchisegeber gegen den Franchisenehmer zu.

580 Metzlaff-Metzlaff, § 12 Rn. 31.
581 Vgl. Metzlaff-Metzlaff, § 12 Rn. 31.
582 Vgl. Nebel/Schulz/Flohr-Schulz, S. 411.
583 Küstner/Thume-Schröder, Handbuch Vertriebsrecht Bd. 3, S. 460.

Nach der neuesten Rechtsprechung steht dem Franchisegeber gegen den gekündigten Franchisenehmer ein Unterlassungsanspruch gemäß § 8 Abs. 3, 5 Abs. 1 S. 1 UWG zu, wenn der ehemalige Franchisenehmer nunmehr Mitglied im Franchisesystem eines Wettbewerbers ist und in diesem Zusammenhang Bewertungen oder Likes weiterverwendet, die sich tatsächlich auf die Zeit als Franchisenehmer des Systems des Franchisegebers beziehen.[584] Eine solche Werbung ist nach § 5 UWG irreführend.

Jeder Franchisenehmer ist außerdem für seine eigene regionale Werbung selbst verantwortlich. Soweit diese wettbewerbswidrig ist, kann nicht nur dieser, sondern auch der Franchisegeber auf Unterlassung oder gegebenenfalls auf Schadensersatz nach erfolgter Auskunftserteilung in Anspruch genommen werden.[585]

IV. Zwischenergebnis

Zusammenfassend liegt eine der wichtigsten Besonderheiten des Franchiserechts im Hinblick auf die Geltendmachung von vertraglichen Ansprüchen in der Anwendung der Vier-Stufen-Theorie. Eine Leistungsstörung kann somit – je nach Charakter der betroffenen Leistungen – den Regelungen unterschiedlicher gesetzlich normierter Vertragstypen zuzuordnen sein. Eine geltend gemachte Schlecht- oder Nichtleistung kann somit nach den Regeln des Dienstvertrags-, Lizenzvertrags-, Geschäftsbesorgungsvertrags-, Miet-, Pacht- oder Kaufrechts zu beurteilen sein, wobei die dem Dienst- oder Geschäftsbesorgungsvertrag zuzuordnenden Elemente regelmäßig den Schwerpunkt bilden. Auf diese dienstvertraglichen und geschäftsbesorgungsvertraglichen Elemente des Franchisevertrages findet das allgemeine Leistungsstörungsrecht Anwendung.

Neben den Ansprüchen des Franchisenehmers wegen Nicht-, Schlecht- oder Spätleistung kann der Franchisenehmer auch Schadensersatzansprüche aus Delikt gegen den Franchisegeber geltend machen. Er kann zudem Schuldner eines Unterlassungsanspruchs gemäß § 8 Abs. 1 UWG sein, auch wenn die Zuwiderhandlung vom Franchisenehmer begangen wurde. Ferner sind Ansprüche nach §§ 812 ff. BGB infolge einer wirksam erklärten Anfechtung des Franchisevertrages durch den Franchisenehmer gemäß §§ 123 Abs. 1, 142 Abs. 1 BGB denkbar.

---

584 Vgl. OLG Frankfurt, Urt. v. 14.06.2018 – 6 U 23/17, juris Rz. 14.

585 Flohr/Wauschkuhn-Flohr, § 8 UWG Rn. 1.

Allerdings sieht sich auch der Franchisenehmer möglicherweise Ansprüchen des Franchisegebers wegen Nicht-, Schlecht- oder Spätleistung ausgesetzt. Auch hier findet die Vier-Stufen-Theorie Anwendung. Daneben kann der Franchisenehmer aus Delikt auf Schadensersatz haften oder nach UWG auf Unterlassung in Anspruch genommen werden.

H. Die Vertragsbeendigung

Einen weiteren Problemkreis bei der Gestaltung und Durchführung von Franchiseverträgen stellt die Vertragsbeendigung, insbesondere die Kündigung durch den Franchisegeber, dar. Die Gründe für eine Vertragsbeendigung seitens des Franchisegebers müssen dabei nicht notwendigerweise in einer wirtschaftlich erforderlichen Umstrukturierung des Franchisesystems oder in der mangelhaften Absatzförderungstätigkeit des Franchisenehmers liegen. Nicht selten versucht die Geschäftszentrale trotz guter Geschäftsbeziehungen zum Franchisenehmer und dessen insgesamt erfolgreicher Tätigkeit das Absatzgebiet für die eigene Geschäftstätigkeit zu gewinnen, um im Wege der Filialisierung einen höheren Gewinn aus der Verkaufsstelle erzielen zu können.[586] Dies begründet ein besonderes Schutzbedürfnis des Franchisenehmers. Sein Interesse an einem Fortbestand des Franchisevertrages wurzelt i.d.R. auch in den hohen Investitionen, die bei Vertragsbeendigung wertlos würden. Erschwerend können auch nachvertragliche Wettbewerbsverbote oder restliche Lagerbestände hinzukommen.

Verändern sich die vertraglichen Umstände, so ist vorrangig zu prüfen, ob den Vertragsparteien anstelle einer Vertragsbeendigung möglicherweise ein Anspruch auf Anpassung des Franchisevertrages zusteht. Für einen Franchisegeber bzw. Franchisenehmer wird nur dann die Möglichkeit bestehen, eine Anpassung des Franchisevertrages gemäß § 313 BGB nach den Grundsätzen des Wegfalls der Geschäftsgrundlage vorzunehmen, wenn diejenigen Umstände und allgemeinen Verhältnisse, deren Vorhandensein und Fortdauer objektiv für den Bestand des Franchisevertrages erforderlich sind und die die Intention zum Vertragsabschluss der Parteien wiedergeben, nicht mehr bestehen.[587] Zugleich muss die Durchführung des Franchisevertrages durch den Wegfall der Geschäftsgrundlage erheblich gefährdet sein.[588]

586 Martinek/Semler/Flohr-Flohr – Handbuch des Vertriebsrechts, § 32 Rn. 2.
587 Flohr, in: ZVertriebsR 2018, 147 (149).
588 Flohr, in: ZVertriebsR 2018, 147 (149).

Gemäß § 313 Abs. 2 BGB steht es einer Veränderung der Umstände gleich, wenn wesentliche Vorstellungen, die zur Grundlage des Franchisevertrages geworden sind, sich als falsch herausstellen. Der Umstand darf dabei nicht der Risikosphäre einer der Parteien zugeordnet werden.[589] Bei Franchiseverträgen wird dies bspw. angenommen, wenn die Parteien eines Home-Delivery-Franchisevertrages davon ausgehen, dass öffentlich-rechtliche Sondernutzungsgebühren nicht zu leisten sind, obwohl die Vertragsprodukte durch den Franchisenehmer aus einem Verkaufswagen veräußert werden, der auf öffentlichen Verkehrsflächen zum Verkauf anhält.[590]

I. Ordentliche Vertragsbeendigung

1. Ablauf der vereinbarten Vertragsdauer

Franchiseverträge werden i.d.R. für eine bestimmte Vertragsdauer abgeschlossen. Sie können daher zunächst durch Zeitablauf beendet werden. In diesem Zusammenhang stellt sich die Frage, welche Vertragsdauer von den Parteien wirksam vereinbart werden kann. Wichtig ist dabei, dass der Franchisenehmer kein Endverbraucher ist und i.d.R. eine längere Laufzeit seines Vertragsverhältnisses anstrebt.[591] Zwar sind die Vertragsparteien bei der Gestaltung der Vertragslaufzeit weitestgehend frei, allerdings sollte diese nicht mehr als zwanzig Jahre betragen.[592] In der Praxis sind Vertragslaufzeiten von fünf bis zehn Jahren

589 Palandt-Grüneberg, § 313 Rn. 19.

590 Flohr, ZVertriebsR 2018, 147 (149).

591 Vgl. Küstner/Thume-Schröder, Handbuch Vertriebsrecht Bd. 3, S. 471; Niebling, S. 90f.

592 Insoweit kann die Rechtsprechung über die Laufzeit von Bierlieferungsverträgen auf Franchiseverträge angewendet werden, so z.B. BGH, Urt. v. 27.02.1985 – VIII ZR 85/84, juris Rz. 22 f. In diesem Urteil hat der BGH entschieden, dass ein Bezugszeitraum von 20 Jahren bei einem Pachtvertrag an die äußerste Grenze des in einem Ausnahmefall gerade noch Zulässigen reicht. Für die Anwendung dieser Rechtsprechung auf den Franchisevertrag spricht sich auch Flohr aus, siehe ders., Franchise-Vertrag, S. 213. Vgl. aus jüngerer Zeit auch die sog. Subway-Entscheidungen, in denen die Gerichte mit unterschiedlichen Ergebnissen zur AGB-rechtlichen Zulässigkeit von 20-jährigen Vertragslaufzeiten bei Franchiseverträgen Stellung nahmen, so z.B. OLG Düsseldorf, Urt. v. 12.07.2013 – VI-U (Kart) 1/13, juris Rz. 54. Demgegenüber hielt das LG Düsseldorf in einem Urt. v. 21.11.2013 – 14c O 129/12 U, juris Rz. 46, die zwanzigjährige Laufzeit für unwirksam, weil sie den Franchisenehmer wegen der überlangen Bindung unangemessen benachteiligte.

üblich.[593] Der Rechtsgedanke des § 309 Nr. 9 lit. a) BGB, wonach eine formularmäßig vereinbarte Vertragslaufzeit zwei Jahre nicht überschreiten darf, ist nicht auf einen zwischen Unternehmern geschlossenen Franchisevertrag übertragbar.[594] Das Gesetz beschränkt die Laufzeitkontrolle nach § 309 Nr. 9 BGB bewusst auf bestimmte Vertragstypen, denen der Franchisevertrag nicht zuzuordnen ist.[595] Ob dennoch eine unangemessene Benachteiligung vorliegt, muss anhand der Generalklausel des § 307 Abs. 1 S. 1 BGB festgestellt werden und erfordert eine umfassende Interessenabwägung.[596]

Die regelmäßig zur Geschäftsaufnahme erforderlichen hohen Investitionen des Franchisenehmers einschließlich einer eventuellen Eintrittsgebühr müssen bei der Frage der Wirksamkeit der Vertragsdauer Berücksichtigung finden, indem die ordentliche Kündigung des Franchisegebers nicht vor einem Zeitraum möglich sein soll, der wenigstens die gewöhnliche Amortisation der Anfangsinvestitionen ermöglicht (Anlaufschutz).[597] Die dann mögliche Kündigung muss wieder ausreichend Zeit lassen, dass der Franchisenehmer seine Geschäfte ordnungsgemäß abwickeln kann (Auslaufschutz).[598] Dies ist stets eine Frage des Einzelfalls.

2. *Der Aufhebungsvertrag*

Neben der Vertragsbeendigung haben die Parteien eines Franchisevertrages auch die Möglichkeit einen Aufhebungsvertrag abzuschließen, vgl. § 311 Abs. 1 BGB.

a) *Gestaltung des Aufhebungsvertrages*

Dabei müssen die mit der Vertragsbeendigung einhergehenden beidseitigen Interessen angemessen berücksichtigt werden. Eine Aufhebungsvereinbarung sollte neben einer Geheimhaltungspflicht auch eine umfassende Ausgleichsklausel enthalten, um zu verhindern, dass im Nachhinein Schadensersatzansprüche aus c.i.c. oder Zahlungsansprüche erhoben werden.[599]

---

593 Vgl. Billing/Röschenkemper, ZVertriebsR 2015, 139 (142); Erdmann, BB 1992, 795 unter Berufung auf Erhebungen des Deutschen Franchise-Verbandes.

594 Vgl. Ulmer/Brandner/Hensen-Christensen, AGB-Recht, § 309 Nr. 9 Rn. 22.

595 Stoffels, DB 2004, 1871; Palandt-Grüneberg, § 309 Rn. 86.

596 Vgl. Flohr/Wauschkuhn-Flohr, § 307 BGB Rn. 5; Billing/Röschenkemper, ZVertriebsR 2015, 139 (142).

597 Küstner/Thume-Schröder, Handbuch Vertriebsrecht Bd. 3, S. 472.

598 Küstner/Thume-Schröder, Handbuch Vertriebsrecht Bd. 3, S. 472.

599 Martinek/Semler/Flohr-Flohr – Handbuch des Vertriebsrechts, § 32 Rn. 11.

Wird ein Aufhebungsvertrag abgeschlossen und war ein nachvertragliches Wettbewerbsverbot vereinbart, so ist dies ebenfalls im Aufhebungsvertrag zu berücksichtigen.[600] Unterbleibt eine Berücksichtigung, so ist auf die Unwirksamkeit eines solchen nachvertraglichen Wettbewerbsverbots § 75 Abs. 1 HGB entsprechend anwendbar.[601] Das Wettbewerbsverbot wird somit unwirksam, wenn der dadurch belastete Teil – der Franchisenehmer – innerhalb eines Monats nach Wirksamkeit des Aufhebungsvertrages mitteilt, dass er sich an die Vereinbarung nicht gebunden fühlt.

b) Hat der Franchisenehmer einen Anspruch auf Vertragsaufhebung?

Liegt ein befristeter Franchisevertrag vor, so kann der Franchisevertrag als Dauerschuldverhältnis nur außerordentlich gekündigt werden. Für den Franchisenehmer kann sich dann die Frage stellen, ob er gegen den Franchisegeber einen Anspruch auf Vertragsaufhebung geltend machen kann. Wenngleich zu dieser Frage keine Rechtsprechung in Bezug auf das Franchiserecht vorliegt, hat der BGH doch zu den Voraussetzungen eines nicht gesetzlich verankerten Anspruchs auf Vertragsentlassung im Wohnraummietrecht Stellung genommen.[602] Demnach steht dem Mieter unter Berufung auf § 242 BGB ein Anspruch auf vorzeitige Vertragsaufhebung aus dem Mietvertrag zu, wenn (1.) sein Interesse an der vorzeitigen Vertragsentlassung das des Vermieters an der Vertragsfortsetzung deutlich überwiegt und (2.) der vom Mieter dem Vermieter vorgeschlagene Ersatzmieter vorbehaltlos zum Eintritt in den laufenden Vertrag bereit und dem Vermieter überdies zumutbar ist. Dem Mieter muss dabei ein unverschuldeter und nicht vorhersehbarer Grund zur Seite stehen. Nicht ausreichend sind hingegen Gründe, die allein im Risikobereich des Mieters liegen oder die bei Vertragsabschluss absehbar waren.[603] Ob sich diese Rechtsprechung entsprechend auf den Franchisenehmer übertragen lässt, ist fraglich. Für eine entsprechende Geltung dieser Rechtsprechung kann zunächst angeführt werden, dass der Franchisenehmer – ähnlich dem Mieter – deshalb besonders schutzwürdig sei, weil ihm der Franchisegeber meist vorformulierte Bedingungen vorlegt und er sich meist unter dem Vorwand einheitlicher Bedingungen für alle Franchisenehmer zur Annahme einer etwaigen Kündigungsklausel und/oder Befristung gedrängt sieht. Außerdem stellen die Grundsätze über den Mietaufhebungsvertrag eine

---

600 Martinek/Semler/Flohr-Flohr – Handbuch des Vertriebsrechts, § 32 Rn. 12.
601 Martinek/Semler/Flohr-Flohr – Handbuch des Vertriebsrechts, § 32 Rn. 12.
602 BGH, Urt. v. 22.01.2003 – VIII ZR 244/02, juris Rz. 9.
603 Hannemann/Wiegner-Hannemann, § 29 Rn. 146.

Ausprägung des Prinzips von Treu und Glauben dar, das für alle Rechtsverhältnisse gilt.[604] Dieser Meinung kann entgegengehalten werden, dass der BGH einen solchen Anspruch auf Vertragsaufhebung nur unter Geltung sehr strenger Voraussetzungen bejaht. Anders als beim Mieter handelt es sich beim Franchisenehmer um einen Unternehmer, bei dem der Maßstab für das Vorliegen eines „unvorhersehbaren Grundes" bereits aufgrund der eigenen unternehmerischen Sorgfalts- und Prüfpflichten schwerer zu begründen sein dürfte. Dagegen kann jedoch wiederum angeführt werden, dass die Rechtsprechung auch dem Gewerberaummieter einen Anspruch auf vorzeitige Entlassung gewährt.[605]

Bejaht man einen Anspruch des Franchisenehmers auf Vertragsaufhebung unter den oben genannten Voraussetzungen, so sind jedenfalls die wirtschaftlichen Besonderheiten des Franchisings und die Interessen des Franchisegebers an der Vertragsdurchführung im Rahmen der Interessenabwägung ebenso zu berücksichtigen wie die des Franchisenehmers. So müsste man dem Franchisegeber in jedem Fall das Recht zugestehen, den Ersatzfranchisenehmer abzulehnen, wenn begründete Zweifel an dessen wirtschaftlicher Leistungsfähigkeit bestehen. Aus der Rechtsnatur eines Anspruchs auf Vertragsaufhebung folgt auch, dass der Franchisegeber eine vorzeitige Vertragsaufhebung nur dann nach Treu und Glauben hinnehmen muss, wenn sich der Franchisenehmer seinerseits vertragstreu verhält.[606] Allgemein sollte der Franchisenehmer aber jedenfalls keinen Anspruch auf Abkürzung einer hypothetischen ordentlichen Kündigungsfrist haben, da eine solche Kündigungsfrist nicht allein der Franchisenehmersuche dient, sondern beiden Parteien einen für die Vertragsabwicklung angemessenen zeitlichen Spielraum lässt.[607]

In der Praxis dürfte es allerdings schwierig sein einen „Ersatzfranchisenehmer" zu finden, der zu einem Eintritt in den bisher bestehenden Franchisevertrag vorbehaltlos bereit ist, zumal die Übernahme oder Weiterführung eines „fremden" Franchisebetriebs ohne zusätzliche Absicherungen oder Garantien für diesen ein zusätzliches Risiko bedeutet. Der Abschluss eines „neuen" Franchisevertrages dürfte für den Franchisenehmer daher wirtschaftlich attraktiver sein.

---

604 Schmidt-Futterer-Blank, § 542 Rn. 3 ff.

605 OLG München, Urt. v. 18.11.1994 – 21 U 3071/94, NJW-RR 1995, 393.

606 Vgl. Schmidt-Futterer-Blank, § 542 Rn. 14 bezüglich des Mietrechts.

607 Vgl. Schmidt-Futterer-Blank, § 542 Rn. 14 ff. bezüglich des Mietrechts.

3. *Wegfall der Geschäftsgrundlage*

Ausnahmsweise kann ein Franchisevertrag gemäß § 313 Abs. 1, 3 S. 2 BGB gekündigt werden, wenn sich wesentliche Umstände, die Vertragsgrundlage wurden, nach Vertragsschluss so schwerwiegend verändert haben, dass die Parteien den Vertrag bei Kenntnis dieser Umstände nicht geschlossen hätten und eine Vertragsanpassung nicht möglich oder der anderen Partei unzumutbar ist. Die Hürden für die Anwendung des § 313 BGB auf Franchiseverträge sind jedoch sehr hoch. Außerdem ist zu beachten, dass das Kündigungsrecht aus wichtigem Grund bei Dauerschuldverhältnissen die Grundsätze der Geschäftsgrundlage verdrängt, soweit es um die Auflösung des Vertrages geht.[608]

4. *Beendigung durch Anfechtung wegen arglistiger Täuschung*

Weiterhin kann ein Franchisevertrag auch durch Anfechtung wegen arglistiger Täuschung gemäß § 123 Abs. 1 BGB mit der Folge einer ex tunc-Nichtigkeit des Franchisevertrages gemäß § 142 Abs. 1 BGB beendet werden. Mehrheitlich sind damit die Fälle falscher oder unterlassener vorvertraglicher Aufklärung gemeint.[609] Der Franchisegeber muss die Unrichtigkeit seiner Angaben, welche kausal für den Vertragsabschluss waren, gekannt haben oder sie zumindest für möglich gehalten haben.[610] Es gilt die Jahresfrist des § 124 Abs. 1 BGB.

Wird der Franchisevertrag durch Anfechtung ex tunc beseitigt, so findet nach einhelliger Meinung eine vollständige Rückabwicklung gemäß §§ 812 ff. BGB statt.[611]

5. *Insolvenz eines Vertragspartners*

Auch die Insolvenz eines Vertragspartners kann zur Vertragsbeendigung führen. Dabei ist zunächst zwischen der Insolvenz des Franchisenehmers und der des Franchisegebers zu unterscheiden.

---

608 Palandt-Grüneberg, § 313 Rn. 14.

609 Martinek/Semler/Flohr-Flohr – Handbuch des Vertriebsrechts, § 32 Rn. 21; vgl. Giesler/Nauschütt-Jesse, Kap.13 Rn. 28 f.

610 Vgl. BGH, Urt. v. 11.5.2001 – V ZR 14/00, juris Rz. 14; Jauernig BGB-Mansel, § 123 Rn. 7; MüKo BGB-Armbrüster, § 123 Rn. 7 f.; Hk-BGB-Dörner, § 123 Rn. 5.

611 Giesler, WM 2001, 1441 (1442).

a) *Insolvenz des Franchisenehmers*

Im Fall der Insolvenz des Franchisenehmers wird der Franchisegeber regelmäßig daran interessiert sein, den Franchisevertrag zu beenden, um einen möglichen Imageschaden zu verhindern und sich zugleich von seinen vertraglichen Pflichten zu lösen, die er gegebenenfalls nicht mehr in Form der Franchisegebühr vergütet bekommt.[612]

Für den Fall, dass der Franchisevertrag keine Regelungen zur Insolvenz eines Vertragspartners enthält, richtet sich das Schicksal des Franchisevertrages nach §§ 103 ff. InsO.[613] Gemäß § 103 Abs. 1 InsO kann der Insolvenzverwalter für den Fall, dass der Franchisevertrag zur Zeit der Eröffnung des Insolvenzverfahrens von einer Vertragspartei nicht oder nicht vollständig erfüllt ist, anstelle des Schuldners den Vertrag erfüllen und die Erfüllung auch vom anderen Teil verlangen. Lehnt der Insolvenzverwalter die Erfüllung der vertraglichen Pflichten des Franchisenehmers ab, so kann der Franchisegeber eine Forderung wegen Nichterfüllung gemäß § 103 Abs. 2 S. 1 InsO nur als Insolvenzgläubiger geltend machen. Ein Schadensersatzanspruch wegen Nichterfüllung, auch im Rahmen des insolvenzrechtlichen Nichterfüllungsanspruchs, kann ausschließlich auf zur Insolvenztabelle anzumeldenden Schadensersatz in Geld gerichtet sein.[614]

§ 103 InsO wird durch die §§ 104 ff. InsO verdrängt. Von besonderer Bedeutung für den Franchisevertrag sind dabei insbesondere § 112 InsO und § 116 InsO. Während § 112 InsO vorsieht, dass dem Franchisenehmer ein vor Eröffnung des Insolvenzverfahrens eingegangenes Miet- oder Pachtverhältnis nicht gekündigt werden kann wegen eines vor dem Eröffnungsantrag eingetretenen Verzugs mit der Entrichtung der Miete oder Pacht, sieht § 116 S. 1 i.V.m. § 115 Abs. 1 InsO für Geschäftsbesorgungsverträge vor, dass diese durch die Eröffnung des Insolvenzverfahrens erlöschen sollen. Vor dem Hintergrund dieser gegensätzlichen Normen stellt sich die Frage, welche auf den Franchisevertrag anzuwenden ist. § 112 InsO ist jedenfalls nicht direkt auf Franchiseverträge anzuwenden, da diese keine Mietverträge sind.[615] Folglich ist allenfalls eine analoge Anwendung denkbar. Fraglich ist dabei jedoch zunächst, ob hier eine – für die Bejahung einer Analogie vorausgesetzte – planwidrige Regelungslücke und eine vergleichbare Interessenlage vorliegen. Hierbei ist zunächst zu berücksichtigen, dass es sich

612 Torz, ZInsO 2009, 1235; Höpfner, S. 96.

613 Torz, ZInsO 2009, 1235.

614 Vgl. MüKo-InsO-Huber, § 103 Rn. 185, 193; Niklas, ZVertriebsR 2013, 85 (88).

615 Vgl. Andres/Leithaus-Andres, § 112 Rn. 2; Nerlich/Römermann-Balthasar, § 112 Rn. 16.

beim Franchisevertrag nach hier vertretener Ansicht um einen Typenkombinationsvertrag handelt mit kaufrechtlichen, lizenzvertraglichen, geschäftsbesorgungsvertraglichen, mietvertraglichen und möglicherweise auch weiteren Elementen anderer Vertragstypen. Der Franchisevertrag ist damit gerade kein klassischer Mietvertrag oder Pachtvertrag i.S.d. § 112 InsO. Die Nutzungsüberlassung betreffend die Franchisemarke ist nicht derart grundlegend, dass sie wesensbildend für das gesamte Franchisekonzept ist oder der gesamte Betrieb mit ihr steht und fällt.[616] Darüber hinaus handelt es sich bei § 112 InsO um eine Ausnahmevorschrift zu § 103 InsO, die eng auszulegen ist und nicht analogiefähig ist, weshalb sich eine analoge Anwendung auf Franchiseverträge ebenfalls verbietet.[617] § 112 InsO findet somit keine analoge Anwendung auf Franchiseverträge.

Fraglich ist daher, ob ein Franchisevertrag bei Insolvenz des Franchisenehmers gemäß § 116 S. 1 i.V.m. § 115 Abs. 1 InsO erlischt. Auch hier scheidet eine direkte Anwendung dieser Normen aus, weil der Franchisevertrag kein reiner Geschäftsbesorgungsvertrag ist. Fraglich ist ihre analoge Anwendung.

§ 116 S. 1 InsO hat den Zweck zu verhindern, dass Dritte unter Berufung auf entsprechende vertragliche Bindungen Geschäfte für den Schuldner besorgen und dadurch den Insolvenzverwalter in der eigenen Aufgabenerfüllung behindern.[618] Allerdings handelt es sich auch hierbei um eine eng auszulegende Ausnahmevorschrift. Zwar kann der Franchisevertrag geschäftsbesorgungsvertragliche Elemente enthalten, jedoch überwiegen diese nicht die Elemente anderer Vertragstypen dergestalt, dass der Franchisevertrag als Geschäftsbesorgungsvertrag i.S.d. § 116 S. 1 InsO verstanden werden kann.[619] Eine analoge Anwendung des § 116 S. 1 InsO i.V.m. § 115 Abs. 1 InsO scheidet daher ebenfalls aus.

Es bleibt deshalb bei der Anwendung des § 103 InsO mit der Folge, dass dem Insolvenzverwalter in solchen Fällen ein Wahlrecht dahingehend zusteht, ob er den Vertrag erfüllen will oder nicht.

In der Praxis wird der Franchisevertrag daher regelmäßig vorsehen, dass es einen wichtigen Grund zur Kündigung des Franchisevertrages darstellt, wenn über das Vermögen des Franchisenehmers das Insolvenzverfahren eröffnet wird. Oftmals wird auch festgelegt, dass bereits eine wesentliche Verschlechterung

---

616 Torz, ZInsO 2009, 1235 (1237).

617 Torz, ZInsO 2009, 1235 (1237); vgl. BeckOK InsO-Berberich, § 112 Rn. 28.

618 MüKo-InsO-Vuia, § 116 Rn. 1.

619 Vgl. Torz, ZInsO 2009, 1235 (1238).

der Vermögenslage des Franchisenehmers einen solchen wichtigen Kündigungsgrund begründet.[620] Durch solche Regelungen erlangen die Vertragsparteien im Vorfeld Klarheit über die Rechtslage im Falle einer Insolvenz und der Franchisegeber vermeidet eine „Abhängigkeit“[621] von der Entscheidung des Insolvenzverwalters.

b) Insolvenz des Franchisegebers

Seltener sind hingegen die Fälle der Insolvenz des Franchisegebers, bei denen sich für den Franchisenehmer die Frage stellt, in welcher Form dieser sein Unternehmen weiter betreiben kann. Auch diesbezüglich stellt sich zunächst die Frage einer analogen Heranziehung des § 112 InsO sowie des § 116 S. 1 i.V.m. § 115 Abs. 1 InsO. Entsprechend dem oben Geschilderten lässt sich auch hier eine analoge Anwendung mit der Begründung verneinen, dass der Franchisevertrag weder einen Miet- oder Pachtvertrag noch einen Geschäftsbesorgungsvertrag darstellt, sondern einen typengemischten Vertrag, der diese Elemente enthalten kann, aber eben nicht zwingend muss. § 112 InsO ist ferner bereits deshalb nicht analog anzuwenden, weil der Franchisegeber i.d.R. gar kein Miet- oder Pachtverhältnis eingeht, sondern allein der Franchisenehmer z.B. die Betriebsräume vom Franchisegeber anmietet. Bei einer Insolvenz des Franchisegebers findet somit das Wahlrecht des Insolvenzverwalters nach § 103 InsO Anwendung.[622]

Auch im Hinblick auf eine Insolvenz des Franchisegebers ist es empfehlenswert ein außerordentliches Kündigungsrecht des Franchisenehmers vertraglich vorzusehen. Im Idealfall verleiht eine solche Kündigungsklausel also beiden Vertragsparteien das Recht zur Kündigung aus wichtigem Grund im Falle einer Eröffnung des Insolvenzverfahrens über das Vermögen der jeweils anderen Partei.

c) Zwischenergebnis

Bei drohender Insolvenz des Franchisenehmers versucht der Franchisegeber i.d.R. negative Auswirkungen auf das Ansehen des Franchisesystems zu verhindern. Andererseits sind auch Fälle denkbar, in denen der Franchisenehmer nach Eröffnung des Insolvenzverfahrens über das Vermögen des Franchisegebers ein Interesse an der Fortführung seines Unternehmens bzw. an der vertraglichen Erfüllung durch den Franchisegeber hat. In beiden Fällen findet mangels

620 Pour Rafsendjani, Beck'sche Online-Fomulare Vertrag, Kap. 23.3 § 9
621 Torz, ZInsO 2009, 1235 (1238).
622 Vgl. Torz, ZInsO 2009, 1235 (1238).

vertraglicher Regelung § 103 InsO Anwendung, wonach dem Insolvenzverwalter bei Eröffnung des Insolvenzverfahrens ein Wahlrecht zusteht, ob er entweder seinerseits den Vertrag erfüllen und die vollständige Erfüllung durch die andere Vertragspartei verlangen kann oder die Erfüllung ablehnt. Lehnt er die Erfüllung ab, so steht der anderen Vertragspartei ein Schadensersatzanspruch wegen Nichterfüllung als Insolvenzgläubiger gemäß § 103 Abs. 2 InsO zu.

Beabsichtigen die Parteien dieses gesetzliche Wahlrecht des Insolvenzverwalters im Falle der Eröffnung des Insolvenzverfahrens über das Vermögen einer Vertragspartei zu vermeiden und somit bereits zur Zeit des Vertragsschlusses für Klarheit zu sorgen, so empfiehlt sich für diese Fälle ein Kündigungsrecht aus wichtigem Grund für beide Parteien vorzusehen.

6. *Ordentliche Kündigung*

Im Zusammenhang mit der Kündigung eines Franchisevertrages ergibt sich eine Fülle von Problemen, von denen nur einige skizziert werden können. Dabei ist zunächst zwischen der ordentlichen und der außerordentlichen Kündigung zu differenzieren.

Sofern die Parteien keine vorrangige Regelung über die befristete Laufzeit und die Beendigung des Franchisevertrages getroffen haben, kann dieser ordentlich gekündigt werden. Die in § 89 HGB normierten Kündigungsfristen gelten für die ordentliche Kündigung im Franchiserecht analog, sofern der Franchisenehmer einem Handelsvertreter vergleichbar in das Vertriebssystem des Franchisegebers integriert ist.[623] Eine analoge Anwendung des § 89 HGB auf Franchiseverträge ist jedenfalls geboten, wenn das Kooperationsverhältnis des Franchisenehmers intensiv auf die Interessen des Franchisegebers ausgerichtet ist.[624] Demnach ist ein Subordinations-Franchisenehmer nicht minder schutzwürdig als ein Handelsvertreter. Die Intensität der Kooperation und die Ausrichtung des Franchisenehmers auf die Interessenwahrung für das Franchisesystem begründen somit i.d.R. die analoge Anwendung des § 89 HGB.[625]

Daraus folgt, dass ein auf unbestimmte Zeit eingegangener Franchisevertrag analog § 89 Abs. 1 BGB im ersten Jahr mit einer Frist von einem Monat, im zweiten

---

623 BGH, Urt. v. 17.7.2002 – VIII ZR 59/01, juris Rz. 24, vgl. Emde, Vertriebsrecht, Vor § 84 Rn. 466; BGH, Urt. v. 24.06.2009 – VIII ZR 150/08, NJW 2009, 3647 f. zur Strukturkündigung eines Sekundärhändlers; Matthießen, ZIP 1988, 1089 (1095).

624 Vgl. Schmidt, Handelsrecht, § 28 Rn. 43; auch zu Vertragshändlerverträgen BGH, Urt. v. 09.10.2002 – VIII ZR 95/01, juris Rz. 12.

625 Martinek/Semler/Flohr-Flohr – Handbuch des Vertriebsrechts, § 32 Rn. 28.

mit einer Frist von zwei Monaten und im dritten bis fünften Jahr mit einer Frist von sechs Monaten gekündigt werden kann. Gemäß § 89 Abs. 1 S. 2 BGB beträgt die Kündigungsfrist ab einer Vertragsdauer von fünf Jahren sechs Monate. Bei diesen Fristen handelt es sich um Mindestfristen. Eine vertraglich vereinbarte längere Kündigungsfrist bleibt den Vertragsparteien folglich vorbehalten.[626]

II. Außerordentliche Vertragsbeendigung

Einer gesonderten Betrachtung bedarf das Recht zur außerordentlichen Kündigung.

1. Das Recht zur fristlosen Kündigung

Das Recht zur außerordentlichen Kündigung des Franchisevertrages findet nach der Rechtsprechung[627] und der h.L.[628] seine Grundlage in § 314 BGB und nicht, wie von einer Mindermeinung[629] vertreten, in einer analogen Anwendung des § 89a HGB. § 314 BGB stellt eine allgemeine Vorschrift über das außerordentliche Kündigungsrecht bei Dauerschuldverhältnissen dar. Da Franchiseverhältnisse Dauerschuldverhältnisse i.S.d. § 314 BGB sind, ist ein Rückgriff auf den vor der Schuldrechtsreform herangezogenen § 89a HGB hinfällig.[630] Einzelvereinbarungen im Franchisevertrag können dieses Kündigungsrecht zwar grundsätzlich beschränken, es aber nicht völlig ausschließen, da § 314 BGB zwingendes Recht darstellt.[631] Die außerordentliche Kündigung muss dabei immer ultima ratio sein.[632]

---

626 Vgl. Billing/Röschenkemper, ZVertriebsR 2015, 139 (143); OLG Frankfurt a.M., Urt. v. 08.10.2014 – 4 U 41/14, juris Rz. 17.

627 Vgl. BGH, Urt. v. 20.5.2003 – KZR 19/02, BB 2003, 2254 ff.; BGH, Urt. v. 13.07.2004 – KZR 10/03, GRUR 2005, 62 f.

628 MüKo BGB-Gaier, § 314 Rn. 8; Metzlaff-Becker, § 11 Rn. 54; Graf von Westphalen, NJW 2004, 1993 (1997); vgl. Herberger/Martinek/Rüßmann/Weth/Würdiger-Hönn, jurisPK-BGB, § 675 Rn. 116.

629 Canaris, Handelsrecht, § 18 Rn. 28; auch die ältere Rechtsprechung des KG Berlin, Urt. v. 21.11.1997 – 5 U 5398/97, juris Rz 42.

630 Giesler/Nauschütt-Höpfner, Kap. 12 Rn. 5544; vgl. MüKo BGB-Gaier, § 314 Rn. 6; Herberger/Martinek/Rüßmann/Weth/Würdiger-Weth, jurisPK-BGB, § 314 Rn. 8, 12.

631 Küstner/Thume-Schröder, Handbuch Vertriebsrecht Bd. 3, S. 473.

632 So BGH, Urt. v. 03.10.1984 – VIII ZR 118/83, NJW 1985, 1895; mit Anm. dazu Böhner, NJW 1985, 2811; vgl. Flohr/Wauschkuhn-Flohr, § 314 BGB Rn. 16; auch Skaupy, Franchising, S. 137 ff.

a) Vorliegen eines wichtigen Grundes

Die rechtswirksame außerordentliche Kündigung des Franchisevertrages setzt stets das Vorliegen eines wichtigen Grundes voraus.[633] Ein wichtiger Grund liegt vor, wenn dem kündigenden Teil unter Berücksichtigung aller Umstände des Einzelfalls und unter Abwägung der beiderseitigen Interessen die Fortsetzung des Vertragsverhältnisses bis zur vereinbarten Beendigung oder bis zum Ablauf einer Kündigungsfrist nicht zugemutet werden kann, § 314 Abs. 1 S. 2 BGB. Verschulden ist dabei nicht notwendig. Einen wichtigen Kündigungsgrund kann z.B. die Verletzung der Systemanwendungspflicht darstellen, sofern sie geeignet ist den Vertragszweck zu gefährden.[634] Wichtige Gründe sind ferner die Zahlungseinstellung oder der Antrag auf Eröffnung des Insolvenzverfahrens, die Verletzung wesentlicher Vertragspflichten trotz erfolgter Abmahnung, der Verstoß des Franchisenehmers gegen das vertragliche Wettbewerbsverbot trotz entsprechender Abmahnung,[635] die Umstrukturierung des Franchisesystems,[636] das Bestehen des hinreichenden Verdachts einer schweren Straftat durch den Franchisenehmer[637] oder unberechtigter Drittbezug.[638]

b) Die Abmahnung

Der außerordentlichen Kündigung muss gemäß § 314 Abs. 2 S. 1 BGB grundsätzlich eine erfolglose Abmahnung oder Ablehnungsandrohung vorausgehen. Anderenfalls kann die Kündigung unwirksam sein. Eine Ausnahme hiervon besteht für den Fall, dass sie keinen Erfolg verspricht (§§ 314 Abs. 2 S. 2 i.V.m.

---

633 Hervorzuheben ist in diesem Zusammenhang die sog. Apollo-Optik-Entscheidung des BGH, wonach eine außerordentliche Kündigung ohne Vorliegen eines wichtigen Grundes trotz entsprechender Vereinbarung nicht erklärt werden kann: BGH, Urt. v. 20.5.2003 – KZR 19/02, BB 2003, 2254 ff.

634 Vgl. BGH, Urt. v. 03.10.1984 – VIII ZR 118/83, juris Rn. 19; siehe dazu anmerkend auch Rohe, S. 439, 444 f.

635 Vgl. dazu aus dem Arbeitsrecht: LAG Schleswig-Holstein, Urt. v. 03.12.2002 – Sa 299 b/02, juris Rz. 37.

636 Vgl. BGH, Beschl. v. 26.07.2005 – KZR 14/04, GRUR Int. 2006, 59 f.

637 OLG Frankfurt a.M., Urt. v. 13.11.2009 – 2 U 76/09, juris Rz. 155.

638 Martinek/Semler/Flohr-Flohr– Handbuch des Vertriebsrechts, § 32 Rn. 53 mit weiteren Beispielen.

§ 323 Abs. 2 Nr. 1 und 2 BGB) oder das Vertrauensverhältnis bereits derart gestört ist, dass eine sofortige Beendigung des Vertrages gerechtfertigt ist.[639]

c) Die Kündigungsfrist gemäß § 314 Abs. 3 BGB

Gemäß § 314 Abs. 3 BGB kann die Kündigung nur innerhalb einer angemessenen Frist, nachdem der Berechtigte vom Kündigungsgrund Kenntnis erlangt hat, ausgesprochen werden. Die Angemessenheit dieser Frist bestimmt sich nach einer Interessenabwägung[640] und kann in der Franchisepraxis zwei Wochen bis zu zwei Monate betragen.[641] Wird die Zweimonatsfrist überschritten, gibt der Kündigende dadurch zu erkennen, dass er das beanstandete Ereignis nicht als so schwerwiegend empfunden hat, als dass eine weitere Zusammenarbeit mit dem anderen Vertragspartner bis zum Ablauf der ordentlichen Kündigungsfrist unzumutbar wäre.[642]

d) Die Interessenabwägung

Bevor eine fristlose Kündigung ausgesprochen werden kann, bedarf es nach § 314 Abs. 1 BGB einer Gesamtwürdigung aller Umstände.[643] Neben den bereits eingangs geschilderten schutzwürdigen Interessen des Franchisenehmers und der Vertragslaufzeit sind im Rahmen der Interessenabwägung aber auch die Interessen des Franchisegebers zu berücksichtigen. Diese können bspw. überwiegen, wenn es ohne eine fristlose Kündigung zur Gefährdung des Markenimages des gesamten Franchisesystems kommen kann.[644] Wie problematisch dies in der Praxis sein kann, zeigt die Entscheidung des OLG München[645] betreffend die Kündigung von mehr als achtzig Franchiseverträgen durch eine Fast-Food-Kette aufgrund festgestellter Vertragsverstöße eines sog. Multiunit-Franchisenehmers[646]. Das Gericht sah die Gefährdung des Markenimages

---

639 OLG Düsseldorf, Urt. v. 09.11.2011 – I-18 U 13/11, juris Rn. 43; vgl. OLG München, Urt. v. 14.10.2014 – 7 U 2604/13, juris Rn. 29 f.; OLG München, Urt. v. 25.08.2005 – 6 U 4084/04, juris Rz. 35.

640 Klapperich, in: Flohr/Klapperich, S. 41; Martinek/Semler/Flohr-Flohr– Handbuch des Vertriebsrechts, § 32 Rn. 67.

641 Küstner/Thume-Schröder, Handbuch Vertriebsrecht Bd. 3, S. 475.

642 Martinek/Semler/Flohr-Flohr– Handbuch des Vertriebsrechts, § 32 Rn. 71.

643 KG Berlin, Urt. v. 21.11.1997 – 5 U 5398/97, juris Rz. 42; OLG München, Urt. v. 14.10.2004 – 7 U 2604/13, juris Rz. 8 ff.

644 Vgl. KG Berlin, Urt. v. 21.11.1997 – 5 U 5398/97, BB 1998, 608.

645 OLG München, Urt. v. 14.10.2014 – 7 U 2604/13, BB 2015, 527 f.

646 Gemeint ist ein Franchisenehmer, der mehrere Franchisebetriebe innerhalb desselben Franchisesystems unterhält.

insgesamt und die Gefahr der Verletzung der Rechtsgüter anderer Franchisenehmer gegenüber den Interessen des Franchisenehmers am Fortbestand aller Franchiseverträge als vorrangig an.[647]

2. Der Schadensersatzanspruch bei willkürlicher Kündigung gemäß § 314 Abs. 4 BGB

Weiterhin schließt die Kündigung die Schadensersatzberechtigung nach § 314 Abs. 4 BGB nicht aus. Wird also eine willkürliche Kündigung ausgesprochen, kann der Gekündigte vom Kündigenden sowohl Schadensersatz nach § 280 BGB wegen positiver Vertragsverletzung als auch nach § 823 Abs. 1 BGB unter dem Gesichtspunkt des Eingriffs in das Recht des eingerichteten und ausgeübten Gewerbebetriebs gemäß §§ 249, 252 BGB geltend machen. Ein Schadensersatzanspruch setzt dabei stets ein Verschulden des Kündigenden voraus.

III. Die Rechtsfolgen der Vertragsbeendigung und die nachvertragliche Abwicklung

Kündigt eine Vertragspartei den Franchisevertrag, so wird dadurch das Franchiseverhältnis beendet – im Fall der außerordentlichen Kündigung mit sofortiger Wirkung, anderenfalls mit Ablauf der Kündigungsfrist. Bei der nachvertraglichen Abwicklung von Franchiseverträgen sind einige Besonderheiten zu beachten.

1. Nachvertragliche Vergütungsansprüche des Franchisenehmers

Nach Beendigung des Franchisevertrages hat der Franchisenehmer gegen den Franchisegeber keinen Anspruch auf Zahlung einer Überhangprovision analog § 87 Abs. 1 HGB,[648] da dieser anders als der Handelsvertreter im eigenen Namen und auf eigene Rechnung handelt.[649]

Richtigerweise ist allenfalls § 87 Abs. 3 HGB ausnahmsweise analog heranzuziehen, wenn der Franchisenehmer einen Geschäftsabschluss schon weit angebahnt hat, es aber erst nach Vertragsbeendigung und durch seinen Nachfolger zum Abschluss kommt.[650] In der Praxis erlangt dieser Anspruch jedoch

---

647 OLG München, Urt. v. 14.10.2014 – 7 U 2604/13, BB 2015, 527 f.

648 OLG Celle, Urt. v. 19.04.2007 – 11 U 279/06, juris Rz. 34.

649 OLG Celle, Urt. v. 19.04.2007 – 11 U 279/06, juris Rz. 34; vgl. Schmidt, Handelsrecht, § 28 Rn. 43.

650 Vgl. Flohr/Wauschkuhn-Fröhlich, § 87 HGB Rn. 156 f.

kaum Bedeutung, da der Franchisenehmer den Zeitpunkt des Vertragsabschlusses, anders als der Handelsvertreter, selbst in der Hand hat. Im Übrigen kann § 87 Abs. 3 HGB ausdrücklich oder konkludent abbedungen werden.[651]

2. *Investitionsschutz*

Bei Vertragsbeginn sieht sich der Franchisenehmer i.d.R. mit größeren Anfangsinvestitionen und/oder laufendenden neuen Investitionen konfrontiert. Für ihn besteht daher bei Vertragsbeendigung das Risiko der fehlenden Amortisation. Fraglich ist somit, ob dem Franchisenehmer gegen den Franchisegeber bei Vertragsbeendigung ein Anspruch auf Erstattung der noch nicht amortisierten Investitionen zusteht.

a) Meinungsstand

Diese Frage ist in der Rechtsprechung bislang nicht beantwortet worden. In der Literatur wird einerseits vertreten, ein Entschädigungsanspruch des Absatzmittlers existiere, wenn ihm gekündigt wird, und zwar im Gegensatz zu § 89a Abs. 2 HGB auch im Fall einer ordentlichen Kündigung. Begründet wird diese Ansicht mit § 242 BGB und damit, dass das Dauerschuldverhältnis zwischen Franchisenehmer und Franchisegeber mit seinen interessenwahrenden Aspekten, in deren Rahmen sich der Franchisenehmer den Interessen des Franchisegebers unterordne (und damit beim Subordinationsfranchising), eine besondere Rücksichtnahmepflicht begründe.[652] Demnach sei es unbillig, wenn der Franchisegeber vom Franchisenehmer hohe Investitionen zur Umsetzung des gemeinsamen Kooperationsziels erwarte und den Vertrag dann vorzeitig kündige.[653]

Nach anderer Auffassung wird dem Franchisenehmer mit dem Investitionsschutzanspruch eine „Amortisationsgarantie" eingeräumt, die mit seiner unternehmerischen Funktion im Grunde unverträglich sei.[654] Eine entsprechende Rücksichtnahmepflicht des Franchisegebers setzt demnach ein vorausgegangenes, einen Vertrauenstatbestand schaffendes Verhalten des Franchisegebers voraus.[655] Würde man einen solchen Investitionsschutz per se bejahen, so

651 Martinek/Semler/Flohr-Flohr– Handbuch des Vertriebsrechts, § 32 Rn. 128.

652 Küstner/Thume-Schröder, Handbuch Vertriebsrecht Bd. 3, S. 476; vgl. Schacherreiter, S. 63.

653 Vgl. Pfeifer, S. 282; Martinek/Semler/Flohr-Flohr – Handbuch des Vertriebsrechts, § 32 Rn. 108.

654 Joerges, Die AG 1991, 325 (340); vgl. auch Liesegang, BB 1991, 2381 (2384).

655 Stummel, in: Flohr (Hrsg.), Franchising im Wandel, S. 424.

beschränkte man zugleich das Recht des Franchisegebers sich einseitig vom Franchisevertrag zu lösen. Demnach müsse man sich auch die Fälle vor Augen führen, in denen der Franchisevertrag wegen Nichterfüllung wesentlicher Vertragspflichten gekündigt werde. Setzt der Franchisenehmer die Kündigungsursache in Form der Pflichtverletzung selbst,[656] müsse ihm dies jedenfalls die Schutzwürdigkeit nehmen, wie sie in den Fällen des allgemeinen Investitionsersatzanspruchs diskutiert werde.[657]

b) Stellungnahme

Diese Ansicht überzeugt. Zwar ist den Bestrebungen, dem Franchisenehmer einen Investitionsersatzanspruch zu gewähren, insofern zuzustimmen, als dem Franchisenehmer insbesondere für Anlaufinvestitionen mangels Vorliegens einer entgeltlichen Geschäftsbesorgung kein Aufwendungsersatzanspruch gemäß §§ 675, 670 BGB zusteht und sich auch ein möglicher Ausgleichsanspruch analog § 89b HGB – sofern anwendbar – nur auf die vom Franchisenehmer akquirierten Kunden bzw. den Goodwill bezieht.[658] Dies hat mit den vom Franchisenehmer getätigten Investitionen nichts zu tun. Einem Investitionsschutzanspruch steht entgegen, dass der Franchisenehmer sämtliche Betriebskosten seiner betrieblichen Tätigkeit selbst aufzubringen hat und eine ordnungsgemäße und insbesondere fristgerechte Kündigung des Franchisegebers somit in sein betriebswirtschaftliches Risiko fällt.[659] Unbestrittenermaßen dürfte ein Investitionsanspruch nach beiden Ansichten abzulehnen sein, sofern die Kündigung durch Gründe veranlasst ist, die nicht aus der Risikosphäre des Franchisegebers stammen, insbesondere im Falle einer außerordentlichen Kündigung, da es dem Franchisenehmer dann an der notwendigen Schutzbedürftigkeit fehlt.[660] Ebenso ist die Bejahung eines Investitionsschutzanspruchs zu versagen, wenn der Franchisenehmer die Investitionen in Eigeninitiative vorgenommen hat. Somit sind nur diejenigen Investitionen relevant, die vom Franchisegeber vorgegeben wurden und die sich aufgrund der kurzen Laufzeit des Franchisevertrages nicht mehr amortisieren können.[661] Auch in diesem Fall spricht gegen einen solchen Anspruch, dass das Gesetz keine entsprechende Rechtsgrundlage hierfür

656 Stummel, in: Flohr (Hrsg.), Franchising im Wandel, S. 424.
657 Stummel, in: Flohr (Hrsg.), Franchising im Wandel, S. 424.
658 Martinek/Semler/Flohr-Flohr – Handbuch des Vertriebsrechts, § 32 Rn. 110.
659 Martinek/Semler/Flohr-Flohr – Handbuch des Vertriebsrechts, § 32 Rn. 112.
660 Vgl. Pfeifer, S. 282.
661 Liesegang, BB 1991, 2381 (2384).

vorsieht. Eine solche aus dem Grundsatz von Treu und Glauben und aus einer gegenseitigen Rücksichtnahme herleiten zu wollen, ist nicht zielführend. Dies würde nämlich das grundsätzlich beidseits gleichermaßen bestehende Kündigungsrecht zulasten des Franchisegebers insofern beschränken, als dieser möglicherweise aufgrund der von ihm zu entrichtenden Amortisationszahlungen von einer Kündigungserklärung absehen könnte. Weiterhin kann ein solcher Investitionsschutz den Interessen des gesamten Franchisesystems zuwiderlaufen, wenn die Absatzzentrale von wirtschaftlich möglicherweise gebotenen Kündigungen aufgrund potenzieller Zahlungen Abstand nehmen würde und bis zum Ablauf der Amortisationsfrist an das Vertragsverhältnis gebunden wäre.[662] Die Bejahung eines Investitionsschutzes zugunsten des Franchisenehmers widerspricht daher nicht nur dem mit übereinstimmendem Parteiwillen vereinbarten Vertragswortlaut, der einen solchen Ersatzanspruch i.d.R. nicht vorsehen wird, sondern führt zulasten des Franchisegebers bei diesem zu einem Wahlrecht: Er kann sich zwar vor der Amortisierung der Investitionen des Franchisenehmers durch eine ordentliche Kündigung vom Franchisevertrag lösen, aber nur unter Ersatz des seinem Vertragspartner dadurch entstehenden Investitionsschadens.[663] Der Franchisenehmer geht das entsprechende Investitionsrisiko bei Vertragsabschluss bewusst ein und wird im Hinblick auf seine oftmals schlechtere Verhandlungsposition bereits ausreichend durch die entsprechenden Vorgaben zur Wirksamkeit einer Kündigungsklausel, insbesondere §§ 305 ff. BGB bei Formularfranchiseverträgen, geschützt. Im Ergebnis ist ein Investitionsschutzanspruch des Franchisenehmers nach Vertragsbeendigung gemäß § 242 BGB somit abzulehnen.

3. *Rücknahmeverpflichtungen*

Mit der Beendigung des Franchisevertrages endet auch die Berechtigung des Franchisenehmers, die Franchiseprodukte zu vertreiben bzw. Serviceleistungen zu erbringen. Oftmals befinden sich bei Beendigung noch Warenbestände oder Werkzeuge in den Räumlichkeiten des Franchisenehmers, die nunmehr für den Franchisenehmer wertlos sind. Problematisch ist daher, ob eine diesbezügliche Rücknahmepflicht des Franchisegebers besteht. Nach höchstrichterlicher Rechtsprechung besteht eine nachvertragliche Treue- und Rücksichtnahmepflicht des Franchisegebers, die diesem die Verpflichtung auferlegen kann, Vertragswaren,

---

662 Im Ergebnis ähnlich Martinek/Semler/Flohr-Flohr – Handbuch des Vertriebsrechts, § 32 Rn. 113.

663 Vgl. Martinek/Semler/Flohr-Flohr – Handbuch des Vertriebsrechts, § 32 Rn. 113.

Ersatzteile und nicht länger benötigte Werkzeuge zurückzunehmen, sofern die Gegenstände für den Franchisenehmer nach Vertragsbeendigung nutzlos geworden sind.[664] Dies ist auch sachgerecht, da der Franchisegeber in einem solchen Fall am besten in der Lage ist, die Vertragsware betriebsintern im Rahmen seines Franchisesystems zu verwerten, und dem Franchisenehmer ein anderweitiger, systemferner Einsatz i.d.R. aufgrund entsprechender nachvertraglicher Wettbewerbsverbote verwehrt sein dürfte. Eine Rücknahme der Warenrestbestände sollte allerdings voraussetzen, dass diese auch für den Franchisegeber verwertbar sind und zum Marktpreis zurückzunehmen sind.

Dogmatisch ergibt sich eine solche Rücknahmepflicht aus der nachvertraglichen Treuepflicht des Franchisegebers gemäß § 242 BGB.[665] Andere Rechtsgrundlagen, als die nachvertragliche Treuepflicht der Absatzzentrale, helfen dem Absatzmittler nicht oder nur selten weiter.[666] Da er an den Vertragswaren und Ersatzteilen meist nicht nur rechtlich, sondern auch wirtschaftlich Volleigentum erworben und sie seinem Geschäftsbetrieb vorbehaltlos zugeführt hat, kommt eine Rückgabe nach Kommissions- oder Treuhandgrundsätzen nicht in Betracht; hierfür ist nur bei einem Eigentumsvorbehalt des Franchisegebers an den Systemwaren Raum.[667] Die geschäftsbesorgungsrechtlichen Vorschriften der §§ 675, 667 BGB statuieren für den interessenwahrenden Absatzmittler eine Rückgabepflicht (kein Rückgaberecht) für „alles, was er zur Ausführung des Auftrages“ erhalten hat, doch gehören hierzu allenfalls Werbematerialien, Prospekte, Handbücher, Kundenlisten und Arbeitsanweisungen, nicht aber die zu Eigentum erworbenen Vertragswaren, Betriebsmittel und Ausstattungsgegenstände.[668] Für die Rückgabe solcher Gegenstände kommt als Rechtsgrundlage allein die nachvertragliche Treuepflicht des Lieferanten in Betracht, falls nicht ausnahmsweise dem Franchisenehmer im Franchisevertrag ein durch einseitige

---

664 BGH, Urt. v. 21.10.1970 – VIII ZR 255/68, juris Rz. 34 zur Beendigung eines Eigenhändlervertrages; Zur Anwendung der vorgenannten Rechtsprechung auf Franchiseverträge: BGH, Urt. v. 5.11.1997 – VIII ZR 351/96, juris Rz. 18 ff.

665 Martinek/Semler/Flohr-Flohr– Handbuch des Vertriebsrechts, § 32 Rn. 132; vgl. Pfeifer, S. 282.

666 Martinek/Semler/Flohr-Flohr– Handbuch des Vertriebsrechts, § 32 Rn. 134.

667 Martinek/Semler/Flohr-Flohr– Handbuch des Vertriebsrechts, § 32 Rn. 134.

668 Martinek/Semler/Flohr-Flohr– Handbuch des Vertriebsrechts, § 32 Rn. 134; vgl. Ulmer, S. 484 f.; Ebenroth, S. 212 f.; betreffend den Vertragshändler auch Finger, DB 1970, 141 (147).

Gestaltungserklärung auszuübendes Rückverkaufsrecht zu einem angemessenen Preis eingeräumt ist.[669]

Auch hier ist es jedoch nur konsequent, wenn eine solche grundsätzliche Rücknahmeverpflichtung des Franchisegebers entfällt, wenn der Franchisenehmer die Vertragsbeendigung selbst oder schuldhaft verursacht hat.[670] Auf eine nachvertragliche Treuepflicht des Franchisegebers kann er sich dann nicht mehr berufen, liegt doch nunmehr die fehlende Verwertungsmöglichkeit seines Warenlagers ausschließlich in dem von ihm selbst geschaffenen Gefahrenbereich.[671] Das Risiko der erschwerten Verwertung eines auf Veranlassung des Lieferanten angelegten Warenlagers ist somit grundsätzlich von demjenigen Vertragspartner zu tragen, der die Vertragsbeendigung zu vertreten hat.[672] Bei einer beiderseitig verursachten Kündigung ist auch eine beiderseitige Verteilung des Risikos angebracht.[673]

Dieses Ergebnis steht auch nicht im Widerspruch zu dem oben bezüglich eines gesonderten Investitionsschutzanspruchs Gesagten. Vielmehr ist der Franchisenehmer gerade aufgrund der dem Franchisegeber obliegenden Pflicht zur Rücknahme sowie gegebenenfalls zur (anteiligen) Rückzahlung der Eintrittsgebühr – auf die im Anschluss eingegangen werden soll – bereits hinreichend in seinen Interessen geschützt, so dass dem Franchisegeber ein darüberhinausgehender Investitionsschutz des Franchisenehmers nicht zuzumuten ist.

Im Übrigen kann eine Verpflichtung des Franchisegebers zur Übernahme des restlichen Warenlagers des Franchisenehmers bei Vertragsbeendigung nicht wirksam ausgeschlossen werden, wenn der Franchisenehmer nach Vertragsbeendigung zum Vertrieb der Franchiseprodukte nicht mehr berechtigt ist.[674]

4. *Rückzahlungen*

Weiterhin kommt auch eine anteilige Rückerstattung der Eintrittsgebühr in Betracht. Idealerweise haben die Parteien im Franchisevertrag geregelt, ob und

---

669 Martinek/Semler/Flohr-Flohr– Handbuch des Vertriebsrechts, § 32 Rn. 134.

670 Vgl. Küstner/Thume-Schröder, Handbuch Vertriebsrecht Bd. 3, S. 478; Emde, Vertriebsrecht, Vor § 84 Rn. 413 f.

671 Küstner/Thume-Schröder, Handbuch Vertriebsrecht Bd. 3, S. 478; Vgl. BGH, Urt. v. 21.10.1970 – III ZR 255/68, juris Rz. 45.

672 Vgl. Pfeifer, S. 282.

673 Martinek/Semler/Flohr-Flohr– Handbuch des Vertriebsrechts, § 32 Rn. 135.

674 BGH, Urt. v. 05.01.1997 – VIII ZR 351/96, NJW-RR 1987, 612; vgl. Ulmer/Brandner/Hensen-Schmidt, AGB-Recht, Kap. 19 Rn. 10.

in welchem Umfang die Eintrittsgebühr bei vorzeitiger Vertragsbeendigung zurückzugewähren ist. Problematisch sind jedoch die Verträge, die weder eine solche Regelung noch eine Zweckbestimmung der Eintrittsgebühr enthalten. Ob die Eintrittsgebühren in diesen Fällen an den Franchisenehmer jedenfalls teilweise zurückzuzahlen sind, hängt im Wesentlichen von der Frage ab, wofür sie bei Vertragsschluss gezahlt wurden.[675]

Regelmäßig wird die Eintrittsgebühr für bereits erfolgte Leistungen des Franchisegebers vor Abschluss des Vertrages gezahlt worden sein.[676] Sie erfolgt für die dem Franchisegeber im Zusammenhang mit der Errichtung des Franchisesystems entstandenen Vorlaufkosten und somit i.d.R. als Einmalzahlung.[677] Dann scheidet eine Erstattung anteiliger Gebühren bei vorzeitiger Beendigung des Vertrages durch Kündigung oder Aufhebung aus, da die Gegenleistung des Franchisegebers mit der Übergabe der wesentlichen Systeminformationen erbracht wurde.[678] Denkbar ist daher nach der Rechtsprechung eine anteilige Rückerstattung dort, wo zukünftige Leistungen im Voraus entrichtet wurden, so z.B., wenn der Franchisegeber vertraglich verpflichtet ist, sein Betriebssystem für die gesamte Vertragslaufzeit zur Verfügung zu stellen.[679] Weiterhin wird man die Zahlung der Eintrittsgebühr nicht vollständig von der Nutzbarkeit des Franchise lösen können. Zumindest in den Fällen, in denen der Franchisegeber die Nutzung vereitelt, wäre es somit unbillig, allein den Franchisenehmer mit dem Nutzungsrisiko zu belasten.[680]

Die Zweckbestimmung und die daraus folgende Rückzahlbarkeit der Eintrittsgebühr müssen folglich in den Fällen einer fehlenden vertraglichen Regelung durch Auslegung ermittelt werden.[681] Eine pauschale Aussage verbietet sich daher.

---

675 Martinek/Semler/Flohr-Flohr– Handbuch des Vertriebsrechts, § 32 Rn. 130.

676 Vgl. Giesler/Nauschütt-Jesse, Kap. 13 Rn. 39.

677 Küstner/Thume-Schröder, Handbuch Vertriebsrecht Bd. 3, S. 478

678 Vgl. Hanseatisches OLG Hamburg, Urt. v. 5.6.1986 – 3 U 181/85, juris Leitsatz Nr. 3; Martinek/Semler/Flohr-Flohr– Handbuch des Vertriebsrechts, § 32 Rn. 130.

679 Vgl. Adams/Witte, DStR 1998, 251 (255); Rauser/Bräutigam, DStR 1996, 587 (591); OLG Frankfurt a.M., Urt. v. 2.11.1994 – 13 U 168/93, NJW-RR 1995, 1395 zur anteiligen Rückerstattung der Franchisegebühr im Rahmen eines Paketdienstsystems nach vorzeitiger Vertragsbeendigung infolge Konkurses des Franchisegebers.

680 Martinek/Semler/Flohr-Flohr– Handbuch des Vertriebsrechts, § 32 Rn. 131.

681 Martinek/Semler/Flohr-Flohr– Handbuch des Vertriebsrechts, § 32 Rn. 130.

5. *Lossagen vom nachvertraglichen Wettbewerbsverbot*

Fraglich ist, wie sich das nachvertragliche Wettbewerbsverbot eines Franchisenehmers im Fall einer fristlosen Kündigung verhält. Kündigt der Franchisegeber den Franchisevertrag wegen eines schuldhaft vom Franchisenehmer zu vertretenden wichtigen Grundes, so bleibt das nachvertragliche Wettbewerbsverbot grundsätzlich wirksam.[682] Gemäß § 90a Abs. 3 HGB kann sich der Franchisegeber dann mit schriftlicher Erklärung binnen eines Monats nach dem Ausspruch der Kündigung von der Wettbewerbsabrede lossagen, um sich damit auch von der Leistung der Karenzentschädigung zu befreien.

Kündigt der Franchisenehmer den Franchisevertrag hingegen aus einem vom Franchisegeber zu vertretenden wichtigen Grund fristlos, so kann sich der Franchisenehmer ebenfalls gemäß § 90a Abs. 3 HGB innerhalb eines Monats schriftlich vom nachvertraglichen Wettbewerbsverbot lossagen.[683] Mit Zugang der Kündigungserklärung an den Franchisegeber gemäß § 130 Abs. 1 S. 1 BGB ist der Franchisenehmer nicht mehr an das nachvertragliche Wettbewerbsverbot gebunden.[684]

6. *Der Ausgleichsanspruch des Franchisenehmers analog § 89b HGB*

Eine der streitigsten Fragen im Zusammenhang mit der Beendigung eines Franchisevertrages ist, ob dem Franchisenehmer nach Vertragsbeendigung analog § 89b HGB ein Ausgleichsanspruch gegen den Franchisegeber zusteht.

Gemäß § 89b Abs. 1 HGB kann der Handelsvertreter vom Unternehmer nach Beendigung des Vertragsverhältnisses einen angemessenen Ausgleich verlangen, wenn und soweit (1) der Unternehmer aus der Geschäftsverbindung mit neuen Kunden, die der Handelsvertreter geworben hat, auch nach Beendigung des Vertragsverhältnisses erhebliche Vorteile hat und (2) die Zahlung eines Ausgleichs unter Berücksichtigung aller Umstände, insbesondere der dem Handelsvertreter aus Geschäften mit diesen Kunden entgehenden Provisionen, der Billigkeit entspricht.

---

682 Martinek/Semler/Flohr-Flohr– Handbuch des Vertriebsrechts, § 32 Rn. 85.

683 Vgl. Koller/Kindler/Roth/Morck-Roth, § 90a Rn. 10; Martinek/Semler/Flohr-Flohr–Handbuch des Vertriebsrechts, § 32 Rn. 86.

684 Vgl. EBJS HGB-Löwisch, § 90a Rn. 48; MüKo HGB-Ströbl, § 90a Rn. 68.

a) *Voraussetzung einer analogen Anwendung des § 89b HGB auf Franchisenehmer*

Die analoge Anwendung des § 89b HGB ist unter dem Gesichtspunkt der planwidrigen Regelungslücke unproblematisch. Nicht abschließend geklärt ist vielmehr die Frage nach einer dem Handelsvertreter vergleichbaren Interessenlage.[685]

Der BGH macht die analoge Anwendung des § 89b HGB auf Vertragshändler und andere vergleichbare Vertriebsmittler, wie z.B. Franchisenehmer, seit Jahren grundsätzlich von zwei Voraussetzungen abhängig:

1. Erstens muss der Vertriebsmittler (hier: Franchisenehmer) derart in die Absatzorganisation des Unternehmers (hier: Franchisegeber) eingegliedert sein, dass er wirtschaftlich in erheblichem Umfang dem Handelsvertreter vergleichbare Aufgaben zu erfüllen hat.
2. Zweitens muss der Vertriebsmittler verpflichtet sein, dem Unternehmer seinen Kundenstamm zu übertragen, so dass sich dieser bei Vertragsende die Vorteile des Kundenstamms sofort und ohne weiteres nutzbar machen kann.[686]

Ein höchstrichterliches Urteil, das einem Franchisenehmer expressis verbis einen Anspruch analog § 89b HGB zuspricht, liegt bisher nicht vor.[687] Nach der inzwischen ganz h.L. [688] ist er jedenfalls dem Subordinations-Franchisenehmer grundsätzlich im Wege der Analogie zuzuerkennen.

---

685 Vgl. BGH, Urt. v. 17.07.2002 – VIII ZR 59/01, BB 2002, 2032 ff.; BGH, Urt. v. 23.07.1997 – VIII ZR 130/96, 1997, 1061; für eine grundsätzliche Anwendbarkeit des § 89b HGB auf andere im Vertrieb tätige Akteure auch BGH, Urt. v. 29.04.2010 – I ZR 3/09, WRP 2010, 1512 f.

686 Diese ständige Rechtsprechung begann zunächst für den Vertragshändler mit dem Urteil des BGH v. 11.12.1958 – II ZR 73/57, NJW 1958, 144. Später wurde sie durch verschiedene Urteile in den Details konkretisiert und gelockert, BGH, Urt. v. 23.07.1997 – VIII ZR 130/96, NJW 1997, 3308; Wauschkuhn/Teichmann, ZVertriebsR 2013, 139 (149).

687 Vgl. BGH, Urt. v. 23.07.1997 – VIII ZR 130/96, NJW 1997, 3308, in der der BGH es vermeidet dazu ausdrücklich Stellung zu nehmen; Thume, BB 2016, 578.

688 Vgl. Köhler, NJW 1990, 1689 (1690 ff.); Flohr, BB 2006, 389 (400). Die vollständige Ablehnung der Anwendung des § 89b HGB auf den Franchisenehmer wird nur sehr vereinzelt vertreten, so z.B. von Höpfner, S. 173, der aufgrund der Standardisierung innerhalb eines Franchisesystems davon ausgeht, dass es keine Kunden des Franchisenehmers, sondern nur solche des Systems gibt und damit auch kein Ausgleichsanspruch des Franchisenehmers für „seine“ Kunden entstehen kann.

b) Notwendige Eingliederung des Franchisenehmers in die Absatzorganisation des Franchisegebers

Fraglich ist zunächst, ob eine handelsvertreterähnliche Einbindung des Franchisenehmers in das Vertriebssystem des Franchisegebers vorliegt. Nach der Literatur ist diese Voraussetzung der Eingliederung bei einem Franchisenehmer zumindest im selben Maße wie bei einem Vertragshändler erfüllt.[689] Auch die instanzlichen Gerichte bejahen diese Voraussetzung zugunsten des Franchisenehmers teilweise.[690] Eine solche Eingliederung wird dabei insbesondere dann angenommen, wenn der Franchisevertrag unter dem Verdikt des einheitlichen Auftretens nach außen (Systemanwendungspflicht) und unter qualitätssichernden Maßnahmen des Franchisegebers steht, der Franchisenehmer seitens des Franchisegebers entwickelte Richtlinien anwenden, an Fortbildungen teilnehmen und Kontrollen durch den Franchisegeber dulden muss.[691] Weitere Indizien sind ein Vertriebsschutz für das zugewiesene Gebiet sowie ein nachvertragliches Wettbewerbsverbot.[692]

Nach der JOOP!-Entscheidung des BGH[693] dürfte beim Vertriebsfranchising eine Eingliederung des Franchisenehmers in die Absatzorganisation des Unternehmers nur dann zu bejahen sein, wenn der Franchisenehmer entweder die vom Franchisegeber selbst oder von Lieferanten nach Vorgaben des Franchisegebers hergestellten Produkte vertreibt; nicht ausreichend ist dagegen, wenn dem Franchisenehmer nur die Benutzung von Marken, Geschäftskonzepten

---

689 Vgl. Schacherreiter, S. 57 ff.; auch Wellenhofer-Klein, Zulieferverträge im Privat- und Wirtschaftsrecht, S. 397, wonach die Einbindung des Franchisenehmers in das Absatzmittlungssystem des Herstellers sogar weitergehend als die eines Handelsvertreters sein soll.

690 Vgl. OLG Celle, Urt. v. 19.4.2007 – 11 U 279/06, BB 2007, 1864; OLG München, Urt. v. 26.06.2002 – 7 U 5730/01, BB 2002, 2521.

691 Emde, Vertriebsrecht, Vor § 84 Rn. 445.

692 Emde, Vertriebsrecht, Vor § 84 Rn. 445.

693 BGH, Beschl. v. 29.04.2010 – I ZR 3/09, GRUR 2010, 1107 ff. Diese Entscheidung des BGH erging zu einem Markenlizenzvertrag, der es dem Lizenznehmer gestattete, die Marke „Joop!" gegen Zahlung einer umsatzorientierten Vergütung für die Herstellung von Kleidungsstücken zu verwenden. Herstellung, Vertrieb und Werbung für die Vertragswaren oblagen in erster Linie dem Lizenznehmer. Dieser verweigerte die Zahlung des Lizenzentgelts und stellte hilfsweise einen Ausgleichsanspruch analog § 89b HGB. Der Hilfsanspruch wurde nach Auffassung des BGH abgewiesen, weil der Lizenznehmer nicht einem Handelsvertreter gleichzusetzen sei. Vgl. Kroll, ZVertriebsR 2014, 290 (291).

oder sonstigem Know-how gestattet wird, er die Produkte des Franchisegebers aber nicht vertreibt.[694]

Insofern scheint sich in der Rechtsprechung eine Tendenz abzuzeichnen, wonach jedenfalls beim Dienstleistungsfranchising ein Anspruch analog § 89b HGB nur eingeschränkt in Betracht kommt. Somit sind z.B. solche Franchisesysteme aus dem Analogiebereich des § 89b HGB ausgeklammert, in denen Franchisenehmern das Know-how für das Betreiben ihres Franchisebetriebs zur Verfügung gestellt wird, wie z.B. das Know-how zum Betreiben eines Nachhilfeinstituts oder Immobilienbüros.[695]

Davon abzugrenzen ist aber das Vertriebsfranchising, bei dem Produkte des Franchisegebers durch den Franchisenehmer abgesetzt werden.[696] Dann entspricht die Eingliederung des Franchisenehmers in die Unternehmensorganisation der eines Handelsvertreters.[697]

c) Verpflichtung zur Kundenstammübertragung

Problematischer ist hingegen die Frage, ob die Verpflichtung zur Kundenstammübertragung vorliegt, der Franchisegeber sich den Kundenkreis bei Vertragsbeendigung also sofort und ohne weiteres nutzbar machen kann.[698] Diese Voraussetzung leitet der BGH daraus ab, dass der Franchisenehmer – im Gegensatz zum Handelsvertreter – die Geschäfte mit den Kunden nicht für den Franchisegeber, sondern für sich selbst abschließt. Der Franchisenehmer kauft nämlich, mit Ausnahme des Produktfranchisings, die Waren und Dienstleistungen selbst beim Franchisegeber im eigenen Namen und für eigene Rechnung und verkauft sie im Anschluss an seine Kunden.[699] Deshalb sind die vom Franchisenehmer geworbenen Kunden zunächst seine eigenen und nicht die des Franchisegebers.[700]

---

694 Martinek/Semler/Flohr-Flohr– Handbuch des Vertriebsrechts, § 32 Rn. 159; vgl. BGH, Urt. v. 29.04.2010 – I ZR 3/09, GRUR 2010, 1107; Flohr, ZAP 2011, 787.

695 Martinek/Semler/Flohr-Flohr– Handbuch des Vertriebsrechts, § 32 Rn. 161.

696 Martinek/Semler/Flohr-Flohr– Handbuch des Vertriebsrechts, § 32 Rn. 161.

697 Martinek/Semler/Flohr-Flohr– Handbuch des Vertriebsrechts, § 32 Rn. 161.

698 Vgl. BGH, Urt. v.11.12.1958 – II ZR 73/57, VersR 1959, 25; zum Ausgleichsanspruch des Vertragshändlers bei Kundenpflege durch eine Drittfirma: BGH, Urt. v. 17.04.1996 – VIII ZR 5/95, NJW 1996, 2160.

699 Vgl. BGH, Urt. v. 11.12.1958 – II ZR 73/57, NJW 1958, 144; Thume, BB 2016, 578 (580).

700 Vgl. BGH, Urt. v. 11.12.1958 – II ZR 73/57, NJW 1958, 144; Thume, BB 2016, 578 (580).

aa) Kritik am Erfordernis der Kundenstammübertragung und Stellungnahme

Diese Tatsache bewegt die Kritiker des BGH dazu, die Voraussetzung einer vertraglichen Pflicht zur Kundenstammübertragung im Fall des Franchisenehmers für obsolet zu halten. Danach sei vielmehr ausreichend, wenn der vom Franchisenehmer neu geworbene Kundenstamm nach Vertragsende vom Franchisegeber weiter genutzt werden kann, wenn also anschließend eine tatsächliche Kontinuität der Geschäftsbeziehung zwischen dem Franchisegeber und dem vom Franchisenehmer geworbenen Kunden zu erwarten ist.[701]

Der BGH hält jedoch nach wie vor an diesem Erfordernis fest.[702] Auch in einer jüngeren Entscheidung aus dem Jahr 2015[703] stellte der BGH fest, dass der vom Franchisenehmer geschaffene Kundenstamm für den Franchisegeber nicht per se nutzbar sei. So könne der Franchisenehmer am selben Standort bspw. weiterhin ein Geschäft betreiben.[704] *Latzel*[705] ist zuzustimmen, wenn er einwendet, der BGH setze damit den Gegenmeinungen in Rechtsprechung und Literatur lediglich eine unsichere, weitestgehend theoretische Handlungsmöglichkeit entgegen. Tatsächlich dürfte für den Franchisenehmer – nicht zuletzt aufgrund entsprechender, in der Praxis üblicher nachvertraglicher Wettbewerbsverbote – kaum eine reale Möglichkeit zur Umleitung des Kundenstamms auf sein eigenes Geschäft gegeben sein.[706]

Dem Erfordernis des BGH nach einer vertraglichen Pflicht zur Kundenstammüberlassung ist hier dennoch zuzustimmen, denn die tatsächliche Möglichkeit des Franchisegebers, nach Vertragsende daraus erhebliche Vorteile zu ziehen, ist der eigentliche Rechtsgrund, der zur Entstehung des Ausgleichs nach

---

701 Thume, BB 2016, 578 (579); vgl. Kronke/Melis/Schnyder-Killias, Teil G, Rn. 356, Skaupy, Franchising, S. 143.

702 Vgl. BGH, Urt. v. 17.04.1996 – VIII ZR 5/95, NJW 1996, 2159 ff., indem der Senat betonte, dass er an der bisherigen Rechtsprechung auch nach erneuter Überprüfung festhalte und argumentiert, die von der Literatur angeführten Gründe seien nicht von derartigem Gewicht, dass eine Aufgabe der bisherigen BGH-Rechtsprechung geboten sei. Vielmehr überwiege das Interesse des Vertrauensschutzes und der Rechtssicherheit. Spätere Urteile in diesem Sinne: BGH, Urt. v. 6.10.1993 – VIII ZR 172/92, juris Rz. 18 f.; BGH, Urt. v. 12.01.2000 – VIII ZR 19/99, juris Rz. 9 bezogen auf den Vertragshändler.

703 BGH, Urt. v. 05.02.2015 – VII ZR 109/13, juris Rz. 17 f.

704 BGH, Urt. v. 05.02.2015 – VII ZR 109/13, juris Rz. 18.

705 Latzel, ZVertriebsR 2015, 90 (92).

706 Latzel, ZVertriebsR 2015, 90 (92).

§ 89b HGB führt.[707] Der Ausgleichsanspruch ist gerade die Gegenleistung, die der Franchisenehmer für die Kundenakquise erhält, sofern der Franchisegeber auch nach Vertragsbeendigung faktisch davon profitieren kann.

bb) Die Kundenstammübertragung in der Praxis

In den verschiedenen von den OLG bislang entschiedenen Fällen scheiterte ein Ausgleichsanspruch analog § 89b Abs. 1 HGB meist daran, dass eine vertragliche Vereinbarung zur Übertragung des Kundenstamms nicht vorlag.[708] Eine solche Kundenstammübertragung muss nach Ansicht der Literatur[709] jedoch nicht ausdrücklich Vertragsbestandteil geworden sein. Dies würde demnach die Anforderungen des BGH unzulässig überspannen, den Gesetzeszweck des § 89b HGB verkennen und somit Ursache und Wirkung letztlich vermengen.[710] Die Kunden des Franchisenehmers sind, obwohl Vertragspartner des Franchisenehmers, in wirtschaftlicher Hinsicht dem Franchisegeber-Kundenstamm zuzurechnen.[711]

Allerdings besteht nach einer jüngeren Entscheidung des BGH aus dem Jahr 2015 dann kein Ausgleichsanspruch für den Franchisenehmer, wenn dieser in seinem Franchisebetrieb ein „anonymes Massengeschäft“ betrieben hat.[712] Demzufolge rechtfertigt bei Franchiseverträgen, die ein im Wesentlichen anonymes Massengeschäft betreffen, die bloße faktische Kontinuität des Kundenstamms keine analoge Anwendung des § 89b HGB.[713] Ein Kundenstamm, den der Franchisenehmer zwar akquiriert hat, der jedoch im Wesentlichen anonym ist, sei für den Franchisegeber nicht nutzbar. Dies gelte insbesondere dann, wenn der Franchisenehmer am selben Standort weiterhin ein Geschäft betreiben kann und von dieser Möglichkeit auch Gebrauch macht.[714]

Für die Praxis bedeutet dies, dass ein Ausgleichsanspruch für einen Franchisenehmer analog § 89b HGB nur noch dann zu bejahen sein dürfte, wenn dieser

---

707 Vgl. Thume, BB 2016, 578 (581).

708 Vgl. OLG Schleswig, Urt. v. 11.12.2014 – 4 U 48/14, ZVertriebsR 2015, 48; OLG Düsseldorf, Urt. v. 3.5.2013 – I- 16 U 36/12, juris Rz. 28 f.

709 Schmidt, Handelsrecht, § 28 Rn. 47.

710 Vgl. Thume, BB 2016, 578 (581); Schmidt, Handelsrecht, § 28, Rn. 47.

711 Vgl. Schmidt, Handelsrecht, § 28 Rn. 47.

712 BGH, Urt. v. 05.02.2015 – VII ZR 109/13, ZVertriebsR 2015, 102; vgl. Latzel, ZVertriebsR 2015, 90; Niklas, ZVertriebsR 2016, 362.

713 BGH, Urt. v. 05.02.2015 – VII ZR 109/13, ZVertriebsR 2015, 102; vgl. Metzlaff-Rauser, § 16 Rn. 212; Küstner/Thume-Thume, Handbuch Vertriebsrecht Bd. 2, Kap. II Rn. 91.

714 BGH, Urt. v. 05.02.2015 – VII ZR 109/13, MDR 2015, 406 f.; vgl. Kroll, ZVertriebsR 2014, 290 (293).

dem Franchisegeber einen namentlich bekannten Kundenstamm bei Beendigung des Franchisevertrages zur Verfügung stellt, aus dem der Franchisegeber weiterhin Vorteile ziehen kann und er gleichzeitig entsprechend der Interessenlage eines Handelsvertreters Produkte in seinem Franchisebetrieb abgesetzt hat, die vom Franchisegeber produziert worden sind.[715] Die Anwendung des § 89b HGB bleibt damit auf wenige Franchisesysteme beschränkt.[716]

d) *Die Höhe des Ausgleichsanspruchs*

Unterstellt man die analoge Anwendung des § 89b HGB für Franchisenehmer einmal, so ist jedenfalls für die Bemessung des Ausgleichsanspruchs auf die zu den Handelsvertretern entwickelten Grundsätze zu verweisen. Dabei ist zu betonen, dass ein Ausgleichsanspruch allein den Goodwill erfasst, der dem Franchisegeber nach Vertragsbeendigung zufließt, und insbesondere nicht dazu dient, noch nicht amortisierte Investitionen auszugleichen.[717]

Der Anspruch analog § 89b HGB wird in der Praxis der Höhe nach jedoch aufgrund verschiedener Faktoren häufig sehr gering sein, u.U. sogar gegen null tendieren. Zweifelhaft kann schon sein, ob und in welchem Umfang dem Franchisegeber nach der Beendigung des Vertrages noch „erhebliche Vorteile aus der Geschäftsverbindung mit neuen Kunden, die der Franchisenehmer geworben hat" i.S.v. § 89b Abs. 1 S. 1 Nr. 1 HGB verbleiben.[718]

Dabei muss es sich um Stammkunden handeln, wobei bloße Mitursächlichkeit der Tätigkeit des Franchisenehmers für deren Werbung genügt. Der Vorteil wird i.d.R. in der Erhöhung des Unternehmenswertes liegen, wobei der Beitrag des einzelnen Franchisenehmers dazu minimal sein kann. Die „Sogwirkung des Systems" ist freilich nur im Rahmen der Billigkeitsprüfung zu berücksichtigen, doch wird sie gerade beim Franchising nicht selten den eigenen Beitrag des Franchisenehmers völlig in den Schatten stellen, so dass der Ausgleichsanspruch mit null zu bestimmen sein kann.[719]

---

715 Martinek/Semler/Flohr-Flohr– Handbuch des Vertriebsrechts, § 32 Rn. 164.

716 Martinek/Semler/Flohr-Flohr– Handbuch des Vertriebsrechts, § 32 Rn. 164.

717 Martinek/Semler/Flohr-Flohr– Handbuch des Vertriebsrechts, § 32 Rn. 164.

718 Canaris, Handelsrecht, § 18 Rn. 30.

719 Canaris, Handelsrecht, § 18 Rn. 30, wonach auch die Tatsache, dass der Franchisenehmer die Gebühr nicht zuletzt zu dem Zweck entrichtet, in den Genuss dieser „Sogwirkung" zu kommen, kein gegenteiliges Ergebnis rechtfertigt, weil diese Zahlung grds. durch die Teilnahme an dem Franchisesystem und der Möglichkeit zur Ausnutzung der damit verbundenen Chancen abgegolten ist bzw. bei vorzeitiger Beendigung des

e) *Ausschluss des Ausgleichsanspruchs*

Analog anwendbar sind auch § 89b Abs. 4 S. 1 HGB, wonach der Anspruch nicht im Vorhinein ausgeschlossen werden kann, und § 89b Abs. 3 HGB, wonach der Anspruch ausgeschlossen ist, wenn der Absatzmittler ohne oder wenn der Unternehmer mit wichtigem Grund gekündigt hat.[720] Wird ein Franchisenehmer in allseitigem Einverständnis durch einen anderen ersetzt, so steht ihm kein gesetzlich zwingender Ausgleichsanspruch zu.[721] Im Übrigen wäre der Anspruch in jedem Fall innerhalb eines Jahres nach Beendigung des Franchisevertrages vom Franchisenehmer geltend zu machen analog § 89b Abs. 4 HGB.

f) *Fazit*

Zusammenfassend lässt sich feststellen, dass sowohl die Literatur wie auch insbesondere die höchstrichterliche Rechtsprechung hohe Hürden für eine analoge Anwendung des § 89b HGB zugunsten des Franchisenehmers aufstellen. Wenngleich man wohl in Zukunft das Erfordernis der Eingliederung des Franchisenehmers in das System und somit die Absatzorganisation des Franchisegebers in einer handelsvertreterähnlichen Art und Weise (zumindest für das Vertriebsfranchising) bejahen können wird, so erweisen sich nach wie vor die erforderliche Kundenstammübertragungspflicht sowie die Frage eines dem Franchisegeber verbleibenden erheblichen Vorteils als echte Hürden für eine analoge Anwendung des § 89b HGB. Im Ergebnis ist ein Ausgleichsbedürfnis jedenfalls dann zu verneinen, wenn der Standort des ausscheidenden Franchisenehmers nicht durch das Franchisesystem übernommen werden soll und die Kundendaten dem Franchisegeber nicht bekannt oder zu löschen sind.

Angesichts der sehr restriktiven Rechtsprechung zur analogen Anwendung des § 89b HGB auf den Franchisenehmer wird ein entsprechender Ausgleichsanspruch wohl auch in Zukunft i.d.R. zu verneinen sein.

Vertrages vom Franchisegeber anteilig zurückgezahlt werden muss; a.A. Bodewig, BB 1997, 637 (643 f.).

720 BGH, Urt. v. 07.07.1983 – I ZR 115/81, NJW 1984, 2101.

721 Schmidt, Handelsrecht, § 28 Rn. 62.

Kapitel 4 Franchising in Argentinien

A. Historische Entwicklung und gesamtwirtschaftliche Bedeutung

Das Bedürfnis nach einem eigenen argentinischen Gesetz zum Franchising lässt sich einerseits mit der vergleichsweisen schnellen Entwicklung dieser Vertriebsart sowie andererseits mit deren großer Bedeutung für die heutige argentinische Wirtschaft erklären.

I. Die Entwicklung des Franchisings als eigenes Vertriebssystem

Wenngleich es in Argentinien bereits in den 1970er Jahren erste Entwicklungen des Franchisings gab, ist ein starkes Wachstum erst in den 90er Jahren zu verzeichnen, wo sich die Anzahl der Franchisebetriebe von 115 Betrieben um 1970 auf insgesamt 1.503 um 1990 entwickelte.[722] Besonders deutlich wird die rasante Entwicklung des Franchisings, wenn man berücksichtigt, dass schon im Jahr 1999 im Durchschnitt zwei neue Franchisebetriebe pro Tag eröffnet wurden, was zu einem Wachstum von ca. 30 % im Vergleich zum Vorjahr führte.[723]

Betrachtet man die Anfangszeit des Franchisings in den 90er Jahren in Argentinien im Vergleich zur heutigen Zeit, so fällt eine starke Marktbeherrschung durch ausländische Franchiseunternehmen auf. Das Franchising wurde damals besonders in den Branchen Textilindustrie, Buchhandel, Kaffeehäuser, Fast Food, Eisdielen, Bildungseinrichtungen und Schülerhilfen sowie Textilreinigungen und im Gebrauchtwarenhandel bevorzugt.[724] Bezeichnend für die Anfangszeit ist auch, dass ca. 10 % aller Franchisebetriebe zusammen 36 % aller Franchisenehmer und ca. die Hälfte des gesamten mit Franchising erzielten Umsatzes ausmachten.[725]

---

722 Insúa, D&G Nov. 2002, 1075 (1122 f.); vgl. Esper/Otero/Nasi/Santorun, Manual de Contratos Civiles y Comerciales, S. 885; Temas de Comercio Interior, Subsecretaría de Comercio Interior, El franchising en Argentina: una oportunidad de negocios para el comercio tradicional Agosto 1998, S. 67.

723 Vgl. Falcón, Contribuciones científicas GAEA 2000, 177 (180). Zu den erfolgreichsten Franchise in Argentinien gehören seit Anfang des 21. Jahrhunderts Systeme wie Kill, Kio, Cheeky, Caro Cuore, Paula Cahen d'Anvers, Mc Donald's, Munchis, Cardon, 5 á Sec, Havanna, Avis Rent a Car, usw.

724 Insúa, D&G Nov. 2002, 1075 (1123).

725 Insúa, D&G Nov. 2002, 1075 (1123).

Demgegenüber handelt es sich heutzutage bei der Mehrzahl der Franchiseunternehmen in Argentinien um argentinische Marken und Systeme. Lediglich an zweiter Stelle kommen die US-amerikanischen Marken, gefolgt von italienischen und spanischen.[726]

Diese Entwicklung zugunsten argentinischer Unternehmen wurde in den letzten Jahren, nicht zuletzt bedingt durch die Wirtschaftskrise im Jahr 2001 und ihre wirtschaftspolitischen Folgen, noch einmal verstärkt. Die Abwertung der argentinischen Währung und die hohe Inflation ließen den Investoren meist nur drei Optionen: 1. ihr Geld im Ausland anzulegen, was mit geringen Zinsraten und den von dem argentinischen Gesetzgeber auferlegten legalen und praktischen Hemmnissen durch einen sog. „Corralito“[727] einherging, 2. am Aktienmarkt zu investieren, wobei man dadurch kein Mitspracherecht am jeweiligen Unternehmen erwirbt, oder 3. einen eigenen Betrieb aufzubauen.[728] Vor dem Hintergrund einer politisch unstabilen und wirtschaftlich unsicheren Zukunft entschieden sich viele Unternehmer daher für den Einstieg in ein Franchisesystem, weil sie hier auf ein etabliertes System, oftmals auf ein erprobtes Know-how und den guten Ruf einer Marke zurückgreifen konnten.[729]

Die im Jahr 2003 eingeführte „Pesificación“ beflügelte den argentinischen Franchisemarkt zusätzlich. Dabei handelt es sich um eine von der Regierung vorgegebene Umwandlung aller auf Dollar lautenden Konten und Schulden in argentinische Peso. Dies hatte zur Folge, dass die vertraglich geschuldeten

---

726 Insúa, D&G Nov. 2002, 1075 (1124).

727 „Corralito" ist Bezeichnung für das argentinische System zur Beschränkung des Bargeldumlaufs, das 2001 in der Argentinien-Krise von der Regierung Fernando de la Rúas eingeführt wurde um eine massive Kapitalflucht aus dem argentinischen Bankensystem zu verhindern. Der frühere argentinische Wirtschaftsminister Domingo Cavallo führte eine Bargeldbeschränkung ein: Nur noch 250,00 argentinische Pesos pro Woche durften die Kontoinhaber je Konto abheben. Dadurch sollten die Argentinier zum bargeldlosen Zahlen angeregt werden und massive USD-Käufe unterbunden werden. Dieses System bestand bis zum Jahr 2002 fort. Später wurde die Beschränkung des Abhebens von Bargeld in dem sog. „Corralón“-Gesetz schrittweise gelockert, im Gegenzug jedoch sämtliche Konten oberhalb einer Grenze von 10.000,00 argentinische Pesos eingefroren. Dies endete im Jahr 2003, als alle auf Dollar lautende Konten in argentinische Pesos umgewandelt wurden, wodurch das argentinische Bankensystem entlastet werden sollte. Diese Wirtschaftspolitik hatte gravierende Auswirkungen auf den Verkauf von langlebigen und hochpreisigen Konsumgütern, wie auch auf den argentinischen Immobilienmarkt.

728 Insúa, D&G Nov. 2002, 1075 (1125).

729 Insúa, D&G Nov. 2002, 1075 (1125).

Franchisebeiträge im Verhältnis 1:1 von USD auf argentinische Pesos umgewandelt wurden, was in Anbetracht des damaligen tatsächlichen Währungskurses von 1:2,9 einem faktischen Schuldenerlass bzw. einer Senkung der Franchisebeiträge gleichkam.[730]

Für viele argentinische Investoren stellte das Franchising aufgrund seiner Flexibilität somit die sicherste Variante dar, eine wirtschaftliche Existenz aufzubauen.[731] Lokale Produkte und damit viele argentinische Betriebe wurden wegen der hohen Versteuerung ausländischen Produkte in ihrer Entwicklung im nationalen Binnenmarkt beflügelt.

Spätestens seit der Aufhebung der Importbeschränkungen Ende 2015 gewinnt der argentinische Binnenmarkt auch für ausländische Unternehmen wieder an Bedeutung.[732] Davon profitiert vor allem der Franchisemarkt.[733]

II. Gesamtwirtschaftliche Bedeutung des Franchisings

In der heutigen argentinischen Geschäftswelt ist der Abschluss komplexer Vertragswerke vonseiten multinationaler Konzerne, mit dem Ziel, ihre Vertragsinhalte zu vereinheitlichen und ihren Geschäftsbeziehungen einen soliden Rechtsrahmen zu schaffen, üblich. Ein klassisches Beispiel dieser Vertragspraxis stellen in Argentinien nach wie vor Franchiseverträge dar.[734]

Die Bedeutung des Franchisings als Vertriebsform ist somit noch immer groß. Einerseits lassen sich wieder vermehrt ausländische Unternehmen auf diese Vertriebsform ein, um ihr Geschäft in Argentinien zu etablieren oder zu erweitern.[735]

Andererseits steigt die Bedeutung des Franchisings auch für inländische Unternehmen stetig. So führte Argentinien im Jahr 2016 die Liste der Franchise-Exporteure in Lateinamerika an.[736]. Die argentinischen Franchise stellten z.B. prozentual die meisten Franchise im uruguayischen und paraguayischen Markt und nahmen zugleich den zweiten Platz der ausländischen Franchise im chilenischen, peruanischen und bolivianischen Binnenmarkt ein.[737]

730 Insúa, D&G Nov. 2002, 1075 (1125).
731 Insúa, D&G Nov. 2002, 1075 (1126).
732 De Artaza, LL 01.04.2016, 1.
733 Vgl. Pisani, S. 163 f.
734 Vgl. Oliva Pinto, DJ21/12/2016, 13.
735 Adrogué, El Derecho 2008, 1.
736 Dirección General de Comercio Exterior, Franquicias en América Latina, S. 9.
737 Dirección General de Comercio Exterior, Franquicias en América Latina, S. 14, 20, 25, 40, 45.

Bezeichnend für den argentinischen Franchisemarkt ist nach wie vor, dass von den registrierten Franchiseunternehmen mehr als 90 % argentinische Unternehmen sind, von denen einige ihre Franchisekonzepte in insgesamt 46 Länder exportieren.[738] Demgegenüber waren im Jahr 1996 lediglich 35 % der argentinischen Franchisesysteme überhaupt im Ausland vertreten.[739]

Vor dem Hintergrund dieser positiven Entwicklung und mit der Einführung des neuen argentinischen Franchiserechts wird damit die Frage danach, welche gesetzlichen Vorgaben bei der Vertragsgestaltung zwingend zu beachten sind, umso wichtiger.

B. Die Rechtsquellen

I. Das Código Comercial de Vélez Sarsfield und die verschiedenen Vereinheitlichungsprojekte als Grundlage für das Código Civil y Comercial de la Nación

Im Jahr 1858 wurde das erste argentinische Gesetzbuch, das Handelsgesetzbuch „Código Comercial de Vélez Sarsfield", zunächst nur für den damaligen Staat Buenos Aires erlassen. Es orientierte sich vorwiegend an den Handelsgesetzbüchern der Länder Brasilien, Spanien und der Niederlande, wobei auch Einflüsse aus den damaligen französischen und portugiesischen Handelsgesetzbüchern erkennbar sind.[740] Mit dem Wiedereintritt des Staates Buenos Aires in den Staatenbund, nunmehr der „Nación Argentina", trat dieses Gesetzbuch im Jahr 1860 als erste privatrechtliche Kodifikation für das gesamte Staatsgebiet Argentiniens in Kraft.

Aufgrund seiner Systematik und seines strukturierten Aufbaus diente es späteren Gesetzbüchern, darunter auch dem argentinischen Zivilgesetzbuch aus dem Jahr 1871, als Vorbild. Es blieb, wenngleich über die Jahre mehrfach geändert, im Kern bis zum Inkrafttreten des CCCN im Jahr 2015 gültig.[741]

Die Idee einer Vereinheitlichung der beiden wichtigsten argentinischen Zivilgesetzbücher, des „Código Civil" (Zivilgesetzbuch) aus dem Jahr 1871 und

738 Vgl. den Bericht des argentinischen Franchiseverbandes über Franchise in Argentinien aus dem Jahr 2016, sowie http://www.iprofesional.com/notas/237880-franquicias-actividad-econmica-Argentina-lidera-exportacion-de-franquicias-en-Latinoamerica-Cuales-son-las-marcas-mas-exitosas?page_y=0, zuletzt abgerufen am 30.06.2019.

739 Kleidermacher, DJ1996-2, 989 (994).

740 Vgl. Vítolo, Derecho Comercial, S. 73; Azar-Baud, RIDC 2013, 1 (2).

741 Vgl. Vítolo, Derecho Comercial, S. 74.

des „Código Comercial de Vélez Sarsfield“ (Handelsgesetzbuch) von 1860, ist keineswegs neu.

Dem CCCN gingen insgesamt sechs gescheiterte Versuche der Vereinheitlichung voraus, namentlich das „Anteproyecto de Reformas de Bibiloni“ von 1926, das Projekt aus dem Jahr 1936, das „Anteproyecto de 1954“, der Entwurf der „Ley 24.032“ von 1987[742] sowie die beiden Entwürfe der Exekutiven von 1993[743] und 1998.[744]

Die Inhalte dieser einzelnen Gesetzesentwürfe, insbesondere die der Letzteren, dienen bis heute als Nachweis für die sich seit Jahrzehnten entwickelnde Vereinheitlichungsabsicht des Gesetzgebers sowie zur historischen Auslegung der heute geltenden Normen. So basiert das neue CCCN zu einem Großteil auf den Ergebnissen des damals gescheiterten Vereinheitlichungsprojektes „Código Civil Unificado con el Código de Comercio“ aus dem Jahr 1998.[745]

Die Ergebnisse dieses Vereinheitlichungsprojektes erwähnen erstmalig die Aufnahme „moderner atypischer Verträge“ in den Gesetzestext, wozu auch die Kodifikation des Franchisevertrages zählte.[746] Sie zeugen davon, dass der Gesetzgeber die Notwendigkeit eines eigenen Franchisegesetzes schon in den 90er Jahren erkannt hat und sich bereits mit möglichen Gestaltungsweisen auseinandergesetzt hatte, wenngleich es an der Umsetzung letztlich scheiterte. Es ist daher nicht verwunderlich, dass das spätere Projekt des CCCN die früheren Vereinheitlichungsprojekte, insbesondere das aus dem Jahr 1998 berücksichtigte und dessen Regelungen zum Teil großen Einfluss auf den heutigen CCCN

---

742 Dieses Projekt erlangte zwar die Zustimmung des argentinischen Abgeordnetenhauses und des „Senado de la Nación“ (Argentinischem Senat), scheiterte jedoch am Veto-Recht des Präsidenten. López Cabana, Revista AEU Vol. 80 N° 2, 255. Ein solches Veto-Recht des Präsidenten („veto presidencial“) – insbesondere ein formelles und materielles Prüfungsrecht des Präsidenten der Republik Argentinien – ist bis heute gesetzlich anerkannt, vgl. Art. 78, 80 und 83 Argentinische Verfassung (Constitución Nacional). Vítolo, Derecho comercial, S. 78 ff.

743 Proyecto preparado por la Comisión creada por decreto del Poder Ejecutivo Nacional 468/92 (Proyecto 1993 PEN), abrufbar unter: http://servicios.infoleg.gob.ar/infolegInternet/ , zuletzt abgerufen am 30.06.2019.

744 Proyecto „Código Civil Unificado con el Código de Comercio“ de 1998, preparado por la Comisión creada por decreto del Poder Ejecutivo Nacional 685/95 (Proyecto 1998).

745 Ameal/Dellacqua/Faccenda-Ameal, CCCN, Einl. S. 5.

746 Vgl. Alterini, El Proyecto del Código Civil de 1998, in: Alterini/Picasso/Wajntraub (Hrsg.), Instituciones de Derecho Privado Moderno, S. 28.

hatten.[747] Es bildet somit die Grundlage für das neue Franchiserecht gemäß den Art. 1512 ff. CCCN.

II. Das Código Civil y Comercial de la Nación als Hard Law

1. Entstehung

Das Código Civil y Comercial de la Nación (nachfolgend „CCCN") trat am 01.08.2015 in Kraft. Darin wird der Franchisevertrag erstmals kodifiziert und das Franchising somit als typische und gesetzlich eigenständige Vertriebsart anerkannt.

Die damalige Präsidentin Fernández de Kirchner erließ am 23.02.2011 das Dekret Nr. 191/2011,[748] wonach eine federführend aus Richtern der höchsten Gerichte des Landes bestehende Kommission[749] für den Entwurf eines vereinheitlichten und modernisierten Zivil- und Handelsgesetzbuches berufen wurde.[750]

Bei der Gesetzesreform erhielt die dreiköpfige Richterkommission Unterstützung von über 30 Ausschüssen, in denen mehrere renommierte Juristen aus Argentinien und dem Ausland mitwirkten. Als Grundlage für den CCCN dienten dabei insbesondere auch die bereits beschriebenen Reform- und Vereinheitlichungsprojekte. Es gilt als Produkt einer Zusammenarbeit von Lehre und Justiz, wobei die starke richterliche Prägung heraussticht.[751]

---

747 Vgl. Rovira, RPED 2012, 163 (167).

748 Decreto 191/2011- Créase la Comisión para la Elaboración del Proyecto de Ley de Reforma, Actualización y Unificación de los Códigos Civil y Comercial de la Nación, abrufbar unter: http://servicios.infoleg.gob.ar/infolegInternet/anexos/175000-179999/179643/norma.html, zuletzt abgerufen am 30.06.2019.

749 Die „Comisión para la elaboración del proyecto de ley de reforma, actualización y Unificación de los Códigos Civil y Comercial de la Nación", federführend bestehend aus den Richtern am Obersten Gerichtshofs Dr. Lorenzetti und Highton de Nolasco sowie der ehemaligen Richterin am Obersten Landesgericht der Provinz Mendoza, Prof. Dr. Kemelmajer de Carlucci.

750 Lorenzini, in: Richard/ Raisberg/ Mozzi/ Calcagno/ Papa (Hrsg.), Unificación Códigos Civil y Comercial, S. 141. Der Supremo Tribunal de Justicia de la Provincia de Mendoza stellt das oberste Gericht der Provinz Mendoza dar und ist in etwa mit den deutschen OLG vergleichbar.

751 So bezeichnete Lorenzetti den CCCN auf der Konferenz zur Vorstellung des CCCN vor dem Colegio Público de Abogados de la Capital Federal, der Anwaltskammer der Stadt Buenos Aires, vom 22.10.2014 in Buenos Aires. Ebenso Kemelmajer de Carlucci, LL 03.08.2015, 1 (2).

Ein Novum im Hinblick auf die gewählte Vorgehensweise im Zusammenhang mit der Entstehung des CCCN ist die Einbeziehung der Bevölkerung. Diese konnte erstmalig innerhalb einer bestimmten Frist Vorschläge für den neuen Gesetzestext einbringen, welche anschließend diskutiert und analysiert wurden.[752] Das bisherige Handelsgesetzbuch war im Gegensatz dazu ohne jegliche parlamentarische Debatte verabschiedet worden und eine seiner bedeutendsten Änderungen, die Ley N° 17.711, während der Diktatur von Onganía verabschiedet worden.[753] Der CCCN soll im Gegensatz dazu nicht nur die europäische Tradition, sondern erstmals auch die argentinische Kultur in ihren vielfältigen Facetten sowie die nationalen Erfahrungen und Rechtsbedürfnisse widerspiegeln.[754] Ein erster Entwurf des CCCN wurde im März 2012 öffentlich vorgestellt.

Kritisiert wird an der Vorgehensweise gleichwohl, dass die von der Bevölkerung eingebrachten Vorschläge und Stellungnahmen kaum veröffentlicht wurden und dass die Mehrzahl derselben bei dem späteren Entwerfen der einzelnen Artikel tatsächlich keine Beachtung fand.[755] Auf die explizite Nennung von Werten und Prinzipien wurde außerdem bewusst und mit der Begründung deren starker Dynamik innerhalb der hiesigen Gesellschaft verzichtet.[756]

Das CCCN wurde als Gesetz Nr. 26.994 verkündet. Das Gesetz Nr. 27.077 legt sein Inkrafttreten am 01.08.2015 fest.[757]

2. *Aufbau des CCCN*

Das CCCN regelt die zivil-, handels- und gesellschaftsrechtlichen Rechtsbeziehungen in insgesamt 2.671 Artikeln, anstelle von bisher 4.500.[758] Es ist

752 Lorenzetti, CCCN – Proyecto del Poder Ejecutivo de la Nación, S. 509; vgl. auch Herrera, in: Laferriere (Hrsg.), Análisis del proyecto de nuevo CCC UCA, S. 51.

753 Vgl. Fernández de Kirchner, in: Honorable Cámara de Diputados de la Nación: CCCN, S. 29.

754 Fernández de Kirchner, in: Honorable Cámara de Diputados de la Nación: CCCN, S. 30.

755 Vgl. die diesbezüglich geäußerte scharfe Kritik von Herrera an der fehlenden Berücksichtigung des Gutachtens der UCA zum CCCN aus dem Jahr 2012 in Herrera, in: Laferriere (Hrsg.), Análisis del proyecto de nuevo CCC UCA, S. 51.

756 Lorenzetti, CCCN – Proyecto del Poder Ejecutivo de la Nación, S. 515.

757 Vítolo, Derecho Comercial, S. 81; vgl. Lorenzini, in: Richard/ Raisberg/ Mozzi/ Calcagno/ Papa (Hrsg.), Unificación Códigos Civil y Comercial, S. 142; Dubois/Spagnolo, S. 12 f.

758 So die Würdigung von Fernández de Kirchner, in: Honorable Cámara de Diputados de la Nación, S. 28; vgl. Ubiría, in: Laferriere (Hrsg.), Análisis del proyecto de nuevo CCC UCA, S. 29.

in sechs Bücher unterteilt. Dem ersten Buch vorangestellt ist eine Präambel (Art. 1-18 CCCN), die u.a. Aussagen zu Gesetzesquellen, Auslegungsregeln und zur Rückwirkung trifft. Das erste Buch (Art. 19-400 CCCN) regelt einen Allgemeinen Teil, der wesentliche Grundregeln für die weiteren Bücher enthält. Das zweite Buch (Art. 401-723 CCCN) regelt das Familienrecht, das dritte Buch (Art. 724-1881 CCCN) die Rechtsgeschäfte, wobei ein besonderer Schwerpunkt auf den einzelnen Vertragstypen liegt. Das vierte Buch (Art. 1882-2276 CCCN) behandelt das Sachenrecht, das fünfte Buch (Art. 2277-2531 CCCN) das Erbrecht und das letzte Buch (Art. 2532-2671 CCCN) u.a. das Internationale Privatrecht. Für die Gestaltung von Franchiseverträgen nach neuem argentinischem Recht sind somit insbesondere das erste und das dritte Buch von Bedeutung. Im Zusammenhang mit der Gestaltung grenzüberschreitender Franchiseverträge findet das letzte Buch darüber hinaus besondere Beachtung.

3. *Anwendbare Rechtsquellen und Auslegungsregeln*

Nach Art. 1 CCCN sind alle Artikel des CCCN stets verfassungsgemäß und unter Berücksichtigung der internationalen Verträge und Abkommen, denen Argentinien beigetreten ist, auszulegen. Gemäß Art. 2 CCCN sind im Rahmen der Auslegung eines Artikels neben dem Wortlaut auch der Gesetzeszweck sowie ähnliche, entsprechend anwendbare Gesetze, die Verträge über Menschenrechte, juristische Werte und Prinzipien im Einklang mit der gesamten Rechtsordnung einzubeziehen. Damit werden insbesondere die analog anwendbaren Gesetze nicht wie bisher als Rechtsquelle, sondern als Auslegungsregel herangezogen, mit dem Zweck, den Richtern bei der Anwendung des Gesetzes in den Einzelfällen eine größere Flexibilität einzuräumen.[759] Dies ist gerade bei Vertriebsverträgen, wozu auch der Franchisevertrag zählt, von besonderer Bedeutung, da es hier in der Vergangenheit oftmals zu Diskrepanzen zwischen den analog anwendbaren Gesetzen und der Rechtspraxis kam.[760] Früher sah sich ein Richter gezwungen, den analog anwendbaren Gesetzen Anwendungsvorrang zu geben, mit der Folge, dass auf die Besonderheiten des Einzelfalls und der tatsächlich gelebten Vertriebspraxis wenig Rücksicht genommen wurde. Diese Situation versucht der CCCN zu beheben.[761]

---

759 Lorenzetti, CCCN – Proyecto del Poder Ejecutivo de la Nación, S. 515.

760 Lorenzetti-Lorenzetti, CCCN, Art. 1 Rn. I.

761 Vgl. Lorenzetti, CCCN – Proyecto del Poder Ejecutivo de la Nación, S. 515 f.

4. *Neuerungen und Herausforderungen auf dem Gebiet des Vertriebsrechts*

a) *Aufhebung der Unterscheidung zwischen zivilrechtlichen Rechtsgeschäften und Handelsgeschäften*

Mit dem Inkrafttreten des CCCN wird die Unterscheidung zwischen Handelsgeschäften und zivilrechtlichen Rechtsgeschäften aufgehoben. Nunmehr gelten für beide dieselben allgemeinen Regelungen sowie je nach Vertragstyp auch spezielle Normen, wobei alle in einem einheitlichen Gesetzbuch geregelt sind.[762]

Vertragstypen und Rechtsinstitute, die in beiden Gesetzbüchern unterschiedlich geregelt waren, finden von jetzt an eine einheitliche Regelung, die vorwiegend an die alten handelsrechtlichen Normen angelehnt ist.[763] Hierzu zählt z.B. die nunmehr gegebene „presunción de onerosidad" (Entgeltlichkeitsvermutung) für alle Verträge, wohingegen das alte Zivilgesetzbuch einige Verträge noch explizit als unentgeltliche definierte.[764]

Für das auf einen Franchisevertrag anzuwendende nationale Recht bedeutet dies, sofern die vorrangig anzuwendenden Art. 1512 ff. CCCN keine Regelung enthalten, kann nun auf einheitliches Recht, insbesondere auf die Regelungen des Allgemeinen Teils, zurückgegriffen werden und entfällt eine Diskrepanz zwischen Zivil- und Handelsgesetzbuch.

b) *Systematik der Verträge und neue Vertragstypen*

Im CCCN werden grundsätzlich drei verschiedene Vertragsarten unterschieden: die „discrecionales", also Individualverträge, die zwischen gleichberechtigten Parteien in vergleichbarer Verhandlungsposition geschlossen werden, die „contratos de adhesión a cláusulas predispuestas, con restricciones", die Verträge darstellen, welche unter Einbeziehung von AGB zustande kommen, die von einer Seite vorgegeben werden und die die andere Partei annehmen muss, wenn sie den Vertragsabschluss nicht scheitern lassen will. Zuletzt sind die „contratos de consumo" (Verbraucherverträge) zu nennen, welche erstmalig im Gesetz kodifiziert wurden.[765]

---

762 Vgl. Arduino, El Derecho 2015, 1 (3 f.); kritisch Salerno, in: Laferriere (Hrsg.), Análisis del proyecto de nuevo CCC UCA, S. 73.

763 Vgl. Pisani, S. 139; Vítolo, Derecho Comercial, S. 415; Barreiro/Truffat, in: Arecha/Filippi (Hrsg.), Institutos del Derecho Comercial, S. 36.

764 Vgl. Vítolo, Derecho Comercial, S. 415.

765 Vgl. Stiglitz, Los principios generales de la teoría general del contrato en el Proyecto de CCC, in: Alegría (Hrsg.), Contratos y sociedades, S. 249; Dubois/Spagnolo, S. 14.

Untersucht man die neu geregelten Vertriebsverträge im CCCN, so fällt auf, dass die „Urform“ der Vertriebsverträge, der Distributions- oder Rahmenliefervertrag, als solcher keinen Eingang in den Gesetzestext fand. Auf diesen wird lediglich am Ende der Regelungen zum Vertragshändlervertrag kurz Bezug genommen. Daraus lässt sich zwar dessen Anerkennung als eigenständiger Vertragstypus herleiten, ausdrücklich geregelt ist dies im Gesetzeswortlaut jedoch nicht. Dies verwundert deshalb, weil der Gesetzgeber damit anstatt die allgemein auf alle Vertriebsverträge anwendbaren Normen voranzustellen und die allgemeinere Vertriebsform zu regeln, die „neueren Vertriebsformen“, wie z.B. das Franchising, kodifiziert.[766] Neben dem Franchisevertrag fanden auch das Factoring, der Vertragshändlervertrag und der Handelsvertretervertrag erstmalig Eingang in den Gesetzestext.[767] Diese Vertragstypen sollen den Rechtsrahmen für moderne Vertriebssysteme verbessern und die Rechtssicherheit für kleine und mittlere Unternehmen, die sog. Pymes („pequeñas y medianas empresas“), erhöhen.[768]

c) *Keine Unterscheidung zwischen vertraglicher und außervertraglicher Haftung*

Untersucht man das neue CCCN im Hinblick auf die für das Franchiserecht relevanten Regelungen, so ist die Aufhebung der Unterscheidung zwischen der vertraglichen („responsabilidad civil contractual“) und der außervertraglichen Haftung („responsabilidad civil extracontractual“) besonders hervorzuheben. Im CCCN wird der Schwerpunkt auf die Schadensprävention gesetzt und die Haftung wegen Vorsatz weiter gefasst.[769] Das Recht auf Schadensersatz orientiert sich zukünftig am erlittenen Schaden und unterscheidet nicht länger nach der Rechtsnatur der Rechtsverletzung.[770] Wie sich die aufgehobene Differenzierung auf Franchiseverträge auswirkt, wird in einem gesonderten Kapitel zu problematisieren sein.

---

766 Vgl. hierzu entsprechend kritisierend Llobera, in: Laferriere (Hrsg.), Análisis del proyecto de nuevo CCC UCA, S. 441.

767 Dubois/Spagnolo, S. 14; vgl. Fiorenza, El Derecho Legislación Argentina 2016A, 1 (2).

768 Fernández de Kirchner, in: Honorable Cámara de Diputados de la Nación: CCCN, S. 32.

769 Dubois/Spagnolo, S. 14.

770 Zannoni/de Vidal/Zunino/Shina/Ramos-Kemelmajer de Carlucci, Einl. S. 13.

5. *Zwischenergebnis*

Resümierend stellt das am 01.08.2015 in Kraft getretene CCCN als Ergebnis einer Vereinheitlichung von Zivil- und Handelsgesetzbuch die wohl wichtigste Rechtsquelle für die Gestaltung von Franchiseverträgen nach argentinischem Recht dar. Neben den speziellen Franchisenormen im dritten Buch des CCCN beinhaltet es auch einige Neuerungen auf dem Gebiet des Handels- und Vertriebsrechts. Von besonderer Bedeutung ist dabei die Aufhebung der Unterscheidung zwischen vertraglicher und außervertraglicher Haftung.

III. Der Verhaltenskodex der AAMF als Soft Law

Neben dem rechtsverbindlichen CCCN kommt bei der Gestaltung von Franchiseverträgen jedoch regelmäßig auch dem Verhaltenskodex der Asociación Argentina de Marcas y Franquicias (AAMF)[771] eine besondere Rolle zu. Gemäß Art. 3 Verhaltenskodex der AAMF muss der Franchisegeber den Franchisenehmer bspw. über den Umfang der von ihm zu tätigenden Investitionen aufklären. Er haftet gemäß Art. 4 S. 2 Verhaltenskodex der AAMF nicht für die Rentabilität des Systems. Darüber hinaus verpflichten sich die Parteien u.a. auch bestehende Markenrechte zu wahren (Art. 5) sowie vor Vertragsabschluss vertragswesentliche Informationen schriftlich auszutauschen (Art. 6). Gemäß dem Verhaltenskodex obliegt dem Franchisegeber ebenfalls eine Unterstützungs- und Aufsichtspflicht gegenüber dem Franchisenehmer, vgl. Art. 8, 9 Verhaltenskodex der AAMF. Zu beachten ist jedoch, dass dieser Verhaltenskodex nur für die Mitglieder der AAMF bindend ist und somit keinen Gesetzesrang genießt. Der Versuch des argentinischen Gesetzgebers, einigen dieser Verhaltensrichtlinien in den Art. 1512 ff. CCCN Gesetzesrang zu verleihen, wird an dieser Stelle besonders deutlich.

Weiterhin erteilt die AAMF bei Vorliegen bestimmter Voraussetzungen einzelnen Franchise ein sog. „Qualitätszertifikat", auf das in Argentinien seitens potenzieller Franchisenehmer großer Wert gelegt wird.[772]

---

771 Einsehbar unter http://aamf.com.ar/etica.html, zuletzt abgerufen am 30.06.2019.
772 Vgl. Marzorati, LL 22.11.2017, 1 (2).

IV. Der bisherige Umgang der Rechtsprechung und Praxis mit dem CCCN

Im Hinblick auf die relativ kurze Zeit, die seit dem Inkrafttreten des CCCN vergangen ist, kann man die Auswirkungen der Kodifizierung neuer Vertragstypen, wie z.B. des Franchisings, auf die Rechtsprechung und Praxis größtenteils nur mit Vorsicht erahnen. Hinzu kommt, dass wegen der langen Verfahrensdauer vor argentinischen Handelsgerichten[773] bisher kaum Fälle betreffend Franchiseverträgen unter Geltung des CCCN entschieden wurden.

Die vielseitigen Auffassungen der Literatur zu den neuen Vorschriften sowie die sich seit Mitte 2015 entwickelnden Rechtspraktiken im Bemühen, dem neuen Franchiserecht angemessen Rechnung zu tragen, erschweren bis heute eine objektive Untersuchung dieser Rechtsmaterie.[774] Bemerkenswert ist jedoch, dass die dem CCCN vorausgegangene Lehre und Rechtsprechung, vorbehaltlich ausdrücklicher Abweichungen im Gesetz, auch weiterhin zur Auslegung des CCCN Anwendung findet.[775]

V. Zwischenergebnis

Bei der Gestaltung von Franchiseverträgen unter Geltung des seit dem 01.08.2015 anwendbaren CCCN sind neben den nunmehr vorgesehenen speziellen Normen zum Franchising (Art. 1512 ff. CCCN) auch die im ersten Buch des CCCN enthaltenen Bestimmungen des Allgemeinen Teils sowie weitere Rechtsgeschäfte im Allgemeinen und im Besonderen betreffende Normen des dritten Buches zu beachten. Zusätzlich findet bei der Gestaltung regelmäßig der Verhaltenskodex der AAMF besondere Beachtung. Dabei handelt es sich jedoch lediglich um nicht bindendes Recht, zu dessen Beachtung sich lediglich die Mitglieder des AAMF verpflichtet haben. Trotzdem ist neben einer richterlichen Prägung des CCCN auch die große inhaltliche Ähnlichkeit der Art. 1512 ff. CCCN mit den einzelnen Verhaltensrichtlinien der AAMF nicht zu verkennen, so dass die Intention des Gesetzgebers, dem bisher geltenden Verhaltenskodex der AAMF gewissermaßen Gesetzesrang zu verleihen, nicht unerkannt bleibt.

---

773 Wenngleich es hierzu keine einheitlichen Statistiken der Republik Argentinien gibt, so schwankt die durchschnittliche Verfahrenslänge solcher Verfahren zwischen 4 und 10 Jahren, vgl. https://www.argentina.gob.ar/noticias/entre-rios-una-justicia-civil-mas-efectiva-y-cercana-los-usuarios, zuletzt abgerufen am 30.06.2019.

774 Vgl. Marzorati, LL 22.11.2017, 1 (2).

775 Zannoni/de Vidal/Zunino/Shina/Ramos-Kemelmajer de Carlucci, Einl. S. 3.

Es bleibt abzuwarten, wie sich die Rechtsprechung zu den bisher vielseitigen Auslegungen der Literatur und den zum Teil divergierenden Anwendungen der Art. 1512 ff. CCCN in der Praxis positionieren wird. Mangels bereits ergangener einschlägiger Rechtsprechung nach neuem Recht, u.a. wegen der langen durchschnittlichen Verfahrensdauer vor argentinischen Zivilgerichten, wird jedenfalls interimsweise die bisherige Rechtsprechung zur Lösung rechtlicher Fragestellungen herangezogen, sofern der CCCN keine ausdrücklichen Abweichungen erforderlich macht.

C. Die Rechtsnatur des Franchisevertrages

Im folgenden Abschnitt soll das neue argentinische Franchiserecht dargestellt werden. Ein Vergleich zur bisherigen Rechtslage sowie eine Einbeziehung der Rechtsprechung, die von den Gerichten weiterhin zur Orientierung herangezogen wird, sind dabei unerlässlich.

I. Der Rechtsnatur des Franchisevertrages vor dem CCCN

1. Das Franchising vor 1998

Die fehlende gesetzliche Regelung des argentinischen Franchiserechts gepaart mit einer sehr uneinheitlichen Rechtsprechung führte in der Vergangenheit zu großer Rechtsunsicherheit bei der Gestaltung von Franchiseverträgen. Der Oberste Gerichtshof der Republik Argentinien (Corte Suprema de Justicia de la Nación, CSJN) befasste sich vorwiegend mit Handelsvertreter- oder Vertragshändlerverträgen. Diese Entscheidungen wurden meistens entsprechend auf Franchiseverträge angewendet. Dabei wurde zwar stets versucht den Eigenheiten des Franchisevertrages gerecht zu werden[776], ohne sich jedoch abschließend zur Rechtsnatur dieses Vertragstyps zu äußern.

Infolgedessen war die Rechtsnatur des Franchisevertrages auch in Argentinien lange umstritten. Während er von einigen Stimmen als Konzessionsvertrag verstanden wurde,[777] stellte er nach anderer Auffassung einen Lizenzvertrag dar, wohingegen die wohl h.M.[778] ihn als atypischen Vertrag wertete, auf den – je

776 Llobera, in: Heredia (Hrsg.): CSJN – Máximos Precedentes, S. 65.
777 Vgl. Esper/Otero/Nasi/Santorun, Manual de Contratos Civiles y Comerciales, S. 890 f.
778 Vgl. Ramírez, RCALP 1996, 107 (109); Marzorati, Sistemas de distribución comercial, S. 248 f.; Hubicki, El Derecho 2002, 198 (205).

nach Schwerpunkt der Pflicht – unterschiedliche Normen des Zivilgesetzbuches entsprechend Anwendung fanden.

Einigkeit bestand lediglich dahingehend, dass der Franchisevertrag einen synallagmatischen Kooperationsvertrag darstellt.[779] Ferner zählte er nach einhelliger Ansicht[780] zur Gruppe der Dauerschuldverhältnisse sowie zu den entgeltlichen Verträgen gemäß Art. 1139 Código Civil.

Der Meinungsstreit bezüglich der Rechtsnatur des Franchisevertrages ist mit dessen Kodifizierung obsolet geworden.

2. *Das Franchising gemäß dem „Anteproyecto de 1998" als Vorgänger des CCCN*

Die jetzigen Art. 1512 ff. CCCN waren größtenteils bereits in den Art. 1392 ff. des Vereinheitlichungsprojektes „Anteproyecto de 1998" vorgesehen.[781] Die Art. 1392 ff. CCCN traten, wie bereits erläutert, nie in Kraft und erfuhren als Vorgängerversionen mehrfache Änderungen, bis sie letztlich in der Fassung der heutigen Art. 1512 ff. CCCN verabschiedet werden konnten. Trotzdem stellen sie die wichtigste Quelle für das heutige Franchiserecht dar. Sie werden daher oftmals zur Auslegung herangezogen.[782]

Danach war ein Franchisevertrag ein nicht kodifizierter Vertrag, bei dem der Franchisenehmer das Recht vom Franchisegeber erhielt, Produkte oder Dienstleistungen einer bestimmten Marke entsprechend dem ihm hierzu übertragenen Know-how und den Anweisungen des Franchisegebers zu vertreiben, um den wirtschaftlichen Erfolg des Franchiseunternehmens zu vergrößern. Dieses Verständnis des Franchisevertrages wurde auch von der Rechtsprechung jahrelang vertreten.[783] Mangels nationaler Rechtsprechung orientierten sich die argentinischen Gerichte ebenso wie die Literatur vorwiegend an der US-amerikanischen

779 Vgl. Mosset Iturraspe/Piedecasas, S. 405; ebenso Esper/Otero/Nasi/Santorun, Manual de Contratos Civiles y Comerciales, S. 888; Holand, in: Derecho y empresa – estudios jurídicos auspiciantes Universidad Austral 1994, 55 (59).

780 Marzorati, Sistemas de distribución comercial, S. 255.

781 Clusellas CCC-Clusellas, Art. 1512 § 2; vgl. Gómez Müller, in: Alterini/Picasso/Wajntraub (Hrsg.), Instituciones de Derecho Privado Moderno, S. 46.

782 Pita, RCCyC Febrero 2016, 160.

783 Vgl. CNCom, Sala A, Urt. v. 13.02.2008 – Karamalikis, Juan c/ Cash Converters Sudamérica s/ Ordinario, Boletín de Jurisprudencia 2/2011, 51; CNCom, Sala A, Urt. v. 17.05.2011 – Raduan Guillermo Manuel c/ Inmobiliaria Bullrich S.A. s/ Ordinario, Id SAIJ: FA11130260; Boletín de Jurisprudencia 2/2011, 48.

Rechtsprechung zu Franchiseverträgen als Geburtsland des Franchisings.[784] Dies verwundert vor dem Hintergrund der starken kontinentaleuropäischen Prägung des argentinischen Handelsrechts.

II. Das Franchising gemäß Art. 1512 Abs. 1 CCCN

Das Franchising ist im Titel IV „De los contratos en particular“ (Verträge im Besonderen) des dritten Buches „Derechos Personales“ (Persönliche Rechte) unter Kapitel 19 „Franquicias“ (Franchising) in den Art. 1512-1524 CCCN normiert.

Art. 1512 ff. CCCN regeln die Hauptleistungspflichten des Franchisegebers (Art. 1515 CCCN) und des Franchisenehmers (Art. 1514 CCCN). Besonderer Wert wurde dabei auf die Wahrung der Parteiautonomie gelegt.

1. Tatbestandsmerkmale des Art. 1512 Abs. 1 CCCN

Gemäß Art. 1512 Abs. 1 CCCN besteht ein Handelsfranchising, wenn eine Partei, die als Franchisegeber bezeichnet wird, der anderen Partei, die als Franchisenehmer bezeichnet wird, das Recht einräumt ein bewährtes System zu nutzen, das zur Vermarktung bestimmter Güter oder Dienstleistungen unter dem Handelsnamen, dem Warenzeichen oder der Marke des Franchisegebers bestimmt ist, welcher einen Umfang an technischen Kenntnissen liefert und laufende technische oder kaufmännische Unterstützung gegen eine direkte oder indirekte Gegenleistung des Franchisenehmers bietet. Diese Definition des Franchisings orientiert sich an dem UNIDROIT-Modell,[785] auf welches später näher einzugehen sein wird.

a) Bewährtes System („sistema probado“)

Bei dem Franchisesystem muss es sich gemäß Art. 1512 Abs. 1 CCCN um ein bewährtes System („sistema probado“) handeln. Darunter versteht man, dass das Franchisesystem grundsätzlich geeignet sein muss, die von den Vertragsparteien verfolgten Ziele zu verwirklichen. Anderenfalls ist der Vertrag ungültig.[786] Die Aufnahme dieses Tatbestandsmerkmals setzt langjährigen Diskussionen der argentinischen Rechtsprechung und Literatur über das Erfordernis der

784 Vgl. Marzorati, MJ-DOC-1614-AR/MJD1614, 1 (8 ff.).

785 Zannoni/de Vidal/Zunino/Shina/Ramos-Kemelmajer de Carlucci, Vor Art. 1512 S. 416.

786 Herrera/Carmelo/Picasso-Chomer/Sícoli, CCCN, Art. 1512, S. 220.

grundsätzlichen Tauglichkeit des Franchisesystems für das wirksame Zustandekommen eines Franchisevertrages ein Ende.[787]

Trotzdem wird das Erfordernis einer grundsätzlichen Eignung bzw. Tauglichkeit des vertragsgegenständlichen Franchisesystems auch heute in Übereinstimmung mit früheren Meinungen dahingehend kritisiert, dass ein solches Erfordernis dem Wesen des Franchisings widerstrebe. Die bloße Tatsache, dass es sich bei einem Franchisesystem um ein erstmalig auf dem Markt auftretendes System handelt, könne dem engen Wortlaut zufolge dazu führen, seine rechtliche Einordnung als Franchisesystem i.S.d. Art. 1512 Abs. 1 CCCN zu verneinen.[788] Weiterhin sei dieses Tatbestandsmerkmal schwer zu definieren, da die Eignung eines Franchisesystems stets subjektiv und einzelfallabhängig zu beurteilen sei, so dass es selbst bei bereits etablierten Franchisesystemen schwierig sei deren Tauglichkeit und Eignung anhand von objektiven Kriterien zu messen.[789]

Darüber hinaus sei auch fraglich, inwiefern sich die Eignung eines Franchisesystems für ein neues, bislang unerschlossenes Vertriebsgebiet durch einen Vergleich mit anderen Betrieben des Franchisesystems feststellen ließe. Berücksichtige man zudem möglicherweise abweichende Bedingungen und Eigenschaften, so gelange man leicht zu der Schlussfolgerung, dass sich der Erfolg bzw. die generelle Bewährung eines Systems nicht ausschließlich durch einen bloßen Vergleich der Leistungsergebnisse anderer Franchisebetriebe desselben Franchisesystems feststellen ließe.

Nach anderer Auffassung ist das Tatbestandsmerkmal des „bewährten Systems" vielmehr dahingehend auszulegen, dass dies nur auf solche Fälle

787 Eine der wichtigsten Entscheidungen in diesem Zusammenhang ist CNCom, Sala C, Urt. v. 22.02.2002 – L'Donna SRL c/ Saint Denis SRL s/ Ordinario, Id SAIJ: FA02976965. In dieser Entscheidung machte der Kläger und Franchisenehmer gegen den Franchisegeber Schadensersatzansprüche wegen der Tatsache geltend, dass die erworbene Franchise nicht die vom Franchisegeber beworbenen Umsätze und damit auch nicht den erwarteten Gewinn erzielte. Der Franchisegeber wurde in dieser Entscheidung zur anteiligen Rückzahlung der geleisteten Franchisegebühren, sowie zur Leistung von Schadensersatz wegen fehlerhafter Informationen verurteilt mit der Begründung, der bloße Hinweis, die Angaben zum Erfolg des Franchiseunternehmens könnten „möglicherweise im Einzelfall abweichen oder Widersprüche enthalten", sei einer hinreichenden Warnung über Vorbehalte im Hinblick auf das zu erzielende Unternehmensergebnis nicht ausreichend. Vgl. zu dieser Entscheidung auch Herrera/Carmelo/Picasso-Chomer/Sícoli, CCCN, Art. 1512, S. 220.

788 Di Chiazza/van Thienen, CEDEF Law & Finance 21.12.2015, 1 (2).

789 Vgl. Di Chiazza/van Thienen, CEDEF Law & Finance 21.12.2015, 1 (2).

anzuwenden sei, in denen es bereits andere Franchisebetriebe desselben Franchisesystems gibt, so dass eine Tauglichkeit des Systems überhaupt erprobt werden könne. Die bloße Tatsache, dass ein System nicht bereits „bewährt" sei, bspw. weil es sich um ein neu in den Markt tretendes Franchisesystem handelt, könne dem Abschluss eines rechtswirksamen Franchisevertrages nicht entgegenstehen.[790] Der Franchisenehmer sei nicht daran gehindert einem „unerprobten" Franchisesystem beizutreten. Er übernehme in diesem Fall vielmehr das Risiko der fehlenden Bewährung des Franchisesystems. Im Gegenzug dazu wird er i.d.R. entweder eine geringere Eintrittsgebühr zahlen oder eine Erweiterung seines exklusiven Vertriebsgebiets erhalten.[791]

Problematisch ist somit zunächst, nach welchem Maßstab die Bewährung eines Franchisesystems zu bewerten ist. Bisher beschäftigen sich nur wenige Stimmen mit dieser Fragestellung. Diese gehen einheitlich davon aus, dass die Bewertung des angebotenen Franchisesystems als „bewährtes System" nicht etwa nach objektiven Maßstäben, sondern nach der subjektiven Einschätzung des betroffenen Franchisenehmers vorzunehmen sei.[792] Der Umfang und die Ausführlichkeit der erforderlichen Nachweise über die Eignung des Franchisesystems hängen demnach davon ab, was der Franchisenehmer im Einzelfall als genügende Beweise zu akzeptieren bereit ist, wobei er die daraus resultierenden Risiken übernimmt.[793]

Zusammenfassend lässt sich jedenfalls festhalten, dass das dem Wortlaut nach zunächst klar umgrenzte und eindeutige Tatbestandsmerkmal eines „bewährten Systems" gemäß Art. 1512 Abs. 1 CCCN in der Praxis zu einer unbestimmten Voraussetzung wird, weil das Vorliegen eines „bewährten Systems" faktisch davon abhängen wird, was der Franchisenehmer als hinreichend bewährtes System genügen lässt.[794] Die Bewährung oder Eignung eines Franchisesystems zur Gewinnerzielung ist ein dehnbarer Begriff und ihr Vorliegen nicht zuletzt abhängig von verschiedenen Variablen, insbesondere endogenen und exogenen Faktoren, auf deren Vorhandensein die Vertragsparteien nicht immer Einfluss nehmen können.[795] Betrachtet man Art. 1512 Abs. 1 CCCN ferner einmal i.V.m. Art. 1520 lit. c) CCCN, wonach der Franchisegeber dem Franchisenehmer

790 Vgl. Di Chiazza, MJ-DOC-7079, 1 f.
791 Di Chiazza, MJ-DOC-7079, 1 (2).
792 Di Chiazza, LL 04.06.2015, 1 (2).
793 Di Chiazza, LL 04.06.2015, 1 (2).
794 Di Chiazza/van Thienen, CEDEF Law & Finance 21.12.2015, 1 (3).
795 Di Chiazza/van Thienen, CEDEF Law & Finance 21.12.2015, 1 (3).

gegenüber nicht für die Rentabilität des Franchisesystems haftet, so kann man darin insofern einen Widerspruch sehen, als die Bewährung eines Franchisesystems einerseits Voraussetzung für das Franchising ist, der Franchisegeber andererseits aber nicht für seinen Erfolg einzustehen hat.[796]

b) Nutzungsrecht

Alle Franchisesysteme zeichnen sich durch die Benutzung und Verwertung einer Marke aus, zu deren Nutzung regelmäßig Lizenzen vergeben werden. Diese Lizenz ist i.d.R. Bestandteil des Franchisevertrages. Das Nutzungsrecht an dem Franchisesystem als solchen und insbesondere die überlassenen Lizenzen am geistigen Eigentum des Franchisegebers bilden den Hauptzweck des Franchisevertrages.[797] Sie dienen dazu, den neuen Franchisebetrieb in das Franchisesystem zu integrieren und ein einheitliches Auftreten nach außen sicherzustellen.[798]

c) Handelsname, Warenzeichen oder Marke des Franchisegebers

Gemäß Art. 1512 Abs. 1 CCCN räumt der Franchisegeber dem Franchisenehmer das Nutzungsrecht ein, damit dieser Waren oder Dienstleistungen unter dem Handelsnamen, dem Warenzeichen oder der Marke des Franchisegebers vermarkten und vertreiben kann. Der Begriff des Handelsnamens ist nicht im CCCN, sondern lediglich in Art. 27 des Gesetzes über Marken und Kennzeichen[799] definiert. Danach ist unter einem Handelsnamen der Name oder das Zeichen zu verstehen, mit dem eine gewinnbringende Tätigkeit bezeichnet wird. Gemäß Art. 28 des Gesetzes über Marken und Kennzeichen erwirbt man das Eigentum an einer Handelsbezeichnung durch die Verwendung derselben und zwar beschränkt auf denjenigen Industriesektor, in dem sie verwendet wird, wobei die Handelsbezeichnung stets keine Ähnlichkeit zu bereits existierenden Handelsbezeichnungen aufweisen darf.

Soweit Art. 1512 Abs. 1 CCCN auf die Marke des Franchisegebers verweist, ist auch hierfür das Gesetz über Marken und Kennzeichnungen anzuwenden. Art. 1512 Abs. 1 CCCN bezieht sich dabei insbesondere auf die Art. 1 bis 26 dieses Gesetzes, welche den Geltungsbereich, den Schutz und das Registrierungssystem für Marken in Argentinien regeln.

---

796 Vgl. Di Chiazza/van Thienen, CEDEF Law & Finance 21.12.2015, 1 (3).

797 Heredia, SE-CCCN 2015, 353 (354).

798 Heredia, SE-CCCN 2015, 353 (355).

799 Ley N° 22.362 de 26 de diciembre de 1980 de Marcas y Designaciones.

Das in Art. 1512 Abs. 1 CCCN ebenfalls erwähnte Warenzeichen findet in der bisher vorhandenen Charakterisierung des Franchisevertrages wenig Beachtung. Zum Teil wird seine explizite Nennung sogar als überflüssige Erwähnung bezeichnet mit der Begründung, ein Warenzeichen sei letztlich nichts anderes als eine mittels einer Zeichnung dargestellte Marke.[800] Weiterhin lasse sich durch die Verwendung des Begriffes „emblema“ (Warenzeichen) nicht zweifelsfrei bestimmen, ob darunter auch andere Unterscheidungszeichen, wie z.B. Bilder, Monogramme, Drucke oder sonstige Zeichen, zu verstehen seien. *Molina Sandoval*[801] argumentiert, dies sei für den Rechtsanwender verwirrend, da das Warenzeichen, sofern es als Marke registriert ist, bereits vom Begriff „Marke“ erfasst sei. Sofern die Marke nicht registriert sei, wäre die Nennung des Begriffes „Firmenbezeichnung“ ausreichend gewesen, um auch den Begriff des Logos mit zu erfassen.[802]

Neben den ausdrücklich Genannten besteht dahingehend Einigkeit, dass auch Patente und Urheberrechte oftmals einen wichtigen Bestandteil einer Franchise bilden.[803]

d) Direkte oder indirekte Gegenleistung („prestación directa o indirecta“) des Franchisenehmers

Weiterhin setzt Art. 1512 Abs. 1 CCCN voraus, dass der Franchisenehmer dem Franchisegeber eine „direkte oder indirekte Gegenleistung“ bietet. Im Gegenzug für das vom Franchisegeber übertragene Nutzungsrecht ist der Franchisegeber somit zur Entrichtung einer Gegenleistung verpflichtet. Nach einhelliger Auffassung sind jedenfalls „direkte Leistungen“ so auszulegen, dass damit die vom Franchisenehmer an den Franchisegeber erbrachten unmittelbaren Leistungen wie z.B. die von ihm geleistete Franchisegebühr gemeint sein sollen.[804] Fraglich ist dabei, was unter einer „indirekten“ Gegenleistung des Franchisenehmers i.S.d. Art. 1512 Abs. 1 CCCN zu verstehen ist. Der CCCN enthält hierzu keine Regelung. Gegenstand der Verpflichtung ist zunächst jedenfalls eine Leistung. Diese wird z.B. in den Art. 724 und 865 CCCN definiert. Gemäß Art. 724 CCCN

---

800 Vgl. Heredia, SE-CCCN 2015, 353 (354).

801 Molina Sandoval, LL 2012-F-1078, 1.

802 Vgl. Molina Sandoval, LL 2012-F-1078, 1; Junyent Bas/ Rodríquez Leguizamón, DCyO 2013, 1, (2).

803 Heredia, SE-CCCN 2015, 353 (355).

804 Vgl. CNTrab, Sala V, Urt. v. 20.02.2017 – Toledo Cafarena, Arturo c. Tigrino, Pablo y Ianniello; Clusellas CCC-Clusellas, Art. 1512 § 3.

stellt ein Schuldverhältnis ein Rechtsverhältnis dar, kraft dessen der Gläubiger das Recht hat, vom Schuldner eine „Leistung“ zu verlangen, die dazu bestimmt ist, ein rechtmäßiges Interesse zu befriedigen, und im Falle der Nichterfüllung die entsprechende Leistung einklagen kann. Art. 865 CCCN nimmt auch auf den Begriff der „Leistung“ Bezug, indem die Zahlung dort als Erfüllung der Leistung, die Gegenstand des Schuldverhältnisses ist, definiert wird. Keine der in Art. 1515 CCCN normierten Pflichten des Franchisenehmers ist jedenfalls als indirekte Leistungspflicht zu qualifizieren.[805] Auch die Entrichtung der Gebühren für die Nutzung des Franchise, sei es die einmalige Eintrittszahlung oder die laufend zu entrichtenden Franchisegebühren, kann als indirekte Leistung bezeichnet werden.[806] Es lässt sich somit festhalten, dass die Unterscheidung zwischen direkten und indirekten Leistungen des Franchisenehmers eher verwirrend ist und insofern überflüssig zu sein scheint, als die Art. 1512 ff. CCCN keine einzige indirekte Leistung des Franchisenehmers explizit regeln.[807]

Es bleibt abzuwarten, wie die Rechtsprechung und Literatur die hier erwähnten „indirekten Leistungen“ definieren werden und, ob sie in der Praxis von Bedeutung sein werden.

2. Art. 1512 Abs. 2 CCCN

Der Franchisegeber muss gemäß Art. 1512 Abs. 2 S. 1 CCCN alleiniger Rechtsinhaber der Rechte am geistigen Eigentum, der betroffenen Marken, der Patente, Handelsnamen und Urheberrechte sowie der sonstigen im Zusammenhang mit dem Franchisesystem stehenden Rechte sein, oder jedenfalls im Rahmen des Vertragsumfanges zur Nutzung und Übertragung dieser Rechte an Dritte, namentlich an den Franchisenehmer, berechtigt sein.

Das Tatbestandsmerkmal des „alleinigen Rechtsinhabers“ ist nach der Literatur rein deklaratorisch. Es sei dem Franchising wesensimmanent, dass der Franchisegeber dem Franchisenehmer stets nur solche Rechte zur Nutzung übertragen könne, deren Inhaber er auch ist bzw. zu deren Übertragung er auch berechtigt ist.[808] Der Franchisegeber muss alleiniger Rechtsinhaber des geistigen Eigentums sein, denn wenn das Eigentum mehreren zustünde, wäre es Voraussetzung, dass sämtliche Miteigentümer als Franchisegeber des Franchisenehmers auftreten oder zumindest der einseitigen Erteilung von Nutzungsrechten

805 Di Chiazza/van Thienen, CEDEF Law & Finance 21.12.2015, 1 (4).
806 Di Chiazza/van Thienen, CEDEF Law & Finance 21.12.2015, 1 (4).
807 Vgl. Di Chiazza/van Thienen, CEDEF Law & Finance 21.12.2015, 1 (4).
808 Vgl. Di Chiazza/van Thienen, CEDEF Law & Finance 21.12.2015, 1 (5).

durch einen Miteigentümer an einen Dritten (den Franchisenehmer) zustimmten.[809] Des Hinweises auf das Erfordernis der „alleinigen“ Rechtsinhaberschaft hätte es demnach nicht bedurft, zumal der Franchisegeber bereits gemäß Art. 399 CCCN, vorbehaltlich geregelter Ausnahmen, keine Rechte wirksam übertragen kann, an denen er kein Eigentum oder Verfügungsrecht hat.[810]

Andererseits wird argumentiert, Art. 1512 Abs. 2 CCCN sei als Ausnahme zu Art. 1008 CCCN eingefügt worden, wonach auch das Eigentum eines Dritten Vertragsgegenstand sein und übertragen werden kann.[811] Ist derjenige, der vertraglich zur Eigentumsübergabe verpflichtet ist, infolge seines Verschuldens außer Stande das Eigentum zu übertragen, ist er der anderen Vertragspartei zum Schadensersatz verpflichtet.[812] Dies kann man so auslegen, dass eine Übertragung von (Nutzungs-) Rechten anderer durch den Franchisegeber an den Franchisenehmer verhindert werden sollte und dieser ausschließlich dann zur Übertragung von Nutzungsrechten am Franchisesystem an den Franchisenehmer berechtigt sein sollte, wenn er deren alleiniger Rechtsinhaber bzw. Eigentümer ist.

In diesem Zusammenhang ist fraglich, ob der Abschluss eines Franchisevertrages bereits zu einem Zeitpunkt möglich ist, in dem der Franchisegeber noch kein alleiniger Rechtsinhaber der Nutzungsrechte ist. Unterstellt man einmal, der Franchisegeber erfülle zum Zeitpunkt des Vertragsschlusses mangels alleiniger Rechtsinhaberschaft (noch) nicht die Voraussetzungen des Art. 1512 Abs. 1 CCCN und sei somit nicht als Franchisegeber zu qualifizieren, wäre eine Übertragung von Rechten Dritter durch ihn mangels Anwendung der Art. 1512 ff. CCCN gemäß Art. 1008 CCCN grundsätzlich möglich. Andererseits könnte man darin auch einen aufschiebend bedingten Vertragsschluss sehen, dessen Zustandekommen davon abhängt, ob der Franchisegeber künftig alleiniger Rechtsinhaber der mit dem Franchisesystem verbundenen Rechte am geistigen Eigentum wird, vgl. Art. 348, 349 CCCN.[813] Somit wird deutlich, dass zwischen Art. 1008 CCCN und Art. 1512 CCCN insofern ein Widerspruch

809 Di Chiazza/van Thienen, CEDEF Law & Finance 21.12.2015, 1 (5).
810 Di Chiazza/van Thienen, CEDEF Law & Finance 21.12.2015, 1 (5).
811 Di Chiazza/van Thienen, CEDEF Law & Finance 21.12.2015, 1 (5).
812 Vgl. den Wortlaut des Art. 1008 CCCN: „Los bienes ajenos pueden ser objeto de los contratos. Si el que promete transmitirlos no ha garantizado el éxito de la promesa, sólo está obligado a emplear los medios necesarios para que la prestación se realice y, si por su culpa, el bien no se transmite, debe reparar los daños causados. Debe también indemnizarlos cuando ha garantizado la promesa y ésta no se cumple.
813 Di Chiazza/van Thienen, CEDEF Law & Finance 21.12.2015, 1 (5).

besteht, als Ersterer die Übertragung von Franchiserechten Dritter ermöglicht, wohingegen Art. 1512 Abs. 1 CCCN diese Möglichkeit wieder einschränkt.[814]

Dieser Widerspruch führt wiederum zu der Frage nach der dogmatischen Einordnung beider Normen. Handelt es sich bei Art. 1008 CCCN um eine Grundregel, deren Ausnahme und damit Spezialtatbestand Art. 1512 CCCN ist, oder ist Art. 1512 CCCN vielmehr lex specialis zu Art. 1008 CCCN mit der Folge, dass bereits vor Vorliegen der Tatbestandsvoraussetzungen des Art. 1512 CCCN lediglich ein aufschiebend bedingter Franchisevertrag vorliegt? Diese Frage ist von der Rechtsprechung bislang unbeachtet und auch von der Literatur nicht abschließend beantwortet worden.

3. Das Verbot des Aktienerwerbs gemäß Art. 1512 Abs. 3 CCCN

Art. 1512 Abs. 3 CCCN bestimmt ein Verbot für den Franchisegeber, sich an der Gesellschaft des Franchisenehmers finanziell zu beteiligen, namentlich Aktien am Geschäft des Franchisenehmers zu erwerben. Der Franchisegeber soll durch eine Kapitalbeteiligung am Betrieb des Franchisenehmers weder eine unmittelbare noch eine mittelbare Kontrolle über diesen ausüben können. Dies soll der Gleichstellung beider Parteien dienen und die Verhandlungsposition des Franchisenehmers sichern. Art. 1512 Abs. 3 CCCN verkörpert eine bedeutende Änderung der geltenden Rechtslage, denn nach bisherigem Recht war es dem Franchisegeber grundsätzlich möglich dem Franchisenehmer bspw. einen Kredit zu vergeben oder die Kontrolle über einen einzelnen Franchisebetrieb des Franchisesystems durch Erwerb eines mehrheitlichen Aktienanteils auszuüben.[815]

Die Untersagung einer Kapitalbeteiligung mittels Aktienerwerb in Art. 1512 Abs. 3 CCCN zeigt die Absicht des Gesetzgebers, den übrigen Teilhabern oder Aktionären eines Franchisebetriebs die Freiheit einzuräumen, frei und ohne Einmischung des Franchisegebers agieren zu können.[816]

Manche Stimmen bemängeln hingegen, Art. 1512 Abs. 3 CCCN könne so ausgelegt werden, dass der Franchisegeber keine Unternehmen bzw. Gesellschaften gründen kann, die zugleich Franchisenehmer seines eigenen Franchisesystems sind.[817] Außerdem nehme Art. 1512 Abs. 3 CCCN dem Franchisegeber die Chance, bislang vom Franchisesystem nicht erschlossene Vertriebsgebiete, in denen sich das Franchising als ungeeignete Vertriebsform erweist, durch

814 Di Chiazza/van Thienen, in: CEDEF Law & Finance 21.12.2015, 1 (5).
815 Vgl. Esper/Otero/Nasi/Santorun, Manual de Contratos Civiles y Comerciales, S. 898.
816 Caselli, Jurisprudencia Argentina 2013, 1 (11).
817 Caselli, Jurisprudencia Argentina 2013, 1 (11).

die Gründung einzelner Tochtergesellschaften zu erschließen.[818] Dieses Argument überzeugt nicht, da diese Fallkonstellation schon dem Wortlaut nach nicht von Art. 1512 Abs. 3 CCCN erfasst wäre. Gibt der Franchisenehmer seinen Franchisebetrieb auf bzw. entscheidet sich der Franchisegeber dazu, einen bestehenden Franchisebetrieb nunmehr als eigene Filiale zu führen oder gar ein neues Vertragsgebiet mittels Gründung einer Tochtergesellschaft zu erschließen, so läge bereits kein Franchisebetrieb eines Franchisenehmers i.S.d. Art. 1512 Abs. 3 CCCN mehr vor. Folglich wäre schon der Anwendungsbereich des Art. 1512 Abs. 3 CCCN zu verneinen.

Eine a.A. [819] behauptet, es sei nicht ersichtlich, weshalb es dem Franchisegeber verboten sein soll, in das Unternehmen des Franchisenehmers zu investieren und seine Beteiligungsrechte dann abzutreten. Dem Franchisegeber ist jedoch nicht jede Beteiligung am Kapital des Franchisebetriebs des Franchisenehmers per se verboten. Art. 1512 Abs. 3 CCCN legt lediglich fest, dass eine Beteiligung an Aktien keine beherrschende Kontrolle zur Folge haben darf.[820]

Darüber hinaus wird behauptet, Art. 1512 Abs. 3 CCCN schränke die Entwicklung solcher Rechtsgeschäfte ein, durch die die Vertragsparteien ihr Kapital gezielt bündeln wollen, wie z.B. beim „contrato de franquicia única“ (auch als Unit Franchise Agreement bekannt).[821] Bei diesem handelt es sich um einen Franchisevertrag mit einem Franchisegeber, der das Ziel verfolgt, vor dem Aufbau eines Franchisesystems in dem genannten Vertragsgebiet zunächst einmal den Markt durch einen einzigen Franchisenehmer zu erkunden, wobei beide Vertragsparteien Investitionen in einen Franchisebetrieb tätigen, um ihre Investitionsrisiken zu bündeln und die Erfolgschancen des neuen Systems vorab bei geringen Risiken zu testen.[822]

Den oben genannten Kritikern des Art. 1512 Abs. 3 CCCN hält die herrschende Ansicht entgegen, dass diese Norm im Zusammenhang mit Art. 33 Ley de sociedades comerciales N° 19.550 (Gesetz über Handelsgesellschaften) zu sehen sei. Demnach werden kontrollierte Gesellschaften („sociedades controladas“) als solche definiert, in denen eine andere Gesellschaft entweder direkt oder über ein anderes kontrolliertes Unternehmen (i) einen titulierten Anteil besitzt, mittels dessen sie ein Stimmrecht auf Betriebsversammlungen oder sonstigen

818 Vgl. Caselli, Jurisprudencia Argentina 2013, 1 (11).
819 Junyent Bas/ Rodríquez Leguizamón, DCyO 2013, 1 (6).
820 Alterini-CCCN, Art. 1512, Ziff. 3 c); Stiglitz-Heredia, Contratos en el CCCN, Ziff. 2.2.
821 Di Chiazza/van Thienen, CEDEF Law & Finance 21.12.2015, 1 (6).
822 Di Chiazza/van Thienen, CEDEF Law & Finance 21.12.2015, 1 (6).

Versammlungen ausüben kann oder (ii) einen beherrschenden Einfluss infolge der in ihrem Eigentum stehenden Aktien, Anteile oder Beteiligungen, sowie infolge der besonderen Beziehungen zwischen den einzelnen Unternehmen, ausüben kann.

Daraus folgt nach überwiegender Meinung[823], dass Art. 1512 Abs. 3 CCCN dahingehend auszulegen sei, dass nicht etwa jede Beteiligung des Franchisegebers an dem Unternehmen des Franchisenehmers ausgeschlossen sei, sondern lediglich eine beherrschende Kontrolle durch den Franchisegeber im Betrieb des Franchisenehmers vermieden werden soll. Dies erscheint im Ergebnis konsequent. Die mit Art. 1512 Abs. 3 CCCN verfolgte Intention des Gesetzgebers ist die Vermeidung sog. Scheinfranchisen. Dabei handelt es sich um Franchisebetriebe, die zwar nach außen hin als Franchisebetriebe agieren, tatsächlich aber als Filialen des Franchisegebers betrieben werden.[824] Würde man eine beherrschende Kontrolle des Franchisegebers zulassen, käme dies einer Zweckentfremdung des Franchisesystems gleich und könnte im Extremfall sogar dazu führen, dass dem Franchisegeber eine feindliche Übernahme des einzelnen Franchisebetriebs möglich wäre. Zudem werden auch die Vertragspartner des Franchisenehmers geschützt, da Art. 1512 Abs. 3 CCCN sicherstellt, dass hinter etwaigen Handlungen des Franchisenehmers stets nur dieser steht und dieser nicht etwa als Werkzeug des Franchisegebers agiert.[825]

Der Einsatz von Treuhändern oder sonstigen Mittelsmännern stellt einen eindeutigen Rechtsverstoß dar, der für beide Vertragsparteien entsprechend hohe Sanktionen nach sich ziehen kann.[826] Unklar ist mangels einschlägiger Fälle bislang, wie solche Verstöße geahndet werden sollen und in welcher Höhe mit entsprechenden Sanktionen zu rechnen ist. Einigkeit besteht jedoch dahingehend, dass von Art. 1512 Abs. 3 CCCN bspw. bei Ableben oder Insolvenz des Franchisenehmers zur ordnungsgemäßen temporären Abwicklung abgewichen werden können soll.[827]

4. *Der Begriff „franquicia" in Art. 1512 ff. CCCN*

Ein besonderes Anliegen des Gesetzgebers war im Übrigen die Verwendung des spanischen Wortes für Franchising „franquicia" in Art. 1512 CCCN anstelle des

823 Heredia, SE-CCCN 2015, 353 (358).
824 Heredia, SE-CCCN 2015, 353 (358).
825 Heredia, SE-CCCN 2015, 353 (358).
826 Marzorati, RCCyC Febrero 2016, 52 (66).
827 Marzorati, RCCyC Febrero 2016, 52 (66).

englischen Begriffes „franchising". Dies soll zu größerer Rechtssicherheit und einer stärkeren Identifikation der hiesigen Rechtsanwender mit der ursprünglich US-amerikanischen Vertriebsform führen. Man bezweckt damit auch die Eigenständigkeit des argentinischen Vertriebsrechts zu betonen.[828]

5. *Zwischenergebnis*

Art. 1512 CCCN definiert den Begriff des Franchisings und erhebt Franchiseverträge zu den gesetzlich kodifizierten Vertriebsverträgen. Wenngleich die einzelnen Tatbestandsmerkmale eines Franchise gemäß Art. 1512 CCCN klar benannt sind, besteht Uneinigkeit im Hinblick auf ihre Auslegung und genaue Definition. Unklar bleibt dabei, wie die Restriktion des Franchisegebers, eine Kapitalbeteiligung durch Aktienerwerb am Betrieb des Franchisenehmers zu unterlassen, zu verstehen ist und welche Rechtsfolgen dem Franchisegeber bei Verstoß drohen. Weiterhin ist fraglich, wann ein Franchisesystem der gemäß Art. 1512 Abs. 1 CCCN erforderlichen „Bewährung" tatsächlich genügt und ob es Ausnahmen von diesem Tatbestandserfordernis geben soll. Die genannten Beispiele verdeutlichen die derzeit bestehende Unsicherheit bei der Anwendung des Art. 1512 CCCN im Einzelfall.

D. Erscheinungsformen

Auch im argentinischen Franchiserecht lassen sich verschiedene Erscheinungsformen des Franchisings unterscheiden.

I. Vertriebs- und Dienstleistungsfranchising

Zunächst ist die bereits vor Inkrafttreten des CCCN bestehende Differenzierung zwischen der „franquicia de distribución" (Vertriebsfranchising), der „franquicia de producto" (Produktfranchising) und der „franquicia de servicios" (Dienstleistungsfranchising) zu nennen. Diese Unterscheidung besteht fort.[829]

Bei der „franquicia de distribución" beschränkt sich der Franchisenehmer auf den Vertrieb und die Vermarktung von Produkten, die der Franchisegeber unter Verwendung seiner Marke im eigenen Namen herstellt. Das Produktfranchising zeichnet sich hingegen dadurch aus, dass der Franchisenehmer selbst Waren herstellt, verarbeitet oder veredelt und auch vertreibt. Der Franchisegeber

828 Vgl. Junyent Bas/ Rodríquez Leguizamón, DCyO 2013, 1 (2).
829 Vgl. Pisani, S. 163 f.

beschränkt seinen Beitrag auf die technische Unterstützung und die Vermittlung des Know-hows sowie die Art der Produktvermarktung. Der Franchisenehmer vermarktet die Ware in diesem Fall im eigenen Namen und unter Verwendung seiner eigenen Marke oder Firmenbezeichnung.[830] Für das Produktfranchising wird in Argentinien auch der Begriff „franquicia de producción o industrial" (Produktions- oder Industriefranchising) gebraucht.[831]

Auch beim argentinischen Dienstleistungsfranchising, der „franquicia de servicios", steht – in Übereinstimmung mit dem deutschen Verständnis – die Leistung von Diensten im Vordergrund. Der Franchisenehmer leistet bestimmte Dienste. Er schuldet allein die Tätigkeit und keinen Erfolg, wobei er diese nach den Vorgaben und durch Einsatz des ihm vom Franchisegeber übermittelten Know-hows erbringt.

In Abgrenzung zu der obigen mehrheitlich befürworteten Abgrenzung unterscheidet einer der bekanntesten argentinischen Franchiserechtler, *Marzorati*, [832] zwischen der „franquicia tradicional o de producto" (traditionelles oder produktbezogenes Franchising) und dem „business format franchising". Bei der ersten Erscheinungsform handelt es sich seiner Auffassung nach um das traditionelle Franchising, das sich dadurch kennzeichnet, dass der Franchisegeber dem Franchisenehmer ein Produkt zur Verfügung stellt, welches dieser dann – i.d.R. zu höheren Preisen – an den Kunden weiterverkauft. Somit entspricht das oben beschriebene Vertriebsfranchising dem von *Marzorati* bezeichneten „traditionellen Franchising oder Produktfranchising". Dagegen produziere der Franchisenehmer beim „business format franchising" die Franchiseware selbst. Dies geschehe aber unter Anweisung und entsprechend den Vorgaben des Franchisegebers mit dem Ziel den Erfolg des Franchisesystems zu steigern. Bei diesem Franchisesystem sei die vom Franchisegeber ausgeübte Kontrolle meist größer.[833] Nach *Marzorati* gleicht somit das „business format franchising" dem oben beschriebenen Produktfranchising.

Art. 1512 CCCN unterfällt jedenfalls sowohl das Vertriebsfranchising als auch das Dienstleistungsfranchising.[834] Wenngleich sich in der Literatur keine

---

830 Vgl. Heredia, in: Marzorati/Sandoval (Hrsg.), Contratos de distribución, S. 364; Curá-García Villalonga, CCCN, Art. 1513 Ziff. 1.3.

831 Esper/Otero/Nasi/Santorun, Manual de Contratos Civiles y Comerciales, S. 891; vgl. Insúa, D&G Nov. 2002, 1075 (1089).

832 Marzorati, Sistemas de distribución comercial, S. 229.

833 Marzorati, Sistemas de distribución comercial, S. 229; vgl. zum business format franchising auch Cuiñas Rodríguez, El Derecho 1998, 1 ff.

834 Lorenzetti-Márquez/Calderón, CCCN, Art. 1512 III.3.

ausdrücklichen Hinweise dazu finden, ist mangels gegenteiliger Anzeichen anzunehmen, dass sich Art. 1512 ff. CCCN auch auf das Produktfranchising beziehen soll.

II. Großhandelsfranchising („franquicia mayorista")

Neben der Unterscheidung in Vertriebs-, Produkt- und Dienstleistungsfranchising definiert das CCCN einige Sonderformen des Franchisings. Hierzu zählt zunächst die „franquicia mayorista" (Großhandelsfranchising). Gemäß Art. 1513 lit. a) CCCN ist ein Großhandelsfranchising ein Franchising, bei dem der Franchisegeber einer natürlichen oder juristischen Person zur Ausübung einer Geschäftstätigkeit ein nationales, regionales oder provinziales Gebiet oder einen solchen Bereich mit der Berechtigung zuweist, Unterfranchisenehmer benennen zu können sowie die Marken und das Franchisesystem des Franchisegebers gegen spezifische Gegenleistungen nutzen zu können. Bei der „franquicia mayorista" gemäß Art. 1513 lit a) CCCN hat der Franchisenehmer das ausschließliche Recht an dem Franchisesystem innerhalb des (nationalen oder regionalen) Vertragsgebiets und kann folglich im eigenen Ermessen Subfranchiserechte verleihen, um seinen Franchisebetrieb zu expandieren. Ebenso kann er eigenständig über das zu wählende Vertriebssystem entscheiden, solange er die Waren oder Dienstleistungen unter der Marke des Franchisegebers vertreibt.[835] Unter die „franquicia mayorista" fallen bspw. Masterfranchisen, bei denen der Franchisenehmer keine direkte Verbindung mit den Endkunden und Verbrauchern aufbaut, sondern selbst weitere Franchisen, sog. Subfranchisen, erteilt.[836]

Vor Inkrafttreten des CCCN wurde in der Literatur vor allem zwischen der „franquicia maestra" oder „franquicia principal" und der „franquicia corner" unterschieden. Bei der „franquicia maestra" handelte es sich dabei um Franchiseverträge, bei denen der Franchisegeber dem Franchisenehmer ein bestimmtes Vertragsgebiet, oftmals sogar ein ganzes Land oder eine Ländergruppe, exklusiv zuwies. Der Franchisenehmer hatte dabei ein vertraglich eingeräumtes Recht, sog. Subfranchise zu vergeben und das Franchisenetzwerk eigenständig auf- bzw. auszubauen. Bei der „franquicia corner" hingegen durfte der Franchisenehmer

835 Junyent Bas/ Rodríquez Leguizamón, DCyO 2013, 1 (2); vgl. Zannoni/de Vidal/ Zunino/Shina/Ramos-Kemelmajer de Carlucci, Vor Art- 1512 S. 416.

836 Alterini-CCCN, Art. 1513 Ziff. 1 a); vgl. zur „master franchise" nach altem Recht: CNCom, Sala A, Urt. v. 13.02.2008 – Karamalikis, Juan v. Cash Converters Sudamérica s/ Ordinario, Boletín de Jurisprudencia 2/2011, 51.

in einem bestimmten Vertragsgebiet tätig werden, dieses wurde ihm jedoch nicht ausschließlich zugewiesen. Unter diese Konstellation fielen damals auch Franchiseverträge, bei denen mehrere Franchisenehmer einen Franchisebetrieb gemeinsam führten.[837] Diese Unterscheidung wurde mit Inkrafttreten des CCCN aufgegeben und nunmehr durch die Differenzierung zwischen dem Großhandelsfranchise und dem Entwicklungsfranchise ersetzt.

III. Entwicklungsfranchising („franquicia de desarrollo")

Gemäß Art. 1512 lit. b) CCCN liegt eine „franquicia de desarrollo" (Entwicklungsfranchising) vor, wenn der Franchisegeber einem als Entwickler bezeichneten Franchisenehmer das Recht überträgt, mehrere Geschäftslokale nach dem Franchisesystem, gemäß der Methode und unter der Marke des Franchisegebers in einer Region oder im ganzen Land für einen längeren Zeitraum von mindestens fünf Jahren zu eröffnen. Dabei müssen alle eröffneten Betriebe, soweit sie als Gesellschaften errichtet werden, vom Entwickler rechtlich abhängig sein oder von diesem überwacht werden, ohne dass dieser berechtigt wäre, seine Stellung als solcher ohne Zustimmung des Franchisegebers an Dritte abzutreten oder Unterfranchise abzuschließen. Die „franquicia de desarrollo" ist ein direktes Franchising, das dem traditionellen Franchisegeschäft ähnelt.[838]

Der Unterschied zwischen der „franquicia mayorista" und der „franquicia de desarrollo" besteht darin, dass der Franchisenehmer bei der „franquicia mayorista" gemäß Art. 1513 lit. a) CCCN innerhalb des zugewiesenen Vertragsgebiets zugleich Franchisegeber von anderen Subfranchisenehmern ist, mit denen er jeweils eigene Subunternehmer-Franchiseverträge schließt. Bei der „franquicia de desarrollo" nach Art. 1513 lit. b) CCCN indes liegt im Vertragsgebiet nur ein Franchisenehmerunternehmen vor, das verschiedene Lokale oder Vermarktungsstellen unterhält.[839]

IV. Industriefranchising („franquicia industrial")

Gemäß Art. 1524 CCCN finden die Art. 1512-1523 CCCN auch auf die „franquicia industrial" (Industriefranchising) Anwendung. Diese Erscheinungsform

---

837 Vgl. Falcón, Contribuciones científicas GAEA 2000, 177; Curá-García Villalonga, CCCN, Art. 1513 Ziff. 1.1.

838 Stiglitz-Heredia, Contratos en el CCCN, Ziff. 4.

839 Clusellas CCC-Clusellas, Art. 1513 § 2.

des Franchisings wird im Gesetzeswortlaut der Art. 1512 ff. CCCN allerdings nicht näher definiert.

Versucht man der Frage nachzugehen, weshalb eine Legaldefinition des Industriefranchisings im neuen CCCN ausgeblieben ist – sowie im Übrigen auch eine solche für das Vertriebs-, Produkt- oder Dienstleistungsfranchising –, so findet man als einzige Antwort darauf, dass die gesetzgebende Kommission von dem Verständnis ausgegangen ist, die Definition einzelner Rechtsbegriffe sei der Lehre und der Jurisprudenz vorbehalten. Dem Gesetzgeber obliege vielmehr die Erkennung und Regelung einzelner juristischer Sachverhalte, wobei der Fokus auf die Rechtsfolgen zu legen sei.[840] Dies kann schon in Anbetracht anderer Legaldefinitionen im CCCN nicht überzeugen.

Das Industriefranchising zeichnet sich dadurch aus, dass der Franchisegeber dem Franchisenehmer neben dem notwendigen Know-how und den Nutzungsrechten an dem Franchise auch die Technologie zur Verfügung stellt, derer es zur industriellen Herstellung der Waren und somit zu einer Massenproduktion bedarf.[841] Es unterscheidet sich vom Produktfranchising durch die Überlassung von Produktionsanlagen und die Leihgabe von Werkzeugen, die im Vergleich zum Produktfranchising stärker in den Vordergrund treten. Diese Erscheinungsform des Franchisings geht für den Franchisenehmer in der Praxis mit einer weit größeren Kapitalaufbringung und höheren Anfangsinvestitionen, sowie sehr hohen Anforderungen an die Beachtung der Vertraulichkeitsklauseln, einher.[842] Sie findet in der Literatur zum neuen Franchiserecht bisher kaum Beachtung.

V. Zwischenergebnis

Wenngleich die Aufnahme von Legaldefinitionen im CCCN insgesamt eher rar ist, definiert Art. 1513 CCCN einige Sondererscheinungsformen des Franchisings. Dies ist vor dem Hintergrund dessen, dass es sich bei dem Franchisevertrag um den modernsten und damit im Hinblick auf seine Entstehungsgeschichte auch „neuesten" Vertragstyp des argentinischen Vertriebsrechts handelt, zur Vermeidung von Anwendungsproblemen und unterschiedlichen Auslegungen des Gesetzestextes in der Praxis zu begrüßen. Wenngleich dies auf das Großhandels- und auf das Entwicklungsfranchising zutrifft, ist jedoch zu bemängeln, dass die in der Praxis auf alle Franchisesysteme anwendbare gesetzliche Unterscheidung zwischen Vertriebs-, Produkt- und Dienstleistungsfranchising ausblieb. Ebenso

840 Herrera, in: Laferriere (Hrsg.), Análisis del proyecto de nuevo CCC UCA, S. 52.
841 Clusellas CCC-Clusellas, Art. 1524 § 2.
842 Clusellas CCC-Clusellas, Art. 1524 § 2; vgl. Castiglioni, El Derecho 2016, 1 (5 f.).

wird zwar das Industriefranchising in Art. 1524 CCCN vorausgesetzt, eine genauere Definition desselben fehlt hingegen.

E. Der Vertragsschluss

Nachfolgend sollen die Besonderheiten des argentinischen Franchiserechts untersucht und diejenigen Merkmale hervorgehoben werden, die es beim Abschluss eines Franchisevertrages nach dem neuen CCCN zu beachten gilt.

Gemäß Art. 957 CCCN ist ein Vertrag ein Rechtsakt, durch den zwei oder mehr Parteien ihren übereinstimmenden Rechtswillen bekunden, etwas zu erschaffen, zu regeln, zu ändern, zu übertragen oder Rechtsbeziehungen aufzuheben.

Nach Art. 957 bis 962 CCCN gilt bei Vertragsschluss und bei der Bestimmung des Vertragsinhalts stets die Vertragsautonomie in den Grenzen des gesetzlich Zulässigen. Außerdem darf der Vertrag demnach nicht gegen die öffentliche Ordnung, die Moral und die guten Sitten verstoßen. Jeder Vertrag gilt inter partes. Die Verträge sind nach argentinischem Recht stets in gutem Glauben durchzuführen, auszulegen und zu interpretieren.[843]

Im Hinblick auf die Normenhierarchie gehen die zwingenden Normen des CCCN sowie solche spezieller Gesetze Individualabreden stets vor. Letztere genießen Anwendungsvorrang gegenüber den ergänzenden Regelungen spezieller Gesetze und diese sind wiederrum lex specialis zu den abdingbaren Regelungen des CCCN.[844]

I. Die Vertragsparteien, der Vorvertrag sowie Angebot und Annahme

1. Die Vertragsparteien

Wenngleich der Wortlaut der Art. 1512 ff. CCCN die Begriffe „Franchisegeber“ und „Franchisenehmer“ nicht näher definiert, ist man sich dahingehend einig, dass sowohl natürliche als auch juristische Personen Vertragspartei eines Franchisevertrages sein können, soweit sie rechts- und geschäftsfähig sind, vgl. Art. 22, 23 CCCN i.V.m. Art. 1512 CCCN.[845]

843 Vítolo, Derecho Comercial, S. 416.
844 Vítolo, Derecho Comercial, S. 416.
845 Heredia, SE-CCCN 2015, 353 (357).

2. *Die Möglichkeit eines Vorvertrages („contrato preliminar")*

In der argentinischen Franchisepraxis ist der Abschluss eines Vorvertrags („contrato preliminar") üblich.[846] Anstatt die Rechtsbeziehung zwischen den Parteien in einem detaillierten Franchisevertrag von vornherein abschließend zu regeln, wird ein Vorvertrag gemäß Art. 994 CCCN geschlossen. Dieser stellt einen sog. pactum de contrahendo dar, in dem sich die Parteien eines späteren Franchisevertrages zum Abschluss desselben verpflichten. Es handelt sich um ein Verpflichtungsgeschäft, das durch den Abschluss des Franchisevertrages erfüllt wird. Oftmals wird in diesem Zusammenhang auch eine Vertragsstrafe für den Fall des später von einer Vertragspartei verschuldeten Nichtabschlusses vereinbart.[847] Der Vorvertrag enthält häufig auch bestimmte Verhaltenspflichten, denen die Parteien bis zum Abschluss des endgültigen Franchisevertrages unterliegen. Er wird auflösend bedingt geschlossen.[848] Es tritt dann jedoch nicht der frühere Rechtszustand ein, sondern es gilt das in dem Franchisevertrag Vereinbarte anstelle des Vorvertrages.

Der Franchisenehmer zahlt an den Franchisegeber oftmals eine bestimmte Gebühr als Gegenleistung für den Datenzugang sowie für die vor Vertragsabschluss geleistete Unterstützung. Sofern es später zum Abschluss des Franchisevertrages kommt, wird diese Gebühr dann auf die zu zahlende Einstandsgebühr angerechnet, anderenfalls behält der Franchisegeber den geleisteten Betrag als Zahlung für seine Unterstützung bei einer möglichen Betriebsgründung, soweit der Franchisenehmer den Abbruch der Vertragsverhandlungen zu verantworten hat.[849] Anderenfalls ist der geleistete Betrag an den Franchisenehmer zurückzuzahlen.[850]

3. *Angebot und Annahme*

Im argentinischen Recht kommt ein Franchisevertrag durch Angebot und Annahme zustande. Er wird intuitu personae[851] geschlossen.[852] Auf den

---

846 Villamarin, El Derecho 2003, 1 (9); Adrogué, El Derecho 2008, 1 (2 f.).

847 Vgl. CNCom, Sala A, Urt. v. 17.05.2011 – Raduan Guillermo Manuel c/ Inmobiliaria Bullrich S.A. s/ Ordinario, Id SAIJ: FA11130260; Boletín de Jurisprudencia 2/2011, 53.

848 Vgl. CNCom, Sala A, Urt. v. 17.05.2011 – Raduan Guillermo Manuel c/ Inmobiliaria Bullrich S.A. s/ Ordinario, Id SAIJ: FA11130260; Boletín de Jurisprudencia 2/2011, 53.

849 Villamarin, El Derecho 2003, 1 (9).

850 Villamarin, El Derecho 2003, 1 (9).

851 Auf Basis wechselseitigen Vertrauens.

852 Molina Sandoval, Revista de Derecho de Daños 2001, 113 (121).

Vertragsschluss finden dabei die allgemeinen Vorschriften der Art. 971 ff. CCCN Anwendung.

Gemäß Art. 974 Abs. 1 CCCN ist ein Angebot für die andere Partei grundsätzlich bindend, es sei denn, dass sich aus den vertraglichen Bedingungen, den Umständen des Einzelfalls oder aus der Natur des jeweiligen Rechtsgeschäfts etwas Anderes ergibt.

Die Annahme kann dabei – in Anlehnung an die UNIDROIT-Regeln – sowohl ausdrücklich als auch konkludent erfolgen. Sie ist eine einseitige annahmebedürftige Willenserklärung.[853] Ein Angebot, das einem Anwesenden im Wege elektronischer Kommunikationsmittel ohne Nennung einer bestimmten Annahmefrist unterbreitet wird, kann nach Art. 974 Abs. 2 CCCN nur sofort angenommen werden. Gemäß Art. 974 Abs. 3 CCCN kann der Antrag eines Abwesenden ohne Nennung einer Annahmefrist nur bis zu dem Zeitpunkt angenommen werden, in dem der Antragende den Eingang der Antwort unter regelmäßigen Umständen erwarten darf. Vorbehaltlich gegenteiliger Abreden beginnen etwaige Annahmefristen gemäß Art. 974 Abs. 4 CCCN mit dem tatsächlichen Zugang bei der anderen Partei zu laufen. Hier fällt die große Ähnlichkeit mit den §§ 145, 147 BGB auf.

Ferner regelt Art. 975 CCCN für alle Verträge, dass ein Angebot dann als widerrufen gilt, wenn der Widerruf der annehmenden Partei vor oder zeitgleich mit dem Angebot zugeht. Auch diese Bestimmung stimmt inhaltlich mit § 130 BGB überein und lässt somit die Annahme zu, dass sich beide Rechtsordnungen in ihren allgemeinen Vorschriften zu Angebot und Annahme kaum voneinander unterscheiden.

Dies wird auch bei den Regelungen zur Annahme deutlich. Artikel 978 S. 1 CCCN sieht z.B. vor, dass es für einen wirksamen Vertragsabschluss der vorbehaltlosen Annahme des Angebots in vollem Umfang bedarf. Nach Art. 978 S. 2 CCCN gilt jede Änderung des Antrages durch den Annehmenden als neuer Antrag, wobei diese Änderungen durch den Antragenden keiner gesonderten Annahme bedürfen, wenn dieser dies dem ursprünglich Annehmenden unverzüglich mitteilt. Auch an dieser Stelle zeigen sich gewisse Parallelen zum deutschen Zivilrecht, vor allem zu § 150 BGB.

Beachtenswert ist jedoch Art. 979 CCCN, wonach jede Äußerung oder Handlung des Empfängers, die die Übereinstimmung mit dem Antrag offenbart, eine Annahme darstellt. Schweigen kann nach Art. 979 S. 2 CCCN auch eine

---

853 Vgl. Lorenzetti, CCCN – Proyecto del Poder Ejecutivo de la Nación, S. 606; Calvo Costa-Arduino, CCCN, Art. 1514.

Willenserklärung begründen und damit eine wirksame Annahme sein, wenn eine Verpflichtung zur Abgabe einer Erklärungshandlung besteht. Das Schweigen kann als Annahme verstanden werden, wenn sich dies aus dem übereinstimmenden Parteiwillen so ergibt, der gelebten Vertragspraxis entspricht oder das Schweigen im Zusammenhang mit vorherigen einschlägigen Willenserklärungen als Annahme gewertet werden kann.

Anders als im deutschen Recht nach § 153 BGB wird das Zustandekommen eines Vertrages dadurch gehindert, dass der Antragende vor der Annahme stirbt oder geschäftsunfähig wird. In diesem Fall bleibt das Angebot ohne rechtliche Wirkung.[854]

II. Vorvertragliche Aufklärungspflichten

Von besonderer Bedeutung für den rechtswirksamen und erfolgreichen Abschluss eines Franchisevertrages nach argentinischem Recht sind die dem Franchisegeber im Rahmen vorvertraglicher Verhandlungen („tratativas contractuales“) obliegenden vorvertraglichen Aufklärungspflichten. Ein Verstoß gegen diese stellt für den Franchisegeber ein erhebliches Haftungsrisiko dar.

1. *Vorvertragliche Verhandlungen („tratativas contractuales“) und die Geheimhaltungspflicht*

Bei komplexeren Verträgen, wozu auch die Franchiseverträge zählen, sind vorvertragliche Verhandlungen („tratativas contractuales“) üblich. Sie dienen den Vertragsparteien dazu prüfen zu können, ob das beabsichtigte Rechtsgeschäft für ihre Zwecke zielführend und rentabel ist. Das CCCN regelt diese erstmalig in den Art. 990 bis 993 CCCN.

Untersucht man die Art. 990 ff. CCCN, so mag den rechtskundigen Leser zunächst die Wortwahl „tratativas contractuales“, wörtlich Vertragsverhandlungen, irritieren, geht es doch inhaltlich lediglich um vorvertragliche Verhandlungen. Diese Tatsache wird in der argentinischen Lehre stark kritisiert, wobei insbesondere die dogmatisch falsche Einordnung der vorvertraglichen Pflichten unter die zeitlich erst nachgelagerten Vertragsverhandlungen moniert wird.[855] Demnach sei die gewählte Bezeichnung verwirrend und unpräzise. Sie verkenne insbesondere, dass die vorvertraglichen Verhandlungen nicht zwingend zum

854 Borda, Kap. 2 § 2 Rn 48.

855 Papa, Directorio de Servicios Legales 12.08.2015, 1.

Vertragsabschluss führen müssen, sondern vielmehr das Vertrauen in ein späteres Zustandekommen eines Vertrages Schutzgegenstand sein soll.[856]

Gemäß Art. 990 CCCN sind die Parteien frei jederzeit Vertragsverhandlungen zu führen oder zu beenden.[857] Die vorvertraglichen Verhandlungen sind zeitlich nicht begrenzt. Sie beginnen i.d.R. mit der ersten Kontaktaufnahme zwischen den Vertragsparteien und enden mit dem Abschluss eines Vorvertrages gemäß Art. 994 ff. CCCN, welcher für beide Parteien verbindlich ist.[858]

Nach Art. 991 S. 1 CCCN sind die Parteien während der vorvertraglichen Verhandlungen zur Beachtung von Treu und Glauben verpflichtet, damit die Vertragsverhandlungen nicht unnötig vereitelt werden.

Art. 992 S. 1 CCCN regelt außerdem die Pflicht zur Geheimhaltung und zum sorgfältigen Umgang mit Informationen, die eine Partei der anderen während der Vertragsverhandlungen zugänglich macht.[859] Oftmals sind vertrauliche Informationen im Hinblick auf einen bevorstehenden Franchisevertrag zudem Gegenstand einer vorvertraglichen Vertraulichkeitsvereinbarung.[860]

2. *Vorvertragliche Aufklärungspflichten*

a) *Bisherige Anforderungen an die Aufklärungspflicht nach der argentinischen Rechtsprechung*

Die vorvertragliche Aufklärungspflicht und damit verbundene Haftungsmöglichkeiten waren vor Inkrafttreten des CCCN nicht gesetzlich geregelt. [861] Das „Código Civil“ (Zivilgesetzbuch)[862] kannte die c.i.c. als Rechtsinstitut nicht. Diese Gesetzeslücke wurde im Wege der Rechtsfortbildung durch die Gerichte

---

856 Papa, Directorio de Servicios Legales 12.08.2015, 1.

857 Art. 990 CCCN lautet: „Las partes son libres para promover tratativas dirigidas a la formación del contrato, y para abandonarlas en cualquier momento“.

858 Caramelo, Sup. Esp. CCCN, Febrero 2015, 63 (65).

859 Art. 992 CCCN lautet wörtlich: „Deber de confidencialidad. Si durante las negociaciones, una de las partes facilita a la otra una información con carácter confidencial, el que la recibió tiene el deber de no revelarla y de no usarla inapropiadamente en su propio interés. La parte que incumple este deber queda obligada a reparar el daño sufrido por la otra y, si ha obtenido una ventaja indebida de la información confidencial, queda obligada a indemnizar a la otra parte en la medida de su propio enriquecimiento.“

860 Rubín, El Derecho 2016, 1 (18).

861 Rubín, El Derecho 2016, 1 (11).

862 Vgl. Ausführlich zum Código Civil: Rabinovich-Berkman, S. 85 ff.

geschlossen, so dass es eine ganze Reihe von Urteilen betreffend die vorvertragliche Haftung im Zusammenhang mit Vertriebsverträgen gibt.[863]

Zu erwähnen ist die Entscheidung vom 26.12.1946, in der einem Architekten erstmalig ein Schadensersatzanspruch wegen Verletzung vorvertraglicher Pflichten zugesprochen wurde. Dieser erhielt dabei Ersatz für von ihm im Vorfeld und im Vertrauen auf ein Zustandekommen des Vertrages getätigte Ausgaben, wobei der Vertragspartner später vom Vertragsabschluss absah.[864] Als eine der ersten Entscheidungen zur c.i.c. bei Vertriebsverträgen gilt ferner das Urteil der Handelskammer „Cámara Comercial, Sala B“ vom 19.09.1953, welches vorvertragliche Pflichten der Firma Olivetti gegenüber einem ehemaligen Angestellten im Vorfeld eines beabsichtigten Handelsvertretervertragsabschlusses betraf.[865]

Wenngleich es bislang keine gesetzlichen Regelungen zu vorvertraglichen Aufklärungspflichten gab, wurde die Haftung des Franchisegebers nach c.i.c. bereits vor Inkrafttreten des CCCN grundsätzlich bejaht, insbesondere wenn der Franchisenehmer gutgläubig auf unwahre Aussagen des Franchisegebers zur Rentabilität oder zum vom Franchisenehmer in der Anfangsphase zu erbringenden Kapitalaufwand vertraute und deshalb dem Abschluss eines Franchisevertrages zustimmte.[866] Bemerkenswert ist, dass die argentinischen Gerichte in der Vergangenheit danach differenzierten, wie weit die Vertragsverhandlungen bereits fortgeschritten waren. So wurden bspw. stets höhere Schadenssummen zugesprochen, wenn die Vertragsverhandlungen schon derart fortgeschritten waren, dass nach objektivem Empfängerhorizont jede Vertragspartei davon ausgehen durfte, dass ein tatsächlicher Vertragsabschluss unmittelbar bevorstand.[867]

Wenngleich die Rechtsprechung zum Teil uneinheitlich und ohne Angabe von Gründen die Schadensersatzpflicht im Zusammenhang mit einer vorvertraglichen Haftung auf das negative Interesse beschränkte und lediglich lapidar

---

863 CNCom, Sala D, Urt. v. 16.11.2004 – Olivera, Héctor M c. ICI Argentina S.A.I.C., Jurisprudecia Comercial I, März 2008; vgl. CNCiv, Sala E, Urt. v. 16.09.1982 – Sánchez Sorondo, Matías G. c. Pereyra Iraola, Diego M. F., LL 1983-A, 127 mit Anm. von Spota.

864 Vgl. Cámara Civil 2 Capital Federal, Urt. v. 26.12.1946 in LL-46-635; JA-1947-II-224; Lorenzini, in: Richard/ Raisberg/ Mozzi/ Calcagno/ Papa (Hrsg.), Unificación Códigos Civil y Comercial, S. 147.

865 Vgl. CNCom, Sala B, Urt. v. 16.09.1953 – Litvak c/ Olivetti, LL-75-239 mit Anm. von Orgaz, JA 1954-II-58; auch Gastaldi-Li Rosi, Análisis jurisprudencial, S. 11 ff.

866 Esper/Otero/Nasi/Santorun, Manual de Contratos Civiles y Comerciales, S. 900; vgl. Lorenzetti, Consumidores, S. 207 f.

867 Vgl. CNCom, Sala E, Urt. v. 21.10.2003 – Banco Río de la Plata S.A. c. Reynals, Elba; Rubín, El Derecho 2016, 1 (14).

feststellte, dass eine vorvertragliche Haftung vom Haftungsumfang her stets geringer als eine vertragliche Haftung sein musste[868], so ging die Rechtsprechung in den letzten Jahren vermehrt davon aus, dass alle Schäden, die kausal auf einer vorvertraglichen Pflichtverletzung beruhen, zu ersetzen seien.[869] Dementsprechend war insbesondere in den letzten Jahren vor Inkrafttreten des CCCN eine starke Zunahme an Rechtsstreitigkeiten wegen Verletzung der vorvertraglichen Aufklärungspflicht zu verzeichnen.

b) Anforderungen an die Aufklärungspflicht gemäß Art. 1514 CCCN

aa) Die Aufklärungspflicht des Franchisegebers

Ausweislich Art. 1514 lit. a) CCCN ist der Franchisegeber nunmehr verpflichtet, dem Franchisenehmer im Vorfeld der Vertragsunterzeichnung finanzielle und betriebswirtschaftliche Informationen über die Entwicklung vergleichbarer Franchisebetriebe innerhalb des gewählten Franchisesystems in einem Zeitraum von zwei Jahren zur Verfügung zu stellen. Die ausgewählten Einheiten dürfen ihren Sitz dabei sowohl im Inland wie auch im Ausland haben. Dies soll dem Schutz des Franchisenehmers dienen, damit dieser alle wichtigen Informationen und Beurteilungselemente in seine Entscheidung einbeziehen kann.[870] Dem i.d.R. bestehenden Informationsdefizit zwischen den Vertragsparteien soll dabei abgeholfen werden. Der Franchisenehmer soll Zugang zu Informationen betreffend die Vorteile und Risiken des zukünftigen Geschäftsbetriebs erhalten, um darauf basierend seine Entscheidung über eine Eröffnung eines Franchisebetriebs treffen zu können.[871]

Welche finanziellen und betriebswirtschaftlichen Informationen dem potenziellen Franchisenehmer im Einzelnen vorzulegen sind, gibt Art. 1514 lit. a) CCCN nicht vor. Diesbezüglich wird von den wenigen hierzu bislang Stellung nehmenden Literaturmeinungen vertreten, dass sich die Informationen im Wesentlichen auf die fälligen Zahlungen, die seitens der Franchisenehmer getätigten

868 Vgl. CNCom, Sala A, Urt. v. 12.04.2007 – Coy, Julio R. y otros c. Coopers & Lybrand Harteneck L. y Cía y otra, Lexis N° 35011258; CNCom, Sala D, Urt. v. 02.03.2010 – Bunker Diseños S.A. c. IBM Argentina S.A., LL 3.6.10.

869 Vgl. CNCom, Sala C, Urt. v. 30.03.2010 – Gómez, María de los Ángeles c. Cordis S.A. y otro, LL Online: AR/JUR/21725/2010; CNCom, Sala E, Urt. v. 05.08.2009 – Grande, Ulises J. c. Gutman, Abel y otro, E.D. Digital (52298).

870 Vgl. Junyent Bas/ Rodríquez Leguizamón, DCyO 2013, 1 (8); Mosset Iturraspe/Piedecasas, S. 411.

871 Herrera/Carmelo/Picasso-Chomer/Sícoli, CCCN, Art. 1514, S. 221.

Investitionen, die Kernbestimmungen des Franchisehandbuchs, etwaige Verkaufsbeschränkungen sowie auf bestehende Zahlungsunfähigkeiten und den Jahresabschluss der ausgewählten Vergleichs-Franchisebetriebe erstrecken soll.[872]

Weiterhin macht Art. 1514 lit. a) CCCN auch keine Angaben über die Art und Weise der Zurverfügungstellung der finanziellen und betriebswirtschaftlichen Informationen. Zum Teil wird diesbezüglich vertreten, dass mangels einer entsprechend überprüfbaren Buchführungspflicht des Franchisegebers im Hinblick auf die einzelnen Franchisebetriebe die Information nach Art. 1514 lit. a) CCCN nur mittels eidesstattlicher Versicherung an den Franchisenehmer übermittelt werden sollte, um die Glaubwürdigkeit und Rechtmäßigkeit der abgegebenen Informationen sicherzustellen und dem Schutz des Franchisenehmers gerecht zu werden.[873]

Im Übrigen ist Art. 1514 lit. a) CCCN zwingender Natur. Ein Abbedingen der Informationspflicht verstößt gegen den Grundsatz von Treu und Glauben.[874]

bb) Die Aufklärungspflicht des Franchisenehmers

Entgegen dem Wortlaut des Art. 1514 lit. a) CCCN erstreckt sich die Pflicht zur vorvertraglichen Aufklärungspflicht auch auf den Franchisenehmer. Auf Anfrage des Franchisegebers hat er diesen über seine unternehmerische Erfahrung und finanzielle Situation zu informieren.[875] Diese Pflicht resultiert allerdings nicht aus dem Wortlaut des Art. 1514 lit. a) CCCN, sondern aus der in Art. 1011 Abs. 2 CCCN für Dauerschuldverhältnisse verankerten Kooperationspflicht der Parteien.[876]

3. Die Verletzung der Aufklärungspflichten durch den Franchisegeber

a) Anspruch wegen unberechtigten Abbruchs der Verhandlungen

Ein Verstoß gegen die in Art. 991 S. 1 CCCN normierte Pflicht zum Handeln nach Treu und Glauben während der vorvertraglichen Verhandlungen durch den Franchisegeber begründet, sofern kein Verschulden des potenziellen Franchisenehmers vorliegt, gemäß Art. 991 S. 2 CCCN einen Anspruch der anderen

872 Rubín, Contratos de comercialización, Tomo II, Kap. II Rn. 4.3.10; Lorenzetti, Tratado de los contratos, S. 690.

873 Marzorati, RCCyC Febrero 2016, 52 (66).

874 Marzorati, RCCyC Febrero 2016, 52 (66).

875 Stiglitz-Heredia, Contratos en el CCCN, Ziff. 8.1.

876 Herrera/Carmelo/Picasso-Chomer/Sícoli, CCCN, Art. 1514, S. 221.

Vertragspartei auf Ersatz des negativen Interesses (Vertrauensschaden).[877] Zu denken ist in diesem Zusammenhang insbesondere an Fälle des unberechtigten Abbruchs vorvertraglicher Verhandlungen. Die verletzte Vertragspartei ist dann in die Lage zu versetzen, in der sie sich ohne die erfolgten Vertragsverhandlungen oder Vertragsanbahnung befinden würde.[878] Bezüglich des zu leistenden Schadensersatzes findet Art. 1740 CCCN Anwendung, wonach der Schaden vollständig zu entschädigen ist und der Geschädigte so zu stellen ist, wie er ohne das schädigende Ereignis stehen würde. Der Schadensersatz ist dabei entweder als Geld- oder als Sachleistung zu erbringen gemäß Art. 1740 S. 2 CCCN. Der Geschädigte kann nach Art. 1740 S. 3 CCCN Ersatz des konkreten Schadens fordern; Wertersatz ist lediglich dann zu leisten, wenn der Schadensersatz ganz oder teilweise unmöglich ist, einen unverhältnismäßigen Aufwand erfordert oder unangemessen ist.[879]

Das CCCN hat den Beurteilungsmaßstab für das Vorliegen von Haftungsansprüchen wegen unberechtigten Abbruchs von Vertragsverhandlungen über die bisher in der Lehre und Rechtsprechung anerkannten Fälle hinaus erweitert. Gleichwohl ist mit der Bejahung solcher Schadensersatzansprüche nach Art. 991 S. 2 CCCN wegen unberechtigten Abbruchs der Vertragsverhandlungen

877 Art. 991 CCCN lautet: „Durante las tratativas preliminaries, y aunque no se haya formulado una oferta, las partes deben obrar de buena fe para no frustrarlas injustificadamente. El incumplimiento de este deber genera la responsabilidad de resarcir el daño que sufra el afectado por haber confiado, sin su culpa, en la celebración del contrato“.

878 Lorenzini, in: Richard/ Raisberg/ Mozzi/ Calcagno/ Papa (Hrsg.), Unificación Códigos Civil y Comercial, S. 151.

879 Art. 1740 CCCN lautet wörtlich: „Reparación plena. La reparación del daño debe ser plena. Consiste en la restitución de la situación del damnificado al estado anterior al hecho dañoso, sea por el pago en dinero o en especie. La víctima puede optar por el reintegro específico, excepto que sea parcial o totalmente imposible, excesivamente oneroso o abusivo, en cuyo caso se debe fijar en dinero. En el caso de daños derivados de la lesión del honor, la intimidad o la identidad personal, el juez puede, a pedido de parte, ordenar la publicación de la sentencia, o de sus partes pertinentes, a costa del responsable." Vgl. CNCom, Sala A, Urt. v. 17.05.2011 – Raduan Guillermo Manuel c/ Inmobiliaria Bullrich S.A. s/ Ordinario, Id SAIJ: FA11130260; Boletín de Jurisprudencia 2/2011, 65; CNCom, Sala C, Urt. v. 25.06.1987 – Flehner, Eduardo c/ Optar S.A, LL 1987-E, 179.

restriktiv zu verfahren, da man sonst gegen den in Art. 958 CCCN normierten Grundsatz der Vertragsfreiheit verstoßen würde.[880]

b) Verstoß gegen die Geheimhaltungspflicht im Hinblick auf vorvertragliche Informationen

Verstößt eine der Parteien gegen die bei vorvertraglichen Verhandlungen geltende Geheimhaltungspflicht nach Art. 992 CCCN, ist sie der anderen zum Schadensersatz verpflichtet. Darüber hinaus muss sie die andere Partei auch für diejenigen Vorteile entschädigen, die sie aus der unerlaubten Verwendung der vertraulichen Informationen erhalten hat. Art. 992 CCCN basiert auf dem Art. 2.1.16 der UNIDROIT-Grundregeln für internationale Handelsverträge[881] und ist stets i.V.m. Art. 1 Ley N° 24.766 [882] (Vertraulichkeitsgesetz) zu sehen.[883]

Bemerkenswert ist dabei jedoch, dass keine dieser beiden Normen eine Haftungsregelung für den Fall enthält, dass die vertraulichen Informationen Eigentum eines Dritten sind, der selbst nicht Vertrags- bzw. Verhandlungspartei ist. Nach übereinstimmender Auffassung der argentinischen Rechtslehre folgt in solchen Fällen eine Haftung jedenfalls aus dem Prinzip alterum non laedere.[884] Zu denken ist dabei an Fälle, in denen der Franchisegeber ausnahmsweise nicht (Allein-) Eigentümer geschützter Informationen ist, sondern lediglich zu deren Weitergabe berechtigt ist. Diese Fälle sind aufgrund Art. 1512 Abs. 2 CCCN sehr selten.

Zu beachten ist ferner, dass nach Art. 992 CCCN nur derjenige für Verstöße gegen die Vertraulichkeitspflicht haftet, der die erhaltenen Informationen „im eigenen Interesse" rechtswidrig verwendet. Daher könnte die Vorschrift einerseits so ausgelegt werden, dass der Fall einer Weitergabe von Informationen zugunsten Dritter von der Haftungsregelung nicht erfasst sei.[885] Nach

---

880 Vgl. Caramelo, Sup. Esp. CCCN, Febrero 2015, 63 (74); Lorenzini, in: Richard/ Raisberg/ Mozzi/ Calcagno/ Papa (Hrsg.), Unificación Códigos Civil y Comercial, S. 148.

881 Vgl. Art. 2.16 UNIDROIT Principles for Commercial contracts (2010 und 2016), abrufbar unter: https://www.unidroit.org/instruments/commercial-contracts/unidroit-principles-2016, zuletzt abgerufen am 30.06.2019.

882 Gesetz „Ley de confidencialidad sobre información y productos que estén legítimamente bajo control de una persona y se divulgue indebidamente de manera contraria a los usos comerciales honestos – Ley N° 24.766" vom 18. Dezember 1996, einsehbar unter: http://www.conicet.gov.ar/wp-content/uploads/Ley-N%C2%BA-24766-Confidencialidad.pdf, zuletzt abgerufen am 30.06.2019.

883 Vgl. Caramelo, Sup. Esp. CCCN, Febrero 2015, 63 (68).

884 Rubín, El Derecho 2016, 1 (19).

885 Rubín, El Derecho 2016, 1 (19).

herrschender Auffassung sind jedoch auch solche Fälle von Art. 992 CCCN erfasst, da in beiden Fällen die Pflicht, anderen keinen Schaden zukommen zu lassen, nach Art. 1716 CCCN Anwendung findet.[886] In einem solchen Fall haften demnach der Verhandlungspartner und der Dritte gesamtschuldnerisch für den dem anderen Verhandlungspartner entstandenen Schaden.[887]

c) Die Verletzung der Aufklärungspflicht gemäß Art. 1514 lit. a) CCCN durch den Franchisegeber

Verstößt der Franchisegeber vorsätzlich oder grob fahrlässig gegen die ihm gemäß Art. 1514 lit. a) CCCN obliegende vorvertragliche Auskunftspflicht, so kann der Franchisenehmer den Vertrag mit der Wirkung anfechten, dass dieser ex nunc nichtig wird.[888] Ihm steht dann auch ein außerordentliches Kündigungsrecht zu. Von größerer Bedeutung sind hingegen die ihm zustehenden Schadensersatzansprüche.[889] Ein solcher Schadensersatzanspruch wird jedenfalls nach Treu und Glauben und aus Gründen der Angemessenheit sowie gewohnheitsrechtlich anerkannt.[890]

aa) Schadensersatzanspruch

Voraussetzung für einen Schadensersatzanspruch wegen Verletzung des Art. 1514 lit. a) CCCN ist, dass die andere Partei wegen der unterlassenen oder fehlerhaft erteilten Informationen in die Irre geführt wird und im Vertrauen auf deren Nichtexistenz/Richtigkeit entsprechende Investitionen oder Risiken eingeht.[891] Die Auskunftspflichtverletzung wird nicht isoliert sanktioniert, sondern nur wenn sie kausal für die Schadensentstehung war.[892]

Soweit der Franchisegeber die entscheidungsrelevanten Umstände über den Erfolg des Franchisesystems falsch darstellt, insbesondere die in Wahrheit nicht vorhandene Bewährung des Systems behauptet, so ist dies nach überwiegender Ansicht ohne Bedeutung, wenn sich der Erfolg des Franchise später dennoch

---

886 Vgl. ausführlich zu Art. 1716 CCCN: Gagliardo, RCCyC 2015, 1 (6 f.).

887 Rubín, El Derecho 2016, 1 (19).

888 Marzorati, LL 22.11.2017, 1.

889 Rubín, El Derecho 2016, 1 (12); vgl. CNCom, Sala D, Urt. v. 14.02.2007 – Recupero Energético S.A. c. Camuzzi Gas Pampeana S.A. y otros, LL 07.05.2007; Lorenzetti-Márquez/Calderón, CCCN, Art. 1514 Rn III a).

890 Vgl. Stiglitz-Heredia, Contratos en el CCCN, Ziff. 6.1.2.

891 Heredia, SE-CCCN 2015, 353 (363).

892 Heredia, SE-CCCN 2015, 353 (363).

einstellt. Eine Haftung für arglistiges Verhalten ist somit an den tatsächlichen Erfolg des Franchisebetriebs geknüpft. Die Unbestimmtheit des Merkmals „Erfolg" eines Franchisesystems wird dabei billigend in Kauf genommen.[893]

Zu beachten ist, dass der Franchisegeber nicht für einfache Schätzungsfehler in Bezug auf die Vorzüge des Franchisesystems haftet, auch wenn diese möglicherweise Gegenstand übermäßiger Publizität waren.[894] Er haftet nur dafür, dass er dem Franchisenehmer unrealistische oder falsche Angaben zur Verfügung stellt.[895] In jedem Fall ist zu berücksichtigen, dass auch der Franchisenehmer ein selbständig handelnder Kaufmann ist, der als Fachmann erfahren und umsichtig handeln muss. Demnach ist häufig ein Mitverschulden anzunehmen. Nur in Einzelfällen kann er tatsächlich als Opfer übermäßiger Werbung des Franchisegebers gesehen werden.[896]

Die argentinischen Gerichte sind bislang mit der Bejahung von Schadensersatzansprüchen wegen Verletzung der vorvertraglichen Aufklärungspflicht im unternehmerischen Rechtsverkehr, für den Fall des bloßen Schweigens der zur Auskunft verpflichteten Vertragspartei, sehr zurückhaltend gewesen.[897] Liegt eine Verletzung aber vor, so hat der Franchisegeber dem Franchisenehmer die bereits geleisteten Franchisegebühren und sonstige Zahlungen zu erstatten, da der Franchisenehmer die Zurverfügungstellung richtiger Angaben erwarten darf. Dies ist Ausdruck der gegenseitigen Kooperationspflicht im Franchising.[898]

Wenngleich die Rechtsprechung dazu noch keine Stellung genommen hat, wird im Schrifttum häufig bemängelt, der Franchisenehmer könne ein grob fahrlässiges Auskunftsversäumnis oder sogar eine vorsätzliche Täuschung des Franchisegebers bezüglich der Erfolgstauglichkeit des Systems nur dann erfolgreich beweisen, wenn entsprechende schriftliche Nachweise vorlägen.[899] Zwar sei es theoretisch denkbar, dass der Franchisenehmer den Franchisegeber wegen Verstoßes gegen Art. 1514 lit. a), b) CCCN in Anspruch nehme. Praktisch verbleibe allerdings ein gewisses Restrisiko, dass ein Gericht im Streitfall davon ausgehen könnte, der Franchisenehmer habe die mitgeteilte Information als falsch erkannt und dennoch so akzeptiert.[900] Außerdem ist die Bewährung eines

---

893 Di Chiazza, LL 04.06.2015, 1 (2).
894 Stiglitz-Heredia, Contratos en el CCCN, Ziff. 6.1.2.
895 Stiglitz-Heredia, Contratos en el CCCN, Ziff. 6.1.2.
896 So die Argumentation von Stiglitz-Heredia, Contratos en el CCCN, Ziff. 6.1.2.
897 Vgl. Crovi, LL 06.12.2016, 1051 (1060).
898 Marzorati, LL 22.11.2017, 1
899 Di Chiazza, LL 04.06.2015, 1 (2).
900 Di Chiazza, LL 04.06.2015, 1 (2).

Systems letztlich unmittelbar an dessen Erfolg verknüpft. Eben dieser Erfolg ist praktisch nur schwer zu konkretisieren und hängt darüber hinaus stets von variablen Faktoren und Einflüssen Dritter ab.

bb) Beweislast

Sofern eine Vertragspartei unvollständige oder falsche Angaben gemacht hat, obliegt es der betroffenen Vertragspartei zu beweisen, dass die andere Partei diesen Mangel an Information spätestens bei Vertragsabschluss kannte.[901] Die zur Auskunft verpflichtete Vertragspartei ist aber beweisbelastet im Hinblick auf ein fahrlässiges Verhalten der Vertragspartei bei der Informationsannahme und -bewertung.[902]

4. Die Aufklärungspflichtverletzung durch den Franchisenehmer

Verstößt der Franchisenehmer gegen seine Pflicht zum Handeln nach Treu und Glauben im Rahmen vorvertraglicher Verhandlungen, nimmt er insbesondere schuldhaft und grundlos von den Vertragsverhandlungen Abstand, so ist er dem Franchisegeber nach Art. 991 S. 2 CCCN schadensersatzpflichtig. Ebenso kann er sich bei Verletzung der ihm obliegenden Geheimhaltungspflicht im Hinblick auf die ihm im Zusammenhang mit den vorvertraglichen Verhandlungen anvertrauten vertraulichen Informationen wegen Verletzung seiner Pflicht nach § 992 CCCN schadensersatzpflichtig machen. In Hinblick auf diese Ansprüche gilt das zu den Schadensersatzansprüchen gegen den Franchisegeber Gesagte entsprechend für Pflichtverletzungen durch den Franchisenehmer.

Verletzt der Franchisenehmer einmal die ihm obliegende Pflicht zur Aufklärung des Franchisegebers, so ist bislang ungeklärt, ob diesem auch ein Anspruch auf Schadensersatz gegen den Franchisenehmer zustehen soll. Es ist jedoch denkbar, dass sich ein solcher Anspruch wegen Verletzung der in Art. 1011 Abs. 2 CCCN allgemein für Dauerschuldverhältnisse verankerten Kooperationspflicht der Parteien bejahen lassen wird.

5. Zwischenergebnis

Resümierend kann festgestellt werden, dass der CCCN in den Art. 990 bis 992 CCCN allgemeine Regelungen über die vorvertraglichen Vertragsverhandlungen enthält. Neben der Behandlung vertrauenswürdiger

---

901 Vgl. Crovi, LL 06.12.2016, 1051 (1057).
902 Crovi, LL 06.12.2016, 1051 (1060).

Informationen im Vorfeld des Vertragsschlusses nach Art. 992 CCCN sieht das CCCN in Art. 991 CCCN erstmalig einen Anspruch auf Schadensersatz wegen Abbruchs laufender Vertragsverhandlungen unter Verstoß gegen Treu und Glauben vor. Diese Neuerung wird in der Literatur überwiegend begrüßt, wohingegen die argentinische Rechtsprechung unter Verweis auf den einzuhaltenden Grundsatz der Vertragsfreiheit nach wie vor sehr restriktiv mit dem Anspruch aus Art. 991 ff. CCCN umgeht. Für die Parteien eines Franchisevertrages ergibt sich gleichwohl nun die Möglichkeit Schadensersatzansprüche im Falle eines schuldhaft versursachten Scheiterns der Vertragsverhandlungen wegen Fehlverhaltens einer Partei geltend zu machen.

Ferner zählt auch die Aufnahme einer zwingenden vorvertraglichen Aufklärungspflicht des Franchisegebers gemäß Art. 1514 lit. a) CCCN zu den großen Neuerungen des argentinischen Franchiserechts. Wurde ein Schadensersatzanspruch eines Franchisenehmers aus c.i.c. von den Gerichten in der Vergangenheit nur äußerst restriktiv angenommen, so ist diesem nunmehr eine gesetzliche Grundlage zur Stärkung seiner Rechtsposition an die Hand gegeben worden. Wenngleich die Standortanalyse und die Rentabilitätsprognose nach wie vor in den Risikobereich des Franchisenehmers fallen, kann er nunmehr vom Franchisegeber vollständige und richtige Angaben über die finanzielle und wirtschaftliche Entwicklung vergleichbarer Franchisebetriebe desselben Franchisesystems verlangen. Da der Franchisegeber Zahlen betreffend Franchisebetriebe im In- oder Ausland vorlegen kann, wird es letztlich in den Risikobereich des Franchisenehmers fallen ihre Relevanz und Übertragbarkeit auf den Einzelfall zu prüfen. Gleichwohl ist Art. 1514 lit. a) CCCN als klares Signal des argentinischen Gesetzgebers für einen stärkeren Schutz des Franchisenehmers verbunden mit dem Wunsch nach einer einheitlichen Rechtsprechung zu verstehen.

III. Die Form

Der Franchisevertrag unterlag nach altem Recht keinem Formzwang, vgl. Art. 874 und 1182 Código Civil. Dennoch war in der Praxis die schriftliche Form üblich.[903]

Das Prinzip der Formfreiheit gemäß Art. 284 CCCN findet auch auf den Franchisevertrag nach Art. 1512 ff. CCCN Anwendung. Gemäß Art. 969 S. 3 CCCN

---

903 Vgl. Etcheverry, S. 393; Villamarin, El Derecho 2003, 1 (2); Esper/Otero/Nasi/Santorun, Manual de Contratos Civiles y Comerciales, S. 894; a.A. hingegen Marzorati, Sistemas de distribución comercial, S. 234, für den der Franchisevertrag nach Gewohnheitsrecht einem Schriftformerfordernis unterlag.

muss der Vertragsabschluss lediglich nachweisbar sein.[904] Die Parteien können für die Rechtmäßigkeit einer Willenserklärung aber strengere Formerfordernisse festlegen.[905]

Die Ansicht der Mindermeinung[906], wonach das Erfordernis der Schriftform eines Franchisevertrages nun aus Art. 1514 lit. a) CCCN abzuleiten sei, wonach der Franchisegeber verpflichtet sei, „vor Unterzeichnung" des Franchisevertrages dem Franchisenehmer Informationen über vergleichbare Franchisebetriebe seines Franchisesystems zur Verfügung zu stellen, vermag nicht zu überzeugen.

Art. 1514 lit. a) CCCN bezieht sich lediglich auf den Zeitpunkt der Auskunftserteilung vor Vertragsunterzeichnung und meint damit nur die zeitliche Einschränkung vor Vertragsabschluss. Ein Schriftformerfordernis lässt sich daraus nicht herleiten. Nach argentinischem Rechtsverständnis besteht ein Franchiseverhältnis schließlich selbst dann, wenn kein entsprechend titulierter Vertrag vorliegt, sofern sich ein Vertragsverhältnis aus den tatsächlichen Umständen ergibt. Es liegt dann ein faktischer (Franchise-) Vertrag vor.[907]

F. Der Vertragsinhalt

Es gibt kein allgemein gültiges Muster für einen Franchisevertrag, dieser muss vielmehr einzelfallabhängig verfasst werden. Die vertraglich vereinbarte franchisespezifische Risikoverteilung folgt dabei den wirtschaftlichen Interessen der Vertragsparteien[908], so dass unzählige Konstellationen denkbar sind.

I. Die vertraglichen Pflichten der Parteien

Bei der Gestaltung eines Franchisevertrages nach argentinischem Recht liegt ein Schwerpunkt stets auf den den Vertragsparteien obliegenden vertraglichen Pflichten. In Übereinstimmung mit der bisherigen Rechtsprechung sieht der CCCN die Unabhängigkeit beider Vertragsparteien ausdrücklich vor. Zugleich ist es den Parteien untersagt ihre jeweiligen Pflichten auf die andere Vertragspartei oder auf ihre eigenen Erfüllungsgehilfen zu übertragen.[909]

---

904 Lorenzetti-Márquez/Calderón, CCCN, Art. 1512 Rn. III.4.

905 Lorenzetti-Márquez/Calderón, CCCN, Art. 1512 Rn. III.4.

906 Heredia, SE-CCCN 2015, 353 (358).

907 Vgl. Caselli, Jurisprudencia Argentina 2013, 1 (3).

908 Vgl. CNCom, Sala K, Urt. v. 20.09.2018 – Bolado Guillermo Héctor c/ Galeno Aseguradora de Riesgos del Trabajo S.A., MJ-JU-M-116445-AR.

909 Junyent Bas/ Rodríquez Leguizamón, DCyO 2013, 1 (2).

Die Art. 1514 und 1515 CCCN regeln ein Mindestmaß an Pflichten für die Vertragsparteien, welche im Einzelfall zwar erweitert, jedoch nicht verringert oder abbedungen werden können.[910] Im Folgenden werden einige der Hauptpflichten exemplarisch erläutert.

1. *Die Pflichten des Franchisegebers*

Art. 1514 CCCN normiert einige der Hauptpflichten des Franchisegebers im Rahmen eines Franchiseverhältnisses. Es handelt sich dabei um eine enumerative und nicht abschließende Aufzählung.[911] Während Art. 1514 lit. a) CCCN die bereits thematisierte vorvertragliche Aufklärungspflicht des Franchisegebers betrifft, benennen Art. 1514 lit. b) bis f) CCCN diverse Pflichten des Franchisegebers.[912]

a) Eingliederung des Franchisenehmers in das Franchisesystem und Weitergabe des Know-hows

Wenngleich die Pflicht zur Eingliederung des Franchisenehmers in das Franchisesystem nicht ausdrücklich gesetzlich geregelt wurde, besteht dennoch Einigkeit über ihr Bestehen. Sie wird als wesensimmanente Vertragspflicht verstanden.[913]

Art. 1514 lit. b) CCCN verpflichtet den Franchisegeber dazu, dem Franchisenehmer das ihm zur Verfügung stehende Know-how, welches zur Führung des Franchisesystems notwendig ist, zur Verfügung zu stellen. Dem Wortlaut nach soll diese Pflicht auch dann bestehen, wenn das entsprechende Wissen nicht patentiert ist, sondern nur auf die unternehmerische Erfahrung des Franchisegebers zurückzuführen ist. Art. 1514 lit. b) CCCN stellt dabei ausschließlich auf technisches Wissen ab.

Leider spezifiziert der Gesetzeswortlaut nicht, bis zu welchem Zeitpunkt diese Wissensübertragung zu erfolgen hat, so dass der Franchisegeber insbesondere nicht verpflichtet ist, sein technisches Wissen vor der erstmaligen Inbetriebnahme des Franchisebetriebs zu übertragen. Bezüglich der Art und Weise der Wissensübermittlung haben die Vertragsparteien ein Wahlrecht. Das Gesetz macht diesbezüglich keine Vorgaben, lediglich ausnahmsweise kann das „Gesetz

---

910 Marzorati, RCCyC Febrero 2016, 52 (69 ff.); Junyent Bas/ Rodríquez Leguizamón, DCyO 2013, 1 (8).

911 Lorenzetti-Márquez/Calderón, CCCN, Art. 1514 Rn III.

912 Herrera/Carmelo/Picasso-Chomer/Sícoli, CCCN, Art. 1512, S. 221.

913 Vgl. Leiva Fernández-Tomo VI, § 335 Nr. 2415 lit. c).

Nr. 22.426 zur Übertragung von Technologie“[914] spezielle Anforderungen stellen.[915]

Problematisch ist, wie der Begriff „conjunto de conocimientos técnicos“ (Know-how) i.S.d. Art. 1514 lit. b) CCCN zu verstehen ist. Während einige Stimmen, in Anlehnung an die historischen kontinentaleuropäischen Rechtseinflüsse, eine analoge Heranziehung der VO (EWG) Nr. 4087/88 der Europäischen Kommission vom 30.11.1988 befürworten, insbesondere die Begriffsbestimmungen analog Art. 1 lit. f), g), h) und i) VO (EWG) Nr. 4087/88 anwenden wollen,[916] definieren andere Know-how hingegen als die technische Fähigkeit oder das spezielle Fachwissen in einem ausgewählten Tätigkeitsfeld darüber, wie man ein bestimmtes Ergebnis in der Praxis erzielt, sowie im Allgemeinen jedes technische Wissen, das geheim, vertraulich oder nur für den Dienstgebrauch bestimmt ist.[917] Besonderer Wert wird dabei auf die praktische Umsetzungsfähigkeit und Verwendung des Know-hows gelegt. Entscheidend sei die Verpflichtung des Franchisegebers, den Franchisenehmer zur Betriebsführung und -verwaltung anzulernen, um eine erfolgreiche Eingliederung in ein einheitliches Franchisesystem sicherzustellen.[918]

---

914 Das Gesetz „Ley N° 22.246 Transferencia de Tecnología” vom 12.03.1981 findet ausschließlich auf Rechtsgeschäfte Anwendung, die die Übertragung von Lizenzen zur Nutzung von Technologie oder Markenlizenzen durch Rechtssubjekte mit Sitz im Ausland zugunsten von einheimischen (natürlichen oder juristischen) Personen zum Gegenstand hat.

915 Lorenzetti-Márquez/Calderón, CCCN, Art. 1514 Rn IIII b).

916 Art. 1 lit. f) VO (EWG) Nr. 4087/88 hatte folgenden Wortlaut: „Know-how“ ist eine Gesamtheit von nichtpatentierten praktischen Kenntnissen, die auf Erfahrungen des Franchisegebers sowie Erprobungen durch diesen beruhen und die geheim, wesentlich und identifiziert sind.“ Art. 1 lit. g) VO (EWG) Nr. 4087/88 lautet: „Geheim“ bedeutet, dass das Know-how in seiner Substanz, seiner Struktur oder der genauen Zusammensetzung seiner Teile nicht allgemein bekannt oder nicht leicht zugänglich ist. Der Begriff ist nicht in dem engen Sinne zu verstehen, dass jeder einzelne Teil des Know-how außerhalb des Geschäfts des Franchisegebers völlig unbekannt oder unerhältlich sein müsste.“

917 Marzorati, Sistemas de distribución comercial, S. 252; vgl. auch Junyent Bas/ Rodríquez Leguizamón, DCyO 2013, 1 (9).

918 Vgl Cámara de Apelaciones en lo Civil, Comercial, Laboral y de Minería de Neuquén, Sala I, Urt. v. 21.02.2017 – Corsino Claudia Andrea c. Strategos SRL y otros s/ despido directo por otras causales, elDial – AA9D68; Junyent Bas/ Rodríquez Leguizamón, DCyO 2013, 1 (9).

Demgegenüber vertreten andere, dass sich das Know-how auf das praktische Wissen beschränke, welches nachgewiesenermaßen erfolgreich, reproduzierbar und vertraulich sein müsse.[919] Dies führe i.d.R. dazu, dass eine Geheimhaltungsklausel zu vereinbaren sei. Außerdem seien die praktische Anwendbarkeit und die Vermarktbarkeit des Know-hows durch nachgewiesene Erfolge zu dokumentieren.[920]

Nach h.M. [921] ist der Begriff „conocimientos técnicos" nach Art. 1514 lit. b) CCCN dem des Know-hows im internationalen Rechtsverkehr weitestgehend gleichzusetzen. Zu beachten ist dabei jedoch, dass das bisherige zu Art. 1514 lit. b) CCCN vorhandene Schrifttum im Zusammenhang mit einem Franchisevertrag zwei Arten von Know-how unterscheidet. Einerseits versteht man unter „conocimientos técnicos" gemäß Art. 1514 lit. b) CCCN das „gewerbliche" Know-how, welches im Rahmen eines Produktionsfranchisingvertrages Anwendung findet. Im Unterschied dazu liegt bei Dienstleistungsfranchise ein „kommerzielles" Know-how vor, da es hier anstelle eines produktionsspezifischen Wissens um Absatzmethoden und Verkaufstechniken geht.[922] Es bleibt abzuwarten, wie die Rechtsprechung den Begriff des Know-hows nach neuem Recht auslegen wird.

Einigkeit besteht im Übrigen dahingehend, dass der Franchisenehmer die Kosten und das Risiko der ordnungsgemäßen Installation der zum Betrieb des Franchiseunternehmens erforderlichen Technologie und des Know-hows, vorbehaltlich einer anderslautenden vertraglichen Vereinbarung, zu tragen hat.[923]

Im Ergebnis ist festzuhalten, dass das Know-how nach wie vor der Grundbaustein des Franchisevertrages ist. Für den Franchisegeber ist es von großer Relevanz, da es oftmals im Zuge einer langjährigen Tätigkeit als Unternehmer und insbesondere als Franchisegeber erworben wurde und das Merkmal darstellt, das sein Franchisesystem auszeichnet und allen Mitgliedern des Franchisenetzwerks einen Wettbewerbsvorteil verschafft.[924] Andererseits bildet das Know-how gemeinsam mit den erteilten Lizenzen für die Nutzung des geistigen und gewerblichen Eigentums auch für die Franchisenehmer die Geschäftsgrundlage.

919 Dies wird insbesondere von Lorenzetti, Tratado de los contratos, S. 692, vertreten.
920 Vgl. Lorenzetti, Tratado de los contratos, S. 692 f.; Junyent Bas/ Rodríquez Leguizamón, DCyO 2013, 1 (10); Garrone/Castro Sammartino, S. 929.
921 Vgl. Heredia, SE-CCCN 2015, 353 (357).
922 Heredia, SE-CCCN 2015, 353 (357)
923 Farina, Contratos comerciales modernos, S. 571.
924 Stiglitz-Heredia, Contratos en el CCCN, Ziff. 2.1.1.

Es stellt somit das Kernstück eines jeden Franchisevertrages dar.[925] Es ist vom Franchisegeber in regelmäßigen Abständen zu aktualisieren und auf technisch neuestem Stand zu halten.[926]

b) Beratungs- und Unterstützungspflichten

Dem Franchisegeber obliegt die Pflicht, den Franchisenehmer für die Dauer des Vertragsverhältnisses zu unterstützen. Dazu zählen die Zurverfügungstellung aller zur Betriebsführung relevanten Informationen, die Einweisung und Fortbildung des Franchisenehmers sowie die technische und u.U. finanzielle Unterstützung.[927] Diese Pflicht findet ihre Begründung in der Natur des Franchisevertrages und in dem Interesse beider Vertragsparteien am Erfolg des Franchisesystems.[928] Nach Ansicht der Literatur[929] ergibt sich eine solche Pflicht auch aus dem für alle Dauerschuldverhältnisse geltenden Kooperationsprinzip gemäß Art. 1011 CCCN.

Weiterhin hat der Franchisegeber gemäß Art. 1514 lit. c) CCCN dem Franchisenehmer ein Handbuch mit brauchbaren Anweisungen zur Ausübung seiner Pflichten aus dem Franchisevertrag sowie zur erfolgreichen Betriebsführung auszuhändigen. Diese Pflicht oblag dem Franchisegeber nach einhelliger Auffassung bereits nach alter Rechtslage.[930] Neu ist hingegen, dass diese Franchisehandbücher in den Vertrag einbezogen werden und somit als Vertragsbestandteil anzusehen sind.[931] Idealerweise erhält der Franchisenehmer dieses Handbuch bereits vor Vertragsunterzeichnung, so dass er sich mit dem Inhalt ausreichend vertraut machen kann.[932] Das Handbuch muss verständlich verfasst sein und die wesentlichen Anforderungen an die Betriebsführung enthalten, wie z.B. Angaben zur Mindestanzahl an anwesenden Mitarbeitern im Betrieb zu

---

925 Stiglitz-Heredia, Contratos en el CCCN, Ziff. 2.1.1.

926 Heredia, SE-CCCN 2015, 353 (357); vgl. Ramírez, RCALP 1996, 107 (111); Farina, Contratos comerciales modernos, S. 575.

927 Junyent Bas/ Rodríquez Leguizamón, DCyO 2013, 1 (5); Lorenzetti-Márquez/Calderón, CCCN, Art. 1514 Rn III d).

928 Vgl. Lorenzetti, Tratado de los contratos, S. 695; Junyent Bas/ Rodríquez Leguizamón, DCyO 2013, 1 (5).

929 Herrera/Carmelo/Picasso-Chomer/Sícoli, CCCN, Art. 1514, S. 222; vgl. Llobera, El Derecho 2015, 1 (3).

930 Vgl. Adrogué/Candioti/Bruzone, Lecciones y Ensayos 1992, 77 (78).

931 Herrera/Carmelo/Picasso-Chomer/Sícoli, CCCN, Art. 1514, S. 222.

932 Herrera/Carmelo/Picasso-Chomer/Sícoli, CCCN, Art. 1514, S. 222; vgl. Centanaro-Centanaro/Salto, Contratos, Kap. XXXIII Ziff. 10.1.

Geschäftszeiten, der zu haltende Warenbestand, etwaige Buchführungspflichten und Kassenbestände usw.[933]

Der Franchisegeber muss dem Franchisenehmer ferner während der gesamten Vertragslaufzeit seine technische und kaufmännische Unterstützung anbieten. Darunter fallen oftmals auch die Anpassung der Richtlinien über die Gestaltung der Einrichtung, die vor Ort zu haltenden Mindestbestände, die Gestaltung und Ausgaben für Werbemaßnahmen des Franchisesystems, wobei jede Änderung mit der gebotenen Sorgfalt eines ordentlichen Kaufmannes durchzuführen ist.[934]

c) Treue- und Gleichbehandlungspflicht

aa) Treuepflicht

Beide Vertragsparteien sind zur gegenseitigen Rücksichtnahme nach Treu und Glauben verpflichtet. Ausdruck des gegenseitigen Kooperationsverhältnisses ist es, dass der Franchisenehmer auf die Qualität der Ware oder Dienstleistung und auf den Ruf des Franchisesystems vertrauen können muss, um die Vorgaben des Franchisegebers erfolgreich umzusetzen und seinem Geschäftsmodell langfristig treu bleiben zu können.[935] Der Franchisegeber hat somit den Ruf des Franchisesystems und die Qualität der Produkte oder Dienstleistungen sicherzustellen.[936]

bb) Gleichbehandlungspflicht

Daneben hat der Franchisegeber die Gleichbehandlung aller Franchisenehmer zu gewährleisten.[937] Fraglich sind dabei die dogmatische Begründung dieser Pflicht zur Gleichbehandlung aller Franchisenehmer eines Franchisesystems und die Existenz etwaiger Ausnahmen. Der Wortlaut der Art. 1512 ff. CCCN enthält weder eine entsprechende ausdrückliche Regelung zur Gleichbehandlungspflicht, noch verweisen die Normen auf einen allgemein geltenden Gleichbehandlungsgrundsatz. Vielmehr wird eine Pflicht zur Gleichbehandlung aller Franchisenehmer für den Franchisegeber aus Art. 1011 Abs. 2 CCCN hergeleitet, wonach die Parteien eines Dauerschuldverhältnisses stets zur gegenseitigen Kooperation unter Wahrung der Gegenseitigkeit ihrer vertraglichen Pflichten

933 Marzorati, RCCyC Febrero 2016, 52 (69).
934 Vgl. Stiglitz-Heredia, Contratos en el CCCN, Ziff. 2.1.1.
935 Mosset Iturraspe/Piedecasas, S. 412; vgl. Llobera, Revista de Derecho de Daños 2012, 271 (285).
936 Stiglitz-Heredia, Contratos en el CCCN, Ziff. 7; vgl. den Mustervertrag zum Franchising in Pisani, S. 378 f.
937 Vgl. Vítolo, Derecho Comercial, S. 502.

und unter Berücksichtigung der bestehenden Vertragsdauer verpflichtet sind.[938] Ausnahmen dieses Gleichbehandlungsgrundsatzes sind jedoch dann zulässig, wenn sie nicht auf willkürlichen Erwägungen des Franchisegebers beruhen. So ist bspw. die Auferlegung unterschiedlicher Preise für einzelne Franchisenehmer desselben Franchisesystems dann rechtlich zulässig, wenn diese auf unterschiedlich hohen Abnahmemengen beruht.[939]

d) Erweiterungspflicht

Dem Franchisegeber obliegt keine Pflicht das Franchisesystem zu erweitern.

e) Konkurrenzschutzpflicht

Gemäß Art. 1518 lit. b) CCCN ist es dem Franchisegeber – vorbehaltlich anderslautender vertraglicher Vereinbarungen – grundsätzlich untersagt die Waren oder Dienstleistungen, die Gegenstand des Franchisevertrages sind, innerhalb des Vertragsgebiets direkt an Dritte zu veräußern. Im Gegenzug hat der Franchisegeber ein Recht auf die vom Franchisenehmer neu erworbene Kundschaft, Art. 1518 lit. c) S. 1 CCCN. Art. 1518 lit. c) CCCN ist allerdings dispositiv.[940]

Art. 1518 lit. b) CCCN spiegelt die alte Rechtspraxis insofern wider, als die Gerichte Vertragsklauseln, wonach es einem Franchisegeber untersagt war innerhalb des Vertriebsgebiets weitere Franchise zu vergeben oder den Verkauf der eigenen Produkte durch Dritte zu genehmigen, schon mehrfach für zulässig befanden.[941]

Art. 1518 lit. b) CCCN sichert dem Franchisenehmer somit einen gewissen Konkurrenzschutz vor dem Franchisegeber innerhalb seines Vertragsgebiets.

f) Lieferpflicht des Franchisegebers gemäß Art. 1514 lit. e) CCCN

Soweit das Franchisesystem auch die Lieferung von Waren oder die Erbringung von Dienstleistungen seitens des Franchisegebers oder von ihm benannter Dritter zum Gegenstand hat, so hat der Franchisegeber gemäß Art. 1514 lit. e) CCCN die Versorgung des Franchisenehmers mit diesen Waren oder Dienstleistungen

---

938 Vgl. CNCom, Sala C, Urt. v. 29.06.2001 – Morichetti y Compañía SRL c. Grafa SA, Diario Judicial, 27072007; Rubín, Contratos de comercialización, Tomo I, Kap. I Rn. 12.8.

939 Rubín, Contratos de comercialización, Tomo I, Kap. I Rn. 12.7.

940 Vgl. Alterini-CCCN, Art. 1518 Ziff. c).

941 CNCom, Sala B, Urt. v. 18.08.1999 – Ferrer Sanfiel, María c/ Deli France S.A, LL 2000-A, 17.

in ausreichenden Mengen und zu marktüblichen Preisen gemäß den lokalen oder internationalen Sitten und Handelsbräuchen sicherzustellen.

Der Franchisegeber kann sich z.B. vertraglich verpflichten, bestimmte Waren oder Liefermengen an den Franchisenehmer zu liefern. Dies geht i.d.R. mit der Absicht des Franchisegebers einher, dem Franchisenehmer eine ausschließliche Abnahmepflicht zugunsten spezifischer Produkte oder Maschinen aufzuerlegen.[942] Wenn eine solche Verpflichtung eingegangen wird, sollten die Lieferbedingungen – auch die u.U. anwendbaren AGB möglicher Zulieferer – im Vertrag eindeutig einbezogen werden.[943] Verpflichtet sich der Franchisenehmer gegenüber dem Franchisegeber, die Ware lediglich von ihm oder von einem vorgegebenen Lieferanten zu beziehen, so haftet der Franchisegeber i.d.R. für etwaige Lieferengpässe und Lieferverzögerungen.[944]

Mit der Einführung des Art. 1514 lit. e) CCCN wollte der argentinische Gesetzgeber sicherstellen, dass die Warenbeschaffung oder Dienstleistungserbringung an den Franchisenehmer während der Vertragslaufzeit gewährleistet ist. Dies sei erforderlich, da es sich beim Franchisevertrag um ein Dauerschuldverhältnis handele, bei dem der Franchisenehmer vor dem Risiko zu schützen sei, dass der Franchisegeber ihn möglicherweise ohne vorherige Inkenntnissetzung nicht länger beliefere.[945] Der Franchisenehmer sei somit davor zu schützen, dass der Franchisegeber ihn vorsätzlich oder grob fahrlässig an der Betriebsführung hindere.[946]

Im Zusammenhang mit Art. 1514 lit. e) CCCN sind auch die Regelungen über den Liefervertrag, namentlich die Art. 1178 bis 1181 CCCN sowie die Art. 1185 und 1186 CCCN, analog anwendbar.[947] So ist mangels entsprechender Regelung zur Lieferzeit in Art. 1514 lit. e) CCCN davon auszugehen, dass der Franchisegeber die geschuldete Leistung analog Art. 1180 CCCN innerhalb einer angemessenen Lieferfrist zu erbringen hat. Sofern in der jeweiligen Einzelbestellung oder auch im Franchisevertrag keine Liefermengen innerhalb bestimmter Lieferzeiträume festgelegt werden, ist die vertragliche Leistungspflicht gemäß Art. 1514 lit. e) i.V.m. analog Art. 1178 Abs. 1 CCCN dahingehend zu verstehen, dass der Franchisegeber dem Franchisenehmer diejenigen Mengen

942 Vgl. Stiglitz-Heredia, Contratos en el CCCN, Ziff. 6.3.2.
943 Stiglitz-Heredia, Contratos en el CCCN, Ziff. 6.3.2.
944 Lorenzetti-Márquez/Calderón, CCCN, Art. 1514 Rn III e).
945 Mosset Iturraspe/Piedecasas, S. 411.
946 Vgl. Mosset Iturraspe/Piedecasas, S. 411.
947 Rubín, Contratos de comercialización, Tomo II, Kap. II Rn. 4.4.

schuldet, die den Bedürfnissen des Franchisenehmers zum Zeitpunkt des Vertragsschlusses üblicherweise entsprochen hätten. Sieht eine Regelung hingegen lediglich Höchst- oder Mindestabnahmemengen vor, so hat der Franchisenehmer gemäß Art. 1514 lit. e) i.V.m. analog Art. 1178 Abs. 2 CCCN das Recht, die Bestellmenge jeder Einzelbestellung innerhalb der genannten Grenzen frei zu bestimmen.

g) Weitergabe von Einkaufsvorteilen an den Franchisenehmer

Liefert der Franchisegeber Franchiseprodukte an den Franchisenehmer, so genießt er beim Warenbezug von Systemlieferanten regelmäßig Einkaufsvorteile. Es stellt sich die Frage, ob der Franchisegeber zur Weitergabe der Einkaufsvorteile, insbesondere bei der Preisbestimmung, verpflichtet ist.

Der CCCN beinhaltet keine ausdrückliche Pflicht des Franchisegebers zur Weitergabe von Einkaufsvorteilen an den Franchisenehmer. Trotzdem wird eine Obliegenheit des Franchisegebers, die Vorteile, die er beim Wareneinkauf, Marketing oder Vertrieb auf Systemebene erzielt, an die einzelnen Franchisenehmer weiterzugeben, von den Stimmen der Literatur überwiegend bejaht.[948] Diese Pflicht korrespondiert demnach mit der Abnahmepflicht des Franchisenehmers.[949] Normativ wird diese Pflicht aus Art. 1514 lit. e) i.V.m. einer analogen Anwendung des Art. 1181 CCCN hergeleitet. Art. 1181 CCCN regelt die Preisbestimmung für Lieferverträge. Demnach bestimmt sich der Preis einer Leistung mangels vertraglicher Vereinbarung nach dem Preis vergleichbarer Leistungen des Schuldners zum relevanten Zeitpunkt und am Erfüllungsort, sofern es sich bei der geschuldeten Leistung um eine solche handelt, die zu seinem täglichen Geschäftsbetrieb zählt. Ist dies nicht der Fall, so gilt der zum Lieferzeitpunkt und am Erfüllungsort üblicherweise geltende Marktwert als vereinbart, vgl. Art. 1181 lit. b) CCCN.

Aus dem Zusammenspiel von Art. 1514 lit. e) CCCN und Art. 1181 CCCN – so die Argumentation der argentinischen Literaturmeinung[950] – folgt die Pflicht des Franchisegebers für die Franchisenehmer gerechte Preise festzulegen. Wenngleich er die Preise zwar aufgrund der bestehenden Vertragsautonomie

---

948 Clusellas CCC-Clusellas, Art. 1519 § 5; diese Pflicht wurde dem Franchisegeber bereits vor Inkrafttreten des CCCN nach der überwiegenden Meinung auferlegt, vgl. Molina Sandoval, Revista de Derecho de Daños 2001, 113 (122); Farina, Contratos comerciales modernos, S. 569.

949 Clusellas CCC-Clusellas, Art. 1519 § 5.

950 Vgl. Rubín, Contratos de comercialización, Tomo II, Kap. II Rn. 4.4.

im Grundsatz frei bestimmen könne, habe er jedoch etwaige ihm gegenüber gewährte Einkaufsvorteile an die Franchisenehmer weiterzugeben. Dies ist auch vor dem Hintergrund der dem Franchisegeber obliegenden Gleichbehandlungspflicht aller Franchisenehmer nach Art. 1011 Abs. 2 CCCN sachgerecht. Wenngleich der Franchisegeber die Preise im Einzelnen frei bestimmen kann, ist er zur Weitergabe der Einkaufsvorteile an die Franchisenehmer verpflichtet und kann diese bei der Preisfestsetzung nicht willkürlich ungleich behandeln.

Im Ergebnis besteht trotz fehlender gesetzlicher Regelung über die Weitergabe von Einkaufsvorteilen dennoch eine solche Pflicht.

h) Markenlizenz

Der Franchisegeber ist gemäß Art. 1514 lit. f) CCCN verpflichtet im Rahmen der vertraglichen Vereinbarungen die dem Franchisenehmer zustehende Ausübung der in Art. 1512 CCCN aufgeführten Rechte, namentlich solche des geistigen Eigentums, die im Zusammenhang mit dem Franchisesystem be- oder entstehen, zu schützen. Dieser Schutz besteht gemäß Art. 1514 lit. f) Abs. i) CCCN auch dann, wenn bei internationalen Franchise der Schutz dieser Rechte dem Franchisenehmer obliegt.

Der Franchisegeber hat für die Anziehungs- und Aussagekraft der Marke gegenüber den Kunden zu sorgen, sowie dafür, dass sie rechtlichen Schutz vor Dritten genießt.[951] Die Marke muss dazu im „Instituto Nacional de la Propiedad Industrial", dem argentinischen Nationalen Institut für gewerbliche Schutzrechte, eingetragen sein.[952] Das „Ley N° 22.362 de 26 de diciembre de 1980 de Marcas y Designaciones", zuletzt geändert durch das „Ley N° 27.222 de 25 de noviembre de 2015", regelt die Anmeldung von Patenten, Marken, Modellen und gewerblichen Geschmacksmustern.[953] Argentinien ist auch Mitglied der WIPO, so dass Art. 6 der Pariser Verbandsübereinkunft zum Schutz des gewerblichen Eigentums Anwendung findet. Sofern der Vertrag Rechte des geistigen Eigentums solcher Personen betrifft, die keinen Wohnsitz im Land haben, ist das Register für den Technologietransfer, welches dem „Instituto Nacional de Tecnología Industrial" (INTI) angehört, für die Eintragung der Marke zuständig.[954] Da ein Franchisevertrag denknotwendig mit der Nutzung einer Marke

951 Kahn, S. 9; vgl. Llobera, Revista de Derecho de Daños 2012, 271 (302).
952 Marzorati, RCCyC Febrero 2016, 52 (58); Kahn, S. 10.
953 Alterini-CCCN, Art. 1512 Ziff. 3 a).
954 Vgl. Marzorati, Sistemas de distribución comercial, S. 271.

einhergeht, ist deren Eintragung auch zwingend notwendig, um mögliche Bußgelder zu vermeiden.

2. *Die Rechte des Franchisegebers*

Der Franchisegeber kann auch ein Interesse daran haben, sich über die im CCCN vorgesehenen hinausgehende Rechte vorzubehalten, wie z.B. ein Zustimmungsrecht im Hinblick auf den genauen Standort der Franchisebetriebe, die Auswahl von Subfranchisenehmern, die Möglichkeit Franchisegebühren von Subfranchisenehmern direkt an den Franchisegeber ausgezahlt zu bekommen, anstatt den Franchisenehmer zwischenzuschalten, und das Recht, unabhängig von einer Entscheidung des Franchisenehmers direkt mit den Subfranchisenehmern zu verhandeln.[955]

Ferner stand dem Franchisegeber vor Inkrafttreten des CCCN das Recht zu, den Betrieb des Franchisenehmers zur Inspektion und Kontrolle der Einhaltung seiner Vorgaben zu betreten.[956] Dieses Recht ist zwar nicht ausdrücklich im CCCN verankert worden, wird jedoch von der neuesten Rechtsprechung nach wie vor anerkannt.[957]

3. *Die Pflichten des Franchisenehmers*

Der Erfolg eines Franchiseunternehmens hängt nach Auffassung von *Kleidermacher*[958] entscheidend von der finanziellen und operativen Leistungsfähigkeit der Franchisenehmer, der Ausbildung des Personals, der Marktsituation des zu vermarktenden Produkts, der Bekanntheit der Franchisemarke sowie der

---

955 Stiglitz-Heredia, Contratos en el CCCN, Ziff. 7.

956 Garrone/ Castro Sammartino, S. 929.

957 Vgl. Cámara de Apelaciones en lo Civil, Comercial, Laboral y de Minería de Neuquén, Sala I, Urt. v. 21.02.2017 – Corsino Claudia Andrea s/ Strategos SRL y otros s/ despido directo por otras causales, elDial – AA9D68. Darin entschied das Gericht, dass die Tatsache, dass Mitarbeiter des Franchisegebers den streitgegenständlichen Franchisebetrieb in regelmäßigen Abständen zwecks Prüfung der Kassen- und Warenbestände, allgemeine Kontrollen oder Überprüfung der Einhaltung von Hygienevorschriften in der Betriebsküche aufgesucht hätten, nicht genüge, um den streitgegenständlichen Vertrag als Arbeitsverhältnis zu qualifizieren. Es handele sich bei diesen Kontrollen und Überprüfungen vielmehr um dem Franchisevertrag immanente Rechte eines jeden Franchisegebers.

958 Kleidermacher, Franchising, S. 35; vgl. Falcón, Contribuciones científicas GAEA 2000, 177 (178).

Tatsache ab, dass die Investition des Franchisings für beide Vertragsparteien, insbesondere aber für den Franchisenehmer, gewinnbringend ist. Dementsprechend enthält ein Franchisevertrag i.d.R. auch einen breiten Pflichtenkatalog des Franchisenehmers. Das Mindestmaß solcher Pflichten regelt Art. 1515 CCCN. Diese Hauptpflichten sind zwingender Natur.[959]

a) Die Pflicht zur Entrichtung der Franchisegebühren

Gemäß Art. 1515 lit. e) CCCN hat der Franchisenehmer die vereinbarte Gegenleistung zu erbringen. Die Entrichtung einer Franchisegebühr gehört zu den Hauptleistungspflichten eines jeden Franchisenehmers. Zu den Franchisegebühren können auch Gegenleistungen für die Platzierung des Unternehmens im Markt oder für den Erwerb benötigter Technologien zählen.

Das Gesetz trifft keine Regelung zur Höhe der Franchisegebühr oder zu den Zahlungsmodalitäten.[960] I.d.R. zahlt der Franchisenehmer bei Vertragsbeginn eine Einstandszahlung und dann im Laufe der Vertragsbeziehung eine monatliche Franchisegebühr.[961] Die Höhe dieser Franchisegebühr kann je nach Umsatz im jeweiligen Berechnungszeitpunkt variieren.[962] Sie wird oftmals als Prozentsatz des tatsächlichen monatlichen Umsatzes vom Franchisenehmer definiert.[963] Die somit meistens variable Franchisegebühr ist auch sachgerecht, da die Franchisegebühr die einzige bezifferbare Gegenleistung des Franchisenehmers für seine Leistungen darstellt.[964] Die zu entrichtende Franchisegebühr muss aber in jedem Fall vertraglich bestimmt oder bestimmbar sein, da der Franchisevertrag anderenfalls nichtig ist.[965]

Der Franchisenehmer hat keinen Anspruch auf eine gleichbleibende Gebührenhöhe. Der Franchisegeber kann diese in Abhängigkeit vom Erfolg des Franchisesystems im Rahmen des Zumutbaren anpassen.[966] Außerdem zahlen diejenigen Franchisenehmer, die dem System später beitreten, üblicherweise

959 Lorenzetti-Márquez/Calderón, CCCN, Art. 1515 Rn III.1.
960 Alterini-CCCN, Art. 1512 Ziff. 3 b).
961 Vgl. Alterini-CCCN, Art. 1512, Ziff. 3 b); Heredia, SE-CCCN 2015, 353 (358). Dies war auch vor Inkrafttreten des CCCN gängige Vertragspraxis, siehe Marzorati, Sistemas de distribución comercial, S. 261.
962 Junyent Bas/ Rodríquez Leguizamón, DCyO 2013, 1 (14).
963 Marzorati, Sistemas de distribución comercial, S. 263.
964 Marzorati, Sistemas de distribución comercial, S. 263.
965 Stiglitz-Heredia, Contratos en el CCCN, Ziff. 2.1.2; Heredia, SE-CCCN 2015, 353 (358).
966 Vgl. Kahn, S. 88.

höhere Gebühren als diejenigen, die zu Beginn des Franchisesystems eintreten. Dies ist im Hinblick auf das getragene Wirtschaftlichkeitsrisiko gerechtfertigt.[967] Manche Franchiseverträge sehen außerdem vor, dass die Höhe der Franchisegebühr mit zunehmenden Einnahmen des Franchisenehmers abnehmen kann.[968]

b) Die Absatzförderungspflicht

Art. 1515 lit. a) CCCN regelt die Pflicht des Franchisenehmers die vom Franchising erfasste Tätigkeit effektiv durchzuführen sowie die Vorgaben des Franchisehandbuchs und die technischen Anweisungen des Franchisegebers zu befolgen. In diese Norm wird die Absatzförderungspflicht des Franchisenehmers als eine dem Franchiserecht inhärente Pflicht hineingelesen.[969]

Unklar bleibt, ob Art. 1515 lit. a) CCCN lediglich Handlungspflichten regelt oder der Franchisenehmer danach auch einen bestimmten Erfolg schuldet, wie z.B. die Erzielung bestimmter Mindestumsatzmengen.[970] Es lässt sich noch nicht abschätzen, ob die Rechtsprechung dies als von Art. 1515 lit. a) CCCN miterfasst ansehen wird.

c) Die Betriebsführungs- und Systemanwendungspflicht

Der Franchisenehmer hat den Betrieb nach den Vorgaben des Franchisegebers und unter Anwendung des vorgegebenen Systems zu führen, insbesondere die Produkte in der vorgegebenen Art und Weise anzubieten, den Franchisebetrieb entsprechend den Vorgaben des Franchisenehmers auszustatten und die Produktqualität sicherzustellen. Oftmals sehen Franchiseverträge auch die Pflicht des Franchisenehmers vor, Produktionseinrichtungen zur Herstellung der Produkte zu erwerben[971] oder bestimmte Öffnungszeiten einzuhalten.[972] Zugleich hat der Franchisegeber sein Personal entsprechend den Richtlinien des Franchisesystems einzuweisen.[973] Die Franchisenehmer werden, unter Beibehaltung

---

967 Vgl. Kahn, S. 88.

968 Kahn, S. 90.

969 Junyent Bas/ Rodríquez Leguizamón, DCyO 2013, 1 (12); Mosset Iturraspe/Piedecasas, S. 412; vgl. bereits zur alten Rechtslage: Molina Sandoval, Revista de Derecho de Daños 2001, 113 (131).

970 Herrera/Carmelo/Picasso-Chomer/Sícoli, CCCN, Art. 1515, S. 223.

971 Ramírez, RCALP 1996, 107 (111).

972 Farina, Contratos comerciales modernos, S. 571.

973 Junyent Bas/Rodríquez Leguizamón, DCyO 2013, S. 12; vgl. Etcheverry, S. 399 bereits zur alten Rechtslage.

ihrer rechtlichen und finanziellen Unabhängigkeit, in die Struktur ihres Franchisegebers integriert. Dies resultiert in einer vertikalen Konzentration von Franchisebetrieben, die alle ein gemeinsames Interesse des Franchisegebers verfolgen.[974]

d) Die Pflicht zur Abnahme der Produkte des Franchisegebers

Das argentinische Franchiserecht sieht keine gesetzliche Abnahmepflicht vor. Dennoch sind Bezugsbindungsklauseln in argentinischen Franchiseverträgen schon immer üblich, um die Qualität der vertriebenen Produkte sicherzustellen und ein einheitliches Auftreten des Franchisenetzwerks gewährleisten zu können.[975]

e) Die Pflicht zur persönlichen Leistungserbringung und zum Schutz des geistigen Eigentums

Gemäß Art. 1515 lit. c) CCCN darf der Franchisenehmer weder den Ruf des Franchisesystems noch die in Art. 1512 Abs. 2 CCCN aufgeführten Rechte des geistigen Eigentums gefährden. Er hat gegebenenfalls bei der Wahrung dieser Rechte mitzuwirken.

Die Art. 1512 ff. CCCN verpflichten den Franchisenehmer hingegen nicht zur persönlichen Leistungserbringung.

f) Die Auskunftserteilungspflicht

Weiterhin hat der Franchisenehmer gemäß Art. 1515 lit. b) CCCN dem Franchisegeber Auskunft über die Entwicklung seines Betriebs zu erteilen und die vertraglich vereinbarten Kontrollen am Franchiseobjekt zu ermöglichen. Dies korrespondiert mit der Informationspflicht des Franchisegebers aus Art. 1514 lit. a) CCCN.[976]

---

974 CNCom, Sala C, Urt. v. 10.10.2013 – Grupo Rox S.A. c. Día Argentina S.A. s/ ordinario, LL AR/JUR/85048/2013; vgl. CNCom, Sala A, Urt. v. 03.05.2007 – Paradiso Trans S.R.L. c. Massalin Particulares S.A., AP online: 70064455; CNCom, Sala F, Urt. v. 28.06.2011 – Márquez Jiménez Concepción Armando c. Daimler Chrysler Argentina S.A. y otros, Id SAIJ: FA11130403.

975 Farina, Contratos comerciales modernos, S. 571; vgl. CNCom, Sala C, Urt. v. 10.10.2013 – Grupo Rox S.A. c. Día Argentina S.A. s/ ordinario, LL AR/JUR/85048/2013.

976 Junyent Bas/ Rodríquez Leguizamón, DCyO 2013, 1 (13).

Die Auskunftserteilungspflicht des Franchisenehmers erfasst auch die Pflicht, dem Franchisegeber zwecks Ausübung seiner Kontrollrechte Zugang zum jeweiligen Franchisebetrieb zu gewähren.[977] Eine ordnungsgemäße Buchführung des Franchisenehmers ist dabei von essentieller Bedeutung für die erfolgreiche Entwicklung des gesamten Franchisesystems.[978]

g) Marken und Werbung

Der Franchisenehmer hat stets den Markennamen des Franchisesystems zu verwenden. Er hat nicht nur den vom Franchisegeber vorgegebenen Werbespruch zu benutzen, sondern auch die diesbezüglichen Anweisungen des Franchisegebers zu befolgen. Die Regelungen zu Marken und Werbung der Art. 1512 ff. CCCN gelten als Kodifizierung der seit mehreren Jahren gelebten Vertragspraxis.[979]

h) Die Pflicht zur Teilnahme an Weiterbildungsveranstaltungen

Der Franchisenehmer ist nicht verpflichtet an Weiterbildungsveranstaltungen des Franchisegebers teilzunehmen, wenngleich insbesondere Schulungen und Maßnahmen zur Gewinnsteigerung praxisüblich sind.[980]

i) Sonstige Pflichten gemäß Art. 1518 CCCN

Art. 1518 CCCN regelt ferner drei Situationen, die vertraglich abbedungen werden können, voneinander unabhängig sind und zwischen denen keinerlei Zusammenhang besteht.[981] Diese Aufzählung unterliegt keiner stringenten Systematik.

aa) Abtretungsverbot

Art. 1518 lit. a) CCCN regelt ein Abtretungsverbot zulasten des Franchisenehmers für die Dauer des Franchisevertrages. Hiervon ausgenommen sind dessen entgeltliche Pflichten. Art. 1518 lit. a) CCCN findet jedoch gemäß S. 2 keine Anwendung auf die „franquicia mayorista", deren Zweck es ist Subfranchise zu verleihen und für welche die Zustimmung des Franchisegebers notwendig ist.

Das Abtretungsverbot wird mit der Natur des Franchisevertrages als Vertrag intuitu personae begründet.[982] Demnach sei es im Interesse beider Parteien

977 Vgl. Molina Sandoval, Revista de Derecho de Daños 2001, 113 (131).
978 Junyent Bas/ Rodríquez Leguizamón, DCyO 2013, 1 (13).
979 Vgl. Marzorati, Sistemas de distribución comercial, S. 251.
980 Vgl. Farina, Contratos comerciales modernos, S. 556; Boroian, S. 44.
981 Bueres, Art. 1518 S. 89.
982 Herrera/Carmelo/Picasso-Chomer/Sícoli, CCCN, Art. 1518, S. 227.

ausschließlich mit dem gewählten Vertragspartner zu kontrahieren, so dass es sachgerecht sei eine Abtretung an Dritte von der Zustimmung des Vertragspartners abhängig zu machen.[983] Mit dem Abtretungsverbot wird die Intention verfolgt dem Franchisegeber weitere Kontrollbefugnisse bezüglich der Entwicklung des gesamten Franchisesystems einzuräumen. Der Franchisegeber kann somit eine Übertragung der mit dem Franchise erteilten Rechte durch den Franchisenehmer auf Dritte, deren wirtschaftliche Situation, Kapazität oder Ansehen aus Sicht des Franchisegebers dem Interesse des Franchisesystems widerspricht, verhindern. Zugleich wird durch das Abtretungsverbot einer Abtretung der Rechte an Wettbewerber vorgebeugt.[984]

bb) Recht an der Kundschaft und Änderung des Betriebsortes

Weiterhin ist es dem Franchisenehmer gemäß Art. 1518 lit. c) S. 2 CCCN untersagt, die Lage seiner Franchisebetriebe zu ändern, insbesondere seine Geschäfte oder Fabriken zu verlegen. Diese Vorschrift ist allerdings dispositiv[985] mit der Folge, dass der Franchisenehmer die betrieblichen Räumlichkeiten bspw. vorbehaltlich einer vorherigen Zustimmung des Franchisegebers wechseln kann.

Außerdem steht dem Franchisegeber gemäß Art. 1518 lit. c) S. 1 CCCN das Recht an der Kundschaft zu. Hierauf wird im Zusammenhang mit dem Ausgleichsanspruch des Franchisenehmers gesondert eingegangen.

4. Rechte des Franchisenehmers

Der Franchisenehmer erwirbt mit Abschluss des Franchisevertrages das Recht, seine Mitarbeiter eigenständig auszuwählen, sie auszubilden und zu unterstützen, wobei diese seiner alleinigen Aufsicht unterstehen. Er übt dieses Aufsichtsrecht nicht als Angestellter des Franchisegebers mit Führungsverantwortung aus, sondern als selbständiger Unternehmer, der auch für die Umsätze und insbesondere die Liquidität des einzelnen Franchisebetriebs einzustehen hat.[986]

5. Die beidseitige Vertraulichkeitspflicht

Der gute Ruf und die Bekanntheit des Franchisesystems hängen u.a. von dem vertraulichen Umgang mit Informationen seitens des Franchisenehmers und

983 Junyent Bas/ Rodríquez Leguizamón, DCyO 2013, 1 (17).
984 Vgl. Stiglitz-Heredia, Contratos en el CCCN, Ziff. 11.2.
985 Rubín, Contratos de comercialización, Tomo II, Kap. II Rn. 4.9.1.
986 Marzorati, RCCyC Febrero 2016, 52 (59).

seiner Mitarbeiter ab, da diese mit sensiblen und vertraulichen Informationen über etwaige Produkteigenschaften, Absatz- und Marktstrategien und sonstige das Franchisesystem als Ganzes kennzeichnende Merkmale in Kontakt kommen.[987]

Vor Inkrafttreten des CCCN konnte die Vertraulichkeitspflicht – sowohl die vertragliche als auch die nachvertragliche – ausschließlich beidseitig und individualvertraglich begründet werden.[988] Dahingegen regelt Art. 1515 lit. d) S. 1 CCCN nunmehr die Pflicht des Franchisenehmers, die Vertraulichkeit der ihm übermittelten Informationen, insbesondere die ihm offenbarten technischen Kenntnisse, zu wahren. Ferner hat er die Einhaltung der vorstehenden Vertraulichkeitsverpflichtung durch seine Mitarbeiter oder durch Dritte sicherzustellen, die mit Betriebs- und Geschäftsgeheimnissen in Berührung kommen. Die Vertraulichkeitspflicht in Art. 1515 lit. d) CCCN gilt somit auch für alle Dritte, derer sich der Franchisenehmer zur Erfüllung seiner Pflichten möglicherweise bedient.[989]

Gemäß Art. 1515 lit. d) S. 2 CCCN besteht die Pflicht zu einem vertraulichen Umgang mit geheimen Informationen und Unterlagen von Gesetzes wegen auch nach Vertragsbeendigung fort, wobei Art. 1515 lit. d) CCCN keine Angaben zu dem genauen Geltungszeitraum macht. In der Literatur wird auf die im Wettbewerbsrecht geltende Frist von einem Jahr verwiesen, wobei diese in der Praxis oftmals auf bis zu drei Jahren verlängert wird.[990] Mangels Abrede gilt sie anderenfalls so lange fort, bis die streitgegenständlichen Informationen öffentlich zugänglich sind.[991]

Fraglich ist, weshalb der argentinische Gesetzgeber lediglich die Pflicht des Franchisenehmers zur Vertraulichkeit, nicht aber eine solche des Franchisegebers ausdrücklich vorgesehen hat. Teilweise wird dies damit begründet, dass die überwiegende Anzahl der vertraulichen Geschäftsgeheimnisse vom Franchisegeber an den Franchisenehmer herangetragen wird, so dass der Schutz des Franchisegebers Vorrang genieße.

Es lässt sich aber auch argumentieren, dass die Vertraulichkeitspflicht beiden Vertragsparteien in gleichem Umfang obliegt. Demnach ergebe sich diese Pflicht

---

987 Marzorati, RCCyC Febrero 2016, 52 (71).

988 Vgl. im Hinblick auf die bisherige Rechtslage: Kahn, S. 147.

989 Vgl. Polotto/ Henríquez Marín, in: Laferriere (Hrsg.), Análisis del proyecto de nuevo CCC UCA, S. 459.

990 Marzorati, RCCyC Febrero 2016, 52 (71).

991 Herrera/Carmelo/Picasso-Chomer/Sícoli, CCCN, Art. 1515, S. 224.

für den Franchisegeber zwar nicht explizit aus dem Art. 1515 lit. d) CCCN, sondern resultiere aus dem Grundsatz von Treu und Glauben, vgl. Art. 9 i.V.m. Art. 961 CCCN.[992]

Zusätzlich findet im Rahmen der Vertraulichkeit für beide Vertragsparteien das „Ley N° 24.766“[993] Anwendung.[994] Nach dessen Art. 1 können natürliche oder juristische Personen die Weitergabe, Verbreitung und Verwendung von Information an Dritte ohne ihre Zustimmung und unter Verstoß gegen ehrliche Geschäftspraktiken[995] verhindern, sofern ihnen die Kontrolle über diese geheime Information in rechtmäßiger Weise obliegt und sie einen wirtschaftlichen Wert hat. Die Nichterfüllung des Vertrages, der Vertrauensmissbrauch[996], die Anstiftung Dritter zur Verletzung und zum Erwerb vertraulicher Informationen stellen, soweit sie vorsätzlich oder grob fahrlässig begangen wurden, Verstöße gegen die Pflicht zur ehrlichen Geschäftsführung dar.[997]

Bejaht man mit der wohl überwiegenden Meinung eine beidseitige Vertraulichkeitspflicht des Franchisegebers, ist fraglich, wie diese im Verhältnis zu der vorvertraglichen Aufklärungspflicht des Franchisegebers nach Art. 1514 lit. a) CCCN zu verstehen ist, wonach der Franchisegeber dem Franchisenehmer wirtschaftliche und finanzielle Informationen vergleichbarer Franchisenehmerbetriebe über einen Zeitraum von zwei Jahren zur Verfügung stellen muss. Dieses Problem ist im argentinischen Schrifttum bislang nicht behandelt worden. Denkbar ist es dem Franchisegeber zwecks Erfüllung seiner vorvertraglichen Auskunftspflichten eine Ausnahme der ihm obliegenden Verschwiegenheit zu gewähren. Diese vermittelnde Lösung wäre jedoch nur unter der Bedingung zu befürworten, dass der Franchisegeber die einem potenziellen Franchisenehmer zur Verfügung gestellten Informationen im Rahmen des Zulässigen und so weit wie möglich anonymisiert. Zugleich wäre die

992 Herrera/Carmelo/Picasso-Chomer/Sícoli, CCCN, Art. 1514, S. 221.

993 Gesetz „Ley de confidencialidad sobre información y productos que estén legítimamente bajo control de una persona y se divulgue indebidamente de manera contraria a los usos comerciales honestos – Ley N° 24.766” vom 18. Dezember 1996, einsehbar unter: http://www.conicet.gov.ar/wp-content/uploads/Ley-N%C2%BA-24766-Confidencialidad.pdf, zuletzt abgerufen am 30.06.2019.

994 Herrera/Carmelo/Picasso-Chomer/Sícoli, CCCN, Art. 1514, S. 221.

995 Der Begriff der ehrlichen Geschäftspraktiken („usos comerciales honestos“) entspricht in Argentinien in etwa unserem Verständnis von Handelsbräuchen. Vgl. BGH, Urt. v. 02.05.1984 – VIII ZR 38/83, juris Rz. 32.

996 Gemeint sind hiermit sowohl der Vertrauensmissbrauch als auch der Vertrauensbruch.

997 Vgl. Art. 1 des Gesetzes Ley N° 24.766.

Unterzeichnung einer Verschwiegenheitsverpflichtung durch den potenziellen Interessenten zwingend zu fordern, um mögliche Missbrauchsfälle, z.B. durch im Wettbewerb stehende Franchisesysteme, zu verhindern und etwaige Betriebsdaten und -geheimnisse zu schützen.

In der Praxis vereinbaren auch die Parteien eines Franchisevertrages in der überwiegenden Anzahl der Fälle eine gegenseitige Vertraulichkeitspflicht. Häufig werden dabei auch empfindliche Vertragsstrafen für den Fall der Nichteinhaltung vorgesehen.[998]

6. *Zwischenergebnis*

Im Ergebnis ist festzustellen, dass der argentinische Gesetzgeber in Art. 1514, 1515, 1517 und 1518 CCCN Pflichtenkataloge erlassen hat, die das Verhältnis zwischen Franchisegeber und Franchisenehmer regeln sollen. Wenngleich diese Rechte und Pflichten systematisch eine zum Teil verwundernde Stellung gefunden haben, sollen sie die Rechtssicherheit stärken und beiden Vertragsparteien bei Vertragsabschluss als Richtlinie dienen. Dabei ist stets zu beachten, dass es sich bei Art. 1514 bis 1515 CCCN um zwingende Vorschriften handelt, wohingegen Art. 1517 und 1518 CCCN individualvertraglich abbedungen werden können.

II. Die Grenzen der Privatautonomie

Die Gestaltung eines Franchisevertrages unterliegt auch nach argentinischem Recht einigen Grenzen. Die Privatautonomie findet ihre Grenzen dabei insbesondere im argentinischen Kartellrecht, im Recht der AGB sowie in Art. 1516 CCCN.

1. *Kartellrechtliche Grenzen*

a) *Allgemeines*

Gemäß Art. 1523 CCCN darf ein Franchisevertrag den freien Wettbewerb nicht begrenzen, beschränken oder verfälschen. Das argentinische Gesetz zum Schutz des freien Wettbewerbs ist die „Ley N° 25.156 de defensa de la competencia del 16 de septiembre de 1999“, welche ergänzt wird von den Beschlüssen „Reglamento 89/01“, „Resolución SDCyC 40/01, 164/01 de lineamiento de control y definición de mercado relevante“ und der „Resolución SCT 26/06 procedimiento

998 Vgl. Mosset Iturraspe/Piedecasas, S. 412.

sobre opiniones consultivas". Viele dieser Regelungen basieren auf ausländischen Normen zum Schutz des freien Wettbewerbs. Es gibt in Argentinien nicht viele Gerichtsentscheidungen, die den freien Wettbewerb zum Gegenstand haben. Dies ist deshalb überraschend, weil es im Land nach Auffassung der Literatur[999] unzählige Monopole und marktbeherrschende Unternehmen gibt, deren Handeln zweifellos kartellrechtlichen Normen unterfallen würde.

Die Tatsache, dass Art. 1523 CCCN ausdrücklich auf das Recht des freien Wettbewerbs („derecho de la competencia") Bezug nimmt, darf man als großen Fortschritt werten. Art. 1523 CCCN ist möglicherweise ein Beweis für das nunmehr vorhandene „Umdenken" im Hinblick auf die Praxis des argentinischen Wettbewerbsrechts. Ob dies dazu führen wird, dass marktbeherrschende Stellungen einiger Franchisegeber künftig stärker geahndet werden, bleibt dennoch fraglich.

Art. 1523 CCCN kommt insofern eine Pionierrolle[1000] im argentinischen Vertriebsrecht zu, als das Vertriebskartellrecht dort bisher weder in der Lehre noch in der Rechtsprechung ausführlich behandelt wurde.[1001] Es sind bislang auch keine Fälle bekannt, in denen ein Franchiseunternehmen zu Bußgeldern wegen Wettbewerbsverzerrung oder Verstößen gegen das geltende argentinische Kartellrecht verurteilt wurde.[1002]

Vielmehr lassen sich in den wenigen Fällen, in denen sich das Schrifttum mit dem Verhältnis eines Franchisevertrages zum Recht auf freien Wettbewerb befasst hat, meist ohne triftige Begründung, lediglich Erklärungen dahingehend finden, dass der Franchisevertrag einen Vertragstypus darstelle, in dem Verhaltensweisen, die gegen den freien Wettbewerb verstoßen, nicht verifiziert werden könnten.[1003] Diese frühere Auffassung wurde mit dem Recht des Franchisegebers begründet, den Ruf des Franchiseunternehmens und die Franchisemarke zu schützen. Darüber sei eine wettbewerbsrechtliche Prüfung eines

---

999 So die ausdrückliche Kritik von Marzorati in ders., Sistemas de distribución comercial, S. 296.

1000 Marzorati, RCCyC Febrero 2016, 52 (80).

1001 Cabanellas de las Cuevas/Serebrinsky, DCCyE 2013, 307; vgl. Marzorati, Sistemas de distribución comercial, S. 296 ff., der dies darauf zurückführt, dass die Franchisesysteme in Argentinien meist nur kleinere und mittlere Unternehmen seien, bei denen sich die Gefahr eines entsprechend hohen Marktanteils von vorne herein nicht ergebe und somit die Relevanz einer Wettbewerbsgefährdung in der Praxis nicht existiere.

1002 Vgl. Marzorati, RCCyC Febrero 2016, 52 (80); von Bernuth, S. 193.

1003 Vgl. Lorenzetti, Tratado de los contratos, S. 101; Cabanellas de las Cuevas/Serebrinsky, DCCyE 2013, 307.

Franchisevertrages unmöglich, da das Franchisesystem an sich einen Bereich darstelle, in dem wettbewerbswidrige Verhaltensweisen per se nicht auftreten könnten.[1004] Weiterhin wird die Vertragsautonomie herangezogen und argumentiert, dass sich der Franchisenehmer stets freiwillig zu einem Systembeitritt entscheide und somit – jedenfalls konkludent – auf sein Recht auf freien Wettbewerb verzichte.[1005]

Vor diesem Hintergrund ist Art. 1523 CCCN als großer Fortschritt für das argentinische Wettbewerbsrecht i.V.m. Vertriebsverträgen zu werten, zumal sich daraus entnehmen lässt, dass der Gesetzgeber nunmehr erkannt hat, dass auch ein Franchisevertrag u.U. vertikale Wettbewerbsbeschränkungen begründen kann.[1006]

Einige Stimmen in der Literatur erklären Art. 1523 CCCN allerdings für verfassungswidrig. Demnach verstößt Art. 1523 CCCN gegen Art. 42 der argentinischen Verfassung[1007], wonach der Wettbewerb vor Marktverzerrungen und Monopolen zu schützen ist. Verfassungswidrig ist eine Norm nach argentinischem Recht stets dann, wenn sie die Prüfung auf Rechtmäßigkeit und Angemessenheit nicht besteht.[1008] Diese Ansicht leuchtet bereits insofern nicht ein, als Art. 1523 CCCN trotz anderslautenden Wortlauts jedenfalls demselben Schutzzweck dient wie Art. 42 der argentinischen Verfassung, nämlich dem Schutz der Marktteilnehmer vor unlauteren geschäftlichen Handlungen.

Nach einer anderen Ansicht[1009] verleiht Art. 1523 CCCN den Franchiseverträgen eine Art „Immunität" gegenüber den Gesetzen zum Schutz des freien Wettbewerbs. Es sei unverständlich, weshalb lediglich der Franchisevertrag als einziger Vertriebsvertrag von der Anwendung der Normen zum Schutz des freien Wettbewerbs ausgenommen sei, wohingegen der CCCN keine vergleichbare Regelung für Handelsvertreter- , Agentur- oder Distributionsverträge vorsehe.[1010] Es sei nicht ersichtlich, weshalb man, um der vermeintlichen Rechtssicherheit willen, die Anwendung einer Rechtsdisziplin von Verfassungsrang, wie es die Gesetze zum Schutz des freien Wettbewerbs seien, zulasten eines funktionierenden Marktes derart aushebeln sollte.[1011]

1004 Cabanellas de las Cuevas/Serebrinsky, DCCyE 2013, 307.
1005 Vgl. Kleidermacher, Franchising, S. 233.
1006 Ähnlich Cabanellas de las Cuevas/Serebrinsky, DCCyE 2013, 307.
1007 Cabanellas de las Cuevas/Serebrinsky, DCCyE 2013, 307 (315).
1008 Vgl. Sagüés, S. 879 f.
1009 Cabanellas de las Cuevas/Serebrinsky, DCCyE 2013, 307 (314).
1010 Cabanellas de las Cuevas/Serebrinsky, DCCyE 2013, 307 (314).
1011 Cabanellas de las Cuevas/Serebrinsky, DCCyE 2013, 307 (314).

Geht man hingegen richtigerweise davon aus, dass Art. 1523 CCCN keine „Immunität" der Franchiseverträge im Hinblick auf die Geltung der Normen zum Schutz des freien Wettbewerbs begründet, sondern lediglich den Zweck verfolgt klarzustellen, dass der Abschluss eines Franchisevertrages per se keinen Verstoß gegen die Gesetze zum Schutz des freien Wettbewerbs begründet, so wird Art. 1523 CCCN als rein deklaratorische Norm für überflüssig gehalten. Demnach ist die Vielzahl der seit Jahren bereits existierenden und für rechtmäßig befundenen Franchiseverträge hinreichender Beweis dafür, dass die Parteien das argentinische Kartellrecht schon beachten.[1012] Einer ausdrücklichen Regelung hätte es demnach nicht bedurft.

Das argentinische Wettbewerbsrecht enthält kein allgemeines Verbot, bestimmte Rechtsgeschäfte abzuschließen. Es ist vielmehr stets notwendig die spezifischen Auswirkungen eines Rechtsgeschäfts auf den freien Wettbewerb im Einzelfall zu prüfen.[1013]

b) Exklusivitätsregelungen

aa) Bestimmung der Exklusivität

Ein besonderes Novum der Art. 1512 ff. CCCN ist ferner der gesetzlich geregelte Grundsatz der Exklusivität in Art. 1517 CCCN. Demnach beruht das Franchising auf beiderseitiger Exklusivität, vgl. Art. 1517 S. 1 CCCN. Gemäß Art. 1517 S. 2 CCCN darf der Franchisegeber einem Dritten keine Franchiserechte vergeben oder mit diesem Franchiseverträge betreffend das Vertragsgebiet des Franchisenehmers abschließen, soweit kein ausdrückliches Einverständnis desselben vorliegt.[1014] Im Gegenzug darf der Franchisenehmer ohne die Zustimmung des Franchisegebers nicht außerhalb des ihm vertraglich zugewiesenen Vertragsgebiets tätig werden.[1015] Diese Pflicht ist ebenfalls Ausdruck der Konkurrenzschutzpflicht des Franchisegebers. Art. 1517 S. 4 CCCN bestimmt allerdings, dass diese Vorschrift dispositiv ist.

Art. 1517 CCCN stellt eine Kehrtwende im argentinischen Franchiserecht dar, denn bisher implizierte die Festlegung eines Vertragsgebiets im Franchisevertrag nur, dass der Franchisenehmer nicht außerhalb dieses Vertragsgebiets tätig werden durfte. Dem Franchisegeber stand es jedoch frei innerhalb dieses

---

1012 Cabanellas de las Cuevas/Serebrinsky, DCCyE 2013, 307 (314).

1013 Vgl. Cabanellas de las Cuevas/Serebrinsky, DCCyE 2013, 307 (314 f.).

1014 Mosset Iturraspe/Piedecasas, S. 408.

1015 Mosset Iturraspe/Piedecasas, S. 408; vgl. Leiva Fernández-Tomo VI, § 334 Nr. 2414 lit. d).

Vertragsgebiets andere Franchisebetriebe zu eröffnen oder die Waren an Dritte zu veräußern.[1016]

bb) Kartellrechtliche Wirksamkeit von Exklusivitätsklauseln

Unternimmt man einmal den Versuch Exklusivitätsklauseln nach argentinischem Kartellrecht zu untersuchen, so stellt man zunächst fest, dass die überwiegende Mehrheit der öffentlich zugänglichen Franchiseverträge nach altem Recht so gut wie nie Exklusivitätsklauseln aufweist.

Mangels vertraglicher Exklusivitätsklauseln war es bisher oftmals Aufgabe der Gerichte eine Exklusivität bei festgelegtem Vertragsgebiet zugunsten des Franchisenehmers im Wege ergänzender Vertragsauslegung anzunehmen.[1017] Bei der vom Gericht zu diesem Zweck zusätzlich häufig vorgenommenen Interessenabwägung waren dabei neben dem Vertragstext auch die Eigenheiten des Franchisesystems und -netzwerks, die von beiden Vertragsparteien getätigten Investitionen, die tatsächliche Vertragslaufzeit sowie die Leistung des Franchisenehmers und insbesondere auch die jeweilige Wirtschaftslage Argentiniens zu berücksichtigen.[1018] Diese auf ersten Blick verwundernde Vorgehensweise bestimmte jahrzehntelang die argentinische Franchisepraxis und führte oft zu divergierenden Entscheidungen. Dieser unvorhersehbaren Interessenabwägung versucht Art. 1517 CCCN nunmehr Abhilfe zu schaffen. Unterliegt ein Franchisevertrag also dem neuen Recht der Art. 1512 ff. CCCN, ist mangels vertraglicher Exklusivitätsregelung von einer gleichwohl bestehenden beidseitigen Exklusivität gemäß Art. 1517 CCCN auszugehen.

Aufgrund des dispositiven Charakters des Art. 1517 CCCN stellt sich jedoch die Frage nach der Wirksamkeit von einseitigen Exklusivitätsklauseln. Wenngleich seit dem Inkrafttreten des CCCN bereits Franchiseverträge nach neuem Recht geschlossen wurden, sind bisher weder vertragliche Exklusivitätsklauseln veröffentlicht worden noch waren diese bis dato Gegenstand schon veröffentlichter Gerichtsentscheidungen. Es ist somit bislang offen, wie die Gerichte

---

1016 Vgl. Esper/Otero/Nasi/Santorun, Manual de Contratos Civiles y Comerciales, S. 896.

1017 So z.B. CNCom, Sala A, Urt. v. 17.05.2011 – Raduan, Guillermo Manuel c/ Inmobiliaria Bullrich S.A. s/ ordinario, Id SAIJ: FA11130260; Boletín de Jurisprudencia 2/2011, 53. Darin befand das Gericht, dass eine im Rahmen eines Vorvertrages abgeschlossene Exklusivitätsvereinbarung auch dann Wirkung entfalten kann, wenn der Franchisevertrag nicht zustande kommt.

1018 Vgl. Marzorati, MJ 2001, MJ-DOC-1614-AR/MJD1614, 1 (11).

einseitige Exklusivitätsklauseln vor dem Hintergrund des Art. 1517 CCCN werten werden.

Nicht unerwähnt darf in diesem Zusammenhang jedoch bleiben, dass die argentinische Rechtsprechung vor der Kodifizierung des Franchiserechts auch einige wichtige Entscheidungen zur Behandlung von Wettbewerbsfragen und Verstößen gegen Exklusivitätsklauseln in Franchiseverträgen getroffen hatte. So urteilte die „Cámara Nacional de Apelaciones en lo Comercial" (CNCom) im Jahr 2003, dass eine Vertragsklausel, in der sich der Franchisegeber das Recht vorbehielt, weitere Franchisebetriebe zu eröffnen oder Franchiserechte an andere Franchisenehmer zu verleihen, nicht darauf schließen ließ, dass dies auch die Eröffnung eines konkurrierenden Franchisebetriebs in unmittelbarer Nähe des Betriebs des Franchisenehmers ermögliche. Aus dem Grundsatz von Treu und Glauben folge vielmehr, dass ein solches Handeln geeignet sei die Entwicklung des Franchisesystems und insbesondere die des einzelnen Franchisenehmers zu schädigen.[1019] Es gab folglich auch nach alter Rechtslage Entscheidungen zugunsten der Franchisenehmer, so dass es denkbar ist, dass sich die Rechtsprechung in Zukunft auch vor dem Hintergrund des neuen Art. 1517 CCCN stärker für den Schutz des Franchisenehmers bei ausschließlich eingeräumten Vertriebsgebieten aussprechen wird.

cc) Die Verletzung der Exklusivität

Sofern die Gerichte bisher einen Verstoß gegen eine Exklusivitätsvereinbarung bejahten, wurde dem Geschädigten ein Anspruch auf Ersatz des entgangenen Gewinns zugestanden.[1020] So bejahte das Gericht in der Rechtssache „Raduan, Guillermo M. c. Inmobiliaria Bullrich SA"[1021] einen Schadensersatzanspruch eines Franchisenehmers gegen den Franchisegeber wegen Verletzung der vertraglich vereinbarten Exklusivität. Bemerkenswert war in diesem Fall jedoch die Bestimmung der Schadensersatzhöhe. Das Gericht sprach dem Franchisenehmer einen Schadensersatzanspruch i.H.v. 50 % der vom Franchisegeber im Rahmen seiner geschäftlichen Tätigkeit innerhalb des dem Franchisenehmer

---

1019 Vgl. CNCom, Sala C, Urt. v. 10.10.2003 – Rivas, Rosa G. c/ Grimoldi S.A., AR/JUR/3877/2003, R.C. y S. 2004-675.

1020 Vgl. CNCom, Sala C, Urt. v. 19.02.2008 – Top Toys Juguetes S.A. c/ Hasbro Argentina S.A. s/ Ordinario, elDial AA4835 bezüglich eines Alleinvertriebsvertrages nach altem Recht.

1021 CNCom, Sala A, Urt. v. 17.05.2011 – Raduan, Guillermo M. c/ Inmobiliaria Bullrich SA, Id SAIJ: FA11130260.

exklusiv zugewiesenen Vertriebsgebiets erzielten Gewinne zu. Eine allgemein anwendbare Formel zur Berechnung der Schadenshöhe in solchen Fällen gibt es nicht.

Die Art. 1512 ff. CCCN sehen keinen ausdrücklichen Anspruch des Franchisenehmers gegen den Franchisegeber im Falle der Verletzung einer vertraglich eingeräumten Exklusivitätsklausel vor. Es ist auch keine Regelung für den Fall eines Verstoßes des Franchisegebers oder Franchisenehmers gegen Art. 1517 CCCN vorgesehen. Die Literatur[1022] bejaht in beiden Fällen die Möglichkeit eines Schadensersatzanspruchs gegen die andere Vertragspartei. Dieser wird aus Treu und Glauben gemäß Art. 11 CCCN hergeleitet.[1023]

dd) Art. 1518 lit. b) CCCN und die beidseitige Exklusivität in Mangellagen

Vorbehaltlich einer gegenteiligen Vertragsabrede ist es dem Franchisegeber gemäß Art. 1518 lit. b) CCCN untersagt Waren oder Dienstleistungen des Franchisesystems innerhalb des Vertriebsgebiets des Franchisenehmers direkt an Dritte zu veräußern. Der Franchisenehmer darf hingegen selbst keine Waren oder Dienstleistungen außerhalb seines Vertriebsgebiets anbieten.

Problematisch sind dabei Fälle, in denen der Franchisegeber die ihm obliegende Lieferpflicht aus Art. 1514 lit. e) CCCN gegenüber einem einzelnen Franchisenehmer nicht oder nicht in ausreichendem Maße erfüllen kann, die Erfüllung durch einen anderen Franchisenehmer aber grundsätzlich möglich wäre. Zu denken ist dabei z.B. an Situationen, in denen der Franchisegeber – und sei es auch nur aufgrund einer temporären Mangellage oder wegen Lieferverzugs der Systemlieferanten – nicht erfüllen kann, ein anderer Franchisenehmer die benötigte Warenmenge jedoch auf Lager hat und veräußern könnte. Fraglich ist in diesen Fällen, ob sich die gesetzlich zwingende beidseitige Exklusivität nach Art. 1517 S. 1 CCCN und somit die Pflicht des Franchisenehmers nicht außerhalb seines Vertriebssystems tätig zu werden auch auf Fälle systeminternen Handels erstreckt. Dies ist zu verneinen. Es darf dem Franchisenehmer in derartigen Konstellationen nicht verboten werden die Systemware von einem systeminternen Franchisenehmer zu beziehen.[1024] Anderenfalls käme dies einem erzwungenen Verstoß gegen die Absatzförderungspflicht des Franchisenehmers gleich. Voraussetzung ist jedoch, dass die von dem anderen Franchisenehmer

---

1022 Vgl. Rubín, Contratos de comercialización, Tomo II, Kap. II Rn. 4.4.2.

1023 Rubín, Contratos de comercialización, Tomo II, Kap. II Rn. 4.4.2.

1024 Rubín, Contratos de comercialización, Tomo II, Kap. II Rn. 4.10.

bezogene Ware der vom Franchisegeber für das System vorgegebenen Qualität und Beschaffenheit entspricht. Grundsätzlich wird in diesen Fällen ohnehin von einer Zustimmung des Franchisegebers im eigenen Interesse auszugehen sein, so dass ein Verstoß gegen die beidseitige Exklusivität wohl kaum geltend gemacht werden dürfte.

Fraglich ist weiterhin die Konstellation, in der ein Franchisenehmer zur Veräußerung der Systemware bzw. zur Erbringung der Systemleistungen nicht in der Lage ist, sei es aufgrund einer entsprechenden Notlage oder wegen fehlender Leistungsbereitschaft. In diesen Fällen stellt sich das Problem, ob sich der Franchisegeber eines anderen Franchisenehmers ausnahmsweise bedienen kann, der die Ware dann innerhalb des Vertriebsgebiets eines anderen Franchisenehmers veräußert, oder dies einer untersagten Veräußerung des Franchisegebers an einen Dritten i.S.d. Art. 1518 lit. b) CCCN gleichkäme mit der Folge, dass der Franchisenehmer zur Geltendmachung von Schadensersatzansprüchen berechtigt wäre. Fraglich ist somit, ob die einzelnen Franchisegeber Dritte i.S.d. Art. 1518 lit. b) CCCN sind.

Aus Sicht des Franchisegebers leistet jeder einzelne Franchisenehmer einen Beitrag zum Gesamterfolg des Franchisenetzwerks. Für ihn stehen daher weniger die individuellen Erfolge jedes einzelnen Franchisebetriebs als vielmehr der Erfolg des Franchisenetzwerks als solches im Vordergrund, so dass sich argumentieren lässt, dass aus seiner Sicht die verschiedenen Franchisenehmer nicht als Dritte i.S.d. Art. 1518 lit. b) CCCN agieren.[1025] Aus Sicht der Franchisenehmer stellt jedoch auch jeder andere Franchisenehmer zunächst insofern einen Wettbewerber und Dritten dar, als er auf demselben Vertragsgebiet dieselben Produkte oder Dienstleistungen anbietet oder vertreibt. Versteht man die Franchisenehmer untereinander als Dritte und Wettbewerber, hat dies zur Folge, dass die Regeln gegen den unlauteren Wettbewerb[1026] auch auf deren Verhältnis

---

1025 Farina, Contratos comerciales modernos, S. 578 f. bereits zur alten Rechtslage.

1026 In Argentinien gibt es das Gesetz „Ley N° 22.802 de Lealtad Comercial", das die Treue in Geschäftsbeziehungen zum Gegenstand hat und in dem sich einige Bestimmungen zum Verbot unlauteren Wettbewerbs finden. Zugleich regelt Art. 159 Código Penal (Strafgesetzbuch), dass Vorgehensweisen mit dem Ziel die Kunden eines Handels- oder Industriebetriebes zum eigenen Vorteil durch betrügerische Machenschaften, böswillige Verdächtigungen oder andere unfaire Geschäftspraktiken in die Irre zu treiben verfolgt werden. Darüber hinaus finden sich auch in der Ley N° 22.362 Marcas y Designaciones, der Ley N° 24.481 de Patentes de Invención y Modelos de Utilidad, der Ley N° 24.766 de Confidencialidad, der Ley N° 25.326 de Protección de Datos, Regelungen gegen den unlauteren Wettbewerb. Argentinien ist auch Mitgliedstaat der Pariser Verbandübereinkunft zum Schutz des gewerblichen Eigentums

anzuwenden wären. Eine vermittelnde Ansicht[1027] vertritt, dass jeder Franchisenehmer den Franchisevertrag in Kenntnis der anderen und seiner Stellung als Mitglied eines Netzwerks schließt. Er weiß demnach, dass das Netzwerk ohne den Beitrag jedes einzelnen Franchisenehmers nicht funktionieren kann, so dass man daher vielmehr von Kooperationspartnern als von Wettbewerbern im engeren Sinne sprechen müsse. Liegen berechtigte Gründe des Franchisegebers für den Einsatz eines Dritten in Gestalt eines anderen Franchisenehmers vor, z.B. eine wiederholte Leistungsverweigerung des Franchisenehmers oder eine entsprechende Notlage, so dürfte dies eine Ausnahme des Art. 1518 lit. b) CCCN begründen. Hat der Franchisenehmer seine Notlage möglicherweise nicht selbst verschuldet, so dürfte dieser auch selbst ein Interesse an der vorübergehenden Unterstützung durch einen anderen Franchisenehmer zwecks Aufrechterhaltung seines Geschäftsbetriebs haben.

Grundsätzlich lassen sich derartige Ausnahmen auch rechtswirksam im Franchisevertrag regeln, sofern sie nicht zur Umgehung der beidseitigen Exklusivität gemäß Art. 1517 S. 1 CCCN führen.[1028]

c) Wettbewerbsverbote

aa) Vertragliche Wettbewerbsverbote

(1) Nach argentinischem Kartellrecht

Dem Franchisenehmer ist es regelmäßig vertraglich untersagt mit den Franchisegebern anderer Marken zu kontrahieren oder parallel deren Produkte zu vertreiben.[1029] Derartige vertragliche Wettbewerbsverbote sind in Argentinien nicht per se unzulässig.

(PVÜ). Auch wenn es in Argentinien kein dem UWG vergleichbares Gesetz gegen den unlauteren Wettbewerb gibt, finden sich entsprechende Regelungen, die sich speziell auf den unlauteren Wettbewerb beziehen, sowohl diversifiziert im nationalen Recht. Einige davon stammen aus dem internationalen Recht, das ins nationale umgesetzt wurde, vgl. Molina Sandoval, DCCyE 2014, 1 (2); CNCom, Sala A, Urt. v. 25.03.2000 – Mayéutica S.R.L. c/ Entrepreneur S.A. y otros, ED, 188-387.

1027 Vgl. Kaplan, Revista Electrónica de Derecho Comercial 2011, 1 (15); Cook/Iturralde/Witthaus/Chomer/Martón/Rapallo, Derecho Económico 1990, 109 (119).

1028 Rubín, Contratos de comercialización, Tomo II, Kap. II Rn. 4.10.

1029 Farina, Contratos comerciales modernos, S. 579.

(2) Sonderproblem: E-Commerce

Die im dritten Kapitel erläuterten Rechtsfragen zum Onlinehandel (E-Commerce) stellen sich in Argentinien bislang kaum. Wenngleich die rechtlichen Rahmenbedingungen für elektronische Vertragsschlüsse im Grundsatz hinreichend bestimmt sind und der E-Commerce auch auf den argentinischen Franchisemarkt einen immer stärker werdenden Einfluss zu gewinnen scheint,[1030] bleiben auf diesem Gebiet nach wie vor viele offene Fragen. Das Problemfeld E-Commerce im Franchising, insbesondere die von den Franchisenehmern aufgrund des Onlinehandels befürchteten Umsatzeinbußen und das durch den Onlinehandel auftretende „Rennen um die niedrigsten Verkaufspreise“[1031] auf Kosten kleinerer Betriebseinheiten, wird zwar durchaus gesehen[1032], jedoch allenfalls als solches benannt, ohne bislang entsprechende Lösungsansätze zu entwickeln. So stellt sich bisher keiner die Frage, ob der Franchisegeber gegen ein vertraglich vereinbartes Wettbewerbsverbot verstößt, wenn er oder die Systemzentrale E-Commerce betreibt und dabei das Vertragsgebiet des Franchisenehmers tangiert. Untersucht man jedoch die wenigen in der Rechtsliteratur vorhandenen Texte, die sich mit dem Einfluss des E-Commerce auf bestehende Vertriebsformen beschäftigen, wie insbesondere *Marzorati*[1033], so werden die Rolle des europäischen Gesetzgebers und die entsprechende Heranziehung spanischer Rechtsprechung unverkennbar. Es ist somit zu erwarten, dass die argentinische Rechtsprechung – wie bereits in der Vergangenheit zur Frage der rechtlichen Einordnung von Softwareverträgen[1034] – bei der Lösung ähnlicher Sachverhalte auf die europäischen Regelungen zurückgreifen und diese entsprechend anwenden wird.

bb) Nachvertragliche Wettbewerbsverbote

Klauseln, die ein nachvertragliches Wettbewerbsverbot vorsehen, sind hingegen nur wirksam, wenn sie räumlich auf ein bestimmtes Vertragsgebiet und zeitlich begrenzt sind.[1035] Gemäß Art. 1522 Abs. 2 CCCN darf ein nachvertragliches Wettbewerbsverbot für eine maximale Dauer von einem Jahr

1030 Marzorati, DCyO 2016, 501 (503 ff.).
1031 Vgl. Marzorati, DCyO 2016, 501 (518).
1032 Rubín, Contratos de comercialización, Tomo II, Kap. II Rn. 4.4.2.
1033 Vgl. Marzorati, DCyO 2016, 501 (507, 522 f.).
1034 Vgl. Marzorati, DCyO 2016, 501 (529).
1035 Kahn, S. 147; vgl. Marzorati, LL 22.11.2017, 1 (4).

nach Vertragsbeendigung vereinbart werden. Es muss sich zudem auf ein in Anbetracht der bisherigen Vertragssituation angemessenes Vertriebsgebiet erstrecken.[1036]

d) Zwischenergebnis

Der Einfluss des Wettbewerbsrechts auf Franchiseverträge wurde vor dem Inkrafttreten des CCCN in der argentinischen Rechtsprechung und Literatur kaum diskutiert. Art. 1523 CCCN, welcher nunmehr ausdrücklich auf das Recht des freien Wettbewerbs Bezug nimmt, spiegelt die Intention des Gesetzgebers wider, der prägenden Funktion des Wettbewerbsrechts für Franchiseverträge besondere Geltung zu verschaffen. Gleichwohl bleibt abzuwarten, ob dieser Norm vor dem Hintergrund bereits existierender Gesetze zum Schutz des freien Wettbewerbs eigenständige Bedeutung entfalten oder lediglich als deklaratorische Regelung verstanden werden wird.

Ungeachtet dessen sind bei der Gestaltung eines Franchisevertrages auch andere wettbewerbsrechtliche Regelungen zu beachten, wie z.B. der erstmalig geregelte Grundsatz der beidseitigen Exklusivität in Art. 1517 CCCN oder das Verbot des Franchisegebers, innerhalb des Vertriebsgebiets des Franchisenehmers direkt an Dritte zu veräußern, gemäß Art. 1518 lit. b) CCCN. Auffallend ist jedoch, dass diese Regelungen keine Ansprüche für den Fall des Verstoßes gegen die geltende Exklusivität vorsehen. Wenngleich die Literatur die Möglichkeit eines Schadensersatzanspruchs gegen die andere Vertragspartei aus Treu und Glauben herleitet, wäre es zu begrüßen, wenn sich auch die Rechtsprechung zeitnah dahingehend positionieren würde.

Weiterhin ist die Vereinbarung vertraglicher Wettbewerbsverbote nach argentinischem Recht grundsätzlich zulässig, nachvertragliche Wettbewerbsabreden hingegen nur, soweit sie räumlich auf ein bestimmtes Vertragsgebiet begrenzt sind und die Dauer von einem Jahr nicht überschreiten.

2. Unwirksame Vertragsklauseln gemäß Art. 1519 CCCN

a) Art. 1519 CCCN

Gemäß Art. 1519 lit. a) CCCN sind Klauseln eines Franchisevertrages unwirksam, wonach dem Franchisenehmer verboten wird, die in Art. 1512 Abs. 2 CCCN genannten Rechte auf ihre rechtliche Wirksamkeit aus berechtigtem Anlass hin zu überprüfen. Die vertragliche Einschränkung

1036 Leiva Fernández-Tomo VI, § 332 Nr. 2418.

wesentlicher Rechte des Franchisenehmers war von der Rechtsprechung auch nach alter Rechtslage für unwirksam befunden worden.[1037] Zweck der Norm ist der Franchisenehmerschutz.[1038]

Weiterhin sind Klauseln unwirksam, die dem Franchisenehmer verbieten Waren zu erwerben, die vom Franchising anderer Franchisenehmer im Inland erfasst werden, soweit diese Waren den vertraglich festgelegten Qualitäten und Eigenschaften entsprechen, vgl. Art. 1519 lit. b) CCCN. Auffallend ist dabei, dass der Wortlaut lediglich auf andere Franchisebetriebe im Inland Bezug nimmt. Wie die Rechtslage zu bewerten ist, wenn der Franchisenehmer Franchisewaren von einem anderen Franchisegeber im Ausland erwirbt, ist unklar.

Gemäß Art. 1519 lit. c) CCCN ist eine Klausel unwirksam, die dem Franchisenehmer verbietet, sich mit anderen Franchisenehmern desselben Franchisesystems zu versammeln oder mit ihnen nichtwirtschaftliche Verbindungen zum Zweck des Erfahrungsaustausches oder zur gemeinsamen Strategieentwicklung einzugehen.

Art. 1519 CCCN beinhaltet somit zwingende Regelungen zum Schutz des Franchisenehmers.[1039] Nicht irritieren darf bei der Auslegung des Art. 1519 CCCN die Überschrift „Nichtige Klauseln" i.V.m. dem sich anschließenden Wortlaut „Unwirksam sind Klauseln, die …". Dies lässt sich damit erklären, dass nach argentinischem Rechtsverständnis die Begriffe „nichtig" und „unwirksam" als Synonyme verwendet werden und es keine strenge Trennung beider Rechtsbegriffe gibt.[1040]

b) Rechtsfolgen eines Verstoßes gegen Art. 1519 CCCN

Mangels ausdrücklicher Regelungen in den Art. 1512 ff. CCCN ist für die Bestimmung der Rechtsfolgen unwirksamer bzw. nichtiger Klauseln auf die Art. 386 ff. CCCN zurückzugreifen. Sind einzelne Klauseln eines Franchisevertrages ganz oder teilweise nichtig, werden diese gemäß Art. 389 Abs. 2 CCCN[1041]

1037 Vgl. CNCom, Sala B, Urt. v. 26.12.2005 – Localiza Franchising International SRL c/ Pérez, Marcelo F., LL 09.09.2015, 1 f.

1038 Leiva Fernández-Tomo VI, § 335 Nr. 2423.

1039 Herrera/Carmelo/Picasso-Chomer/Sícoli, CCCN, Art. 1519, S. 228.

1040 Vgl. Rabinovich-Berkman, S. 528 ff.

1041 Art. 389 CCCN lautet: „ Principio. Integración. Nulidad total es la que se extiende a todo el acto. Nulidad parcial es la que se extiende a todo el acto. Nulidad parcial es la que afecta a una o varias de sus disposiciones. La nulidad de una disposición no afecta a las otras disposiciones válidas, si son separables. Si no son separables porque el acto no puede subsistir sin cumplir su finalidad, se declara la nulidad total. En la nulidad parcial, en caso de ser necesario, el juez debe integrar el acto de acuerdo a

nicht Vertragsbestandteil, wobei der Vertrag im Übrigen wirksam bleibt.[1042] Die Nichtigkeit muss von einem Gericht festgestellt und somit – anders als die Missbräuchlichkeit gemäß Art. 988 f. CCCN – vorher von einer Vertragspartei geltend gemacht werden. Da es sich beim Franchisevertrag weiterhin der Sache nach um einen Kooperationsvertrag handelt[1043], ist nicht auszuschließen, dass die Nichtigkeit einzelner Klauseln das Vertrauensverhältnis derart zerstören kann, dass ein Gericht im Einzelfall das Erlöschen aller vertraglichen Verpflichtungen bejahen wird.[1044] Der Franchisenehmer ist durch das Recht, die Gesamtnichtigkeit des Vertrages geltend zu machen, besonders geschützt, vgl. Art. 382, 386 CCCN.[1045] Art. 386 CCCN unterscheidet dabei zwischen der „absoluten Nichtigkeit" und der „relativen Nichtigkeit", wobei Erstere bei jedem Verstoß gegen die öffentliche Ordnung, die Moral oder die guten Sitten vorliegen soll. Relative Nichtigkeit sieht das Gesetz hingegen nur als Sanktion zum Schutz eines bestimmten Personenkreises vor. Die Unterscheidung ist nach überwiegender Ansicht der Literatur[1046] so zu interpretieren, dass beide „Nichtigkeitskategorien" dem Grunde nach dem Schutz der öffentlichen Ordnung („orden público") dienen sollen, weshalb es sachgerechter sei danach zu unterscheiden, dass die absolute Nichtigkeit das Interesse der Allgemeinheit direkt und unmittelbar tangiere, wohingegen die relative Nichtigkeit das Interesse der Allgemeinheit nur mittelbar, nämlich durch Verletzung der Interessen einzelner Personen oder Personenkreise, betreffe.

---

su naturaleza y los intereses que razonablemente puedan considerarse perseguidos por las partes".

1042 CNCom, Sala A, Urt. v. 28.06.2013 – D.G. Belgrano S.A. c. Procter & Gamble Argentina S.R.L.s/ ordinario, MJ-JU-M-80903-AR; Leiva Fernández-Tomo VI, § 335 Nr. 2423.

1043 Vgl. Cámara Nacional de Apelaciones del Trabajo, Urt. v. 13.07.2018, Lambardi Santiago Ignacio c/ Día Argentina S.A., in: MJ-JU-M-114616-AR.

1044 Clusellas CCC-Clusellas, Art. 1519 § 3.

1045 Art. 382 CCCN lautet wörtlich: „Categorías de ineficacia. Los actos jurídicos pueden ser ineficaces en razón de su nulidad o de su inoponibilidad respecto de determinadas personas."
Art. 386 CCCN regelt: „Criterio de distinción. Son de nulidad absoluta los actos que contravienen el orden público, la moral o las buenas costumbres. Son de nulidad relativa los actos a los cuales la ley impone esta sanción sólo en protección del interés de ciertas personas."

1046 Garrido Cordobera/Borda/Alferillo – Prieto Molinero, Art. 386 § 1.

Kritisiert wurde an Art. 1519 CCCN insbesondere, dass diese Norm weder die einen Franchisenehmer am stärksten benachteiligenden Vertragsklauseln ins Auge fasst noch eine ausdrückliche Rechtsfolge im Falle eines Verstoßes vorsieht. Demnach ist es sachgerechter derartige Regeln als allgemeine Nichtigkeitsklauseln im allgemeinen Teil zu regeln, wenn für ihre Rechtsfolge ohnehin auf die Art. 386 ff. CCCN und damit auf die allgemeinen Nichtigkeitsklauseln zurückzugreifen sei.[1047]

3. *Der Franchisevertrag und das AGB-Recht*

Nahezu alle Franchiseverträge nach argentinischem Recht unterliegen den AGB des Franchisegebers.[1048] Dies beruht darauf, dass der Franchisegeber die Vertragsbedingungen meist für alle Franchisenehmer einheitlich vorgibt und der Franchisenehmer vor diesem Hintergrund meistens nur wenig Verhandlungsspielraum besitzt.[1049] Der Franchisegeber verfolgt mit der Einbeziehung der eigenen AGB einerseits das Ziel eine Gleichbehandlung aller Systemmitglieder sicherzustellen, andererseits gelingt ihm dadurch ein einheitliches Auftreten aller Franchisebetriebe gegenüber den potenziellen Kunden.[1050]

Das argentinische AGB-Recht ist in Art. 984 bis 989 CCCN normiert und findet auch auf Franchiseverträge zwischen Unternehmen Anwendung.[1051]

Wertungsgrundlage der AGB-Kontrolle im argentinischen Recht ist im Wesentlichen der Schutz vor einer einseitigen „Ausnutzung der Privatautonomie“[1052]. So wurde in einem kürzlich ergangenen Urteil festgestellt, dass „die ausgehandelte Ungleichheit zwischen den Parteien, die Kontrollbefugnisse an der Spitze des Prinzipals und der Abschluss des Vertrages unter Einhaltung

1047 Vgl. Leiva Fernández-Tomo VI, § 335 Nr. 2423.

1048 Vgl. Vítolo, Derecho Comercial, S. 502; Rubín, in: Arecha/Filippi (Hrsg.), Institutos del Derecho Comercial, S. 200. Fälle, in denen stattdessen die AGB des Franchisenehmers Vertragsbestandteil werden, sind sehr selten.

1049 Vgl. CNCom, Sala C, Urt. v. 10.10.2013 – Grupo Rox S.A. c. Día Argentina S.A. s/ ordinario, LL AR/JUR/85048/2013; CNCom, Sala A, Urt. v. 29.12.2008 – Poggi Raúl c. Laprida S.A.C.I. y otro, Id SAIJ: FA08972300; CNCom, Sala B, Urt. v. 05.06.2008 – Kodak Argentina S.A. c. Foto Express S.A., Jurisprudencia Argentina 2009-II, 18; Ramírez, RCALP 1996, 107 (115).

1050 Rubín, in: Arecha/Filippi (Hrsg.), Institutos del Derecho Comercial, S. 200.

1051 Bisogno, DCyO 2016, 371 (373).

1052 Vgl. Leiva-Fernández-Tomo I, § 13 Nr. 83.

allgemeiner Klauseln sich als charakteristische Elemente dieser Art von Vereinbarung erweisen".[1053]

a) Das Vorliegen von AGB

Gemäß Art. 984 CCCN liegt ein „contrato por adhesión" (Standardvertrag bzw. Adhäsionsvertrag) vor, wenn eine Vertragspartei der Geltung von „cláusulas generales" (AGB) zustimmt, welche die andere Vertragspartei oder ein Dritter einseitig vorschreibt, ohne dass der anderen Vertragspartei eine Verhandlungsmöglichkeit überlassen wird.[1054] Gemäß Art. 984 CCCN ist es für die Einordnung einer Klausel des Franchisevertrages als „cláusula general", unmaßgeblich, wer die Klausel verfasst hat. Daher sind auch von Dritten vorgefertigte Klauseln vom Anwendungsbereich der Art. 984 ff. CCCN erfasst.

Nach argentinischem Rechtsverständnis sind AGB jede Mehrzahl vorformulierter Vertragsbedingungen, die von einem Unternehmen einseitig vorgegeben werden mit dem Zweck der verbindlichen Geltung für alle von dem Unternehmen geschlossenen Verträge und deren Annahme die andere Vertragspartei nicht verweigern kann, wenn sie die vertragliche Ware oder Dienstleistung erhalten möchte.[1055] Von diesen „cláusulas generales" zu unterscheiden sind „cláusulas particulares". Dies sind gemäß Art. 986 S. 1 CCCN Klauseln, die individuell verhandelt werden und eine allgemeine Bestimmung erweitern, begrenzen, beseitigen oder auslegen. Gemäß Art. 986 S. 2 CCCN sind solche Klauseln den AGB stets vorrangig (Vorrang der Individualabrede).[1056]

b) Wirksame Einbeziehung

Gemäß Art. 984 CCCN müssen AGB „einseitig vorgegeben" worden sein. Der Wortlaut „predispuestas unilateralmente" lässt dabei erkennen, dass die Initiative zur Einbeziehung der Klausel in den Vertrag von einer Partei allein ergriffen

---

1053 CNCom, Sala F, Urt. v. 19.05.2016 – Escobar SACIFI c. Ford Argentina SCA y otros, in: MJJ99784.

1054 Art. 984 CCCN lautet wörtlich: „El contrato por adhesión es aquel mediante el cual uno de los contratantes adhiere a cláusulas generales predispuestas unilateralmente, por la otra parte o por un tercero, sin que el adherente haya participado en su redacción."

1055 Vgl. Ghersi, Nulidades contractuales y abusivas, S. 182; Lorenzetti, CCCN – Proyecto del Poder Ejecutivo de la Nación, S. 609.

1056 Vítolo, Derecho Comercial, S. 418. Diese Regelung stellt somit ein Pendant zu dem Vorrang der Individualabrede gemäß § 305b BGB dar.

worden sein muss. Nicht vorgegeben ist damit jedenfalls eine von den Parteien individuell ausgehandelte Klausel des Franchisevertrages.[1057] Im Hinblick auf das Erfordernis des „einseitigen Auferlegens“ ist es nicht notwendig, dass der Franchisegeber Druck auf den Franchisenehmer ausübt oder aus einer überlegenen Stellung heraus die Einbeziehung durchsetzt.[1058]

Nach Art. 985 Abs. 2 CCCN müssen die AGB in Gestalt der Franchiseklauseln verständlich, selbsterklärend und gut lesbar sein. Sofern eine AGB-Klausel auf andere Texte oder Dokumente Bezug nimmt, die der anderen Vertragspartei (dem Franchisenehmer) bis spätestens bei Abschluss des Franchisevertrages nicht vorliegen, so gilt diese Bestimmung als nicht zwischen den Parteien vereinbart, vgl. Art. 985 Abs. 3 CCCN. Die oben erwähnten Regelungen des Art. 985 CCCN finden gemäß Abs. 4 auch auf telefonische oder elektronische Vertragsabschlüsse Anwendung. Aus der einseitigen Formulierungsgewalt des Franchisegebers folgt somit die Verantwortung für die Klarheit der AGB.[1059]

Anzumerken ist zudem, dass bei der Einbeziehung von AGB und dem damit zusammenhängenden Zustandekommen eines Standardvertrages nach argentinischem Rechtsverständnis keine Annahme („consentimiento“) eines Vertragsangebots im eigentlichen Sinne vorliegt. Vielmehr liegt darin eine bloße Zustimmung („asentimiento“), die in der Rechtswirkung einer Annahme jedoch gleichkommt.[1060]

c) Art. 988 CCCN

Fraglich ist, wann eine Klausel eines Franchisevertrages missbräuchlich ist und was dies für Folgen für den gesamten Franchisevertrag hat. Art. 988 CCCN enthält allgemeine Regeln zur Bestimmung missbräuchlicher Klauseln („cláusulas abusivas“) für alle Vertragstypen.

aa) Missbräuchliche Klauseln gemäß Art. 988 lit. a) und b) CCCN

Gemäß Art. 988 lit. a) CCCN ist eine AGB-Klausel dann missbräuchlich und in der Rechtsfolge als nicht vereinbart zu behandeln („se deben tener por no escritas“), wenn sie die Pflichten des Verwenders (hier: Franchisegeber) zu seinen

---

1057 Vgl. Stiglitz, Los principios generales de la teoría general del contrato en el Proyecto de CCC, in: Alegría (Hrsg.), Contratos y sociedades, S. 249 f.

1058 Vgl. Stiglitz, Los principios generales de la teoría general del contrato en el Proyecto de CCC, in: Alegría (Hrsg.), Contratos y sociedades, S. 250.

1059 Vgl. Borda, Kap. 1 § 2 Rn 10; Ghersi, Nulidades contractuales y abusivas, S. 174 f.

1060 Vgl. Ghersi, Nulidades contractuales y abusivas, S. 183.

Gunsten ändern oder – gemäß Art. 988 lit. b) CCCN – wenn die Rechte der anderen Vertragspartei (des Franchisenehmers) aufgehoben oder gekürzt werden. Die im Vergleich zum Franchisenehmer aufgrund der Vielzahl der weitgehend einheitlichen Franchiseverträge und der daraus folgenden größeren Erfahrung überlegene Verhandlungsposition des Franchisegebers[1061] führt nach der Rechtsprechung aber nicht per se zu einem Missbrauch, wenngleich das potenzielle Risiko eines „Machtmissbrauchs" erkannt wird.[1062] Die Missbräuchlichkeit einer Klausel wird somit nicht vermutet, sondern muss stets im Einzelfall festgestellt werden.[1063]

bb) Überraschende Klauseln nach Art. 988 lit. c) CCCN

Art. 988 lit. c) CCCN bestimmt zudem, dass auch solche AGB-Klauseln als nicht wirksam vereinbart gelten, die wegen ihres Inhalts, ihrer Formulierung oder ihres äußeren Erscheinungsbilds im Vertrag als überraschend anzusehen sind. Grundlage dieser Klausel ist die Gefahr der Überrumpelung des Vertragspartners, weil sich der Verwender im Gegensatz zum Vertragspartner nicht auf die AGB einstellen kann. Dabei ist besonders hervorzuheben, dass auch diese Vorschrift zu überraschenden AGB-Klauseln unter dem als „Missbräuchliche Klauseln" titulierten Art. 988 CCCN aufgeführt wird. Ist eine Klausel im Einzelfall für den Franchisenehmer überraschend, gilt sie als nicht zwischen den Parteien vereinbart, ohne den Vertrag in seiner Gesamtheit weiter zu betreffen.

Insbesondere Art. 988 lit. c) CCCN wird in der Literatur als zu unpräzise und unbestimmt bemängelt.[1064] Demnach sei zu beanstanden, dass eine Klausel nicht allein aufgrund ihres äußeren Erscheinungsbilds oder ihrer Formulierung i.S.d. Wortwahl als überraschend geltend kann. Dabei würde der Vertragspartner gewissermaßen bevormundet, da die Tatsache, dass dieser selbst für das

---

1061 Leiva Fernández-Tomo VI, § 332 Nr. 2411 lit. d).

1062 Vgl. CNCom, Sala E, Urt. v. 04.03.1986 – Wattmann S.A. c. Exim S.R.L., J.A. 1987-I-118; CNCom, Sala A, Urt. v. 31.10.2006 – Citibank NA c. Schkolnik, V/lex 2006, file AIY6.

1063 CNCom, Sala A, Urt. v. 03.08.2010 – Textil Latina SRL c. Coto CICSA, in: elDial AA6444; CNCom, Sala D, Urt. v. 28.02.2012 – Martínez, Irma y otro c. Cervecería y Maltería Quilmes SAICyG, LL Online: AR/JUR/6714/2012.

1064 Marzorati, in: LL 07.04.2016, S. 2. Nach dessen Auffassung wird Art. 988 lit. c) CCCN unweigerlich dazu führen, dass zukünftig Rechtsberater in 80 bis 90% der Fälle, in denen sie zu Allgemeinen Geschäftsbedingungen beraten, sich gezwungen sehen werden, diese schon aus eigenen Haftungsgründen auf das Risiko einer möglichen Unvorhersehbarkeit einzelner Klauseln des Vertrages hinzuweisen.

Verständnis des von ihm unterzeichneten Vertragsinhalts auch mitverantwortlich sei und ihm selbst auch eine Prüfungspflicht obliege, gänzlich außer Betracht gelassen werde.[1065] Stattdessen müssten fortan die Richter im Wege ergänzender Vertragsauslegung und mittels einer Erforschung der dem jeweiligen Vertragsschluss zugrundeliegenden Umstände feststellen, ob die Vertragspartei das vertraglich festgelegte (Haftungs-) Risiko nicht vielleicht aus eigenem ökonomischem Interesse bewusst in Kauf genommen habe.[1066] Weiterhin bliebe die Frage offen, wie Richter die Vorhersehbarkeit einer Klausel bewerten würden, wenn der möglicherweise durch sie Benachteiligte später vor Gericht aussagt, bei Vertragsabschluss anwaltlich beraten worden zu sein und dieser Klausel im vollen Bewusstsein ihrer rechtlichen Folgen zugestimmt zu haben.[1067]

Fraglich bleibt auch, ob sich ein Richter in solchen Fällen über den übereinstimmenden Parteiwillen hinwegsetzen könnte und die streitgegenständliche Klausel im Einzelfall dennoch für unwirksam erklären könnte.[1068] Dies darf als unwahrscheinlich gelten.

d) Missbräuchlichkeit einzelner Klauseln eines Franchisevertrages

Im Hinblick auf die Vielzahl denkbarer Konstellationen sollen nachfolgend einige Klauseln exemplarisch erläutert werden. Ausweislich Art. 987 CCCN sind die einzelnen AGB im Zweifel zugunsten der anderen Vertragspartei auszulegen.

aa) Regelungen zur Bestimmung der Franchisegebühr, Kosten und Umsatzziele

AGB-Klauseln, wonach die Franchisegebühr an den Erfolg des Franchisenehmers gekoppelt ist, oder solche, die zwar eine fixe Mindestgebühr vorsehen, die sich jedoch je nach Betriebsergebnis entsprechend erhöhen kann, sind rechtlich zulässig.[1069] Als missbräuchlich gelten demgegenüber Klauseln, wonach der Franchisenehmer ohne jegliche Gegenleistung Kosten zu tragen hat, die üblicherweise der Franchisegeber zu verantworten hat.[1070] Weiterhin sind solche

---

1065 Marzorati, LL 07.04.2016, 1 (2).

1066 Marzorati, LL 07.04.2016, 1 (2); vgl. CNCom, Sala K, Urt. v. 20.08.2018 – Bolado Guillermo Héctor c/ Galeno Aseguradora de Riesgos del Trabajo S.A., MJJ116445.

1067 Marzorati, LL 07.04.2016, 1 (2).

1068 Marzorati, LL 07.04.2016, 1 (2).

1069 Vgl. Ramírez, RCALP 1996, 107 (116).

1070 Vgl. CNCom, Sala F, Urt. v. 26.03.2013 – Total Cell SA c. Telefónica Móviles Argentina SA, ED Digital Nr. 71401; Rubín, Contratos de comercialización, Tomo I, Kap. I Rn. 12.5.

Klauseln missbräuchlich i.S.d. Art. 988 lit. b) CCCN, die dem Franchisenehmer tatsächlich unerreichbare Umsatzziele als Gegenleistung für die geschuldete Provision auferlegen.[1071]

bb) Qualitätsprüfungsklauseln

Vertragsklauseln, mit denen sich der Franchisegeber ein Recht zur Besichtigung der betrieblichen Anlagen des Franchisenehmers sowie insbesondere zur Durchführung von stichprobenartigen Qualitätskontrollen vorbehält, verstoßen nicht gegen argentinisches AGB-Recht. Dem Franchisegeber muss vielmehr die Möglichkeit gegeben werden, die ordnungsgemäße Einhaltung der Vorgaben seines Franchisesystems zu überprüfen, um geschäfts- und rufschädigenden Verhaltensweisen – auch zum Schutz anderer Systemmitglieder – vorzubeugen.[1072]

cc) Klauseln betreffend die Nutzung der Franchisemarke

Rechtlich zulässig ist es auch, die Nutzung der Marke zu begrenzen oder genaue Vorgaben zu zulässigen Werbemaßnahmen für die Produkte zu bestimmen.[1073]

dd) Gebietsschutzklauseln und Selbsteröffnungsvorbehalte

Weiterhin impliziert nach der Rechtsprechung eine AGB-Klausel, in der sich der Franchisegeber das Recht vorbehält im Vertragsgebiet des Franchisenehmers selbst einen Betrieb zu eröffnen, in dem Konkurrenzprodukte verkauft werden, oder anderen Franchisenehmern dieses Gebiet ebenfalls zuzuweisen, nicht, dass ihm ein solches Recht vorbehaltlos zustünde. Vielmehr ist eine solche Klausel nach Treu und Glauben nur dann rechtlich missbräuchlich i.S.d. Art. 988 CCCN, wenn die Eröffnung eines solchen Betriebs objektiv vorhersehbar in absehbarer Zeit zu einem Schaden des Franchisenehmers führen könnte.[1074]

e) Rechtsfolgen einer missbräuchlichen Klausel nach Art. 989 S. 2 CCCN

Gemäß Art. 988 S. 1 CCCN gelten die dort aufgelisteten Klauseln als nicht vereinbart. Sie entfalten folglich keine Rechtswirkung zwischen den Vertragsparteien, ohne dass es hierzu einer gerichtlichen Entscheidung bedürfte. Sie

---

1071 Rubín, Contratos de comercialización, Tomo I, Kap. I Rn. 12.5.

1072 Vgl. Leiva Fernández-Tomo VI, § 333 Nr. 2411 lit. d).

1073 Ramírez, RCALP 1996, 107 (116 f.).

1074 Vgl. CNCom, Sala C, Urt. v. 10.10.2003 – Rivas, Rosa G. c/ Grimoldi S.A., RCyS 2004-675; Bisogno, DCyO 2016, 371 (374).

sind „von Amts wegen" für nicht vereinbart zu halten.[1075] Nimmt ein Gericht in einem Rechtsstreit einen Fall des Art. 988 S. 1 CCCN an und wendet diese Klausel aus diesem Grunde nicht an, so soll es, selbst wenn deren Missbräuchlichkeit von den Parteien nicht gerügt wurde und sofern die Nichtgeltung dieser unwirksamen Klausel dem Vertrag seinen wirtschaftlichen Sinn nimmt, gemäß § 989 S. 2 BGB die bestehende Lücke im Wege ergänzender Auslegung schließen. Dabei wird in der Literatur betont, dass die ergänzende Auslegung einzelner Klauseln verbunden mit der Integrationsfunktion des Richters nicht zum Ziel hat die Gerichte in die Privatautonomie eingreifen zu lassen. Vielmehr sei ihre Funktion in diesem Zusammenhang einzig und allein darauf beschränkt stark einseitigen und daher missbräuchlichen Klauseln im Wege ergänzender Auslegung unter Berücksichtigung der beidseitigen Parteiinteressen zu rechtswirksamen Abreden zu verhelfen.[1076]

4. *Die Mindestvertragslaufzeit gemäß Art. 1516 CCCN*

Bei der Gestaltung eines Franchisevertrages nach argentinischem Recht kommt der Mindestvertragslaufzeit gemäß Art. 1516 i.V.m. Art. 1506 Abs. 1 CCCN besondere Bedeutung zu. Demnach beträgt die Mindestvertragslaufzeit eines Franchisevertrages vier Jahre.[1077] Art. 1516 i.V.m. Art. 1506 CCCN ist zwingender Natur. Damit soll dem Franchisenehmer eine gewisse Planungssicherheit gegeben und das Investitionsrisiko des Franchisenehmers verringert werden.[1078]

a) *Rechtliche Hintergründe des Art. 1516 i.V.m. Art. 1506 Abs. 1 CCCN*

Bereits in der Vergangenheit war die Festlegung einer Mindestvertragslaufzeit im Rahmen eines Franchisevertrages Gegenstand einer breit angelegten Diskussion in der argentinischen Literatur und Rechtsprechung Mangels spezieller Rechtsvorschriften hatte sich die Kautelarpraxis entwickelt, dass Franchiseverträge zunächst entweder gar keine oder nur eine sehr kurze Vertragslaufzeit vorsahen, welche anschließend über mehrere Jahre jeweils nach einseitigem Ermessen des Franchisegebers verlängert wurde. Dies führte dazu, dass Franchisenehmer die geltende Vertragslaufzeit nur dann mit Sicherheit feststellen

1075 Rubín, Contratos de comercialización, Tomo I, Kap. I Rn. 12.5.
1076 Rubín, Contratos de comercialización, Tomo I, Kap. I Rn. 12.5.
1077 Art. 1506 Abs. 1 CCCN: „El plazo del conrtato de concesión no puede ser inferior a cuatro años. Pactado un plazo menor o si el tiempo es indetermindado, se entiende convenido por cuatro años."
1078 Junyent Bas/ Rodríquez Leguizamón, DCyO 2013, 1 (15).

konnten, wenn sie sich diese – und insbesondere die damit einhergehende Kündigungsfrist – gerichtlich bestätigen ließen. Oftmals kam es daher zu der merkwürdigen Situation, dass die Vertragslaufzeit erst nach dem Kündigungsversuch einer Vertragspartei und einem sich anschließenden Gerichtsverfahren feststand.[1079] Dieser Zustand großer Rechtsunsicherheit wurde von der überwiegenden Meinung immer stärker moniert, bis auch der Gesetzgeber ein Bedürfnis für eine entsprechende gesetzliche Regelung sah.

Beim Entwurf der Art. 1516, 1506 CCCN wurden auch die UNIDROIT-Grundregeln für internationale Handelsverträge („UNIDROIT Principles") berücksichtigt. Gemäß Art. 4.3 dieser Grundregeln müssen bei der Vertragsauslegung stets die Art und der Zweck des Vertrages berücksichtigt werden. Zudem sind die betriebswirtschaftlichen und ökonomischen Absichten der Parteien von großer Bedeutung.[1080]

b) Der Meinungsstand um die rechtliche Zulässigkeit

Die neue Regelung in Art. 1516 i.V.m. Art. 1506 CCCN ist dennoch Gegenstand der derzeit wohl kontroversesten Meinungsstreitigkeit im neuen Franchiserecht.

aa) Befürworter der gesetzlichen Mindestvertragslaufzeit

Befürworter der Mindestvertragslaufzeit gemäß Art. 1516 i.V.m. Art. 1506 CCCN sehen darin eine längst überfällige Abhilfe zum Schutz von kleineren und mittleren Unternehmen in der Rolle der Franchisenehmer. Demnach trage die neue Regelung entscheidend dazu bei, die wirtschaftliche Stabilität und Attraktivität des Franchisestandortes Argentinien zu erhöhen, da sie für beide Seiten größere Planungs- und Rechtssicherheit bedeute.[1081]

bb) Gegner der gesetzlichen Mindestvertragslaufzeit

Art. 1516 i.V.m. Art. 1506 CCCN wird in der Literatur jedoch mehrheitlich als zu starr empfunden. Wenngleich der Zeitraum von vier Jahren vor dem Hintergrund der vergangenen Wirtschaftskrisen zur Sicherung der getätigten Investitionen begrüßt wird, so wird angeführt, dass ein derart langer Zeitraum im Hinblick auf den Abschluss von Franchiseverträgen lähmend wirke und der modernen Zeit nicht gerecht werde.[1082] Demnach führe eine ursprünglich

---

1079 Herrera/Carmelo/Picasso-Chomer/Sícoli, CCCN, Art. 1515, S. 225.
1080 Herrera/Carmelo/Picasso-Chomer/Sícoli, CCCN, Art. 1515, S. 225.
1081 Vgl. Caselli, Jurisprudencia Argentina 2013, 1 (12 f.).
1082 Paéz Callejas, S. 6.

zugunsten des Franchisenehmers geschaffene Schutzregelung letztlich zur Benachteiligung desselben.

Andere Meinungen[1083] sehen das Problem hingegen darin, dass die ursprünglich von der Rechtsprechung für Einzelfälle entwickelte Mindestvertragsdauer nunmehr allgemeine Geltung beansprucht. Demnach könne die Mindestvertragsdauer im Einzelfall auch kontraproduktiv sein. So sei die Festlegung einer einheitlichen Laufzeit für alle Franchisenehmer unabhängig von deren betrieblicher Erfahrung, den Eigenschaften der vertriebenen Produkte oder der gewährten Exklusivität für den Franchisegeber u.U. unökonomisch. Es sei daher zu erwarten, dass sich der Franchisegeber im Gegenzug für die Zusicherung einer derart langen Vertragsdauer ein Recht auf eine einseitige Vertragsaufhebung oder einen Verzicht des Franchisenehmers auf Entschädigungszahlungen vertraglich zusichern lassen wird.[1084] Es sei somit nicht von der Hand zu weisen, dass sich der Franchisegeber zur Abschwächung der Auswirkungen, die die Auferlegung einer gesetzlichen Mindestvertragsdauer a priori nach sich ziehe, zusätzliche Rechte vorbehalten werde.

Weiterhin sei die Festlegung einer Mindestvertragsdauer auf vier Jahre dem Bemühen um Einheitlichkeit und Genauigkeiten geschuldet, widerspreche aber der Realität.[1085]

Andererseits wird argumentiert, Art. 1506 Abs. 1 CCCN verfehle das Ziel des Investitionsschutzes zugunsten des Franchisenehmers und stelle lediglich eine allgemeine Mindestlaufzeit von Franchiseverträgen sicher. Demnach könne für den Fall, dass die Vertragsparteien keine Frist festgelegt haben, keineswegs automatisch davon ausgegangen werden, dass möglicherweise in der Praxis deutlich höhere Anfangsinvestitionen bereits nach vier Jahren amortisiert seien.[1086] Eine Amortisation hänge vielmehr von der Art, Periodizität und dem Volumen der Investitionen ab, sowie von den Verkaufsmargen und den Exklusivitätsrechten des Franchisenehmers.[1087]

Darüber hinaus wird argumentiert, eine einheitliche Mindestvertragslaufzeit für sämtliche Vertriebsverträge anstelle einer speziellen Regelung für Franchise- und Konzessionsverträge wäre sachgerechter gewesen, da die genaue Zuordnung eines Vertrages unter einen der nunmehr gesetzlich kodifizierten Vertragstypen

1083 Aramburu/Zoppi, RCACBA 2015, Tomo 75, N° 2, 1 (4).

1084 Vgl. Di Chiazza/van Thienen, CEDEF Law & Finance 21.12.2015, 1 (8).

1085 Di Chiazza/van Thienen, CEDEF Law & Finance 21.12.2015, 1 (7).

1086 Villanueva, RCCyC Febrero 2016, 174 (180).

1087 Di Chiazza/van Thienen, CEDEF Law & Finance 21.12.2015, 1 (7 f.).

nach den Erfahrungen der Praxis oftmals schwierig sei. Es sei auch nach Inkrafttreten des CCCN nicht auszuschließen, dass eine vertragliche Vereinbarung unter mehrere Regelungen subsumiert werden könne oder keinem typisierten Vertragstyp unterfiele. Eine für alle Vertriebsverträge allgemein geltende Mindestvertragslaufzeitregelung hätte dies demnach vermieden.[1088] Derzeit bestünde aber das Risiko, dass sich die stärkere Partei auf die Geltung der ihr im Einzelfall günstigeren Mindestvertragslaufzeiten berufe.[1089]

cc) Anwendungsprobleme in der Praxis

Problematisch ist, wie bspw. ein Franchisevertrag zu behandeln ist, der für eine Vertragsdauer von zwanzig Jahren geschlossen wurde, jedoch bereits im zweiten Jahr nach Inkrafttreten des Franchisevertrages gekündigt wird. Fraglich ist dann, ob der Franchisenehmer für zwei oder vier Jahre Vertragslaufzeit zu entschädigen ist. Ebenfalls ist dann fraglich, welche Monatsfrist nach Art. 1522 Abs. 1 lit. d) S. 1 CCCN anzuwenden ist, ob eine solche von zwei oder von vier Monaten.[1090] In der Literatur wird dieses Problem kaum erörtert. Lediglich einige wenige Stimmen bewerten dieses Problem zugunsten einer Mindestkündigungsfrist von vier Monaten vor Ablauf der vier Jahre, unabhängig von der vertraglich vereinbarten oder nicht festgelegten Vertragsdauer. Demnach habe der Gesetzgeber durch die Festlegung einer Mindestvertragsdauer von vier Jahren zugleich einen entsprechenden Kündigungsschutz bestimmen wollen.[1091] Dies folge aus Art. 1506 Abs. 1 S. 2 CCCN i.V.m. Art. 1516, 1522 CCCN.[1092]

Befürchtet wird zudem, dass Vertragsparteien, die gemäß ihrem übereinstimmenden Parteiwillen eine Vertragsdauer von unter vier Jahren vorgesehen hätten, aufgrund der gesetzlichen Mindestvertragslaufzeit gänzlich vom Vertragsabschluss absehen.[1093]

dd) Zwischenergebnis

Zusammenfassend lässt sich feststellen, dass die neue gesetzliche Regelung zur Mindestvertragslaufzeit von Franchiseverträgen großer Kritik ausgesetzt ist.

1088 Vgl. Llobera, in: Laferriere (Hrsg.), Análisis del proyecto de nuevo CCC UCA, S. 450.

1089 Llobera, in: Laferriere (Hrsg.), Análisis del proyecto de nuevo CCC UCA, S. 450.

1090 Vgl. Van Thienen, Law & Finance 15.10.2015, 1.

1091 Vgl. Villanueva, RCCyC Febrero 2016, 174 (176 f.); Van Thienen, in: Law & Finance 15.10.2015, 1 (3).

1092 Van Thienen, Law & Finance 15.10.2015, 1 (3).

1093 Villanueva, RCCyC Febrero 2016, 174 (180).

Dabei wird insbesondere die Verwirklichung der vom Gesetzgeber verfolgten Intention eines Investitionsschutzes zugunsten des Franchisenehmers und deren Rechtmäßigkeit in Frage gestellt. Aufgrund der Tatsache, dass es bislang keine Franchiseverträge gibt, die nach dem 01.08.2015 unter Geltung des Art. 1516 S. 1 i.V.m. Art. 1506 Abs. 1 CCCN geschlossen wurden und deren Mindestvertragslaufzeit bereits Gegenstand einer rechtskräftigen Entscheidung ist, bleibt eine richtungsweisende gerichtliche Stellungnahme in diesem Meinungsstreit abzuwarten.

c) Die Ausnahmen gemäß Art. 1516 S. 2 CCCN

Art. 1516 Abs. 2 CCCN sieht eine Ausnahme der Mindestvertragslaufzeit in Art. 1516 S. 1 i.V.m. Art. 1506 Abs. 1 CCCN für besondere Umstände, wie Messen oder Kongresse, sowie für den Fall vor, dass der Franchisebetrieb innerhalb eines Dachverbands oder einer Organisation agieren soll, die von vornherein von kurzer Dauer sein sollen, sowie für andere ähnlich gelagerte Fälle.

Durch den Wortlaut „andere ähnlich gelagerte Fälle“ öffnet der Gesetzgeber Raum für die Auslegung und lässt der Rechtsprechung eine „Hintertür“, um im Wege der Rechtsfortbildung einzelne Konstellationen der vierjährigen Mindestvertragslaufzeit zu entziehen.[1094] Die in Art. 1516 S. 2 CCCN explizit aufgenommenen Ausnahmen, in denen eine kürzere Vertragslaufzeit zulässig sein soll, wie z.B. Messen oder Kongresse, wirken etwas befremdlich, da für ihre vertragliche Gestaltung – wenngleich sie u.U. ebenfalls als atypische oder typengemischte Verträge zu verstehen sind – i.d.R. nicht das Franchising gewählt wird, welches stets eine gewisse Vertragsdauer sowie eine unverzichtbare Trainings- und Einweisungsphase des Franchisenehmers voraussetzt. Diese sind Messen oder Kongressen wesensfremd.[1095]

Wenngleich Art. 1516 S. 2 CCCN restriktiv anzuwenden ist, darf bezweifelt werden, ob die gesetzlich vorgesehenen Fälle tatsächlich unter diesen Ausnahmetatbestand subsumiert werden. Wahrscheinlicher mag dabei die Geltung neuer Ausnahmen im Wege der Rechtsfortbildung sein.

1094 Vgl. Molina Sandoval, Revista de Derecho de Daños 2001, 113 (140).

1095 Vgl. Di Chiazza/van Thienen, CEDEF Law & Finance 21.12.2015, 1 (11); Pita, RCCyC Febrero 2016, 160 (165).

d) Verlängerung der Vertragsdauer gemäß Art. 1516 S. 3 und S. 4 CCCN

Mit Ablauf der vierjährigen Vertragslaufzeit gilt die Vertragslaufzeit gemäß Art. 1516 S. 3 CCCN als automatisch um jeweils ein Jahr verlängert, sofern nicht eine der Vertragsparteien den Franchisevertrag mit einer Frist von dreißig Tagen[1096] vor Vertragsende für beendet erklärt. Für den Fall, dass der Vertrag ein zweites Mal ohne Intervention der Vertragsparteien automatisch und von Gesetzes wegen verlängert wird, gilt er gemäß Art. 1516 S. 4 CCCN als auf unbestimmte Zeit geschlossen. Eine solche Regelung war dem argentinischen Handelsrecht bisher fremd.[1097] Art. 1516 S. 3 und S. 4 CCCN unterscheiden sich deutlich von den Regelungen zum Handelsvertretervertrag oder Vertragshändlervertrag, welche bereits bei erstmaligem Ablauf der Vertragsdauer als auf unbestimmte Zeit geschlossene Verträge gelten, sofern der jeweilige Vertrag nicht vorher fristgerecht gekündigt wird.[1098]

Unklar ist wie Art. 1516 S. 4 CCCN im Zusammenhang mit der in Art. 1513 lit. b) CCCN legaldefinierten „franquicia de desarrollo" zu verstehen ist, die tatbestandlich eine Vertragsdauer von mindestens fünf Jahren voraussetzt.[1099] Dies stellt somit einen weiteren bislang ungeklärten Widerspruch im Rahmen des Art. 1516 CCCN dar. Für die „franquicia mayorista" gemäß Art. 1513 lit. a) CCCN wird eine vergleichbare Regelung hingegen nicht getroffen.

Art. 1516 S. 4 CCCN ist im Übrigen nach h.M. dispositiv.[1100] Die Vertragsparteien können also vertraglich vereinbaren, dass eine zweite Verlängerung den Franchisevertrag nicht in einen auf unbestimmte Zeit geschlossenen Vertrag umwandeln soll. Der Parteiwille ist dabei stets vorrangig.[1101] Die Verlängerung eines Franchisevertrages kann somit auch an bestimmte Bedingungen geknüpft werden, wie z.B. an die Tatsache, dass der Franchisenehmer zum Zeitpunkt der eintretenden Vertragsverlängerung nicht gegen eine seiner Hauptleistungspflichten verstößt und zwar unabhängig davon, ob sich diese Nichteinhaltung

1096 Der Widerspruch zwischen den 30 Tagen des Art. 1516 S. 3 CCCN und der Kündigungsfrist nach Art. 1522 lit. d) CCCN wird in einem späteren Abschnitt erläutert.

1097 Vgl. dazu Junyent Bas/ Rodríquez Leguizamón, DCyO 2013, 1 (16).

1098 Siehe z.B. für den Handelsvertretervertrag: Vítolo, El Derecho 2016, 269 (278). Dies verkennt Villanueva, RCCyC Febrero 2016, 174 (180), wenn er eine einheitliche Behandlung unterstellt.

1099 Di Chiazza/van Thienen, CEDEF Law & Finance 21.12.2015, 1 (12).

1100 Vgl. Stiglitz-Heredia, Contratos en el CCCN, Ziff. 10.2.

1101 Vgl. CNCom, Sala K, Urt. v. 20.09.2018 – Bolado Guillermo Héctor c/ Galeno Aseguradora de Riesgos del Trabajo S.A., MJ-JU-M-116445-AR.

oder der Verstoß zeitnah beheben lässt. Denkbar ist auch, dass der Franchisenehmer bei Vertragsverlängerung keine Verbindlichkeiten oder Schulden gegenüber dem Franchisegeber haben darf oder die Abgabe einer Verzichtserklärung betreffend die Ansprüche, die aus dem ersten Vertragsabschnitt zugunsten des Franchisenehmers resultieren können, zur aufschiebenden Bedingung für eine Vertragsverlängerung gemacht wird.[1102]

Soweit Subfranchise vorliegen, wirkt sich der Ablauf der Mindestvertragsdauer im Übrigen automatisch auch auf die Dauer dieser Subfranchise aus. Das Ablaufen des Hauptfranchisevertrages hat somit einen direkten Einfluss nicht nur auf die Beziehung zwischen dem Franchisegeber und dem Franchisenehmer, sondern auch auf alle Subfranchiseverträge, die nicht explizit im Hauptfranchisevertrag genannt werden.[1103]

e) Stellungnahme

Die gesetzlich vorgegebene Mindestvertragslaufzeit von vier Jahren für Franchiseverträge im neuen CCCN ist vom Wortlaut her missverständlich und zum Teil widersprüchlich, was unterschiedlichen Auslegungen Tür und Tor öffnet.[1104] Wenngleich ein grundsätzlicher Investitionsschutz zu befürworten ist, bleibt fraglich, ob die gefundene Regelung des Art. 1516 i.V.m. Art. 1506 Abs. 1 CCCN diesem Zweck gerecht wird. Darüber hinaus betreffen die in Art. 1516 S. 2 CCCN beispielhaft aufgezählten Ausnahmen Vertragskonstellationen, die i.d.R. nicht Gegenstand eines Franchisevertrages sind. Ihre systematische Einordnung ist somit nicht nachvollziehbar.

5. Gesetzes- und Sittenwidrigkeit

Bei der Vertragsgestaltung sind die Grenzen der Gesetzes- und Sittenwidrigkeit zu beachten. Für sittenwidrig wurde z.B. eine Klausel befunden, wonach sich der Franchisegeber einseitig vorbehält im Laufe des Vertragsverhältnisses außerordentliche Kündigungsgründe zu seinen Gunsten hinzuzufügen.[1105] Fehlte eine Vertragsgebietsklausel und gab es keinen Hinweis auf ein innerhalb einer festgelegten Frist zu definierendes Vertragsgebiet, so war der Vertrag – nach bisherigem Franchiserecht – ebenfalls sittenwidrig.[1106] Weiterhin galt ein Vertrag

1102 Vgl. Stiglitz-Heredia, Contratos en el CCCN, Ziff. 10.2.
1103 Vgl. Stiglitz-Heredia, Contratos en el CCCN, Ziff. 10.1.
1104 Pita, RCCyC Febrero 2016, 160 (161).
1105 Farina, Resolución del contrato en los sistemas de distribución, S. 31 f.
1106 Vgl. Ramírez, RCALP 1996, 107 (117).

als nicht wirksam vereinbart, wenn die Pflichten des Franchisegebers nicht ausdrücklich im Vertrag bestimmt oder die Möglichkeiten der Kündigung nicht explizit geregelt waren.[1107]

Als sittenwidrig gelten neben einzelnen Vertragsklauseln aber auch Verhaltensweisen, wie z.B. wenn der Franchisegeber die Franchiseprodukte den Verbrauchern zu niedrigeren Preisen anbietet, als es der dem Franchisenehmer vorgegebene Mindestverkaufspreis zulässt.[1108] Weiterhin gilt auch die Weigerung, den Franchisenehmer mit Franchiseprodukten zu beliefern mit dem Ziel, Unzufriedenheit der Kunden hervorzurufen und somit einen Kündigungsgrund zu begründen, als sittenwidrig.[1109]

In den letzten Jahren gingen die argentinischen Gerichte verstärkt gegen sittenwidrige Vertragsklauseln und Vertragspflichtverletzungen der Franchisegeber vor.[1110]

G. Probleme bei der Vertragsdurchführung und ihre rechtliche Beurteilung

Während der Durchführung eines Franchisevertrages kann dieser einer Vielzahl von Störungen ausgesetzt sein, von denen nachfolgend einige samt ihrer rechtlichen Bewältigung behandelt werden.

I. Die Vertretung

Gemäß Art. 1520 Abs. 2 1. Hs. CCCN hat der Franchisenehmer in seinen Rechnungen, Verträgen und sonstigen Geschäftsunterlagen unmissverständlich zum Ausdruck zu bringen, dass er im eigenen Namen handelt. Damit bezweckt der Gesetzgeber Missverständnissen im Hinblick auf eine etwaige Vertretung des Franchisegebers durch den Franchisenehmer entgegenzuwirken.[1111] Der Kunde

---

1107 Vgl. Ramírez, RCALP 1996, 107 (1179.

1108 Farina, Resolución del contrato en los sistemas de distribución, S. 104; vgl. auch Molina Sandoval, in: Marzorati/Molina Sandoval (Hrsg.), Contratos de distribución, S. 177 ff.

1109 Farina, Resolución del contrato en los sistemas de distribución, S. 105.

1110 Vgl. CSJN, Urt. v. 23.07.1962 – Fromageries Bel S.A. c/ Ivaldi, Enrique, LL 107-70; CSJN, Urt. v. 19.06.1986 – Burger King Corporation c/ Facilven S.A.C.I., Boletin de Jurisprudencia Marcas y Patentes, Fallos 308:950, 167.

1111 So nahm die Rechtsprechung vor der Gesetzesreform häufig ein Handeln des Franchisenehmers in fremdem Namen an, wenn der Franchisenehmer in seinen Rechnungen oder auf sonstigen Hinweisschildern dem Kunden gegenüber nicht

soll nicht den Eindruck bekommen, er kontrahiere mit dem Franchisegeber. Art. 1520 Abs. 2 1. Hs. CCCN soll der Gefahr einer Scheinhaftung und damit insbesondere der Anwendung der Rechtsscheintheorie („teoría de la apariencia") entgegenwirken.[1112] Auch die neuere Rechtsprechung aus dem Jahr 2017[1113] bestätigt, dass der Franchisenehmer einerseits kein Arbeitnehmer ist, da er stets im eigenen Namen und in eigener Verantwortung handele und der Franchisegeber keine Kontrolle über seine Angestellten ausübt. Andererseits sei der Vertrieb nicht die Aufgabe des Franchisegebers. Dieser solle der Franchisemarke zu einer höheren Bekanntheit verhelfen, die operativen Techniken fortentwickeln und für einheitliche erfolgreiche Standards in den Franchisebetrieben der eigenen Franchisenehmer sorgen. [1114]

Gemäß Art. 1520 Abs. 2 2. Hs. CCCN darf die Verpflichtung des Franchisenehmers seine Selbständigkeit ausdrücklich auszuweisen nicht mit der gemeinsamen Identität des Franchisenetzes kollidieren, insbesondere im Hinblick auf dessen Namen oder Bezeichnungen und der einheitlichen Ausstattung der Lokale, Waren oder Transportmittel. Der Franchisenehmer trägt dafür das Betriebsrisiko.[1115]

---

unmissverständlich das Gegenteil vor Vertragsabschluss angezeigt hatte: vgl. CCCom. de Córdoba, Sala 4a, Urt. v. 04.09.2007 – Existir SRL y otros c/Negrete, Pablo y otro, AR/JUR/8803/2007.

1112 Bueres, Art. 1520 S. 90; Herrera/Carmelo/Picasso-Chomer/Sícoli, CCCN, Art. 1520, S. 230.

1113 Vgl. Cámara de Apelaciones en lo Civil, Comercial, Laboral y de Minería de Neuquén, Sala I, Urt. v. 21.02.2017 – Corsino Claudia Andrea s/ Strategos SRL y otros otros s/ despido directo por otras causales, elDial – AA9D68 unter Heranziehung der Rs. C.N.T.A., sala III, Urt. v. 09.03.2009 – Jamar, María Eugenia c/Cheek S.A. y otros s/ despido, LL Online: AR/JUR/8018/2009.

1114 Vgl. Cámara de Apelaciones en lo Civil, Comercial, Laboral y de Minería de Neuquén, Sala I, Urt. v. 21.02.2017 – Corsino Claudia Andrea s/ Strategos SRL y otros, elDial – AA9D68 unter Heranziehung der Rs. C.N.T.A., Sala III, Urt. v. 09.03.2009 – Jamar, María Eugenia c/Cheek S.A. y otros s/ despido, LL Online: AR/JUR/8018/2009.

1115 Ramírez, RCALP 1996, 107 (111); Vgl. Adrogué/Candioti/Bruzone, Lecciones y Ensayos 1992, 77 (83).

II. Ansprüche gegen den Franchisegeber

1. Allgemeines zur Haftung nach neuem argentinischem Recht

Mit dem Inkrafttreten des CCCN wurde die bisherige Differenzierung im argentinischen Zivilrecht zwischen vertraglicher und außervertraglicher Haftung aufgehoben.[1116] Diese Entwicklung wurde von der Doktrin seit Jahren propagiert.[1117] Der Schwerpunkt liegt dabei nicht länger auf der Feststellung des die Rechtsverletzung Begehenden und dessen Beziehung zum Geschädigten, sondern auf der vollständigen Schadenswiedergutmachung mit der Begründung, dass es keinen Unterschied machen könne, ob ein und derselbe Schaden aus einer vertraglichen oder gesetzlichen Pflichtverletzung herrührt.[1118] Dies bedeutet, dass nunmehr auch der vertragliche Schadensersatzanspruch den Ersatz des immateriellen Schadens erfasst. Große Bedeutung kommt ferner der Vereinheitlichung der unterschiedlichen Verjährungsfristen für vertragliche und deliktische Schadensersatzansprüche zu.[1119]

Nach neuem Recht ist die Haftung der Franchiseparteien – vorbehaltlich spezieller Haftungsregelungen in den Art. 1512 ff. CCCN – in den Art. 1708 ff. CCCN allgemein geregelt. Gemäß Art. 1716 CCCN ist jeder zur Geltendmachung eines Schadensersatzanspruchs berechtigt, der ein legitimes Interesse an einer Schadenswiedergutmachung beweisen kann. Nach Art. 1726 CCCN bedarf es stets eines Kausalzusammenhangs zwischen dem Schaden und der schädigenden Handlung.

Der Schwerpunkt soll künftig auf dem Vorliegen eines schuldhaften Verhaltens, insbesondere auf Vorsatz und grober Fahrlässigkeit, liegen.

Im Fall einer Pflichtverletzung hat der Schädiger dem Geschädigten nach wie vor Schadensersatz zu leisten. Es wird dabei der kausale Schaden ersetzt, unabhängig davon, ob es sich um einen materiellen oder einen immateriellen Schaden handelt, vgl. Art. 1726 CCCN.[1120] Soweit das Gesetz nichts anderes vorschreibt, kann ein Mitverschulden des anderen Franchisepartners den Umfang

---

1116 Vgl. Mosset Iturraspe, Contratos, S. 400 zur bisherigen Rechtslage ausführlich.

1117 Otaola, Revista Reformas Legislativas. Debates Doctrinarios Año I N°3, 61 (93).

1118 Herrera/Carmelo/Picasso-Picasso/Saénz, CCCN, Art. 1716, S. 418 f.

1119 Vgl. Salé, Colegio de Abogados y Procuradores de Salta 2017, 1.

1120 Mosset Iturraspe, Contratos, S. 411; vgl. CNCom, Sala A, Urt. v. 16.11.2006 – Bus Domingo Gabriel c/ Transportes Metropolitano General Rosa S.A., MJ-JU-M-91420-AR; CNCom, Sala A, Urt. v. 16.05.1987 – Sodano de Sacchi c/ Francisco Díaz S.A. s/ Sumario, Id SAIJ: FA87130245, finden weiterhin Anwendung.

des zu leistenden Schadensersatzes nach Art. 1729 CCCN beschränken oder ausschließen.

Bezüglich der Beweislast gilt auch in Argentinien der Grundsatz, dass jede Partei die Beweislast für Tatsachen trägt, die zum Tatbestand einer ihr günstigen Norm gehören, Art. 1734 CCCN. Auffällig ist dabei jedoch, dass ein Richter gemäß Art. 1735 CCCN die Beweislast im Prozess nach eigenem Ermessen auch der anderen Partei auferlegen kann, wenn er der Auffassung ist, dass diese „besser in der Lage ist sie zu erbringen".

2. Leistungsstörungen aufseiten des Franchisegebers

a) Nicht- oder Schlechtleistung

aa) Nichtleistung

Der Franchisegeber haftet dem Franchisenehmer gegenüber auf Nichterfüllung seiner vertraglichen Pflichten. Dies gilt nicht im Fall der Unmöglichkeit der Leistung, gemäß Art. 1732 CCCN. Liegt ein Fall der Unmöglichkeit vor, wird der Franchisegeber von seiner Leistungspflicht befreit und der Franchisenehmer ist zur Gegenleistung nicht verpflichtet. Dies gilt gemäß Art. 1733 CCCN nicht, wenn sich der Franchisegeber vertraglich auch im Falle der Unmöglichkeit ausdrücklich zur Leistungserbringung verpflichtet hat (lit. a)), wenn sich aus der gesetzlichen Bestimmung ergibt, dass eine Unmöglichkeit die Leistungspflicht nicht entfallen lässt (lit. b)), wenn der Franchisegeber sich in Verzug befindet, es sei denn der Verzugseintritt war für den Eintritt der Unmöglichkeit unerheblich (lit. c)), wenn der Franchisegeber den Eintritt der Unmöglichkeit zu verantworten hat (lit. d)), wenn die Unmöglichkeit der Leistungserbringung ein inhärentes Risiko der geschuldeten Leistung ist (lit. e)) oder wenn dem Eintritt der Unmöglichkeit eine unerlaubte Handlung des Franchisegebers vorausgegangen ist (lit. f)). Ein Kündigungsrecht des Franchisenehmers für den Fall der Unmöglichkeit der Leistung sieht das CCCN nicht ausdrücklich vor.

Die Nichtzugänglichmachung des Know-hows, der materiellen und immateriellen Rechte des Franchisegebers, die Nichtbelieferung mit Waren bei ausschließlicher Bezugsbindung an den Franchisegeber und die Nichtverlängerung der Nutzungsrechte stellen beispielhafte Fälle einer solchen Nichtleistung des Franchisegebers dar.[1121]

1121 Stiglitz-Heredia, Contratos en el CCCN, Ziff. 13.2.

bb) Schlechtleistung

Mangels spezieller Regelungen in den Art. 1512 ff. CCCN ist im Falle einer Schlechtleistung durch den Franchisegeber auf die allgemeinen Regelungen zur Gewährleistung für relative Vertragsverletzungen gemäß Art. 1033 ff. CCCN zurückzugreifen.[1122] Unter „relativen Vertragsverletzungen“ versteht das argentinische Recht solche, die innerhalb einer bestimmten Frist behoben werden können, z.B. die Lieferung mangelhafter Ware durch den Franchisegeber, behebbare Mängel des übermittelten Know-hows sowie eine ungenügende technische Assistenz durch den Franchisegeber.[1123] Keine mangelhafte Leistung des Franchisegebers soll nach der Rechtsprechung hingegen vorliegen, wenn der Franchisegeber zwar seinen vertraglichen Pflichten nachkommt, insbesondere das geschuldete Know-how übermittelt, der Franchisenehmer jedoch die benötigten behördlichen (Gewerbe-) Erlaubnisse und Genehmigungen nicht erteilt bekommt aus Gründen, die der Franchisegeber nicht zu verantworten hat.[1124]

Liefert der Franchisegeber eine mangelhafte Leistung, z.B. ein mangelhaftes Franchisehandbuch oder mangelhafte Franchiseprodukte, so steht dem Franchisenehmer gemäß Art. 1033 lit. a) i.V.m. Art. 1036, 1039 CCCN ein Recht auf Nacherfüllung zu. Gemäß Art. 1036 S. 1 CCCN steht dem Franchisenehmer ein Recht auf Nacherfüllung grundsätzlich auch dann zu, wenn der Franchisevertrag hierzu keine Regelungen trifft. Die Parteien können das Recht auf Nacherfüllung allerdings gemäß Art. 1036 S. 2 CCCN individualvertraglich ausschließen, begrenzen oder erweitern. Somit besteht ein Nacherfüllungsanspruch des Franchisenehmers nicht zwingend, sondern kann im Einzelfall ausgeschlossen werden. Wird hingegen keinerlei Regelung zur Nacherfüllung getroffen, so ist davon auszugehen, dass ein solches Recht gegeben ist. Ausweislich des Art. 1037 CCCN sind derartige Ausschluss- oder Begrenzungsklauseln im Hinblick auf die Nacherfüllung durch den Franchisegeber stets restriktiv auszulegen. Weiterhin gelten sie nach Art. 1039 lit. a) CCCN dann als nicht wirksam vereinbart, wenn der Franchisegeber die Mängel der Leistung kannte oder hätte kennen müssen. Liegt eine mangelhafte Leistung des Franchisegebers vor, so kann der Franchisenehmer nach Art. 1036 S. 1 i.V.m. Art. 1039 CCCN nach seiner Wahl entweder Nachbesserung (Art. 1039 lit. a)), Nachlieferung (Art. 1039 lit. b)) oder, vorbehaltlich der Fälle des Art. 1050 und 1057 CCCN,

---

1122 Vgl. Leiva-Fernández-Tomo II, Kap. XII § 63 Nr. 484 ff.

1123 Stiglitz-Heredia, Contratos en el CCCN, Ziff. 13.2.

1124 Vgl. CNCom, Sala C, Urt. v. 10.10.2013 – Grupo Rox S.A. c/ Día Argentina S.A. s/ ordinario, LL AR/JUR/85048/2013.

die Vertragsauflösung (Art. 1039 lit. c)) verlangen. Art. 1050 CCCN betrifft dabei Fälle entgegenstehender vorrangiger Ansprüche Dritter am Leistungsgegenstand und ist kaum einschlägig. Interessanter ist hingegen Art. 1057 CCCN, wonach der Franchisenehmer dann kein Recht auf Vertragsauflösung („resolución") nach Art. 1039 lit. c) CCCN hat, wenn der behauptete Mangel behebbar ist, der Franchisegeber Nachbesserung anbietet und der Franchisenehmer diese nicht annimmt. Daraus folgt die Vorrangigkeit der Nachbesserung (nicht Nachlieferung) gegenüber der Vertragsauflösungsmöglichkeit.

Eine solche Vertragsauflösung wirkt jedoch ex tunc mit der Folge, dass die erhaltenen Leistungen rückabzuwickeln sind. Sie ist daher für den Franchisevertrag aufgrund seines Charakters als Dauerschuldverhältnisses von geringer Bedeutung. Allenfalls eine Auflösung des einzelnen Auftrages kommt somit in Betracht, jedoch wohl kaum die des Franchisevertrages als Rahmenvertrag für Leistungen des Franchisegebers an den Franchisenehmer. Auf die Bedeutung des Rechtsinstituts der in Art. 1039 CCCN in Bezug genommenen „resolución" (Vertragsauflösung) wird im Zusammenhang mit der Vertragsbeendigung näher einzugehen sein.

Etwaige Schadensersatzansprüche bleiben nach Art. 1057 CCCN vom Recht auf Nacherfüllung unberührt und können daher nebeneinander geltend gemacht werden.

b) Spätleistung

Fraglich ist weiterhin, ob der Franchisegeber für den Verzug seiner Leistungen einzustehen hat. Verzug ist nach argentinischem Rechtsverständnis die nicht fristgerechte Erfüllung einer erfüllbaren Leistung.[1125] Voraussetzung für den Eintritt des Verzugs ist dabei zunächst die Fälligkeit der geschuldeten Leistung.[1126] Der Gläubiger muss nach wie vor an der Erfüllung der Leistung interessiert sein, so dass lediglich eine „Verspätung der Leistung", nicht aber eine „dauerhafte Nichterbringbarkeit der Leistung"[1127] vorliegt. Das CCCN enthält in den Art. 886 ff. CCCN allgemeine Verzugsregelungen. Gemäß Art. 886 CCCN tritt der Verzug des Schuldners erst mit Ablauf der für die Leistungserfüllung

1125 CNCom, Sala F, Urt. v. 11.07.2013 – ALCLA SACIFI c/ Metalúrgica Soria S.A., MJ-JU-M-82056-AR; CNCom, Sala F, Urt. v. 09.04.2014 – Di Meo Marta Graciela c/ Louro Lonzarich Fernando, MJ-JU-M-86409-AR; vgl. Wayar, LL 10.11.2016, 1 (2).

1126 CNCom, Sala F, Urt. v. 11.07.2013 – ALCLA SACIFI c/ Metalúrgica Soria S.A., MJ-JU-M-82056-AR.

1127 Vgl. Wayar, LL 10.11.2016, 1 (2).

festgelegten Frist ein. Ein Verzugseintritt nach Art. 886 CCCN setzt damit keine vorherige Mahnung durch den Gläubiger voraus, sondern unterstellt als Regelfall, dass für eine Leistung eine bestimmte Zeit nach dem Kalender festgelegt ist. Fraglich ist mangels entsprechender Regelung in den Art. 886 ff. CCCN, wann Verzug in denjenigen Fällen eintritt, in denen kein Zeitpunkt für die Leistungserbringung vorgesehen oder vertraglich vereinbart ist. Ist für eine Leistung keine Frist festgelegt worden, so ist diese im Streitfall auf Antrag einer Vertragspartei gerichtlich zu bestimmen, vgl. Art. 887 CCCN. In diesen Fällen hat der Gläubiger den Schuldner jedoch zuvor erfolglos zur Leistungserbringung aufzufordern.

Der Franchisegeber hat dem Franchisenehmer den Verzugsschaden zu ersetzen, sofern er diesen zu vertreten hat, vgl. Art. 1716, 1727 CCCN.[1128] Liegt ein Fall höherer Gewalt vor, scheidet ein Verzugseintritt aus.[1129] Ihm obliegt die Beweislast im Hinblick auf das fehlende Vertretenmüssen, vgl. Art. 888 CCCN.

Gemäß Art. 1747 CCCN wird durch die Geltendmachung des Verzugsschadens die Geltendmachung eines „kompensatorischen Schadens“ sowie einer vertraglich vereinbarten Vertragsstrafe für den Fall des Verzugs nicht ausgeschlossen.[1130] Die Schadenskumulierung unterliegt jedoch dem Vorbehalt, dass ein Richter sie im Einzelfall nicht für überzogen und missbräuchlich hält, vgl. Art. 1747 2. Hs. CCCN.

3. *Schadensersatzansprüche gegen den Franchisegeber*

a) *Schadensersatzanspruch wegen eines Mangels am Franchisesystem gemäß Art. 1521 CCCN*

Der Franchisegeber haftet gegenüber dem Franchisenehmer gemäß Art. 1521 CCCN für Mängel am Franchisesystem, die beim Franchisenehmer kausale Schäden verursachen, soweit dieser sie nicht vorsätzlich oder grob fahrlässig verursacht hat.[1131] Vorsätzliches oder grob fahrlässiges Handeln des Franchisenehmers führt somit stets zu einer Unterbrechung des Kausalverlaufes und somit zum Haftungsausschluss.[1132]

Der Franchisegeber haftet dem Franchisenehmer gegenüber auch für Sach- und Rechtsmängel im Zusammenhang mit dem Aufbau und der Struktur des

1128 Wayar, LL 10.11.2016, 1 (2); vgl. Wierzba, AP/DOC/216/2017, 1 f.

1129 Wierzba, AP/DOC/216/2017, 1.

1130 Wayar, LL 10.11.2016, 1 (4).

1131 Vgl. Junyent Bas/Rodríquez Leguizamón, DCyO 2013, 1 (24); Mosset Iturraspe/Piedecasas, S. 418.

1132 Alterini-CCCN, Art. 1521; Mosset Iturraspe/Piedecasas, S. 418.

Franchisesystems.[1133] Die Mängel des Franchisesystems müssen jedoch stets kausal für den vom Franchisenehmer erlittenen Schaden und nachweisbar gewesen sein, wobei die Beweislast dem Franchisenehmer obliegt. Hypothetische oder vielleicht später eintretende Schäden sind nicht erfasst.[1134]

Die Umsetzung der vom Gesetzgeber in Art. 1521 CCCN bezweckten Haftung des Franchisegebers gegenüber dem Franchisenehmer für Mängel des Systems wird von einigen Stimmen im Schrifttum mit großer Skepsis beäugt, da die Rechtsprechung in der Vergangenheit bei vergleichbaren Fällen, in denen sich das Franchisesystem nachweisbar als mangelhaft erwies, oftmals ein Mitverschulden des Franchisenehmers annahm. Ein solches Mitverschulden sah die Jurisprudenz meist darin begründet, dass der Franchisenehmer entweder seiner Untersuchungspflicht bezüglich der Geeignetheit des Systems nicht nachgekommen war oder dieses grob fahrlässig in Kenntnis oder fahrlässiger Unkenntnis des Mangels anwendete.[1135]

Zum Teil wird sogar die Ansicht vertreten, Art. 1521 CCCN sei überflüssig, da die Art. 1708 ff. CCCN die Haftung bereits umfassend und sachgerechter regeln würden.[1136] Die Art. 1708 ff. CCCN hätten vom Gesetzgeber demnach durch eine entsprechende Gesetzesverweisung für anwendbar erklärt werden sollen.

b) Haftung für Schäden infolge der Anwendung des Know-hows

Der Franchisegeber haftet für diejenigen Schäden, die aus der Anwendung des von ihm übermittelten Know-hows oder der überlassenen Technologie resultieren.[1137] In einem solchen Fall liegt nach argentinischem Recht eine Beweiserleichterung zugunsten des Franchisenehmers vor. Der Franchisegeber muss somit beweisen, dass die Mangelursache aus einem Fehlverhalten oder Unterlassen des Franchisenehmers herrührt und nicht kausal auf der überlassenen Technologie oder einem Mangel am Know-how beruht.[1138]

1133 Alterini-CCCN, Art. 1521.

1134 Alterini-CCCN, Art. 1521; vgl. Capucci, RDCO 289, 23.04.2018, 339 (348 f.).

1135 Vgl. Bueres, Art. 1521 S. 91.

1136 Vgl. Polotto/ Henríquez Marín, in: Laferriere (Hrsg.), Análisis del proyecto de nuevo CCC UCA, S. 460.

1137 Vgl. Leiva-Fernández-Tomo VI, § 335 Nr. 2424.

1138 Adrogué/Candioti/Bruzone, Lecciones y Ensayos 1992, 77 (86).

c) Keine Haftung für die Rentabilität des Franchisesystems

Gemäß Art. 1520 lit. c) CCCN haftet der Franchisegeber gegenüber dem Franchisenehmer nicht für die Rentabilität des Franchisesystems. Streitig ist hingegen, ob der Franchisegeber auch dann haftet, wenn er zwar keine Garantie für die mit dem Franchisebetrieb erzielbaren Gewinne abgibt, dem Franchisenehmer jedoch Informationen über die Rentabilität anderer Franchisebetriebe des gleichen Franchisenetzwerksystems i.S.d. Art. 1514 lit. a) CCCN gibt, aus denen der Franchisenehmer berechtigte Erwartungen ableiten kann, und sich diese dann aufgrund der Mängel am Franchisesystem nicht verwirklichen lassen. Dieses Problem löst die argentinische Rechtslehre wie folgt: Ausgehend vom Wortlaut des Art. 1521 CCCN sei zunächst festzustellen, dass Art. 1521 CCCN im Grundsatz von der Ersatzfähigkeit aller nachweisbaren Schäden des Franchisenehmers ausgehe, die dieser aufgrund der Mangelhaftigkeit des Franchisesystems erleidet. Dabei sei allerdings zu beachten, dass es sich um einen nachweisbaren Schaden handeln muss. Die Beweislast für das Vorliegen eines kausal auf der Mangelhaftigkeit beruhenden Schadens obliegt dabei gemäß Art. 1521 CCCN i.V.m. 1744 CCCN dem Franchisenehmer.[1139]

Liegt ein Fall von höherer Gewalt gemäß Art. 1730 CCCN vor, so entbindet dies den Franchisegeber von einer Haftung auf Schadensersatz nach Art. 1521 CCCN. Dabei ist zu beachten, dass die in Argentinien oftmals geltend gemachten inländischen Marktschwankungen sowie sonstige der Dynamik des Marktes geschuldeten Veränderungen nicht unter Art. 1730 CCCN fallen.[1140] Dies ist sachgerecht und auch im Hinblick auf Art. 1728 CCCN konsequent, wonach die Vertragsparteien nur für diejenigen Schäden haften, die bei Vertragsabschluss vorhersehbar waren. Mit Marktschwankungen ist im Rahmen von Dauerschuldverhältnissen hingegen zu rechnen.[1141]

Der Franchisegeber übernimmt im Übrigen nicht das unternehmerische Risiko für die Standortwahl des Franchisenehmers, es sei denn dies ist vertraglich vorgesehen.[1142]

1139 Lorenzetti-Márquez/Calderón, CCCN, Art. 1521 Rn. III.2.

1140 Lorenzetti-Márquez/Calderón, CCCN, Art. 1521 Rn. III.2.

1141 Vgl. Lorenzetti-Márquez/Calderón, CCCN, Art. 1521 Rn. III.2.

1142 CNCom, Sala A, Urt. v. 13.02.2008 – Karamalikis, Juan c/ Cash Converters Sudamérica s/ Ordinario, Boletín de Jurisprudencia 2/2011, 51.

4. *Anspruch des Franchisenehmers auf Aufwendungsersatz*

Das CCCN sieht keinen Aufwendungsersatzanspruch des Franchisenehmers gegen den Franchisegeber vor.

5. *Haftung des Franchisegebers aus Delikt*

Das CCCN sieht aufgrund der oben geschilderten Aufhebung der Unterscheidung zwischen vertraglicher und außervertraglicher Haftung keine gesonderten Schadensersatzansprüche aus Delikt gegen den Franchisegeber vor. Schadensersatzansprüche sind nunmehr allgemein in den Art. 1708 ff. CCCN geregelt, sofern die Art. 1512 ff. CCCN keine spezielleren Schadensersatzansprüche vorsehen.

Der Franchisegeber haftet dem Franchisenehmer demnach für Störungen, die sich auf das Integritäts- bzw. Erhaltungsinteresse des Franchisenehmers beziehen und damit für Rechtsgüter und jenseits der Leistung liegende Vermögensinteressen. Gemäß Art. 1716 CCCN begründet die Verletzung der gesetzlichen Pflicht fremde Rechtsgüter nicht zu beschädigen und anderen Personen keinen Schaden zuzufügen einen Schadensersatzanspruch gegen den Franchisegeber. Ein Schaden entsteht, wenn ein Recht oder ein von der Rechtsordnung geschütztes Interesse verletzt wird, vgl. Art. 1737 CCCN.

6. *Haftung nach Wettbewerbsrecht*

Vor Inkrafttreten des CCCN entschied die Rechtsprechung, dass sowohl der Franchisegeber als auch der Franchisenehmer einem Dritten gegenüber dann gesamtschuldnerisch haften, wenn sie vorsätzlich gegen Rechte Dritter verstoßen, bspw. Abbildungen von Schauspielern zu eigenen Werbezwecken verwenden. In einem solchen Fall seien Franchisegeber und Franchisenehmer ausnahmsweise als „wirtschaftliche Einheit" und somit als Gesamtschuldner zu betrachten.[1143] Es besteht kein Grund zur Annahme, dass die Rechtsprechung hiervon zukünftig abweichen wird.

Zu beachten ist, dass Art. 1101 lit. a) CCCN nunmehr ein Verbot betreffend die Werbung mit unwahren oder missverständlichen und täuschungsgeeigneten Angaben über wesentliche Eigenschaften des Produkts oder der angebotenen Leistung enthält. Ferner sind gemäß Art. 1101 lit. b) CCCN Vergleiche mit

---

1143 CNCiv, Sala G, Urt. v. 31.08.2006 – Jaraz, Diego F. c. Rever Pass y otros, elDial – AA37DE.

anderen Produkten oder Leistungen verboten, die geeignet sind, den Verbraucher zu verwirren oder zu täuschen. Dem Wortlaut nach stehen etwaige Rechte aus Art. 1101 CCCN jedoch nur Verbrauchern zu,[1144] so dass es fraglich ist, ob diese Regelung auch auf den Franchisenehmer Anwendung findet. Dies dürfte zu verneinen sein, da der Franchisegeber selbst Unternehmer ist und somit nicht einen dem Verbraucher vergleichbaren Schutz genießt.

Dem Franchisenehmer stehen gegen den Franchisegeber keine Ansprüche gemäß den Vorschriften des argentinischen Gesetzes gegen den unlauteren Wettbewerb („Ley de Lealtad Comercial N° 22.802“[1145]) zu. Die in den Art. 19 ff. Ley de Lealtad Comercial N° 22.802 vorgesehenen Bußgelder und sonstige Sanktionsmaßnahmen sind der zuständigen Behörde vorbehalten.

7. *Keine Haftung des Franchisegebers für Verbindlichkeiten des Franchisenehmers*

Gemäß Art. 1520 Abs. 1 lit. a) CCCN haftet der Franchisegeber im Rahmen des gesetzlich Zulässigen nicht für die Verbindlichkeiten des Franchisenehmers.[1146] Dies schließt auch eine Haftung für Handlungen der Erfüllungsgehilfen des Franchisegebers mit ein.[1147] Die ratio legis des Art. 1520 Abs. 1 lit. a) CCCN liegt in der fehlenden vertraglichen Beziehung zwischen dem Franchisegeber und einem Dritten sowie darin, dass die Franchiseparteien zwei selbständige

1144 Vgl. Wassermann, elDial DC20C2, 1 (3).

1145 Ley de Lealtad Comercial N° 22.802 vom 05.05.1983, abrufbar unter: http://servicios.infoleg.gob.ar/infolegInternet/anexos/15000-19999/19946/texact.htm, zuletzt abgerufen am 30.06.2019.

1146 Anders zum Teil nach alter Rechtslage, wonach die Haftung des Franchisegebers damit begründet wurde, dass er die Marke zur Verfügung stelle und d.h. für das Handeln des Franchisenehmers einzutreten habe, vgl. Murchart, RLDS 1993, 24; El Hay, RDL 2009, Vol. 1, 115 ff.; Kemelmajer de Carlucci, in: FS Bustamante Alsina, S. 284 ff.

1147 Alterini-CCCN, Art. 1520 Ziff. 2. a). Die fehlende Haftung des Franchisegebers für die Verbindlichkeiten des Franchisenehmers wurde bereits vor Inkrafttreten des Art. 1520 CCCN überwiegend bejaht, so z.B. Llobera, Revista de Derecho de Daños 2012, 271 (330). Dies galt jedoch vorbehaltlich derjenigen Fälle, in denen der Franchisegeber nach dem objektiven Empfängerhorizont ausnahmsweise im Namen des Franchisenehmers handelte, wie z.B. in der Entscheidung CCCom. de Córdoba, Sala 4a, Urt. v. 04.09.2007 – Existir SRL y otros c/Negrete, Pablo y otro, AR/JUR/8803/2007, entschieden wurde.

und voneinander unabhängige Vertragsparteien sind.[1148] Dies stimmt mit der bislang herrschenden Rechtsprechung überein.[1149]

Der Franchisegeber haftet auch nicht für die unterlassene oder fehlerhaft durchgeführte Überwachung („culpa in vigilando") des Franchisenehmers, da dies die gesetzlich vorgesehene Haftung überspannen würde. Dies gilt insbesondere für internationale Franchiseverträge, bei denen die Kontrolle des Franchisegebers über die Tätigkeit des Franchisenehmers naturgemäß schwierig ist.[1150]

In Art. 1520 CCCN findet die bisherige argentinische Rechtsprechung zur Haftung in Vertriebsverträgen ihren Einschlag.[1151] So hatte das „Máximo Tribunal Nacional"[1152] in der Rechtssache „Rodríguez, Juan v. Compañía Embotelladora Argentina SA" entschieden, dass es Vertriebsverträgen, insbesondere Franchiseverträgen, immanent sei, dass eine Vertragspartei der anderen Rechte verleihe unter Ausschluss der Haftung für deren Handeln und ohne eine entsprechende Kreditrisikoübernahme. Die andere Vertragspartei handele dabei stets im eigenen Namen und eigenverantwortlich.[1153] Der Zweck solcher Vertriebsverträge würde demnach fehlschlagen, wenn die Rechte verleihende Vertragspartei für das Handeln der jeweils anderen haften müsse. Dies bedeute zugleich einen erheblichen Standortnachteil, der Investoren vor dem Abschluss solcher Verträge im Land abhalten könne.[1154] Eine Haftung des Franchisegebers für Verbindlichkeiten des Franchisenehmers scheidet somit aus.

1148 Alterini-CCCN, Art. 1520 Ziff. 2. a).

1149 Vgl. Conf. CSJN, Urt. v. 15.04.1993 – Rodríguez, Juan R. c/Cía. Embotelladora Argentina S.A. y otro, J.A. 1993II718; CSJN, Urt. v. 02.07.1993 – Luna c/Agencia Marítima Rigal, DT 1993B1407; CSJN, Urt. v. 25.06.1996 – Sandoval c/Compañía Embotelladora Argentina, J.A.1995IV97. Auch nach Inkrafttreten des CCCN wird diese Rechtsprechung unter Bezugnahme auf Art. 1520 CCCN aufrecht erhalten, so z.B. in Cámara de Apelaciones en lo Civil, Comercial, Laboral y de Minería de Neuquén, Sala I, Urt. v. 21.02.2017 – Corsino Claudia Andrea s/ Strategos SRL y otros s/ despido directo por otras causales, elDial – AA9D68; Vásquez Ferreyra, ius et veritas 20, 381 (387 f.).

1150 Alterini-CCCN, Art. 1520 Ziff. 2. a).

1151 Vgl. Junyent Bas/ Rodríquez Leguizamón, DCyO 2013, 1 (21 f.).

1152 Der argentinische Bundesgerichtshof.

1153 Vgl. CSJN, Urt. v. 30.06.1993 – Rodríguez, Juan v. Compañía Embotelladora Argentina SA, JA del 30.06.1993; ebenso die Anm. zu diesem Urt. von Mosset Iturraspe/ Lorenzetti, RDPC 1998, Vol. 4, 369 ff.

1154 Vgl. CSJN, Urt. v. 30.06.1993 – Rodríguez, Juan v. Compania Embotelladora Argentina SA, JA del 30.06.1993.

III. Ansprüche gegen den Franchisenehmer

1. Leistungsstörungen aufseiten des Franchisenehmers

a) Nicht- oder Schlechtleistung

Die vor Inkrafttreten des CCCN wohl am häufigsten vorkommende Vertragspflichtverletzung durch den Franchisenehmer ist in Argentinien die der fehlenden oder ungenügenden Zahlung der Franchisegebühren.

Darüber hinaus sind als Schlechtleistung solche Fälle zu verzeichnen, in denen der Franchisenehmer dem Franchisegeber gegenüber falsche Erträge und Stückzahlen angibt, um geringere Franchisegebühren entrichten zu müssen und die eigenen Gewinne zu erhöhen.[1155] Auch sind Verstöße gegen die vorgegebenen Betriebsführungsregeln zu nennen, wie z.B. kürzere Öffnungszeiten oder der Verkauf von Konkurrenzprodukten.[1156] In diesen Fällen finden die oben beschriebenen Bestimmungen der Art. 1033 ff. CCCN ebenfalls Anwendung.

b) Spätleistung

Befindet sich der Franchisenehmer in Zahlungsverzug, so stehen dem Franchisegeber Ansprüche auf Schadensersatz nach Art. 886 f CCCN zu. Die Pflicht zur Entrichtung der Franchisegebühr des Franchisenehmers ist nach der Rechtsprechung erst dann erfüllt, wenn der jeweilige Betrag auf dem Konto des Franchisegebers „ordnungsgemäß verbucht wird".[1157]

Zu beachten ist in diesem Zusammenhang, dass der Franchisenehmer nach jüngster argentinischer Rechtsprechung mit seiner Zahlungspflicht dann nicht in Verzug gerät, wenn sich der Franchisegeber mit seiner eigenen synallagmatischen Leistungspflicht selbst in Verzug befindet.[1158] Demnach muss eine Partei eines bilateralen Vertrages vor Geltendmachung eines Anspruchs wegen Verzugs nachweisen, dass sie der eigenen Leistungspflicht nachgekommen ist. Anderenfalls steht der anderen Partei das Recht zu, den Verzug der anderen Partei als Einrede geltend zu machen, es sei denn, dass sie zur Vorleistung verpflichtet ist.[1159]

1155 Varona, Palermo Business Review 1995, 52 (58).

1156 Vgl. Varona, Palermo Business Review 1995, 52 (58).

1157 CNCom, Sala B, Urt. v. 08.03.2019 – Organización Fenix S.A. c/ Apparel Argentina S.A. s/ Ordinario, Expte. 25668/2017, 8.

1158 Vgl. CNCom, Sala K, Urt. v. 20.09.2018 – Bolado Guillermo Héctor c/ Galeno Aseguradora de Riesgos del Trabajo S.A., MJ-JU-M-116445-AR.

1159 Vgl. CNCom, Sala K, Urt. v. 20.09.2018 – Bolado Guillermo Héctor c/ Galeno Aseguradora de Riesgos del Trabajo S.A., MJ-JU-M-116445-AR.

Besonderes Augenmerk gilt darüber hinaus dem Art. 899 lit. c) CCCN, wonach der Gläubiger (hier: Franchisegeber) dann keinen Verzugsschaden mehr geltend machen kann, wenn er die verspätete Zahlung des Franchisenehmers annimmt, ohne sich die Geltendmachung des Verzugsschadens ausdrücklich vorzubehalten. In diesem Fall besteht die gesetzliche Vermutung, dass der Gläubiger auf die Geltendmachung des Verzugsschadens verzichtet.[1160]

2. *Haftung des Franchisenehmers aus Delikt*

Die Haftung des Franchisenehmers sowohl gegenüber dem Franchisegeber als auch gegenüber seinen Kunden ist meist ausdrücklich im Franchisevertrag geregelt. In der Vergangenheit war eine Haftung des Franchisenehmers aus unerlaubter Handlung bei der Verletzung rechtlich geschützter Rechtsgüter einheitlich anerkannt.[1161] Ob und inwiefern die Rechtsprechung von einer Gleichstellung der vertraglichen und außervertraglichen Haftung im Einzelfall ausgehen wird und bisher nach altem Deliktsrecht bejahte Schadensersatzansprüche auch unter Anwendung des CCCN anerkennen wird, bleibt abzuwarten. Es gilt jedenfalls auch diesbezüglich das im Rahmen der Haftung des Franchisegebers Gesagte insofern, als fortan nicht länger zwischen vertraglichen und außervertraglichen Schadensersatzansprüchen unterschieden wird, sondern sich etwaige Ansprüche auf Schadensersatz des Franchisegebers gegen den Franchisenehmer wegen Verletzung rechtlich besonders geschützter Güter, wie z.B. des Eigentums oder der körperlichen Integrität, nach den dargestellten Art. 1708 ff. CCCN richten.

3. *Wettbewerbswidriges Verhalten des Franchisenehmers*

Im Hinblick auf eine Haftung des Franchisenehmers aufgrund wettbewerbswidrigen Verhaltens kann auf die Ausführungen zur entsprechenden Haftung des Franchisegebers verwiesen werden. Mangels gegenteiliger Anzeichen ist auch bezüglich der Franchisenehmerhaftung nach Wettbewerbsrecht von der Fortgeltung der Rechtsprechung auszugehen. Art. 1520 Abs. 1 lit. a) CCCN steht dieser Annahme auch nicht entgegen, da hier nicht etwa der Franchisegeber allein für ein Fehlverhalten des Franchisegebers einsteht, sondern vielmehr beide zur Leistungserbringung verpflichtet sind. Sie haften hier gesamtschuldnerisch.

1160 Wayar, LL 10.11.2016, 1 (4).
1161 Vgl. Adrogué/Candioti/Bruzone, Lecciones y Ensayos 1992, 77 (84 f.).

IV. Haftungsausschluss

Im Zusammenhang mit der Gestaltung eines jeden Franchisevertrages stellt sich die Frage nach der Möglichkeit eines rechtlich zulässigen Haftungsausschlusses. Im argentinischen Franchiserecht sind vollumfängliche Haftungsklauseln, sog. „cláusulas exonerativas", unzulässig.[1162] Rechtlich zulässig sind hingegen solche Klauseln, die eine Haftung im Hinblick auf eine konkret bestimmte oder zumindest bestimmbare Vertragspflicht ausschließen, sog. „cláusulas limitativas de responsabilidad", sofern der Haftungsausschluss nicht gegen die guten Sitten oder gegen Treu und Glauben verstößt, vgl. Art. 1743 S. 1 CCCN. Dies gilt jedoch nach Art. 1743 S. 2 CCCN nicht für die Haftung für Vorsatz.[1163] Anders als im deutschen Recht darf indes die Haftung für grobe Fahrlässigkeit auch in diesen Fällen ausgeschlossen werden.[1164]

V. Zwischenergebnis

Im CCCN wurde die Unterscheidung zwischen vertraglicher und deliktischer Haftung aufgehoben. Es ist daher zu erwarten, dass auch die Rechtsprechung die bisherige Zweiteilung in eine Restitutionspflicht, die eine unerlaubte Handlung zur Voraussetzung hat, und in eine Haftung für ein Verhalten, das man als Vertragsverletzung qualifizieren kann, zugunsten eines neuen – im Einzelnen noch zu gestaltenden – Haftungssystems aufgeben wird. Die vertragliche Restitutionspflicht soll den Gläubiger nicht länger besserstellen als die deliktische Haftung, auch im Hinblick auf die Beweislast und Verjährung. Es genügt nun jede schadensstiftende Handlung, die einen kausalen Schaden herbeiführt, sofern kein Entschuldigungsgrund vorliegt. Für das Franchising darf bezweifelt werden, ob sich dadurch etwas an dem bestehenden Haftungssystem ändern wird. Der Franchisegeber wird jedenfalls für Verstöße gegen Art. 1514 lit. a), b) CCCN sowie für Mängel an seinem System nach Art. 1521 CCCN oder bei Nichtleistung haften, gemäß Art. 1520 lit. c) CCCN aber nicht für die Rentabilität des Systems. Seine fehlende Haftung für Verbindlichkeiten des Franchisenehmers gemäß Art. 1520 Abs. 1 lit. a) CCCN sorgt für Klarheit, wohingegen die Frage nach dem Fortbestehen einer verschuldensunabhängigen Produkthaftung unbeantwortet

1162 Nallar/De Arrascaeta, Revista de Derecho de Daños 2012, 363 (364); vgl. Lorenzetti, Consumidores, S. 323.

1163 Vgl. zur alten Rechtslage Nallar/De Arrascaeta, Revista de Derecho de Daños 2012, 363 (364).

1164 Vgl. Nallar/De Arrascaeta, Revista de Derecho de Daños 2012, 363 (364 f.).

bleibt. Der Franchisenehmer haftet dem Franchisegeber und seinen Kunden hingegen primär aus den jeweiligen Vertragsbestimmungen. Es besteht ferner keine Netzwerkhaftung.

H. Die Vertragsbeendigung

Die Vertragsparteien eines Franchisevertrages haben regelmäßig ein besonderes Interesse an einer angemessenen Gestaltung der Vertragsbeendigungsklauseln. Titel II Kapitel 13 des 3. Buches des CCCN enthält allgemeine Regelungen zur Beendigung von Verträgen, welche subsidiär zu den Art. 1512 ff. CCCN Anwendung finden.

I. Vertragsbeendigungsformen

Das argentinische Recht sieht gemäß dem auf alle Verträge des CCCN anwendbaren Art. 1077 CCCN für die Vertragsbeendigung grundsätzlich die „revocación", die „rescisión unilateral" und die „resolución" vor, wenn der Vertrag oder das Gesetz der Partei ein solches Recht verleihen.[1165] Diese Begriffe sind näher zu erläutern.

1. Revocación

Die vom CCCN vorgesehene „revocación" stellt ein relatives subjektives Recht einer Partei dar, mittels dessen diese eine Rechtsbeziehung einseitig beenden kann. Sie ist nur in den ausdrücklich im CCCN vorgesehenen Fällen zulässig und findet auf Franchiseverträge keine Anwendung.[1166]

2. Resolución

Im Zusammenhang mit der Beendigung von Franchiseverträgen besonders relevant ist hingegen die Unterscheidung zwischen der „resolución" und der „rescisión".[1167] Diese auf ersten Blick unterschiedlichen Rechtsbegriffe werden in der argentinischen Literatur und Rechtspraxis oftmals vermengt und ihre Bedeutung

1165 Vgl. Rivera, S. 878 ff. Der Wortlaut des Art. 1077 CCCN lautet: „El contrato puede ser extinguido total o parcialmente por la declaración de una de las partes, mediante rescisión unilateral, revocación o resolución, en los casos en que el mismo contrato, o la ley, le atribuyen esa facultad."

1166 Vgl. Rivera, S. 879.

1167 Vgl. Centanaro-Centanaro/Papavero, Contratos, Kap. XVII Ziff. 9.

wird im Einzelnen häufig nachlässig behandelt,[1168] wenngleich es genügend Gerichtsurteile gibt, die zur Abgrenzung zweifelsfrei Stellung nehmen.[1169]

Demnach steht das Recht zur Vertragsbeendigung mittels „resolución“ einer Vertragspartei zu, wenn die andere Vertragspartei eine Vertragsverletzung begeht.[1170] Die „resolución“ wirkt gemäß Art. 1079 lit. b) CCCN ex tunc und kann sowohl gesetzlich als auch individualvertraglich vorgesehen sein.[1171] Die „resolución“ kann als Gestaltungsrecht geregelt sein mit der Folge, dass sie dem anderen Teil gegenüber mittels einer empfangsbedürftigen Willenserklärung ausgeübt werden muss („resolución voluntaria o facultativa“), oder aber als eine Art vertragsauflösende Bedingung („resolución automática“), bei der ein bestehendes Rechtsgeschäft mit Bedingungseintritt aufgelöst wird und der frühere Rechtszustand wieder eintritt.[1172] Bisher gibt es keine veröffentlichten Entscheidungen zur Auflösung von Franchiseverträgen nach dem CCCN mittels „resolución“. Dies ist darauf zurückzuführen, dass die Vertragsbeendigung durch „rescisión“ in der Praxis die weitaus gängigere Vertragsbeendigungsform darstellt.

3. *Rescisión*

Die Vertragsbeendigung durch „rescisión“ kann entweder als „rescisión unilateral“ (einseitig) oder als „rescisión bilateral“ (beidseitig) erfolgen.

Die „rescisión unilateral“ geschieht durch einseitige empfangsbedürftige Willenserklärung einer Vertragspartei. Sie wirkt ex nunc gemäß Art. 1079 lit. a) CCCN.[1173] Die „rescisión unilateral“ kommt somit unserem Verständnis einer Kündigung am nächsten.[1174]

1168 Vgl. Di Chiazza/van Thienen, CEDEF Law & Finance 21.12.2015, 1 (10).

1169 Hierbei sind beispielshaft zu nennen: CNCom, Sala B, Urt. v. 26.12.2005 – Localiza Franchising International SRL c/ Pérez, Marcelo F., LL 09.09.2015, 1 f.; CNCom, Sala B, Urt. v. 05.06.2008 – Kodak Argentina SA c/ Foto Express, Jurisprudencia Argentina 2009-II, 18.

1170 CNCom, Sala B, Urt. v. 26.12.2005 – Localiza Franchising International S.R.L. v. Pérez, Marcelo F., LL 09.09.2015, 1 f.; Sánchez Herrero, LL 09.09.2015, 1 f.

1171 Ibáñez, RCCyC Septiembre 2016, 3 (16).

1172 Rivera, S. 878.

1173 Art. 1079 CCCN lautet wörtlich: „Operatividad de los efectos de extinción por declaración de una de las partes. Excepto disposición legal en contrario: a) la rescisión unilateral y la revocación producen efectos solo para el futuro.
b) la resolución produce efectos retroactivos entre las partes, y no afecta el derecho adquirido a título oneroso por terceros de buena fe.“
Vgl. Ibáñez, RCCyC Septiembre 2016, 3 (13).

1174 Rivera, S. 880.

Demgegenüber beenden die Parteien den Vertrag bei einer „rescisión bilateral", indem ein neuer Vertrag mit dem Zweck der Vertragsbeendigung geschlossen wird.[1175] Diese Beendigungsform ist in der Franchisepraxis sehr selten.

Fraglich ist jedoch, wie die „resolución voluntaria" von der „rescisión" dogmatisch abzugrenzen sind. Die „rescisión" ist im Gegensatz zur „resolución voluntaria" nicht vom Eintritt eines konkreten Ereignisses (z.B. dem Vertragsbruch) abhängig, sondern von einer vertraglichen oder gesetzlichen Bestimmung und kann sogar eine einseitige, bilaterale oder plurilaterale Entscheidung sein.[1176]

Im Folgenden soll die im Zusammenhang mit der Beendigung von Franchiseverträgen besonders praxisrelevante „rescisión" näher beleuchtet werden. Für den weiteren Verlauf der Arbeit wird der Begriff „rescisión unilateral" mit „Kündigung" übersetzt.

II. Ordentliche Vertragsbeendigung

Die ordentliche Beendigung des Franchisevertrages kann insbesondere aufgrund des Ablaufs der Vertragslaufzeit, durch eine Veränderung bei einer der Vertragsparteien gemäß Art. 1522 Abs. 1 lit. a) CCCN oder aber durch eine ordentliche Kündigung erfolgen.

1. Ablauf der vereinbarten Vertragsdauer

Sofern im Vertrag eine Vertragsdauer vereinbart wurde, endet der Vertrag mit dem Ablauf derselben. Der Franchisenehmer ist dann ausweislich der üblicherweise verwendeten AGB verpflichtet, die erhaltenen Werkzeuge und die Restwarenbestände an den Franchisegeber herauszugeben. Auf die im Zusammenhang mit dem Ablauf der Vertragsdauer diskutierte Frage nach dem Erfordernis einer fristgerechten Erklärung wird nachfolgend im Zusammenhang mit den Kündigungsfristen einzugehen sein.

2. Art. 1522 Abs. 1 lit. a) CCCN

Ein Franchisevertrag wird gemäß Art. 1522 Abs. 1 lit. a) CCCN auch bei Ableben oder bei Verlust der Geschäftsfähigkeit einer Vertragspartei ohne Zutun

---

1175 Vgl. Ausführlich zur Differenzierung zwischen einseitiger und beidseitiger „rescisión" Ibáñez, RCCyC Septiembre 2016, 3 (13 ff.); Stiglitz-Garrido Cordobera, Contratos en el CCCN, S. 215.

1176 CNCom, Sala B, Urt. v. 08.03.2010 – Ser Beef S.A. v. Ganadera San Rafael S.A., SJA 6/10/2010, 20100690; Ibáñez, RCCyC Septiembre 2016, 3 (13 ff.).

beendet.[1177] Art. 1522 Abs. 1 lit. a) CCCN kodifiziert das bislang in der Lehre vertretene Recht und versucht die bisherige Franchisepraxis zu beenden, die darin bestand, dass Franchisenehmer, die erfolgreiche Franchisebetriebe führten, diese mit Zustimmung des Franchisegebers zu Lebzeiten für den Zeitpunkt nach ihrem Ableben auf ihre Erben zu gleichen Konditionen übertrugen, ohne bei der (Um-)Meldung oder Betriebsübergabe üblicherweise anfallende Abgaben und Gebühren zu entrichten.[1178]

3. Die „Frustration des Vertragszwecks" nach Art. 1090 CCCN und das vorrangige Recht zur Kündigung oder Vertragsanpassung nach Art. 1091 CCCN

Gemäß Art. 1090 S. 1 CCCN steht der geschädigten Vertragspartei im Falle einer „endgültigen Frustration des Vertragszwecks" („frustración definitiva de la finalidad del contrato") ein Sonderkündigungsrecht zu, sofern sich die Umstände, die Grundlage des Vertrages geworden sind, nach Vertragsschluss schwerwiegend verändern und keine der Vertragsparteien diese schwerwiegende Veränderung zu verantworten hat. Voraussetzung ist dabei zudem, dass das der kündigenden Partei durch diese außerordentlichen Umstände entstehende Risiko das mit dem ursprünglichen Vertragsschluss übernommene Risiko übersteigt. Die „endgültige Frustration des Vertragszwecks" ist dabei im Sinne einer Unerreichbarkeit des mit dem Vertragsschluss beiderseits verfolgten Vertragszwecks zu verstehen.[1179] Die Voraussetzungen für die Bejahung eines solchen Kündigungsrechts sind dabei sehr hoch, so dass dieser Kündigungsmöglichkeit in der Praxis geringe Bedeutung zukommt.

Im Übrigen findet für den Franchisevertrag das Recht auf Vertragsanpassung oder Kündigung von Dauerschuldverhältnissen gemäß Art. 1091 CCCN gegenüber dem Recht aus Art. 1090 CCCN vorrangig Anwendung. Wird die Erfüllung einer Pflicht aus einem Dauerschuldverhältnis für eine Vertragspartei infolge einer außerordentlichen und unvorhersehbaren Änderung der zum Zeitpunkt des Vertragsschlusses bestehenden Umstände erheblich erschwert, ohne dass

---

1177 Art. 1400 des Gesetzesentwurfs von 1998 diente zwar als Vorgänger des Art. 1522 CCCN, sah jedoch vor, dass ein Vertrag im Fall des Ablebens oder des Eintritts einer Behinderung einer der Vertragsparteien, gleichwohl fortgelten können sollte, ohne dass es hierfür einer weiteren Willenserklärung bedürfe; Clusellas CCC-Clusellas, Art. 1522, § 1.

1178 Junyent Bas/ Rodríquez Leguizamón, DCyO 2013, 1 (29).

1179 Vgl. Leiva Fernández-Tomo I, § 35 Nr. 301.

eine der Vertragsparteien die Änderung dieser Umstände, die Grundlage des Vertrages geworden sind, zu verantworten hat, so steht der von diesen Änderungen betroffenen Vertragspartei das Recht zu entweder gerichtlich oder außergerichtlich eine Vertragsbeendigung oder Vertragsanpassung zu verlangen.

Wird ein solches Recht gemäß Art. 1091 CCCN gerichtlich geltend gemacht, so ist jedoch zu berücksichtigen, dass das zuständige Gericht ein solches Kündigungsrecht erst dann zusprechen kann, wenn eine Anpassung des Vertrages durch die Parteien nicht möglich oder nicht zumutbar ist.[1180] Dabei ist auch zu beachten, dass dem Richter kein Recht zusteht den Vertrag unter Berücksichtigung der Parteiinteressen nach eigenem Ermessen an die veränderten Umstände anzupassen. Dies obliegt vielmehr ausschließlich den Vertragsparteien. Art. 1091 CCCN kann somit nur dahingehend verstanden werden, als dass der Richter lediglich eine Vertragsanpassung, z.B. im Rahmen einer Güteverhandlung, anregen kann und soll.

4. *Die Insolvenz eines Vertragspartners*

Wurde über das Vermögen eines Franchisenehmers das Insolvenzverfahren eröffnet, so löste sich nach altem Franchiserecht der Vertrag automatisch auf. Der Insolvenzrichter konnte aber auf Antrag des Insolvenzverwalters das Fortbestehen des Vertrages anordnen, wenn die verbleibende Vermögensmasse der Höhe nach ausreichte, um die mit dem Franchisebetrieb einhergehenden Kosten zu begleichen.[1181] Solche Entscheidungen waren äußerst selten.[1182]

Der neue CCCN regelt die Insolvenz des Franchisegebers nicht ausdrücklich. Bei Insolvenzanmeldung gelten Art. 20 und Art. 22 der Ley de Concursos y Quiebras (Insolvenzordnung) ohne Besonderheiten.[1183] Es finden somit die allgemeinen Regelungen zur Insolvenz eines Vertragspartners Anwendung, ohne dass es für den Fall des Franchisings Ausnahmen oder besondere Regelungen zu beachten gäbe.

5. *Die ordentliche Kündigung*

Auch im argentinischen Recht gilt im Hinblick auf Dauerschuldverträge der Grundsatz, dass diese, sofern sie nur auf bestimmte Zeit geschlossen worden

1180 Leiva Fernández-Tomo I, § 35 Nr. 301.
1181 Insúa, D&G Nov. 2002, 1075 (1099).
1182 Insúa, D&G Nov. 2002, 1075 (1099).
1183 Rubín, in: Arecha/Filippi (Hrsg.), Institutos del Derecho Comercial, S. 204.

sind, nur außerordentlich gekündigt werden können, vgl. Art. 1522 Abs. 1 lit. b) S. 1 CCCN.[1184] Eine ordentliche Kündigung ist folglich lediglich bei Dauerschuldverhältnissen unbestimmter Dauer denkbar.[1185]

Nach der Rechtsprechung kann dies nur dann ausnahmsweise anders sein, wenn die Parteien einen befristeten Franchisevertrag über mehrere Jahre stets um ein Jahr verlängern. So wurde in der auch heute Geltung beanspruchenden Rechtssache „Martínez y Perrota c/ Esso SAPA"[1186] entschieden, dass ein Franchisegeber den Franchisenehmer aufgrund fehlender Beachtung der Kündigungsfrist zu entschädigen hatte, da der Vertrag 16 Jahre lang stets jeweils um ein Jahr verlängert worden war. Ein solches Vorgehen sei rechtsmissbräuchlich und der Vertrag daher als unbefristeter auszulegen.

Wünscht eine Vertragspartei eine ordentliche Kündigung des Franchisevertrages, so stellt sich die Frage nach den Anforderungen an die Kündigungserklärung, den Kündigungszeitpunkt und an den Kündigungsgrund.

a) Art. 1522 Abs. 1 lit. d) CCCN

Die gesetzliche Regelung der Kündigungsfrist im Zusammenhang mit dem Franchisevertrag stellt eine der bedeutendsten Änderungen im argentinischen Franchiserecht dar. In der Vergangenheit hatte sich die Rechtsprechung zwar teilweise zugunsten einer gesetzlichen Regelung im Interesse der Vorhersehbarkeit und Rechtssicherheit ausgesprochen, die Entscheidungen der höheren Instanzgerichte waren jedoch insbesondere im Hinblick auf die Wirksamkeit der Kündigungsfristen oftmals widersprüchlich. Eine diesbezügliche höchstgerichtliche Entscheidung fehlte.[1187]

1184 Vgl. CSJN, Urt. v. 04.08.1988 – Automóviles Saavedra S.A.C.I.F v. Fiat Argentina S.A.C.I.F, LL 1989-B-1, 4 mit Anm. von Antonio Boggiano; ebenso Rivera, S. 881.

1185 Vgl. CNCom, Sala A, Urt. v. 31.10.2002 – Cigoper S.A. c/ Massalin Particulares S.A., Id SAIJ: FA02130740; CNCom, Sala A, Urt. v. 28.06.2013 – D.G. Belgrano S.A. c/ Procter & Gamble Argentina S.R.L. s/ ordinario, MJ-JU-M-80903-AR.

1186 CNCom, Sala B, Urt. v. 11.04.1995 – Martínez y Perrota c/ Esso SAPA, LL 1995-D-634. Diesem Rechtsstreit lag ein Vertrag zwischen dem Franchisenehmer Martínez y Perrota und dem Mineralölunternehmen Esso als Franchisegeber zugrunde, welcher im Jahr 1971 geschlossen worden war und 16 Jahre lang jeweils um ein Jahr verlängert wurde. Nachdem Esso SAPA den Vertrag grund- und fristlos kündigte, erhob der Franchisenehmer Schadensersatzklage.

1187 Zu nennen sind hier bspw. CNCom, Sala C, Urt. v. 24.11.2005 – Gestido y Pastoriza S.H. c/ Nobleza Piccardo SA, LL 20.06.2006, Fallo N° 110.459, sowie CNCom, Sala D, Urt. v. 22.05.2001 – José Morandeira SA c/ Nobleza Piccardo SA, LL online: AR/JUR/1875/2001; vgl. CNCiv, Sala C, Urt. v. 30.05.2003 – Méndez, Daniel A. c/ Manuel

Diesem Aufruf versuchte der Gesetzgeber mit Art. 1522 Abs. 1 lit. d) CCCN nachzukommen. Art. 1522 Abs. 1 lit. d) S. 1 CCCN bestimmt, dass diejenige Vertragspartei, die den Franchisevertrag zum Ablauf der festgelegten Vertragslaufzeit oder mit Ablauf der jeweils geltenden Vertragsverlängerung beenden möchte, die andere Vertragspartei unabhängig von der nach Art. 1522 Abs. 1 lit. d) CCCN vertraglichen Mindestvertragslaufzeit mit einer Frist von einem Monat pro abgelaufenes Vertragsjahr, höchstens jedoch mit einer Frist von sechs Monaten vor Ablauf der Vertragsdauer, darüber in Kenntnis zu setzen hat.[1188]

Sofern ein Franchisevertrag auf unbestimmte Zeit geschlossen wird, ist er gemäß Art. 1522 Abs. 1 lit. d) S. 2 CCCN so zu kündigen, dass der Vertrag frühestens mit Ablauf des dritten Jahres nach Vertragsabschluss beendet wird. In beiden Fällen ist das Vorliegen eines wichtigen Kündigungsgrundes gemäß Art. 1522 Abs. 1 lit. d) S. 3 CCCN entbehrlich.

Art. 1522 Abs. 1 lit. d) CCCN zählt zu den kontroversesten Artikeln des neuen Franchiserechts. Diese Regelung zur Bestimmung und automatischen Verlängerung der Kündigungsfrist eines Franchisevertrages wird teilweise als „wahre Herausforderung" des neuen Franchiserechts bezeichnet. Andere charakterisieren sie als „Labyrinth", das nicht „ausgelegt, sondern nur entziffert werden kann".[1189] Der Gesetzeswortlaut des Art. 1522 Abs. 1 lit. d) CCCN erscheint auf den ersten Blick missverständlich. Es bedarf daher zunächst der Differenzierung zwischen dem die Beendigung mit Vertragsablauf betreffenden S. 1 und dem die ordentliche Kündigung betreffenden S. 2 des Art. 1522 Abs. 1 lit. d) CCCN. Die Voraussetzungen einer ordentlichen Kündigung sind anschließend näher zu prüfen.

b) Kündigungserklärung und Kündigungsgrund

Aus dem Wortlaut des Art. 1522 Abs. 1 lit. d) S. 3 CCCN folgt zunächst, dass es zur ordentlichen Kündigung keines Kündigungsgrundes bedarf. Auch im Hinblick auf die Kündigungserklärung stellt das CCCN keine hohen Anforderungen. Sie ist nach Art. 1522 Abs. 1 lit. d) S. 2 CCCN nur so zu gestalten, dass die

---

Tienda de León S.A., LL 2003-E, 848. Insbesondere in der Entscheidung CNCom, Sala D, Urt. v. 25.04.2014 – BRK TECH S.A. c/ Directv Argentina SA, LL online AR/JUR/13680/2014. befürwortet der zuständige Richter Heredia ausdrücklich eine Höchstdauer der Kündigungsfrist von sechs Monaten aus und merkt an, dass diese auch für Verträge mit einer Vertragsdauer von über fünf Jahren ausreichend sei.

1188 Vgl. Junyent Bas/ Rodríquez Leguizamón, DCyO 2013, 1 (26).

1189 Di Chiazza/van Thienen, CEDEF Law & Finance 21.12.2015, 1 (13).

Kündigung frühestens mit Ablauf des dritten Vertragsjahres wirksam wird. Ob die Erklärung dabei schriftlich oder mündlich abgegeben werden muss, bleibt dabei offen.

c) Kündigungsfrist

Problematischer ist die Bestimmung der einzuhaltenden Kündigungsfrist. Hierzu trifft der Wortlaut des Art. 1522 Abs. 1 lit. d) S. 2 CCCN keine eindeutige Aussage.

aa) Die Entscheidung „Automóviles Saavedra S.A.C.I.F. c. Fiat Argentina S.A.C.I.F.“

Versucht man die im Einzelfall geltende Kündigungsfrist eines Franchisevertrages nach neuem CCCN zu bestimmen, so ist zunächst im Hinblick auf die Rechtmäßigkeit der gewährten Kündigungsfrist die richtungsweisende Entscheidung des Obersten Gerichtshofs für Zivilsachen „Automóviles Saavedra S.A.C.I.F. c. Fiat Argentina S.A.C.I.F.“[1190] vom 04.08.1988 zu beachten. Wenngleich diesem Rechtsstreit ein Vertragshändlervertrag zwischen zwei juristischen Personen zugrunde lag, wendet die argentinische Rechtsprechung dieses Urteil seit Jahren auf alle Vertriebsverträge analog an. Von dessen Fortgeltung auf Franchiseverträge ist auszugehen.[1191]

Dem Rechtsstreit lag die Fragestellung zugrunde, ob Fiat Argentina S.A. einen Vertrag rechtsmissbräuchlich gekündigt hatte, indem sie die Kündigung ohne Angabe eines Kündigungsgrundes und unter Bezugnahme auf eine Vertragsklausel, die den Vertragsparteien das Recht gab, sich unter Einhaltung einer Kündigungsfrist von dreißig Tagen jederzeit und ohne Angabe eines bestimmten Kündigungsgrundes einseitig vom Vertrag lösen zu können, aussprach. Fiat Argentina S.A. hatte von diesem vertraglich vereinbarten Kündigungsrecht Gebrauch gemacht, ohne jedoch die dreißigtägige Kündigungsfrist zu wahren. Der Oberste Gerichtshof hielt die Kündigung gleichwohl für wirksam.[1192]

Der Oberste Gerichtshof hat in dieser Entscheidung zunächst festgehalten, dass ein auf unbestimmte Zeit geschlossener Vertriebsvertrag auch ohne Angabe eines Kündigungsgrundes einseitig kündbar ist.

1190 CSJN, Urt. v. 04.08.1988 – Automóviles Saavedra S.A.C.I.F. v. Fiat Argentina S.A.C.I.F, LL 1989-B-1.

1191 Vgl. Junyent Bas/ Rodríquez Leguizamón, DCyO 2013, 1 (28).

1192 Vgl. CSJN, Urt. v. 04.08.1988 – Automóviles Saavedra S.A.C.I.F v. Fiat Argentina S.A.C.I.F, LL 1989-B-1; Gastaldi-Amura, Análisis jurisprudencial, S. 425 f.

Demnach kann eine Kündigung ausnahmsweise auch ohne Einhaltung einer vertraglich vereinbarten Kündigungsfrist und ohne Angabe eines bestimmten Kündigungsgrundes wirksam sein. Dies begründete das Gericht damit, dass dieses vertragliche Kündigungsrecht beiden Parteien vertraglich zustand und somit – entgegen der klägerischen Auffassung – zunächst nicht rechtsmissbräuchlich sein konnte. Weiterhin hielt es die individualvertragliche Vereinbarung eines ordentlichen Kündigungsrechts unter Berücksichtigung einer Kündigungsfrist von dreißig Tagen für zulässig. Die Tatsache, dass die Beklagte diese Frist nicht eingehalten habe, führe jedoch nicht zur Unwirksamkeit der Kündigung, da die von der Klägerin behaupteten Schäden nicht aus der Nichteinhaltung der Kündigungsfrist, sondern aus der Vertragsbeendigung als solchen herrühren. Zudem sah das Gericht in den ein Jahr zuvor versandten Abmahnungen eine „hinreichende Warnung", so dass die Kündigung für die Klägerin auch nicht überraschend sein konnte. Überdies sei zugunsten der kündigenden Beklagten zu berücksichtigen, dass die Vertrauensbeziehung zwischen den Parteien bereits ein Jahr vor dem Kündigungszeitpunkt endgültig zerstört wurde und dies der anderen Partei aufgrund der vorausgegangenen Beanstandungs- und Abmahnungsschreiben bewusst sein musste. Die Tatsache, dass die Beklagte keinen Kündigungsgrund angab, stehe der Wirksamkeit der Kündigung somit nicht entgegen. Ferner überwiegt nach diesem Urteil das Interesse des Vertragspartners, nicht länger an den Vertrag gebunden zu sein, dem Amortisationsinteresse des gekündigten Vertragspartners.[1193]

Die obigen Entscheidungsgründe lassen die Frage offen, ob das Gericht in diesem Fall von einer ordentlichen oder außerordentlichen Kündigung ausgegangen ist.[1194] Für die Annahme eines wichtigen Kündigungsgrundes und somit einer außerordentlichen Kündigung sprechen zunächst die Ausführungen betreffend die zerstörte Vertrauensbeziehung und die überwiegenden Interessen des Kündigenden an der Vertragsbeendigung im Vergleich zu einem Amortisationsinteresse der anderen Vertragspartei. Andererseits wird zugunsten einer ordentlichen Kündigung angeführt, dass das Urteil sich ausdrücklich auf die zwischen den Parteien vereinbarte vertragliche Regelung Nr. 17 „ordentliches Kündigungsrecht ohne wichtigen Grund" bezieht. Auch wurde die fehlende Angabe eines Kündigungsgrundes für unerheblich erachtet und die Nichteinhaltung der vereinbarten dreißigtägigen Kündigungsfrist „ausnahmsweise" für

---

1193 Vgl. CSJN, Urt. v. 04.08.1988 – Automóviles Saavedra S.A.C.I.F v. Fiat Argentina S.A.C.I.F, LL 1989-B-1.

1194 Sánchez Herrero, Kap. 11 Rn. 1.2.3.

zulässig befunden.[1195] Dies spricht dafür, dass das Gericht von einer ordentlichen Kündigung ausging, jedoch allenfalls zur Umgehung der an sich erforderlichen Einhaltung der Kündigungsfrist auf die „besonderen Umstände des Einzelfalls", insbesondere die gestörte Vertrauensbeziehung, zurückgriff. Im Ergebnis handelt es sich bei dieser Entscheidung um eine Einzelfallentscheidung, deren besondere Bedeutung einerseits daher rührt, dass die ordentliche Kündigung eines unbefristeten Vertriebsvertrages als solche erstmalig für zulässig erkannt wurde, und andererseits darin liegt, dass eine ordentliche Kündigung im Grundsatz die Einhaltung einer angemessenen Kündigungsfrist voraussetzt.

Legt man dieses Urteil bei der Auslegung des Art. 1522 Abs. 1 lit. d) CCCN zugrunde, so lässt sich zur Bestimmung der Kündigungsfrist jedoch allenfalls entnehmen, dass eine Kündigungsfrist von einem Jahr rechtswirksam wäre, sofern ein zerrüttetes Vertrauensverhältnis vorliegt und beide Parteien darüber in Kenntnis sind. Unhaltbar wird jedenfalls heutzutage die damalige Annahme sein dürfen, eine vorherige Abmahnung könne der Einhaltung einer Kündigungsfrist gleichgesetzt werden. Dies nicht zuletzt deshalb, weil eine solche Abmahnung stets mit der Intention der Vertragsfortführung einhergeht und gerade keine ausdrückliche Erklärung einer sofortigen Beendigung enthält. Jedenfalls diesbezüglich wird dem Urteil zu widersprechen sein.

bb) Die Bestimmung der Kündigungsfrist

Fraglich bleibt jedoch, wie sich die Kündigungsfrist heute ermitteln lässt, insbesondere welche gesetzlichen Mindestkündigungsfristen es zu beachten gilt.

Legt man den Wortlaut des Art. 1522 Abs. 1 lit. d) S. 2 CCCN isoliert zugrunde, so wäre es denkbar, dass eine ordentliche Kündigung eines auf unbestimmte Zeit geschlossenen Franchisevertrages erst nach Ablauf des dritten Vertragsjahres rechtlich zulässig ist. Gegen diese Auffassung wird jedoch eingewandt, dass bereits die Vereinbarung eines auf unbestimmte Dauer geschlossenen Franchisevertrages im Hinblick auf die gemäß Art. 1516 i.V.m. Art. 1506 Abs. 1 S. 1 CCCN gesetzlich festgelegte Mindestvertragsdauer von vier Jahren und der in Art. 1516 CCCN vorgesehenen zweimaligen jeweils einjährigen Verlängerungsmöglichkeit faktisch erst ab dem sechsten Vertragsjahr beginnen könne. Dies folge daraus, dass gemäß Art. 1516 S. 3 CCCN ein unbefristeter Vertrag erst mit der zweiten (einjährigen) Vertragsverlängerung vorläge. Demnach könne also erst nach Ablauf der Mindestvertragsdauer von vier Jahren, wenn nicht sogar von sechs Jahren, dogmatisch vom Vorliegen

---

1195 Sánchez Herrero, Kap. 11 Rn. 1.2.3.

eines auf unbestimmte Dauer geschlossenen Vertrages gesprochen werden, da der Gesetzgeber zuvor stets von einem befristeten Franchisevertrag ausgehe.[1196] Art. 1522 Abs. 1 lit. d) S. 2 CCCN käme demnach einem Euphemismus gleich, da es tatsächlich gar nicht möglich sei von vornherein einen unbefristeten Franchisevertrag zu schließen, sondern sich dieser erst nach Ablauf der ersten vier bzw. sechs Jahre in einen solchen „verwandele". Folglich sei diese Regelung im Hinblick auf Art. 1516, 1506 CCCN inkohärent und eine Kündigung erst nach diesem Zeitraum zulässig.[1197]

Nach Auffassung *Alterinis* ist hingegen für alle Franchiseverträge eine Mindestkündigungsfrist von vier Monaten einzuhalten. Dies folge aus der gesetzlich festgelegten Mindestvertragslaufzeit von vier Jahren und resultiere daher aus Art. 1516 S. 1, 1506 Abs. 1 CCCN i.V.m. Art. 1522 Abs. 1 lit. d) CCCN.[1198]

Von einer im Vordringen befindlichen Meinung wird Art. 1522 lit. d) S. 2 CCCN als redaktionelles Versehen verstanden mit der Begründung, dass der ursprüngliche Gesetzesentwurf eine Mindestvertragsdauer von drei Jahren vorsah. Ungeachtet der methodologisch unsauberen Vorgehensweise soll nunmehr eine Mindestvertragsdauer von vier Jahren gelten. Dies zugrunde legend sei nach der Systematik des Gesetzes folglich auch eine Kündigung frühestens mit Ablauf der ersten vier Jahre möglich.[1199] Dies ist im Hinblick auf die vom Gesetzgeber verfolgte Intention des Franchisenehmerschutzes und der Möglichkeit der Amortisation getätigter Investitionen konsequent. Anzuregen wäre jedoch trotzdem das redaktionelle Versehen zu beheben. Zwischenzeitlich bleibt zu hoffen, dass sich die Gerichte dieser Auffassung anschließen und die Mindestvertragslaufzeit nicht contra legem zulasten der kündigenden Franchisepartei auf sechs Jahre ausweiten oder die Kündigungsfrist zulasten des Franchisenehmers auf vier Monate verkürzen werden.

d) Rechtsfolgen bei Fristversäumnis

Unterbleibt die Beachtung der Kündigungsfrist, findet gemäß Art. 1522 Abs. 1 lit. d) S. 4 CCCN Art. 1493 CCCN Anwendung, wonach der nicht fristgerecht Kündigende der anderen Vertragspartei zum Ersatz des „in diesem Zeitraum entstandenen Verdienstausfalls" („ganancias dejadas de recibir en el período")

1196 Vgl. Di Chiazza/van Thienen, CEDEF Law & Finance 21.12.2015, 1 (16).

1197 Di Chiazza/van Thienen, CEDEF Law & Finance 21.12.2015, 1 (16); ähnlich Villanueva, RCCyC Febrero 2016, 174 (180).

1198 Alterini-CCCN, Art. 1522 Ziff. 1 d).

1199 Marzorati, LL 07.04.2016, 1 (12).

verpflichtet ist. Darunter versteht man nach überwiegender Meinung das Nettoeinkommen unter Anrechnung etwaig erhaltener Vorteile, wobei zur Schätzung die in früheren Perioden erzielten Durchschnittsgewinne heranzuziehen sind.[1200]

e) Art. 1522 Abs. 1 lit. d) S. 1 CCCN

Im Hinblick auf die in Art. 1522 Abs. 1 lit. d) S. 1 CCCN vorgesehenen Unterrichtungsfristen von mindestens einem Monat je durchgeführtes Vertragsjahr ist ebenfalls streitig, ob dies mit dem Sinn und Zweck einer Vertragsbeendigung mit Vertragsablauf einhergehen kann. Vereinbaren die Vertragsparteien einen befristeten Franchisevertrag, so geht damit grundsätzlich ihr übereinstimmender Wille bei Vertragsschluss einher, den Vertrag mit Ablauf der festgelegten Vertragsdauer zu beenden, ohne dass es hierfür zusätzlicher Willenserklärungen der Vertragsparteien bedürfe. Den Vertragsparteien ist somit ab Vertragsschluss bewusst, dass der Franchisevertrag an einem bestimmten Stichtag endet, was ihnen eine gewisse Planungs- und Investitionssicherheit ermöglichen soll. Dies ist schließlich Sinn und Zweck einer Befristung.[1201] Darüber hinaus regelt Art. 350 CCCN, dass das Erlöschen eines Rechtsgeschäfts mit dem Ablauf einer Frist einhergehen kann. Dies spricht dafür, dass befristete Rechtsgeschäfte mit deren Ablauf automatisch enden. Führt man sich dies einmal vor Augen, verwundert das in Art. 1522 Abs. 1 lit. d) S. 1 CCCN festgelegte Erfordernis der Beachtung einer Kündigungs- bzw. Erklärungsfrist für befristete Franchiseverträge.

Hinzu kommt der Anspruch auf Schadensersatz der anderen Vertragspartei für den Fall, dass die kündigende Vertragspartei diese Kündigungsfrist nicht einhält. Die Regelung führt somit im Zusammenhang mit den für Verträge im Allgemeinen anwendbaren Regeln des CCCN nahezu ad absurdum. Denn selbst wenn man einmal unterstellt, der Gesetzgeber habe mit dem Erfordernis einer Erklärungsfrist die Rechtsfolge der automatischen Vertragsverlängerung um ein Jahr gemäß Art. 1516 S. 2 CCCN eintreten lassen wollen, so würde dieses Vorgehen einen Verstoß gegen den Grundsatz des Vorrangs der Privatautonomie gemäß Art. 958 CCCN begründen. Daran vermag auch die Tatsache nichts zu ändern, dass die von Art. 1516 S. 2 CCCN vorgesehene Frist von dreißig Tagen der Mindestkündigungsfrist von einem Monat gemäß Art. 1522 Abs. 1 lit. d) S. 1 CCCN praktisch ähnelt. Würde man dieses Ergebnis zugrunde legen, so bedeutet dies im Umkehrschluss de facto die Aufgabe der Vertragsautonomie

1200 Herrera/Carmelo/Picasso-Chomer/Sícoli/Bosco, CCCN, Art. 1493, S. 199.
1201 Vgl. Di Chiazza/van Thienen, CEDEF Law & Finance 21.12.2015, 1 (14).

bei zwingender Geltung der Monatserklärungsfrist auch bei von vornherein befristeten Verträgen. Dass dies nicht gewollt sein kann, leuchtet ein.

f) Die Abdingbarkeit des Kündigungsrechts

Wird ein Franchisevertrag auf unbestimmte Zeit geschlossen, so ist Art. 1522 Abs. 1 lit. d) CCCN zwingend, da es sich dabei um eine für die Kontinuität des Vertragsverhältnisses essentielle Vorschrift handelt, die beiden Vertragsparteien die benötigte Rechtssicherheit gewährt.[1202] Legt man die oben gefundenen Ergebnisse zugrunde, kann der Franchisevertrag folglich nicht vor Ablauf der Mindestvertragslaufzeit gekündigt werden, es sei denn es liegt ein außerordentlicher Kündigungsgrund gemäß Art. 1522 Abs. 1 lit. b) CCCN vor.[1203]

III. Außerordentliche Kündigung gemäß Art. 1522 Abs. 1 lit. b) CCCN

Haben die Parteien den Franchisevertrag für einen bestimmten Zeitraum geschlossen, steht den Parteien nur das Recht auf außerordentliche Kündigung gemäß Art. 1522 Abs. 1 lit. b) i.V.m. Art. 1084 ff. CCCN zu. Art. 1522 Abs. 1 lit. b) CCCN bestimmt, dass der Franchisevertrag nicht ohne wichtigen Grund innerhalb der ursprünglich vereinbarten Vertragslaufzeit beendet werden kann. Eine einvernehmliche Vertragsbeendigung gemäß Art. 1076 CCCN[1204] bleibt davon unberührt, wobei die gekündigte Partei dann für die Nichteinhaltung der Frist gleichwohl zu entschädigen ist.[1205] Art. 1522 Abs. 1 lit. b) S. 1 CCCN meint damit nur die Fälle der einseitigen empfangsbedürftigen Kündigung.

1. Wichtiger Grund i.S.d. Art. 1522 Abs. 1 lit. b) S. 1 CCCN

Die Auslegung des Art. 1522 Abs. 1 lit. b) CCCN im Einzelnen ist stark umstritten. Fraglich ist dabei insbesondere, was der Gesetzgeber mit „extinción sin justa causa", also der Vertragsbeendigung ohne wichtigen Grund, meint.

1202 Vgl. Ibáñez, RCCyC Septiembre 2016, 3 (15).
1203 Vgl. Marzorati, RCCyC Febrero 2016, 52 (78).
1204 Art. 1076 CCCN lautet: „Rescisión bilateral. El contrato puede ser extinguido por rescisión bilateral. Esta extinción, excepto estipulación en contrario, sólo produce efectos para el futuro y no afecta derechos de terceros."
1205 Herrera/Carmelo/Picasso-Chomer/Sícoli, CCCN, Art. 1522, S. 233.

Hintergrund der Kontroverse im Zusammenhang mit Art. 1522 Abs. 1 lit. b) CCCN ist die im argentinischen Schuldrecht vorgesehene – oben beschriebene – Unterscheidung zwischen „resolución“ und „rescisión“ als mögliche Beendigungsformen eines Dauerschuldverhältnisses.[1206] Die „resolución“ stellt nämlich eine Beendigung aus wichtigem Grund dar, wohingegen die „rescisión“ keinen wichtigen Grund zur Beendigung voraussetzt.[1207] Soweit sich der Wortlaut des Art. 1522 Abs. 1 lit. b) S. 1 CCCN „sin justa causa“ und damit auf eine Beendigung ohne wichtigen Grund bezieht, entspricht dies zunächst dem Verständnis einer „resolución“. Dies hätte jedoch zur Folge, dass eine Vertragsbeendigung gemäß Art. 1522 Abs. 1 lit. b) CCCN ex tunc-Wirkung hätte, wobei die von Dritten gutgläubig erworbenen Rechte hiervon unberührt blieben, vgl. Art. 1079 lit. b) CCCN. Weiterhin erklärt Art. 1522 Abs. 1 lit. b) S. 2 CCCN die Art. 1084 ff. CCCN für anwendbar. Diese Normen beziehen sich, ihrem Wortlaut nach, ausschließlich auf die „resolución por incumplimiento“, der Vertragsbeendigung wegen Nichterfüllung. Dieser Beendigung ist wieder ein Kündigungsgrund immanent, nämlich der der Nichterfüllung.[1208] Der daraus resultierende systematische Widerspruch ist somit offensichtlich. Er hat auch zur Folge, dass unklar bleibt, ob bspw. die Vereinbarung eines Kündigungsrechts zugunsten von nur einer Partei, die das argentinische Recht grundsätzlich für zulässig erachtet, im Rahmen eines Franchisevertrages rechtlich wirksam ist oder vielmehr lediglich ein Kündigungsrecht für beide Parteien aus wichtigem Grund in Form der Nichterfüllung geregelt werden sollte.[1209]

Dem hält eine andere Auffassung entgegen, Art. 1522 Abs. 1 lit. b) CCCN sei als gesetzlich normierte „rescisión unilateral“ und damit als einseitiges Kündigungsrecht zu verstehen. Demnach meine die in Art. 1522 Abs. 1 lit. b) S. 2 CCCN enthaltene Bezugnahme auf die Art. 1084 ff. CCCN gerade eine entsprechende und keine direkte Anwendung, so dass anstelle des Begriffes „resolución“ bei Franchiseverträgen in Art. 1084 ff. CCCN vielmehr der Begriff „rescisión unilateral“ hineinzulesen sei.[1210] Wenngleich dies nicht über das systematisch merkwürdig vorkommende Erfordernis eines wichtigen Grundes zur Begründung einer einseitigen „rescisión“ hinwegtäuschen kann, erscheint diese Ansicht gleichwohl vorzugswürdig. Einerseits hätte eine ex tunc-Wirkung

1206 Vgl. Centanaro-Centanaro/Papavero, Contratos, Kap. XVII Ziff. 9.
1207 Ibáñez, RCCyC Septiembre 2016, 3 (13 ff.).
1208 Vgl. Di Chiazza/van Thienen, CEDEF Law & Finance 21.12.2015, 1 (10).
1209 Di Chiazza/van Thienen, in: CEDEF Law & Finance 21.12.2015, 1 (10).
1210 Ibáñez, RCCyC Septiembre 2016, 3 (14).

der Kündigung zur Folge, dass diese auf den Zeitpunkt des Vertragsschlusses zurückwirken würde und eine Rückabwicklung der Leistung stattzufinden hätte, obwohl der Leistungsaustausch zwischen beiden Franchiseparteien zu diesem Zeitpunkt vielleicht schon mehrere Jahre ordnungsgemäß durchgeführt wurde. Dies kann nicht der Intention des Gesetzgebers entsprechen.

Andererseits spricht auch die Gesetzeshistorie für eine solche Auslegung. So war vor Inkrafttreten des CCCN aus Sicht des Schrifttums besonders besorgniserregend, dass Franchisegeber mangels entsprechender Regelungen Kündigungen, insbesondere außerordentliche Kündigungen, allzu leicht und oftmals grundlos aussprechen konnten. Die Franchisenehmer sahen sich dann, aufgrund der langen Verfahrensdauer vor den argentinischen Gerichten und der hohen Gerichtskosten in der Praxis häufig faktisch gezwungen diese ohne Geltendmachung der ihnen von Gesetzes wegen zustehenden Entschädigung hinzunehmen.[1211] Indem der Gesetzgeber die außerordentliche Kündigung nunmehr vom Vorhandensein eines wichtigen Grundes abhängig macht, versucht er diesem Zustand der Rechts- und Schutzlosigkeit der Franchisenehmer Abhilfe zu schaffen. Einigkeit besteht dahingehend, dass den Franchiseparteien das Recht zustehen muss, von der anderen Vertragspartei die ordnungsgemäße Erfüllung ihrer vertraglichen Pflichten zu fordern und ihr für den Fall erheblicher oder wiederholter Vertragsverletzungen fristlos zu kündigen.[1212]

Diesem Gesetzeszweck zuwider liefe es jedoch, würde man bei Vorliegen eines solchen Grundes den gesamten Franchisevertrag als von Anfang an nichtig ansehen. Somit ist Art. 1522 Abs. 1 lit. b) CCCN dahingehend auszulegen, dass er den Franchiseparteien ein einseitiges außerordentliches Kündigungsrecht verleihen soll, dessen Geltendmachung das Vorliegen eines wichtigen Grundes voraussetzt.

Fraglich ist aber, wann ein wichtiger Grund i.d.S. vorliegt. Art. 1522 Abs. 1 lit. b) S. 2 CCCN verweist diesbezüglich auf die Gesetzesdefinition in Art. 1084 S. 2 CCCN, wonach eine wesentliche Nichterfüllung bzw. Vertragsverletzung dann besteht, wenn (a) die Leistungserbringung für die Durchführung des Vertrages unerlässlich ist, (b) die rechtzeitige Erbringung der Leistung Voraussetzung für die Wahrung der Interessen des Gläubigers ist, (c) die Nichterfüllung die geschädigte Vertragspartei von dem beraubt, was sie nach objektivem Empfängerhorizont erwarten durfte, (d) eine vorsätzliche Nichterfüllung vorliegt oder (e) die Nichterfüllung dem Gläubiger durch eine ernsthafte und

1211 Vgl. Farina, Resolución del contrato en los sistemas de distribución, S. 85 f.
1212 Vgl. Farina, Resolución del contrato en los sistemas de distribución, S. 85.

endgültige Erklärung des Schuldners angekündigt wurde.[1213] Ungeachtet dessen können die Franchiseparteien gemäß Art. 1086 S. 1 CCCN weitere wichtige Kündigungsgründe vereinbaren. Einen wesentlichen Kündigungsgrund stellt nach herrschender Ansicht[1214] bspw. die Nichtzahlung der Franchisegebühren über einen Zeitraum von drei Monaten dar, soweit der Franchisenehmer nicht kundtut, dass er aufgrund eines unvorhersehbaren Ereignisses an der Zahlung gehindert war.

Zu beachten ist in diesem Zusammenhang auch, dass dem argentinischen Recht eine Aufspaltung der möglichen Vertragsverletzungen in Verzug, Schlechterfüllung, Nichterfüllung oder Unmöglichkeit – wie sie im deutschen Rechtskreis üblich ist – unbekannt ist. Es besteht nur der Tatbestand der Nichterfüllung, weshalb die Begriffe Vertragsverletzung und Nichterfüllung gleichbedeutend verwendet werden.[1215]

2. *Ursprünglich vereinbarte Vertragsdauer als Voraussetzung*

Weiterhin muss gemäß Art. 1522 Abs. 1 lit. b) S. 1 CCCN eine zwischen den Parteien vereinbarte Vertragslaufzeit vorliegen („plazo pactado por las partes"). Problematisch ist, wie sich diese Norm im Verhältnis zu der in Art. 1516 S. 1 i.V.m. Art. 1506 Abs. 1 S. 1 CCCN zwingenden Mindestvertragsdauer von vier Jahren verhält. Teilweise wird vertreten, der Anwendungsbereich des Art. 1522 Abs. 1 lit. b) S. 1 CCCN sei auf Fälle zu beschränken, in denen die Parteien eine über die Mindestdauer von vier Jahren hinausgehende Vertragslaufzeit

---

1213 Art. 1084 CCCN lautet wörtlich: „A los fines de la resolución, el incumplimiento debe ser esencial en atención a la finalidad del contrato. Se considera que es esencial cuando:

a) el cumplimiento estricto de la prestación es fundamental dentro del contexto del contrato;

b) el cumplimiento tempestivo de la prestación es condición del mantenimiento del interés del acreedor;

c) el incumplimiento priva a la parte perjudicada de lo que sustancialmente tiene derecho a esperar;

d) el incumplimiento es intencional;

e) el incumplimiento ha sido anunciado por una manifestación seria y definitiva del deudor al acreedor."

1214 Marzorati, RCCyC Febrero 2016, 52 (78).

1215 Vgl. Rivera/Medina-Junyent Bas/Rodríguez Leguizamón, CCCN, Art. 1522, Rn. II.1.3; Zweigert/Kötz, S. 494; Rheinstein, S. 78 Argentinien den Ländern des romanischen Rechtskreises zuordnend.

vereinbaren.[1216] Folgt man dieser Argumentation, kann dies jedoch dazu führen, dass es für einen Franchisegeber vorteilhafter sein könnte keine Mindestvertragslaufzeit im Vertrag zu regeln. In diesem Fall gelte nämlich über die zwingenden Art. 1516 S. 1, 1506 Abs. 1 S. 1 CCCN gleichwohl eine Mindestvertragslaufzeit von vier Jahren als vereinbart, wohingegen der Franchisegeber zu seinen Gunsten ein einseitiges Kündigungsrecht ohne wichtigen Grund vorsehen könnte. Da der Wortlaut des Art. 1522 Abs. 1 lit. b) S. 1 CCCN eine vertraglich vereinbarte Mindestlaufzeit vorsehe, die in diesem Fall gerade fehle, könnte Art. 1522 Abs. 1 lit. b) CCCN nach dieser Auffassung umgangen werden.[1217]

Dieser Ansicht ist mit der überzeugenderen Auffassung[1218] entgegenzuhalten, dass es dadurch zu einer Aushebelung des gesetzlich beabsichtigten Schutzmechanismus zulasten des Franchisenehmers käme. Vielmehr gilt bereits die zwingende gesetzliche Mindestvertragsdauer von vier Jahren als „ursprünglich vereinbarte Vertragsdauer" i.S.d. Art. 1522 Abs. 1 lit. b) S. 1 CCCN. Einer ausdrücklichen vertraglichen Vereinbarung bedarf es nicht. Da Art. 1516 S. 1 i.V.m. Art. 1506 Abs. 1 S. 1 CCCN zwingend ist, gilt auch in Fällen fehlender vertraglicher Vereinbarungen eine Mindestvertragsdauer von vier Jahren als vereinbart.[1219]

3. *Zwischenergebnis*

Wenngleich der Wortlaut des Art. 1522 Abs. 1 lit. b) CCCN systematisch und dogmatisch betrachtet als missverständlich zu werten ist, so ist jedenfalls die Intention des Gesetzgebers, dem bisherigen Zustand der Schutzlosigkeit der i.d.R. schwächeren Franchisenehmer ein Ende zu setzen, zu begrüßen. Indem er die außerordentliche Kündigung auch für den Franchisevertrag gesetzlich verankerte, schuf er ein Gestaltungsrecht, dessen Ausübung nach hier vertretener Ansicht Wirkungen nur für die Zukunft entfaltet und das bisherige Dauerschuldverhältnis samt den ausgeführten Leistungen unberührt lässt. Es sind somit weder die erbrachten Leistungen zurückzugewähren noch Nutzungen herauszugeben oder zu ersetzen.

Im Übrigen wäre es zu begrüßen gewesen, wenn der Gesetzgeber in Art. 1522 Abs. 1 lit. b) S. 2 CCCN auf die lediglich entsprechende Geltung der Art. 1084 ff. CCCN hingewiesen hätte. Das Missverständnis im Hinblick

---

1216 Vgl. Di Chiazza/van Thienen, CEDEF Law & Finance 21.12.2015, 1 (11).
1217 Di Chiazza/van Thienen, CEDEF Law & Finance 21.12.2015, 1 (11).
1218 Sánchez Herrero, Kap. 10 Rn. 7.3.
1219 Alterini-CCCN, Art. 1522, Ziff. 1 b).

auf die gesetzlich intendierte „rescisión“ bei ausnahmsweise gleichzeitig vorausgesetztem Vorliegen eines wichtigen Grundes durch die Bezugnahme der Art. 1084 ff. CCCN auf die „resolución“ wäre im Interesse der Rechtsklarheit vermeidbar gewesen.

IV. Rechtsfolgen der Vertragsbeendigung

1. Allgemeines

Sofern die Kündigung den Grundsätzen von Treu und Glauben Rechnung trägt und im Einzelfall angemessen ist, wird der Franchisevertrag ex nunc beendet und es ist kein Schadensersatz zu leisten.[1220] Aufgrund des Charakters des Franchiseverhältnisses als Dauerschuldverhältnis behalten die erbrachten Leistungen ihre Wirkung und bleiben insofern bestehen, als sie gleichwertig, teilbar und im Hinblick auf den späteren Kündigungsgrund ohne Vorbehalt empfangen worden sind, vgl. Art. 1081 lit. b) CCCN.[1221]

Hauptziel des Franchisegebers nach Vertragsbeendigung ist die Sicherung seines Know-hows für die Zukunft, weshalb i.d.R. nachvertragliche Wettbewerbsverbote vereinbart werden.[1222] Mit Vertragsbeendigung hat der Franchisegeber das Recht, vom Franchisenehmer die sofortige Unterlassung der Markenbenutzung zu verlangen, wobei dies auch gilt, wenn die Rechtmäßigkeit der Vertragsbeendigung, z.B. der außerordentlichen Kündigung, noch nicht abschließend und rechtskräftig feststeht.[1223]

Weiterhin steht dem Franchisegeber das Recht zu, die Vertragsbeendigung öffentlich zu machen, insbesondere gegenüber (potenziellen) Kunden anzuzeigen, um Missverständnisse in der Kundenwahrnehmung zu vermeiden.[1224]

1220 Vgl. CSJN, Urt. v. 04.08.1988 – Automóviles Saavedra S.A.C.I.F v. Fiat Argentina S.A.C.I.F, LL 1989-B-1; Junyent Bas/ Rodríquez Leguizamón, DCyO 2013, 1 (28).

1221 Der Wortlaut des Art. 1081 CCCN lautet: „Si se trata de la extinción de un contrato bilateral: a) la restitución debe ser recíproca y simultánea;
b) las prestaciones cumplidas quedan firmes y producen sus efectos en cuanto resulten equivalentes, si son divisibles y han sido recibidas sin reserva respecto del efecto cancelatorio de la obligación;
c) para estimar el valor de las restituciones del acreedor, se toman en cuenta las ventajas que resulten o puedan resultar de no haber efectuado la propia prestación, su utilidad frustrada y, en su caso, otros daños.“

1222 Kahn, S. 146.

1223 Vgl. CSJN, Urt. v. 09.08.2001 – Yacimientos Petrolíferos Fiscales S.A. c/ Bonfigli, Carlos Alberto; Llobera, in: Heredia (Hrsg.): CSJN – Máximos Precedentes, S. 91.

1224 Kahn, S. 147.

2. *Nachvertragliche Vergütungsansprüche des Franchisenehmers*

Nach Beendigung des Franchisevertrages hat der Franchisenehmer gegen den Franchisegeber keinen Anspruch auf Zahlung einer Überhangprovision. Die ordnungsgemäße Kündigung verpflichtet den Franchisegeber weder zur Zahlung von entgangenen Gewinnen noch ausgebliebener Provisionen und zwar unabhängig davon, in welchem Umfang dem Franchisenehmer durch die rechtmäßige Kündigung des Franchisevertrages Schäden entstanden sind. Der Franchisegeber trägt somit nicht das wirtschaftliche Risiko einer ordnungsgemäßen einseitigen Vertragsbeendigung durch ihn gegenüber dem anderen Vertragspartner.[1225]

3. *Investitionsschutz*

Vor Inkrafttreten des CCCN wurde teilweise vertreten, die „juristische Vertragsdauer" müsse stets mit der rein „wirtschaftlichen Vertragsdauer" übereinstimmen.[1226] Dies bedeutet, dass die Vertragsdauer mindestens der Amortisationsdauer der vom Franchisenehmer getätigten Investitionen entsprechen müsse.[1227] Ein Anspruch auf Erstattung der noch nicht amortisierten Investitionen wurde jedoch bereits nach alter Rechtslage nicht gewährt, so dass – insbesondere vor dem Hintergrund des nunmehr durch die Mindestvertragsdauer von vier Jahren gesetzlich verankerten Amortisationsschutzes – auch künftig keine Kehrtwende der bisherigen Rechtsauffassung zu erwarten ist.[1228]

1225 Sánchez Herrero, Kap. 8 Rn 4.

1226 Molina Sandoval, Revista de Derecho de Daños 2001, 113 (135).

1227 Molina Sandoval, Revista de Derecho de Daños, 113 (135); Vgl. CSJN, Urt. v. 04.08.1988 – Automóviles Saavedra S.A.C.I.F v. Fiat Argentina S.A.C.I.F, LL 1989-B-1; Cfr. CNCom, Sala A, Urt. v. 14.12.2007 – Tommsi Automotores SA c/ CIADEA SA, LL online: AR/JUR/9992/2007; CNCom, Sala A, Urt. v. 15.05.2013 – Tecmos SA c/ Southern Clay Products Inc., LL online: AR/JUR/26077/2013.

1228 Kritisch dazu lediglich Llobera, El Derecho 2015, 1 (8), wonach die Besonderheiten des Franchisevertrages, insbesondere die i.d.R. in den ersten Jahren kaum amotisierbaren enormen Anfangsinvestitionen des Franchisenehmers im Art. 1522 Abs. 1 CCCN nicht genug berücksichtigt worden seien. Dem könne auch nicht entgegengehalten werden, dass mit längerer Vertragslaufzeit zwar die Amortisation steige, zugleich aber auch die Entschädigungs- und Abfindungskosten für etwaige angestellte Mitarbeiter für den Franchisenehmer höher seien, da die Praxis zeige, dass solche Kosten stets niedriger als die Anfangsinvestitionen seien und diese darüber hinaus ohnehin bereits dem betriebswirtschaftlichen Risiko des Franchisenehmers zuzuordnen seien.

4. *Rücknahmeverpflichtungen*

Auf eine zuvor teilweise befürwortete und im Gesetzesentwurf von 1998 ursprünglich noch vorhergesehene Rücknahmeverpflichtung des Franchisegebers im Hinblick auf Restwarenbestände[1229] verzichtete der Gesetzgeber bewusst.[1230]

5. *Schadensersatzansprüche infolge der Vertragsbeendigung*

Wird die Kündigungsfrist von der kündigenden Partei nicht eingehalten, hat diese der anderen nach Art. 1522 Abs. 1 lit. d) S. 4 CCCN i.V.m. Art. 1493 CCCN Schadensersatz wegen entgangenen Gewinns für die Dauer der im Fall einer ordnungsgemäßen Kündigung geltenden Kündigungsfrist zu leisten.[1231] Dadurch sollen voreilige Kündigungen vermieden werden.[1232] Dies gilt jedoch nicht, wenn die Kündigung wegen eines Fehlverhaltens der gekündigten Partei erfolgt.[1233]

Beendet ein Franchisenehmer einen Franchisevertrag, weil der Franchisegeber innerhalb des dem Franchisenehmer exklusiv zugeteilten Vertragsgebiets vertragswidrig ein eigenes Franchiselokal eröffnet, so haftet der Franchisegeber dem Franchisenehmer wegen entgangenen Gewinns.[1234]

Kündigt eine Franchisepartei einen befristeten Franchisevertrag vor Vertragsablauf ohne wichtigen Grund, ist sie der anderen zum Schadensersatz für diejenigen Schäden verpflichtet, die ihr kausal durch die vorzeitige Vertragsbeendigung entstehen.[1235] Ihr steht in diesem Fall auch ein Anspruch auf Ersatz des entgangenen Gewinns zu.[1236]

1229 Vgl. CNCom, Sala B, Urt. v. 30.06.2003 – Aquino, Marciana c. Dra. Beauguier S.A., AR/JUR/1851/2003.

1230 Vgl. Clusellas CCC-Clusellas, Art. 1522, § 1; Etcheverry, S. 400 zur alten Rechtslage.

1231 Dies entspricht auch dem bisherigen Rechtsverständnis: CNCiv, Sala C, Urt. v. 30.05.2003 – Méndez, Daniel A. c. Manuel Tienda León S.A., LL 2003-E, 848, 106.145; CNCom, Urt. v. 25.04.2014 – BRK TECH S.A. c. Direct Argentina S.A. s/ ordinario, LL online AR/JUR/13680/2014; Sánchez Herrero, Kap. 10 Rn. 3.1.

1232 Junyent Bas/ Rodríquez Leguizamón, DCyO 2013, 1 (27); vgl. Bun/Krüger/Milesi/ Rueda, El Derecho 2013, 253 (254 f.).

1233 Vgl. Molina Sandoval, Revista de Derecho de Daños, 113 (124 f.);

1234 Vgl. CNCom, Sala B, Urt. v. 30.06.2003 – Aquino, Marciana c/ Dra. Beauguier S.A., AR/JUR/1851/2003.

1235 Vgl. Urrets Zavalía, Cuaderno del Departamento de Derecho Comercial y de la Navegación 2000, 83; Molina Sandoval, Revista de Derecho de Daños, 113 (124).

1236 Sánchez Herrero, Kap. 10 Rn. 3.3.3.

6. *Der Ausgleichsanspruch des Franchisenehmers*

Fraglich ist, ob dem Franchisenehmer nach argentinischem Recht ein Ausgleichsanspruch zusteht. Die Art. 1512 ff. CCCN treffen hierzu keine Aussage.

Betrachtet man einmal die wenige vor Inkrafttreten des CCCN vorhandene Rechtsprechung zu Ausgleichsansprüchen im Zusammenhang mit der Beendigung von Vertriebsverträgen unterschiedlicher Art, so fällt die häufige Bezugnahme auf die europäische Rechtslage, insbesondere die der Länder Frankreich, Deutschland und Italien, ins Auge.[1237] Die argentinische Rechtsprechung hat in der Vergangenheit zwar die Problematik erkannt, dass der kündigende Vertragspartner nach Vertragsbeendigung weiterhin von dem vom Vertragspartner neu erworbenen Kundenkreis profitieren kann,[1238] ein Ausgleich wurde jedoch nur in seltenen Fällen von einigen wenigen Gerichten zugesprochen.[1239]

Trotzdem dürfen die Fälle nicht unerwähnt bleiben, in denen große Unternehmen zur Ausgleichszahlung verurteilt wurden. Dies betraf insbesondere Fälle, in denen die jeweilige Marke im streitgegenständlichen Vertragsgebiet bislang unbekannt oder nur wenig bekannt war und der Ausgleichsuchende erheblich zu ihrem Erfolg beitrug.[1240] Dabei wurde der Ausgleichsanspruch je nach Branche und sonstigen Umständen des Einzelfalls der Höhe nach mit zwischen 20 % und 30 % des Wertes desjenigen Schadensersatzes festgesetzt, den der gekündigte Vertragspartner bei Verstoß gegen die Kündigungsfrist erhalten hätte.[1241] Mit welcher Begründung die Rechtsprechung die Schadensersatzhöhe für die Nichteinhaltung der Kündigungsfrist als Richt- und Ausgangswert für eine Berechnung des Ausgleichsanspruchs herangezogen hat, lässt sich weder der einschlägigen Rechtsprechung noch der Literatur entnehmen. Letztere weist lediglich darauf hin, dass die Richter die Höhe des Ausgleichsanspruchs nach freiem Ermessen festsetzen dürften, solange sie dabei keinen Rechtsmissbrauch

---

1237 Vgl. Serebrinsky, LL 15.11.2016, 1.

1238 Rubín, MJ 2016, MJ-DOC-9911-AR/MJD9911, 1 (8).

1239 CNCom, Sala B, Urt. v. 31.10.2002 – Cigoper S.A. c. Massalín Particulares, Id SAIJ: FA02130740; CNCom, Sala B, Urt. v. 30.06.1983 – La Central de Tres Arroyos S.A. c/ Manufactura de Tabacos Particulares V.F. Greco S.A. y otros, J.A. 1983-III-590, in denen das Bestehen eines Ausgleichsanspruchs bejaht wurde.

1240 Vgl. CNCom, Sala B, Urt. v. 10.06.2004 – Godicer S.A. c/ Cervecería y Maltería Quilmes S.A.I.C.A. y G., Lexis Documento N° 70013782; CNCom, Sala B, Urt. v. 31.10.2002 – Cigoper S.A. c/ Massalín Particulares, Id SAIJ: FA02130740.

1241 Vgl. CNCom, Sala E, Urt. v. 04.05.2006 – Carosella, Juan c/ T.C.P. Telefónica Comunicaciones Personales S.A., Lexis Documento N° 11.40993.

oder Verstoß gegen zwingendes Recht begingen.[1242] Auffällig ist in diesem Zusammenhang, dass diese Rechtsprechung stets Fälle betrifft, in denen der Franchisegeber ein international agierendes Unternehmen bzw. ein multinationaler Konzern ist.[1243]

Lorenzetti war einer der ersten Befürworter eines Ausgleichsanspruchs zugunsten nicht nur des Handelsvertreters, sondern auch des Franchisenehmers.[1244] Seiner Auffassung nach stellt der Ausgleichsanspruch die sowohl in der Rechtsprechung als auch in der Praxis relevanteste Fragestellung im Vertriebsrecht dar, weshalb eine einheitliche und auf alle Vertriebsverträge anwendbare Regelung anzustreben sei, welche nach seiner Vorstellung in einem Allgemeinen Teil des Vertriebsrechts geregelt werden sollte.[1245]

Einen im argentinischen Recht als Meilenstein empfundenen Präzedenzfall bezüglich des Ausgleichsanspruchs eines Handelsvertreters stellt die Entscheidung „Solá, Andrés Valentín c. Diageo Argentina S.A. s/ ordinario" aus dem Jahr 2016 dar, in der das Gericht einen Ausgleichsanspruch, wenn auch unter Geltung alten Rechts, erstmalig im Grundsatz anerkannte.[1246] Mit dieser Entscheidung wird die Frage nach einem Ausgleichsanspruch zumindest für den Handelsvertreter eindeutig beantwortet. Diese Kehrtwende in der argentinischen Rechtsprechung[1247] ist im Hinblick auf den neu eingeführten Ausgleichsanspruch des Handelsvertreters gemäß Art. 1497 CCCN auch konsequent.

1242 Rubín, MJ 2016, MJ-DOC-9911-AR/MJD9911, 1 (9).

1243 Vgl. die entsprechende Kritik an der uneinheitlichen Rechtsprechung von Rubín, MJ 2016, MJ-DOC-9911-AR/MJD9911, 1 (8).

1244 Vgl. Lorenzetti, Tratado de los contratos, S. 582 ff.

1245 Vgl. Lorenzetti, Tratado de los contratos, S. 582 ff.

1246 CNCom, Sala D, Urt. v. 01.03.2016 – Solá, Andrés Valentín c. Diageo Argentina S.A. s/ ordinario, Boletín Jurisprudencial 2/2016, 27 ff. Besonders hervorzuheben ist dabei das Votum des Richters Dr. Heredia, der einer Abkehr von seiner eigenen bisherigen Rechtsauffassung zustimmt und eine Anpassung des Rechts auf Ausgleichszahlung in der heutigen Zeit für unumgänglich hält.

1247 Der oben genannten Rechtsprechung folgten, einen Ausgleichsanspruch zugunsten des Handelsvertreters ebenfalls bejahend, bereits weitere Entscheidungen, siehe z.B.: CNCom, Sala D, Urt. v. 01.09.2016 – Celularnet S.A. c/ Telecom Personal S.A., RCyS2017-III, 65. Zu beachten ist, dass auch dieser Entscheidung noch altes Recht zugrunde lag, da der streitgegenständliche Handelsvertretervertrag altem Recht unterlag und noch vor Inkrafttreten des CCCN gekündigt worden war.

Fraglich ist jedoch, ob auch einem Franchisenehmer ein solcher Ausgleichsanspruch in Zukunft zustehen wird. Der CCCN sieht diesbezüglich keine Regelung vor.

Vor Inkrafttreten des CCCN wurde ein Ausgleichsanspruch des Franchisenehmers einheitlich abgelehnt.[1248] Eine Ausnahme wurde lediglich für die sehr seltenen Fälle gemacht, in denen das Franchisesystem und die Franchisemarke auf dem einschlägigen Markt im Vorfeld gänzlich unbekannt waren und der Franchisenehmer diesem zu großem Erfolg verhalf, oder wenn der Franchisenehmer den Kundenstamm des Franchisegebers nachweisbar erheblich erweiterte.[1249] In der Praxis war der Nachweis einer solchen wirtschaftlich deutlich ins Gewicht fallenden Erweiterung des Kundenstamms jedoch äußerst schwer, weshalb kaum Fälle bekannt sind, in denen ein solcher Ausgleich tatsächlich zugesprochen wurde.[1250] So wurde bspw. in der Rechtssache „Domogas SACel c/ Agip Gas SA s Ordinario"[1251] entschieden, dass der Franchisenehmer durch die erhaltenen Gewinne und den im Zusammenhang mit der Vertragskündigung zugesprochenen Schadensersatz bereits hinreichend entschädigt sei. Demnach müsse der Franchisenehmer schon bei Vertragsabschluss mit dem jedem Vertrag immanenten Risiko einer vorzeitigen Vertragsbeendigung rechnen. Damit gehe denknotwendig der Verlust der neu gewonnenen Kunden einher, sofern der Vertrag keine anderslautende Bestimmung enthalte.[1252]

Weiterhin wurde argumentiert, die Kaufentscheidung der Kunden beruhe lediglich auf dem guten Ruf der i.d.R. bereits erfolgreich etablierten Marke und sei nicht auf die Leistung des einzelnen Franchisenehmers zurückzuführen.[1253]

1248 Molina Sandoval, Revista de Derecho de Daños, 113 (148); vgl. Insúa, D&G Nov. 2002, 1075 (1100).

1249 Molina Sandoval, Revista de Derecho de Daños, 113 (148); Insúa, D&G Nov. 2002, 1075 (1100).

1250 Vgl. Molina Sandoval, Revista de Derecho de Daños, 113 (148 f.).

1251 Vgl. CNCom, Sala B, Urt. v. 10.08.1989 – Domogas SACel c/ Agip Gas SA s/ Ordinario (unveröffentlicht), ausführlich kommentiert in Zavalía, Cuaderno del Departamento de Derecho Comercial y de la Navegación 2000, S. 92.

1252 Vgl. CNCom, Sala B, Urt. v. 10.08.1989 – Domogas SACel c/ Agip Gas SA s/ Ordinario (unveröffentlicht), ausführlich kommentiert in Zavalía, Cuaderno del Departamento de Derecho Comercial y de la Navegación 2000, S. 92.

1253 Vgl. CNCom, Sala B, Urt. v. 10.08.1989 – Domogas S.A. c. AGIP Gas S.A. s/ Ordinario (unveröffentlicht), ausführlich kommentiert von in Zavalía, Cuaderno del Departamento de Derecho Comercial y de la Navegación 2000, S. 92; CNCom, Sala A, Urt. v. 26.04.2007 – MBT Argentina S.A. c. Instalaciones y Construcciones S.A, Lexis Documento N° 70039538.

Auch neue Kunden seien ausschließlich dem Erfolg des Franchisenetzwerks als Ganzem zu verdanken.[1254]

Zudem wurde teilweise angeführt, die neuen Kunden würden das Produkt oder die Dienstleistung nur erwerben, weil es in jedem Franchisebetrieb eine vergleichbare Leistung bedeute.[1255] Eine Ausgleichszahlung sei daher nur in Ausnahmefällen wie z.B. dem Fall einer Insolvenz des Franchisegebers oder einer bedeutenden Umsatzsteigerung seitens des Franchisenehmers bei zeitgleichem Image- oder Gewinnverlust des gesamten Franchisesystems denkbar.[1256] Diese Ansicht vermag schon insofern nicht zu überzeugen, als es widersprüchlich erscheint den Ausgleichsanspruch des Franchisenehmers vom Erfolg des Franchisesystems und somit indirekt vom Erfolg der restlichen Franchisenehmer abhängig zu machen, auf deren Realisation und Umsatz der Franchisenehmer keinen Einfluss haben kann. Darüber hinaus ist nicht ersichtlich, inwiefern der Kunde das Produkt oder die Dienstleistung lediglich motiviert durch den Bekanntheitsgrad der zugehörigen Franchisemarke erwerben soll, der Franchisenehmer hieran jedoch keinen Anteil haben soll. Unterstellt man einmal, die Tätigkeit des Franchisenehmers sei für den Erfolg und den Ruf des Franchisesystems ohne Bedeutung, so führt dies dazu, dass der Erfolg des gesamten Franchisesystems ausschließlich von einem geeigneten und bewährten Franchisekonzept abhänge und es auf die Umsetzung der Vorgaben im Einzelfall nicht ankäme. Dies kann nicht sachgerecht sein.

Gleichwohl ist ein Ausgleichsanspruch des Franchisenehmers auch nach Inkrafttreten des CCCN im Ergebnis abzulehnen. Dafür spricht zunächst die Existenz des Art. 1497 Abs. 1 CCCN, der einen Ausgleichsanspruch für den Handelsvertreter gesetzlich normiert.[1257] Daraus lässt sich schließen, dass dem Gesetzgeber die Möglichkeit eines Ausgleichsanspruchs zugunsten des Franchisenehmers bewusst gewesen sein muss, er von einer ausdrücklichen Regelung oder entsprechenden Gesetzesverweisung im Rahmen der Art. 1512 ff. CCCN aber dennoch absah.

1254 CNCom, Sala B, Urt. v. 11.04.1995 – Martínez y Perrota c/Esso SAPA, LL 1995-D-634.

1255 Marzorati, Sistemas de distribución comercial, S. 325.

1256 Marzorati, Sistemas de distribución comercial, S. 325.

1257 Im neuen CCCN regelt Art. 1497 Abs. 1 CCCN einen Ausgleichsanspruch zugunsten des Handelsvertreters für den Fall vor, dass der Handelsvertretervertrag beendet wird und der Handelsvertreter durch sein Handeln einen wichtigen Beitrag zur Umsatzsteigerung des Unternehmens geleistet hat. Gemäß Art. 1497 Abs. 3 CCCN wird die Höhe des Ausgleichs mangels vertraglicher Regelung gerichtlich festgesetzt, wobei er höchstens eine Jahresprovision nach Abzug von Ausgaben betragen darf.

Dagegen spricht zudem der Wortlaut des Art. 1518 lit. c) CCCN, wonach das Recht auf die Geschäftsverbindungen mit den Kunden, vorbehaltlich einer anderslautenden vertraglichen Abrede, dem Franchisegeber zusteht, ohne dass ein entsprechender Ausgleich durch den Franchisegeber zu leisten sei. Dies wird damit begründet, dass der Franchisegeber schließlich seine Marke und den Ruf des Franchisesystems aufs Spiel setze und dieses Risiko auch nach Vertragsbeendigung zu entschädigen sei.[1258]

Mit obiger Argumentation ist auch eine in der Literatur bisher kaum diskutierte analoge Anwendung des Art. 1497 CCCN auf den Franchisenehmer nach überzeugender Ansicht[1259] mangels Planwidrigkeit abzulehnen.

1258 Lorenzetti-Márquez/Calderón, CCCN, Art. 1518 Rn. III; vgl. Bun/Krüger/Milesi/Rueda, El Derecho 2013, 253 (254 f.).

1259 Vgl. Llobera, in: Laferriere (Hrsg.), Análisis del proyecto de nuevo CCC UCA, S. 451 f. Für eine Analogie spricht sich hingegen im Ansatz Rubín, MJ 2016, MJ-DOC-9911-AR/MJD9911, 1 (11) aus.

Kapitel 5 Rechtsvergleichende Zusammenfassung und Würdigung der Ergebnisse

A. Die Rahmenbedingungen

I. Die unterschiedlichen Entwicklungsstadien des Franchisings in beiden Ländern

Das Franchising hat sich sowohl in Deutschland als auch in Argentinien als moderne Vertriebsform etabliert, wenngleich es in Deutschland auf eine längere Erfolgsgeschichte zurückblickt als in Argentinien. Seine Bedeutung ist in beiden Ländern nach wie vor groß. Dennoch lassen sich in der argentinischen Volkswirtschaft im Vergleich zur deutschen relativ gesehen höhere Wachstumsraten verzeichnen. Die unterschiedlich stark schwankenden ökonomischen Rahmenbedingungen beider Länder in den vergangenen Jahrzehnten ermöglichten zum einen, dass sich das Franchising in Deutschland rasch als moderne Vertriebsform etablierte und sich die überwiegende Anzahl der Franchisesysteme heutzutage in einer Konsolidierungsphase befindet. Demgegenüber beflügelten die erneute Öffnung der Märkte und damit auch der neue Zugang für ausländische Firmen die argentinische Franchisewirtschaft erst kürzlich wieder. Gepaart mit einer bemerkenswerten Expansion etablierter argentinischer Franchisesysteme in die benachbarten Länder, nicht zuletzt aufgrund der vorteilhaften Bedingungen des Binnenmarktes Mercosur, befindet sich das argentinische Franchising auf deutlichem Wachstumskurs.

Widmet man sich dem Studium des Franchiserechts in Argentinien, kommt man nicht umhin festzustellen, dass die sich stetig ändernde wirtschaftliche, aber auch rechtliche Lage eines der größten Hindernisse für den Rechtsanwender darstellt. Dies wird nicht zuletzt durch die neuen Entwicklungen zum CCCN verstärkt. Es bleibt somit abzuwarten, wie sich das Franchiserecht unter Geltung der Art. 1512 ff. CCCN entwickeln wird.

II. Die Definition des Franchisings

Vergleicht man die in Deutschland vorhandenen Definitionen des Franchisings mit der argentinischen Legaldefinition in Art. 1512 Abs. 1 CCCN, so lässt sich eine gewisse Ähnlichkeit im Hinblick auf die Tatbestandsvoraussetzungen der „Know-how-Übermittlung" und der „Franchisegebühr" feststellen. Beide

Rechtsordnungen verstehen das Franchising als ein auf gegenseitiger Kooperation und fortlaufender Unterstützung basierendes Vertriebssystem.

Gemeinsam ist beiden Rechtsordnungen auch das Verständnis von Franchising als Vertriebsform, bei der ein Franchisegeber Image, Geschäftskonzept, Ausbildungsmöglichkeiten, betriebswirtschaftliche Beratung und Einkaufsvorteile in die Partnerschaft einbringt, wohingegen der Franchisenehmer die für den Erfolg ebenso notwendigen Faktoren, wie z.B. Startkapital, unternehmerische Initiative, Arbeitsleistung und gegebenenfalls Kenntnis der lokalen Marktgegebenheiten beisteuert.[1260]

Unterschiedlich strenge Maßstäbe gelten jedoch im Hinblick auf die Bewährung des Franchisekonzepts. Während das deutsche Recht lediglich ein „etabliertes Geschäftskonzept" fordert, ohne dies näher zu konkretisieren, verpflichtet das argentinische Recht den Franchisegeber dazu, dem Franchisenehmer die Bewährung des Franchisesystems mittels wirtschaftlicher und finanzieller Informationen über die geschäftliche Entwicklung der letzten zwei Jahre vor Vertragsabschluss vorzulegen.

III. Der rechtliche Regelungsrahmen und die Rechtsnatur

1. Gesetzliche Regelungen

Das Franchising ist in Deutschland bis heute nicht gesetzlich geregelt. Anstelle eines speziellen Gesetzes dienen – neben der einschlägigen Rechtsprechung - insbesondere die Verhaltenskodexe als Richtlinie.

Demgegenüber ist Argentinien das erste lateinamerikanische Land mit eigenen gesetzlichen Bestimmungen zum Franchiserecht, wenn man einmal von einzelnen Regelungen zur vorvertraglichen Aufklärung in einigen benachbarten Ländern, wie z.B. Brasilien[1261], absieht.[1262] Das Franchising wurde dort in den Art. 1512-1524 CCCN kodifiziert. Gleichwohl darf die Einführung der Art. 1512 ff. CCCN und somit die Typizität des Franchisings nicht darüber hinwegtäuschen, dass die rechtliche Beurteilung des Franchisevertrages auch nach neuem Recht nach wie vor schwierig ist. So ist die Anwendung der Art. 1512 ff. CCCN im Einzelnen ungeklärt. Ferner gibt es bislang kaum einschlägige Rechtsprechung zum neuen Franchiserecht. Dies liegt in erster Linie an der im Vergleich zu Deutschland sehr langen durchschnittlichen

---

1260 Vgl. zur deutschen Rechtslage Pauli, S. 10.

1261 Vgl. brasilianisches Gesetz Nr. 8955/95.

1262 Marzorati, RCCyC Febrero 2016, 52.

Verfahrensdauer vor argentinischen Handelskammern.[1263] Zwar wurden seit Inkrafttreten des CCCN im August 2015 zahlreiche Franchiseverträge nach neuem Recht geschlossen, diese sind jedoch kaum veröffentlicht und waren bislang nur selten Gegenstand handelsrechtlicher Rechtsstreitigkeiten.

Bemerkenswert ist indes die Tatsache, dass sich die Literatur und Praxis zwischenzeitlich weiterhin der Lehre und Rechtsprechung zum alten Recht bedient, sofern das Gesetz nicht ausdrückliche Abweichungen hiervon vorsieht.[1264] Wenngleich es in Argentinien nunmehr gesetzliche Regelungen zum Franchising gibt, ist – jedenfalls zum jetzigen Entwicklungsstand – damit nur teilweise eine höhere Rechtssicherheit verbunden.

Es bleibt abzuwarten, wie die neuen Artikel die Rechtsentwicklung und insbesondere die künftige Gestaltung von Franchiseverträgen in Argentinien prägen werden. In diesem Zusammenhang darf jedenfalls nicht verkannt werden, dass das neue Recht nicht etwa eine „bloße Kopie"[1265] europäischer Rechtsordnungen verkörpert, sondern eigene Lösungen unter Berücksichtigung der Besonderheiten der argentinischen Rechtskultur aufweist.

2. *Die Vorgaben der Verhaltenskodexe für Franchising als Soft Law*

Eine rechtsvergleichende Untersuchung von Franchiseverträgen wäre unvollständig, berücksichtigte sie nicht auch die Verhaltenskodexe der jeweiligen Franchiseverbände. Untersucht man die Verhaltenskodexe der EFF, des DFV e.V. und der AAMF, stellt man große Ähnlichkeiten bei den die Organisation und den Betrieb von Franchise betreffenden Verhaltensregeln und Geschäftsgrundsätzen fest. Dies überrascht kaum, ist doch der Ethikkodex des DFV e.V. auf Basis desjenigen der EFF entstanden. Ferner stimmen die verfolgten Ziele, einheitliche und verbindliche Standards für Franchiseunternehmen zu schaffen und die Pflichten der Franchiseparteien zu vereinheitlichen, überein. Außerdem orientieren sich

---

1263 Vgl. https://www.argentina.gob.ar/noticias/entre-rios-una-justicia-civil-mas-efectiva-y-cercana-los-usuarios, zuletzt abgerufen am 30.06.2019.

1264 Zannoni/de Vidal/Zunino/Shina/Ramos-Kemelmajer de Carlucci, Einl. S. 3.

1265 Vgl. Kleinheisterkamp, in: Reimann/Zimmermann (Hrsg.), The Oxford handbook of comparative law, S. 292; diese Sichtweise wird auch von David/Brierley, S. 76 als „gross oversimplification" kritisiert, wobei sie sich darauf beschränken wollen, die lateinamerikanischen Rechtsordnungen als den „kontinentaleuropäischen ähnlich" zu bezeichnen; es handele sich vielmehr um „mixed legal systems"; Schmidt, in: Momberg/Vogenauer (Hrsg.), The Future of Contract Law in Latin America, S. 58 f.

alle Verhaltenskodexe an dem UNIDROIT Model Franchise Disclosure Law, auf welches nachfolgend eingegangen werden wird.

Es darf jedoch nicht verkannt werden, dass die Verhaltenskodexe der Franchiseverbände keinen Gesetzesrang genießen und folglich lediglich die eigenen (nationalen) Mitglieder binden. Eine Pflicht für Franchiseparteien, den Franchiseverbänden beizutreten und den Regeln der Verhaltenskodexe somit zwingend Folge zu leisten, besteht nicht. Ebenso steht der einzelnen Partei bei Verstoß gegen die Kodexe kein Anspruch, z.B. auf Schadensersatz, zu.[1266]

Für Argentinien dürfte die Bedeutung des Verhaltenskodex der AAMF in Zukunft eher abnehmen, da die Art. 1512 ff. CCCN bereits einige wesentliche Inhalte desselben übernommen haben und somit zu erwarten ist, dass sich die Vertragspraxis in erster Linie an den speziellen Franchiseregelungen und der zukünftig hierzu ergehenden Rechtsprechung orientieren wird. Anders ist dies in Deutschland, wo eine Kodifikation des Franchiserechts zwar in letzter Zeit wieder vermehrt diskutiert wird, ein spezielles Franchisegesetz jedoch bisher nicht existiert und auch nicht unmittelbar bevorsteht. Demzufolge wird den Verhaltenskodexen des DFV e.V. und des EFF nach wie vor richtunggebende Wirkung zukommen.

3. *Die Rechtsnatur*

Die starke Zurückhaltung des deutschen Gesetzgebers im Hinblick auf eine Kodifizierung des Franchisings und die fehlende höchstrichterliche Zuordnung des Franchisevertrages unter einen einzelnen Vertragstypus haben dazu geführt, dass die Rechtsnatur des Franchisevertrages in der Literatur seit mehreren Jahren streitig ist. Diese Diskussion ist auch heute noch von großer Bedeutung, weil ihre Antwort bestimmt, welche Normen auf das Zustandekommen, die Durchführung sowie die Behandlung von Leistungsstörungen oder die Abwicklung anzuwenden sind. Bei dem Versuch, den Franchisevertrag juristisch zu erfassen und einer rechtlich adäquaten Behandlung zuzuführen, stehen sich unterschiedliche Rechtsauffassungen gegenüber. Während einige Stimmen in der Literatur den Franchisevertrag als Lizenzvertrag verstanden wissen wollen, sehen ihn andere als Gesellschaftsvertrag an. Andere Stimmen betonen hingegen, dem Franchisevertrag sei ein pachtrechtliches Element i.S.v. § 581 Abs. 1 BGB insofern immanent, als der Gebrauch des Gegenstandes – namentlich des Knowhows – im Vordergrund stehe.[1267] Demgegenüber argumentieren andere, die

1266 Vgl. Froehlich, S. 207.
1267 Vgl. Canaris, Handelsrecht, § 18 Rn. 17.

Pflicht des Franchisenehmers zur Konzeptanwendung und Systemförderung bei dem vertikalen Absatzsystem habe geschäftsbesorgungs- und dienstvertraglichen Charakter i.S.d. §§ 675 Abs. 1, 611 BGB, da sie (auch) den Interessen des Franchisegebers zu dienen bestimmt ist und nicht die Herbeiführung eines Erfolgs, sondern die bloße Vornahme einer Tätigkeit zum Gegenstand habe.[1268]

Zu befürworten ist im Ergebnis allerdings eine Einordnung als typengemischter Vertrag, da sie den besonderen Bedürfnissen des Franchisevertrages am ehesten Rechnung trägt. Der Franchisevertrag enthält – je nach Gestaltung im Einzelfall – eine Kombination von geschäftsbesorgungs-, dienst-, pacht- oder mietvertraglichen Elementen. Eine Zuordnung zu lediglich einem einzelnen der vorgenannten Vertragstypen würde der Kombination der unterschiedlichen Leistungselemente nicht gerecht werden. Der von einigen Stimmen in der Literatur vertretenen Lizenztheorie ist entgegenzuhalten, dass das dem Franchising wesensimmanente Geschäftskonzept bzw. Franchisesystem als Idee schon kein lizenzfähiges Gut darstellt. Ferner soll der Franchisenehmer nicht lediglich an einer Idee partizipieren, sondern aktiv an deren Gestaltung und Weiterentwicklung mitarbeiten. Eine Einordnung als BGB-Gesellschaft scheitert bereits daran, dass die Franchiseparteien das Ziel der Gewinngenerierung einzeln zu erreichen versuchen, insbesondere der Franchisenehmer den Franchisegeber für die von ihm erbrachten Leistungen bezahlt. Ferner hat der Franchisevertrag zwar oftmals pacht- und/oder mietvertragliche Elemente, dies darf jedoch nicht dazu führen, den gesamten Franchisevertrag einem dieser Vertragstypen zuzuordnen, da anderenfalls die über die Gebrauchsüberlassung hinausgehenden Verpflichtungen der Franchiseparteien wie z.B. die Systemförderung oder die Unterstützungspflicht des Franchisegebers unberücksichtigt blieben.

Folglich wird die aufgrund der vielfältigen Leistungskomponenten des Franchisings notwendige Flexibilität nur dann erreicht, wenn man den Franchisevertrag als typengemischten Vertrag versteht und ihn – je nach betroffener Leistung im Einzelfall – unterschiedlichen Normen zuordnen kann. Im Rahmen einer Untersuchung der rechtlichen Normen, die für den Franchisevertrag nach deutschem Recht Geltung beanspruchen können, muss im Einzelfall und je nach Schwerpunkt auf die Normen anderer Vertragstypen zurückgegriffen werden.

Vergleicht man diese in Deutschland geführte Diskussion betreffend die Rechtsnatur des Franchisevertrages mit der Rechtslage in Argentinien, so stellt man unschwer fest, dass diese Frage mit Inkrafttreten der speziellen Franchiseregelungen in den Art. 1512 ff. CCCN obsolet geworden ist. Die uneinheitliche

1268 Vgl. MüKo BGB-Harke, § 581 Rn. 28f.

und zum Teil widersprüchliche Rechtsprechung der argentinischen Gerichte machte es dem Rechtsanwender in der Vergangenheit äußerst schwer Franchiseverträge rechtssicher zu gestalten. Hinzu kam die Tatsache, dass die Frage nach der Rechtsnatur des Franchisevertrages auch in Argentinien nicht einheitlich beantwortet wurde. Vielmehr wurde dieser Vertragstyp in der argentinischen Literatur einerseits als Lizenzvertrag, andererseits als Konzessionsvertrag oder aber als atypischer Vertrag verstanden. Diese Rechtsunsicherheit und die Tatsache, dass auch keine Entscheidungen des Obersten Gerichtshofs der Republik Argentinien zur Rechtsnatur dieses Vertragstyps vorlagen, begründen das Bedürfnis nach einer spezialgesetzlichen Regelung, dem die Art. 1512 ff. CCCN nunmehr Rechnung tragen sollen.

IV. Die unterschiedlichen Erscheinungsformen

Vergleicht man die verschiedenen Franchisearten in beiden Ländern, so stellt sich heraus, dass die gesetzgeberische Zurückhaltung des deutschen Gesetzgebers auf dem hiesigen Franchisemarkt der Entwicklung verschiedener Franchisearten keineswegs abträglich war. Beiden Staaten ist zunächst eine Unterscheidung zwischen Vertriebs-, Dienstleistungs- und Produktfranchising gemeinsam. Diese Differenzierung besteht in Argentinien auch nach Inkrafttreten des CCCN fort, wenngleich sie nicht legaldefiniert ist.[1269] Nach übereinstimmendem Rechtsverständnis beschränkt sich der Franchisenehmer beim Vertriebsfranchising auf den Vertrieb und die Vermarktung der Waren des Franchisegebers, wohingegen er beim Produktfranchising die Ware selbst herstellt und der Franchisegeber seinen Beitrag auf die Vermittlung des erforderlichen Know-hows und die technische Unterstützung beschränkt. Demgegenüber wählen die Parteien ein Dienstleistungsfranchising, wenn der Franchisenehmer lediglich eine Tätigkeit schuldet und keinen bestimmten Erfolg erzielen muss.

Während in Deutschland zusätzlich entsprechend der internen Weisungsstruktur zwischen Subordinations- und Partnerschaftsfranchising unterschieden wird, legt der argentinische Gesetzgeber in Art. 1513 lit. a) und b) CCCN einen Schwerpunkt auf die gesetzlich definierten Sonderformen des Großhandels- und Entwicklungsfranchisings. Das in Deutschland gebräuchliche Konzept des Partnerschaftsfranchisings ist in Argentinien gesetzlich nicht vorgesehen und auch in der Praxis kaum anzutreffen. Dies lässt sich damit erklären, dass man beim Franchising stets ein von einer Weisungsunterworfenheit des Franchisenehmers

1269 Vgl. Pisani, S. 163 f.

geprägtes Unterordnungsverhältnis unterstellt und keine partnerschaftliche Zusammenarbeit auf Augenhöhe.

B. Das Zustandekommen des Franchisevertrages

Sowohl dem argentinischen als auch dem deutschen Recht liegt das Verständnis zugrunde, dass der Einzelne seine Rechtsverhältnisse selbständig und nach eigenem Willen durch Rechtsgeschäft gestalten können muss. Beide Rechtsordnungen gewährleisten somit die Möglichkeit der Franchiseparteien ihre Rechtsbeziehungen, innerhalb bestimmter Grenzen, einvernehmlich und für beide Seiten verbindlich zu regeln.

I. Die Vertragsparteien, Angebot und Annahme

Im Hinblick auf die Wahl des Vertragspartners ist beiden Rechtsordnungen gemeinsam, dass diese stets frei erfolgen kann und sowohl natürliche als auch juristische Personen als Vertragspartner in Betracht kommen. Weiterhin bedarf es in beiden Staaten zum wirksamen Zustandekommen eines Franchisevertrages zwei übereinstimmender Willenserklärungen. Dies verwundert insofern nicht, als das argentinische Zivilrecht – zumindest in seinen Ursprüngen – durch eine starke kontinentaleuropäische Rechtsprägung gekennzeichnet war.

Angebot und Annahme eines Franchisevertrages richten sich in beiden Rechtsordnungen nach den allgemein auf den Vertragsschluss anwendbaren Vorschriften. Auch der CCCN sieht keine speziellen – von den allgemeinen Vorschriften der Art. 971 ff. CCCN abweichenden – Regelungen für das Angebot und die Annahme eines Franchisevertrages vor. Dies wäre im Übrigen auch widersprüchlich gewesen, beabsichtigte der Gesetzgeber doch eine einheitliche Regelung aller den Vertragsschluss im Allgemeinen betreffenden Regelungen für sämtliche Vertragstypen.[1270]

Große Übereinstimmungen zwischen beiden Rechtsordnungen lassen sich z.B. im Hinblick auf die Annahme oder den Widerruf eines Angebots feststellen. Im Vergleich auffallend ist dabei insbesondere die große Ähnlichkeit des den Zugang einer Willenserklärung regelnden Art. 974 CCCN mit den §§ 145, 147 BGB. Außerdem stimmt der das Wirksamwerden der Willenserklärung gegenüber Abwesenden betreffende Art. 975 CCCN inhaltlich weitestgehend mit § 130 Abs. 1 BGB überein. Diesbezüglich ist auch eine große inhaltliche

1270 Vgl. Arduino, El Derecho 2015, 1 (3 f.).

Übereinstimmung mit Art. 2.1.2, Art. 2.1.3 und Art. 2.1.4 UNIDROIT Principles of International Commercial Contracts (2016)[1271] erkennbar.

Trotz der weitestgehenden Übereinstimmung gibt es vereinzelte Unterschiede, wie bspw. der Umgang mit einer Geschäftsunfähigkeit oder einem Ableben des Antragenden vor der Annahme. Während das Zustandekommen eines Vertrages nach § 153 BGB dadurch nicht gehindert wird, ist das Angebot nach argentinischem Recht in einem solchen Fall hingegen wirkungslos.[1272]

II. Vorvertragliche Verhandlungen und Aufklärungspflichten

Größere Unterschiede lassen sich hingegen bei der rechtlichen Behandlung vorvertraglicher Aufklärungspflichten beider Franchiseparteien aufzeigen. Diese sind in beiden Rechtsordnungen für den rechtswirksamen und erfolgreichen Vertragsabschluss besonders relevant.

1. Vorvertragliche Verhandlungen

Für die Anbahnung eines idealtypischen Franchisevertrages ist es zunächst in beiden Ländern üblich, dass der Franchisenehmer den Franchisegeber und somit das System, in welches er einsteigen will, aussucht.

In Argentinien sind die vorvertraglichen Verhandlungen im Allgemeinen in den „tratativas contractuales" (wörtlich: vertragliche Verhandlungen) gemäß Art. 990 bis 993 CCCN geregelt. Zu Recht wird die missverständliche Titulierung dieser Artikel als Vertragsverhandlungen von der Literatur beanstandet, handelt es sich doch inhaltlich ausschließlich um vorvertragliche Vertragsverhandlungen und Vertragsanbahnungen. Besonders hervorzuheben ist die Tatsache, dass die Haftung im Zusammenhang mit vorvertraglichen Vertragsverhandlungen gemäß Art. 990 ff. CCCN neben der Haftung wegen vorzeitigen Abbruchs der Vertragsverhandlungen auch die Haftung wegen der Verletzung von Geheimhaltungspflichten erfasst.[1273] Trotzdem werden die erstmalige gesetzliche Verankerung vorvertraglicher Verhandlungen und damit die Begründung eines Schuldverhältnisses überwiegend begrüßt.

1271 Abrufbar unter: https://www.unidroit.org/english/principles/contracts/principles2016/principles2016-e.pdf, zuletzt abgerufen am 30.06.2019.

1272 Borda, Kap. 2 § 2 Rn 48.

1273 Lorenzini, in: Richard/ Raisberg/ Mozzi/ Calgano/ Papa (Hrsg.), Unificación del Código Civil y Comercial, S. 147.

Vergleicht man die Art. 990 ff. CCCN mit den deutschen Regelungen in den §§ 311 Abs. 2, 241 Abs. 2 BGB, so ist eine gewisse Parallelität unverkennbar. So sind die Franchiseparteien nach beiden Rechtsordnungen bis zum Vertragsabschluss in ihren Entschließungen grundsätzlich frei. Eine Ersatzpflicht besteht nur, wenn eine der Parteien die Verhandlungen grundlos abbricht oder vereitelt. Begrüßenswert ist die restriktive Handhabung der Rechtsprechung mit der Bejahung solcher Schadensersatzansprüche wegen unberechtigten Vertragsabbruchs gemäß Art. 991 S. 2 CCCN nach argentinischem und gemäß §§ 311 Abs. 2, 241 Abs. 2, 280 Abs. 1, 249 BGB nach deutschem Recht, wodurch der Grundsatz der Privatautonomie in beiden Staaten gewahrt wird.

2. *Vorvertragliche Aufklärungspflichten und ihre Verletzung de lege lata*

Die vorvertragliche Aufklärung des Franchisenehmers bildet in beiden Rechtsordnungen zweifelsohne einen Schwerpunkt der rechtlichen Behandlung des Franchisevertrages. Dies liegt nicht zuletzt daran, dass sich aus dem vorvertraglichen Schuldverhältnis mittlerweile das wichtigste Schutzinstrument für den Franchisenehmer ergibt.[1274] Einigkeit besteht in beiden Staaten dahingehend, dass zugunsten des Franchisegebers ein Wissens- und Informationsvorsprung besteht, der darauf zurückzuführen ist, dass dieser die Chancen und Risiken, die sich aus seinem Geschäftskonzept ergeben, besser einschätzen kann. Während der Franchisegeber regelmäßig ein erprobtes und mehrfach verwendetes Franchisekonzept offeriert, kann der Franchisenehmer meist keine oder nur eine geringe Erfahrung mit dem Franchising im Allgemeinen und dem einzelnen Franchisekonzept im Besonderen vorweisen. Keine Zweifel bestehen daher im Hinblick auf die grundsätzliche Bejahung der Aufklärungspflicht des Franchisegebers zur Vermeidung nicht hinnehmbarer Informationsdisparitäten.

a) *Die Pflicht zur vorvertraglichen Aufklärung und ihr Umfang im Einzelfall*

Weder das BGB noch das HGB enthalten bis heute eine spezielle Regelung zur vorvertraglichen Aufklärungspflicht des Franchisegebers. Mangels spezieller gesetzlicher Regelungen werden die vorvertraglichen Aufklärungspflichten des Franchisegebers in Deutschland aus § 241 Abs. 2 BGB hergeleitet und seit Jahren umfassend durch die Rechtsprechung geprägt. Anders ist dies jedoch im

---

1274 Canaris, Handelsrecht, § 18 Rn. 62.

argentinischen Franchiserecht, wo Art. 1514 lit. a) CCCN nunmehr den gesetzlichen Ausgangspunkt für die Bestimmung vorvertraglicher Aufklärungspflichten des Franchisegebers bildet.

Zwar war das Rechtsinstitut der c.i.c. in beiden Ländern auch in der Vergangenheit bereits bekannt, doch wurde das Vorhandensein vorvertraglicher Pflichten und insbesondere die Bejahung von Schadensersatzansprüchen infolge von deren Verletzung in der argentinischen Rechtsprechung wesentlich zurückhaltender beurteilt als in der deutschen.[1275] Bemerkenswert ist in diesem Zusammenhang die bisher von der argentinischen Rechtsprechung im Hinblick auf die Bezifferung des Schadensersatzes vorgenommene Differenzierung nach dem Fortschritt der Vertragsverhandlungen.

Mit dem Erlass des Art. 1514 lit. a) CCCN trägt der Gesetzgeber der in den letzten Jahren auftretenden starken Zunahme an Rechtsstreitigkeiten betreffend die vorvertraglichen Aufklärungspflichten Rechnung und versucht der uneinheitlichen Rechtsprechung hierzu Abhilfe zu schaffen. Demnach ist der Franchisegeber nunmehr verpflichtet, dem Franchisenehmer vor Vertragsabschluss sämtliche finanziellen und betriebswirtschaftlichen Informationen über die Entwicklung vergleichbarer Franchisebetriebe des Franchisesystems innerhalb der letzten zwei Jahre zur Verfügung zu stellen. Dem Franchisenehmer soll aufgrund der ihm übermittelten Informationen eine bessere Entscheidungsgrundlage vorliegen, um mögliche Vorteile und Risiken eines entsprechenden Vertragsschlusses besser abwägen zu können.[1276]

Zweifel bestehen jedoch bislang im Hinblick auf die im Einzelnen vom Franchisegeber vorzulegenden Informationen zur finanziellen und wirtschaftlichen Entwicklung. Ungeklärt ist auch die Art und Weise der Übermittlung. Den wenigen bisher hierzu vorhandenen Stellungnahmen[1277] ist jedenfalls dahingehend zuzustimmen, dass sich die geschuldeten Informationen zumindest auf die seitens der vergleichsweise herangezogenen Franchisenehmer getätigten Investitionen, die insbesondere zu Beginn anfallenden Zahlungen sowie die wesentlichen aus dem Franchisehandbuch hervorgehenden Pflichten erstrecken sollen. Anderenfalls kann der Zweck des Art. 1514 lit. a) CCCN, dem Franchisenehmer eine ausreichende Entscheidungsgrundlage zu geben, nicht sachgerecht erfüllt

1275 CNCom, Sala A, Urt. v. 12.04.2007 – Coy, Julio R. y otros c. Coopers & Lybrand Harteneck L. y Cía y otra, Lexis N° 35011258; vgl. CNCom, Sala D, Urt. v. 02.03.2010 – Bunker Diseños S.A. c. IBM Argentina S.A., LL 3.6.10.

1276 Vgl. Herrera/Carmelo/Picasso-Chomer/Sícoli, CCCN, Art. 1514, S. 221.

1277 Rubín, Contratos de comercialización, Tomo II, Kap. II Rn. 4.3.10.

werden und die Norm würde im Ergebnis leerlaufen. In der Praxis lässt sich bereits jetzt feststellen, dass die Aushändigung eines Franchiseprospektes an den Franchisenehmer zwecks Einhaltung der Pflichten aus Art. 1514 lit. a) CCCN zunehmend gebräuchlicher wird. Gleichwohl ist zu hoffen, dass die argentinische Rechtsprechung die Voraussetzungen des Art. 1514 lit. a) CCCN und deren Umfang zeitnah konkretisiert.

Den strengen Anforderungen des zwingenden Art. 1514 lit. a) CCCN steht der deutsche Lösungsweg über die richterliche Rechtsfortbildung gegenüber. Die deutsche Rechtsprechung hat bereits in der Vergangenheit detailreich und umfassend zur vorvertraglichen Aufklärungspflicht des Franchisegebers Stellung genommen.[1278] Sie zeichnet sich durch die Bildung immer neuer Fallgruppen und einem stets stärker betonten Franchisenehmerschutz aus.[1279]

Eine im Zusammenhang mit der vorvertraglichen Aufklärung viel diskutierte Frage ist, ob eine vom Franchisegeber durchzuführende Standortanalyse Bestandteil der vorvertraglichen Aufklärungspflicht ist. Während dies in Deutschland von einigen Stimmen in der Literatur befürwortet wird,[1280] tendiert die neuere Rechtsprechung immer mehr dazu die Standortanalyse dem unternehmerischen Risiko des Franchisenehmers zuzuordnen.[1281] Strengere Anforderungen stellt die deutsche Rechtsprechung hingegen im Hinblick auf Umsatz- und Rentabilitätsprognosen, welche stets auf nachvollziehbaren Grundlagen beruhen und als Prognosen gekennzeichnet werden müssen.[1282] Entscheidend ist dabei jedoch, dass der Franchisegeber keine ins Detail gehende Rentabilitätsuntersuchung zur Verfügung stellen muss, sondern sich seine Obliegenheit darauf beschränkt, dem Franchisenehmer eine eigene Wirtschaftlichkeitsprüfung auf Grundlage richtiger und vollständiger Unterlagen zu ermöglichen.[1283] In diesem Zusammenhang

1278 Vgl. OLG München, Urt. v. 24.04.2001 – 5 U 2180/00, BB 2001, 1760; OLG München, Urt. v. 17.11.1996 – 24 U 63/95, NJW-RR 1997, 814.

1279 Vgl. OLG Hamm, Urt. v. 22.12.2011 – I-19 U 35/10, ZVertriebsR 2012, 177; OLG Düsseldorf, Urt. v. 25.10.2013 – I-22 U 62/13, ZVertriebsR 2014, 46.

1280 Klein, S. 52; Metzlaff-Becker, § 11 Rn. 244.

1281 OLG Schleswig-Holstein, Beschl. v. 22.01.2008 – 1 W 27/07, juris Rz. 12; Martinek/Semler/Flohr-Flohr – Handbuch des Vertriebsrechts, § 30 Rn. 60; vgl. Erdmann, in: Flohr (Hrsg.), Franchising im Wandel, S. 65.

1282 Vgl. OLG Frankfurt a.M., Urt. v. 12.05.2011 – 22 U 181/08, ZVertriebsR 2012, 51; OLG München, Urt. v. 24.04.2001 – 5 U 2180/00, BB 2001, 1761 f; OLG München, Urt. v. 17.11.1996 – 24 U 63/95, NJW-RR 1997, 814; Küstner/Thume-Schröder, Handbuch Vertriebsrecht Bd. 3, S. 441.

1283 Vgl. OLG Düsseldorf, Urt. v. 18.02.2004 – VI-U (Kart) 42/02, juris Rz. 33 f.; Emde, Vertriebsrecht, Vor § 84 Rn. 436; zur Haftung des Sachwalters bei der Erstellung

wird in der deutschen Literatur viel Wert darauf gelegt, den Franchisegeber nicht als Existenzgründungsberater zu betrachten. Dies überzeugt, würde der Pflichtenumfang des Franchisegebers anderenfalls doch zweckwidrig überspannt und der Franchisevertrag zugleich zweckentfremdet.

Nach argentinischem Recht obliegt sowohl die Standortanalyse als auch die Rentabilitätsprüfung vollständig dem Franchisenehmer, so dass sich die Pflicht des Franchisegebers, wohl eindeutiger als im deutschen Recht, auf die Überlassung richtiger, vollständiger und nachvollziehbarer Unterlagen der letzten zwei Jahre zur Wirtschaftlichkeitsprüfung beschränkt. Kritisch bleibt in Argentinien aber die Tatsache, dass der Franchisegeber stets angehalten sein wird, Informationen derjenigen Franchisebetriebe seines Systems vorzulegen, die die größten Erfolge aufweisen, und dies sowohl Betriebe im Inland als auch im Ausland betreffen kann. Dadurch verbleibt ein gewisses Risiko, dass der Franchisenehmer einen verschönten Einblick in die wirtschaftlichen Verhältnisse erhält. Die Auslegung der konkreten Informationsbeschaffenheit sowie der genaue Umfang der vom Franchisegeber zu gewährenden Informationen und das Thema einer „Umgehung“ des Art. 1514 lit. a) CCCN wird die argentinischen Gerichte in Zukunft beschäftigen.

In der Zusammenschau ist auffällig, dass in beiden Rechtsordnungen, unabhängig davon, ob sie eine spezialgesetzliche Regelung enthalten oder auf einen Selbstregulierungsmechanismus[1284] vertrauen, Probleme entstehen, die durch die Judikatur oder die Rechtswissenschaft aufgenommen und einer Lösung zugeführt werden oder werden müssen. Resümierend zeugt die Rechtslage zur vorvertraglichen Aufklärung in beiden Ländern vom Willen, den Franchisenehmer zu schützen. Dies ist im Hinblick auf die in den vergangenen Jahren bestehende Informationsasymmetrie zu begrüßen. Es ist zu erwarten, dass sich diese Tendenz in Zukunft fortsetzen wird. Dieser verstärkte Schutz des Franchisenehmers darf jedoch nicht dahingehend missverstanden werden, dass der Franchisenehmer mit Abschluss des Vertrags keine unternehmerischen Risiken übernimmt und diese vollständig vom Franchisegeber getragen werden sollen.

---

einer Standortanalyse vor Abschluss eines Franchisevertrages siehe auch BGH, Urt. v. 12.11.2003 – VIII ZR 268/02, MDR 2004, 448; differenzierend Giesler/Güntzel, ZIP 2013, 1264 (1267), wonach sich derjenige, der um den Verhandlungspartner die Vorteile des Franchisesystems zu verdeutlichen, die Auswertung des Datenmaterials eigenhändig vornimmt und Werturteile oder Rückschlüsse daraus zieht, sich bei deren Unrichtigkeit auch daran festhalten lassen muss.

1284 Vgl. Gesmann-Nuissl, S. 541.

Der Franchisenehmer ist selbständiger Unternehmer und gerade kein abhängiger Arbeitnehmer.[1285]

Sachgerecht erscheint die deutsche Rechtsordnung insofern, als sie im Gegensatz zur argentinischen keine Informationen über einen pauschalisierten Zeitraum der letzten zwei Jahre verlangt, sondern eine stärkere Einzelfallbetrachtung vornimmt und dadurch zu differenzierteren Lösungen gelangt. Eine solche Einzelfallfokussierung geht allerdings auch mit einer größeren Rechtsunsicherheit einher. So ist die im deutschen Recht u.U. vorgenommene „Abstufung" des Umfangs der vorvertraglichen Aufklärungspflichten in Abhängigkeit von der Geschäftserfahrenheit des Franchisenehmers insbesondere im Fall von Existenzgründern schwierig und kann leicht zu Rechtsunsicherheit führen. Zudem kann die dem Franchisenehmer obliegende Pflicht, sich selbst über vertragswesentliche Umstände zu informieren, im Einzelfall schwierig zu bestimmen sein. Vor diesem Hintergrund stellt sich die Frage, ob eine gesetzliche Regelung der vorvertraglichen Aufklärungspflicht des Franchisegebers de lege ferenda nicht wünschenswert wäre. Hierauf wird im Rahmen der folgenden Kodifikationsüberlegungen einzugehen sein.

b) Die Verletzung der vorvertraglichen Aufklärungspflicht

Ein Verstoß des Franchisegebers gegen seine Aufklärungspflicht stellt ein erhebliches Haftungsrisiko für diesen dar. Der Franchisegeber haftet in beiden Rechtsordnungen für vorsätzliche oder grob fahrlässige aktive Falschinformationen.

Verstößt der Franchisegeber gegen seine vorvertragliche Aufklärungspflicht, steht dem Franchisenehmer in Deutschland nach § 314 BGB ein fristloses Kündigungsrecht zu. Zugleich kann er, sofern ein arglistiges Verhalten vorliegt, neben Schadensersatzansprüchen aus c.i.c. auch solche nach § 823 Abs. 2 BGB i.V.m. § 263 StGB sowie gegebenenfalls aus § 826 BGB geltend machen.

Vor dem Hintergrund der strengen Anforderungen des Art. 1514 lit. a) CCCN an die vorvertragliche Aufklärung durch den Franchisegeber verwundert es umso mehr, dass das argentinische Recht dem Franchisenehmer für die Geltendmachung einer Verletzung von vorvertraglichen Aufklärungspflichten praktisch wenig Raum lässt. Widersprüchlich ist in diesem Zusammenhang, dass bisher etwaige Ansprüche wegen Verstoßes gegen Art. 1514 lit. a) CCCN bspw. verneint werden, wenn sich der Erfolg des Franchise bei Vertragsdurchführung dennoch einstellt.[1286] Auch eine Haftung für arglistiges Verhalten wird an den

1285 Gesmann-Nuissl, S. 541.

1286 Di Chiazza, Contrato de franquicia en el nuevo Código, LL 2015, 1 (2).

tatsächlichen Erfolg des Franchisebetriebs geknüpft[1287] anstelle der arglistigen Handlung bzw. Unterlassung. Erschwert wird eine Haftung für falsche Aufklärung, wegen der in Art. 1520 CCCN normierten fehlenden Haftung für die Rentabilität des Franchisesystems, aber auch für die Fälle, in denen der Erfolg des Franchisebetriebs später aufgrund der falschen Auskunftserteilung ausbleibt. Bemängelt wird dabei vom Schrifttum insbesondere, dass es dem Franchisenehmer in der Praxis kaum möglich sei nachzuweisen, dass er die ihm erteilten Informationen nicht als ausreichend akzeptiert habe.

Im Hinblick auf die Beweislastregelungen sticht zunächst das Recht der argentinischen Richter heraus, gemäß Art. 1734 CCCN die Beweislast u.U. einer anderen Partei nach eigenem Ermessen aufzuerlegen. Dieses Recht fußt auf der Überlegung, dass eine Partei – bei Franchiseverträgen i.d.R. der Franchisegeber – z.B. im Hinblick auf den Wahrheitsgehalt der übermittelten Informationen den schlüssigeren Sachvortrag leisten können wird. Mag diese Regelung also auf einen ersten Blick überraschen, so ähnelt sie im zweiten Moment der deutschen Beweislastumkehr mit dem Unterschied, dass eine solche in Argentinien nicht etwa objektiv und allgemein, sondern einzelfallabhängig und nach richterlichem Ermessen – und damit ein Stück weit subjektiv – vorliegt.

3. Aufklärungspflichten im internationalen Vergleich

Versucht man die aufgeworfene Frage nach dem Erfordernis einer spezialgesetzlichen Regelung zur vorvertraglichen Aufklärung im Franchising sachgerecht zu beantworten, kommt man um einen Blick in andere Rechtsordnungen nicht umhin.

a) Gesetzliche Regelungen einiger ausgewählter Rechtsordnungen

Betrachtet man die vorvertraglichen Aufklärungspflichten im internationalen Vergleich, so zeigt sich, dass einige Länder spezielle Gesetze zur vorvertraglichen Aufklärungspflicht, sog. Disclosure-Gesetze für das Franchising, besitzen.

Im US-amerikanischen Recht sind die Aufklärungspflichten bspw. einzelstaatlich geregelt. Die Gesetze sehen teilweise vor, dass Franchisegeber ihr System in dem jeweiligen Staat registrieren lassen und eine förmliche Erlaubnis erhalten müssen, bevor sie die Franchise vergeben können.[1288] Das US-amerikanische Recht sieht auch vor, dass der Franchisegeber die Vertragsbedingungen in einem

1287 Di Chiazza, Contrato de franquicia en el nuevo Código, LL 2015, 1 (2).
1288 Giesler/Nauschütt-Giesler, Kap. 5 Rn. 8.

zwanzig Punkte umfassenden Auskunftsformular eingehend erläutert (sog. Uniform Franchising Offering Circular, UFOC-Paper).[1289] Ob dies als Vorbild für das deutsche Recht gesehen werden kann, ist ebenfalls Gegenstand der Diskussion.[1290]

Die Erfahrungen mit den Regelungen in den USA sind weitestgehend zufriedenstellend, wobei die damit verbundene Bürokratie als lästig kritisiert wird.[1291] Außerdem ist festzustellen, dass ein Teil der Existenzgründer die Angaben nicht liest, nicht versteht oder wirtschaftliche Zwänge dazu führen, dass aufkommende Bedenken beiseitegeschoben werden.[1292]

In Frankreich ist der Franchisegeber verpflichtet seinem potenziellen Vertragspartner eine sog. Offenlegungsschrift zu überreichen, die bestimmte Mindestangaben enthalten muss, wie z.B. die Liste sämtlicher Franchisenehmer und die zur Eröffnung eines Systembetriebs erforderliche Investitionssumme.[1293]

Ähnlich ist die Rechtslage in Spanien und Italien, wo ebenfalls eine gesetzliche Pflicht des Franchisegebers zur Auskunftserteilung vor Vertragsabschluss besteht.[1294]

Wie die vorvertraglichen Aufklärungspflichten im Ausland gehandhabt werden, zeigt auch das „Disclosure Gesetz" für Brasilien. Die Lei N°8955[1295], das

---

1289 Flohr, Masterfranchise, S. 20 ff.; auch Abell, in: Flohr (Hrsg.), Franchising im Wandel, S. 6.

1290 Emde, Vertriebsrecht, Vor § 84 Rn. 434; vgl. Hibt/Siemens, RIW 2000, 597.

1291 Giesler/Nauschütt-Giesler, Kap. 5 Rn. 9.

1292 Vgl. Stein-Wigger, S. 244 f. unter Hinweis auf entsprechende Studien; Giesler/Nauschütt-Giesler, Kap. 5 Rn. 9.

1293 In Frankreich gilt für Franchiseverträge die Loi Doubin vom 31.12.1989, die eine umfassende Informationspflicht des Franchisegebers über das System vorschreibt; Giesler/Nauschütt-Giesler, Kap. 5 Rn. 10; vgl. zu der französischen Regelung Gast/Erdmann, RIW 1997, 822 ff.

1294 In Spanien resultiert diese Auskunftspflicht aus Art. 62 des Gesetzes 7 aus 1996 vom 15.1.1996 über die Regulierung des Einzelhandels (Ley de Ordenación del Comercio minorista (LCM)), Ley 7/1996.
In Italien ist ein Franchise-Gesetz erlassen worden, das im Einzelnen festlegt, welche Verpflichtungen im Rahmen der vorvertraglichen Aufklärung bestehen, vgl. Art. 6 des Italienischen Franchise Gesetzes: obblighi precontrattuali di comportamento – Legge 129/2004 „Norme per la disciplina dell'affiliazione commerciale" vom 06.05.2004.

1295 Lei N° 8.955 de 15 de decembro de 1994, abrufbar unter: https://www2.camara.leg.br/legin/fed/lei/1994/lei-8955-15-dezembro-1994-349836-publicacaooriginal-1-pl.html, zuletzt abgerufen am 30.06.2019.

Gesetz welches am 15. Dezember 1994 in Kraft trat, verlangt vom Franchisegeber, dass dieser dem Franchisenehmer vor Vertragsabschluss ein „Offering Circular" zuleitet.[1296] Dieses ist – in Anlehnung an das US-amerikanische Recht – spätestens dreißig Tage vor Vertragsabschluss dem Franchisenehmer zuzuleiten, um diesem so eine entsprechende Vorbereitung der Vertragsverhandlungen zu ermöglichen.[1297] Sind die Angaben des „Franchising Offering Circular" unzutreffend, kann der Franchisenehmer Schadensersatz verlangen und als ultima ratio den Vertrag vorzeitig aus wichtigem Grund kündigen.[1298]

In Ländern, in denen das Franchiserecht ausdrücklich geregelt ist, sind die vorvertraglichen Informationspflichten oft sogar unabhängig von dem gewählten Recht anwendbar, wenn der Franchisenehmer im Inland tätig wird, so z.B. in Belgien[1299] oder Japan.[1300]

b) Das UNIDROIT Model Franchise Disclosure Law

Rechtsvereinheitlichende Akte existieren für den Bereich der Franchiseverträge bislang nicht.[1301] Allerdings hat das internationale Institut für die Vereinheitlichung des Privatrechts (UNIDROIT) im Jahre 2002 ein Modellgesetz über vorvertragliche Informationspflichten bei Franchisesystemen entwickelt (UNIDROIT Model Franchise Disclosure Law).[1302] Gemäß dem Explanatory Report von UNIDROIT zu diesem Modellgesetz[1303] soll dieses die Entwicklung des Franchisings als Instrument der Unternehmensführung fördern. Es ist aber

---

1296 Rubín, Contratos de comercialización Tomo II, Kap. II Rn. 3.10.1.

1297 TJPR Apelação Cível nro. 716.759-9, www.tjpr.jus.br, Tribunal de Justiçia do Estado de São Paulo, Apelación nro. 0116368-77.2009.8.26.0002, www.tjsp.jus.br, 6 TJSP, Apelación nro. 18875383201082601 00, SP 0188753-83.2010.8.26.0100, www.tjsp.jus.br, zuletzt abgerufen am 30.06.2019; Martinek/Semler/Flohr-Flohr – Handbuch des Vertriebsrechts, § 30 Rn. 114.

1298 Vgl. GTDT Franchise- Yamaguchi/Cabral da Hora, S. 26 ff.

1299 Vgl. Buch X titel 2 Code de commerce/ Wetboek van koophandel, abrufbar unter: http://www.ejustice.just.fgov.be/cgi_loi/change_lg.pl?language=fr&la=F&table_name=loi&cn=2013022819, zuletzt abgerufen am 30.06.2019.

1300 Rothermel, S. 208.

1301 BeckOK Rom-I-VO-Köhler, Art. 4 Rn. 434.1.

1302 Siehe Model Franchise Disclosure Law (2002), abrufbar unter: https://www.unidroit.org/instruments/franchising/model-law, zuletzt abgerufen am 30.06.2019.

1303 Preface Nr. 2 Explanatory Report tot he Model Franchise Disclosure Law, abrufbar unter: https://www.unidroit.org/instruments/franchising/model-law, zuletzt abgerufen am 30.06.2019.

keineswegs verbindlich, sondern versteht sich als Empfehlung für diejenigen Staaten, die sich für eine gesetzliche Regelung des Franchisings entscheiden.

Ausweislich dieses UNIDROIT Model Franchise Disclosure Law gilt zunächst der Grundsatz, dass es Sache jeder Partei ist, sich über die allgemeinen Marktverhältnisse und die daraus resultierenden Risiken zu informieren.[1304] Gemäß Art. 3 Abs. 1 UNIDROIT Model Franchise Disclosure Law ist der Franchisegeber jedoch verpflichtet jedem potenziellen Franchisenehmer ein Offenlegungsdokument mit beigefügtem Entwurf des Franchisevertrages mindestens vierzehn Tage vor Vertragsabschluss oder entsprechender Zahlung an den Franchisegeber zu übermitteln. Dieses Offenlegungsdokument muss dem Franchisenehmer in schriftlicher Form zugänglich gemacht werden, vgl. Art. 4 Abs. 1 UNIDROIT Model Franchise Disclosure Law.

Ausnahmen der Auskunftspflicht des Franchisegebers bestehen aber, wenn der Franchisenehmer zuvor bereits beim Franchisegeber angestellt war oder in den letzten zwei Jahren vor Vertragsabschluss einen vergleichbaren Betrieb geführt hat. Ebenso ist die Verlängerung eines Franchisevertrages von der Auskunftspflicht ausgenommen, vgl. Art. 5 UNIDROIT Model Franchise Disclosure Law. Daraus geht erkennbar hervor, dass das Modellgesetz, ähnlich dem deutschen Rechtsverständnis, auch davon ausgeht, dass das subjektive Element, d.h. die Geschäftserfahrung des potenziellen Franchisenehmers, den Umfang der erforderlichen vorvertraglichen Aufklärung mitbestimmt.

Art. 6 des UNIDROIT Model Franchise Disclosure Law enthält einen Katalog der offenlegungspflichtigen vorvertraglichen Informationen. Dazu zählen u.a. die Darstellung der Gesellschaft des Franchisegebers, Angaben zu Haftungsfällen und Rechtsstreitigkeiten, die Beschreibung der Geschäftserfahrung des Franchisegebers und seiner Gesellschaft, die Anzahl der aktiven Franchisenehmer im Franchisesystem, Informationen über das Know-how des Franchisegebers und seiner Gesellschaft, Informationen über die Vertragsprodukte und Dienstleistungen des Franchisesystems und eine umfassende Darstellung der Investitionen des Franchisenehmers und der zu leistenden Gebühren.[1305] Die in Art. 6 Abs. 1 UNIDROIT Model Franchise Disclosure Law geregelten Pflichten sind dabei solche, die der Franchisegeber zwingend offenzulegen hat, wohingegen die in Abs. 2 normierten Informationen lediglich dann kundzugeben sind,

---

1304 Vgl. Gast, in: Flohr (Hrsg.), Franchising im Wandel, S. 112 ff.; auch OLG Düsseldorf, Urt. v. 25.10.2013 – I-22 U 62/13, ZVertriebsR 2014, 46, wonach der Franchisegeber als (potenzieller) Vertragspartner nicht die Aufgabe eines Existenzgründerberaters hat.

1305 Vgl. Unidroit, Guide to International Master Franchise Arrangements, S. 304 f.

wenn diese Angaben nicht „in angemessener Weise im Franchisevertrag geregelt sind".[1306] Hierzu zählen bspw. die Vertragsdauer, die Kündigungsbedingungen oder die Bestimmungen zur Exklusivität. Art. 6 Abs. 2 UNIDROIT Model Franchise Disclosure Law legt dabei jedoch nicht fest, wann das Kriterium der Angemessenheit erfüllt ist. Dies ist auch sachgerecht, da die Informationen, die für ein Franchisesystem notwendig und angemessen sind, für ein anderes möglicherweise nicht ausreichend sein können. Das UNIDROIT-Modellgesetz hat sich daher für eine größere Flexibilität entschieden, die den Richtern die Möglichkeit eröffnet eine Einzelfallbewertung vorzunehmen.[1307]

Rechtsfolgen für den Fall eines Verstoßes gegen die vorvertragliche Aufklärungspflicht bestimmt das UNIDROIT Model Franchise Disclosure Law in Art. 8. Wurde eine Änderung der vorvertraglichen Informationen dem Franchisenehmer nicht fristgerecht mitgeteilt, enthält die vorvertragliche Information falsche Angaben zu wesentlichen Tatsachen oder unterlässt der Franchisegeber es, über solche aufzuklären, so kann der Franchisenehmer den Franchisevertrag mit einer Kündigungsfrist von dreißig Tagen schriftlich kündigen und/oder vom Franchisegeber Schadensersatz verlangen. Dies gilt jedoch dann nicht, wenn dem Franchisenehmer die unterdrückte Information auf anderem Wege zur Verfügung gestellt wurde (bspw. durch Dritte), er seine Entscheidung nicht von den falschen Informationen abhängig machte oder die Kündigung im Einzelfall unzumutbar ist, vgl. Art. 8 Abs. 1 UNIDROIT Model Franchise Disclosure Law.

Im Ergebnis ist das UNIDROIT Model Franchise Disclosure Law und seine wachsende Bedeutung für die Gestaltung von Franchiseverträgen jedenfalls als Orientierung für die nationalen Gesetzgeber begrüßenswert.[1308] Es leistet einen wichtigen Beitrag zur Rechtsvereinheitlichung im Bereich des Franchiserechts, die aus Sicht von international expandierenden Franchisesystemen eine Erleichterung bringen würde.[1309] Ob die einzelnen Staaten ihre Regelungen zur vorvertraglichen Aufklärungspflicht in Zukunft (weiter) an dieses Modellgesetz anpassen werden, bleibt abzuwarten.

1306 Art. 6 Rn. 76 Explanatory Report tot he Model Franchise Disclosure Law, abrufbar unter: https://www.unidroit.org/instruments/franchising/model-law, zuletzt abgerufen am 30.06.2019.

1307 Vgl. Art. 6 Rn. 114 Explanatory Report tot he Model Franchise Disclosure Law, abrufbar unter: https://www.unidroit.org/instruments/franchising/model-law, zuletzt abgerufen am 30.06.2019.

1308 Giesler/Nauschütt-Giesler, Kap. 5 Rn. 19.

1309 Giesler/Nauschütt-Giesler, Kap. 5 Rn. 19.

4. *Aufklärungspflichten de lege ferenda*

Das Vorhandensein von Spezialgesetzen zur vorvertraglichen Aufklärungspflicht des Franchisegebers in zahlreichen anderen Rechtsordnungen sowie die zunehmende Beachtung des UNIDROIT Model Franchise Disclosure Law bei der Gestaltung insbesondere internationaler Franchiseverträge wirft die Frage nach möglichen Entwicklungstendenzen in Deutschland und Argentinien auf.

a) *Mögliche Auswirkungen des neuen Art. 1514 lit. a) CCCN in Argentinien*

Die Einführung des Art. 1514 lit. a) CCCN und die damit verbundenen zwingenden Anforderungen an die Aufklärungspflicht des Franchisegebers werden die vorvertraglichen Verhandlungen zwischen den Vertragsparteien in Argentinien zukünftig maßgeblich verändern. Indem der Franchisegeber dem Franchisenehmer nunmehr vor Vertragsabschluss detaillierte Angaben über die wirtschaftliche und finanzielle Situation vergleichbarer Franchisebetriebe betreffend einen Zeitraum von zwei Jahren zur Verfügung stellen muss, wird die Entscheidungsgrundlage des meist in Sachen Franchising unerfahrenen Franchisenehmers erheblich verbessert und dieser somit zusätzlich vor einer etwaigen arglistigen Täuschung durch den Franchisegeber geschützt. Zugleich legt Art. 1514 lit. a) CCCN dem Franchisegeber nunmehr zumindest mittelbar die Pflicht auf, über derartige Informationen seiner Franchisenehmerbetriebe zu verfügen, wodurch er zugleich ein Einsichts- und Prüfrecht in deren Betriebsführung erhält.

Art. 1514 lit. a) CCCN gibt dem Franchisegeber allerdings ein Wahlrecht dahingehend, ob die zur Verfügung gestellte Information inländische oder ausländische Betriebe seines Franchisesystems zu betreffen hat. Dies dürfte dem Franchisegeber eine „Hintertür" öffnen, im Einzelfall schlechtere Entwicklungen der in- oder ausländischen Franchisebetriebe durch die Vorlage von Zahlen anderer Franchisebetriebe in anderen Absatzmärkten zu unterdrücken. Berücksichtigt man dabei allerdings zugleich den Wortlaut des Art. 1514 lit. a) CCCN, in dem von „vergleichbaren Einheiten" die Rede ist, so ist zu hoffen, dass diese Norm künftig so auszulegen sein wird, dass lediglich im Hinblick auf die wirtschaftliche und finanzielle Lage vergleichbare Ausgangssituationen bzw. Franchisebetriebe als Informationsgrundlage dienen können. Diesbezüglich wäre jedenfalls eine klarstellende Einschränkung durch die Rechtsprechung in naher Zukunft wünschenswert.

Ferner ist zu erwarten, dass die bisherige, eher restriktive Praxis der Gerichte, wonach die Bejahung eines Schadensersatzanspruchs aus c.i.c. zum Teil davon abhängen konnte, wie weit fortgeschritten die Vertragsverhandlungen im Einzelfall waren, langfristig aufgegeben wird. Stattdessen ist der neueren Rechtsprechung, wonach alle Schäden zu ersetzen sind, die kausal auf einer vorvertraglichen Pflichtverletzung beruhen, zuzustimmen.

b) Bedarf es in Deutschland einer gesetzlichen Regelung zur vorvertraglichen Aufklärung?

Besonders diskutiert wird derzeit die Frage, ob in Deutschland ein spezielles Franchisegesetz oder zumindest eine gesetzliche Regelung zur vorvertraglichen Aufklärungspflicht im Franchising erforderlich ist.[1310]

Die vorvertragliche Aufklärungspflicht ist im deutschen Franchiserecht, anders als im europäischen Ausland,[1311] nicht kodifiziert, sondern wird wie beschrieben umfassend durch die Gerichte geprägt.[1312] Im Folgenden soll daher der Frage nach dem Bedürfnis einer gesetzlichen Regelung zu vorvertraglichen Aufklärungspflichten beim Abschluss von Franchiseverträgen nachgegangen werden.

aa) Argumente gegen eine gesetzliche Regelung

Die Gegner einer solchen Normierung behaupten, es bestehe kein Bedarf für eine ausdrückliche Regelung, da beide Parteien eines Franchisevertrages durch die von der Rechtsprechung herausgebildeten Fallgruppen nach den Grundsätzen der c.i.c. gemäß §§ 280 Abs. 1, 311 Abs. 2 und 3, 241 Abs. 2 BGB hinreichend geschützt würden.[1313]

1310 Die Diskussion wurde insbesondere durch die oben beschriebene Vergabe des Forschungsvorhabens „Gesetzliche Sonderregelungen über den Franchise-Vertrag im internationalen Vergleich“ mit Schwerpunkt „Vorvertragliche Aufklärungspflichten des Franchise-Gebers“ des Bundesamts für Justiz (Bundesanzeiger AT 8.4.2015 A1) angeregt.

1311 In Belgien, Frankreich, Italien, Schweden und Spanien ist die Aufklärungspflicht durch sogenannte disclosure-Regelungen gesetzlich festgeschrieben.

1312 Vgl. OLG Düsseldorf, Urt. v. 25.10.2013 – I – 22 U 62/13, ZVertriebsR 2014, 46 ff.; OLG Hamburg, Urt. v. 28.07.2014 – 4 U 10/14, juris Rz. 13 ff.

1313 Erstmals betonte bereits Skaupy in BB 1988, 866, dass die Rechtsprechung den „Geschädigten einen Weg gewiesen habe, ihr Recht auf Schadensersatz durchzusetzen“; einen gesetzlichen Handlungsbedarf ebenfalls ablehnend Flohr, WiB 1996, 1137 (1142); Peters, S. 160; vgl. Metzlaff-Pour Rafsendjani, § 6 Rn. 8; Martinek, Franchising, S. 314, wonach ein Prospektzwang nach US-amerikanischem Vorbild zur Absicherung der Aufklärungspflicht in Deutschland wohl nicht notwendig sei.

Huber[1314] merkt an, der Gesetzgeber solle Bürger, Rechtsberater und Gerichte nicht ohne konkreten und praktischen Regelungsbedarf mit neuen Normen konfrontieren, da er nur dann zum Handeln aufgefordert sei, wenn die bestehenden Gesetze der geänderten Rechtsüberzeugung nicht entsprechen oder neuartige bisher nicht angemessen lösbare Probleme entstehen. Ferner wird argumentiert, es sei ausreichend, dass der Franchisegeber zivil- und strafrechtlich zur Verantwortung gezogen werden könne, vor allem wenn er dem Franchisenehmer Einkommen in Aussicht stelle, die dieser nicht erreichen könne.[1315]

Auch *Martinek*[1316] verneint die Notwendigkeit einer gesetzlichen Regelung. Demnach dürfte es beim Franchisevertrag als Typenkombinationsvertrag kaum möglich sein, allgemeine Kriterien für die vorvertragliche Aufklärung aufzustellen, die einerseits die Vielzahl der unterschiedlichen Franchisesysteme, andererseits aber auch die verschiedenen Franchiseverträge abdecken. Zudem äußert er Bedenken, dass Franchisesysteme ihre vorvertragliche Aufklärung dann ausschließlich an den Erfordernissen des Gesetzes orientieren würden, d.h. nur noch die Informationen im Rahmen der Vertragsverhandlungen vermitteln würden, die nach dem Gesetz zur vorvertraglichen Aufklärung zwingend sind. Weitergehende Informationen könnten unterbleiben, mit der Folge, dass eine gesetzliche Regelung eher zu einer Einschränkung als zu einer Erweiterung des Franchisenehmerschutzes führen würde.[1317]

Andere Stimmen in der Literatur[1318] befürchten hingegen, ein Disclosure-Gesetz[1319] berge die Gefahr der Informationsübersättigung und führe in jedem Fall zu einer Bürokratisierung der Vertragsverhandlungen, womit dem Franchising gerade die Flexibilität genommen werde, für die es in der Absatzwirtschaft so geschätzt wird.

Zu den Gegnern eines entsprechenden Gesetzesentwurfes zählt auch der DFV e.V., wonach die in Deutschland bestehenden Gesetze den Franchisenehmer

---

1314 Huber, in: Ernst/Zimmermann (Hrsg.), Leistungsstörungen, S. 48; Schäfer, S. 297.

1315 Fernlund, Uniform Law Review 2000, 737 (741) im Hinblick auf die Rechtslage in Schweden sowie dem Rest der Europäischen Union; vgl. Schulz, S. 331.

1316 Vgl. Martinek/Semler/Flohr-Flohr – Handbuch des Vertriebsrechts, § 29 Rn. 100.

1317 Vgl. Martinek/Semler/Flohr-Flohr – Handbuch des Vertriebsrechts, § 29 Rn. 102.

1318 Vgl. Peters, S. 160; Erdmann, in: Flohr (Hrsg.), Franchising im Wandel, S. 61; Schäfer, S. 309.

1319 Etwa nach dem Vorbild der USA, Behr, S. 91 ff.

ausreichend schützen.[1320] Vor Erlass des UNIDROIT Model Franchise Disclosure Law war auch die Bundesregierung[1321] der Ansicht, dass die Entwicklung von Qualitätskriterien in erster Linie der Franchisewirtschaft obliege. Deren bisheriges Werken habe sich als ausreichend erwiesen.[1322]

Von den Gegnern einer Normierung wird im Übrigen eingewandt, das Richterrecht sei aufgrund seiner Flexibilität im Einzelfall gerechter als eine starre gesetzliche Regelung.[1323] Da je nach Betriebstyp des Franchisesystems unterschiedliche Anforderungen an eine Aufklärungspflicht bestünden, wirke ein Gesetz wie ein Fremdkörper, indem es die notwendige Flexibilität auf sich wandelnde Umstände vermissen lasse, während die Rechtsprechung die vorvertraglichen Aufklärungspflichten des Franchisegebers im Laufe der Zeit weiter präzisieren könne.[1324]

Feuerriegel[1325] hingegen wendet sich gegen eine rein nationale Regelung, indem er argumentiert, es wäre „ein Rück- und kein Fortschritt, die transnational agierende Franchisewirtschaft in nationale Korsette unterschiedlicher Größe zu zwingen". Demnach sei vielmehr eine einheitliche europäische Lösung vorzuziehen.

bb) Argumente für eine gesetzliche Regelung

Für eine gesetzliche Regelung der vorvertraglichen Aufklärungspflichten des Franchisegebers kann hingegen angeführt werden, dass dies die Rechtssicherheit und Rechtsklarheit steigern würde und dazu beitragen könnte, die bestehende

---

1320 Beschl. der Tagung des Rechtsausschusses des Deutschen Franchise-Verbands am 05.05.2003 in Berlin, dafür einzutreten, dass ein Franchisegesetz und eine Umsetzung des Modellgesetzes in Deutschland unterbleiben.

1321 In BT-Drucks. 14/6866 v. 05.09.2001, S. 30 heißt es: „Die Bundesregierung geht davon aus, dass die Entwicklung von Qualitätskriterien für Franchisesysteme in erster Linie eine Aufgabe der Wirtschaft ist. Die Bundesregierung setzt auf Selbstverpflichtung und Selbstregulierung der Franchisewirtschaft, die sich in der Vergangenheit als ausreichend erwiesen haben. Darüber hinaus zeichnen sich die deutschen Franchiseverbände durch eine kontinuierliche Optimierung von Qualitätsstandards in Franchise-Unternehmen aus. Handlungsbedarf für ein Einschreiten des Staates einhergehend mit neuen bürokratischen Vorschriften wird daher nicht gesehen."

1322 Schäfer, S. 298.

1323 Vgl. Metzlaff-Becker, § 11 Rn. 231.

1324 Nebel/Schulz/Flohr-Schulz, S. 403.

1325 Feuerriegel, S. 133 f. Nach dieser Ansicht ist eine einheitliche europäische Regelung auf der Grundlage der spanischen und französischen Regelung zu entwerfen.

Informationsasymmetrie zwischen den Parteien eines Franchisevertrages zu beseitigen. Wenngleich die bisherige richterliche Rechtsfortbildung eine flexible Reaktion auf ungeklärte Probleme erlaubt, lässt sie aufgrund ihrer stets einzelfallbezogenen Stellungnahme jedoch konkrete und allgemein gültige rechtliche Vorgaben vermissen.[1326] Die Beurteilung erfolgt stets einzelfallbezogen und kann je nach Franchisesystem sehr differieren.

Gast/Erdmann[1327] zufolge führt die „vermeintliche Liberalität" des deutschen Rechts, das kein Aufklärungsgesetz im Bereich des Franchisings kennt, „im Einzelfall zu einer Unkalkulierbarkeit, da nicht vorausgesehen werden könne, wie Art und Umfang von Aufklärungs- und Offenlegungspflichten im konkreten Einzelfall gesehen werden mögen."[1328]

Ferner kann nicht ausgeschlossen werden, dass das zuständige Gericht im Einzelfall alle einschlägigen Urteile kennt und heranzieht bzw. nicht davon abweicht.[1329] Die allgemein im Bereich der Aufklärungspflicht bestehende Rechtsunsicherheit verdeutlicht das unberechenbare Entscheidungsverhalten der Rechtsprechung So weicht der Bundesgerichtshof in der Hälfte der Fälle, in denen die Aufklärungspflicht streitgegenständlich ist, von der vorinstanzlichen Entscheidung ab.[1330]

Darüber hinaus kann aus Sicht der Praxis argumentiert werden, dass derzeit nahezu alle Franchisegeber in Deutschland bei den Vertragsverhandlungen ein vorgefertigtes Dokument zur vorvertraglichen Aufklärung verwenden, welches alle Informationen enthält, die für einen Franchisenehmer und dessen Entscheidung, den Franchisevertrag abzuschließen, notwendig sind.[1331] Denkbar ist es daher der bereits gelebten Vertragspraxis eine spezielle gesetzliche Legitimation zu verschaffen. Eine solche würde es dem Franchisegeber erleichtern, seine Aufklärungspflicht besser einschätzen zu können und ein späteres Haftungsrisiko vorab zu minimieren.[1332] Derzeit verbleibt für den Franchisegeber, selbst bei

---

1326 Schäfer, S. 298 mit Verweis auf Schulze, in: Schulze (Hrsg.), Franchising im Europäischen Privatrecht, S. 14 f.

1327 Vgl. Gast/Erdmann, in: RIW 1997, 822 (825).

1328 Schäfer, S. 298

1329 Nach Nebel/Schulz/Flohr-Schulz, S. 403, kommt erschwerend hinzu, dass die Grundsätze der vorvertraglichen Aufklärungspflichten im Franchising nicht zum Allgemeingut sämtlicher deutschen Gerichte gehören.

1330 Vgl. Spindler in: Ott/Schäfer (Hrsg), Ökonomische Probleme des Zivilrechts, S. 167; Schäfer, S. 299.

1331 Martinek/Semler/Flohr-Flohr – Handbuch des Vertriebsrechts, § 30 Rn. 20.

1332 Peters, S. 36; vgl. Nebel/Schulz/Flohr-Treumann/Pohl, S. 168 f.

einer anwaltlichen Beratung, nämlich ein gewisses Restrisiko, dass das Gericht im Wege der ständigen Fortentwicklung des Richterrechts die geleistete Aufklärung später als ungenügend erachten wird.

Eine gesetzliche Normierung der Aufklärungspflicht im Franchising hätte aber auch für den Franchisenehmer Vorteile. Er könnte die mit dem Abschluss des Franchisevertrages verbundenen Risiken vor Vertragsschluss besser einschätzen.[1333] Durch die Schaffung eines einheitlichen Informationskatalogs könnte man auch Rechtsstreitigkeiten in diesem Bereich vermeiden, da der Franchisenehmer vor Vertragsabschluss über die Erfolgsaussichten des Franchisebetriebs besser informiert wäre und somit eine fundiertere Entscheidung treffen könnte.[1334] Ein Gesetz zur vorvertraglichen Aufklärungspflicht dürfte auch keine erhöhten Kosten für die Franchisegeber zur Folge haben, da er auch nach derzeitiger Rechtslage zur Erbringung der notwendigen Informationen verpflichtet ist. Ein durch die Normierung möglicherweise entstehender Mehraufwand zur Informationsbeschaffung ist ihm zugunsten der erhöhten Rechtssicherheit jedenfalls zumutbar.

cc) Stellungnahme

Wenngleich den Gegnern einer gesetzlichen Regelung zuzugestehen ist, dass das Franchising bislang sehr gut ohne eine spezialgesetzliche Regelung ausgekommen ist und eine staatliche Regulierung auch immer ein Investitionshindernis sein kann,[1335] würde ein entsprechendes Gesetz zweifellos zu größerer Rechtssicherheit beitragen und die zum Teil uneinheitliche Rechtsprechung auf einen gemeinsamen Nenner bringen.[1336] Hierzu genügt auch der Code of Ethics des EFF oder der Ethikkodex des DFV e.V. nicht, da diese keinen Gesetzesrang genießen und im Übrigen lediglich für diejenigen Franchisegeber Anwendung finden, die diesen Verbänden beigetreten sind.

1333 Zumbo, Business Law Review 2000, 16 (17).

1334 Schäfer, S. 300.

1335 Giesler/Nauschütt-Giesler, Kap. 5 Rn. 19; Vgl. Metzlaff-Bräutigam, § 12 Rn. 4; Erdmann, in: Flohr (Hrsg.), Franchising im Wandel, S. 64; Peters, S. 160.

1336 Vgl. Froehlich, S. 207, da eine Aufklärung im Rahmen von Gerichtsprozessen nicht als Lösung angesehen werden könne; Haibt/Siemens, RIW 2000, 597 (602); Lenzen, RIW 1984, 586 (588); Zumbo, Business Law Review 2000, 16 (17); auch Stein-Wigger, S. 346 f. steht dem damals noch in der Diskussion befindlichen Modellgesetz von UNIDROIT aufgeschlossen gegenüber; Schäfer, S. 296.

Darüber hinaus könnte ein Gesetz zur vorvertraglichen Aufklärung im Franchising dazu dienen, missbräuchliche Praktiken einzudämmen und damit langfristig weitere Investitionen in Franchisesysteme zu fördern.[1337]

Dem Einwand Informationsübersättigung ist entgegenzuhalten, dass man eine solche dadurch vermeiden könnte, dass der Gesetzgeber nur solche Informationen für zwingend erforderlich erachtet, die für eine informierte Entscheidung des Franchisenehmers zum Vertragsschluss wesentlich sind.[1338] Auch das Argument, eine gesetzliche Normierung führe zu einer unpraktikablen Starrheit lässt sich damit entkräften, dass dieser Gefahr etwa durch Schaffung einer flexibel änderbaren Verordnungsermächtigung begegnet werden könnte.[1339] Es ist auch nicht zu befürchten, dass ein Gesetz auf junge Franchisesysteme möglicherweise abschreckend wirken und sie in ihrer Innovationsfähigkeit lähmen könnte.[1340] Es darf dabei nicht unbeachtet bleiben, dass eine transparente Informationsvermittlung für beide Vertragsparteien auch Vorteile birgt. Das dem Franchising immanente unternehmerische Risiko kann letztlich durch fundiertere Entscheidungsmöglichkeiten für beide Vertragspartner sogar verringert werden.

Weiterhin sprechen auch die bereits in anderen Ländern seit längerer Zeit existierenden Regelungen zur vorvertraglichen Aufklärungspflicht im Franchising für eine gesetzliche Normierung. Entsprechende Gesetze haben sich in Ländern wie den USA, Frankreich, Spanien oder Italien bewährt und nachweisbar zur Eindämmung missbräuchlicher Praktiken [1341] sowie zur Reduzierung von Streitigkeiten[1342] beitragen. Die Schaffung einer gesetzlichen Regelung könnte

1337 Schäfer, S. 307; von einer zumindest eintretenden Erschwerung missbräuchlicher Praktiken geht auch Stein-Wigger, S. 90 bereits zur derzeit bestehenden Rechtslage aus.

1338 Schäfer, S. 309.

1339 Schäfer, S. 302, der dies mit existierenden Verordnungsermächtigungen, wie z.B. der durch Art. 2 Nr. 3 SchuModG in Art. 239 ff. EGBGB geschaffenen Verordnungsermächtigung i.S.v. Art. 80 GG vergleicht, die dem Bundesministerium der Justiz die Änderung der Regelungen der BGB-Informationspflichten-VO ohne Zustimmung des Bundesrates (Art. 80 Abs. 2 GG) erlauben.

1340 Martinek, Moderne Vertragstypen Bd. II, S. 88; Peters, in: Schulze (Hrsg.), Franchising im Europäischen Privatrecht, S. 270 f. wonach insbesondere in Ländern ohne eine gesetzliche Regelung die Befürchtung besteht, eine solche könne die Franchisewirtschaft in ihrer Entwicklung hemmen.

1341 Vgl. Stein-Wigger, S. 244; Schäfer, S. 307.

1342 Gesmann-Nuissl, S. 543.

aufgrund der damit verbundenen Annäherung an andere Rechtsordnungen auch zu einer Förderung des grenzüberschreitenden Franchisings führen.[1343]

In Deutschland spricht nicht zuletzt die Tatsache, dass das Bundesamt für Justiz im Bundesanzeiger vom 25.03.2015[1344] die Vergabe eines Forschungsvorhabens zum Thema „Gesetzliche Sonderregelungen über den Franchisevertrag im internationalen Vergleich" mit Schwerpunkt „Vorvertragliche Aufklärungspflichten des Franchisegebers" ausgeschrieben hat, dafür, dass auch hier ein Interesse daran besteht, der asymmetrischen Informationsverteilung zwischen Franchisenehmer und Franchisegeber in der vorvertraglichen Phase entgegenzuwirken und dem Schutzbedürfnis der Franchisenehmer gerecht zu werden. Wenngleich die mit diesem Forschungsprojekt Beauftragte, Prof. Dr. Gesmann-Nuissl, im Jahr 2016/2017 die Notwendigkeit eines speziellen Gesetzes im Ergebnis ablehnte[1345], ist dem insbesondere mit Blick auf die neuesten Entwicklungen auf EU-Ebene zu widersprechen. Das Europäische Parlament stellte bereits im Jahr 2013 fest, dass in bestimmten Fällen „unlautere, den Franchisenehmer benachteiligende Bestimmungen vorherrschen" und verlangte sogar nach einer einheitlichen europäischen Regelung.[1346] Am 12.09.2017 nahm sich das Europäische Parlament dieser Thematik erneut an und verabschiedete eine Resolution[1347], deren zentrales Anliegen es ist, unfaire Praktiken beim Abschluss von Franchiseverträgen zu verhindern bzw. auszuschließen.[1348] Das Europäische Parlament geht dabei sogar soweit die zersplittete Gesetzessituation in den Mitgliedstaaten als „technisches Hindernis"[1349] für die Weiterentwicklung des

1343 Peters, in: Schulze (Hrsg.), Franchising im Europäischen Privatrecht, S. 271.

1344 Ausschreibung des Bundesamts für Justiz im Bundesanzeiger AT 8.4.2015 A1.

1345 Gesmann-Nuissl, S. 541 ff.

1346 Entschließung des Europäischen Parlaments vom 11.12.2013 zu dem Europäischen Aktionsplan für den Einzelhandel zum Nutzen aller Beteiligten (2013/2093 (INI)), abrufbar unter: http://www.europarl.europa.eu/sides/getDoc.do?pubRef=-//EP//NONSGML+TA+P7-TA-2013-0580+0+DOC+PDF+V0//DE, zuletzt abgerufen am: 30.06.2019.

1347 Entschließung des Europäischen Parlaments vom 12.09.2017 für eine Europäische Richtlinie zum Franchiserecht „Legal Perspective of the Regulatory Framework and Challenges for Franchising in the EU", abrufbar unter: http://www.europarl.europa.eu/doceo/document/TA-8-2017-0322_DE.pdf?redirect, zuletzt abgerufen am 30.06.2019.

1348 Flohr, ZAP 2019, 343 (348).

1349 Entschließung des Europäischen Parlaments vom 12.09.2017 für eine Europäische Richtlinie zum Franchiserecht „Legal Perspective of the Regulatory Framework and Challenges for Franchising in the EU", S. 3, abrufbar unter: http://www.europarl.

Franchisings zu bezeichnen und empfiehlt einen eigenen europäischen Regelungsrahmen, der u.a. die Bereitstellung klarer, zutreffender und umfassender vorvertraglicher Informationen regeln soll.

Ein entsprechendes Gesetz über vorvertragliche Aufklärungspflichten des Franchisegebers erfüllt auch eine Warnfunktion an die Franchisegeber, ihre Aufklärungspflicht ernst zu nehmen. Außerdem dürften Franchisegeber, deren Aufklärung bislang aus Unkenntnis lückenhaft erfolgt, nunmehr rechtmäßig informieren, da der Druck, zu ordnungsgemäßer Aufklärung verpflichtet zu sein, disziplinierend wirken und unseriöse Franchisegeber abschrecken dürfte.[1350]

Unterstellt man einmal, es käme zu einem deutschen Gesetzesentwurf oder sogar zu einer europäischen Richtlinie, so müsste sich dieser allerdings durch eine präzise Wortwahl auszeichnen und sich an den wesentlichen Informationspflichten des Franchisegebers orientieren, um einen unangemessenen bürokratischen Aufwand für den Franchisegeber zu vermeiden.[1351] Weiterhin sollte man sich an den von der Rechtsprechung und Literatur entwickelten Grundsätzen orientieren und die bestehende Rechtspraxis berücksichtigen.[1352]

III. Formerfordernisse

Der Franchisevertrag genießt im Übrigen in beiden Rechtsordnungen Formfreiheit. Für das argentinische Recht regeln die Art. 1512 ff. CCCN die Formfreiheit des Franchisevertrages allerdings nicht ausdrücklich. Einer solchen Regelung bedarf es auch nicht, denn nach argentinischem Rechtsverständnis findet vorbehaltlich anderslautender besonderer Regelungen im CCCN der Grundsatz der Formfreiheit gemäß Art. 284 CCCN Anwendung. Da der Vertragsabschluss gemäß Art. 969 S. 3 CCCN jedoch nachweisbar sein muss und dies bei mündlichen Abreden im Streitfall schwierig ist, werden Franchiseverträge zur Vermeidung von Rechtsunsicherheiten in der überwiegenden Anzahl der Fälle schriftlich geschlossen.

Auch im deutschen Recht können Franchiseverträge grundsätzlich formfrei geschlossen werden, wenngleich auch hier die schriftliche Fixierung des Franchisevertrages in der Praxis üblich ist. Im Gegensatz zum argentinischen Recht beruht dies jedoch nicht auf der Überlegung, dass der Vertrag nachweisbar sein

---

europa.eu/doceo/document/TA-8-2017-0322_DE.pdf?redirect, zuletzt abgerufen am 30.06.2019.

1350 Vgl. Schäfer, S. 306.

1351 Vgl. Schäfer, S. 317.

1352 Schäfer, S. 317.

muss, sondern folgt aus dem jeder Partei analog § 85 S. 1 HGB zustehenden Recht, die Aufnahme des Vertrages in eine von anderen Vertragspartner unterzeichnete Urkunde zu verlangen.

C. Der Vertragsinhalt

Sowohl das deutsche als auch das argentinische Zivilrechtssystem werden durch den Gedanken der Vertragsfreiheit bestimmt. Die Franchiseparteien können ihre Rechtsbeziehung somit, innerhalb bestimmter Grenzen, einvernehmlich und für beide Seiten verbindlich regeln. Diese Vertragsfreiheit bedeutet jedoch nicht, dass die Franchiseparteien die auf den Franchisevertrag anzuwendenden Normen im beiderseitigen Einvernehmen nach ihrem Belieben festlegen können.

I. Die Pflichtenstruktur

Dem hohen Maß an Flexibilität und vertragsgestalterischer Freiheit des deutschen Franchiserechts im Zusammenhang mit der vertraglichen Pflichtenstruktur der Parteien stehen die in Art. 1514, 1515 CCCN normierten Pflichtenkataloge des argentinischen Franchiserechts gegenüber, welche durch Art. 1517, 1518 CCCN ergänzt werden und das Verhältnis der Franchiseparteien regeln sollen. Dennoch weist die Gestaltung der vertraglichen Rechte und Pflichten der Parteien eines Franchisevertrages in beiden Rechtsordnungen große Gemeinsamkeiten auf. Dies überrascht kaum, ist doch der Zweck des Franchisevertrages in beiden Staaten, namentlich die Nutzung und Verbreitung eines etablierten Geschäftskonzepts gegen Gebühr, derselbe.

Zu beachten ist stets, dass die Art. 1514, 1515 CCCN zwingender Natur sind, wohingegen Art. 1517 und 1518 CCCN individualvertraglich abbedungen werden können.[1353] Eine fein austarierte, über die gemäß Art. 1514, 1515 CCCN normierten Mindestpflichten der Franchiseparteien hinausgehende, vertragliche Risikoverteilung ist grundsätzlich zulässig.

Im deutschen Recht ist die detaillierte Bestimmung der vertraglichen Pflichtenstruktur umso essenzieller, als vor allem die vertraglich vereinbarten Leistungspflichten entscheidend für die rechtliche Einordnung des Vertrages sind. So bestimmt der Schwerpunkt jeder einzelnen Leistungspflicht die Geltung von kaufrechtlichen, dienstvertrag-, pachtvertrag- oder mietrechtlichen Normen

1353 Marzorati, RCCyC Febrero 2016, 52 (69 ff.).

und stellt damit die Weichen für die Folgeprobleme, wie z.B. die Gefahrtragung und die Mängelhaftung.

1. Die Rechte und Pflichten des Franchisegebers

a) Gemeinsamkeiten

Hauptpflicht des Franchisegebers ist es, dem Franchisegeber das für den Betrieb des Franchiseunternehmens notwendige Know-how zur Verfügung zu stellen, das Handbuch zu übergeben sowie ihn in das Organisationssystem einzugliedern und ihm die Nutzung der Marke und anderer Rechte des geistigen Eigentums zu ermöglichen. Unstreitig stellt die Überlassung des Know-hows das Kernstück eines jeden Franchisevertrages dar.[1354] Es überrascht daher kaum, dass das Know-how laufend vom Franchisegeber zu aktualisieren ist.[1355] Kennzeichnend lediglich für das argentinische Recht ist das von der dortigen h.M. vertretene differenzierende Verständnis des gesetzlich verankerten Begriffs „conocimientos técnicos“ (Know-how) abhängig davon, ob es sich um ein Produkt- oder ein Dienstleistungsfranchising handelt. Demnach liegt beim Produktfranchising lediglich ein „gewerbliches“ bzw. „industrielles-“, beim Dienstleistungsfranchising hingegen ein ausschließlich „kommerzielles“ Know-how vor. Eine solche Differenzierung ist dem deutschen Recht fremd.

Zu den wesentlichen Pflichten des Franchisegebers zählen zudem übereinstimmend die Beratungs- und Unterstützungspflicht sowie die Pflicht zur gegenseitigen Rücksichtnahme und Gleichbehandlung aller Franchisenehmer. Kennzeichnend für die Beratungs- und Unterstützungspflicht in beiden Staaten ist deren fehlende ausdrückliche Regelung im Gesetz. Sie wird vielmehr aus der Natur des Franchisevertrages sowie aus dem für alle Dauerschuldverhältnisse geltenden Kooperationsprinzip hergeleitet. Hierzu zählt übereinstimmend die vom Franchisegeber zu erbringende technische und kaufmännische Unterstützung, z.B. in Form einer Einweisung und Fortbildung des Franchisenehmers und/oder von Werbemaßnahmen. Dies verwundert kaum, ist doch das wirtschaftliche Ziel der Verbesserung der Wettbewerbsstellung des Franchisenehmers beiden Vertragsparteien gemein.

Keine Zweifel bestehen ferner im Hinblick auf die Pflicht des Franchisegebers zur Gleichbehandlung seiner Franchisenehmer, wenn auch mit unterschiedlicher

1354 Emde, Vertriebsrecht, Vor § 84 Rn. 424; Stiglitz-Heredia, Contratos en el CCCN, Ziff. 2.1.1.

1355 Heredia, SE-CCCN 2015, 353 (357); vgl. Ramírez, RCALP 1996, 107 (111).

dogmatischer Herleitung. Während sie in Argentinien mangels Existenz eines allgemeinen Gleichbehandlungsgrundsatzes aus Art. 1011 Abs. 2 CCCN hergeleitet wird, wonach die Parteien eines Dauerschuldverhältnisses stets zur gegenseitigen Kooperation unter Wahrung der synallagmatischen Pflichten und der Dauer des Vertrages verpflichtet sind[1356], folgt sie nach deutschem Rechtsverständnis aus dem Grundsatz von Treu und Glauben gemäß § 242 BGB.[1357] Einigkeit besteht jedoch insoweit, als die Gleichbehandlungspflicht des Franchisegebers nicht die Anwendung unterschiedlicher Regeln für verschiedene Franchisenehmer per se verbietet, sondern lediglich dazu dient willkürliche Ausnahmen zu vermeiden und sachfremden Differenzierungen vorzubeugen.[1358]

b) Unterschiede

Unterschiede ergeben sich jedoch im Hinblick auf eine Konkurrenzschutzpflicht des Franchisegebers zugunsten des Franchisenehmers. In Deutschland wird dabei insbesondere die Frage diskutiert, ob die Konkurrenzschutzpflicht des Franchisegebers eine vertragsimmanente Pflicht darstellt. Während einige Stimmen[1359] eine solche mit der Begründung ablehnen, der Franchisenehmer sei bereits durch §§ 138, 242 BGB ausreichend vor unlauterem Wettbewerb, insbesondere durch den Franchisegeber, geschützt, befürwortet die h.M.[1360] eine solche vertragsimmanente Pflicht zu Recht mit dem Argument, Franchisesysteme zeichnen sich durch die überbetriebliche Aufteilung von Verantwortungsbereichen zwischen den Franchiseparteien aus. Während der Franchisegeber für den strategischen Auftritt am Markt verantwortlich ist, obliegt dem Franchisenehmer an seinem Standort die möglichst erfolgreiche Umsetzung des Franchisekonzepts.[1361] Unter Berücksichtigung der Belange des Franchisenetzwerks ist eine jedem Franchisevertrag innewohnende Pflicht mit dem Argument zu bejahen. Die Konkurrenzschutzpflicht ist dabei als Hauptleistungspflicht zu verstehen, weil ihre Erfüllung unabdingbare Voraussetzung für eine erfolgreiche

---

1356 Vgl. CNCom, Sala C, Urt. v. 29.06.2001 – Morichetti y Compañía SRL c. Grafa SA, Diario Judicial, 27072007.

1357 Vgl. Giesler/Nauschütt-Giesler, Kap. 5 Rn. 356.

1358 Rubín, Contratos de comercialización, Tomo I, Kap. I Rn. 12.7; vgl. LG Hamburg, Urt. v. 21.10.2011 – 408 HKO 87/10, juris Rz. 70.

1359 Vgl. Fritzemeyer, BB 2000, 472 (475).

1360 Klein, S. 96; Giesler-Giesler/Günzel, Praxis des Vertriebsrechts, § 4 Rn. 161; vgl. Flohr, Franchise-Vertrag, S. 120 f.

1361 Böhner, in: Flohr (Hrsg.), Franchising im Wandel, S. 25.

Betriebseingliederung ist.[1362] Diese Leistungspflicht kann erst als Folge der Know-how-Übermittlung begründet werden.

Dieser Problematik begegnete der argentinische Gesetzgeber mit der Einführung des Art. 1518 lit. b) CCCN, wonach es dem Franchisegeber – vorbehaltlich anderslautender vertraglicher Abreden – untersagt ist Waren oder Dienstleistungen, die Gegenstand des Franchisevertrages sind, innerhalb des Vertragsgebiets direkt an Dritte zu veräußern. Damit bekennt sich die argentinische Rechtsordnung eindeutig zum Bestehen einer vertragsimmanenten Konkurrenzschutzpflicht zugunsten der Franchisenehmer und des Franchisenetzwerks. Im Gegenzug erhält der Franchisegeber gemäß Art. 1518 lit. c) S. 1 CCCN ein Recht auf die vom Franchisenehmer neu erworbene Kundschaft. Diesbezüglich suggeriert die argentinische Rechtsordnung eine eindeutige Rechtsposition gefunden zu haben. Dies verwundert auch nicht, spiegelt Art. 1518 lit. b) CCCN doch die bisherige Rechtsprechung wider, wonach es einem Franchisegeber untersagt war innerhalb des Vertriebsgebiets weitere Franchise zu vergeben oder den Verkauf der eigenen Produkte durch Dritte zu genehmigen.[1363] Die argentinische Konkurrenzschutzpflicht wird zudem unterstützt durch das in Art. 1517 S. 2 CCCN normierte Verbot des Franchisegebers innerhalb des Vertragsgebiets Franchiserechte an Dritte zu vergeben oder mit diesen, ohne Zustimmung des Franchisegebers, Geschäfte abzuschließen.

Eine andere Frage ist die Pflicht des Franchisegebers zur Weitergabe von Einkaufsvorteilen („Kick-backs") an den Franchisenehmer. Gemeinsam ist beiden Rechtsordnungen diesbezüglich zunächst die fehlende gesetzliche Regelung. Während die deutsche höchstrichterliche Rechtsprechung eine Pflicht zur Auskehrung von Einkaufsvorteilen vorbehaltlich entsprechend anderslautender Individualvereinbarungen grundsätzlich verneint,[1364] und auch die hier vertretene Auffassung der Literatur eine solche sowohl gemäß §§ 666, 667 BGB als auch aus einer systemimmanenten Pflicht abgelehnt hat, bejaht die argentinische Literatur eine solche Pflicht mit der Begründung, es handele sich dabei um das Pendant zur Abnahmepflicht des Franchisenehmers.[1365]

1362 Vgl. Liesegang, BB 1999, 857 (858); Giesler/Nauschütt-Giesler, Kap. 5 Rn. 343 f.

1363 Vgl. CNCom, Sala B, Urt. v. 18.08.1999 – Ferrer Sanfiel, María c/ Deli France S.A., LL 2000-A, 17.

1364 Vgl. BGH, Urt. v. 22.02.2006 – VIII ZR 40/04, juris Rz. 12 ff.; BGH, Urt. v. 20.05.2003 – KZR 27/02, juris Rz. 24 f.; BGH, Urt. v. 25.05.2003 – KZR 29/02, juris Rz. 15 ff.

1365 Vgl. Clusellas CCC-Clusellas, Art. 1519 § 5.

Die Auffassung der deutschen Rechtsprechung[1366] überzeugt insofern, als gegen eine Anwendung der §§ 675 Abs. 1, 666, 667, 242 BGB das fehlende „Besorgen eines ihm übertragenen Geschäfts“ spricht, da der Franchisegeber etwaige Einkaufsvorteile stets im eigenen Namen und Interesse aushandelt und den Franchisenehmer über die erzielten Vergünstigungen nicht unterrichtet. Dies ist nach deutschem Rechtsverständnis konsequent.

Allerdings fußt die argentinische Herangehensweise auf anderen, wohl eher vertriebspraktischen Erwägungen. Dort wird nach bisheriger Meinung der Schutz des Franchisenehmers in den Fokus gerückt und an Art. 1514 lit. e) CCCN geknüpft. Demnach hat der Franchisegeber die Versorgung des Franchisenehmers mit Waren oder Dienstleistungen in ausreichenden Mengen und zu marktüblichen Preisen sicherzustellen. Eine Pflicht zur Weitergabe der dem Franchisegeber von den Systemlieferanten gewährten Einkaufsvorteile ergibt sich nach argentinischem Rechtsverständnis aus Art. 1514 lit. e) CCCN i.V.m. analog Art. 1118 CCCN, woraus sich die Pflicht zur Festlegung marktgerechter Preise entnehmen lässt. [1367] Betrachtet man lediglich den Gesetzeswortlaut, so lässt sich eine entsprechende Pflicht zur Weitergabe von Einkaufsvorteilen nicht entnehmen. Eine solche folgt nach argentinischem Rechtsverständnis jedoch aus dem Gesetzeszweck, den Franchisenehmer vor einem unangekündigten Abbruch der Warenlieferung zu schützen.[1368] Nicht endgültig geklärt ist bis heute allerdings, welche Rechte dem Franchisenehmer bei Verstoß zustehen sollen. Dies wird die argentinische Rechtsprechung im Wege richterlicher Rechtsfortbildung zu bestimmen haben.

2. *Die Rechte und Pflichten des Franchisenehmers*

a) *Gemeinsamkeiten*

Größere Gemeinsamkeiten lassen sich auch beim Vergleich der Pflichten des Franchisenehmers feststellen. Einigkeit besteht zunächst dahingehend, dass die im Synallagma stehende Hauptleistungspflicht des Franchisenehmers die Pflicht zur Entrichtung der Franchisegebühren ist. Diese setzt sich aus einer einmaligen

---

1366 Vgl. BGH, Urt. v. 03.02.1999 – KZR 11/97, BB 1999, 860; BGH, Beschl. v. 11.11.2008 – KVR 17/08, juris Rz. 19; OLG Düsseldorf, Urt. v. 13.12.2006 – VI-U (Kart) 36/05, BB 2007, 738 f. mit Anm. Flohr, S. 6 ff.; BGH, Urt. v. 22.2.2006 – VIII ZR 40/04, NJW-RR 2006, 778.

1367 Vgl. Rubín, Contratos de comercialización, Tomo II, Kap. II Rn. 4.4.

1368 Vgl. Mosset Iturraspe/Piedecasas, S. 411; Lorenzetti-Márquez/Calderón, CCCN, Art. 1514 Rn. III e).

Eintrittsgebühr und einer der Höhe nach variablen und umsatzgebundenen monatlichen Franchisegebühr zusammen. Weder die Höhe der jeweils zu entrichtenden Gebühr noch die Zahlungsmodalitäten unterliegen dabei gesetzlichen Vorgaben. Entscheidend ist jedoch, dass die Franchisegebühr vertraglich bestimmt oder jedenfalls bestimmbar ist.

Weiterhin obliegen dem Franchisenehmer eine Systemanwendungs- und Betriebsführungspflicht sowie die Pflicht zur Auskunftserteilung.[1369] Er muss den Franchisebetrieb nach den Vorgaben des Franchisegebers sowie unter Anwendung des vorgegebenen Systems führen. Er hat sein Personal entsprechend den Systemrichtlinien einzuweisen und durch die Gestaltung seines Franchisebetriebs zu einem einheitlichen Auftreten des Franchisesystems beizutragen. Einigkeit besteht ferner dahingehend, dass dem Franchisenehmer die Pflicht obliegt den Absatz der Franchiseprodukte oder -leistungen zu fördern.[1370]

Bezugsbindungen und Mindestabnahmepflichten werden zwar nicht gesetzlich geregelt, jedoch in beiden Staaten für zulässig erachtet soweit die festgelegten Mengen angemessen und zumutbar sind.[1371]

b) Unterschiede

Die dem Franchisenehmer obliegenden Pflichten in beiden Staaten weisen jedoch auch einige Unterschiede auf. So darf der Franchisenehmer gemäß Art. 1515 lit. c) CCCN weder den Ruf des Franchisesystems noch die in Art. 1512 Abs. 2 CCCN aufgeführten Rechte des geistigen Eigentums gefährden. Eine Pflicht zur persönlichen Leistungserbringung ist dem argentinischen Franchiserecht hingegen fremd. Anders ist dies in Deutschland, wo der Franchisenehmer im Fall einer geschuldeten Dienstleistung zur persönlichen Leistungserbringung gemäß §§ 613, 664 BGB verpflichtet ist und seine Tätigkeit nur vorbehaltlich der Zustimmung des Franchisegebers auf einen Dritten übertragen darf.[1372] Dies rührt daher, dass es im deutschen Recht bei der Erbringung von Dienstleistungen durch den Franchisenehmer auf seine besonderen Fähigkeiten ankommt. Der Franchisenehmer kann dem Dienstleistungsberechtigten

---

1369 Hübner, Handelsrecht, § 5 Rn. 446; vgl. Junyent Bas/ Rodríquez Leguizamón, DCyO 2013, 1 (12).

1370 Mosset Iturraspe/Piedecasas, S. 412; Schütze/Weipert/Rieder-Heil/Wagner, Kap. 15 Rn 4 d).

1371 Emde, Vertriebsrecht, Vor § 84 Rn. 357; Farina, Contratos comerciales modernos, S. 571.

1372 Emde, Vertriebsrecht, Vor § 84 Rn. 446.

keinen anderen Dienstleistenden aufdrängen, da die Franchiserechte i.d.R. aufgrund eines persönlichen Auswahlprozesses gewährt werden, bei dem neben ausreichender Finanzkraft die persönlichen und fachlichen Qualifikationen des Kandidaten im Vordergrund stehen.[1373]

In Argentinien wird mit der Schaffung des Art. 1515 lit. c) und lit. d) CCCN besonderer Wert auf den Schutz des Franchisegebers vor schädigenden Handlungen des Franchisenehmers, insbesondere bezüglich der ihm anvertrauten vertraulichen Informationen (lit. d), gelegt. Zudem sieht Art. 1518 CCCN ein Abtretungsverbot zulasten des Franchisenehmers für die Dauer des Franchisevertrages (lit. a), eine beidseitige Exklusivität (lit. b) sowie ein Recht an der Kundschaft und einen Anspruch auf Beibehaltung des gewählten Betriebsortes (lit. c) vor. Ein derartiges Abtretungsverbot sowie ein Recht auf Beibehaltung des jeweiligen Betriebsortes sind dem deutschen Recht fremd.

Wenngleich die Systematik und Anordnung einzelner Pflichten des Franchisenehmers im CCCN verwundern mögen, insbesondere die Pflichten gemäß Art. 1518 CCCN einen Zusammenhang missen lassen, sind sie dennoch als Orientierungshilfe für die vertragsgestaltenden Franchiseparteien geeignet die Rechtssicherheit in Argentinien zu erhöhen.

3. *Der Umgang mit vertraulichen Informationen*

Art. 1515 lit. d) S. 1 CCCN konstituiert in Argentinien die Pflicht des Franchisenehmers sowie seiner Erfüllungsgehilfen, die Vertraulichkeit der ihnen übermittelten Informationen, insbesondere die ihnen offenbarten technischen Kenntnisse, zu wahren. Diese Pflicht besteht nach Art. 1515 lit. d) S. 2 CCCN auch nach Vertragsende fort, wobei der argentinische Gesetzgeber keine Aussage zur Dauer der nachvertraglichen Vertraulichkeitspflicht trifft. Vor diesem Hintergrund stellt sich in der neueren argentinischen Literatur die Frage, ob auch dem Franchisegeber eine solche Vertraulichkeitspflicht obliegt. Wenngleich der dies verneinenden Ansicht zuzugestehen ist, dass die Geschäftsgeheimnisse überwiegend der Sphäre des Franchisegebers zuzuordnen sind, ist gleichwohl von einer beidseitigen Vertraulichkeitspflicht auszugehen. Die Pflicht zum vertraulichen Umgang mit sensiblen Geschäftsinformationen des Franchisenehmers ergibt sich für den Franchisegeber dabei zwar nicht ausdrücklich aus Art. 1515 lit. d) CCCN, resultiert nach argentinischem Verständnis indes aus dem Grundsatz von Treu und Glauben gemäß Art. 9 i.V.m. Art. 961 CCCN.[1374]

1373 Martinek/Semler/Flohr-Stummel, Formularsammlung Vertriebsrecht, § 15 Rn. 16.
1374 Herrera/Carmelo/Picasso-Chomer/Sícoli, CCCN, Art. 1514, S. 221.

Ergänzend findet für beide Vertragsparteien das Gesetz betreffend den verantwortungsvollen Umgang mit vertraulichen Informationen, „Ley N° 24.766"[1375], Anwendung.[1376]

Die in diesem Zusammenhang aufkommende Frage, wie die Pflicht zur Verschwiegenheit des Franchisegebers im Hinblick auf Art. 1514 lit. a) CCCN zu verstehen ist, wonach der Franchisegeber dem Franchisenehmer wirtschaftliche und finanzielle Informationen vergleichbarer Franchisenehmerbetriebe über einen Zeitraum von zwei Jahren zur Verfügung stellen muss, hat in der argentinischen Literatur und Rechtsprechung bisher keine Beachtung gefunden. Dieses Problem könnte dadurch gelöst werden, dass der Franchisegeber zur Anonymisierung der übermittelten Unterlagen verpflichtet wird und/oder mit dem potenziellen Franchisenehmer eine Vertraulichkeitsvereinbarung („Non-Disclosure Agreement") unterzeichnet. Die Pflicht des Franchisegebers zur vorvertraglichen Aufklärung – und damit verbunden zur Übermittlung von Unterlagen vergleichbarer Franchisebetriebe – einerseits und die Pflicht zum vertraulichen Umgang mit geschäftssensiblen Informationen seiner Franchisenehmer andererseits schließen sich somit nicht gegenseitig aus.

In Deutschland ergeben sich die gesetzlichen Haftungsgrundlagen zum Schutze vertraulicher Informationen, insbesondere zum Schutz des dem Franchisenehmer übermittelten Know-hows eines Franchisesystems, neben etwaiger vertraglichen Regelungen bausteinartig aus dem Delikts-, Wettbewerbs- und Bereicherungsrecht. Dabei sind Verstöße gegen §§ 202 ff. StGB, § 85 GmbHG, § 404 AktG und § 333 HGB Verbotstatbestände im Sinne deliktsrechtlicher Schutzgesetze.[1377] Die Pflicht zum vertraulichen Umgang mit den übermittelten Informationen obliegt dabei beiden Vertragsparteien. Verstöße hiergegen begründen entsprechende Schadensersatzansprüche gemäß § 823 Abs. 2 BGB. Zudem besteht bei sittenwidrigen Verletzungen bzw. sittenwidriger Ausnutzung fremden Know-hows ein Anspruch auf Schadensersatz aus § 826 BGB.[1378] Denkbar sind hier insbesondere solche Fälle in denen der Franchisenehmer

1375 Gesetz „Ley de confidencialidad sobre información y productos que estén legítimamente bajo control de una persona y se divulgue indebidamente de manera contraria a los usos comerciales honestos – Ley N° 24.766" vom 18. Dezember 1996, einsehbar unter: http://www.conicet.gov.ar/wp-content/uploads/Ley-N%C2%BA-24766-Confidencialidad.pdf, zuletzt abgerufen am 12.05.2019.

1376 Herrera/Carmelo/Picasso-Chomer/Sícoli, CCCN, Art. 1514, S. 221.

1377 Flohr, ZAP 2019, 343 (346).

1378 Flohr, ZAP 2019, 343 (346).

nach Beendigung des Franchisevertrags das übermittelte Know-how abredewidrig für eigene Zwecke weiter nutzt.

Der „zerklüftete“[1379] Schutz des Know-hows eines Franchisesystems nach deutschem Recht, differenziert nach Verstößen gegen vertragliche, deliktsrechtliche und wettbewerbsrechtliche Normen, soll nunmehr durch die EU-Richtlinie zum Schutz vertraulichen Know-hows und vertraulicher Informationen vom 08.06.2016 (EU-RL 2016/943) und das Gesetz zum Schutz von Geschäftsgeheimnissen vom 18.04.2019[1380] vereinheitlicht werden.[1381]

Der früher bestehende Schutz nach §§ 17 ff. UWG wurde im April 2019 ersatzlos gestrichen und stattdessen entsprechende Auskunfts- und Unterlassungsansprüche in das GeschGehG aufgenommen, vgl. §§ 6 ff. GeschGehG. Dieses lässt den Schutz eines Know-hows eines Franchisesystems nur zu, wenn die Information geheim ist, sie einen kommerziell verwertbaren wirtschaftlichen Wert besitzt und durch angemessene Geheimhaltungsmaßnahmen des Berechtigten vor einer Veröffentlichung geschützt ist, vgl. § 4 GeschGehG. Damit geht derzeit ein Handlungsbedarf für viele Franchisegeber dergestalt einher, dass nunmehr Franchisehandbücher anzupassen sind sowie Geschäftsgeheimnisse besonders zu schützen und zu dokumentieren sind. Weiterhin besteht die Notwendigkeit einer gesonderten vom Franchisenehmer zu unterzeichnenden Geheimhaltungserklärung zur Dokumentation des fortdauernden Geheimhaltungswillens des Franchisegebers.[1382]

4. *Leistungspflichten im UNIDROIT-Modellgesetz*

Das UNIDROIT Model Franchise Disclosure Law enthält keine Regelung der vertraglichen Haupt- oder Nebenpflichten der Parteien eines Franchisevertrages. Gemäß der Präambel versteht sich dieses Modellgesetz als Richtlinie und Empfehlung für diejenigen Staaten, die sich für eine gesetzliche Regelung des Franchisings entscheiden. Art. 1 Abs. 2 UNIDROIT Model Franchise Disclosure Law bestimmt allerdings ausdrücklich, dass dieses Modellgesetz vorbehaltlich anderslautender Regelungen keine Aussagen zur Gültigkeit eines Franchisevertrages oder einzelner Bestimmungen enthält.

1379 Flohr, ZAP 2019, 343 (347).

1380 Gesetz zum Schutz von Geschäftsgeheimnissen vom 18.04.2019, BGBl. I S. 466.

1381 Vgl. Dann/Markgraf, NJW 2019, 1774; Flohr, ZAP 2019, 343 (347).

1382 Flohr, ZAP 2019, 343 (348).

II. Die Grenzen der Privatautonomie

1. Der Einfluss des Kartellrechts auf die Gestaltung des Franchisevertrages

Ebenso wie in den deutschen kartellrechtlichen Bestimmungen im GWB und in den EU-Regelungen in Art. 101 AEUV gibt es auch in Argentinien Regelungen zum Schutz des Wettbewerbs. Hierzu zählen die „Ley N° 25.156 de defensa de la competencia del 16 de septiembre de 1999“, welche ergänzt wird von den Beschlüssen „Reglamento 89/01“, „Resolución SDCyC 40/01, 164/01 de lineamiento de control y definición de mercado relevante“ und der „Resolución SCT 26/06 procedimiento sobre opiniones consultivas“. Da die Anwendungsbereiche ähnlich sind, nämlich das jeweilige nationale Kartellrecht immer dann eingreift, wenn der nationale Markt betroffen ist und keine Rechtswahl dagegen hilft[1383], muss man diese auch bei der Gestaltung von Franchiseverträgen zwingend berücksichtigen.

Für die Behandlung von Wettbewerbsbeschränkungen ist zunächst die Erkenntnis wichtig, dass sich ein System von Franchiseverträgen regelmäßig als ein rein vertikales Vertriebssystem darstellt, welches durch Vertikalbindungen zwischen dem Franchisenehmer und dem Franchisegeber gekennzeichnet ist.[1384]

Für das deutsche (und europäische) Franchiserecht gilt seit der Pronuptia-Entscheidung des EuGH[1385], dass Franchiseverträge immer dann vom Kartellverbot ausgenommen sind, wenn sie für das Funktionieren des Franchisesystems unerlässlich sind. Vergleichbare Rechtsfragen, wie sie dem EuGH in Bezug auf die wettbewerbsrechtliche Beurteilung von Franchiseverträgen vorlagen, haben sich den argentinischen Gerichten bisher nicht gestellt. Es sind bis dato auch keine Fälle bekannt, in denen ein Franchiseunternehmen zu Bußgeldern wegen Wettbewerbsverzerrung oder Verstößen gegen das geltende argentinische Kartellrecht verurteilt wurde.[1386] Vor diesem Hintergrund wird auch die Würdigung des Art. 1523 CCCN in der neueren argentinischen Literatur als großen Fortschritt verständlich, regelt dieser doch erstmalig, dass ein Franchisevertrag den freien Wettbewerb weder beschränken, begrenzen noch verfälschen darf. Darin wird nach neueren Stimmen eine Kehrtwende im argentinischen

1383 Rothermel, S. 301.
1384 Martinek/Semler/Flohr-Martinek– Handbuch des Vertriebsrechts, § 31 Rn. 2.
1385 EuGH, Urt. v. 28.01.1986 – C-161/84, Slg. 1986, 353 – Pronuptia, GRUR Int 1986, 193.
1386 Vgl. Marzorati, RCCyC Febrero 2016, 52 (80).

Wettbewerbsrecht hin zu einer stärkeren Ahndung wettbewerbswidriger Maßnahmen gesehen.[1387]

a) *Exklusivitätsregelungen*

Die Vereinbarung von Exklusivitätsklauseln, wonach dem Franchisenehmer ein bestimmtes Vertragsgebiet zur alleinigen Nutzung zugewiesen wird, ist in beiden Staaten üblich. Diese sind in Deutschland freistellungsfähig, wenn sie gemäß Art. 4 lit. b) i) Vertikal-GVO Nr. 330/2010 nur den aktiven Verkauf in Gebiete betreffen, die sich der Franchisenehmer selbst oder einem anderen Franchisenehmer vorbehalten hat, und die Kunden nicht beschränkt werden. Eine Einschränkung des passiven Verkaufs ist hingegen unzulässig.

Eine solche Unterscheidung zwischen aktivem und passivem Wettbewerb ist dem argentinischen Wettbewerbsrecht sowohl bei Gebiets- als auch bei Kundenschutzregelungen fremd. Es gibt keine allgemein auf alle Vertragstypen anwendbaren Regelungen zur Exklusivität. Im Allgemeinen lässt sich hier eine im Vergleich zu Deutschland erheblich geringere Aktivität der Wettbewerbsbehörde feststellen. Auch die ihr zugewiesenen weitreichenden Ermittlungsbefugnisse und Sanktionsmöglichkeiten wurden bislang nur sehr zurückhaltend angewandt. Dies darf jedoch nicht zu der falschen Annahme verleiten, Exklusivitätsregelungen seien nach argentinischem Recht per se zulässig. Vielmehr regelt Art. 1517 CCCN einen ausdrücklichen Grundsatz der beidseitigen Exklusivität für Franchiseverträge. Gemäß Art. 1517 S. 2 CCCN ist es dem Franchisegeber sogar ausdrücklich untersagt einem Dritten Franchiserechte zu vergeben oder einen Vertrag betreffend das dem Franchisegeber zugewiesene Vertriebsgebiet zu vereinbaren, sofern dieser dem nicht vorher zustimmt. Diese Pflicht korrespondiert mit der Pflicht des Franchisenehmers vorbehaltlich einer entsprechenden Zustimmung des Franchisegebers nicht außerhalb seines Vertriebsgebiets tätig zu werden.[1388]

Art. 1517 CCCN entbindet die Gerichte somit von der bisherigen uneinheitlichen Praxis, im Wege ergänzender Vertragsauslegung zur Annahme einer Exklusivitätsklausel gelangen zu müssen. Politisch oder wirtschaftlich motivierten Einzelfallentscheidungen zugunsten einzelner (Groß-) Unternehmen, die befürchtet wurden, wird somit ein Riegel vorgeschoben. Es dürfte anzunehmen sein, dass die argentinische Rechtsprechung sich zukünftig stärker an den

1387 Marzorati, RCCyC Febrero 2016, 52 (80); vgl. Cabanellas de las Cuevas/Serebrinsky, DCCyE 2013, 307.

1388 Vgl. Leiva Fernández-Tomo VI, § 334 Nr. 2414 lit. d).

wenigen bisher existierenden Entscheidungen zugunsten von Exklusivitätsvereinbarungen im Allgemeinen orientieren und die Voraussetzungen für deren wirksame Vereinbarung näher konkretisieren wird.

Geht man einmal von den wenigen Entscheidungen der argentinischen Gerichte aus, in denen eine vertraglich vereinbarte Exklusivität als wirksam befunden wurde, so besteht in beiden Rechtsordnungen insofern Einigkeit, als der Verstoß des Franchisegebers gegen eine Exklusivitätsvereinbarung den Franchisenehmer zur Geltendmachung eines Schadensersatzanspruchs berechtigt.

b) Wettbewerbsverbote

Große Bedeutung hat in der Franchisepraxis auch die Vereinbarung von Wettbewerbsverboten. Ein Schwerpunkt im Zusammenhang mit der Wirksamkeit dieser Wettbewerbsverbote kommt dabei in Deutschland deren Dauer zu. Während vertragliche Wettbewerbsverbote gemäß Art. 5 lit. a) Vertikal-GVO Nr. 330/2010 einen Zeitraum von fünf Jahren nicht überschreiten dürfen, sofern sie nicht der Erhaltung der Einheit und des Rufes des Franchisesystems zu dienen bestimmt sind, dürfen nachvertragliche Wettbewerbsverbote ein Jahr nicht überschreiten. Diese sollten zusätzlich auf das vom Franchisenehmer abgedeckte Vertriebsgebiet begrenzt werden. Demgegenüber beschränkt sich das argentinische Recht darauf vertragliche Wettbewerbsverbote nicht per se für unzulässig zu erklären, lässt aber entsprechende Regelungen gänzlich vermissen. Der Vertragspraxis lässt sich entnehmen, dass es dem Franchisenehmer nach argentinischem Recht regelmäßig vertraglich untersagt ist mit den Franchisegebern anderer Marken zu kontrahieren oder deren Produkte zu vertreiben. Eindeutig positioniert sich der argentinische Gesetzgeber hingegen im Hinblick auf nachvertragliche Wettbewerbsverbote. So darf ein nachvertragliches Wettbewerbsverbot nach Art. 1522 Abs. 2 CCCN eine Dauer von einem Jahr nach Vertragsbeendigung nicht überschreiten und muss sich auf ein angemessenes Vertriebsgebiet erstrecken. Diese Regelung zeugt von der immer stärker werdenden Orientierung des argentinischen Wettbewerbsrechts am europäischen.[1389]

Eine andere Frage ist der Umgang mit dem E-Commerce im Hinblick auf bestehende Wettbewerbsverbote. Während diese Problematik in Deutschland große Beachtung gefunden hat, wurde ihr in Argentinien bisher kaum Aufmerksamkeit zuteil. Der Absicht des Franchisegebers den E-Commerce als Vertriebskanal zu wählen stehen heutzutage in Deutschland regelmäßig entsprechende Vertragsverbote entgegen. Selbst wenn der Onlinehandel durch

1389 Vgl. Leiva Fernández-Tomo VI, § 332 Nr. 2418.

den Franchisegeber – und damit letztlich ein Wettbewerb durch ihn im Vertriebsgebiet des Franchisenehmers – nicht explizit ausgeschlossen wird, können dem Franchisenehmer in Deutschland gleichwohl Unterlassungsansprüche aus ergänzender Vertragsauslegung oder wegen Verletzung der Treuepflicht zustehen. Außerdem kann der Franchisenehmer kartellrechtliche Einwendungen nach §§ 19, 20 GWB sowie nach § 1 GWB gegen den Franchisegeber geltend machen.

In einem viel früheren Stadium der rechtlichen Auseinandersetzung mit der Thematik des E-Commerce befindet sich die argentinische Literatur. Hier scheint der Schwerpunkt bisher auf dem Schutz der kleineren Betriebe vor den großen Onlinevertriebsketten zu liegen, mit der Folge, dass sich die Diskussion eher auf ökonomische Überlegungen konzentriert. Bei der Untersuchung der wenigen sich mit dieser Thematik auseinandersetzenden Schriften fällt allerdings im Allgemeinen eine starke Orientierung an der europäischen und insbesondere der spanischen Rechtsprechung ins Auge. Diese dürfte somit in Zukunft eine entscheidende Rolle bei der Lösung von Rechtsfragen im Zusammenhang mit dem E-Commerce nach argentinischem Recht haben.

2. *Die Unwirksamkeit bestimmter Vereinbarungen*

Das argentinische Recht schützt, neben der im Anschluss zu thematisierenden AGB-Kontrolle, den Franchisenehmer auch bei Individualvereinbarungen ausdrücklich vor einem Missbrauch der dem Franchisegeber eingeräumten Vertragsgestaltungsfreiheit, indem es einzelne Regelungen für zwingend nichtig erklärt. Hierzu zählen z.B. Klauseln, die dem Franchisenehmer die Prüfung der in Art. 1512 Abs. 2 CCCN genannten geistigen Eigentumsrechte (Art. 1519 lit. a) CCCN), den Warenerwerb von anderen (systeminternen) Franchisenehmern unter Einhaltung der Qualitätsvorgaben (Art. 1519 lit. b) CCCN) oder den sonstigen Zusammenschluss mit anderen Franchisenehmern (Art. 1519 lit. c) CCCN) verbieten. Eine derartige Einschränkung der Vertragsfreiheit der Parteien ist dem deutschen Recht bei Individualabreden hingegen fremd. Es gibt keine zwingend zu beachtenden „Mindestrechte" zugunsten des Franchisenehmers. Der strenge Schutz des Franchisenehmers setzt demnach erst dann an, wenn Vertragsbedingungen für eine Vielzahl von Franchiseverträgen vorformuliert werden. Ist dies nicht der Fall, gilt der Franchisenehmer als über die Grenzen der §§ 134, 138 BGB hinreichend geschützt, so dass es keiner dahingehenden speziellen Regelung bedarf.

3. *Der Franchisevertrag und das AGB-Recht*

a) *AGB-Recht und Inhaltskontrolle*

Der Privatautonomie, aus der das besondere Interessengefüge des Franchiseverhältnisses geboren wird, sind im Hinblick auf die Vertragsgestaltung sowohl nach argentinischem als auch nach deutschem Recht Grenzen gesetzt. Dabei ist das AGB-Recht beider Länder und insbesondere die Inhaltskontrolle der Vertragsklauseln besonders zu beachten. Vor dem Hintergrund, dass der Franchisegeber i.d.R. von einer stärkeren Verhandlungsposition profitiert und dem Franchisenehmer einseitig vorformulierte Vertragswerke vorlegt, ist die Inhaltskontrolle zur Wahrung der Verhandlungsparität besonders wichtig.

In Deutschland stellt das AGB-Recht aufgrund der Strenge seiner Anforderungen und deren stetiger Weiterentwicklung durch die Rechtsprechung eine Herausforderung für die Gestaltung der Franchiseverträge dar. Franchiseverträge sind Formularverträge i.S.d. § 305 Abs. 1 S. 1 BGB und unterliegen somit der Inhaltskontrolle gemäß §§ 307 ff. BGB.[1390] Im Rahmen der durchzuführenden Interessenabwägung gemäß § 307 BGB gilt es die korrelierenden Parteiinteressen, insbesondere aber auch das für das Franchising wesenstypische Nebeneinander von Interessengegensatz und Interesseneinheit zu berücksichtigen. Hinzu kommt, dass das bisher ausschließlich auf Verträge zwischen Verbrauchern angewandte AGB-Recht zunehmend auch auf Verträge zwischen Unternehmern erweitert wird, so dass für den die Klauseln meist einseitig formulierenden Franchisegeber immer engere Voraussetzungen zu beachten sind.

Vergleicht man einmal die Regelungen zu den argentinischen AGB („cláusulas generales") in Art. 988 und 989 CCCN mit den §§ 305 ff. BGB, so stellt man zunächst fest, dass Erstere den als Vorbild herangezogenen Normen des BGB stark ähneln.[1391] Das CCCN sieht keine speziellen Regelungen für den rechtlichen Umgang mit AGB-Klauseln im Franchisevertrag vor. Dies ist auch obsolet, da stattdessen das für sämtliche im CCCN geregelten Vertragstypen allgemein geregelte AGB-Recht der Art. 988 ff. CCCN Anwendung findet.

Nach argentinischem Verständnis sind AGB einseitig vorformulierte Vertragsbedingungen, die meist vom Franchisegeber vorgegeben werden. Art. 986 S. 2 CCCN statuiert den Vorrang der Individualabrede in Übereinstimmung mit dem deutschen Rechtsverständnis.

1390 Liesegang, BB 1991, 2381; Ulmer/Brandner/Hensen-Schmidt, AGB Recht, Kap. 19 Rn. 7.

1391 Krieger, Sobre cláusulas abusivas en el nuevo Código, Supl. Act. LL 23.06.2015, 1.

Zeugnis der inhaltlichen Parallelität zwischen dem argentinischen und dem deutschen AGB sind Art. 988 CCCN und § 307 BGB, welche inhaltlich nahezu übereinstimmen. Auch sind die Parallelen zwischen Art. 989 CCCN und § 306 BGB nicht zu übersehen.[1392] Ferner finden sich die im deutschen AGB-Recht bestehende Regel der Auslegung von AGB-Klauseln unter Berücksichtigung von Treu und Glauben sowie die Befugnis des Richters die Vertragsbedingungen im Einzelnen zu prüfen, ohne diese zu ändern, nahezu inhaltsgleich in den Art. 960, 961 CCCN wieder.[1393]

b) Die Wirksamkeit einzelner AGB-Klauseln

Im Hinblick auf die Vielzahl der denkbaren Klauselgestaltungen ist eine Thematisierung aller relevanten Konstellationen nicht möglich. Gleichwohl soll an dieser Stelle ein exemplarischer Vergleich zwischen der rechtlichen Würdigung bestimmter AGB-Klauseln in beiden Staaten erfolgen.

Nach deutschem Recht sind formularmäßige Klauseln betreffend den Mindestabsatz vom Franchisenehmer Ausdruck der Absatzförderungspflicht und daher grundsätzlich nicht zu beanstanden. Anders ist dies jedoch im Hinblick auf einseitige Bestimmungen der Mindestabsatzmenge durch den Franchisegeber sowie im Falle unzumutbarer Einschränkungen bei der Vertragsbeendigung. Diese werden in Deutschland für unzulässig erachtet.[1394] Anders beurteilt die deutsche Rechtsprechung dahingegen Bezugsbindungen des Franchisenehmers. Diese sind als notwendiger Bestandteil der meisten Franchiseverträge selbst dann wirksam, wenn dem Franchisenehmer eine 100%ige Bezugsbindung auferlegt wird.[1395]

Ein uneinheitliches Bild ergibt die Untersuchung der Rechtsprechung zur zulässigen Vertragsstrafenhöhe, wohingegen Preiserhöhungsklauseln in Franchiseverträgen mit dem Argument für zulässig befunden werden, dass der Franchisegeber stets im Interesse des wirtschaftlichen Erfolgs des Franchisenehmers handelt und der Franchisenehmer daher keine willkürlichen und unangemessenen Preisanpassungen zu befürchten hat.[1396]

1392 Krieger, Sobre cláusulas abusivas en el nuevo Código, Supl. Act. LL 23.06.2015, 1 (2).

1393 Vgl. Krieger, Sobre cláusulas abusivas en el nuevo Código, Supl. Act. LL 23.06.2015, 1 (2); Ghersi/Weingarten-Ghersi, Contratos, S. 46.

1394 Röhricht/Graf von Westphalen/Haas-Giesler, HGB, S. 1966.

1395 BGH, Urt. v. 11.11.2008 – KVR 17/08, NJW 2009, 1755.

1396 Vgl. OLG Düsseldorf, Beschl. v. 07.09.2009 – 16 U 62/08, BeckRS 2009, 89466.

Im Hinblick auf die Unangemessenheitsprüfung einzelner AGB-Klauseln ist im Vergleich zu Deutschland zu beobachten, dass die argentinische Literatur bisher keine derart weitgehenden Überlegungen anstellt und sich – nicht zuletzt im Hinblick auf die vergleichsweise kurze Geltungsdauer der neuen Normen – darauf beschränkt, festzustellen, dass bislang vieles ungeklärt ist und es Aufgabe der Rechtsprechung sein wird die im Rahmen eines Franchisevertrages rechtswirksamen Beschränkungen der Privatautonomie festzustellen.[1397] Gleichwohl ist davon auszugehen, dass die argentinischen Gerichte an ihrer bisherigen Rechtsprechung zu AGB festhalten werden. So sind z.B. variable Franchisegebühren und Anpassungsklauseln nach altem Recht zulässig gewesen. Die argentinische Rechtsprechung geht ferner bisher restriktiv mit der Zulässigkeit von vertraglichen Wettbewerbsverboten um. Diese müssen stets zeitlich und räumlich begrenzt sein.[1398]

Unverzichtbar ist es im Rahmen einer Inhaltskontrolle nach argentinischem Recht jedoch, den vom Gesetzgeber bezweckten stärkeren Franchisenehmerschutz nicht unzulässig auszuweiten und somit über das Ziel einer Benachteiligungsvorbeugung hinauszuschießen. Dies kann anderenfalls leicht zu einer Störung der von den Parteien gewollten Risikoverteilung und somit zu einer Verletzung der Privatautonomie führen. Die argentinische Rechtsprechung ist daher gehalten eine klare Position zur AGB-rechtlichen Wirksamkeit einzelner Klauseln der Franchiseverträge einzunehmen und sich dabei nicht von rechtsfremden Motiven oder diffusen Schutzbedürfnissen zugunsten vermeintlich ausgebeuteter Franchisenehmer leiten zu lassen.

Einigkeit besteht bisher jedenfalls dahingehend, dass eine AGB-Klausel die Pflichten des Franchisegebers nicht einseitig zu seinen Gunsten ändern kann, wenn die Rechte des Franchisenehmers dabei aufgehoben oder verkürzt werden.[1399] Wenngleich das argentinische Recht sich mit der Frage nach der Zulässigkeit von Mindestabsatzmengen und Bezugsbindungen bisher nicht vertieft auseinandergesetzt hat, erachtet es jedenfalls solche Klauseln für missbräuchlich i.S.d. Art. 988 lit. b) CCCN, die dem Franchisenehmer tatsächlich unerreichbare Umsatzziele als Gegenleistung für die geschuldete Provision[1400] oder zusätzliche Kostentragungspflichten auferlegen, die üblicherweise dem Franchisegeber

---

1397 Marzorati, LL 07.04.2016, 1 (2).

1398 Kahn, S. 147; Marzorati, LL 22.11.2017, 1 (4).

1399 Vgl. CNCom, Sala A, Urt. v. 31.10.2006 – Citibank NA c. Schkolnik, V/lex 2006, file AIY6.

1400 Rubín, Contratos de comercialización, Tomo I, Kap. I Rn. 12.5.

obliegen.[1401] Damit wird aufgezeigt, dass auch das argentinische AGB-Recht der flexiblen und einseitigen Vertragsgestaltung durch den Franchisegeber immer engere Grenzen setzt.

Im Ergebnis ermöglicht die AGB-Kontrolle in beiden Rechtsordnungen, über die Grenzfälle der Sittenwidrigkeit und des Machtmissbrauchs hinaus auch den Systemzweck und die Grundsätze von Treu und Glauben sowie die einschlägigen Verhaltenskodexe in die Rechtmäßigkeitsprüfung einzubeziehen.

c) Das Transparenzgebot

Neben dem Erfordernis einer Inhaltskontrolle ist sowohl im deutschen (§ 307 Abs. 1 S. 2 BGB) als auch im argentinischen AGB-Recht (Art. 985 Abs. 2 CCCN) stets die Einhaltung des Transparenzgebots zu beachten.[1402] Damit wird ebenfalls deutlich, dass in beiden Ländern die Verantwortung für die Klarheit der AGB aus der einseitigen Formulierungsgewalt des Franchisegebers folgt.

d) Rechtsfolgen

Weiterhin ist im Hinblick auf die Rechtsfolgen einer nach deutschem Recht für unwirksam befundenen Klausel zu beachten, dass der Franchisevertrag im Übrigen wirksam bleibt, sofern nicht ausnahmsweise Gesamtunwirksamkeit vorliegt.[1403] Nach argentinischem Recht gelten missbräuchliche Klauseln gemäß Art. 988 S. 1 CCCN als nicht vereinbart („se deben tener por no escritas"). Die bestehende Lücke ist von den Gerichten im Wege ergänzender Vertragsauslegung zu schließen, vgl. Art. 989 S. 2 CCCN. Im deutschen Recht finden demgegenüber im Fall der Unwirksamkeit einer AGB-Klausel an deren Stelle die gesetzlichen Regelungen Anwendung.

e) AGB in den UNIDROIT Principles of International Commercial Contracts (2016)

Fraglich ist, welche Voraussetzungen die UNIDROIT Principles of International Commercial Contracts (2016) an die wirksame Vereinbarung und Einbeziehung von AGB stellen. Dabei ist zunächst zu berücksichtigen, dass die UNIDROIT Principles of International Commercial Contracts (2016) ursprünglich für

---

1401 Vgl. CNCom, Sala F, Urt. v. 26.03.2013 – Total Cell SA c. Telefónica Móviles Argentina SA, ED Digital Nr. 71401.

1402 Vgl. Flohr, BB 2006, 389 (394); Ghersi, Nulidades contractuales y abusivas, S. 174 f.

1403 Vgl. OLG München, Urt.v. 26.06.2002 – 7 U 5730/01, BB 2002, 2521.

gewöhnliche Handelsgeschäfte, insbesondere für Kaufverträge zwischen Unternehmern, entworfen wurden. Angesichts der zunehmenden Bedeutung langfristigerer Verträge, insbesondere auch von Dauerschuldverhältnissen, wurden sie im Laufe der Zeit stetig angepasst, um auch diesen Verträgen gerecht zu werden.[1404] Wenngleich sie ausschließlich auf internationale Verträge Anwendung finden, können sie dennoch als Grundlage für die jeweiligen nationalen Handelsrechte dienen.[1405] Sie enthalten aber weder ausdrücklich auf Franchiseverträge anwendbare Regelungen noch sehen sie spezielles Franchiserecht vor.

Die UNIDROIT Principles of International Commercial Contracts (2016) enthalten in Art. 2.1.19 ff. Regelungen betreffend AGB. In Übereinstimmung mit dem deutschen und argentinischen Recht liegt auch diesen Grundsätzen das Verständnis zugrunde, dass AGB einseitig vorformulierte Vertragsbedingungen darstellen, die für eine Vielzahl von Verträgen eingesetzt werden und nicht individualvertraglich verhandelt werden, vgl. Art. 2.1.19 Abs. 2 UNIDROIT Principles of International Commercial Contracts (2016). Weiterhin enthält Art. 2.1.20 Abs. 1 UNIDROIT Principles of International Commercial Contracts (2016) auch eine Einschränkung im Hinblick auf für den Vertragspartner überraschende Klauseln, wobei nach Abs. 2 sowohl deren Inhalt als auch die Sprache und das äußere Erscheinungsbild zu berücksichtigen sind. Ferner gilt auch hier der Vorrang der Individualabrede gemäß Art. 2.1.21 UNIDROIT Principles of International Commercial Contracts (2016). Eine Besonderheit stellt jedoch die in Art. 2.1.22 UNIDROIT Principles of International Commercial Contracts (2016) vorgesehene „Battle of forms" dar. Verweisen beide Vertragsparteien auf ihre eigenen AGB, so gilt der Vertrag demnach als lediglich unter Einbeziehung der inhaltsgleichen AGB zustande gekommen. Die sich widersprechenden AGB finden hingegen keine Anwendung, es sei denn eine Vertragspartei erklärt im Voraus oder ohne schuldhaftes Zögern gegenüber der anderen, dass sie sich an einen solchen Vertrag nicht gebunden fühlt. Die Möglichkeit der Geltung von AGB einer Vertragspartei für den Fall widersprechender AGB der anderen Vertragspartei aufgrund einer einseitigen Erklärung der sich auf diese AGB berufenden Vertragspartei, ist sowohl dem deutschen als auch dem argentinischen Recht fremd. Nach deutschem Recht gelten für das Vertragsverhältnis die AGB beider Parteien nur, soweit sie sich nicht widersprechen, und im Übrigen die

---

1404 Preamble Ziff. 2 UNIDROIT Principles of International Commercial Contracts (2016).

1405 Vgl. Preamble Ziff. 6,7 UNIDROIT Principles of International Commercial Contracts (2016).

gesetzlichen Regelungen des HGB und BGB. Im argentinischen Recht gelten sich widersprechende AGB ebenso wenig, wobei die bestehende Lücke von den Gerichten im Wege ergänzender Vertragsauslegung zu schließen ist. Die von den UNIDROIT Principles of International Commercial Contracts (2016) gewählte Lösung ist auch nicht empfehlenswert für beide Rechtsordnungen, da sie dem bezweckten Gleichgewicht zwischen den Vertragsparteien abträglich ist.

4. *Die Mindestvertragslaufzeit*

Einer der wichtigsten und für die Franchiseparteien bedeutendsten Unterschiede im Franchiserecht beider Staaten ist die einzuhaltende Mindestvertragslaufzeit.

In Deutschland zählt sie zu den Vertragsklauseln, die einer Inhaltskontrolle am häufigsten unterliegen. Das Fehlen einer allgemein für alle Vertriebsverträge geltenden gesetzlichen Regelung und das Ausbleiben einer höchstrichterlichen Entscheidung resultieren in einer Vielzahl zum Teil widersprüchlicher Urteile der deutschen Instanzgerichte. Die Frage nach der Wirksamkeit vertraglicher Bindungen über lange Zeiträume ist dabei bis heute unbeantwortet.[1406]

Eine gesetzliche Regelung der Mindestvertragslaufzeit existiert in Deutschland nicht. Zwar sieht § 309 Nr. 9 BGB für Dauerschuldverhältnisse über die Lieferung von Waren oder die Erbringung von Dienst- oder Werkleistungen vor, dass eine den anderen Vertragsteil länger als zwei Jahre bindende Vertragslaufzeit (lit. a)) sowie eine den anderen Vertragsteil bindende stillschweigende Verlängerung des Vertragsverhältnisses um jeweils mehr als ein Jahr (lit. b)) in AGB unwirksam sind, allerdings gilt diese Norm nicht unmittelbar für AGB, die gegenüber Unternehmen verwendet werden, § 310 Abs. 1 S. 1 BGB. Die Laufzeit von Verträgen lässt sich gerade im unternehmerischen Geschäftsverkehr kaum für alle Fälle und Vertragsarten generell bestimmen.[1407] § 309 Nr. 9 BGB enthält daher nach dem BGH auch kein Unwirksamkeitsindiz für den unternehmerischen Verkehr.[1408]

Die starke Zurückhaltung des BGH wirkt sich auch auf die Zulässigkeit von Kündigungsklauseln aus, da die Vielzahl der hierzu ergangenen Entscheidungen dem Rechtsanwender ein uneinheitliches Bild vermittelt. Es gilt der Grundsatz, je höher die Investitionen des Franchisenehmers sind, desto länger kann

---

1406 Vgl. BGH, Urt. v. 3.11.1999 – VIII ZR 269/98, WM 2000, 633.

1407 Wolf/Lindacher/Pfeiffer-Dammann, § 309 Nr. 9 Rn. 170.

1408 BGH, Urt. v. 17.12.2002 – X ZR 220/01, NJW 2003, 887; vgl. Staudinger BGB-Coester-Waltjen, § 309 Rn. 6.

zivilrechtlich die Erstlaufzeit eines Franchisevertrages vereinbart werden.[1409] Grundsätzlich ist zwar eine Vertragslaufzeit von zehn Jahren zulässig, allerdings kann im Falle einer 100%igen Bezugsbindung des Franchisenehmers der Franchisevertrag eine Erstlaufzeit von fünf Jahren grundsätzlich nicht überschreiten.[1410] Diese Einschränkung hat ihre Begründung im zuvor thematisierten europäischen Kartellrecht.

Eine abweichende und pragmatischere Lösung wählt dagegen das argentinische Recht: Hier wird gemäß Art. 1516 i.V.m. Art. 1506 Abs. 1 CCCN eine Mindestlaufzeit von vier Jahren für alle Franchiseverträge vorgesehen. Beim Entwurf der Art. 1516, 1506 CCCN berücksichtigte der argentinische Gesetzgeber auch die UNIDROIT-Grundregeln für Internationale Handelsverträge („UNIDROIT Principles"). Gemäß Art. 4.3 dieser Grundregeln müssen bei der Vertragsauslegung stets die Art und der Zweck des Vertrages berücksichtigt werden. Zudem sind die betriebswirtschaftlichen und ökonomischen Absichten der Parteien von großer Bedeutung.[1411] Vor diesem Hintergrund sowie mit der Intention, der bisherigen Kautelarpraxis extrem kurzer Vertragslaufzeiten zum Schutz kleinerer und mittlerer Franchisenehmer ein Ende zu setzen, legte der argentinische Gesetzgeber eine Mindestvertragslaufzeit von vier Jahren fest.[1412] Man geht dabei davon aus, dass vier Jahre dem Zeitraum entsprechen, den eine Amortisation der Anfangsinvestitionen durchschnittlich in Anspruch nimmt.

Die gesetzliche Festlegung einer Mindestlaufzeit ist zwar im Grundsatz geeignet, die den Franchisenehmer benachteiligende Kautelarpraxis, namentlich die flexible Bestimmung der Vertragslaufzeit und damit die variablen Kündigungsfristen, zu beenden und den Franchisenehmern zu größerer Rechtssicherheit zu verhelfen. Andererseits darf das Bemühen um Einheitlichkeit und Planungssicherheit für alle Franchiseparteien nicht darüber hinwegtäuschen, dass die bezweckte Möglichkeit der Amortisation getätigter Investitionen nicht zwingend innerhalb der ersten vier Jahre eintritt und der beabsichtigte Franchisenehmerschutz folglich nicht immer erzielt wird.[1413] Untersucht man die wenigen Abhandlungen zu Art. 1516 i.V.m. Art. 1506 Abs. 1 CCCN, fällt zunächst die – im Gegensatz zu anderen Vorschriften der Art. 1512 ff. CCCN – frühe

1409 Küstner/Thume-Schröder, Handbuch Vertriebsrecht Bd. 3, S. 450; vgl. BGH, Urt. v. 17.12.2002 – X ZR 220/01, NJW 2003, 888.

1410 Martinek/Semler/Flohr-Flohr– Handbuch des Vertriebsrechts, § 30 Rn. 215.

1411 Herrera/Carmelo/Picasso-Chomer/Sicoli, CCCN, Art. 1515, S. 225.

1412 Vgl. Caselli, Jurisprudencia Argentina 2013, 1 (12 f.).

1413 Vgl. Di Chiazza/van Thienen, CEDEF Law & Finance 21.12.2015, 1 (7).

Auseinandersetzung mit den praktischen Anwendungsproblemen positiv auf. Der großen Kritik an der neuen Regelung ist jedenfalls dahingehend zuzustimmen, dass sie die Flexibilität vermissen lässt, die es zur sachgerechten Fortentwicklung eines modernen Franchiserechts bedürfen wird. Auch hier bleibt zu hoffen, dass die Rechtsprechung die nach heutigem Stand geltende Rigidität zugunsten einer sachgerechten Auslegung aufweichen und von der in Art. 1516 S. 2 CCCN vorgesehenen Möglichkeit der Ausnahmenbildung angemessen Gebrauch machen wird. Die im Wortlaut vorgesehenen Ausnahmen für Messen und Kongresse sind jedenfalls als gesetzgeberisches Versehen zu verstehen, stellen diese doch franchisefremde Vertragskonstellationen dar. Sie können somit jedenfalls nicht als echte Ausnahmen der vierjährigen Vertragslaufzeit von Franchiseverträgen verstanden werden.

Zu beachten ist in diesem Zusammenhang aber auch die in Art. 1516 S. 3 und S. 4 CCCN vorgesehene Möglichkeit der Vertragsverlängerung. Gemäß Art. 1516 S. 3 CCCN verlängert sich ein Franchisevertrag nach argentinischem Recht automatisch um jeweils ein Jahr, sofern der Vertrag nicht mit einer Frist von dreißig Tagen vor Ende der ersten vier Jahre wirksam beendet wird. Wird der Vertrag ein zweites Mal ohne Intervention der Vertragsparteien verlängert, so gilt er gemäß Art. 1516 S. 4 CCCN als auf unbestimmte Zeit geschlossen.

D. Probleme bei der Vertragsdurchführung und rechtliche Lösungsansätze

I. Die Regelungen zur Vertretung

Obwohl sich die in Franchiseverträgen enthaltenen Vertretungsklauseln in der Praxis in beiden Ländern insofern ähneln, als beide davon ausgehen, dass der Kunde eines Franchisebetriebs stets nur mit dem Franchisenehmer kontrahieren will und kein Vertrag mit dem Franchisegeber zustande kommt, fällt die rechtliche Beurteilung in Argentinien insofern eindeutiger aus, als Art. 1520 Abs. 2 1. Hs. CCCN der Gefahr einer Scheinhaftung ausdrücklich entgegenwirkt. Demnach obliegt dem Franchisenehmer die Pflicht, in seinen Rechnungen, Verträgen und sonstigen Geschäftsunterlagen kenntlich zu machen, dass er im eigenen Namen handelt. Der Gefahr einer Scheinhaftung wird somit vorgebeugt.[1414] Im deutschen Recht ist nach objektivem Empfängerhorizont

1414 Vgl. Cámara de Apelaciones en lo Civil, Comercial, Laboral y de Minería de Neuquén, Sala I, Urt. v. 21.02.2017 – Corsino Claudia Andrea s/ Strategos SRL y otros,

davon auszugehen, dass der Kunde ein unmittelbares Vertragsverhältnis mit dem Franchisenehmer eingeht.

II. Die unterschiedlichen Haftungssysteme

Die rechtliche Behandlung von Ansprüchen der Vertragsparteien untereinander während der Durchführung eines Franchisevertrages hat in beiden Staaten bisher geringe Beachtung gefunden. Dies überrascht insbesondere deshalb, weil weder die deutsche noch die argentinische Rechtsordnung ein speziell auf den Franchisevertrag zugeschnittenes Haftungssystem vorsieht. Untersucht man die in beiden Staaten anwendbaren Haftungssysteme, so unterscheiden sie sich zunächst darin, dass das deutsche Recht zwischen vertraglichen und außervertraglichen Ansprüchen unterscheidet. Dies hat auch die Geltung unterschiedlicher Verjährungsfristen zur Folge. Die argentinische Rechtsordnung ist hingegen um die Schaffung eines problemorientierten und pragmatischen Ansatzes bemüht, indem der Franchisevertrag, unter Berücksichtigung vereinzelter franchisespezifischer Sonderregelungen, wie z.B. Art. 1520 CCCN, bezüglich der Haftung der Franchiseparteien den allgemein für alle Vertragstypen geltenden Art. 1708 ff. CCCN unterfällt.

Mit Inkrafttreten des CCCN wurde die bisherige Unterscheidung zwischen vertraglicher und deliktischer Haftung aufgehoben. Davon umfasst sind dabei auch die Unterschiede im Hinblick auf die Verjährung und die Beweislast. Die vertragliche Restitutionspflicht soll den Gläubiger nicht länger besserstellen als die deliktische Haftung.[1415] Es genügt nunmehr jede schadensstiftende Handlung, die einen kausalen Schaden herbeiführt, sofern kein Entschuldigungsgrund vorliegt.[1416]

Im Hinblick auf die Frage der Beweislast ist in beiden Rechtsordnungen der Grundsatz anerkannt, dass jede Vertragspartei die Beweislast für Tatsachen trägt, die zum Tatbestand einer ihr günstigen Norm gehören. Während das deutsche Recht in einzelnen Fällen Beweislastumkehrungen vorsieht, geht das argentinische Recht gemäß Art. 1735 CCCN davon aus, dass das Gericht die Beweislast nach eigenem Ermessen auch der anderen Partei auferlegen kann, wenn es der Ansicht ist, dass diese besser in der Lage ist die erforderlichen Beweise zu erbringen.

---

elDial – AA9D68 unter Heranziehung der Rs. C.N.T.A., sala III, 09.03.2009, „Jamar, María Eugenia c/ Check S.A. y otros s/ despido", LL Online - AR/JUR/8018/2009.

1415 Vgl. Salé, Colegio de Abogados y Procuradores de Salta 2017, 1.

1416 Vgl. Herrera/Carmelo/Picasso-Picasso/Saénz, CCCN, Art. 1716, S. 418 f.

III. Ansprüche gegen den Franchisegeber

1. Der Umgang mit Leistungsstörungen aufseiten des Franchisegebers

Sowohl im argentinischen als auch im deutschen Recht stellt sich die Frage, wie mit Leistungsstörungen der Vertragsparteien umzugehen ist, wobei solche des Franchisegebers in der Praxis die größere Rolle spielen. Auffällig ist dabei zunächst, dass etwaige Ansprüche einer Franchisepartei gegen die jeweils andere in der Literatur beider Rechtsordnungen trotz der hohen Relevanz für beide wenig Beachtung gewonnen haben.

a) Nicht- und Schlechtleistungen des Franchisegebers

aa) Die Anwendung der Vier-Stufen-Methode im deutschen Franchiserecht

In Deutschland hängen die Rechtsfolgen einer Nicht- oder Schlechtleistung des Franchisegebers davon ab, welchem Schuldvertragstyp die einschlägige Leistung zuzuordnen ist. Ist die Rechtsnatur des jeweils von der Nicht- oder Schlechtleistung betroffenen Elements ermittelt, ist auf zweiter Stufe die im BGB für den jeweiligen Vertragstyp vorgesehene entsprechende Sanktion festzulegen, um anschließend die synallagmatische Gegenleistung des Franchisenehmers zu ermitteln. Abschließend ist zu prüfen, ob von der jeweiligen Nicht- oder Schlechtleistung weitere Elemente des Typenkombinationsvertrages betroffen sind und die diesbezüglich ermittelnde Normen anzuwenden. Bei vertriebsrechtlichen Pflichten kommt bezüglich Nicht- und Schlechtleistungen insbesondere analog § 80a Abs. 2 HGB in Frage, wohingegen bei dienstvertraglichen Leistungen auf das allgemeine Leistungsstörungsrecht nach §§ 280 ff. BGB zurückzugreifen ist. Findet Kaufrecht Anwendung, so gilt bei Leistungsstörungen das Mängelgewährleistungsrecht der §§ 434 ff. BGB und bei schwerpunktmäßigen werk- oder geschäftsbesorgungswerkvertraglichen Leistungen das der §§ 633, 675 BGB.[1417] Ein Rücktrittsrecht scheidet beim Franchisevertrag als Dauerschuldverhältnis jedoch aus.

bb) Die argentinische Lösung

Im Unterschied zu Deutschland unternahm der argentinische Gesetzgeber einen vorsichtigen Versuch, die Haftung des Franchisegebers in Ansätzen spezialgesetzlich zu regeln. So normiert Art. 1520 lit. c) CCCN, dass der Franchisegeber

1417 Vgl. Giesler/Nauschütt-Giesler, Kap. 5 Rn 463.

nicht für die Rentabilität des Franchisesystems haftet. Im Übrigen finden jedoch die allgemein für alle Vertragstypen anwendbaren Regelungen zum Umgang mit Leistungsstörungen (Art. 1033 ff. BGB) Anwendung.

cc) Nichtleistung und Schlechtleistung im Einzelfall

In beiden Rechtsordnungen haftet der Franchisegeber dem Franchisenehmer gegenüber wegen Nichterfüllung seiner vertraglichen Pflichten, sofern die Leistungserbringung nicht unmöglich ist. Ein Kündigungsrecht für den Fall der Unmöglichkeit der Leistung sieht das CCCN im Gegensatz zum deutschen Recht allerdings nicht vor. Die Nichtzugänglichmachung des Know-hows und die Nichtbelieferung mit Franchiseprodukten bei ausschließlicher Bezugsbindung sind Beispiele für die Nichtleistung des Franchisegebers.[1418]

Deutlich größere Divergenzen ergeben sich allerdings im Hinblick auf die Schlechtleistungen des Franchisegebers. In Deutschland sind neben der Einordnung der jeweiligen Leistung unter einen bestimmten Vertragstyp insbesondere Schlechtleistungen problematisch, die schwerpunktmäßig dem Dienst- oder Geschäftsbesorgungsvertrag zuzuordnen sind, z.B. Beratungs- und Werbungspflichten oder die Durchführung von Schulungsmaßnahmen.[1419] Hier sieht das BGB kein spezielles Gewährleistungsrecht vor, so dass das allgemeine Leistungsstörungsrecht der §§ 280 ff. BGB heranzuziehen ist.[1420] Keine Zweifel bestehen dahingehend, dass eine Nichtleistung in diesen Fällen zum Schadensersatzanspruch statt der Leistung unter den Voraussetzungen der §§ 280 Abs. 1, Abs. 3, 281 BGB oder – im Falle einer zu vertretenden Unmöglichkeit – nach §§ 280 Abs. 1, Abs. 3, 283 BGB berechtigt. Weiterhin kann eine Nichtleistung u.U. auch eine Kündigung gemäß § 314 BGB rechtfertigen.

Während im deutschen Recht die Frage diskutiert wird, ob eine Schlechtleistung des Franchisegebers bei dienstvertraglichen oder geschäftsbesorgungsvertraglichen Leistungen, wie z.B. untaugliche Schulungen, oder bei Qualitätsdefiziten in der Beratung des Franchisenehmers diesen zur Minderung gegenüber dem Franchisegeber berechtigt, [1421] wird diese Frage in Argentinien einstimmig verneint. Dies liegt nicht zuletzt daran, dass die Art. 1033 ff. CCCN kein Minderungsrecht

---

1418 Stiglitz-Heredia, Contratos en el CCCN, Ziff. 13.2.

1419 Flohr/Wauschkuhn-Feldmann, § 242 Rn. 143; Giesler/Nauschütt-Giesler, Kap. 5 Rn. 217.

1420 BeckOK BGB- Baumgärtner, § 611 Rn. 53.

1421 Vgl. Dombrowski, S. 112 f; Canaris, Handelsrecht, § 18 Rn. 45; MüKo BGB-Ernst, § 326 Rn. 37.

vorsehen, sondern dem Franchisenehmer nach seiner Wahl entweder ein Recht auf Nacherfüllung gemäß Art. 1033 lit. a) i.V.m. Art. 1036, 1039 CCCN oder ein Recht zur Vertragsauflösung gemäß Art. 1039 lit. c) CCCN zusteht. Die Frage nach einer möglichen Minderung der geschuldeten Franchisegebühren aufgrund mangelhafter Leistung des Franchisegebers stellt sich für den Franchisenehmer im argentinischen Recht daher nicht. Auch für das deutsche Recht ist ein solches Minderungsrecht gemäß §§ 275 Abs. 1, 326 Abs. 1 2. Hs., 441 Abs. 3 BGB mit der Begründung abzulehnen, dass § 326 Abs. 1 S. 2 BGB die Minderung wegen Schlechtleistung bei Verträgen aller Art gerade verhindern soll.[1422]

dd) Sonderproblem: mangelhaftes Know-how

Die Fälle des nicht oder mangelhaft übertragenen Know-hows bilden den Schwerpunkt der Leistungsstörungen im Franchiserecht. Dies verwundert nicht, verkörpert die Wissensübertragung doch die mit Abstand wichtigste Hauptleistungspflicht des Franchisegebers. Infolgedessen stellen diese Fälle in Deutschland ein Musterbeispiel für die Geltung verschiedener Vertragstypen und deren Rechtsfolgen dar. Mögliche Schadensersatzansprüche können sich dabei – je nach Fallkonstellation – entweder gemäß dem allgemeinen Leistungsstörungsrecht oder dem Gewährleistungsrecht nach §§ 434 ff. BGB oder nach §§ 633 ff. BGB ergeben.

Eine vergleichbar detaillierte Falldifferenzierung je nach „Know-how-Mangeltyp“ liegt im argentinischen Recht nicht vor. Dies ist allerdings auch nicht erforderlich, da Art. 1521 CCCN ausdrücklich bestimmt, dass der Franchisegeber für sämtliche Mängel am Franchisesystem haftet, die beim Franchisenehmer kausale Schäden verursachen. Dabei führt lediglich ein vorsätzliches oder grob fahrlässiges Handeln des Franchisenehmers zur Unterbrechung des Kausalverlaufs und somit zu einem Haftungsausschluss.[1423] Der Franchisegeber haftet für Schäden, die aus der Anwendung des übermittelten (mangelhaften) Know-hows resultieren. Diesbezüglich liegt die Beweislast beim Franchisegeber, der beweisen muss, dass die Mangelursache aus einem Fehlverhalten des Franchisenehmers herrührt.[1424]

1422 Canaris, Handelsrecht, § 18 Rn. 45; Giesler, ZIP 2002, 420 (425); vgl. Palandt-Weidenkaff, Einf. v. § 581 Rn. 25; Dombrowski, S. 112.

1423 Alterini-CCCN, Art. 1521; Mosset Iturraspe/Piedecasas, S. 418.

1424 Adrogué/Candioti/Bruzone, Lecciones y Ensayos 1992, 77 (86).

b) Leistungsverzug

Weiterhin kann sich der Franchisegeber in beiden Rechtsordnungen neben den Fällen der Nicht- und Schlechtleistung Ansprüchen wegen Verzugs ausgesetzt sehen. Unter einem Verzug versteht man dabei übereinstimmend die nicht fristgerechte Erfüllung einer erfüllbaren Leistung.[1425] Dem Franchisenehmer steht bei Leistungsverzug ein Anspruch auf Ersatz des Verzögerungsschadens zu, wobei es hierfür grundsätzlich einer vorausgehenden erfolglosen Mahnung bedarf und vorausgesetzt wird, dass der Franchisegeber den Lieferverzug auch zu vertreten hat, vgl. § 286 BGB sowie Art. 1716, 1727 CCCN.

2. Kein Aufwendungsersatz

Eng mit dem Fehlschlagen von Leistungen hängt die Frage nach einem Anspruch auf Aufwendungsersatz des Franchisenehmers zusammen. Ein solcher wird jedoch in beiden Staaten verneint. Der Franchisenehmer handelt stets auf eigene Rechnung und muss seine Aufwendungen somit auch mit eigenen Mitteln decken.

3. Haftung aus Delikt

Neben den vertraglichen Ansprüchen stehen dem Franchisenehmer gegen den Franchisegeber nach deutschem Rechtsverständnis oftmals auch Ansprüche aus Delikt zu. Relevant sind in diesem Zusammenhang vor allem die Produzenten- und Organisationshaftung. Eine solche Produzenten- und Organisationshaftung wird in Argentinien hingegen abgelehnt mit der Begründung, dass es Franchiseverträgen wesensimmanent sei, dass jede Partei eigenverantwortlich handelt.[1426]

Eine Haftung nach § 831 BGB wird im Übrigen für das Subordinationsfranchising bejaht, für das Partnerschaftsfranchising mangels Weisungsgebundenheit verneint.[1427] Im Gegensatz dazu regelt Art. 1520 Abs. 1 lit. a) CCCN, dass der Franchisegeber nicht für die Verbindlichkeiten des Franchisenehmers haftet, worunter auch die Haftung für Handlungen der Erfüllungs- und Verrichtungsgehilfen zu verstehen ist. Dem liegt das argentinische Rechtsverständnis

---

1425 Di Meo Marta Graciela c/ Louro Lonzarich Fernando, MJ-JU-M-86409-AR; Wayar, LL 10.11.2016, 1 (2); Erman BGB-Westermann, Vor §§ 275-292 Rn. 18f.

1426 Vgl. CSJN, Urt. v. 30.06.1993 – Rodríguez, Juan v. Coompañía Embotelladora Argentina SA, JA del 30.06.1993.

1427 Küstner/Thume, Handbuch Vertriebsrecht Bd. 1, § 18 Rn. 84.

zugrunde, dass die Franchiseparteien zwei selbständige und voneinander unabhängige Vertragsparteien sind.[1428]

Das argentinische Recht unterscheidet nicht zwischen vertraglichen und deliktischen Ansprüchen, sondern regelt etwaige Schadensersatzansprüche wie beschrieben einheitlich in den Art. 1708 ff. CCCN. Es ist zu erwarten, dass trotz des „neuen Haftungssystems" und der damit verbundenen stärkeren Fokussierung auf das Verschulden und die Verursachung durch den Schadensersatzpflichtigen die rechtswidrige und schuldhafte Verletzung wichtiger Rechtsgüter, wie z.B. des Lebens, der Gesundheit oder auch des Eigentums des Franchisenehmers, weiterhin schadensersatzpflichtig sein wird. So ist jede Partei nach Art. 1716 CCCN bei Verletzung fremder Rechtsgüter zur Leistung von Schadensersatz verpflichtet.

IV. Ansprüche gegen den Franchisenehmer

1. Leistungsstörungen durch den Franchisenehmer

Vergleicht man die rechtliche Behandlung der Leistungsstörungen des Franchisenehmers in beiden Rechtsordnungen, so ist zunächst festzustellen, dass diese von den Parteien meistens vertraglich geregelt werden. Mangels entsprechender vertraglicher Regelungen finden in Deutschland die bereits bei den Ansprüchen des Franchisenehmers erläuterten jeweiligen Regelungen zum Allgemeinen Leistungsstörungs- und/oder Mängelgewährleistungsrecht Anwendung, während in Argentinien umfassend die Bestimmungen des Art. 1033 ff. CCCN herangezogen werden. Die Nichtzahlung der Franchisegebühr stellt dabei die mit Abstand wichtigste Pflichtverletzung des Franchisenehmers dar. Ferner können Verstöße gegen die Geheimhaltungspflicht in beiden Ländern Schadensersatzansprüche begründen.

2. Haftung aus Delikt

Weiterhin ist die Haftung des Franchisenehmers aus unerlaubter Handlung bei Verletzung rechtlich geschützter Rechtsgüter – wenngleich wie beschrieben mit unterschiedlicher dogmatischer Begründung – einheitlich anerkannt.[1429]

1428 Alterini-CCCN, Art. 1520 Ziff. 2. a).

1429 Vgl. Adrogué/Candioti/Bruzone, Lecciones y Ensayos 1992, 77 (84 f.).

3. *Zusammenfassung und Würdigung*

Im Ergebnis ist festzuhalten, dass die Selbständigkeit des Franchisenehmers ein Grundbaustein der Franchiseidee ist und als solche gewährleistet werden muss. Mit Ausnahme einzelner Missbrauchsfälle darf die Schutzbedürftigkeit des Franchisenehmers jedoch keineswegs dahingehend fehlinterpretiert werden, dass der Franchisegeber für dessen Fehlverhalten (gesamtschuldnerisch) einzustehen habe. Es ist daher konsequent, wenn der Franchisegeber nicht für ein Fehlverhalten des Franchisenehmers haftet.

In Deutschland profitiert der Rechtsanwender von einem über Jahre entwickelten und detaillierten Haftungssystem, welches zwischen den jeweiligen Schwerpunkten der streitgegenständlichen Leistungen differenziert. Gleichwohl birgt es eine gewisse Unübersichtlichkeit sowie bei vergleichbaren Leistungen das Risiko widersprüchlicher (gerichtlicher) Auslegungsergebnisse. Im Hinblick auf die Rechtslage in Argentinien und insbesondere die dogmatische Vereinheitlichung der vertraglichen und außervertraglichen Haftung ist die Rechtsprechung gehalten, eine klare Linie für die Haftung von Franchisegebern festzulegen. Sie sollte sich dabei weder von diffusen Schutzbedürfnissen vermeintlich ausgebeuteter Franchisenehmer noch von der politisch motivierten Möglichkeit, die Attraktivität des argentinischen Binnenmarktes als Franchisestandort für ausländische Investoren zu steigern, leiten lassen. In der Auslegung und Fortbildung des „neuen Haftungssystems“ durch die Rechtsprechung kann eine der größten Herausforderungen des neuen argentinischen Vertriebs- bzw. Franchiserechts gesehen werden.

V. Haftungsausschlussmöglichkeiten

Im Hinblick auf die Wirksamkeit von Haftungsausschlussklauseln ist zu beachten, dass diese grundsätzlich in beiden Ländern zulässig sind, wobei in Argentinien auch eine Haftung für grobe Fahrlässigkeit wirksam ausgeschlossen werden kann, während dies in Deutschland für Vorsatz und Fahrlässigkeit, sowie im Hinblick auf die Verletzung besonders geschützter Rechtsgüter, wie u.a. die Gesundheit, das Eigentum oder die Freiheit, unzulässig ist.

VI. Lösungsansätze in den UNIDROIT Principles of International Commercial Contracts (2016)

Im Rahmen der Untersuchung des deutschen und argentinischen Haftungssystems stellt sich auch die Frage nach entsprechenden Lösungen in einschlägigen internationalen Grundsätzen. Die UNIDROIT Principles of International

Commercial Contracts (2016) enthalten keine ausdrückliche Regelung zum Umgang mit Leistungsstörungen oder zur Haftung der Franchiseparteien. Die Grundsätze definieren in Art. 7.1.1 die Nichterfüllung als das Versäumnis einer Vertragspartei eine ihrer vertraglichen Pflichten zu erfüllen, wobei hierzu auch die mangelhafte oder verspätete Erfüllung gezählt wird. Eine Partei ist nicht berechtigt Schadensersatz oder eine bestimmte Leistung zu verlangen, wenn die andere Partei die Nichterfüllung nicht zu vertreten hat, wobei eine Partei, die keine Leistung erhalten hat, i.d.R. berechtigt ist den Vertrag zu kündigen, unabhängig davon, ob die andere Partei die Nichterfüllung zu vertreten hat.[1430] Die Möglichkeit der Nacherfüllung für den Fall der mangelhaft erbrachten Leistung ist in Art. 7.1.4. UNIDROIT Principles of International Commercial Contracts (2016) geregelt. Demnach setzt eine Nacherfüllung des Schuldners (hier: Franchisegebers) voraus, dass er den Gläubiger (hier: Franchisenehmer) ohne schuldhaftes Zögern von der beabsichtigten Nacherfüllung in Kenntnis setzt und diesem dabei sowohl die Zeit als auch die Art der Nacherfüllung mitteilt. Zudem setzt das Recht der Nacherfüllung voraus, dass ein solches unter Berücksichtigung der Einzelfallumstände angemessen und dem Gläubiger zumutbar ist, die Nacherfüllung zeitnah erfolgt und das Recht zur Nacherfüllung zum Zeitpunkt der Geltendmachung nicht verjährt ist, vgl. Art. 7.1.4. Abs. 1, Abs. 2 UNIDROIT Principles of International Commercial Contracts (2016).

Im Falle eines Leistungsverzugs sieht Art. 7.1.5 Abs. 1 UNIDROIT Principles of International Commercial Contracts (2016) die Möglichkeit einer Verlängerung der Leistungszeit vor. Schadensersatzansprüche im Fall von Leistungsstörungen, insbesondere für den Verzug der Leistung, werden ebenfalls grundsätzlich anerkannt, vgl. Art. 7.2. ff., Art. 7.4.1 UNIDROIT Principles of International Commercial Contracts (2016).

Im Hinblick auf die Hauptpflicht des Franchisenehmers, die Entrichtung der Franchisegebühr, könnten allenfalls die die Zahlungsmodalitäten im Allgemeinen bestimmenden Art. 6.1.7 ff., Art. 7.2.1. UNIDROIT Principles of International Commercial Contracts (2016) relevant werden.

E. Die Vertragsbeendigung

Einen wichtigen Problemkreis bei der Gestaltung und Durchführung des Franchisevertrages bildet die Vertragsbeendigung. Die Möglichkeit den

1430 https://www.unidroit.org/english/principles/contracts/principles2016/principles2016-e.pdf, Art. 7.1.1. Comment zuletzt abgerufen am 30.06.2019.

Franchisevertrag auch einseitig zu beenden wird von beiden Rechtsordnungen anerkannt. Die Vertragsbeendigung ist dabei stets als ultima ratio zu verstehen, so dass ihr regelmäßig ein erfolgloser Versuch einer Vertragsanpassung vorausgeht.

Während im deutschen Recht das Kündigungsrecht aus wichtigem Grund bei bereits in Vollzug gesetzten Dauerschuldverhältnissen wie dem Franchisevertrag nicht ernsthaft angezweifelt wird und regelmäßig an die Stelle des Rücktrittsrechts tritt, da die vollständige Rückabwicklung des gesamten Franchisevertrages kaum möglich und sachgerecht ist[1431], wird bei der Beendigung des Franchisevertrages nach argentinischem Recht zunächst die hohe Begriffsflexibilität des Gesetzgebers unter Beweis gestellt, indem – für den Rechtsanwender nicht immer eindeutig – sowohl auf die „resolución (voluntaria)“ als auch auf die „rescisión“ Bezug genommen wird[1432]. In der Praxis werden beide Beendigungsformen oftmals vermengt oder missverstanden. Dies erstaunt umso mehr, führt man sich einmal die zahlreichen Gerichtsurteile[1433] vor Augen, die zu dieser Abgrenzung übereinstimmend Stellung nehmen. Ansatzpunkt der „resolución“ ist demnach die Vertragsverletzung der anderen Vertragspartei.[1434] Gemäß Art. 1079 lit. b) CCCN wirkt die „resolución“ ex tunc und kann sowohl gesetzlich als auch individualvertraglich vorgesehen sein.[1435] Im Zusammenhang mit der Beendigung von Franchiseverträgen bildet hingegen das Recht der „rescisión“ den Schwerpunkt. Da sie gemäß Art. 1079 lit. a) CCCN ex nunc wirkt, vermag sie den Interessen der Franchiseparteien insofern am ehesten gerecht werden, als das bereits durchgeführte Franchiseverhältnis nicht sachgerecht rückwirkend beseitigt werden kann. Entscheidend für die dogmatische Abgrenzung ist neben der Rechtsfolge somit die Tatsache, dass die „resolución“ vom Eintritt eines konkreten Ereignisses abhängig ist, wohingegen den Vertragsparteien das Recht zur „rescisión“, sei es einseitig oder beidseitig, stets zusteht, wenn ein solches vertraglich oder gesetzlich vorgesehen ist.[1436]

1431 Vgl. MüKo BGB-Gaier, § 314 Rn. 3; Mann, Rn. 332.

1432 Vgl. Di Chiazza/van Thienen, CEDEF Law & Finance 21.12.2015, 10.

1433 CNCom, Sala B, Urt. v. 26.12.2005 –Localiza Franchising International SRL c/ Pérez, Marcelo F., LL 09.09.2015, 1 f.; CNCom, Sala B, Urt. v. 05.06.2008 – Kodak Argentina SA c/ Foto Express, Jurisprudencia Argentina 2009-II, 18.

1434 CNCom, Sala B, Urt. v. 26.12.2005 – Localiza Franchising International S.R.L. v. Pérez, Marcelo F., LL 09.09.2015, 1 f.; Sánchez Herrero, Kap. Rn. 1.2.

1435 Ibáñez, RCCyC Septiembre 2016, 3 (16).

1436 Vgl. Sánchez-Herrero, Kap. 1 Rn. 1.1.3; Ibáñez, RCCyC Septiembre 2016, 3 (13 f.).

I. Die ordentliche Vertragsbeendigung

Franchiseverträge können nach beiden Rechtsordnungen durch Ablauf der vereinbarten Vertragsdauer, mittels eines Aufhebungsvertrages oder infolge einer Anfechtung oder Insolvenz beendet werden. Eine zusätzliche Besonderheit des argentinischen Rechts ist die Vertragsbeendigung im Falle des Ablebens oder der Geschäftsunfähigkeit einer Partei gemäß Art. 1522 Abs. 1 lit. a) CCCN.

Der im deutschen Wohnraummietrecht ausnahmsweise bejahte Anspruch des Mieters auf Vertragsaufhebung eines befristeten Mietvertrages[1437] lässt sich nach hier vertretener Auffassung nicht ohne weiteres auf den Franchisenehmer übertragen. Das Vorliegen eines unvorhersehbaren Grundes, der den Franchisenehmer zur Vertragsaufhebung berechtigen würde, scheitert bereits daran, dass er – im Gegensatz zum Mieter – regelmäßig Unternehmer ist und somit eigenen Sorgfalts- und Prüfpflichten unterliegt, die die Bejahung eines unvorhersehbaren Grundes schwierig werden lassen dürften. Selbst wenn man einen solchen Anspruch aber bejahen würde, ist jedenfalls eine hypothetische ordentliche Kündigungsfrist zu gewähren, um beiden Parteien eine angemessene Vertragsabwicklung – u.a. die Suche nach einem Ersatzfranchisenehmer – zu ermöglichen.

Weiterhin wird in beiden Rechtsstaaten das Recht zur Vertragslösung ausnahmsweise für den Fall vorgesehen, dass sich nach Vertragsschluss wesentliche Umstände ändern, die Vertragsgrundlage wurden. Ansatzpunkt ist hierfür im deutschen Recht der Wegfall der Geschäftsgrundlage gemäß § 313 BGB und im argentinischen Recht die „Frustración definitiva de la finalidad del contrato“ gemäß Art. 1990 S. 1 CCCN. Die Hürden für die Anwendung dieses Kündigungsrechts sind jedoch in beiden Rechtsstaaten sehr hoch, zumal regelmäßig die vorherige erfolglose Vertragsanpassung vorausgesetzt wird und das Recht zur Kündigung des Franchisevertrages entweder nach § 314 BGB oder nach Art. 1522 CCCN, Art. 1091 CCCN Vorrang genießt.[1438]

Eine Fülle von rechtlichen Problemen ergibt sich jedoch in beiden Ländern bei der Kündigung eines Franchisevertrages.

1. Die ordentliche Kündigung

Das deutsche Recht wendet zur Bestimmung der Kündigungsfristen einer ordentlichen Kündigung die handelsvertreterrechtliche Schutzvorschrift analog § 89 HGB an, sofern der Franchisenehmer einem Handelsvertreter vergleichbar

---

1437 BGH, Urt. v. 22.01.2003 – VIII ZR 244/02, juris Rz. 9.

1438 Palandt-Grüneberg, § 313 Rn. 14; Leiva Fernández-Tomo I, § 35 Nr. 301.

in das Vertriebssystem des Franchisegebers integriert ist. Ist diese Voraussetzung erfüllt, so ist die Kündigungsfrist analog § 89 HGB an die Dauer des Franchisevertrages geknüpft und in der Weise zwingend, als von dieser Regelung nicht zum Nachteil des Franchisenehmers abgewichen werden kann. Der Franchisevertrag kann somit im ersten Jahr mit einer Frist von einem Monat, im zweiten mit einer Frist von zwei Monaten und im dritten bis fünften Jahr mit einer Frist von sechs Monaten gekündigt werden. Ab einer fünfjährigen Vertragslaufzeit wird die Kündigungsfrist nicht mehr erhöht, sondern es bleibt bei den sechs Monaten. Diese Kündigungsfristen sind dem Franchiseverhältnis angemessen, vermitteln jedoch nur einen Mindestschutz.

Einen anderen Weg wählt das argentinische Recht, indem Art. 1522 Abs. 1 lit. d) S. 2 CCCN für den Franchisevertrag gesondert festlegt, dass ein Franchisevertrag, soweit er auf unbestimmte Zeit geschlossen wird, so zu kündigen ist, dass der Vertrag frühestens mit Ablauf des dritten Jahres nach Vertragsabschluss beendet wird.

Die Regelung der ordentlichen Kündigung gemäß Art. 1522 Abs. 1 lit. d) CCCN soll der bislang widersprüchlichen argentinischen Rechtsprechung im Hinblick auf geltende Kündigungsfristen bei Franchiseverträgen Abhilfe schaffen.[1439] Wenngleich die damit verfolgte Intention zu befürworten ist, begegnet die Umsetzung aufgrund des missverständlichen Gesetzeswortlauts erheblichen Schwierigkeiten. Problematisch ist dabei weniger die Kündigungserklärung oder der nunmehr obsolete Kündigungsgrund als nach wie vor die Bestimmung der Kündigungsfrist vor dem Hintergrund der zwingenden Mindestvertragslaufzeit von vier Jahren gemäß Art. 1516 i.V.m. Art. 1506 Abs. 1 S. 1 CCCN. Art. 1522 lit. d) S. 2 CCCN trifft hierzu keine eindeutige Aussage. Einige Stimmen[1440] wollen diese Vorschrift daher so verstanden wissen, dass eine ordentliche Kündigung stets einen auf unbestimmte Dauer geschlossenen Vertrag voraussetze und dies in Anbetracht der gesetzlichen Mindestvertragslaufzeit von vier Jahren sowie der folgenden zweimaligen automatischen Vertragsverlängerungen von jeweils einem Jahr erst mit Ablauf der ersten sechs Jahre möglich sein soll. Demgegenüber vertreten andere[1441] Art. 1522 lit. d) S. 2 CCCN sei so zu verstehen, dass stets eine angemessene Frist von vier Monaten zu berücksichtigen sei, und zwar unabhängig von der Mindestvertragslaufzeit. Beide Ansichten vermögen im Ergebnis nicht zu überzeugen. Die letztgenannte Ansicht lässt jegliche

1439 Vgl. Marzorati, RCCyC Febrero 2016, 52 (84).

1440 Vgl. Di Chiazza/van Thienen, CEDEF Law & Finance 21.12.2015, 1 (16).

1441 Alterini-CCCN, Art. 1522 Ziff. 1 d).

rechtliche Grundlage für die Bestimmung der Kündigungsfrist vermissen, wohingegen die erste Ansicht den vom Gesetzgeber mit Einführung der gesetzlichen Mindestlaufzeit von vier Jahren bezweckten Franchisenehmer- Investitionsschutz unzulässig zulasten des möglicherweise entgegenstehenden Parteiwillens überspannt. Nach überzeugender Ansicht ist Art. 1522 lit. d) S. 2 CCCN als redaktionelles Versehen zu verstehen. Ein solches redaktionelles Versehen lässt sich damit erklären, dass der ursprüngliche Gesetzesentwurf eine Mindestvertragslaufzeit von drei Jahren vorsah und Art. 1522 lit. d) S. 2 CCCN schlicht nicht entsprechend angepasst wurde. Die Vierjahresfrist ist somit im Ergebnis zwingend einzuhalten. Ungeklärt bleibt jedoch trotzdem, mit welcher Frist nach diesem Zeitraum gekündigt werden kann.

Ein Verstoß gegen die Mindestvertragslaufzeit von vier Jahren kann Schadensersatzansprüche begründen. Somit kann ein Franchisevertrag vor Ablauf der Mindestvertragslaufzeit lediglich außerordentlich gekündigt werden. Dies ist im Hinblick auf Art. 1516 i.V.m. Art. 1506 Abs. 1 S. 1 CCCN auch sachgerecht.

2. *Die außerordentliche Kündigung*

Gemein ist beiden untersuchungsgegenständlichen Rechtsordnungen weiterhin, dass ein befristeter Franchisevertrag nur außerordentlich gekündigt werden kann. Im Einzelnen ergeben sich jedoch auch hier einige Unterschiede.

Im Hinblick auf die außerordentliche Kündigung in Deutschland ist eine Fixierung auf die handelsvertreterrechtliche Norm des § 89a HGB in Übereinstimmung mit der Rechtsprechung und h.L. aber abzulehnen und stattdessen der auf Dauerschuldverhältnisse anwendbare § 314 BGB heranzuziehen.[1442] Die außerordentliche Kündigung setzt dabei stets einen wichtigen Grund und eine erfolglose Abmahnung voraus, § 314 Abs. 1, 2 S. 1 BGB.

Vergleichbare Rechtsfragen zur Anwendung spezieller handelsvertreterrechtlicher oder allgemeiner Kündigungsnormen stellen sich in Argentinien nicht, da das Recht zur außerordentlichen Kündigung hier in Art. 1522 Abs. 1 lit. b) i.V.m. Art. 1084 ff. CCCN gesetzlich geregelt ist. Gemäß Art. 1522 Abs. 1 lit. b) CCCN kann ein Franchisevertrag nicht ohne wichtigen Grund innerhalb der vereinbarten Vertragslaufzeit beendet werden. Eine einvernehmliche Vertragsbeendigung gemäß Art. 1076 CCCN bleibt davon unberührt.[1443]

1442 Vgl. BGH, Urt. v. 20.5.2003 – KZR 19/02, BB 2003, 2254 ff.; Metzlaff-Becker, § 11 Rn. 54.

1443 Herrera/Carmelo/Picasso-Chomer/Sícoli, CCCN, Art. 1522, S. 233.

Wenngleich das Recht zur außerordentlichen Kündigung eines Franchisevertrages auf den ersten Blick starke Ähnlichkeit zum deutschen Recht aufweist, erfordert es doch neben einer Kündigungserklärung auch das Vorliegen eines wichtigen Kündigungsgrundes, so ergeben sich jedoch im Hinblick auf die Rechtsbegründung Unterschiede, zumal im Rahmen der Auslegung des Art. 1522 Abs. 1 lit. b) CCCN i.V.m. Art. 1084 ff. CCCN die oben beschriebene Vermengung der Begriffe „resolución" und „rescisión" besonders zum Tragen kommt. Das Problem resultiert zunächst daraus, dass Art. 1522 Abs. 1 lit. b) S. 2 CCCN den Art. 1084 CCCN für anwendbar erklärt, wonach eine Beendigung im Wege der „resolución" – und somit mit ex tunc-Wirkung – zu erfolgen hat. Art. 1522 Abs. 1 lit. b) S. 1 CCCN setzt zudem einen wichtigen Kündigungsgrund („justa causa") voraus, welcher der „rescisión" ebenfalls fremd ist. Die dogmatischen Ungenauigkeiten sind nach hier vertretener Auffassung gleichwohl zugunsten der „rescisión" mit ex nunc-Wirkung bei gleichzeitigem Erfordernis eines wichtigen Kündigungsgrundes zu interpretieren. Die Bezugnahme auf die Art. 1084 ff. CCCN in Art. 1522 Abs. 1 lit. b) S. 2 CCCN sieht gerade eine entsprechende (und keine direkte) Anwendung vor, so dass anstelle des Begriffes „resolución" bei Franchiseverträgen in Art. 1084 ff. CCCN vielmehr der Begriff „rescisión unilateral" hineinzulesen ist.[1444] Hierfür spricht nicht nur die damit eintretende ex nunc-Wirkung der außerordentlichen Kündigung, die dem Wesen des Franchisevertrages als Dauerschuldverhältnis allein gerecht werden mag, sondern auch die Intention des Gesetzgebers, der mit Einführung der Voraussetzung eines wichtigen Kündigungsgrundes insbesondere den Franchisenehmer vor einem missbräuchlichen Umgang mit dem fristlosen Kündigungsrecht schützen wollte.

Ferner zeugt auch das Erfordernis einer „vertraglich vereinbarten Vertragsdauer" bei gleichzeitiger gesetzlich zwingender Mindestvertragsdauer von einer gewissen Inkonsistenz. Die aufgezeigten Unstimmigkeiten lassen sich damit erklären, dass der Wortlaut nicht von einem einheitlichen geistigen Urheber herrührt, sondern die Beiträge Einzelner zusammengefügt wurden und eine Konsistenzkontrolle dem politischen Zeitdruck weichen musste. Trotzdem überwiegt die Intention des Gesetzgebers, den Schutz des Franchisenehmers zu stärken und Rechtssicherheit im Hinblick auf die Beendigung der Franchiseverträge zu schaffen, gegenüber den bestehenden Widersprüchen.

1444 Ebenso Ibáñez, RCCyC Septiembre 2016, 3 (14).

3. Die nachvertragliche Abwicklung

Das größte Problem im Zusammenhang mit der Beendigung des Franchisevertrages ist aber in beiden Rechtsordnungen die nachvertragliche Abwicklung. Den Franchisenehmer treffen nämlich bei der Beendigung des Franchisevertrages im Wesentlichen drei Risiken: Erstens kann er das ihm übermittelte Know-how, für das er Franchisegebühren entrichtet hat, nicht mehr einsetzen und muss seine bisherige Tätigkeit gemäß den i.d.R. vereinbarten nachvertraglichen Wettbewerbsverboten im bisherigen Vertriebsgebiet aufgeben; zweitens erhält er die angestrebten Erträge aus der Zugehörigkeit zum Franchisesystem nicht mehr und drittens sieht er getätigte und noch nicht amortisierte Investitionen entwertet, weil er sie infolge ihrer Systemgebundenheit nicht weiterverwenden kann.[1445]

Während der Entzug des Know-hows und das Ende der mit der Systemzugehörigkeit verbundenen Erwerbsvorteile nach einhelliger Ansicht zu den vertragstypischen Risiken des Franchisevertrages zu zählen sind, wird die Frage nach einem möglichen Investitionsersatzanspruch des Franchisenehmers nach deutschem und argentinischem Recht kontrovers diskutiert. Das Risiko des Ausfalls nicht amortisierter Investitionen muss der Franchisenehmer nach hier vertretener Auffassung in beiden Rechtsordnungen alleine tragen. Würde man einen solchen Anspruch aus dem Grundsatz von Treu und Glauben herleiten wollen, würde man die Rücksichtnahmepflichten des Franchisegebers überspannen und das Kündigungsrecht des Franchisegebers contra legem beschränken. Eine Kündigung des Franchisegebers ohne gleichzeitigen Investitionsersatz stellt auch kein venire contra factum propium dar, da der Franchisenehmer nicht auf den ungekündigten Fortbestand des Vertrages bis zur Amortisation vertrauen darf. Vielmehr ist der Franchisenehmer im Falle einer Kündigung durch die ihm zustehenden Rückgaberechte für Restwarenbestände und Werkzeuge sowie ein ihm gegebenenfalls zustehendes Recht auf anteilige Rückzahlung der Eintrittsgebühr hinreichend geschützt.

Den wohl mit Abstand größten Teil des wissenschaftlichen Diskurses im Hinblick auf die Beendigung von Franchiseverträgen nimmt in Deutschland die Frage nach einem Ausgleichsanspruch des Franchisenehmers ein. Das deutsche Schrifttum ist darum bemüht, die Hürden und Ungereimtheiten des § 89b HGB zu überwinden, um ihn für den Franchisenehmer entsprechend anwenden zu können. Die vom BGH in diesem Zusammenhang entwickelten hohen

1445 Vgl. Schimansky, S. 278.

Hürden für eine analoge Anwendung sind zwar im Ergebnis zu begrüßen, vermögen jedoch im Hinblick auf ihre Praktikabilität und fehlende Bestimmtheit nicht zu überzeugen. Die Erfordernisse einer ausreichenden Eingliederung des Franchisenehmers in die Absatzorganisation des Franchisegebers gepaart mit der (vertraglichen) Verpflichtung zur Kundenstammübertragung zeugen von einer sachwidrigen Fixierung auf das Handelsvertreterrecht unter Verkennung der franchisespezifischen Besonderheiten. Vor dem Hintergrund der Rechtsprechung des BGH, wonach zur Bejahung der Eingliederung das Vertreiben von Produkten des Franchisegebers notwendig ist, dürfte eine entsprechende Organisationseingliederung beim Produkt- und Dienstleistungsfranchising per se ausscheiden.[1446] Das weitaus größere Hindernis stellt nach der deutschen Rechtsprechung aber die Kundenstammübertragung dar. Dabei kann die neuere Rechtsprechung,[1447] wonach ein Ausgleichsanspruch analog § 89b HGB ausscheidet, wenn ein anonymes Massengeschäft betrieben wird, als für die Praxis und den Wettbewerb zuträglich bewertet werden. Sind dem Franchisegeber die gewonnenen Kunden nicht bekannt, wird ein verbleibender erheblicher Vorteil aus der Kundenakquise des Franchisenehmers folgerichtig abzulehnen sein. Folglich fehlt auch der einen Ausgleich begründende Rechtsgrund.

Nach argentinischem Recht ist der Umfang der wissenschaftlichen Auseinandersetzung nicht so ausgeprägt wie in Deutschland, wenngleich ein Ausgleichsanspruch des Franchisenehmers nach überzeugender Ansicht ebenfalls abzulehnen ist. Das argentinische Recht nimmt mit Art. 1518 lit. c) CCCN eine vergleichsweise eindeutige Position gegen die Gewährung eines Ausgleichsanspruchs des Franchisenehmers bei gleichzeitigem Recht auf Nutzung der erworbenen Kunden durch den Franchisegeber ein. Ein Ausgleichsanspruch ist ebenfalls abzulehnen.

4. *Die Vertragsbeendigung in den UNIDROIT Principles of International Commercial Contracts (2016)*

Art. 7.3.1 der UNIDROIT Principles of International Commercial Contracts (2016) sieht das Recht zur ordentlichen Kündigung für den Fall der Verletzung einer wesentlichen Vertragspflicht, insbesondere der Nichterfüllung und des Verzugs der geschuldeten Leistung, vor. Gemein sind dem Art. 7.3.1 der UNIDROIT Principles of International Commercial Contracts (2016), dem

1446 Vgl. BGH, Beschl. v. 29.04.2010 – I ZR 3/09, GRUR 2010, 1107 ff.
1447 BGH, Urt. v. 05.02.2015 – VII ZR 109/13, ZVertriebsR 2015, 102.

deutschen und dem argentinischen Recht das Erfordernis einer Kündigungserklärung sowie die Beachtung einer Kündigungsfrist, wobei die UNIDROIT-Grundsätze keine Angaben zur Dauer einer solchen Kündigungsfrist machen. Ferner schließt das Kündigungsrecht etwaige Ansprüche einer Vertragspartei auf Schadensersatz nicht aus. Art. 7.3.7 Abs. 1 UNIDROIT Principles of International Commercial Contracts (2016) bestimmt ferner die ex nunc-Wirkung der Kündigung im Fall von Dauerschuldverhältnissen. Auch diesbezüglich besteht Übereinstimmung mit den hier untersuchten Rechtsordnungen.

F. Bedeutung für die Gestaltung von Franchiseverträgen im deutsch-argentinischen Handelsverkehr

Die vorausgehenden Ergebnisse des Rechtsvergleichs zwischen dem deutschen und dem argentinischen Franchiserecht hängen eng zusammen mit der Frage nach der bestmöglichen Gestaltung eines Franchisevertrags für den deutsch-argentinischen Handelsverkehr. Dabei ist zunächst das im Einzelfall anwendbare Franchiserecht sowie die Möglichkeit einer Rechtswahl für deutsch-argentinische Franchiseverträge zu bestimmen.

Die Unterschiede zwischen beiden Rechtsordnungen führen in der Rechtspraxis dazu, dass ein Franchisegeber, der einen auf das Franchisesystem bezogenen Vertrag mit einem außerhalb seines Landes befindlichen Franchisenehmer abschließen möchte, die Rechtslage im Zielland genau kennen muss, um bei der Aufnahme von Vertragsverhandlungen und dem späteren Abschluss des Franchisevertrages keine gravierenden Fehler zu begehen, die ihn entweder erheblich benachteiligen oder im schlimmsten Fall sogar zur Unwirksamkeit des Vertrages oder zu Sanktionen führen können.[1448]

I. Anwendbares Recht

Das jeweils auf einen Franchisevertrag anwendbare Recht bestimmt sich nach dem Internationalen Privatrecht des Landes, in dem das jeweils angerufene Gericht ansässig ist („lex fori"). Grundsätzlich können die Parteien eines Franchisevertrages das anwendbare Recht frei wählen.[1449] Fehlt eine ausdrückliche oder konkludente Rechtswahl, so erfolgt eine objektive Anknüpfung.[1450]

1448 Vgl. Gesmann-Nuissl, S. 5.
1449 Ostendorf/Kluth, § 13 Rn. 4; vgl. Porcelli, REIIAG 2015, 1 (20).
1450 Piltz-Pour Rafsendjani, § 9 Rn. 89; MüKo BGB-Martiny, Art. 4 Rom-I-VO Rn. 4 ff.

1. Deutschland

Die deutschen Gerichte haben nach dem Grundsatz der lex fori das deutsche und das europäische Internationale Privatrecht von Amts wegen anzuwenden.[1451] Für die deutschen (und europäischen) Gerichte spielen insoweit die Rom- I- [1452] und Rom- II- Verordnung[1453] eine große Rolle. Die Rom-I-VO gilt dabei auch für Sachverhalte mit Bezug zu Nicht-EU-Staaten („Drittstaaten“) wie Argentinien, Art. 1 Abs. 1 Rom-I-VO. Für die Eröffnung des Anwendungsbereichs bedarf es lediglich eines internationalen Bezugs. Gemäß Art. 25 Abs. 1 Rom-I-VO und Erwägungsgrund Nr. 41 der Rom-I-VO können internationale Übereinkommen der Mitgliedstaaten, die bei Annahme der Rom-I-VO in Kraft sind, vorrangig das anwendbare Recht bestimmen.[1454] Besonders zu beachten ist in diesem Zusammenhang das Übereinkommen der Vereinten Nationen über Verträge über den internationalen Warenkauf vom 11.04.1980 („CISG“).[1455] Allerdings gilt das CISG nicht für Vertriebsverträge, die lediglich Rahmenvereinbarungen für die Einzelkaufverträge sind, sondern nur für die darunter geschlossenen Kaufverträge mit grenzüberschreitendem Bezug und somit nicht für den Franchisevertrag.[1456]

Zu beachten ist jedoch, dass die Rom-I-VO keine Anwendung auf Schieds- und Gerichtsstandsvereinbarungen sowie auf die – für Franchiseverträge besonders relevante – vorvertragliche Aufklärung findet, vgl. Art. 1 Abs. 2 Rom-I-VO.

Wird bei einem Franchisevertrag keine ausdrückliche Rechtswahl vorgenommen und ist auch sonst kein Wille der Parteien ersichtlich, den Vertrag im Sinne einer konkludenten Rechtswahl einem bestimmten Recht zu unterstellen, gilt im Geltungsbereich der Rom-I-VO zunächst das Recht des Staates, in dem der

1451 BGH, Urt. v. 15.07.2008 – VI ZR 105/07, NJW 2009, 917; vgl. Benecke/Henneberger, ZVertriebsR 2014, 370 (371).

1452 Verordnung (EG) Nr. 593/2008 des Europäischen Parlaments und des Rates vom 17. Juni 2008 über das auf vertragliche Schuldverhältnisse anzuwendende Recht, abrufbar unter: https://eur-lex.europa.eu/legal-content/DE/TXT/PDF/?uri=CELEX:32008R0593&from=EN, zuletzt abgerufen am 30.06.2019.

1453 Verordnung (EG) Nr. 864/2007 des Europäischen Parlaments und des Rates vom 11. Juli 2007 über das auf außervertragliche Schuldverhältnisse anzuwendende Recht, abrufbar unter: https://eur-lex.europa.eu/legal-content/DE/TXT/PDF/?uri=CELEX:32007R0864&from=DE, zuletzt abgerufen am 30.06.2019.

1454 Piltz-Pour Rafsendjani, § 9 Rn. 140.

1455 BGBl. 1989 II S. 586, ber. 1990, S. 1699.

1456 Vgl. Piltz-Pour Rafsendjani, § 9 Rn. 142.

Franchisenehmer seinen gewöhnlichen Aufenthalt hat, vgl. Art. 4 Abs. 1 lit. e) Rom- I- VO.[1457]

2. *Argentinien*

Das Internationale Privatrecht ist in Argentinien in den Art. 2594 ff. CCCN geregelt. Gemäß Art. 2594 CCCN sind auch für die argentinischen Gerichte die internationalen Übereinkommen über das anwendbare Recht vorrangig anzuwenden. In Ermangelung internationaler Übereinkommen finden die Regeln des Internationalen Privatrechts gemäß Art. 2594 ff. CCCN Anwendung. Mangels ausdrücklicher oder konkludenter Rechtswahl unterliegt der Franchisevertrag nach Art. 2652 Abs. 2 CCCN den Gesetzen und Gepflogenheiten des Landes, in dem sich der Erfüllungsort befindet („leyes y usos del país de cumplimiento").[1458] Im Fall eines Franchisevertrages dürfte der Erfüllungsort i.d.R. am Hauptsitz des Franchisenehmers liegen.

II. Überlegungen zur Rechtswahl

1. *Der Grundsatz der freien Rechtswahl*

Sowohl das deutsche bzw. das europäische (vgl. Art. 3 Abs. 1 Rom-I-VO) als auch das argentinische Internationale Privatrecht (vgl. Art. 2595 CCCN) sehen die Möglichkeit der freien Rechtswahl für Franchiseverträge vor.

Vorrangiges Prinzip des europäischen Internationalen Privatrechts ist die Parteiautonomie, vgl. Art. 3 Abs. 1 S. 1 Rom-I-VO, so dass die Parteien eines Franchisevertrages das auf diesen anwendbare Recht grundsätzlich frei wählen können.[1459] Art. 14 Rom-I-VO erlaubt eine freie Rechtswahl ex ante auch für vorvertragliche Schuldverhältnisse, wenn die Parteien einer kommerziellen Tätigkeit nachgehen.

Die Rechtswahl muss dabei entweder ausdrücklich erfolgen oder – im Fall stillschweigender oder konkludenter Ausübung – sich eindeutig aus den Vertragsbestimmungen oder aus den Umständen des Einzelfalles ergeben, Art. 3 Abs. 1 S. 2 Rom-I-VO. Sie kann insbesondere auch in AGB erfolgen,[1460] wovon Franchisegeber regelmäßig Gebrauch machen. Eine besondere Form ist

---

1457 Hüßtege/Mansel-Leible, Art. 4 Rn. 43; vgl. Ferrari/Kieninger/Mankowski-Ferrari, Art. 4 Rn. 44.

1458 Vgl. Porcelli, REIIAG 2015, 1 (32 f.).

1459 Giesler/Nauschütt-Krümmel, Kap. 18 Rn. 9.

1460 Flohr/Wauschkuhn-Teichmann, Rom-I-VO Art. 3 Rn. 19.

für die Rechtswahl nicht vorgesehen, Art. 3 Abs. 5 i.V.m. Art. 11 Rom-I-VO. Die Rechtswahl kann jedoch durch die Geltung zwingender Normen sowie des sog. „ordre public“ eingeschränkt sein oder verdrängt werden.

Auch in Argentinien gilt der Grundsatz der freien Rechtswahl, vgl. Art. 2595, Art. 2651 S. 1 CCCN. Ausweislich Art. 2651 S. 2 CCCN muss die Rechtswahl dabei ebenfalls ausdrücklich erfolgen, sich unmissverständlich aus den Vertragsbedingungen entnehmen oder sich aus den Umständen im Einzelfall bestimmen lassen. Die Rechtswahl kann sich dabei auf den gesamten Franchisevertrag oder lediglich auf Teile davon beziehen, Art. 2651 S. 3 CCCN. Gemäß Art. 2599 Abs. 1 CCCN enthält das argentinische Recht sog. Eingriffsnormen („normas internacionalmente imperativas“)[1461], also zwingende Vorschriften, deren Einhaltung als so entscheidend für die Wahrung des argentinischen öffentlichen Interesses angesehen wird, dass sie ungeachtet der Rechtswahl anzuwenden sind. Ferner können sich auch aus dem geltenden ordre public („órden público“) Grenzen für die Rechtswahl ergeben, Art. 2600 CCCN.

Im Zusammenhang mit der Rechtswahl ist allerdings zu beachten, dass nur das Recht eines Staates gewählt werden kann, nicht hingegen z.B. die UNIDROIT-Regeln.[1462]

2. *Die Rechtswahl beim Franchisevertrag*

Will ein Vertragspartner – überwiegend der Franchisegeber – einen Franchisevertrag gestalten, wird er naturgemäß versuchen, das für seine Zwecke am besten geeignete Recht zur Anwendung zu berufen. Dieses muss dabei nicht zwangsläufig immer das eigene Recht sein, selbst wenn der Franchisegeber hierzu i.d.R. den stärkeren Bezug haben wird. Der Rechtswahl der Franchiseparteien kann jedoch dann eine Schranke gesetzt sein, wenn fremdes Recht zwingend anzuwenden ist („ordre public“) oder das gewählte Recht verdrängt wird. Dem soll im Folgenden nachgegangen werden.

Das deutsche Franchiserecht hat zwar im internationalen Vergleich kaum Regelungen und insbesondere kein spezielles Franchisegesetz, die ergangene Rechtsprechung ist jedoch sehr umfangreich. Zudem kann u.U. auch die ergangene Rechtsprechung zum Handelsvertreterrecht Wirkung entfalten.[1463]

1461 Vgl. Álvarez-Cozzi, S. 2; Rubín, Contratos de comercialización Tomo II, Kap. II Rn. 4.2.

1462 Piltz-Pour Rafsendjani, § 9 Rn. 146.

1463 Rothermel, S. 21.

Während das argentinische Recht in Art. 1514 lit. a) CCCN klare Vorgaben im Hinblick auf die zur Erfüllung der vorvertraglichen Aufklärungspflicht zu übermittelnden Informationen macht, besteht in Deutschland wie beschrieben nach wie vor keine spezielle Regelung hierzu. Entscheidet sich ein Franchisegeber für das argentinische Recht, ist er zur Vorlage von Informationen über die wirtschaftliche und finanzielle Situation vergleichbarer Franchisebetriebe seines eigenen Franchisesystems verpflichtet. Dies kann einen gewissen Mehraufwand begründen, zugleich bei Erfüllung aber auch eine gewisse Rechtssicherheit für den Franchisegeber zur Folge haben. Andererseits hat in Deutschland die Rechtsprechung durch eine kontinuierliche Rechtsfortbildung dafür Sorge getragen, die anfänglich bestehende typische Informationsasymmetrie zwischen den Franchiseparteien abzubauen. Wenngleich die Rechtsprobleme im Zusammenhang mit den vorvertraglichen Aufklärungspflichten seitens der deutschen Rechtsprechung weitestgehend gelöst wurden, bleibt im Hinblick auf die Praxis der Einzelfallentscheidungen stets ein gewisses Restrisiko für den Franchisegeber. So sind z.B. die Frage nach dem Erfordernis der Standortanalyse oder die Abstufung des Umfangs der vorvertraglichen Aufklärungspflichten in Abhängigkeit von der Geschäftserfahrenheit des Franchisenehmers nach wie vor ungeklärt.

Im Hinblick auf die Pflichtenstruktur der Vertragsparteien ist eine gewisse Vertragsgestaltungsfreiheit für beide Rechtsordnungen kennzeichnend. Allerdings ist in Argentinien zu beachten, dass die Art. 1514, 1515 CCCN zwingender Natur sind, wohingegen Art. 1517 und 1518 CCCN individualvertraglich abbedungen werden können.[1464] Zulässig ist hingegen stets eine Risikoverteilung, die die in Art. 1514, 1515 CCCN normierten Mindestpflichten der Franchiseparteien erweitert. Art. 1514, 1515 CCCN sind Eingriffsnormen („normas internacionales imperativas“). Sie sind folglich auch bei Wahl deutschen Rechts zu berücksichtigen.

Für die Wahl des deutschen Franchiserechts aus Sicht des Franchisenehmers kann ferner die Strenge des deutschen AGB-Rechts und der daraus folgende Franchisenehmerschutz angeführt werden. Andersherum schränkt eben dieses AGB-Recht die Vertragsgestaltungsfreiheit des Franchisegebers enorm ein.

Entscheiden sich die Vertragsparteien für die Anwendung argentinischen Rechts, so stellt die zwingend zu beachtende Mindestvertragslaufzeit von vier Jahren gemäß Art. 1516 i.V.m. Art. 1506 Abs. 1 CCCN[1465] den wohl bedeutendsten Unterschied dar. Mit der Festlegung dieser Mindestlaufzeit soll

1464 Marzorati, RCCyC Febrero 2016, 52 (69 ff.).

1465 Rubín, Contratos de comercialización Tomo II, Kap. II Rn. 4.7.

dem Franchisenehmer die Möglichkeit der Amortisation seiner (Anfangs-) Investitionen gegeben werden. Dies kann – insbesondere für den neu in den argentinischen Markt eintretenden Franchisegeber – einerseits eine gewisse Planungssicherheit bedeuten, andererseits aber auch die notwendige Flexibilität im Falle von Durchsetzungsschwierigkeiten des eigenen Franchisesystems im jeweiligen Vertriebsgebiet.

Eng mit der zwingenden Mindestvertragslaufzeit hängt die Frage nach der Beendigung des Franchisevertrages zusammen. Entscheiden sich die Parteien für die Wahl des argentinischen Rechts, ist eine solche frühestens mit Ablauf der ersten vier Jahre möglich. Flexibler ist diesbezüglich das deutsche Recht, wonach lediglich im Falle eines befristeten Vertrages die Einschränkung zu beachten ist, dass ein solcher innerhalb der Vertragslaufzeit nur außerordentlich gekündigt werden kann.

Weiterhin ist im Hinblick auf den in der Praxis besonders wichtigen Ausgleichsanspruch des Franchisenehmers zu beachten, dass die argentinische Lösung einen solchen eindeutig ablehnt und den Parteien damit eine klare Position vorgibt. Das deutsche Recht hingegen sieht einen Ausgleichsanspruch ausnahmsweise vor, wenngleich unter sehr strengen Voraussetzungen. Es bleibt diesbezüglich für den Franchisegeber also ein gewisses Risiko. Vor dem Hintergrund der auch bei Wahl eines Rechts eines anderen EU-Mitgliedstaates zwingenden Geltung des deutschen Ausgleichsanspruchs bei Handelsvertreterverträgen[1466] stellt sich die Frage, ob ein möglicherweise bestehender Ausgleichsanspruch eines Franchisenehmers nach deutschem Recht auch dann zwingend zu berücksichtigen ist, wenn sich die Parteien auf die Anwendung argentinischen Rechts einigen. Problematisch ist somit, ob die vom BGH für den Ausgleichsanspruch eines deutschen Franchisenehmers entwickelte Rechtsprechung bei Franchiseverträgen mit Franchisenehmern aus Drittstaaten mittels Rechtswahl wirksam ausgeschlossen werden kann. Ein Ausschluss von den zwingenden Vorschriften der §§ 84 ff. HGB, soweit sie auf den Franchisenehmer analog anwendbar sind, ist nach deutschem Recht möglich, wenn der Franchisenehmer außerhalb des EWR tätig ist.[1467] Die aus der „Ingmar"-Rechtsprechung des EuGH[1468] entwickelten Grundsätze, nach denen § 89b HGB der Charakter einer Eingriffsnorm i.S.v. Art. 9 Abs. 2 Rom-I-VO zuzuerkennen ist, sind

1466 EuGH, Urt. v. 09.11.2000 – C-381/98 – Ingmar, NJW 2001, 2007; EuGH, Urt. v. 17.10.2013 – C-184/12 – Unamar, ZVertriebsR 2014, 55.

1467 Winkler von Mohrenfels, ZVertriebsR 2014, 281 (285).

1468 EuGH, Urt. v. 09.11.2000 – C-381/98 – Ingmar, NJW 2001, 2007.

im Allgemeinen auf den Geltungsbereich der EU-Handelsvertreterrichtlinie beschränkt und deshalb auf Franchiseverträge nicht anwendbar.[1469] Ein Abbedingen des – ohnehin nur unter sehr engen Voraussetzungen im Einzelfall zu bejahenden – Ausgleichsanspruchs durch Rechtswahl ist somit möglich, weil § 89b HGB (analog) für den Franchisenehmer kein international zwingendes Recht darstellt.[1470]

3. *Die Auswirkung nichtjuristischer Begleitumstände auf die Rechtswahl*

Neben den oben erwähnten rechtlichen Besonderheiten strahlen auch nichtjuristische Begleitumstände auf die Rechtswahl aus.[1471] So können sich die wirtschaftliche Stärke einer der Parteien (meist des Franchisegebers), der Markt und dessen Rahmenbedingungen auf die Rechtswahl auswirken.

Insbesondere für den Franchisegeber, der erstmalig in den argentinischen bzw. deutschen Markt eintritt und zunächst überwiegend kleinere oder mittlere Unternehmen („Pymes" in Argentinien) anspricht, wird es wichtig sein, diese nicht durch die Wahl eines ausländischen Status vom Vertragsschluss abzuschrecken. Auch kann das Sprachenrisiko eine wichtige Rolle spielen, trägt doch derjenige, der sich im kaufmännischen Verkehr einer fremden Sprache bedient, das Sprachenrisiko.[1472]

4. *Die Rechtswahl bei Franchiseverträgen in der Praxis*

Untersucht man grenzüberschreitende Franchiseverträge, so lässt sich ungeachtet der obigen Ergebnisse feststellen, dass diese – ungeachtet der obigen Ausführungen – in der Mehrzahl der Fälle dem Recht des Landes unterliegen, in dem der Franchisegeber seinen Sitz hat. Dies lässt sich damit erklären, dass der Franchisegeber als der wirtschaftlich meist Stärkere regelmäßig versuchen wird, sowohl eine seinen Vorstellungen entsprechende Streitbeilegungsklausel als auch das Recht seiner Wahl durchzusetzen.[1473]

1469 Giesler/Nauschütt-Krümmel, Kap. 18 Rn. 64.

1470 Vgl. Martinek/Semler/Flohr-Lakkis, Handbuch des Vertriebsrechts, § 57 Rn. 21; Flohr/Wauschkuhn-Wauschkuhn/Teichmann, § 92c Rn. 58.

1471 Piltz-Brödermann, § 6 Rn. 112.

1472 Piltz-Brödermann, § 6 Rn. 139.

1473 Piltz-Brödermann, § 6 Rn. 114.

Trotzdem sollten stets auch die Anerkennung und Vollstreckung von Urteilen im Land des Hauptsitzes vom Franchisenehmer berücksichtigt werden. Außerdem ist darauf zu achten, dass das Streitbeilegungsforum das gewählte Recht beherrscht oder mit einem zumutbaren Kostenaufwand zuverlässig festgestellt werden kann.[1474] Als Gerichtsstandort wird meistens ebenfalls ein Ort im Land des Franchisegebers gewählt oder alternativ ein Schiedsort im eigenen Land oder einem dem eigenen Rechtskreis nahen Staat.[1475] Beides lässt sich damit begründen, dass der Franchisegeber dem Franchisenehmer, meist mit dem Argument der einheitlichen Gestaltung seines Franchisesystems, von ihm vorformulierte Vertragsklauseln vorlegt und die individualvertragliche Gestaltung der Vertragsklauseln stets die Ausnahme bleibt.

III. Art. 7 CCCN

Entscheiden sich die Parteien für das neue argentinische Franchiserecht, ist die Frage nach dessen Anwendungsbereich zu beantworten. Das CCCN findet unbestrittenermaßen auf Franchiseverträge Anwendung, die nach seinem Inkrafttreten am 01.08.2015 geschlossen wurden. Umstritten ist jedoch die Anwendung des CCCN auf bereits bestehende Franchiseverhältnisse.[1476]

Gemäß Art. 7 Abs. 1 CCCN findet das CCCN mit Inkrafttreten auf bestehende Rechtsverhältnisse Anwendung. Nach Art. 7 Abs. 2 S. 1 CCCN entfalten die Regelungen des CCCN, vorbehaltlich gegenteiliger gesetzlicher Bestimmungen, jedoch keine Rückwirkung. Die Art. 1512 ff. CCCN sehen für Franchiseverträge keine Rückwirkung vor, so dass einerseits vertreten wird, das neue Franchiserecht gelte unter Berufung auf den Wortlaut des Art. 7 Abs. 2 S. 1 CCCN nur für Verträge, die nach Inkrafttreten des CCCN geschlossen wurden.[1477] Eine überwiegende Ansicht befürwortet im Gegensatz dazu die Rückwirkung des CCCN auf bestehende Rechtsverhältnisse. Dies soll jedoch nur in zwei Fällen möglich sein: erstens in den in Art. 7 Abs. 3 CCCN gesetzlich geregelten Fällen, wonach dispositive Normen des CCCN nicht auf bestehende Vertragsverhältnisse anwendbar sind, es sei denn es handelt sich um verbraucherfreundliche Normen; zweitens soll eine Rückwirkung dann geboten sein, wenn die neue Regelung

1474 Vgl. Piltz-Brödermann, § 6 Rn. 114.

1475 Rubín, Contratos de comercialización, Tomo II, Kap. II Rn. 3.

1476 Kemelmajer de Carlucci, La aplicación del CCCN S. 18f; Marzorati, El Derecho 2016, 1 (1).

1477 Rivera, elDial DC1F98, 1 (3).

Bestandteil des ordre public und somit zwingender Natur ist.[1478] Überträgt man dies einmal exemplarisch auf bestehende Franchiseverträge, so ist man sich dennoch einig, dass ein Franchisevertrag, der im Jahre 2014 für die Dauer von zwei Jahren geschlossen wurde, trotz der Einführung der nunmehr zwingenden Mindestvertragslaufzeit von vier Jahren gemäß Art. 1516 i.V.m. Art. 1506 CCCN nach zwei Jahren beendet wäre. Andererseits sei jedoch die nunmehr erstmalig vorgesehene Kündigungserklärung auch dann zu beachten, wenn der seit zehn Jahren bestehende Vertrag nunmehr gekündigt werden wolle. Diese Beispiele verdeutlichen, dass das CCCN, insbesondere Art. 7 CCCN, kein in sich geschlossenes System enthält, welches eindeutige Antworten auf alle Fragen betreffend den Anwendungsbereich liefert. Es wird folglich letztlich die Aufgabe der Richter sein, das auf den Einzelfall anwendbare Recht zu bestimmen.[1479] Als große Herausforderung darf dabei die ihnen zuteilwerdende Aufgabe verstanden werden festzulegen, welche der neuen Normen derart zwingender Natur sind, dass sie eine Rückwirkung rechtfertigen.

IV. Die Guides to International Master Franchise Arrangements (2007)

Denkbar ist es sich bei der Gestaltung grenzüberschreitender, insbesondere den deutsch-argentinischen Handel betreffender, Franchiseverträge an den Guides to International Master Franchise Arrangements (2007)[1480] zu orientieren. Unter einem Master-Franchise-Vertrag versteht man dabei einen Vertrag zwischen einem ausländischen Master-Franchisegeber und einem inländischen Master-Franchisenehmer. Dieser Vertrag berechtigt den Master-Franchisenehmer im Inland tätige Franchisenehmer zu akquirieren und unmittelbar mit diesen Franchiseverträge abzuschließen.[1481]

1478 Kemelmajer de Carlucci, La aplicación del CCCN, S. 18; vgl. CNCiv, Sala J, Urt. v. 27.12.2016 – Venancio, Patricia Marcela c. Transporte Ideal San Justo S.A. y otros s/ daños y perjuicios, V/lex 2016, file CIV 014119/2009/CA001; Galdós, LL 16.11.2015, 1 (4 f.).

1479 Dell' Orefice/Prat, SAIJ 2015 DACF150522, Ziff. VII; vgl. die bisherige Vorgehensweise der Gerichte in noch nicht veröffentlichten Urteilen lobend: Kemelmajer de Carlucci, LL 01.08.2016, 1 (7).

1480 UNIDROIT Guide to International Master Franchise Arrangements, Second Edition 2007, abrufbar unter: https://www.unidroit.org/english/guides/2007franchising/franchising2007-guide-2nd-e.pdf, zulertzt abgerufen am 30.06.2019.

1481 Vgl. Martinek/Semler/Flohr-Flohr, Handbuch des Vertriebsrechts, § 29 Rn. 52.

Die Guides to International Master Franchise Arrangements (2007) beschäftigen sich schwerpunktmäßig mit den Interessen, Vorteilen und Risiken eines Master Franchisings als Drei-Parteien-Geschäftsmodell. Die diesen Grundsätzen zugrundeliegende Konstellation weicht somit deutlich von dem dieser Untersuchung zugrundeliegenden Verständnis eines Franchisevertrags als einen die Rechtsbeziehung zwischen einem Franchisegeber und einem Franchisenehmer ohne Bezugnahme auf Dritte (in Gestalt weiterer Sub-Franchisenehmer) regelnden Rahmenvertrags (sog. „direct franchising") ab. Sie eignen sich somit kaum als Richtlinie für direkte Franchiseverträge.

G. Fazit und Ausblick

I. Bewertung der Kodifikation des Franchisings im CCCN

Obgleich die Rechtsbegriffe des neuen CCCN nicht immer einheitlich verwendet werden und die Anwendung und Auslegung einzelner Normen der Art. 1512 ff. CCCN nach wie vor ungeklärt ist, überwiegen dennoch die Vorteile der gesetzlichen Fixierung des Franchisevertrages für die Rechtsanwender.[1482]

Die Kodifizierung des Franchisevertrages trägt dabei zur Förderung der mittelständischen Betriebe und zur höheren Attraktivität Argentiniens als Franchisestandort bei. Außerdem wird durch die Kodifizierung neuer Vertragstypen die Rechtssicherheit auf dem Gebiet des Vertriebsrechts als Ganzes erhöht, da bisherige Probleme bezüglich der rechtlichen Einordnung moderner Vertriebsformen nun eine einheitliche Antwort finden.[1483] Art. 1512 ff. CCCN enthalten einige Lösungen für große Rechtsprobleme der Vergangenheit, wie z.B. den Umgang mit vorvertraglichen Aufklärungspflichten oder der nachvertraglichen Abwicklung.

Es bleibt zu hoffen, dass der bisher bestehenden Rechtsunsicherheit und dem nicht zu unterschätzenden Risiko einer zum Teil widersprüchlichen Rechtsprechung nunmehr Einhalt geboten wird. Positiv hervorzuheben ist auch die Annäherung des argentinischen Vertriebsrechts an internationale Standards. Dabei

1482 Ebenso Junyent Bas/ Rodríquez Leguizamón, DCyO 2013, 1; Azar-Baud, RIDC 2013, 1 (25); vgl. Arazi, LL 11.11.2015, 1.

1483 So bezeichnete der Präsident des obersten argentinischen Gerichtshofes, CSJN und zugleich Präsident der Kommission für diesen Gesetzesentwurf Herr Dr. Ricardo Lorenzetti den CCCN auf der Konferenz zur Vorstellung des CCCN vor dem Colegio Público de Abogados de la Capital Federal, der Anwaltskammer der Stadt Buenos Aires, vom 22.10.2014 in Buenos Aires.

ist zugleich ein gewisses Selbstbewusstsein argentinischer Rechtswissenschaftler dahingehend festzustellen, dass die Art. 1512 ff. CCCN nicht etwa die Übernahme ausländischer Rechtsmodelle darstellen, sondern erstmalig in der argentinischen Gesetzgebungshistorie auf der bisherigen dortigen Franchisetradition ansetzen.[1484]

Wenngleich es bei ausländischen Franchisegebern üblich ist, bei der Rechtswahl ihrer Franchiseverträge auf ihr eigenes Recht zurückzugreifen, da dieses ihnen meist vertrauter ist und sie ihm oftmals eine größere Rechtssicherheit als dem argentinischen Recht zuschreiben,[1485] ist dabei nicht außer Acht zu lassen, dass bestimmte Regelungen des CCCN zwingenden Charakter haben und somit nicht durch die nach Art. 2651, 2652 CCCN grundsätzlich freie Wahl eines ausländischen Rechts abbedungen werden können, sofern der Franchisevertrag in Argentinien durchgeführt werden soll. Zu diesen nicht dispositiven Normen zählen z.B. die Mindestvertragsdauer gemäß Art. 1516 i.V.m. Art. 1506 CCCN oder die Pflichtenkataloge der Art. 1514, 1515 CCCN.[1486]

Den Kritikern der Art. 1512 ff. CCCN ist jedenfalls zuzugestehen, dass diese Artikel deutlich über die im internationalen Bereich bislang existierenden Handlungsempfehlungen und Gesetze hinausgehen und die Praxis dennoch vor neue Probleme im Hinblick auf die nunmehr im Einzelfall zulässige Vertragsgestaltung stellen.[1487] Vielleicht lassen sich die in dieser Abhandlung herausgearbeiteten Unklarheiten und Widersprüche der Art. 1512 ff. CCCN – ohne sie an dieser Stelle rechtfertigen zu wollen – damit erklären, dass es nicht die Absicht des Gesetzgebers war, jede denkbare Konstellation eines Franchisevertrages durch allgemeine Bestimmungen zum Franchising regeln zu wollen, sondern vielmehr versucht werden sollte den Franchiseparteien eine Art gesetzlichen Leitfaden an die Hand zu geben mit dem Ziel, insbesondere den i.d.R. schwächeren Franchisenehmer stärker zu schützen. Auch wenn die bloße Kodifizierung des Franchisings keine unmittelbare Lösung für die seit Jahrzehnten bestehenden rechtlichen Probleme, vor allem im Hinblick auf die Vertragsbeendigung, darstellt, liefert sie doch einen wertvollen Beitrag dazu.

1484 So die Charakterisierung des CCCN von Lorenzetti auf der Konferenz zur Vorstellung des CCCN vor dem Colegio Público de Abogados de la Capital Federal vom 22.10.2014 in Buenos Aires; vgl. bezüglich des gesamten CCCN auch Samtleben, IPrax 2016, 289 (293).

1485 Vgl. Oliva Pinto, DJ21/12/2016, 13 (14).

1486 Vgl. Oliva Pinto, DJ21/12/2016, 13 (14).

1487 Vgl. Polotto/ Henríquez Marín, in: Laferriere (Hrsg.), Análisis del proyecto de nuevo CCC UCA, S. 455.

Sie ist daher nicht als erreichtes Ziel, sondern als ein bedeutender Schritt auf dem noch zu bewältigenden Weg hin zur vollständigen Rechtssicherheit auf dem Gebiet des Franchiserechts zu verstehen.

Wichtig wird in Zukunft neben einer Konkretisierung einzelner Normen des Franchisings durch die Rechtsprechung auch die Aufrechterhaltung der Handelsgerichtsbarkeit sein. Eine Trennung der Zivil- und Handelsgerichtsbarkeit ist im Interesse einer spezialisierten Justiz und zur Sicherung der Kenntnisse über die bisherigen Rechtsprechungsstandards unerlässlich.[1488] Nur durch eine unabhängige und mit speziellem Fachwissen ausgestattete Justiz kann dem derzeit in Argentinien bestehenden mangelnden Systemvertrauen[1489] verbunden mit der abnehmenden Bereitschaft, bindende Entscheidungen hinzunehmen[1490], entgegengewirkt werden.

Begrüßenswert wäre außerdem der Einzug von Regelungen für den elektronischen Handelsverkehr und deren Einfluss auf etablierte Vertriebssysteme im CCCN. Die Möglichkeit eines entsprechenden Spezialgesetzes wird bereits diskutiert.[1491]

II. Sollte das Franchiserecht in Deutschland kodifiziert werden?

Vor dem Hintergrund der Kodifizierung des Franchiserechts in Argentinien und der bisherigen rechtsvergleichenden Befunde soll die eingangs gestellte Frage nach dem Bedürfnis einer entsprechenden Kodifizierung in Deutschland thematisiert werden.

1. Internationale Regelwerke zum Franchising

Dazu erscheint ein Blick auf andere europäische Rechtsordnungen und auf bestehende internationale Regelwerke unerlässlich. Wie zuvor erläutert, haben

1488 Araya, LL 20.04.2015, 1 (16).

1489 Hartnäckig hält sich in der argentinischen Bevölkerung die Meinung, dass man das Recht zwar zur Kenntnis nehme, aber nicht durchsetze („la ley se acata pero no se cumple“), vgl. Kleinheisterkamp, Development of Comparative Law in Latin America, S. 265; Dewey, in: Birle/Dewey/Mascareño (Hrsg.): Durch Luhmanns Brille, S. 63; ebenso Klumpp, S. 22.

1490 Dieses Misstrauen in Institutionen und in die Justiz wird auch durch andere Statistiken belegt, u.a. durch das „Latinobarómetro“, durch den „Índice de Confianza en la Justicia“ der Universität Torcuato Di Tella und zahlreiche andere Forschungsarbeiten belegt; vgl. Dewey, in: Birle/Dewey/Mascareño (Hrsg.): Durch Luhmanns Brille, S. 62.

1491 Vgl. Marzorati, DCyO 2016, 501 (537).

andere europäische Länder wie z.B. Spanien,[1492] Italien,[1493] Frankreich,[1494] Belgien[1495] und Schweden[1496] bereits gesonderte Gesetze zur vorvertraglichen Aufklärung im Franchising erlassen, um der Informationsasymmetrie zulasten des Franchisenehmers entgegenzuwirken.[1497] Mit der Resolution vom 12.09.2017 forderte auch das Europäische Parlament europaweit einheitliche Richtlinien für Franchiseverträge.

In Russland enthält Art. 1027 Abs. 1 ZGB eine Legaldefinition des Franchisings[1498] und auch China hat ein gesondertes Franchisegesetz, bei dem die vorvertraglichen Aufklärungspflichten denjenigen des angloamerikanischen Bereichs entsprechen.[1499]

Ein internationales Franchiserecht besteht jedoch bisher nicht. Das UNIDROIT-Modellgesetz über vorvertragliche Informationspflichten bei Franchisesystemen regelt lediglich, dass u.a. Informationen über die Franchisegebergesellschaft, die Geschäftserfahrung des Franchisegebers, etwaige Haftungsfälle und Rechtsstreitigkeiten, die Anzahl der bestehenden Franchisenehmer sowie über das Know-how, die Vertragsprodukte oder Dienstleistungen und die zu erwartenden Investitionen zu vermitteln sind.[1500]

Dem European Code of Ethics for Franchising kommt zwar für die Grundsätze des internationalen Franchisings eine gewisse Verbindlichkeit zu, er bindet die nationalen Gerichte jedoch nicht und sieht insbesondere kein Durchsetzungsmechanismus vor.

1492 Vgl. das spanische Franchise-Gesetz vom 15.01.1996; Ley Nr. 2 – Commercial Activity in Franchise Regime, dazu Martínez Sanz, ZEuP 1999, 91.

1493 Vgl. für Italien: Progetto di Legge n. 3884 approvato dalla X commissione attivita produttive della camera in sede legislativa il 21 Marzo 2004, einsehbar unter: www.eff-franchise.com, zuletzt abgerufen am 30.06.2019.

1494 So in Frankreich das sog. Loi Doubain vom 31.12.1989 – Gesetz Nr. 89-1008.

1495 Vgl. Wachter-Flohr, 6. Kap. Rn. 63. Das belgische Franchisegesetz ist seit dem 15.03.2005 in Kraft und entspricht im Wesentlichen auch im Hinblick auf die vorvertragliche Aufklärung dem italienischen Franchisegesetz.

1496 Vgl. Lag (2006:484) om franchisegivares informationsskyldighet vom 01.10.2006, Fernlund, in: Flohr/Liesegang, Jahrbuch Franchising 2016/2017, S. 293.

1497 Martinek/Semler/Flohr-Flohr – Handbuch des Vertriebsrechts, § 29 Rn. 97.

1498 Das russische Zivilgesetzbuch ist abrufbar unter: https://www.drjv.org/index.php/rgesetze.html, zuletzt abgerufen am 30.06.2019. Vgl. zum Ganzen: Frank, S. 6 ff.

1499 Vgl. Flohr, Master-Franchise-Vertrag, S. 67 ff. zum Franchisegesetz in China.

1500 Siehe zum Gesetzestext: www.unidroit.org modell franchise disclosure law, zuletzt abgerufen am 30.06.2019.

2. *Grundsätzliches Regelungsbedürfnis*

Fraglich ist, ob es in Deutschland einer entsprechenden Kodifizierung des Franchiserechts oder zumindest der vorvertraglichen Aufklärungspflichten bedarf.

Zunächst wird man bezweifeln können, ob eine enge und detailreiche Regelung des Franchisevertrages in Deutschland diejenige Klarheit und Flexibilität bieten würde, die notwendig ist, um der Diversität der Erscheinungsformen des heutigen Franchisings Rechnung zu tragen.[1501] Dem kann entgegengehalten werden, dass die derzeitige zum Teil analoge Anwendung der Normen zu verschiedenen Vertragstypen den Besonderheiten des Franchisings, wie in dieser Arbeit gezeigt, auch nur bedingt gerecht werden kann.

Kritikern zwingender Franchiseregelungen ist dahingehend zuzustimmen, dass es in Deutschland schon heute eine Vielzahl in der Praxis auftretender Franchisearten und Vertragsmodalitäten sowie eine entsprechend umfangreiche Rechtsprechung gibt. Diese in ein für alle Verträge allgemein geltendes Muster zwingen zu wollen, ist nicht zielführend und kann auch der stetigen Weiterentwicklung des Franchisings nicht gerecht werden.

Andererseits könnte man eine Kodifizierung auch als lediglich richtunggebende Festlegung allgemeiner Franchisegrundsätze verstehen. Eine gesetzliche Regelung müsste somit zum Ziel haben, die begriffsnotwendigen Grundlagen für einen Franchisevertrag einschließlich der vertragswesentlichen Rechte und Pflichten der Parteien generalklauselartig festzulegen, ohne dabei den Anspruch auf Vollständigkeit zu erheben und die Parteiautonomie unnötig einzuschränken.

Wenngleich die Rechtsprechung, auch im Vergleich zu den gefundenen Ergebnissen zur argentinischen Rechtslage, in Deutschland verhältnismäßig stabil erscheint und speziell den Franchisenehmer durch umfassende Gestaltungen der vorvertraglichen Aufklärungspflicht des Franchisegebers ausreichend vor Fehlentscheidungen beim Abschluss eines Franchisevertrages schützt, steht das der Idee einer (Teil-) Kodifizierung des Franchisevertrages nicht per se entgegen. Eine immer stärker rechtsfortbildend tätige Judikative darf den Gesetzgeber nicht von seinen legislatorischen Pflichten auf dem Gebiet des Vertriebsrechts entbinden, da sonst die Glaubwürdigkeit und die Zukunftsgewandtheit des Rechts darunter leiden.[1502]

1501 Vgl. Waldzus, BB 2016, 515.

1502 Vgl. Leible, S. 426 ff. für die Notwendigkeit einer Kodifikation des Finanzierungsleasingvertrages.

Ferner stützt auch ein Blick auf die derzeitige Rechtslage im europäischen Binnenmarkt und das daraus resultierende Bedürfnis nach einheitlichen Lösungen die Kodifizierungsidee. Beabsichtigt ein deutsches Franchisesystem z.B. eine Expansion in andere Mitgliedstaaten der EU, sieht es sich zunächst mit einer Vielzahl unterschiedlicher nationaler Regelungen zur vorvertraglichen Aufklärung konfrontiert. Diese werden vielfach als Eingriffsnormen i.S.d. Art. 9 Rom-I-VO angesehen[1503] mit der Folge, dass sie auch im Fall einer abweichenden Rechtswahl Geltung beanspruchen. Die Kenntnis und Anwendung der vorvertraglichen Aufklärungspflichten bedeutet für den Franchisegeber daher oftmals einen hohen bürokratischen und finanziellen Zusatzaufwand, der im Einzelfall sogar dazu führen kann, dass ein Franchisesystem von einer Etablierung im ausländischen Markt absieht. Dies kann im Hinblick auf das Binnenmarktziel der EU keineswegs zielführend sein.

Die Idee einer Harmonisierung des Handelsrechts auf europäischer Ebene ist im Übrigen nicht neu. Ein hoher Grad an Uniformierung des Handelsrechts ist innerhalb der EU bereits durch das europäische Sekundärrecht herbeigeführt worden. Zu erinnern ist dabei z.B. an die Handelsvertreterrichtlinie,[1504] die Zahlungsverzugsrichtlinie[1505] oder die Regelungen über Zweigniederlassungen.[1506] Auch ist das gesamte Recht der Handelsbilanz europarechtlich überformt.[1507]

Vor diesem Hintergrund ist jedenfalls eine Teilkodifizierung des Franchisings auf europäischer Ebene, namentlich eine spezialgesetzliche europäische Regelung der vorvertraglichen Aufklärungspflichten des Franchisegebers, zu befürworten.[1508] Dadurch könnte der de lege lata bestehende Flickenteppich verschiedener nationaler Gesetze vereinheitlicht und die Rechtssicherheit für alle Parteien erhöht werden.

Ein solches Ziel lässt sich auch nicht durch die bloße Existenz des Europäischen Verhaltenskodex für Franchising erreichen, da es sich dabei um ein von

---

1503 Vgl. Martiny, ZEuP 2018, 218 (236); Erman-Rom-I VO-Hohloch, Art. 9 Rn. 12 f.

1504 Richtlinie 86/653/EWG vom 18.12.1986 zur Koordinierung der Rechtsvorschriften der Mitgliedstaaten betreffend die selbständigen Handelsvertreter, ABl. L 382, S. 17.

1505 Art. 1 Abs. 2 Richtlinie 2011/7/EU.

1506 Richtlinie 89/666/EWG; vgl. Lehmann, ZHR 181 (2017), 9 (12).

1507 Richtlinie 2013/34/EU; Lehmann, ZHR 181 (2017), 9 (12). Dabei sind auch die völkerrechtlichen Abkommen, wie z.B. das CISG oder das CMR zu nennen, die – soweit die Mitgliedstaaten der EU Vertragsstaaten der jeweiligen Abkommen sind – das EU-Recht ebenfalls vereinheitlichen.

1508 Im Ergebnis ähnlich auch die Stellungnahme des Deutschen Anwaltvereins im August 2013, S. 7.

der Wirtschaft selbst gesetztes Regelwerk ohne Rechtsbindungswirkung für alle Franchisesysteme handelt. Darüber hinaus stößt dieses gemäß der Ansicht des Europäischen Parlaments zur Franchisepraxis im Einzelhandel auch auf grundsätzliche Kritik seitens der Franchisenehmer, die ihre Interessen hierin nicht ausreichend gewahrt sehen.[1509]

Die Geltung uniformer und verbindlicher Regeln zur vorvertraglichen Aufklärung innerhalb der EU hat gegenüber dem Zustand der Rechtszersplitterung somit einige Vorteile. Alle Marktteilnehmer würden dadurch zu gleichen Bedingungen operieren. Weiterhin würden sich die Transaktions-, Streiterledigungs- und Compliance-Kosten verringern, insbesondere bei den zunehmend internationalen Franchisen.[1510] Eine aufwendige Ermittlung des innerhalb der EU anwendbaren Rechts entfiele und es würde vermieden werden, dass die nationalen Gesetzgeber im Alleingang niedrigere Standards zulasten der Franchisenehmer festsetzen (sog. „race to the bottom“).[1511] Außerdem könnte sich eine einheitliche und umfangreiche Rechtsprechung herausbilden, die ebenfalls zur größeren Rechtssicherheit innerhalb der EU beitragen könnte.

3. *Möglichkeiten einer inhaltlichen Ausgestaltung*

Für eine inhaltliche Ausgestaltung eines Gesetzes über die vorvertraglichen Aufklärungspflichten der Franchisegeber innerhalb der EU sind mehrere Möglichkeiten denkbar, die hier nicht im Detail erläutert werden können.

Um eine Zersplitterung der nationalen Franchiserechte zu vermeiden und den Binnenmarkt i.S.d. grenzüberschreitenden Franchisings zu fördern, ist eine auf eine Mindestinformation beschränkte gesetzliche Regelung auf europäischer Ebene anzuregen. Diese könnte – etwa nach dem Vorbild der Handelsvertreterrichtlinie – als Franchiserichtlinie gestaltet werden. Dadurch würde man dem Ziel einer Harmonisierung gerecht werden, den Mitgliedstaaten aber die Wahl und Form der Mittel überlassen, vgl. Art. 288 AEUV.

1509 Vgl. Entschließung des Europäischen Parlaments vom 12.09.2017 für eine Europäische Richtlinie zum Franchiserecht „Legal Perspective of the Regulatory Framework and Challenges for Franchising in the EU“, S. 3, abrufbar unter: http://www.europarl.europa.eu/doceo/document/TA-8-2017-0322_DE.pdf?redirect, zuletzt abgerufen am 30.06.2019.

1510 Vgl. Lehmann, ZHR 181 (2017), 9 (18) zugunsten eines europäischen Handelsgesetzbuches.

1511 Vgl. Lehmann, ZHR 181 (2017), 9 (18).

(1) Kodifiziert werden sollte dabei zunächst die in nahezu allen europäischen Mitgliedstaaten anerkannte Pflicht des Franchisegebers zur richtigen und vollständigen vorvertraglichen Aufklärung des potenziellen Franchisenehmers.
(2) Im Hinblick auf den Inhalt einzelner Aufklärungspflichten sollte dem Franchisegeber die Pflicht obliegen, den Franchisenehmer über die Struktur, das Franchisekonzept, die finanzielle Situation und die Zahl der Franchisenehmer seines Franchisesystems aufzuklären.
(3) Der Franchisegeber sollte zur Angabe wahrheitsgemäßer Zahlen und Informationen über den Arbeits- und Kapitaleinsatz des Franchisenehmers verpflichtet werden und eine entsprechende Kalkulationsgrundlage liefern. Es sollte aber auch klargestellt werden, dass dem Franchisegeber nicht die Funktion eines Existenzgründungsberaters zukommt und er keine Rentabilitäts- oder Standortanalysen schuldet. Zur besseren Bewertung der Erfolgsaussichten durch den Franchisenehmer ist eine Auskunft über die Entwicklung vergleichbarer Betriebe innerhalb desselben Franchisesystems ähnlich dem argentinischen Art. 1514 lit. a) CCCN zu befürworten, wobei zur Vermeidung der dortigen Missbrauchsgefahren vorrangig versucht werden sollte über Betriebe desselben Staates zu informieren oder, sofern dies nicht möglich ist, zumindest ausdrücklich auf die Bezugnahme auf ausländische Betriebe hinzuweisen.
(4) Der Franchisegeber sollte dem Franchisenehmer vor Vertragsabschluss darüber Auskunft geben, ob ein Franchisehandbuch übergeben wird und wie die Know-how-Übermittlung und die entsprechende Einweisung erfolgen. Ein Einsichtsrecht in dieses Handbuch vor Vertragsunterzeichnung ist ebenfalls denkbar.
(5) Weiterhin ist dem Franchisenehmer Auskunft über die Entscheidungsbefugnis ausübenden Personen der Systemzentrale des Franchisegebers zu erteilen und ein entsprechender Ansprechpartner für systeminterne Belange zu nennen.
(6) Im Zusammenhang mit dem im Nachgang stattfindenden Abschluss des Franchisevertrages sollte der oftmals rechtsunkundige Franchisenehmer auch darüber unterrichtet werden, welchem Recht der Franchisevertrag unterliegt und dass der Franchisevertrag mangels Rechtswahl dem Recht der Hauptniederlassung des Franchisenehmers unterliegt.[1512] Dies dient

1512 Vgl. Reithmann/Martiny-Dutta, Rn. 6.1352.

dazu etwaigen Rechtsstreitigkeiten über das im Einzelfall anwendbare Recht vorzubeugen und den Franchisenehmer über seine Rechte aufzuklären.

(7) Weiterhin sollte das Gesetz auch die Form der Mindestinformationen regeln, wobei ein schriftlicher Nachweis der erteilten Informationen im Hinblick auf die spätere Beweislast im Streitfall zu befürworten ist. Dabei soll es sich jedoch nur um eine Beweiserleichterung zugunsten des Franchisegebers handeln und nicht um ein für das wirksame Zustandekommen eines Franchisevertrages wesentliches Merkmal, da anderenfalls die Verhandlungsdisparität nicht aufgehoben, sondern bestehen bleiben könnte. Würde man dies anders sehen wollen, so läge darin de facto zugleich eine Aufhebung der für den Franchisevertrag in den meisten Rechtsordnungen bisher geltenden Formfreiheit. Dies würde die franchisetypische Flexibilität und damit den Reiz dieser modernen Franchiseform erheblich beschränken.

(8) Ferner sollte dem Franchisenehmer ein angemessener Zeitraum zur Prüfung der übermittelten Informationen gewährt werden.

(9) Zu begrüßen wäre darüber hinaus eine Regelung zu den Rechtsfolgen bei Verstoß gegen die Informationspflichten.

Im Ergebnis mögen die vielfältigen Konstellationen vorvertraglicher Aufklärungspflichten bei dem Versuch ein einheitliches Gesetz zu entwerfen wenig griffig wirken. Doch wäre es gerade der Verdienst des europäischen Gesetzgebers die Komplexität und Vielfältigkeit der Informationspflichten nicht in ein einfaches Schema zu pressen, sondern mit einem Gespür für unterschiedliche Konstellationen den gegensätzlichen Interessen der Parteien gerecht zu werden.

Anhang: Artikel 1512 - 1524 CCCN sowie weitere einzelne Normen des CCCN

Art. 1512 - Concepto	**Art. 1512 - Begriff**
(1) Hay franquicia comercial cuando una parte, denomindada franquiciante, otorga a otra, llamada franquiciado, el derecho a utilizar un sistema probado, destinado a comercializar determinados bienes o servicios bajo el nombre comercial, emblema o la marca del franquiciante, quien provee un conjunto de conocimientos técnicos y la prestación continua de asistencia técnica o comercial, contra una prestación directa o indirecta del franquiciado.	(1) Ein Handelsfranchising besteht, wenn eine Partei, die als Franchisegeber bezeichnet wird, der anderen Partei, als Franchisenehmer bezeichnet, das Recht einräumt, ein bewährtes System zu nutzen, das zur Vermarktung bestimmter Güter oder Dienstleistungen unter dem Handelsnamen, dem Warenzeichen oder der Marke des Franchisegebers bestimmt ist, welcher einen Umfang an technischen Kenntnissen liefert und laufende technische oder kaufmännische Unterstützung gegen eine direkte oder indirekte Gegenleistung des Franchisenehmers bietet.
(2) El franquiciante debe ser titular exclusivo del conjunto de los derechos intelectuales, marcas, patentes, nombres comerciales, derechos de autor y demás comprendidos en el sistema bajo franquicia; o, en su caso, tener derecho a su utilización y transmisión al franquiciado en los términos del contrato.	(2) Der Franchisegeber soll alleiniger Rechtsinhaber des geistigen Eigentums, der Marken, Patente, Handelsnamen, Urheberrechte und der sonstigen von dem Franchising unterliegenden System erfassten Rechte sein oder gegebenenfalls vertragsmäßig berechtigt zu sein, diese zu nutzen und dem Franchisenehmer zu übertragen.
(3) El franquiciante no puede tener participación accionaria de control directo o indirecto en el negocio del franquiciado.	(3) Dem Franchisegeber ist es untersagt, einen Aktienanteil am Geschäft des Franchisenehmers zu halten bzw. unmittelbar oder mittelbar zu beherrschen.

Art. 1513 – Definiciones

A los fines de la intepretación del contrato de entiende que:

a) franquicia mayorista es aquella en virtud de la cual el franquiciante otorga a una persona física o jurídica un territorio o ámbito de actuación nacional o regional o provincial con derecho de nombrar subfranquiciados, el uso de sus marcas y sistema de franquicias bajo contraprestaciones específicas;

b) franquicia de desarrollo es aquella en virtud de la cual el franquiciante otorga a un franquiciado denominado desarrollador el derecho a abrir múltiples negocios franquiciados bajo el sistema, método y marca del franquiciante en una región o en el país durante un término prolongado no menor a cinco años, y en el que todos los locales o negocios que se abren dependen o están controlados, en caso de que se constituyan como sociedades, por el desarrollador, sin que éste tenga el derecho de ceder su posición como tal o subfranquiciar, sin el consentimiento del franquiciante;

Art. 1513 – Definitionen

Zum Zweck der Auslegung des Vertrags ist zu verstehen, dass:

a) Großhandelsfranchising jenes ist, aufgrund welchem der Franchisegeber einer natürlichen oder juristischen Person zur Ausübung einer Geschäftstätigkeit ein nationales, regionales oder provinziales Gebiet oder einen solchen Bereich mit der Berechtigung zuteilt, Unterfranchisenehmer zu benennen, sowie die Marken und das Franchisesystem des Franchisegebers gegen spezifische Gegenleistungen zu nutzen;

b) Entwicklungsfranchising jenes ist, aufgrund welchem der Franchisegeber einem als Entwickler bezeichneten Franchisenehmer das Recht überträgt, mehrere im Rahmen des Franchising stehende Geschäftslokale nach dem System, gemäß der Methode und unter der Marke des Franchisegebers in einer Region oder im Lande für einen längeren zumindest fünf Jahre währenden Zeitraum zu eröffnen, wobei alle eröffneten Lokale oder Geschäftsläden, soweit sie als Gesellschaften errichtet werden, vom Entwickler abhängen oder von diesem überwacht werden, ohne dass dieser berechtigt wäre, seine Stellung als solcher ohne Zustimmung des Franchisegebers abzutreten oder ein Unterfranchising abzuschließen;

c) sistema de negocios: es el conjunto de conocimientos prácticos y la experiencia acumulada por el franquiciante, no patentado, que ha sido debidamente probado, secreto, sustancial y transmisible. Es secreto cuando en su conjunto o la configuración de sus componentes no es generalmente conocida o fácilmente accesible. Es sustancial cuando la información que contiene es relevante para la venta o prestación de servicios y permite al franquiciado prestar sus servicios o vender los productos conforme con el sistema de negocios. Es transmisible cuando su descripción es suficiente para permitir al franquiciado desarrollar su negocio de conformidad a las pautas creadas o desarrolladas por el franquiciante.

das Geschäftssystem die nicht patentierte Gesamtheit der praktischen Kenntnisse und der vom Franchisegeber gemachten Erfahrungen darstellt, welches gebührend ausprobiert wurde und geheim, substanziell sowie übertragbar ist. Geheim ist es, wenn das System insgesamt oder die Gestaltung seiner Bestandteile nicht allgemein bekannt oder einfach zugreifbar ist. Es ist substanziell, wenn die Information, die das System beinhaltet, für den Verkauf oder die Dienstleistungserbringung relevant ist und dem Franchisenehmer erlaubt, seine Dienstleistungen oder seine Produkte gemäß dem Geschäftssystem zu erbringen bzw. zu verkaufen. Das System ist übertragbar, wenn seine Beschreibung genügt, dem Franchisenehmer zu ermöglichen, sein Geschäft nach den vom Franchisegeber geschaffenen oder entwickelten Vorgaben auszubauen.

Art. 1514 – Obligaciones del franquiciante

Son obligaciones del franquiciante:

a) proporcionar con antelación a la firma de contrato, información económica y financiera sobre la evolución de dos años de unidades similares a la ofrecida en franquicia, que hayan operado un tiempo suficiente, en el país o en el extranjero;

Art. 1514 – Pflichten des Franchisegebers

Die Pflichten des Franchisegebers umfassen:

a) vor Vertragsabschluss wirtschaftliche und finanzielle Informationen hinsichtlich der Entwicklung der letzten zwei Jahre von mit zur Franchiseerteilung angebotenen vergleichbaren Geschäftseinheiten weiterzugeben, die über einen genügenden Zeitraum im Lande oder im Ausland tätig waren;

b) comunicar al franquiciado el conjunto de conocimientos técnicos, aun cuando no estén patentados, derivados de la experiencia del franquiciante y comprobados por éste como aptos para producir los efectos del sistema franquiciado;

b) Dem Franchisenehmer die gesamten technischen Kenntnisse mitzuteilen, auch wenn diese nicht patentiert sind, welche sich von der Erfahrung des Franchisegebers ableiten und von diesem für den Erhalt der gewünschten Ergebnisse des zum Franchising vergebenen Systems als angemessen erachtet werden;

c) entregar al franquiciado un manual de operaciones con las especificaciones útiles para desarrollar la actividad prevista en el contrato;

c) dem Franchisenehmer ein Betriebshandbuch zu übergeben, das die zur Abwicklung der im Vertrag vorgesehenen Tätigkeit nützlichen Spezifizierungen enthält;

d) proveer asistencia técnica para la mejor operatividad de la franquicia durante la vigencia del contrato;

d) während der Vertragsdauer technische Unterstützung zur besseren Nutzung des Franchisings zu leisten;

e) si la franquicia comprende la provisión de bienes o servicios a cargo del franquiciante o de terceros designados por él, asegurar esa provisión en cantidades adecuadas y a precios razonables, según usos y costumbres comerciales locales o internacionales;

e) sollte das Franchising die Lieferung von Waren oder die Erbringung von Dienstleistungen seitens des Franchisegebers oder der von ihm benannten Dritten einschließen, diese Lieferungen bzw. Erbringungen in angemessenen Mengen und zu erschwinglichen Preisen gemäß den lokalen oder internationalen geschäftlichen Sitten und Gebräuchen zu sichern;

f) defender y proteger el uso por el franquiciado, en las condiciones del contrato, de los derechos referidos en el artículo 1512, sin prejuicio de que:

f) die dem Franchisenehmer gemäß den vertraglichen Bedingungen zustehende Ausübung der von Artikel 1512 aufgeführten Rechte zu verteidigen und zu schützen, obwohl:

i) en las franquicias internacionales esa defensa está contractualmente a cargo del franquiciado, a cuyo efecto debe ser especialmente apoderado sin perjuicio de la obligación del franquiciante de poner a disposición del franquiciado, en tiempo propio, la documentación y demás elementos necesarios para ese cometido;
ii) en cualquier caso, el franquiciado está facultado para intervenir como interesado coadyuvante, en defensa de tales derechos, en las instancias administrativas o judiciales correspondientes, por las vías admitidas por la ley procesal, y en le medida que ésta lo permita.

i) bei den internationalen Franchise diese Wahrnehmung den Franchisenehmer belastet, zu welchem Zweck er besonders zu ermächtigen ist, und zwar unbeschadet der Verpflichtung des Franchisegebers, dem Franchisenehmer zeitgerecht die Unterlagen und weiteren dafür erforderlichen Elemente zur Verfügung zu stellen;
ii) in allen Fällen der Franchisenehmer befugt ist, sich als Nebenintervenient zur Wahrnehmung besagter Rechte im Verwaltungs- oder dem gerichtlichen Bereich im von der Verfahrensordnung vorgeschriebenen Wege und im von dieser gestatteten Maß zu beteiligen.

Art. 1515 – Obligaciones del franquiciado

Son obligaciones mínimas del franquiciado:

a) desarrollar efectivamente la actividad comprendida en la franquicia, cumplir las especificaciones del manual de operaciones y las que el franquiciante le comunique en cumplimiento de su deber de asistencia técnica;

b) proporcionar las informaciones que razonablemente requiera el franquiciante para el conocimiento del desarrollo de la actividad y facilitar las inspecciones que se hayan pactado o que sean adecuadas al objeto de la franquicia;

Art. 1515 – Pflichten des Franchisenehmers

Zu den Mindestpflichten des Franchisenehmers gehört:

a) die vom Franchising erfasste Tätigkeit effektiv durchzuführen und den Vorgaben des Betriebshandbuchs sowie jenen, die der Franchisegeber ihm in Erfüllung seiner Verpflichtung zur technischen Unterstützung mitteilt, nachzukommen;

b) die Auskünfte zu erteilen, welche vom Franchisegeber zwecks Kenntnisnahme der Abwicklung der Tätigkeit und Erleichterung der vereinbarten oder dem Gegenstand des Franchisings angemessenen Inspektionen verlangt werden;

c) abstenerse de actos que puedan poner en riesgo la identificación o el prestigio del sistema de franquicia que integra o de los derechos mencionados en el artículo 1512, segundo párrafo, y cooperar, en su caso, en la protección de esos derechos;	c) keine Handlungen vorzunehmen, die die Identifizierung oder das Prestige des Franchisesystems, dem er angehört, oder die in Artikel 1512 Absatz 2 angeführten Rechte gefährden könnten, sowie gegebenenfalls bei der Wahrung dieser Rechte mitzuwirken;
d) mantener la confidencialidad de la información reservada que integra el conjunto de conocimientos técnicos transmitidos y asegurar esa confidencialidad respecto de las personas, dependientes o no, a las que deban comunicarse para el desarrollo de las actividades. Esta obligación subsiste después de la expiración del contrato;	d) die Vertraulichkeit der geheimen Informationen, insbesondere die offenbarten technischen Kenntnisse, zu bewahren und diese Vertraulichkeit auch hinsichtlich jener im Abhängigkeitsverhältnis oder nicht stehenden Personen, denen diese Kenntnisse zur Abwicklung der Tätigkeit übertragen werden, sicherzustellen. Diese Verpflichtung besteht auch bei Vertragsbeendigung fort;
e) cumplir con las contraprestaciones comprometidas, entre las que pueden pactarse contribuciones para el desarrollo del mercado o de las tecnologías vinculadas a la franquicia.	e) den vereinbarten Gegenleistungen nachzukommen. Als solche können Beiträge zur Erweiterung des Marktes oder zur Entwicklung von mit dem Franchising verbundenen Technologien ausgehandelt werden.

Art. 1516 – Plazo

Es aplicable el artículo 1506, primer párrafo. Sin embargo, un plazo inferior puede ser pactado si se corresponde con situaciones especiales como ferias o congresos, actividades desarrolladas dentro de predios o emprendimientos que tienen prevista una duración inferior, o similares. Al vencimiento del plazo, el contrato se entiende prorrogado tácitamente por plazos sucesivos de un año, excepto expresa denuncia de una de las partes antes de cada vencimiento con treinta días de antelación. A la segunda renovación, se transforma en contrato por tiempo indeterminado.

Art. 1516 – Frist

Artikel 1506 Absatz 1 findet Anwendung. Trotzdem kann eine kürzere Frist vereinbart werden, wenn dies auf besonderen Umständen beruht, wie Messen oder Kongresse, Tätigkeiten, die innerhalb von Geländen abgewickelt werden oder Unternehmungen, für welche eine kürzere Dauer vorgesehen ist oder Ähnliches. Bei Ablauf der Frist wird vorausgesetzt, dass der Vertrag um ein weiteres Jahr stillschweigend verlängert wird, es sei denn, eine der Parteien kündigt den Vertrag ausdrücklich vor jedem Ablauf 30 Tage im Voraus auf. Bei der zweiten Erneuerung wird er zu einem Vertrag auf unbestimmte Zeit.

Art. 1517 – Cláusulas de exclusividad

Las franquicias son exclusivas para ambas partes. El franquiciante no puede autorizar otra unidad de franquicia en el mismo territorio, excepto con el consentimiento del franquiciado. El franquiciado debe desempeñarse en los locales indicados, dentro del territorio concedido o, en su defecto, en su zona de influencia, y no puede operar por sí o por interpósita persona unidades de franquicia o actividades que sean competitivas. Las partes pueden limitar o excluir la exclusividad.

Art. 1517 – Exklusivitätsklauseln

Das Franchising beruht auf beiderseitiger Exklusivität. Der Franchisegeber ist nicht befugt, eine weitere Franchiseeinheit im selben Gebiet zu gestatten, es sei denn, der Franchisenehmer erteilt dazu sein Einverständnis. Der Franchisenehmer wird in den bezeichneten Lokalen seiner Tätigkeit im zugeteilten Gebiet oder gegebenenfalls in dessen Einflusszone nachgehen und darf nicht selbst oder über eine Mittelsperson mit ihm im Wettbewerb stehende Franchiseeinheiten betreiben oder solche Tätigkeiten abwickeln. Die Parteien können die Exklusivität einschränken oder ausschließen.

Art. 1518 – Otras cláusulas
Excepto pacto en contrario:

a) el franquiciado no puede ceder su posición contractual ni los derechos que emergen del contrato mientras está vigente, excepto los de contenido dinerario. Esta disposición no se aplica en los contratos de franquicia mayorista destinados a que el franquiciado otorgue a su vez subfranquicias, a esos efectos. En tales supuestos, debe contar con la autorización previa del franquiciante para otorgar subfranquicias en las condiciones que pacten entre el franquiciante y el franquiciado principal;

b) el franquiciante no puede comercializar directamente con los terceros, mercaderías o servicios comprendidos en la franquicia dentro del territorio o zona de influencia del franquiciado;

c) el derecho a la clientela corresponde al franquiciante. El franquiciado no puede mudar la ubicación de sus locales de atención o fabricación.

Art. 1518 – Weitere Klauseln
Mit Ausnahme einer das Gegenteil besagenden Abrede:

a) darf der Franchisenehmer seine vertragliche Stellung nicht abtreten sowie auch nicht die Rechte, die aus dem Vertrag erwachsen, solange er gültig ist. Ausnahme davon sind die Rechte geldlichen Inhalts. Diese Bestimmung findet keine Anwendung auf die Verträge über Großhandelsfranchising, die dazu bestimmt sind, dass der Franchisenehmer seinerseits zu diesem Zweck Unterfranchisings erteilt. In diesen Fällen muss er über die vorab erteilte Genehmigung des Franchisegebers zur Erteilung von Unterfranchisings gemäß den zwischen dem Franchisegeber und dem Hauptfranchisenehmer vereinbarten Bedingungen verfügen;

b) darf der Franchisegeber nicht unmittelbar mit den Dritten mit vom Franchising erfassten Waren oder Dienstleistungen innerhalb des Gebiets oder dessen Einflusszonen des Franchisenehmers handeln;

c) steht dem Franchisegeber das Recht an der Kundschaft zu. Der Franchisenehmer darf die Lage seiner Lokale zur Publikumsbedienung oder den Standort der Herstellung nicht verlegen.

Art. 1519 – Cláusulas nulas
No son válidas las cláusulas que prohíban al franquiciado:

a) cuestionar justificadamente los derechos del franquiciante mencionado en el artículo 1512, segundo párrafo;

Art. 1519 – Nichtige Klauseln
Unwirksam sind jene Klauseln, die dem Franchisenehmer verbieten:

a) die in Artikel 1512 Abschnitt 2 angeführten Rechte des Franchisegebers begründet infrage zu stellen;

b) adquirir mercaderías comprendidas en la franquicia de otros franquiciados dentro del país, siempre que éstos respondan a las calidades y características contractuales;
c) reunirse o establecer vínculos no económicos con otros franquiciados.

b) Waren zu erwerben, die vom Franchising anderer Franchisenehmer im Inland erfasst werden, soweit diese Waren den vertraglich festgelegten Qualitäten und Eigenschaften entsprechen;
c) mit anderen Franchisenehmern zusammenzukommen oder nichtgeschäftliche Beziehungen mit ihnen zu pflegen.

Art. 1520 - Responsabilidad

(1) Las partes del contrato son independientes, y no existe relación laboral entre ellas. En consecuencia:

a) el franquiciante no responde por las obligaciones del franquiciado, excepto disposición legal expresa en contrario;
b) los dependientes del franquiciado no tienen relación jurídica laboral con el franquiciante, sin perjuicio de la aplicación de las normas sobre fraude laboral;
c) el franquiciante no responde ante el franquiciado por la rentabilidad del sistema otorgado en franquicia.

Art. 1520 - Haftung

(1) Die Vertragsparteien sind unabhängig, und es besteht kein Arbeitsverhältnis zwischen ihnen. Folglich:

haftet der Franchisegeber nicht für die Verbindlichkeiten des Franchisenehmers, soweit ausdrückliche Gesetzesbestimmungen nicht etwas anderes vorsehen;
unbeschadet der Bestimmungen über Umgehung der Arbeitsgesetze, besteht kein rechtliches Arbeitsverhältnis zwischen den Mitarbeitern des Franchisenehmers und dem Franchisegeber;
der Franchisegeber haftet gegenüber dem Franchisenehmer nicht für die Einträglichkeit des erteilten Franchisesystems.

(2) El franquiciado debe indicar claramente su calidad de persona independiente en sus facturas, contratos y demás documentos comerciales; esta obligación no debe interferir en la identidad común de la red franquiciada, en particular en sus nombres o rótulos comunes y en la presentación uniforme de sus locales, mercaderías o medios de transporte.

(2) Der Franchisenehmer wird seine Eigenschaft als eigenständige Person auf seinen Rechnungen, in seinen Verträgen und sonstigen Geschäftsunterlagen deutlich angeben. Diese Verpflichtung darf mit der gemeinsamen Identität des Franchisenetzes nicht kollidieren, insbesondere im Hinblick auf dessen Namen oder Bezeichnungen und der einheitlichen Ausstattung der Lokale, Waren oder Transportmittel.

Art. 1521 – Responsabilidad por defectos en el sistema

El franquiciante responde por los defectos de diseño del sistema, que causan daños probados al franquiciado, no ocasionados por la negligencia grave o el dolo del franquiciado.

Art. 1521 – Haftung für Mängel des Systems

Der Franchisegeber haftet für die Fehler des Systementwurfs, die dem Franchisenehmer nachweisbaren Schaden zufügen und der nicht durch grobe Fahrlässigkeit oder Vorsatz seitens des Franchisenehmers verursacht wurde.

Art. 1522 – Extinción del contrato

(1) La extinción del contrato de franquicia se rige por las siguientes reglas:

Art. 1522 – Vertragsbeendigung

(1) Die Beendigung des Franchisingvertrages richtet sich nach folgenden Regelungen:

a) el contrato se extingue por la muerte o incapacidad de cualquiera de las partes;

a) der Vertrag wird durch das Ableben oder die Geschäftsunfähigkeit jedweder Partei beendet;

b) el contrato no puede ser extinguido sin just a causa dentro del plazo de su vigencia original, pactado entre las partes. Se aplican los artículos 1084 y siguientes;	b) der Vertrag darf nicht ohne wichtigen Grund innerhalb seiner von den Parteien vereinbarten ursprünglichen Gültigkeitsdauer beendet werden. Anwendung finden Artikel 1084 und folgende;
c) los contratos con un plazo menor de tres años justificado por razones especiales según el artículo 1516, quedan extinguidos de pleno derecho al vencimiento del plazo;	c) die Verträge mit einer Dauer von unter drei Jahren erlöschen rechtswirksam zum Ablauf der Frist, soweit ein wichtiger Grund im Sinne von Artikel 1506 vorliegt;
d) cualquiera sea el plazo de vigencia del contrato, la parte que desea concluirlo a la expiración del plazo original o de cualquiera de sus prórrogas, debe preavisar a la otra con una anticipación no menor de un mes por cada año de duración, hasta un máximo de seis meses, contados desde su inicio hasta el vencimiento del plazo pertinente. En los contratos que se pactan por tiempo indeterminado, el preaviso debe darse de manera que la rescisión se produzca, cuando menos, al cumplirse el tercer año desde su concertación. En ningún caso se requiere invocación de justa causa. La falta de preaviso hace aplicable el artículo 1493.	d) unabhängig von der Gültigkeitsdauer des Vertrags, wird jene Partei, die beabsichtigt, ihn zum Ablauf der ursprünglichen Frist oder jedweder Verlängerung aufzukündigen, die andere Partei davon binnen einer Frist von nicht unter einem Monat für jedes Jahr der Vertragsdauer bis höchstens sechs Monate ab Beginn bis Ablauf der jeweiligen Frist im Voraus unterrichten. Bei den auf unbestimmte Zeit abgeschlossenen Verträgen wird die Vorankündigung derart durchgeführt, dass die Kündigung frühestens zum Ablauf des dritten Jahres ab Vertragsabschluss wirksam wird. Keinesfalls ist die Geltendmachung eines wichtigen Grundes erforderlich. Bei Nichteinhaltung der Aufkündigungsfrist findet Artikel 1493 Anwendung.

(2) La cláusula que impide la competencia del franquiciado con la comercialización de productos o servicios propios o de terceros después de extinguido el contrato por cualquier causa, es válida hasta el plazo máximo de un año y dentro de un territorio razonable habida cuenta de las circunstancias.

(2) Die Klausel, welche den Wettbewerb des Franchisenehmers mit der Vermarktung von eigenen Waren und Dienstleistungen oder solchen Dritter nach Beendigung des Vertrags aus irgendeinem Grund ist höchstens für ein Jahr und innerhalb eines den Umständen gemäß zumutbaren Gebiets gültig.

Art. 1523 – Derecho de la competencia

El contrato de franquicia, por sí mismo, no debe ser considerado un pacto que limite, restrinja o distorsione la competencia.

Art. 1523 – Wettbewerbsrecht

Der Franchisevertrag als solcher wird nicht als eine Abmachung betrachtet, die dazu dient, den Wettbewerb zu begrenzen, einzuschränken oder zu verzerren.

Art. 1524 – Casos comprendidos

Las disposiciones de este Capítulo se aplican, en cuanto sean compatibles, a las franquicias industriales y a las relaciones entre franquiciante y franquiciado principal y entre éste y cada uno de sus subfranquiciados.

Art. 1524 – Anwendungsfälle

Die Bestimmungen dieses Kapitels werden - soweit vereinbar - auf die Industriefranchise und auf das Verhältnis zwischen Franchisegeber und Hauptfranchisenehmer sowie auf jenes zwischen diesem und jedem Einzelnen seiner Unterfranchisenehmer angewandt.

Art. 7 – Eficacia temporal

(1) A partir de su entrada en vigencia, las leyes se aplican a las consecuencias de las relaciones y situaciones jurídicas existentes.

Art. 7 – Übergangsvorschrift

(1) Mit Inkrafttreten findet dieses Gesetz auf alle bestehenden Rechtsverhältnisse und juristischen Sachverhalte Anwendung.

(2) Las leyes no tienen efecto retroactivo, sean o no de orden público, excepto disposición en contrario. La retroactividad establecida por la ley no puede afectar derechos amparados por garantías constitucionales.

(2) Soweit gesetzlich nichts Gegenteiliges vorgesehen ist, entfalten die Regelungen dieses Gesetzes keine Rückwirkung und zwar unabhängig davon, ob sie Bestandteil des ordre publics sind. Die gesetzlich normierte Rückwirkung darf die verfassungsrechtlich geschützten Rechte nicht beeinträchtigen.

(3) Las nuevas leyes supletorias no son aplicables a los contratos en curso de ejecución, con excepción de las normas más favorables al consumidor en las relaciones de consumo.

(3) Die neuen Nebengesetze finden keine Anwendung auf bereits in Kraft getretene unbeendete Vertragsverhältnisse, mit Ausnahme derjenigen Normen, die verbraucherfreundlich sind.

Art. 1506 (1) – Plazos

El plazo del contrato de concesión no puede ser inferior a cuatro años. Pactado un plazo menor o si el tiempo es indeterminado, se entiende convenido por cuatro años.

Art. 1506 Abs. 1 – Vertragslaufzeit

Die Vertragslaufzeit des Konzessionsvertrags kann die Dauer von vier Jahren nicht unterschreiten. Sofern eine kürzere Vertragslaufzeit vereinbart ist oder die Vertragslaufzeit unbestimmt ist, gilt der Vertrag als für die Dauer von vier Jahren geschlossen.

Literaturverzeichnis

Abell, Mark: Risk Management in Franchising: The Gentle Art of Disclosure, in: Flohr (Hrsg.), Franchising im Wandel: Gedächtnisschrift für Walther Skaupy, S. 3-13, München 2003 (zitiert als: Abell, in: Flohr (Hrsg.), Franchising im Wandel).

Adams, Norbert / Witte, Jürgen: Rechtsprobleme der Vertragsbeendigung von Franchise-Verträgen, in: DStR 1998, S. 251-256.

Adrogué, Manuel / Candioti, Alejandro / Bruzone, Hugo: Algunas precisiones a la franquicia comercial, in: Lecciones y Ensayos 1992, Vol. 56, S. 77-102.

Adrogué, Mercedes: El negocio de franchising en la Argentina y en el mundo. El contrato de franquicia, in: El Derecho 2008, S. 1-8.

Ahlert, Dieter: Vertragliche Vertriebssysteme zwischen Industrie und Handel – Grundzüge einer betriebswirtschaftlichen, rechtlichen und volkswirtschaftlichen Beurteilung, Wiesbaden 1981 (zitiert als: Ahlert-<*Bearbeiter*>).

Alexander, Christian: Leistungsstörungen im Dienstvertrag, in: JA 2015, S. 321-328.

Alterini, Atilio A.: El Proyecto del Código Civil de 1998, Perspectiva y Prospectiva, in: Alterini, Juan M. / Picasso, Sebastián / Wajntraub, Javier H. (Hrsg.): Instituciones de Derecho Privado Moderno – Problemas y Propuestas, S.13-32, Buenos Aires 2001 (zitiert als: Alterini, El Proyecto del Código Civil de 1998, in: Alterini/Picasso/Wajntraub (Hrsg.), Instituciones de Derecho Privado Moderno).

Alterini, Jorge H.: Código Civil y Comercial comentado, Tratado exegético, Tomo VII, Art. 1378-1707, 2. Auflage, Buenos Aires 2016 (zitiert als: Alterini-CCCN)

Ameal, Oscar J. / Dellacqua, Mabel / Faccenda, María C.: Código Civil y Comercial de la Nación y leyes complementarias – Artículos 1-400, Parte General, 1. Auflage, Buenos Aires 2015 (zitiert als: Ameal/Dellacqua/Faccenda-<*Bearbeiter*>, *CCCN*).

Andres, Dirk / Leithaus, Rolf: Insolvenzordnung, 4. Auflage, München 2018 (zitiert als: Andres/Leithaus-<*Bearbeiter*>).

Aramburu, Eugenio P. / Zoppi, Fernando S.: Limitaciones a la autonomía de la voluntad en materia contractual en el Nuevo Código Civil y Comercial, in: RCACBA 2015, Tomo 75, N° 2, S. 1-7.

Araya, Miguel C.: El contenido del derecho comercial a partir del Código Civil y Comercial, in: LL 20.04.2015, S. 1-16.

Arazi, Roland: Aciertos y comentario crítico del Código Civil y Comercial, in: LL 11.11.2015 S. 1-7.

Arduino, Augusto H.: El código civil y comercial: proyecciones sobre la autonomía y las fuentes del derecho comercial, in: El Derecho 2015, S. 1-11.

Azar-Baud, María José: Le projet d' Unification des Codes Civil et Commercial d' Argentina, in: RIDC 2013, S. 1-28.

Ballerstedt, Kurt: Der gemeinsame Zweck als Grundbegriff des Rechts der Personengesellschaften, in: JuS 1963, S. 253-263.

Bamberger, Heinz Georg / Roth, Herbert / Hau, Wolfgang / Poseck, Roman: Beck'scher Online-Kommentar BGB, Edition 56, Stand 01.11.2020, München (zitiert als: BeckOK BGB-<*Bearbeiter*>).

Barreiro, Marcelo G. / Truffat, Daniel: La subsistencia del Derecho Comercial en el Código Civil y Comercial de la Nación Argentina, in: Arecha, Martín / Filippi, Laura L. (Hrsg.): Institutos del Derecho Comercial a la luz del Nuevo Código Civil y Comercial de la Nación, S. 23-41, Buenos Aires 2016 (zitiert als: Barreiro/Truffat, in: Arecha/Filippi (Hrsg.), Institutos del Derecho Comercial).

Basedow, Jürgen: Der Mercosur als Integrationsmodell, in: Basedow, Jürgen / Samtleben, Jürgen (Hrsg.): Wirtschaftsrecht des MERCOSUR – Horizont 2000, S. 9-28, Baden-Baden 2001, (zitiert als: Basedow, in: Basedow/Samtleben (Hrsg.), Wirtschaftsrecht des Mercosur).

Baumbach, Adolf / Hopt, Klaus: Handelsgesetzbuch, 40. Auflage, München 2021 (zitiert als: Baumbach/Hopt- <*Bearbeiter*>).

Baumgärtel, Gottfried / Laumen, Hans-Willi / Prütting, Hanns: Handbuch der Beweislast, Band 1, 4. Auflage, Köln 2019

Baumgarten, Andreas K.: Das Franchising als Gesellschaftsverhältnis: eine Studie zur spezifischen zivilrechtlichen Qualität des Rechtsverhältnisses zwischen Franchise-Geber und Franchise-Nehmer, Dissertation, Göttingen 1993.

Bechthold, Rainer / Bosch, Wolfgang / Brinker, Ingo: EU-Kartellrecht Kommentar, 3. Auflage, München 2014.

Behr, Volker: Der Franchisevertrag: Eine Untersuchung zum Recht der USA mit vergleichenden Hinweisen zum deutschen Recht, Frankfurt a.M. 1976.

Benecke, Matthias / Henneberger, Barbara: Globalisierung der Vertriebswege: Die Vorteile einer deutschen Rechtswahl, in: ZVertriebsR 2014, S. 370-379.

Billing, Tom / Metzlaff, Karsten: E-Commerce in Franchise- und anderen Vertriebssystemen – zulässiger Vertriebskanal oder vertragswidrige Konkurrenz durch den Franchisegeber?, in: BB 2015, S. 1347-1356.

Billing, Tom / Röschenkemper, Anke: Zur AGB-rechtlichen Zulässigkeit von Laufzeitregelungen in Franchiseverträgen, in: ZVertriebsR 2015, S. 139-144.

Bisogno, Pablo G.: Los sujetos mercantiles como víctimas del vicio de lesión, in: DCyO, N° 280, Septiembre/Octubre 2016, S. 371-384.

Bodewig, Theo: Zur Haftung des Franchisegebers nach dem Produkthaftungsgesetz, in: Straus, Joseph (Hrsg.): Aktuelle Herausforderungen des geistigen Eigentums, Festgabe für Friedrich-Karl Beier zum 70. Geburtstag, S. 577-591, Köln 1996 (zitiert als: Bodewig, in: Straus (Hrsg.), FS für Beier).

ders.: Der Ausgleichsanspruch des Franchisenehmers nach Beendigung des Vertragsverhältnisses, in: BB 1997, S. 637-644.

Böhner, Reinhard: Schadensersatzpflicht des Franchisegebers aus Verschulden bei Vertragsabschluss, in: NJW 1994, S. 635-636.

ders.: Die Konkurrenzschutzpflicht des Franchisegebers, in: Flohr (Hrsg.), Franchising im Wandel: Gedächtnisschrift für Walther Skaupy, S. 15-28, München 2003 (zitiert als: Böhner, in: Flohr (Hrsg.), Franchising im Wandel).

ders.: Zivilrechtliche und kartellrechtliche Ansprüche wegen Vorenthaltung von Einkaufsvorteilen in Franchiseverhältnissen, in: WRP 2006, S. 1089-1097.

ders.: Vier Maximen zur ungefragten und gefragten Aufklärungspflicht bei Franchiseverträgen: Vertragszweck, Vertragsrisiko, Due Diligence und Beweislast, in: BB 2011, S. 2248-2255.

ders.: Schriftform und Widerrufsrecht bei Franchiseverträgen nach dem Verbraucherkreditgesetz, in: NJW 1992, S. 3135-3139.

ders.: Besprechung der BGH-Entscheidungen in drei Pilotverfahren gegen Apollo Optik, in: BB 2004, S. 119-124.

ders.: Werbekostenzuschüsse und sonstige Einkaufsvorteile in Franchisesystemen, in: NJW 1998, S. 109-112.

ders.: Recht zur außerordentlichen Kündigung des McDonald's-Franchisevertrages, in: NJW 1985, S. 2811-2812.

Borda, Guillermo A.: Manual de Derecho Civil – Contratos, 22. Auflage, Buenos Aires 2012

Boroian, Donald D.: Las ventajas del franchising, 1. Auflage, Buenos Aires 1996.

Braun, Frank: Aufklärungspflichten des Franchisegebers bei den Vertragsverhandlungen, in: NJW 1995, S. 504-505.

Bräutigam, Peter: Deliktische Außenhaftung im Franchising, Eine Untersuchung zur außervertraglichen Schadensersatzhaftung der Mitglieder von Franchise-Systemen, 1. Auflage, Baden-Baden 1994 (zugleich Dissertation, München 1993).

ders.: Außervertragliche Schadensersatzhaftung der Mitglieder von Franchise-Systemen, in: WM 1994, S. 1189-1197.

Buck-Heeb, Petra / Dieckmann, Andreas: Der Franchisenehmer als Vertreter des Franchisegebers?, in: JuS 2008, S. 583-586.

Budzikiewicz, Christine / Weller, Marc-Philippe / Wurmnest, Wolfgang: Beck-online Großkommentar Rom-I-VO, München 2020 (zitiert als: BeckOK Rom-I-VO-<*Bearbeiter*>).

Bueres, Alberto J.: Código Civil y Comercial de la Nación, analizado, comparado y concordado,

Tomo 1, Art. 1-1429, 1. Auflage, Buenos Aires 2015

Tomo 2, Art. 1430-2671, 1. Auflage, Buenos Aires 2015.

Bun, Juan P. / Krüger, Cristian / Milesi, María J. / Rueda, Pablo: Comentario al Proyecto de Unificación de los Códigos Civil y Comercial de la Nación, Parte IV, in: El Derecho 2013, S. 253-485.

Cabanellas de las Cuevas, Guillermo / Serebrinsky, Diego: Contrato de Franquicia Comercial y Derecho de Defensa de la Competencia: su tratamiento en el Art. 1523 del Proyecto de Código Civil y Comercial de la Nación del año 2012, in: DCCyE 2013, S. 307-321.

Canaris, Claus-Wilhelm: Handelsrecht, 24. Auflage, München 2006

ders.: Die Bedeutung der iustitia distributiva im deutschen Vertragsrecht, in: Bayerische Akademie der Wissenschaften Philosophisch-Historische Klasse, Sitzungsberichte Jahrgang 1997, Heft 7, S. 7-130.

Capucci; Sebastián A.: Responsabilidad del franquiciante por defecto de diseño del sistema de negocios en el contrato de franquicia, in: RDCO 289, 23.04.2018, S. 339-353.

Caramelo, Gustavo: La regulación de las tratativas contractuales en el Código Civil y Comercial de la Nación, in: Suplemento Especial Nuevo Código Civil y Comercial de la Nación, Contratos en particular, Febrero 2015, S. 63-76.

Caselli, Martín: Tipificación de los contratos de comercialización en el Proyecto de Código Civil y Comercial, in: Jurisprudencia Argentina Mai 2013, S. 1-15.

Castiglioni, Rita: El abuso del poder negocial entre empresas, in: El Derecho 2016, S. 1-23.

Centanaro, Esteban: Manual de Contratos, 1. Auflage, Buenos Aires 2015 (zitiert als: Centanaro-<*Bearbeiter*>, Contratos).

Clusellas, Eduardo Gabriel: Código Civil y Comercial comentado, anotado y concordado, Band 5, Art. 1319-1665, 1. Auflage, Buenos Aires 2015 (zitiert als: Clusellas CCC-<*Bearbeiter*>).

Calvo Costa, Carlos A.: Código Civil y Comercial de la Nación concordado y comparado con los Códigos Civil de Vélez Sarsfield y de Comercio,

Tomo II, Art. 957-1814, 1. Auflage, Buenos Aires 2015 (zitiert als: Calvo Costa-<*Bearbeiter*>, CCCN).

Cook, Cecilia / Iturralde, Maria / Witthaus, Mónica / Chomer, Héctor / Martón, Javier / Rapallo, Marcelo / Abieri, Roberto: Franchising, in: Derecho Económico, N° 14, 1990, S. 109-148.

Crovi, Luis Daniel: El deber de información en los contratos, in: LL 06.12.2016, S. 1051-1064.

Cuiñas Rodríguez, Manuel: El sistema de franchising y la tutela de los consumidores y usuarios en el derecho argentino, in: El Derecho 1998, S. 1-18.

Curá, José María: Código Civil y Comercial de la Nación comentado, Tomo IV, Art. 1378-1881, 1. Auflage, Buenos Aires 2015 (zitiert als Curá-<*Bearbeiter*>, CCCN).

Dann, Matthias / Markgraf, Jochen: Das neue Gesetz zum Schutz von Geschäftsgeheimnissen, in: NJW 2019, S. 1774-1779.

Dauner-Lieb, Barbara / Langen, Werner: Nomos Kommentar BGB – Schuldrecht Band 2, 3. Auflage, Baden-Baden 2016 (zitiert als: NK-BGB-<*Bearbeiter*>).

David, René / Brierley, John E.C.: Major Legal Systems in the World Today, 3. Auflage, London 1985.

De Artaza, Mercedes: Eliminación de las restricciones a la importación. Compromiso de Argentina ante la Organización Mundial del Comercio, in: LL 01.04.2016, S. 1-8.

Dell'Orefice, Carolina / Prat, Hernán: La aplicación del nuevo Código Civil y Comercial de la Nación y el derecho transitorio, in: SAIJ 2015 DACF150522, www.infojus.gov.ar.

Dewey, Matias: Wenn die Entscheidungsakzeptanz scheitert. Vertrauen und Misstrauen im Legitimationsprozess in Argentinien, in: Birle, Peter / Dewey, Matias / Mascareño, Aldo (Hrsg.): Durch Luhmanns Brille – Herausforderungen an Politik und Recht in Lateinamerika und in der Weltgesellschaft, Wiesbaden 2012, S. 59-74 (zitiert als: Dewey, in: Birle/Dewey/ Mascareño (Hrsg.): Durch Luhmanns Brille).

Di Chiazza, Iván: Contrato de franquicia en el nuevo Código, in: LL 04.06.2015, S. 1-13.

ders.: Contrato de franquicia en el Código Civil y Comercial. Más dudas que certezas, in: MJ- DOC-7079, S. 1-16.

Di Chiazza, Iván / Van Thienen, Pablo: Contrato de Franquicia en el Código Civil y Comercial, in: CEDEF Law & Finance 21.12.2015, S. 1-22.

Dirección General de Comercio Exterior: Franquicias en América Latina. Estudio sobre la situación económica y comercial de América Latina para el sector de franquicias – Identificación de oportunidades comerciales, in: Asociación Argentina de Marcas y Franquicias Septiembre 2015, S. 1-69.

Dubois, Eduardo M. Favier / Spagnolo, Lucía: Cambios y oportunidades en el Código Civil y Comercial – impactos en empresas, negocios, personas y familias, 1. Auflage, Buenos Aires 2015.

Duong Dinh, Hai-Van / Gehrmann, Katherina / Ahlert, Martin: Handbuch Franchising und Cooperation, 1. Auflage, Frankfurt a.M. 2010.

Ebenroth, Thomas / Boujong, Karlheinz / Joost, Detlev / Strohn, Lutz: Handelsgesetzbuch, Band 1 §§ 1-342e HGB, 4. Auflage, München 2020 (zitiert als: EBJS HGB-<*Bearbeiter*>).

Edler, Christoph: Die Integration der südamerikanischen Staaten durch den Mercosur, München 2013.

Ekkenga, Jens: Die Inhaltskontrolle von Franchise-Verträgen: Eine Studie zu den zivilrechtlichen Grenzen der Vertragsgestaltung im Bereich des Franchisings unter Einschluss des Vertragshändlerrechts, Heidelberg 1990.

El Hay, Nancy: La responsabilidad solidaria en la franquicia y en la cesión parcial de establecimiento, in: RDL 2009, Vol. 1, S. 115-125.

Emde, Raimond: Vertriebsrecht. §§ 84-92c HGB. Handelsvertreterrecht – Vertragshändlerrecht – Franchiserecht, 3. Auflage, Berlin 2014 (zitiert als: Emde, Vertriebsrecht).

ders.: BB-Rechtsprechungsreport zum Vertriebsrecht 2016, in: BB 2017, S. 2947-2961.

ders.: BB-Rechtsprechungsreport zum Vertriebsrecht 2010, in: BB 2011, S. 2755-2770.

ders.: Vertriebsrecht: Rechtsprechungs- und Literaturüberblick 2007 (2. Teil), in: BB 2008, S. 2755-2766.

ders.: Die Entwicklung des Vertriebsrechts im Zeitraum Oktober 2002 bis Dezember 2003, in: VersR 2004, S. 1499-1518.

ders.: Zur Weitergabe von Einkaufsvorteilen durch den Franchisegeber, in: EWiR 2004, S. 67- 68.

ders.: Franchisevertrag, Einkaufsvorteile, Kündigungsklausel / „Apollo-Optik" – Kurzkommentar zu BGH, Urteil v. 20.5.2003 – KZR 19/02, S. 67-68.

Emmerich, Volker: Das Recht der Leistungsstörungen, 6. Auflage, München 2005 (zitiert als: Emmerich, Recht der Leistungsstörungen).

ders.: Franchising, in: JuS 1995, S. 761-764.

Emmerich, Volker/Lange, Knut.: Kartellrecht, 14. Auflage, München 2018

Enghusen, Gunnar: Rechtliche Probleme der Franchiseverträge in den Vereinigten Staaten von Amerika und in Europa unter besonderer Berücksichtigung des Kartellrechts, Dissertation, Berlin 1977.

Erdmann, Günter: Die Laufzeit von Franchise-Verträgen im Lichte des AGB-Gesetzes, in: BB 1992, S. 795-797.

Erman, Walter: Bürgerliches Gesetzbuch Handkommentar, 16. Auflage, Köln 2020 (zitiert als: Erman BGB - <*Bearbeiter*>).

Escher, Alfred: Rechtliche Aspekte franchiseähnlicher Vertriebssysteme – Zugleich eine Anmerkung zu den praktischen Folgen der Benetton-Urteile des BGH, in: BB 1998, S. 1269- 1276.

Eßer, Guido: Franchising - ja, aber wie? Der Franchise-Vertrag im Lichte der Rechtsprechung, 1. Auflage, Köln 1987.

Esper, Marian / Otero, Esteban D. / Nasi, Flavia / Santorun, Romina: Manual de Contratos Civiles y Comerciales – Parte Especial, 1. Auflage, Buenos Aires 2011.

Etcheverry, Raúl Aníbal: Derecho Comercial y Económico – Contratos Parte Especial, Tomo 1, 1. Auflage, Buenos Aires 1991.

Falcón, Liliana: Los contratos de franquicias como un instrumento de homogenización del espacio, in: Contribuciones científicas GAEA 2000, Sociedad Argentina de Estudios Geográficos, Vol. 1, S. 177-185.

Farina, Juan M.: Contratos comerciales modernos – modalidades de contratación empresaria, Band 1, 3. Auflage, Buenos Aires 2005 (zitiert als: Farina, Contratos comerciales modernos).

ders.: Resolución del contrato en los sistemas de distribución – Concesión. Distribución. Franchising. Agencia, 1. Auflage, Buenos Aires 2004 (zitiert als: Farina, Resolución del contrato en los sistemas de distribución).

Fernández de Kirchner, Cristina: Palabras de la Presidenta de la Nación, Dra. Cristina Fernández de Kirchner, en el acto de promulgación del nuevo Código Civil y Comercial, desde el Museo del Bicentenario, Casa Rosada, el 7 de octubre de 2014 in: Honorable Cámara de Diputados de la Nación: Código Civil y Comercial de la Nación, 1. Auflage, Buenos Aires 2015 (zitiert als: Fernández de Kirchner, in: Honorable Cámara de Diputados de la Nación: CCCN).

Fernlund, Anders: Harmonized Legislation on Franchise Disclosure and National Law: The Case of Sweden, Uniform Law Review 2000, S. 737-748.

ders.: Recent developments in Swedish franchise law, in: Flohr, Eckhardt / Liesegang, Helmut (Hrsg): Jahrbuch Franchising 2016/2017, Bonn 2016 (zitiert als: Fernlund, in: Flohr/Liesegang, Jahrbuch Franchising 2016/2017).

Ferrari, Franco / Kieninger, Eva-Maria / Mankowski, Peter / u.a.: Internationales Vertragsrecht Kommentar, 3. Auflage, München 2018 (zitiert als: Ferrari/Kieninger/Mankowski-<*Bearbeiter*>).

Feuerriegel, Stefan: Die vorvertragliche Phase im Franchising, Eine rechtsvergleichende Untersuchung des deutschen und spanischen Rechts, Münster 2004 (zugleich Dissertation, Münster 2003).

ders.: Masterfranchise-Vertrag, München 2004 (zitiert als: Flohr, Masterfranchise).

Finger, Peter: Die Offenkundigkeit des mitgeteilten Fachwissens bei Know-how-Verträgen, in: GRUR 1970, S. 3-9.

ders.: Die Stellung des Vertragshändlers bei der Beendigung des Vertrages, in: DB 1970, S. 141-148.

Fiorenza, Alejandro A.: La materia comercial bajo el imperio del nuevo Código Civil y Comercial de la Nación, in: El Derecho Legislación Argentina 2016A, S. 1-6.

Flohr, Eckhard: Die vorvertragliche Aufklärung beim Abschluss von Vertriebsverträgen, in: ZVertriebsR 2013, S. 71-79.

ders.: Aktuelle Tendenzen im Franchise-Recht, in: BB 2006, S. 389-400.

ders.: Zum sog. Praktiker-Beschluss des Bundeskartellamtes, in: BB 2007, S. 6-12.

ders.: Franchising – Bezugsbindung, Einkaufsvorteile und Transparenz, in: BB 2009, S. 2159-2164.

ders.: Master-Franchise-Vertrag, München 2004 (zitiert als: Flohr, Master-Franchise-Vertrag).

ders.: Der Master-Franchise-Vertrag. Grundsätze des internationalen Franchise-Rechts und Hinweise zur Vertragsgestaltung, in: IHR 2005, S. 45-55.

ders.: Franchise-Vertrag, 4. Auflage, München 2010.

ders.: Vorvertragliche Aufklärungspflichten des Franchise-Gebers – Grundsätze und Beispiele aus der Rechtsprechung, in: WiB 1996, S. 1137-1192.

ders.: Auslegung eines Franchise-Vertrages – Konkurrenzschutz, in: ZVertriebsR 2012, S. 174-177.

ders.: Grundsätze zur fristlosen Kündigung eines Franchise-Vertrages, in: ZVertriebsR 2018, S. 147-153.

ders.: Entwicklungen im Franchiserecht, in: ZAP 2019, S. 343-354.

Flohr, Eckhard / Frauenhuber, Waltraud / Liebscher, Christoph / Wildhaber, Christoph (Hrsg.): Franchising – Die Königsklasse der Vertriebssysteme: Märkte erobern – Wachstum beschleunigen, 2. Auflage, München 2003 (zitiert als: Flohr/Frauenhuber/Liebscher/Wildhaber-<*Bearbeiter*>).

Flohr, Eckhard / Klapperich, Joachim: Dauerschuldverhältnisse nach der Schuldrechtsreform – Vertragsanpassung und Vertragsgestaltung – Düsseldorf 2002.

Flohr, Eckhard / Wauschkuhn, Ulf: Vertriebsrecht Kommentar, 2. Auflage, München 2018 (zitiert als: Flohr/Wauschkuhn-<*Bearbeiter*>).

Forkel, Hans: Der Franchisevertrag als Lizenz am Immaterialgut Unternehmen, in: ZHR 153 (1989), S. 511-538.

Frank, Franziska: Franchising in Russland. Rechtliche Grundlagen und Probleme, Dissertation, München 2000.

Fridgen, Alexander / Geiwitz, Arndt / Göpfert, Burkard: Beck'scher Online-Kommentar zur Insolvenzordnung, 21. Edition, Stand 15.10.2020, München 2020 (zitiert als: BeckOK InsO-<*Bearbeiter*>).

Fritzemeyer, Wolfgang: Die Konkurrenzschutzpflicht des Franchisegebers – eine Zwischenbilanz, in: BB 2000, S. 472-475.

Froehlich, Annette: EU-Verordnung zum Schutz des Franchise-Nehmers. Grundzüge für eine europäische Verordnung zum Schutz des Franchise-Nehmers in der vorvertraglichen Aufklärungspflicht, Dissertation, Frankfurt a.M. 2004.

Gagliardo, Mariano: Enfoques legales de la responsabilidad civil, in: RCCyC Agosto 2015, S. 1-7.

Galdós, Jorge Mario: La responsabilidad civil y el derecho transitorio, in: LL 16.11.2015, S. 1-18.

Garrido Cordobera, Lidia / Borda, Alejandro / Alferillo, Pascual E.: Código Civil y Comercial comentado, anotado y concordado, Tomo I, Art. 1-723, 1. Auflage, Buenos Aires 2015 (zitiert als Garrido Cordobera/ Borda/ Alferillo -<*Bearbeiter*>).

Garrone, José A. / Castro Sammartino, Mario E.: Manual de Derecho Comercial, 2. Auflage, Buenos Aires 2002.

Gast, Olivier: UNIDROIT: Vers une loi mondiale sur la franchise?, in: Flohr (Hrsg.), Franchising im Wandel: Gedächtnisschrift für Walther Skaupy, S. 111-118, München 2003 (zitiert als: Gast, in: Flohr (Hrsg.), Franchising im Wandel).

Gast, Oliver / Erdmann, Günter: Offenlegungspflichten bei Franchiseverträgen im deutsch-französischen Vergleich, in: RIW 1997, S. 822-826.

Gastaldi, José María: Contratos civiles y comerciales – Colección de análisis jurisprudencial, 1. Auflage, Buenos Aires 2007 (zitiert als: Gastaldi-<*Bearbeiter*>, Análisis jurisprudencial).

Ghersi, Carlos A.: Contratos civiles y comerciales, Tomo 2, 4. Auflage, Buenos Aires 1998 (zitiert als: Ghersi, Contratos).

ders.: Contratos – problemática moderna: Nulidades contractuales y cláusulas abusivas, 1. Auflage, Mendoza 1996 (zitiert als: Ghersi, Nulidades contractuales y cláusulas abusivas).

Ghersi, Carlos A. / Weingarten, Celia: Manual de contratos civiles, comerciales y de consumo, 3. Auflage, Buenos Aires 2015 (zitiert als: Ghersi/Weingarten-<*Bearbeiter*>, Contratos).

Giesler, Jan Patrick: Franchiseverträge, 2. Auflage, Köln 2002.

ders.: Das Minderungsrecht des Franchisenehmers, in: ZIP 2000, S. 2098-2102.

ders.: Praxis des Vertriebsrechts, 3. Auflage, Bonn 2018 (zitiert als: Giesler-<*Bearbeiter*>, Praxis des Vertriebsrechts).

ders.: Die Rückabwicklung gescheiterter Franchiseverträge, in: WM 2001, S. 1441-1445.

ders.: Die Prospekthaftung des Franchisegebers, in: ZIP 1999, S. 2131-2137.

ders.: Wieviel Know-how braucht Franchising?, in: ZIP 2003, S. 1025-1032.

ders.: Die Bedeutung der „Apollo"-Rechtsprechung für Franchiseverträge. Zugleich Besprechung BGH, Urt. v. 20-5-2003-KZR 19/02, in: ZIP 2004, S.744-747.

ders.: Die Auswirkungen der Schuldrechtsreform auf Franchiseverhältnisse, in: ZIP 2002, S. 420-427.

Giesler, Patrick / Güntzel, Volker: Franchising: Aufklärungspflichten und kein Ende?, in: NJW 2007, S. 3099-3102.

dies.: Haftung und Schutz Dritter beim Franchising, in: ZIP 2013, S. 1264-1270.

Giesler, Patrick / Nauschütt, Jürgen: Franchiserecht, 3. Auflage, Köln 2015 (zitiert als: Giesler/Nauschütt-<*Bearbeiter*>).

dies.: Das vorvertragliche Haftungssystem beim Franchising – Zugleich eine Besprechung von OLG München, Urteil vom 1.8.2002 – 8 U 5085/01 (Personal Total), in: BB 2003, S. 435-437.

Gitter, Wolfgang: Gebrauchsüberlassungsverträge – Handbuch des Schuldrechts, Band 7, Tübingen 1988.

Gómez Müller, Astrid: Acerca del Proyecto de Código Civil Unificado con el Código de Comercio, in: Alterini, Juan M. / Picasso, Sebastián / Wajntraub, Javier H. (Hrsg.): Instituciones de Derecho Privado Moderno – problemas y Propuestas, S.37-48, Buenos Aires 2001 (zitiert als: Gómez Müller, in: Alterini/Picasso/Wajntraub (Hrsg.), Instituciones de Derecho Privado Moderno).

Gregoni Clusellas, Eduardo L. / Gregorini, Leonardo R.: Contratos de distribución en el nuevo Código Civil y Comercial: agencia, concesión comercial y franquicia, in: AP/DOC/852/2015, S. 1-16.

Gross, Herbert/ Skaupy, Walther: Franchising in der Praxis, Düsseldorf 1976.

Gsell, Beate/ Krüger, Wolfgang / Lorenz, Stephan / Reymann, Christoph: Beck Online Großkommentar, Stand 15.08.2020, München 2020 (zitiert als: BeckOGK-<*Bearbeiter*>).

Haag, Christoph: Vertragsgestaltung beim grenzüberschreitenden Franchising – Konfliktfelder und Konfliktlösungsverfahren, Dissertation, Köln 2004.

Haager, Christian: Die Entwicklung des Franchiserechts in den Jahren 1997 und 1998, in: NJW 1999, S. 2081-2086.

ders.: Die Entwicklung des Franchiserechts in den Jahren 1999, 2000 und 2001, in: NJW 2002, S. 1463-1475.

Habersack, Mathias / Ulmer, Peter: Rechtsfragen des Kraftfahrzeugvertriebs durch Vertragshändler, Heidelberg 1998.

Haibt, Alexander / Siemens, Wolfram: Vorvertragliche Aufklärungspflichten des Franchisegebers im deutschen und US-amerikanischen Recht, in: RIW 2000, S. 597-602.

Hannemann, Thomas / Wiegner, Michael: Münchner Anwaltshandbuch Mietrecht, 5. Auflage, München 2019 (zitiert als: Hannemann/Wieger-<*Bearbeiter*>).

Haunhorst, Karl Heinz: Franchisenehmer zwischen neuer Selbständigkeit und Arbeitnehmerqualifikation, Dissertation, Baden-Baden 2000.

Heidel, Thomas / Schall, Alexander: Handelsgesetzbuch, 3. Auflage, Bonn 2020 (zitiert als: Heidel/Schall HGB-<*Bearbeiter*>).

Heintze, Fabian Georg: Franchising im Rechtsberatungsmarkt, in: NJW 2003, S. 2888-2890.

Herberger, Maximilian / Martinek, Michael / Rüßmann, Helmut / Weth, Stephan / Würdiger, Markus: Juris Praxiskommentar BGB, Band 2 – Schuldrecht, 9. Auflage, Saarbrücken 2020 (zitiert als: Herberger/Martinek/Rüßmann/Weth/Würdiger-<*Bearbeiter*>, jurisPK-BGB).

Heredia, Pablo: El contrato de franquicia en el Código Civil y Comercial, in: Suplemento Especial Nuevo Código Civil y Comercial de la Nación, Contratos en particular, April 2015, S. 353-404 (zitiert als: Heredia, SE-CCCN 2015).

ders.: Efectos de la quiebra sobre los contratos de comercialización (concesión, distribución, suminstro y franquicia), in: Marzorati, Osvaldo/ Molina Sandoval, Carlos (Hrsg.): Contratos de distribución, Kapitel XIII, S. 364 – 400, 1. Auflage, Buenos Aires 2010 (zitiert als: Heredia, in: Marzorati/Sandoval (Hrsg.), Contratos de distribución).

Herrera, Daniel A.: Algunas reflexiones sobre los fundamentos del Código, in: Laferriere, Jorge Nicolás (Hrsg.): Análisis del Proyecto de nuevo Código civil y comercial 2012 – Informe especial de la Facultad de Derecho de la Pontificia Universidad Católica Argentina, S. 41-54, Buenos Aires 2012 (zitiert als: Herrera. Reflexiones sobre los fundamentos del Código, in: Laferriere (Hrsg.), Análisis del proyecto de nuevo CCC UCA).

Herrera, Marisa / Carmelo, Gustavo / Picasso, Sebastián: Código Civil y Comercial de la Nación Comentado, Tomo IV, Art. 1251-1881, 2. Auflage, Buenos Aires 2016 (zitiert als: Herrera/Carmelo/Picasso-<*Bearbeiter*, CCCN).

Herresthal, Carsten: Private Macht im Vertragsrecht – Austauschverträge, in: Möslein, Florian (Hrsg.): Private Macht, Tübingen 2016, S. 145-191.

Herrfeld, Patricia: Die Abhängigkeit des Franchisenehmers: Rechtliche und ökonomische Aspekte, Dissertation, Wiesbaden 1998.

Heussen, Benno / Hamm, Christoph: Beck'sches Rechtsanwaltshandbuch, 11. Auflage, München 2016 (zitiert als: Heussen/Hamm-<*Bearbeiter*>).

Holand, Mario D.: El esquema contractual del franchising y eventuales alternativas de extensión de responsabilidad, in: López Egea, Jorge Luis (Hrsg.): Derecho y empresa – estudios jurídicos auspiciantes Universidad Austral, Vol. 1/2, Rosario 1994, S. 55-67.

Höpfner, Claus: Kündigungsschutz und Ausgleichsansprüche des Franchisenehmers bei der Beendigung von Franchiseverträgen, Dissertation, Münster 1997.

Huber, Ulrich: Das geplante Recht der Leistungsstörungen, in: Ernst/Zimmermann (Hrsg.), Zivilrechtswissenschaft und Schuldrechtsreform, S. 31-184, Tübingen 2001 (zitiert als: Huber, in: Ernst/Zimmermann (Hrsg.), Leistungsstörungen).

Hubicki, Irene A.: El contrato de Franquicia Comercial – Nueva aproximación a su estudio y problemática, in: El Derecho 2002, S. 198-207.

Hübner, Ulrich: Handelsrecht, 5. Auflage, Heidelberg 2008.

Hueck, Götz: Der Grundsatz der gleichmäßigen Behandlung im Privatrecht, München und Berlin 1958.

Hüßtege, Rainer / Mansel, Heinz-Peter: Rom-Verordnungen, Band 6, 3. Auflage, München 2019 (zitiert als: Hüßtege/Mansel-<*Bearbeiter*>).

Ibáñez, Carlos M.: Extinción unilateral del contrato, in: RCCyC Septiembre 2016, S. 3-49.

Insúa, Juan G.: Franquicias – Aportes para su estudio, in: D & G profesional & empresaria, Noviembre 2002, Tomo III, N° 38, S. 1075-1134.

Jauernig, Othmar: Bürgerliches Gesetzbuch mit Rom-I, Rom-II, Rom-II-VO, EG-UntVO/HUntProt und EuErbVO, 18. Auflage, München 2021 (zitiert als: Jauernig BGB-<*Bearbeiter*>).

Joerges, Christian: Status und Kontakt im Franchise-Recht, in: Die AG 1991, S. 325-246.

Junyent Bas, Francisco / Rodríguez Leguizamón, María C.: La regulación jurídica del contrato de franquicia en el Proyecto de reforma al Código Civil, in: DCyO, N° 261, Julio/Agosto 2013, S. 1-32.

Kahn, Michel: Franchising y partenariado, 3. Auflage, Buenos Aires 1994.

Kaplan, Ernest George: Franquicia y libre competencia, in: Revista Electrónica de Derecho Comercial 2011, S. 1-25.

Kemelmajer de Carlucci, Aída: Aproximación al "franchising" – Especial referencia al régimen de la responsabilidad civil, in: Bueres, Alberto (Hrsg.): Responsabilidad por Daños, Festschrift für Jorge Bustamante Alsina, Tomo II, 1. Auflage, Buenos Aires 1992, S. 284-290 (zitiert: Kemelmajer der Carlucci, in: FS Bustamante).

dies.: La aplicación del Código Civil y Comercial a las relaciones y situaciones jurídicas existentes, Segunda Parte, 1. Auflage, Santa Fé 2016 (zitiert als: Kemelmajer de Carlucci, La aplicación del CCCN).

dies.: La entrada en vigencia del nuevo Código Civil y Comercial de la República Argentina, in: LL 03.08.2015, S. 1-3.

dies.: Las situaciones jurídicas preexistentes, a un año de la vigencia del Código Civil y Comercial, in: LL 01.08.2016, AR/DOC/2312/2016, S. 1-9.

Kieser, Werner: Franchising – Wachstumschancen für KMU, 1. Auflage, Wiesbaden 2011.

Kleidermacher, Jaime L.: Franchising. Aspectos económicos y jurídicos, 2. Auflage, Buenos Aires 1995.

ders.: Contratos internacionales de franquicia, in: DJ1996-2, S. 989-995.

Klein, Stephan: Der Franchisevertrag. Das Leistungs- und Haftungsspektrum vom Beginn der Vertragsverhandlungen bis zur Vertragsbeendigung, Dissertation, Baden-Baden 2015.

Kleinheisterkamp, Jan: Development of Comparative Law in Latin America, in: Reimann, Mathias / Zimmermann, Reinhard (Hrsg.): The Oxford handbook of comparative law, Oxford 2006.

Klumpp, Marianne: Schiedsgerichtsbarkeit und Ständiges Revisionsgericht des Mercosur, Dissertation, Heidelberg 2013.

Köhler, Helmut: Ausgleichsanspruch des Franchisenehmers: Bestehen, Bemessung, Abwälzung, in: NJW 1990, S. 1689-1696.

Koller, Ingo / Kindler, Peter / Roth, Wulf-Henning / Drüen, Klaus-Dieter: Handelsgesetzbuch, 9. Auflage, München 2019 (zitiert als: Koller/Kindler/Roth/Morck-<*Bearbeiter*>).

Körner, Eberhard: Die Produzentenhaftung des Lizenzgebers bei der Lizenz über gewerbliche Schutzrechte und Know-how, in: NJW 1985, S. 3047-3052.

Krieger, Walter F.: Sobre cláusulas abusivas en el nuevo Código. Su aplicación a los contratos paritarios y de consumo, in: Suplemento Actual LL 23.06.2015, S. 1-5.

Kroll, Wolfgang: Dynamische Verweisung in Franchiseverträgen, in: ZVertriebsR 2016, S. 284-290.

ders.: Informationspflichten im Franchising, Frankfurt a.M. 2001 (zitiert als: Kroll, Informationspflichten).

ders.: Ist der Franchisenehmer in eine fremde Absatzorganisation eingegliedert? – Zu den Voraussetzungen des Ausgleichsanspruchs gemäß § 89b HGB analog, in: ZVertriebsR 2014, S. 290-295.

Kronke, Herbert / Melis; Werner / Schnyder, Anton: Handbuch Internationales Wirtschaftsrecht, Köln 2005 (zitiert als: Kronke/Melis/Schnyder-<*Bearbeiter*>).

Kronke, Herbert / Melis, Werner / Kuhn, Hans: Handbuch Internationales Wirtschaftsrecht, 2. Auflage, Köln 2017 (zitiert als: Kronke/Melis/Kuhn-<*Bearbeiter*>).

Kübler, Tobias: Franchise-Verträge in der deutschen Rechtspraxis, Dissertation, Stuttgart 1989.

Küstner, Wolfram / Thume, Karl-Heinz: Handbuch des gesamten Vertriebsrechts,

Band 1, 5. Auflage, Frankfurt a.M. 2016

Band 2, 9. Auflage, Frankfurt a.M. 2014.

Band 3, 4. Auflage, Frankfurt a.M. 2015. (zitiert als: Küstner/Thume-<*Bearbeiter*>, Handbuch Vertriebsrecht Bd.).

Langen, Eugen / Bunte, Hermann-Josef: Kartellrecht. Band 1. Deutsches Kartellrecht, 13. Auflage Köln 2018 (zitiert als: Langen/Bunte-<*Bearbeiter*>).

Langenbucher, Katja: Der praktische Fall – Bürgerliches Recht: Vertragsrechtliche Probleme des Franchisings, in: JuS 2003, S. 572-577.

Larenz, Karl / Canaris, Claus-Wilhelm: Lehrbuch des Schuldrechts, 2. Band Besonderer Teil 2. Halbband, 13. Auflage, München 1994.

Larenz, Karl / Wolf, Manfred: Allgemeiner Teil des Bürgerlichen Rechts, 9. Auflage, München 2004.

Latzel, Sabine: Die analoge Anwendbarkeit von § 89b HGB auf Franchiseverträge unter Berücksichtigung der neuesten Rechtsprechung des BGH, in: ZVertriebsR 2015, S. 90-92.

Lehmann, Matthias: Braucht Europa ein Handelsgesetzbuch?, in: ZHR 181 (2017), S. 9-42.

Leible, Stefan: Finanzierungsleasing und „arrendamiento financiero“, Dissertation, Berlin 1993.

Leiva Fernández, Luis F.P.: Tratado de los contratos,

Tomo I, Parte General I, 1. Auflage, Buenos Aires 2017

Tomo II, Parte General II, 1. Auflage, Buenos Aires 2017

Tomo IV, Parte Especial VI, 1. Auflage, Buenos Aires 2017 (zitiert als: Leiva Fernández-<*Tomo*>).

Lenzen, Rolf: Risiken des Franchise-Vertrags, in: RIW 1984, S. 586-588.

Lezama, María A.: Régimen jurídico aplicable al contrato de distribución a la luz del nuevo Código Civil y Comercial de la Nación, in: RADCyN 2017, S. 1-6.

Liebscher, Christoph / Flohr, Eckhard / Petsche, Alexander: Handbuch der EU-Gruppenfreistellungsverordnungen, 2. Auflage, München 2012 (zitiert: Liebscher/Flohr/Petsche-<*Bearbeiter*>, EU-Gruppenfreistellungsverordnungen)

Liesegang, Helmuth: Die Konkurrenzschutzpflicht des Franchisegebers, in: BB 1999, S. 857-860.

ders.: Die Bedeutung des AGB-Gesetzes für Franchiseverträge, in: BB 1991, S. 2381-2385.

ders.: Franchising, in: NJW 1990, S. 1525-1526.

Llobera, Hugo: Contratos de comercialización, in: Laferriere, Jorge Nicolás (Hrsg.): Análisis del Proyecto de nuevo Código civil y comercial 2012 – Informe especial de la Facultad de Derecho de la Pontificia Universidad Católica Argentina, S. 441-454, Buenos Aires 2012 (zitiert als: Llobera, in: Laferriere (Hrsg.), Análisis del proyecto de nuevo CCC UCA).

ders.: Notas introductorias a los Contratos de Comercialización en el Código Civil y Comercial de la Nación. Consideración general del tema, in: El Derecho 2015, S. 1-11.

ders.: Daños ocasionados en la comercialización, in: Revista de Derecho de Daños 2012, Vol. 2, S. 271-333.

ders.: Los contratos de comercialización en la doctrina de la Corte Suprema de Justicia de la Nación, in: Heredia, Pablo (Hrsg.): Corte Suprema de Justicia de la Nación – Máximos Precedentes Derecho Comercial, Tomo I, Capítulo VI, 1. Auflage, Buenos Aires 2015 (zitiert als: Llobera, in: Heredia (Hrsg.): CSJN – Máximos Precedentes).

López Cabana, Roberto M.: La responsabilidad civil en el proyecto argentino de reformas de 1987 y su influencia actual, in: Revista AEU, Vol. 80 N° 2, S. 255-259.

Lorenz, Stephan: Schadensersatz wegen Pflichtverletzung – ein Beispiel für die Überhastung der Kritik an der Schuldrechtsreform, in: JZ 2001, S. 742-745.

Lorenzetti, Ricardo L.: Código Civil y Comercial de la Nación comentado,

Tomo I, Art. 1-256, 1. Auflage, Santa Fé 2014

Tomo VII, Art. 1280-1613, 1. Auflage, Santa Fé 2015 (zitiert als: Lorenzetti-<*Bearbeiter*>, CCCN).

ders.: Código Civil y Comercial de la Nación – Proyecto del Poder Ejecutivo de la Nación redactado por la Comisión de Reformas designada por decreto 191/ 2011, 1. Auflage, Santa Fé 2012 (zitiert als: Lorenzetti, CCCN – Proyecto del Poder Ejecutivo de la Nación).

ders.: Consumidores, 2. Auflage, Santa Fé 2009.

ders.: Tratado de los contratos, Tomo I, 2. Auflage, Santa Fé 2004.

Lorenzini, Juan P.: La responsabilidad precontractual en el nuevo Código Civil y Comercial, in: Richard, Efraín H. / Raisberg, Claudia E. / Mozzi, Guzmán D. / Calcagno, Luis / Papa, Rodolfo G. (Hrsg.): Unificación de los Códigos Civil y Comercial de la Nación – Aspectos relevantes y análisis doctrinario, S. 141-155, 1. Auflage, Buenos Aires 2014 (zitiert als: Lorenzini, in: Richard/ Raisberg/ Mozzi/ Calcagno/ Papa (Hrsg.), Unificación Códigos Civil y Comercial).

Mack, Manfred: Neuere Vertragssysteme in der Bundesrepublik Deutschland: Eine Studie zum Franchising, in: Industriegesellschaft und Recht, Band 5, Bielefeld 1975.

Maddaloni, Osvaldo A.: El contrato de trabajo y los contratos comerciales, in: RDL 2005, Vol. 2, S. 63-89.

Mann, Marius: Vertriebsrecht in Handel und Industrie, 1. Auflage, München 2017.

Manóvil, Rafael M.: Das Unternehmensrecht im Mercosur, in: Basedow, Jürgen/ Samtleben, Jürgen (Hrsg.), Wirtschaftsrecht im MERCOSUR – Horizont 2000, S. 143-197, Baden-Baden 2001, (zitiert als: Manóvil, in: Basedow/Samtleben (Hrsg.), Wirtschaftsrecht im Mercosur).

Marsch, Diana: Franchising im internationalen Rechtsverkehr: eine rechtsvergleichende und kollisionsrechtliche Untersuchung, Dissertation, Zürich 1999.

Martinek, Michael: Moderne Vertragstypen Band II: Franchising, Know-How-Verträge, Management- und Consultingverträge, München 1992 (zitiert als: Martinek, Moderne Vertragstypen Bd. II).

ders.: Standortanalyse und Wirtschaftlichkeitsberechnung für Franchisebetriebe – Was lehren uns die Betriebswirtschaftler?, in: Flohr (Hrsg.), Franchising im Wandel: Gedächtnisschrift für Walther Skaupy, S. 241-292, München 2003 (zitiert als: Martinek, in: Flohr (Hrsg.), Franchising im Wandel).

ders.: Franchising – Grundlagen der zivil- und wettbewerbsrechtlichen Behandlung der vertikalen Gruppenkooperation beim Absatz von Waren und Dienstleistungen, Heidelberg 1987.

ders.: Franchising im Handelsrecht – Zur analogen Anwendbarkeit handelsvertreterrechtlicher Vorschriften auf Franchiseverträge, in: ZIP 1988, S. 1362-1379.

Martinek, Michael / Semler, Franz-Jörg / Flohr, Eckhard: Handbuch des Vertriebsrechts, 4. Auflage, München 2016 (zitiert als: Martinek/Semler/Flohr-<*Bearbeiter*> – Handbuch des Vertriebsrechts).

diess.: Formularsammlung Vertriebsrecht, 1. Auflage, München 2013 (zitiert als: Martinek/Semler/Flohr-<*Bearbeiter*> – Formularsammlung Vertriebsrecht)

Martiny, Dieter: Europäisches Internationales Schuldrecht – Feinarbeit an Rom-I- und Rom-II-Verordnungen, in: ZEuP 2018, S. 218-249.

Marzorati, Osvaldo J.: Sistemas de distribución comercial. Agencia. Distribución. Concesión. Franchising, 3. Auflage, Buenos Aires 2008 (zitiert als: Marzorati, Sistemas de distribución comercial).

ders.: Contrato de franquicia comercial, in: RCCyC Febrero 2016, S. 52-90.

ders.: Las franquicias comerciales. A dos años de la vigencia del Código Civil y Comercial, in: LL 22.11.2017, S. 1-7.

ders.: Contrato de distribución. Rescisión unilateral de contrato antes de la vigencia del Código Civil y Comercial, in: El Derecho 2016, S. 1-8.

ders.: El tratamiento del cambio de condiciones en la franquicia comercial, in: MJ 2001, MJ-DOC-1614-AR/MJD1614, S. 1-13.

ders.: Necesidad de modificaciones al nuevo Código en materia contractual, in: LL 07.04.2016, S. 1-17.

ders.: Las nuevas tecnologías y el impacto de la venta online en los sistemas tradicionales de distribución comercial, in: DCyO N° 280, Septiembre/Octubre 2016, S. 501-537.

Matthießen, Volker: Arbeits- und handelsvertreterrechtliche Ansätze des Franchisenehmerschutzes, in: ZIP 1988, S. 1089-1096.

Medicus, Dieter / Lorenz, Stephan: Schuldrecht II – Besonderer Teil, 18. Auflage, München 2018.

Medicus, Dieter / Petersen, Jens: Allgemeiner Teil des BGB, 11. Auflage, Heidelberg 2016 (zitiert als: Medicus/Petersen, Allgemeiner Teil des BGB).

dies.: Bürgerliches Recht, 27. Auflage, München 2019 (zitiert als: Medicus/Petersen, Bürgerliches Recht).

Metzlaff, Karsten: Praxishandbuch Franchising, München 2003 (zitiert als: Metzlaff-<*Bearbeiter*>).

Mizraji, Guillermo J.: El nuevo Código en los contratos internacionales. La Convención de Viena sobre Compraventa Internacional de Mercaderías, in: LL 08.03.2017, S. 1-5.

Molina Sandoval, Carlos: El contrato de franquicia en el Proyecto de Código, in: LL 22.11.2012; LL 2012-F-1078, S. 1-15.

Molina Sandoval, Carlos: Derecho de consumo y franchising, in: Marzorati, Osvaldo / Molina Sandoval, Carlos (Hrsg.).: Contratos de distribución, Kapitel V, 1. Auflage, Buenos Aires 2010, S. 177-219 (zitiert als: Molina Sandoval, in: Marzorati / Molina Sandoval (Hrsg.), Contratos de distribución).

ders.: El Derecho de Daños en el negocio de franquicia, in: Revista de Derecho de Daños, 2001, Vol. 3, S. 113-156.

ders.: La competencia desleal en Latinoamérica, in: DCCyE 2014, S. 1-15.

Möller, Cosima: Der Franchisevertrag im Bürgerlichen Recht. Ein Beitrag zur Diskussion über die Rechtsnatur des Franchisevertrages, in: AcP 2003, S. 319-347.

Mosset Iturraspe, Jorge: Contratos, 1. Auflage, Santa Fé 2013.

Mosset Iturraspe, Jorge / Piedecasas, Miguel A.: Responsabilidad por daños, Código Civil y Comercial de la Nación Ley 26.994, Tomo II-B, 1. Auflage, Santa Fé 2016.

Mosset Iturraspe, Jorge / Lorenzetti, Ricardo L.: Contratos de distribución, concentración y obligaciones solidarias – Corte Suprema "Rodríguez, Juan c/ Compañía Embotelladora Argentina S.A. y otros", J.A. del 30 de junio 1993, in: RDPC 1998, Vol. 4, S. 369-379.

Münchener Kommentar zum Bürgerlichen Gesetzbuch: Münchener Kommentar zum Bürgerlichen Gesetzbuch, hrsg. von Rebmann, Kurt / Säcker, Franz Jürgen

Band 1. Einleitung und Allgemeiner Teil, 8. Auflage, München 2018.

Band 2 Schuldrecht. Allgemeiner Teil, 8. Auflage, München 2019.

Band 3 Schuldrecht Allgemeiner Teil, 8. Auflage, München 2019

Band 5 Schuldrecht. Besonderer Teil III, 8. Auflage, München 2020.

Band 13 Internationales Privatrecht II, Europäisches Kollisionsrecht, Einführungsgesetz zum Bürgerlichen Gesetzbuche (Art. 1-24), 8. Auflage, München 2021. (zitiert als: MüKo BGB - *<Bearbeiter>).*

Münchener Kommentar zum Handelsgesetzbuch: Münchener Kommentar zum Handelsgesetzbuch, hrsg. von Schmidt, Karsten

Band 1. Erstes Buch. Handelsstand §§ 1 – 104a, 5. Auflage, München 2021 (zitiert als: MüKo HGB-*<Bearbeiter>).*

Münchener Kommentar zur Insolvenzordnung: Münchener Kommentar zur Insolvenzordnung, hrsg. von Stürner, Rolf / Eidenmüller, Horst / Schoppmeyer, Heinrich

Band2,§§80-216,4.Auflage,München2019(zitiertals:MüKo-InsO-*<Bearbeiter>*).

Murchart, María Alejandra: Contrato de franquicia o franchising, in: RLDS 1993, N° 10, S. 24.

Nallar, Florencia / De Arrascaeta, Arturo: Las cláusulas limitativas de la responsabilidad y el contrato de transporte en el Proyecto de Código Civil y Comercial de la Nación, in: Revista de Derecho de Daños 2012, Vol. 2, S. 363-378.

Nebel, Jürgen / Schulz, Albrecht / Flohr: Das Franchise-System, 4. Auflage, München 2008 (zitiert als: Nebel/Schulz/Flohr-<*Bearbeiter*>).

Nerlich, Jörg / Römermann, Volker: Insolvenzordnung, 41. Ergänzungslieferung, München 2020 (zitiert als: Nerlich/Römermann-<*Bearbeiter*>).

Neuner, Jörg: Allgemeiner Teil des Bürgerlichen Rechts, 12. Auflage, München 2020.

Niebling, Jürgen: Musterverträge für Handelsvertreter, Händler und Franchisepartner, 6. Auflage, München 2019.

Niklas, Martin: Der Ausgleichsanspruch des Franchisenehmers beim anonymen Massengeschäft, in: ZVertriebsR 2016, S. 362-366.

ders.: Das Schicksal des Franchisevertrages in der Insolvenz des Franchisegebers – Überlegungen zur Problemlösung mit Blick aus US-amerikanische Entwicklungen, in: ZVertriebsR 2013, S. 85-88.

Oliva Pinto, Santiago: Contratos de distribución e inversión extranjera bajo el Código Civil y Comercial de la Nación, in: DJ21/12/2016, S. 13-16.

Otaola, María Agustina: La responsabilidad por daños. Cambios introducidos en el Código Civil y Comercial, in: Revista Reformas Legislativas. Debates doctrinarios. Código Civil y Comercial, Año I N° 3, S. 61-94.

Ostendorf, Patrick / Kluth, Peter: Internationale Wirtschaftsverträge, 2. Auflage, München 2017.

Paéz Callejas, Guadalupe: El contrato de franquicia a partir del 1/8/2015 en la Argentina, Cudes Universidad Austral, Buenos Aires 2015.

Palandt, Otto: Bürgerliches Gesetzbuch, 80. Auflage, München 2021 (zitiert als: Palandt-<*Bearbeiter*>).

Papa, Rodolfo G.: Tratativas precontractuales en el Código Civil y Comercial de la Nación, in: Directorio de Servicios Legales 12.08.2015, S. 1.

Pauli, Knut S.: Franchising, 2. Auflage, Düsseldorf 1992.

Peters, Clemens Andreas: Vorvertragliche Informationspflichten des Franchisegebers, Dissertation, Aachen 2002.

Peters, Lena: The Draft UNIDROIT Model Law: Genesis and Contents, in: Schulze (Hrsg.): Franchising im Europäischen Privatrecht, S. 255-273, 1. Auflage, Baden-Baden 2001 (zitiert als: Peters, in: Schulze (Hrsg.), Franchising im Europäischen Privatrecht).

Peukert, Alexander: § 326 Abs. 1 S. 2 BGB und die Minderung als allgemeiner Rechtsbehelf, in: AcP 205. Band (2005), S. 430-486.

Pfeifer, Tillmann: Die Inhaltskontrolle von Franchiseverträgen. Eine Untersuchung konkreter Vertragsklauseln nach den §§ 305 ff. BGB, Dissertation, Baden-Baden 2005.

Piltz, Burghard: Münchner Anwaltshandbuch – Internationales Wirtschaftsrecht, 1. Auflage, München 2017 (zitiert als: Piltz-<*Bearbeiter*>).

Pisani, Osvaldo E.: Derecho comercial y empresario, 3. Auflage, Buenos Aires 2016.

Pita, Enrique M.: Resolución y rescisión de los contratos de distribución tipificados en el Código Civil y Comercial (agencia, concesión, franquicia), in: RCCyC Febrero 2016, S. 160-173.

Plaßmeier, Guido: Struktur und Rechtsstellung des Franchisevertrages im Gefüge des Zivilrechts, in: DZWir 1996, S. 1439-1589.

Polotto, Ernesto / Marín Henríquez, Cristina: Franquicia, in: Laferriere, Jorge Nicolás (Hrsg.): Análisis del Proyecto de nuevo Código civil y comercial 2012 – Informe especial de la Facultad de Derecho de la Pontificia Universidad Católica Argentina, S. 455-460, Buenos Aires 2012 (zitiert als: Polotto/Henríquez Marín, in: Laferriere (Hrsg.), Análisis del proyecto de nuevo CCC UCA).

Porcelli, Adriana: Regulación jurídica de los contratos internacionales en el Código Civil y Comercial de la Nación, in: Revista Electrónica del Instituto de Investigaciones "Ambrosio L. Gioja" – Año IX, No. 15, 2015, S. 1-40.

Porrata-Doria, Rafael A.: Mercosur – The Common Market of the Southern Cone, 1. Auflage, Durham 2005.

Prasse, Christian: Franchiserecht – Differenzrabatte und Kick-backs im Rahmen von Franchiseverträgen, in: MDR 2004, S. 256-258.

Prono, Patricio M.: Nuevos aspectos del control societario, in: RDCO 281, 14.12.2016, S. 749- 755.

Rabinovich-Berkman, Ricardo: Derecho civil, Parte general, 2. Auflage, Buenos Aires 2011.

Pour Rafsendjani, Mansur: Franchisevertrag, in: Beck'sche Online-Formulare Vertrag (Hrsg.), 47. Edition 2019, Stand 01.06.2019 (zitiert als: Pour Rafsendjani, Beck'sche Online-Formulare Vertrag).

Rafsendjani, Mansur Pour / Leupold, Andreas: Elektronische Marktplätze und Kartellrecht, in: Hoffmann, Mathis / Leible, Stefan / Sosnitza, Olaf (Hrsg.), Vertrag und Haftung im E- Commerce, S. 135-158, Stuttgart 2006 (zitiert als: Rafsendjani/Leupold, in: Hoffmann/Leible/Sosnitza (Hrsg.), Vertrag und Haftung im E-Commerce)

Ramírez, Jorge Alfredo: El contrato de franquicia comercial, in: RCALP 1996, Vol. 57, S. 107-128.

Rauser, Karl / Bräutigam, Peter: Franchising: Grundlagen und einige aktuelle Rechtsprobleme, in: DStR 1996, S. 587-592.

Reif, Mathias: Internationale Franchiseverträge. Eine Studie zum internationalen Privatrecht mit Hinweisen zur gerichtlichen und außergerichtlichen Streitbeilegung sowie Vertragsgestaltung, Dissertation, Regensburg 2002.

Reithmann, Christoph / Martiny, Dieter: Internationales Vertragsrecht, 8. Auflage, Köln 2015 (zitiert: Reithmann/Martiny-<*Bearbeiter*>).

Rheinstein, Max: Einführung in die Rechtsvergleichung, 2 Auflage, München 1987.

Riesenhuber, Karl: Private Macht im Vertragsrecht – Langzeitverträge, in: Möslein, Florian (Hrsg.): Private Macht, Tübingen 2016, S. 193-212.

Rivera, Julio César: Instituciones de Derecho Civil, Parte General, Tomo II, 4. Auflage, Buenos Aires 2007.

ders.: El Código Civil y Comercial. Efectos sobre las relaciones y situaciones jurídicas preexistentes, in: elDial 2015 DC1F98, S. 1-11.

ders.: La recodificación del Derecho Privado argentino, in: RDPC 2012, Vol. 2, S. 11-40.

Rivera, Julio César / Medina, Graciela: Código Civil y Comercial de la Nación Comentado, 1. Auflage, Buenos Aires 2014 (zitiert als: Rivera/Medina-<*Bearbeiter*>, CCCN).

Röhricht, Volker / Graf von Westphalen, Friedrich / Haas, Ulrich: Handelsgesetzbuch, Kommentar zu Handelsstand, Handelsgesellschaften, Handelsgeschäften und besonderen Handelsverträgen, 5. Auflage, Köln 2019 (zitiert: Röhricht/Graf von Westphalen/Haas-<*Bearbeiter*>, HGB).

Rothermel, Martin: Internationales Kauf-, Liefer- und Vertriebsrecht, 1. Auflage, München 2016.

Rovira, Alfredo L.: Los criterios que inspiran los contratos modernos en el proyecto de Código Civil y Comercial de la Nación, in: RPED 2012, S. 163-185.

Rubín, Miguel E.: Contratos de comercialización en el nuevo Código Civil y Comercial Argentino y en el Derecho Comparado, Tomo I, 1. Auflage, Buenos Aires 2017 (zitiert als: Rubín, Contratos de comercialización, Tomo I)

ders.: Contratos de comercialización en el nuevo Código Civil y Comercial Argentino y en el Derecho Comparado, Tomo II, 1. Auflage, Buenos Aires 2017 (zitiert als: Rubín, Contratos de comercialización, Tomo II)

ders.: Los contratos de comercialización en el concurso preventivo de la quiebra, in: Arecha, Martín / Filippi, Laura L. (Hrsg.): Institutos del Derecho Comercial a la luz del Nuevo Código Civil y Comercial de la Nación, S. 23-41,

Buenos Aires 2016 (zitiert als: Rubín, in: Arecha/Filippi (Hrsg.), Institutos del Derecho Comercial).

ders.: La nueva dimensión de la responsabilidad precontractual. Aparición, apogeo y crepúsculo de la teoría de von Jhering, in: El Derecho 2016, S. 1-31.

ders.: La indemnización por clientela en los contratos de comercialización, in: MJ 2016, MJ-DOC-9911-AR/MJD9911, S. 1-28.

Sagüés, Néstor Pedro: Elementos de Derecho Constitucional, Tomo 2, 3. Auflage, Buenos Aires 2003.

Salé, José Rubén: Responsabilidad civil en el nuevo Código Civil y Comercial de la Nación, in: Colegio de Abogados y Procuradores de Salta 2017, S. 1.

Salerno, Marcelo U.: Comentarios generales sobre el Proyecto de nuevo Código Civil y Comercial, in: Laferriere, Jorge Nicolás (Hrsg.): Análisis del Proyecto de nuevo Código civil y comercial 2012 – Informe especial de la Facultad de Derecho de la Pontificia Universidad Católica Argentina, S. 71-76, Buenos Aires 2012 (zitiert als: Salerno, in: Laferriere (Hrsg.), Análisis del proyecto de nuevo CCC UCA).

Samtleben, Jürgen: Neukodifikation des Internationalen Privatrechts in Argentinien, in: IPrax 2016, S. 289-299.

Sánchez Herrero, Andrés: Tratado de la resolución de los contratos por incumplimiento. Comentario de Araya, Miguel Carlos, in: LL 09.09.2015, S. 1-4.

ders.: Rescisión unilateral de los contratos, 1. Auflage, Buenos Aires 2018.

Martínez Sanz, Fernando: Franchising in Spanien – über Scheinselbständigkeit, Registrierung und vorvertragliche Informationspflichten, in: ZEuP 1999, S. 91-106.

Schach, Klaus / Schultz, Michael / Schüller, Peter: Beck'scher Online-Kommentar Mietrecht, Edition 22, Stand 01.11.2020, München 2020 (zitiert als: BeckOK Mietrecht-<*Bearbeiter*>).

Schacherreiter, Judith: Das Franchise-Paradox – Hybride Arrangements zwischen Markt und Hierarchie im materiellen und im Kollisionsrecht, Dissertation, Tübingen 2006.

Schäfer, Georg: Die Pflicht des Franchisegebers zu vorvertraglicher Aufklärung, Dissertation, Baden-Baden 2007.

Secretaría Administrativa del Mercosur: Un foco para el proceso de Integración regional, Primer informe semestral de la Secretaría del Mercosur, Montevideo, Juli 2004 (zitiert als: SAM, Primer Informe Semestral de la Secretaría del Mercosur, Juli 2004).

Serebrinsky, Diego H.: Agencia comercial e indemnización por clientele. Correcta enmienda a su tratamiento por la jurisprudencia bajo el Código Civil derogado, in: LL 15.11.2016, S. 1-11.

Schimansky, Annika: Der Franchisevertrag nach deutschem und niederländischem Recht, Dissertation, Tübingen 2003.

Schmidt, Jan Peter: The 'Principles of Latin American Contract Law' Against the Background of Latin American Legal Culture: A European Perspective, in: Momberg, Rodrigo / Vogenauer, Stefan (Hrsg.): The Future of Contract Law in Latin America, S. 57-95, 1. Auflage, Oxford 2017 (zitiert als: Schmidt, in: Momberg/Vogenauer (Hrsg.), The Future of Contract Law in Latin America).

Schmidt, Karsten: Handelsrecht – Unternehmensrecht I, 6. Auflage, Köln 2014.

Schmidt-Futterer, Wolfgang: Mietrecht, 14. Auflage, München 2019 (zitiert als: Schmidt-Futterer-<*Bearbeiter*>*)*.

Schreiber, Klaus: Grundlagen des Franchisings, in: JURA 2009, S. 115- 119.

Schulz, Kerstin Nina: Die Schadensersatzansprüche des Franchise-Nehmers wegen der Verletzung vorvertraglicher Aufklärungspflichten, Dissertation, Berlin 2004.

Schulze, Reiner: Bürgerliches Gesetzbuch – Handkommentar, 10. Auflage, Baden-Baden 2019 (zitiert als: Hk-BGB-<*Bearbeiter*>).

ders.: Franchising in europäischer Perspektive, in: Schulze (Hrsg.): Franchising im Europäischen Privatrecht, S. 11-19, 1. Auflage, Baden-Baden 2001 (zitiert als: Schulze, in: Schulze (Hrsg.), Franchising im Europäischen Privatrecht).

Schütze, Rolf / Weipert, Lutz / Rieder, Markus: Münchner Vertragshandbuch. Band 2. Wirtschaftsrecht I, 8. Auflage, München 2020 (zitiert als: Schütze/Weipert/Lutz-<*Bearbeiter*>).

Schwarze, Roland: Das Recht der Leistungsstörungen, 2. Auflage, Berlin 2017.

Sherman, Andrew J.: Breaking the Myths: Understanding Franchising Regulation in the United States, in: Flohr (Hrsg.), Franchising im Wandel: Gedächtnisschrift für Walther Skaupy, S. 375-391, München 2003 (zitiert als: Sherman, in: Flohr (Hrsg.), Franchising im Wandel).

Skaupy, Walther: Franchising, Handbuch für die Betriebs- und Rechtspraxis, 2. Auflage, München 1995 (zitiert als: Skaupy, Franchising).

ders.: Zu den Begriffen "Franchise", "Franchisevereinbarungen" und "Franchising", in: NJW 1992, S. 1785-1790.

ders.: Das "Franchising" als zeitgerechte Vertriebskonzeption, in: DB 1982, S. 2446-2450.

Soergel, Hans Theodor: Bürgerliches Gesetzbuch mit Einführungsgesetz und Nebengesetzen

Band 8 Schuldrecht 6 - §§ 535-610 BGB, 13. Auflage, Stuttgart 2007 (zitiert als: Soergel-<*Bearbeiter*>).

Spindler, Gerald: Diskussion zu vorvertraglichen Aufklärungspflichten im Recht des Güter- und Leistungsaustausches, in: Ott / Schäfer (Hrsg.), Ökonomische Probleme des Zivilrechts, S. 167-168, Berlin 1990 (zitiert als: Spindler in: Ott/ Schäfer (Hrsg.), Ökonomische Probleme des Zivilrechts).

Staudinger, Julius von: Staudingers Kommentar zum Bürgerlichen Gesetzbuch mit Einführungsgesetz und Nebengesetzen

Allgemeiner Teil 2, §§ 21-79, Neubearbeitung 2019, Berlin.

Einleitung zum Schuldrecht, §§ 241-243, Neubearbeitung 2019, Berlin.

Recht der Allgemeinen Geschäftsbedingungen, §§ 305-310; UKlaG, Neubearbeitung 2019, Berlin.

Recht der Schuldverhältnisse, §§ 535-556g, Neubearbeitung 2019, Berlin.

Recht der Schuldverhältnisse, §§ 662-675b, Neubearbeitung 2019, Berlin. (zitiert als: Staudinger BGB-<*Bearbeiter*>).

Stein-Wigger, Matthias: Die Beendigung des Franchisevertrages. Eine rechtsvergleichende Studie unter besonderer Berücksichtigung des schweizerischen, deutschen und amerikanischen Rechts, Dissertation, Basel 1999.

Stiglitz, Rubén: Los principios generales de la teoría general del contrato en el Proyecto de Código Civil y Comercial – Exámen de nuevos temas, in: Alegría, Héctor (Hrsg.): Contratos y sociedades en el Proyecto de Código Civil y Comercial, S. 243-263, 1. Auflage, Buenos Aires 2013 (zitiert als: Stiglitz, Los principios generales de la teoría general del contrato en el Proyecto de CCC, in: Alegría (Hrsg.), Contratos y sociedades).

ders.: Contratos en el nuevo Código Civil y Comercial – Contratos Parte Especial,

Tomo I, Contratos Parte General, 1. Auflage, Buenos Aires 2015

Tomo III, Contratos Parte Especial, 1, Auflage, Buenos Aires 2015 (zitiert als: Stiglitz-<*Bearbeiter*>, Contratos en el CCCN).

Stober, Rolf / Paschke, Marian: Deutsches und Internationales Wirtschaftsrecht, 3. Auflage, Stuttgart 2016.

Stoffels, Markus: Laufzeitkontrolle von Franchiseverträgen, in: DB 2004, S. 1871-1875.

Stummel, Dieter: Rechtsfragen der außerordentlichen und fristlosen Kündigung von Franchiseverträgen, in: Flohr (Hrsg.), Franchising im Wandel: Gedächtnisschrift für Walther Skaupy, S. 413-430, München 2003 (zitiert als: Stummel, in: Flohr (Hrsg.), Franchising im Wandel).

Stürner, Rolf: Jauernig Bürgerliches Gesetzbuch mit Rom-I-, Rom-II-, Rom-III-VO, EG-UntVO/HUntProt und EuErbVO, 18. Auflage, München 2021 (zitiert als: Jauernig BGB-<*Bearbeiter*>).

Teubner, Gunther: Profit sharing als Verbundpflicht?, in: ZHR 168 (2004), S. 78-96.

ders.: „Verbund", „Verband" oder „Verkehr" – Zur Außenhaftung von Franchising-Systemen, in: ZHR 154 (1990), S. 295-324.

Thume, Karl-Heinz: Zum Ausgleichsanspruch des handelsvertreterähnlichen Vertriebsmittlers, in: BB 2016, S. 578-584.

Tietz, Bruno: Handbuch Franchising, 2. Auflage, Landsberg / Lech 1991.

Torz, Timo: Franchising und Insolvenz, in: ZInsO 2009, S. 1235-1243.

Ubiría, Fernando Alfredo: Fundamentos y Título Preliminar – Libro III – Derechos Personales, in: Laferriere, Jorge Nicolás (Hrsg.): Análisis del Proyecto de nuevo Código civil y comercial 2012 – Informe especial de la Facultad de Derecho de la Pontificia Universidad Católica Argentina, S. 28-31, Buenos Aires 2012 (zitiert als: Ubiría, in: Laferriere (Hrsg.), Análisis del proyecto de nuevo CCC UCA).

Ullmann, Eike: Die Verwendung der Marke, Geschäftsbezeichnung und Firma im geschäftlichen Verkehr, insbesondere im Franchising, in: NJW 1994, S. 1255-1262.

Ulmer, Peter / Brandner, Hans-Erich / Hensen, Hans-Dieter: AGB-Recht, Kommentar zu den §§ 305-310 BGB und zum UKlaG, 12. Auflage, Köln 2016 (zitiert als: Ulmer/Brandner/Hensen-<*Bearbeiter*>, AGB-Recht).

Ulmer, Peter: Der Vertragshändler, München 1969.

UNIDROIT: Guide to International Master Franchise Arrangements, 2. Auflage, Rom 2007.

Urrets Zavalía, Pedro: Indemnización por ruptura intempestiva del contrato de distribución comercial, in: Cuaderno del Departamento de Derecho Comercial y de la Navegación, N °3, 2000, S. 83-94.

Van Thienen, Pablo: Agencia, concesión, distribución y franquicia. Contrato a plazo fijo o indeterminado. ¿Cuál será la opción más eficiente? Análisis crítico del nuevo código, in: Law & Finance 15.10.2015, S. 1-4.

Varona, Guillermo: ¿Qué es el franchising?, in: Palermo Business Review 1995, Vol. 3, S. 52- 60.

Vásquez Ferreyra, Roberto A.: Daños y perjuicios por productos elaborados, in: ius et veritas 20, S. 381-394.

Villamarin, José Javier: La figura de la franquicia en la práctica argentina actual y en el derecho comparado, in: El Derecho 2003, S. 1-12.

Villanueva, Julia: Los plazos de duración y de preaviso en los contratos de distribución comercial, in: RCCyC Febrero 2016, S. 174- 187.

Vítolo, Daniel Roque: Manual de Derecho Comercial, 1. Auflage, Buenos Aires 2016.

ders.: Apuntes sobre la regulación del contrato de agencia en el Código Civil y Comercial de la Nación, in: El Derecho 2016, S. 269-293.

Von Bernuth, Johann Mathias: Lauterkeitsrecht, Kartellrecht und Verbraucherschutz in den Ländern des Mercosul, Dissertation, München 2000.

von Westphalen, Friedrich: AGB-Recht im Jahr 2003, in: NJW 2004, S. 1993-2001.

Wachter, Thomas: Praxis des Handels- und Gesellschaftsrechts, 3. Auflage, Bonn 2015 (zitiert als: Wachter-<*Bearbeiter*>).

Wagenseil, Andreas: Die Sittenwidrigkeit von Franchisevereinbarungen aufgrund eines Leistungsmissverhältnisses, Dissertation, Berlin 2005.

Waldzus, Dagmar: Compliance im Franchising: Darf's ein bisschen mehr sein? Neue Herausforderungen für Franchisesysteme im Licht der aktuellen Rechtsprechung, in: BB 2016, S. 515-523.

Wassermann, Marcela J.: El derecho a la información y las reglas de la práctica publicitaria en el nuevo Código Civil y Comercial de la Nación, in: elDial 2016 DC20C2, S. 1-15.

Wauschkuhn, Ulf / Teichmann, Johannes: Typische Probleme bei der Beendigung von Vertragshändlerverträgen, in: ZVertriebsR 2013, S. 139-149.

Wayar, Ernesto C.: Mora: ejecución forzada específica y cumplimiento por equivalente, in: LL 10.11.2016, S. 1-8.

Weber, Hansjörg: "Franchising" – ein neuer Vertragstyp im Handelsrecht, in: JA 1983, S. 347-353.

Wellenhofer-Klein, Marina: Zulieferverträge im Privat- und Wirtschaftsrecht, München 1999 (zugleich Habilitation München 1998).

Weltrich, Ortwin: Franchising im EG-Kartellrecht, Köln 1992.

Wierzba, Sandra: Régimen actual de la mora, in: AP/DOC/216/2017, S. 1-12.

Winkler von Mohrenfels, Peter: Franchise- und Vertriebsverträge im internationalen Privatrecht, in: ZvertriebsR 2014, S. 281-286.

Witthaus, Mónica G. / Wierzba, Sandra M.: Mercosur: conflictos de leyes que comprometen elementos de los contratos, con especial referencia al contrato de franchising, in: RDPC, Tomo contratos modernos, Jurisprudencia civil y comercial Mercosur 1997, Vol. 3, S. 477-515.

Wolf, Manfred / Lindacher, Walter / Pfeiffer, Thomas: AGB-Recht Kommentar, 7. Auflage, München 2020 (zitiert als: Wolf/Lindacher/Pfeiffer-<*Bearbeiter*>).

Wolf, Manfred / Ungeheuer, Christina: Vertragsrechtliche Probleme des Franchisings, in: BB 1994, S. 1027-1033.

Zannoni, Eduardo A. / Mariani de Vidal, Marina / Zunino, Jorge O. / Shina, Fernando E. / Ramos, Gloria S: Código Civil y Comercial concordado con el régimen derogado y referenciado con legislación vigente, 2. Auflage, Buenos Aires 2015 (zitiert als: Zannoni/de Vidal/Zunino/Shina/Ramos-<*Bearbeiter*>).

Zeidmann, Philip: Getting the Deal Through. Franchise. London 2015 (zitiert als: GTDT Franchise-<*Bearbeiter*>).

Zumbo, Frank: Unidroit and International Franchising, in: Business Law Review 2000, S. 16-17.

Zwecker, Kai-Thorsten: Franchising als symbiotischer Vertrag – Beziehungen zwischen Gesellschaftsrecht und Franchising, in: JA S. 159-164.

Zweigert, Konrad / Kötz, Hein: Einführung in die Rechtsvergleichung, 3. Auflage, Tübingen 1996.

www.ingramcontent.com/pod-product-compliance
Ingram Content Group UK Ltd.
Pitfield, Milton Keynes, MK11 3LW, UK
UKHW021924290926
8980IPUK00016B/1449

9 783631 846988